Peter Fiedler

Sexuelle Orientierung und sexuelle Abweichung

Heterosexualität – Homosexualität – Transgenderismus
und
Paraphilien – sexueller Missbrauch – sexuelle Gewalt

Mit einem Geleitwort von Andreas Marneros

**BELTZ**_PVU_

Anschrift des Autors:

Prof. Dr. Peter Fiedler
Psychologisches Institut
Universität Heidelberg
Hauptstraße 47 – 51
69117 Heidelberg
E-mail: peter.fiedler@psychologie.uni-heidelberg.de

© Beltz Verlag, Weinheim, Basel 2004
Programm PVU Psychologie Verlags Union
http://www.beltz.de

Lektorat: Monika Radecki
Herstellung: Uta Euler
Umschlaggestaltung: Federico Luci, Köln
Umschlagbild: (Hieronymus Bosch, Garten der himmlischen Lüste/Garden of Earthly Delights; Öl auf Holz; Mittelteil eines Flügelaltars, Originalgröße 195 × 220 cm
Satz, Druck und Bindung: Druckhaus „Thomas Müntzer", Bad Langensalza
Printed in Germany

ISBN 978-3-621-27517-0   ND 1-07-11

Peter Fiedler

Sexuelle Orientierung und sexuelle Abweichung

Es war immer schon herausfordernd,
gegen den Strom der Meinungen zu schwimmen.
Willst du nicht mehr?
Nun denn:
Lass dich einfach im Strom treiben
und verschwinde im Meer der Meinungsvielfalt.
Hoffentlich unerkannt.
Und hoffentlich nicht unangepasst.
Unangepasst nämlich fällst du auf,
was du ja nicht willst.
Oder doch?
Dann lass dich nicht treiben!

Geleitwort

Dieses Buch ist verdächtig, sehr verdächtig, die „Bibel" für Sexualwissenschaftler, Psychologen, Psychiater und Forensiker des deutschsprachigen Raumes zu werden. Ungeheures Wissen und hohe Kombinationsfähigkeit begleiten die Subtilität der Kritikfähigkeit des Autors. Sein Ansatz: undogmatisch multimodal. Das Feld, das er abdeckt: umfangreich und vollständig. Man braucht nur einen Blick auf das Inhaltsverzeichnis zu werfen, dann wird man verstehen, was damit gemeint ist. In zwölf umfangreichen Kapiteln sowie in der Einführung werden die Suche nach den Grenzen der Normalität und der steinige Weg der Sexualwissenschaft beschrieben. Es wird aber auch der Versuch, ja die Sehnsucht des Autors nach Verschiebung der Grenzen der „Unbehandelbarkeit" erkennbar: Verschiebung bis zur möglichen Aufhebung von Grenzlinien.

Sexuelle Orientierung und Geschlechtsidentität werden in ihren psychologischen, biologischen aber auch soziologischen Parametern nicht nur dargestellt und erläutert, sondern „durchwühlt". Für Kliniker (der Egoismus sei mir verziehen) also: für diejenigen, die mit Menschen zu tun haben, die Patienten sind oder, sehr häufig, Patienten und Täter gleichzeitig, sind die Abschnitte über sexuelle Präferenzen sowie sexuellen Missbrauch und Gewalt die wichtigsten. Das sind sie wahrscheinlich auch für den Autor selbst, widmet er diesen beiden Aspekten fast 300 Seiten. Die Suche nach den Grenzen der Normalität, das ist klar, ist eine Frage, die die gesamte Menschheitsgeschichte durchzieht. Die Antworten darauf jedoch variieren sehr. Sie sind von Epochen, Religionen und Kulturen bestimmt. Und die Fragen sind zeitlich veränderbar, wenn man die Beispiele der Masturbation und der Homosexualität betrachtet, die lange als psychische Störungen galten. Zu Recht steht Peter Fiedler dem Begriff „Perversion" skeptisch gegenüber und bedauert sehr, dass Freud ihn sozusagen nebenbei übernommen und nicht verändert hat.

Was ist Perversion? Oder: Was ist *schon* Perversion? Bereits das Wort ist problematisch. „Pervers" ist „verkehrt". Was ist verkehrt und was ist nicht verkehrt? Was ist normal? Was ist nicht normal? Was ist unnatürlich? Was ist verwerflich? Was ist abstoßend? Was soll geächtet werden? Was soll verboten werden? Aber auch: Was ist krankhaft, und was ist nicht krankhaft? Was soll therapiert werden? Die Antworten auf diese Fragen sind nicht einheitlich. Das waren sie nie! Unterschiedliche Kulturen in unterschiedlichen Zeiten haben unterschiedliche Antworten gegeben. Der Umgang des Menschen mit sexuellen Perversionen ist auch in den heutigen Zeiten der Liberalisierung kompliziert. Sexualität ist ein komplexer Bereich menschlichen Verhaltens. Seitdem der

Mensch Sexualität nicht immer mit Fortpflanzung gleichsetzt, besteht diese Diskussion.

Der frühere Streit zwischen Psychoanalytikern und Psychiatern, ob die Homosexualität als Neurose, Perversion oder als Persönlichkeitsstörung angesehen werden sollte, ist ein Paradigma dafür. Fiedlers Satz zu diesem Thema ist passend und verpflichtet, zitiert zu werden: „Angesichts der Stigmatisierung, Ausgrenzung und Verfolgung Homosexueller, welche die ‚Wissenschaft vom Menschen' in der jüngsten Geschichte mitzuverantworten hat, ist es eigentlich verwunderlich, dass eine öffentliche Entschuldigung der Sexualwissenschaftler in Psychiatrie und Psychologie gegenüber den Homosexuellen bis heute kaum zu finden ist – gerade so, als gebe es kollektive Verantwortung und damit kollektive Schuld in der Wissenschaft nicht."

Hinter jedem Buch steht ein Drama. „Drama" in der ursprünglichen Bedeutung des griechischen Wortes, nämlich Bewegung, Tatendrang. Jeder Autor ist in der einen oder anderen Weise beim Schreiben seines Buches „bewegt". Der eine ist betroffen, der andere ekstatisch, der nächste befindet sich im Rausch, wieder ein anderer in produktiver Depressivität, und manche sind auf andere Weise ergriffen. Das „Drama" und die „Bewegung" hinter diesem neuen Buch von Peter Fiedler ist bewusst oder unbewusst von ihm niedergeschrieben worden: „Der Blick in die jüngste Vergangenheit lehrt, was es auch heute noch bedeuten kann, ein Buch über sexuelle Normalität und über sexuelle Abweichung zu schreiben. Dies kann für einen Autor nur heißen, dass er sich in bewusster Absicht auf Glatteis begibt, in blindem Vertrauen darauf, nicht auszurutschen."

Die Wissenschaftsgeschichte zeigt, wie die Einordnung von sexuellen Abweichungen, Präferenzen und Sexualität insgesamt dem Wandel der Zeit unterlegen ist. Das ist wahrscheinlich die Sorge des Autors, wenn er selbstreflektierend um die Langlebigkeit eines solchen Werkes fürchtet, oder auch nicht. Sei getröstet, Peter Fiedler, das ist das gesunde Schicksal der Wissenschaft. Die Wissenschaft schreibt Bücher nicht für die Ewigkeit und nicht als Endstationen, sondern als Stufe einer Treppe, die nach oben führt. Dann ist ein wissenschaftliches Buch gut geschrieben, wenn es sich als feste, stabile Stufe bewährt. Dann hat es wesentlich dazu beigetragen.

Die Grundlagen, Fragen und Probleme der Entwicklung der sexuellen Orientierung und Geschlechtsidentität werden ausführlich dargestellt und diskutiert. Das Motto, „wir finden und akzeptieren inzwischen eine erstaunliche Vielfalt sexueller Ausdrucksformen und Lebensweisen, die verdeutlichen, dass jeder Mensch einzigartig ist und dass sich vorschnelle Beurteilungen und Verallgemeinerungen verbieten", ist für das ganze Buch wegweisend. Spannend ist (wie auch alle anderen Kapitel) der Abschnitt über die sexuellen Präferenzen und die sexuellen Störungen mit der Infragestellung des Begriffes Perversion und wie Freuds

Epigonen damit umgegangen sind. Die mit Unklarheiten verbundene Ambivalenz verführte viele Nachfolger Freuds, die Perversionen schlechthin mit psychischen Störungen gleichzusetzen. Die Grenzen zwischen Normalität und Perversion sind ja fließend. Auch die sexuelle Störung, die in der Regel mit Leiden verbunden ist, kämpft zwischen Anpassung und Delinquenz.

Es ist beeindruckend, wie Peter Fiedler zwischen nicht problematischen und problematischen Paraphilien unterscheidet, wobei wir in der forensischen Praxis immer wieder sehen, wie problematisch auch diese Grenzen sind. Ist Urophilie und Koprophilie unproblematisch? In der Regel schaden sie kaum jemandem. Für viele ist es eine Sache der Ästhetik, des „guten Geschmacks", wenn sie sexuelle Befriedigung in dieser Art und Weise finden. Wir kennen aber in der forensischen Praxis Urophile und Koprophile, die andere zwingen, mitzuwirken. Da ist die Grenze der Ungefährlichkeit schon überschritten. Die Würde und der freie Wille anderer Menschen wird angetastet.

Bei der Beschreibung partieller Paraphilien beschränkt sich der Autor nicht nur auf die Phänomenologie und ätiologischen Modelle, sondern sieht sie darüber hinaus in ihrem sozialen und rechtlichen Kontext. Auch das ist einer der Aspekte, der dem Buch seine Dynamik verleiht. Dem Entstehungskonzept und den daraus resultierenden therapeutischen Maßnahmen von verhaltenstherapeutischen und psychoanalytischen bis zu biologischen Ansätzen wird kritisch zugestimmt – in der Regel als Bestandteile einer multimodalen Erklärung und Behandlung.

Was machen wir mit den Sexualdelinquenten? Mit dem sexuellen Missbrauch, der sexuellen Gewalt und den Menschen, die dahinter stehen? Es wird das Problem der deliktorientierten Therapie von Sexualstraftätern angesprochen, die vorwiegend wegen Vergewaltigung und sexuellem Missbrauch von Kindern verurteilt worden sind. Zu Recht wird herausgearbeitet, dass von vielen Forschern übersehen wird, dass es sich bei den beiden Kategorien um eine deliktorientierte Klassifikation handelt und nicht um diagnostisch valide psychopathologische bzw. pathopsychologische Konstruktionen. Ob eine deliktorientierte Forschungsstrategie tatsächlich hinreichend zur Entwicklung sozialtherapeutischer oder psychotherapeutischer Behandlungsansätze beiträgt, wird gelegentlich bezweifelt.

Nur etwa 0,8 Prozent aller polizeilich erfassten Straftaten betreffen „Straftaten gegen die sexuelle Selbstbestimmung". Dennoch nehmen sie in den Darstellungen der Medien und entsprechend in der Wahrnehmung vieler Menschen eine besondere Stellung ein. Besonders die Tötungsdelikte und ganz besonders, wenn sie Kinder betreffen. Ich pflege in jedem Semester meine Studenten zu fragen, was sie schätzen würden, wie viele sexuell motivierte Tötungen pro Jahr in Deutschland stattfänden. Die Antworten reichen von 500 bis 10.000. Wenn ich dann den Studenten die Zahlen der letzten Jahre präsentiere, die zwischen 24 und 47 liegen, herrscht großes Erstaunen. Natürlich sind 24 oder 47 Tötungen zu viel. Aber dies belegt, wie Emotionen, Tabus und impressionistische Meinungsbildung die soziale Wahrnehmung beeinflussen. Daraus resultieren Einstellungen, die von manchen benutzt werden. Manchmal diabolisch.

Ich denke zum Beispiel an die Demonstrationen von Neonazis vor Gerichtsgebäuden, wenn spektakuläre Kindesmissbrauchsprozesse stattfinden. Neonazis, die dafür die Todesstrafe verlangen. Neonazis, von denen viele selbst Gewalttäter sind oder die trotz ihres jungen Alters selbst schon eine reiche strafrechtliche Anamnese hinter sich haben. Neonazis, die die Emotionalisierung der Menschen ausnutzen, vor allem der einfacheren. Ich denke aber auch, die Ausnutzung auf anderer Ebene der Emotionalisierung der Massen, etwa auf der Ebene „Wegsperren, und zwar für immer". Dies trägt eher zur Verkennung als zur Lösung des Problems bei.

Zu Recht bezeichnet Peter Fiedler die Stagnation im Bereich der Differenzialdiagnostik und Ausdifferenzierung sexueller Störungen und Straftaten als beklagenswert. Sie unterscheidet sich doch beträchtlich von den Fortschritten, wie sie in der Diagnostik und Klassifikation anderer psychischer Störungen bereits erreicht sind. Und zu Recht wird der gelegentlich auch heute noch bestehende Professionsschulenkampf sehr bedauert. Etwa Verhaltenstherapie versus Psychoanalyse, Psychiatrie versus klinische Psychologie usw. Und weiter zu Recht wird bemerkt, dass man gelegentlich den Eindruck hat, als könnten viele Protagonisten nicht davon lassen, in dieser unfruchtbaren, weil mehr berufspolitisch als wissenschaftlich motivierten Konkurrenz und Abgrenzung, zu forschen.

Eine neue Generation von Forschern brachte neue Ideen und neue Attitüden. Zur Überwindung konkurrierender Theoriegebilde haben diese Forscher eine gleichermaßen schlichte wie faszinierende Idee entwickelt: Moderne theoretische Hypothesen und Modelle beziehen sich auf das aktuell vorhandene empirische Wissen in seiner Breite, dass „alle paar Jahre" oder besser kontinuierlich *neu* bewertet wird.

Aufgeschlossene Verhaltenstheoretiker als auch Psychoanalytiker tendieren inzwischen dazu, zwei Fragenkomplexe strikter als bisher zu unterscheiden und diese nach vorläufiger Trennung später erneut aufeinander zu beziehen. In der ersten Gruppe „distaler Prozesse und Entwicklungshypothesen" subsumieren sich *ätiologische Aspekte* wie z.B.: Welche Faktoren und längerfristig wirkende Hintergrundbedingungen können für die Entwicklung und eventuell Aufrechterhaltung gefährlicher Sexualdelinquenz als entscheidend angesehen werden? In der zweiten Gruppe sog. „proximaler Prozesse und aktueller Ereignisse" werden *Auslösebedingungen* zusammengefasst wie z.B.: Welche situative oder kontextuelle Bedingungen und welche persönlichen Verfassungen und Stimmungen sind im engen Wechselspiel mit dem Verhalten dafür verantwortlich, dass es tatsächlich zu sexuellen Übergriffen und sexueller Gewalt kommt? Der Autor beklagt, dass besonders der zweite Aspekt in vielen Verstehenskonzepten nicht angemessen vom ätiologischen Aspekt getrennt wird. Häufig wurden lebensgeschichtliche Ereignisse als hinreichend für eine Erklärung sexueller Delinquenz angesehen. Für die Behandlung sexueller Straftäter jedoch erweist sich üblicherweise der zweite Aspekt als vorrangig handlungsleitend.

Manchmal, wenn ich im Gerichtssaal sitze und die Fragen mancher Richter und mancher Verteidiger oder auch Staatsanwälte höre, die unbedingt eine „Hypersexualität" oder einen „Triebstau" ausmalen wollen, habe ich Schwierigkeiten, mein Unbehagen zu verbergen. Die Antwort, die dieses Buch auf diese Fragen gibt, ist auch meine Antwort: Spezifische biologische bzw. hormonelle Ursachen sexueller Delinquenz konnten bislang nicht abgesichert werden. Insofern ist dies besonders relevant für eine Beurteilung der periculären Paraphilien, bei denen sich entwicklungsbedingt mangelnde soziale Kompetenzen sowie soziale Unsicherheiten und Ängste, Ausgrenzung, Isolation bis hin zu gravierenden existentiellen Belastungen und Krisen beobachten lassen. Das Hineingleiten in sexuelle Devianz erfordert je nach Intensität genau diese zugrunde liegenden Ängste, Belastungen und Isolationserfahrungen, z.B. wenn die private sexuelle Entlastung durch Phantasien und Masturbation oder mangels Sexualpartner nicht mehr gelingt. Dies geschieht vor allem bei den seltenen progredienten Verlaufsformen. Insofern sind Begriffe wie „Hypersexualität" oder „Triebgeschehen" als Begrifflichkeiten und Erklärungen nicht nötig.

Von großer Bedeutung ist auch das Kapitel über die psychologische Behandlung gefährlicher Sexualdelinquenz. Hier wird eine Wende in den 1990er Jahren festgestellt. Die Konzepte der Rückfallprävention und die multimodalen Behandlungsansätze gewannen an Bedeutung. Die in jüngster Zeit durchgeführten Metaanalysen erlauben den Schluss, dass multimodale Behandlungsprogramme bei vielen Formen der Paraphilien, aber auch bei Vergewaltigungstätern Erfolge aufweisen, wenn einige Rahmenbedingungen beachtet werden. Dazu zählt die pharmakologische Adjuvanztherapie mit antiandrogener sowie therapeutischer Betreuung von Straftätern nach der Entlassung. Die Rückfallprävention: „Zukünftig unverzichtbar", stellt der Autor fest und betont ihre große Bedeutung. Es ist fast eine Trivialität, würde ich sagen. Eine Selbstverständlichkeit natürlich. Aber Peter Fiedler schreit gleichzeitig laut und deutlich, wobei er fest auf diese Trivialität und auf diese Selbstverständlichkeit fußt: „Bitte in Zukunft keinen Etikettenschwindel!" Angesichts des Attraktivitätsbegriffs der „Rückfallprävention" ist es nicht verwunderlich, dass sich die meisten Behandlungsprogramme bei Sexualdelinquenz mit diesem Attribut schmücken. Er plädiert für eine Therapie, die tatsächlich den Namen „Rückfallprävention" verdient.

Die Beschreibungen von professionsschulenübergreifenden Therapiemöglichkeiten macht dieses Buch wichtig und unentbehrlich für jeden, der in diesem

Bereich arbeitet. Vor allem für jeden, der mit der Behandlung von Sexualstraftätern große Verantwortung trägt.

Peter Fiedler, machen Sie sich keine Sorgen über die Langlebigkeit dieses Buches. Es ist mit Sicherheit eine ganz feste Stufe auf der langen Treppe nach oben. Und diese Treppe führt ganz sicher nicht auf die unvollendete Spitze des Turmes von Babel.

Halle/Saale, im Dezember 2003 Prof. Dr. med. Dr. h. c. Andreas Marneros

Inhalt

Teil II:
Sexuelle Orientierung und Geschlechtsidentität   51

Teil III:
Sexuelle Präferenzen und Sexuelle Störungen

Teil IV
Sexueller Missbrauch und Sexuelle Gewalt

Teil I
Einführung

Sexuelle Orientierung und sexuelle Abweichung: Ein Vorwort

Sexuelle Empfindungen und sexuelle Aktivitäten hängen grundlegend mit der Befriedigung menschlicher Bedürfnisse zusammen. Sie haben eine große Variationsbreite sowohl in der Intensität des Wünschens und Erlebens als auch in den sexuellen Praktiken. Das sexuelle Verlangen kann einen Menschen gelegentlich derart überwältigen, dass dieser für Stunden, Tage oder sogar Wochen das Gefühl bekommt, nicht mehr Herr seiner selbst zu sein. Kaum ein Mensch dürfte daran vorbei kommen, sich irgendwann einmal in seinem Leben die Frage zu stellen, ob das, was er gerade in sexueller Getriebenheit herbeisehnt oder fantasiert oder was er konkret sexuell erlebt oder ausagiert, noch der Normalität entspricht oder nicht.

1.1 Auf der Suche nach den Grenzen der Normalität

Die Vielfalt und Heftigkeit sexuellen Verlangens und sexuellen Verhaltens macht es häufig schwer, die Grenzen zwischen „Normalität" und „Abweichung" eindeutig zu ziehen. Es nimmt deshalb nicht weiter Wunder, wenn genau diese Frage die gesamte Menschheitsgeschichte durchzieht. Dichter und Denker aller Zeiten waren und sind gelegentlich ihr ganzes Leben damit beschäftigt, sexuelle Grenzerfahrungen in Worte zu kleiden. Strittige Grenzfälle lösen immer wieder heftige öffentliche Diskussionen über die Angemessenheit und Unangemessenheit sexueller Gewohnheiten aus. Das war im Mythen umrankten Altertum und im finsteren Mittelalter nicht viel anders als heute. Immer schon waren und sind die Kirchen, der Staat und ihre Gerichte ständig damit beschäftigt, Normen und Regeln für akzeptierbare Sexualität zu formulieren und durchzusetzen.

1.1.1 Kurzer Blick in die Geschichte

Erst vor nicht ganz dreihundert Jahren hat auch die Wissenschaft vom Menschen damit begonnen hat, sich in diesen bereits mehr als zweitausend Jahre während Diskurs über sexuelle Normalität und sexuelle Abweichung aktiv einzuschalten. Im 18. Jahrhundert gab es die ersten Versuche, die Psychiatrie als medizinische Wissenschaft zu etablieren. Es waren aufgeschlossene Mediziner, die sich anschickten, nach Menschlichkeit, Vernunft und Recht die Schuldigen und Sünder von den Kranken zu trennen. Es ging damals jedoch nicht nur darum, der Beurteilung von Schuld und Unschuld eine humane Perspektive zu geben. Die Definition dessen, was fürderhin als gesund oder krank zu gelten habe, diente der Psychiatrie selbst als Legitimation, um als eigenständige Wissenschaft in der Medizin Anerkennung zu finden.

Im Rückblick ist nicht zu bestreiten, dass die Psychiatrie ihre Existenz wesentlich der Tatsache mitzuverdanken hat, dass sie sich anschickte, auch die sexuellen Abweichungen in „gesund" oder „krank" einzuteilen (vgl. Foucault, 1977). Eigentümlicherweise war die Masturbation eine der ersten Formen sexueller Aktivität, die in den Kanon behandelnswerter „Krankheiten" aufgenommen wurde. Sie wurde damals nicht nur mit einer durch sie bedingten „Aufweichung des Gehirns" in einen Zusammenhang gestellt. Sie galt für die Väter der Psychiatrie, wie beispielsweise Benjamin Rush (1812) in Amerika und Henry Maudsley (1867) in England, zugleich auch noch als eine der Hauptursachen für viele andere Geisteskrankheiten und körperliche Gebrechen. Unterstützt durch kirchlicherseits ausgesprochene Masturbationsverbote löste diese psychiatrische Doktrin unmittelbar kollektive Angst und Schuldgefühle aus. Und in dem Maße, wie der Kampf gegen die Masturbation weltweite Verbreitung fand, konnte sich die Psychiatrie auch in der Öffentlichkeit als ernst zu nehmende medizinische Disziplin etablieren.

Im 19. Jahrhundert nahm ganz allgemein das öffentliche und wissenschaftliche Interesse zu, sich mit der Bedeutung des Sexuellen für Gesundheit und Krankheit auseinander zu setzen. Wie die Kirche waren auch die meisten Psychiater der Auffassung, dass es für eine gesunde Persönlichkeitsentwicklung „naturgemäß" Voraussetzung sei, Sexualität nur in heterosexuellen Beziehungen auszuüben. Fast spiegelbildlich zur Positivausdeutung der Heterosexualität kam es im Übergang zum 20. Jahrhundert zur zunehmenden Psychiatrisierung der Homosexualität. Zwar hatten die ersten Sexualforscher, wie Magnus Hirschfeld (1899) und Sigmund Freud (1905), noch davor gewarnt, die Homosexualität vorschnell als Geisteskrankheit einzustufen. Bei vielen Protagonisten einer psychiatrischen *Psychopathia Sexualis* (Krafft-Ebing, 1886) fanden sie damit kaum Gehör.

Selbst von Anhängern der Psychoanalyse wurden Freuds *Drei Abhandlungen zur Sexualtheorie* (1905) offensichtlich nicht genau genug gelesen, sodass viele von ihnen unglücklicherweise dessen Ödipus-Konfiguration als Beleg für die Ablehnung der Homosexualität nutzten. Seelische Gesundheit setzte offenbar die

Überwindung des Ödipus-Komplexes voraus, womit man Freud (wie gesagt: fälschlicherweise) eben auch in die Richtung auszulegen begann, dass psychische Gesundheit ohne eine bereits nach den ersten Lebensjahren ausgebildete heterosexuell orientierte Geschlechtspartnerorientierung nicht erwartet werden konnte. Die Homosexualität galt damit als psychische Störung. Später wurde von Psychoanalytikern und Psychiatern nur mehr vorrangig darum gestritten, ob die Homosexualität als Neurose, Perversion oder als Persönlichkeitsstörung angesehen werden sollte.

Die Diskussion wirkte, auch wenn dies von ihren Protagonisten nicht in dieser Heftigkeit erwartet oder gewollt wurde, unmittelbar in anderweitige gesellschaftliche Diskriminierungsprozesse und politische wie juristische Verfolgung Homosexueller hinein. Diese wissenschaftlich legitimierte Urteilsbildung diente der Gesellschaft lange Zeit zur Rechtfertigung von Gesetzen und juristischen Maßnahmen, mit denen Millionen von Menschen bis in die jüngste Vergangenheit hinein wegen eines persönlichen Sexualverhaltens, das von den üblichen Normen abwich, Verfolgung, Angst und Demütigung erdulden mussten. In Deutschland galt dies nach dem Zusammenbruch des 3. Reiches noch bis in die 60er Jahre des letzten Jahrhunderts. In einigen, sich teilweise selbst „freiheitlich" nennenden Staaten und Kulturgemeinschaften gilt dies bis heute.

Spätestens nach den ersten Felduntersuchungen zur Sexualität des Mannes und der Frau durch Kinsey et al. (1948; 1953) hat die Masturbation in die psychologischen Schemata der Entwicklung gesunder Persönlichkeit akzeptierende Aufnahme gefunden. Und obwohl Kinsey und Mitarbeiter ebenfalls viele Belege für die weite Verbreitung einer homosexuellen Geschlechtspartnerorientierung beigebracht hatten, dauerte es noch gut zwei weitere Jahrzehnte, bis auch die Homosexualität den Status einer psychischen Störung verlor. Selbst nachdem sie Anfang der 70er Jahre offiziell aus der psychiatrischen Störungsdiagnostik gestrichen wurde, waren noch in den 80er Jahren des letzten Jahrhunderts (das ist keine dreißig Jahre her) viele Forscher und Psychotherapeuten ausgiebig damit beschäftigt, homosexuelle Menschen von ihrem vermeintlichen Leiden zu befreien.

Es muss selbstkritisch zur Kenntnis genommen werden, dass viele Kliniker ihre Diagnosegepflogenheiten erst zu ändern begannen, nachdem Schwule und Lesben selbst das Wissen der Gesellschaft über Homosexualität und ihre Einstellungen dazu änderten. Die Widerstände einzelner Wissenschaftler gegen diese aus ihrer Sicht „unverantwortliche Liberalisierung" zum vermeintlichen Schaden „psychisch gestörter Menschen" reichte noch bis weit in die 1990er Jahre (vgl. Shidlo et al., 2002). Angesichts der Stigmatisierung, Ausgrenzung und Verfolgung Homosexueller, welche die „Wissenschaft vom Menschen" in der jüngsten Geschichte mitzuverantworten hat, ist es verwunderlich, dass eine öffentliche

Entschuldigung der Sexualwissenschaftler in Psychiatrie und Psychologie gegenüber den Homosexuellen bis heute kaum zu finden ist – gerade so, als gäbe es kollektive Verantwortung und damit kollektive Schuld in der Wissenschaft nicht.

1.1.2 Sexuelle Präferenzen und die Paraphilien

Der Blick in die jüngste Vergangenheit lehrt, was es auch heute noch bedeuten kann, ein Buch über sexuelle Normalität und sexuelle Abweichung zu schreiben. Dies kann für einen Autor nur heißen, dass er sich in bewusster Absicht auf Glatteis begibt, in blindem Vertrauen darauf, nicht auszurutschen. Nicht nur das Beispiel Homosexualität zeigt, dass sowohl die gesellschaftliche Definition von sexueller Abweichung als „sexuelle Delinquenz", als auch die psychiatrische Einordnung sexueller Abweichung als „psychische Störung" einem kontinuierlichen Wandel unterliegt. Ein solcher Wandel kann sich gelegentlich in nur sehr kurzen Zeitspannen vollziehen, auch wenn er jeweils *aktuell* bemerkenswert unmerklich vonstatten geht. Heute ein Buch über die sexuelle Abweichung zu schreiben, bedeutet vielleicht, dass es morgen bereits überholt sein kann.

Störungsbezeichnungen. Angesichts dieser Perspektive hat sich denn auch meine ursprüngliche Absicht radikal geändert, ein Buch über die Paraphilien zu schreiben. Eigentlich wollte ich mich „nur" mit den unterschiedlichen Abweichungsformen sexuellen Begehrens und Handeln des Menschen auseinander setzen, für die in den aktuellen psychiatrischen Diagnosesystemen ICD-10 (WHO, 1993) und DSM-IV-TR (APA, 2000) klare Störungsbezeichnungen vorgesehen sind. Zu diesen Störungen der Sexualpräferenz zählen heute „offiziell": Fetischismus, Transvestitismus, Exhibitionismus, Voyeurismus, Frotteurismus, sexueller Masochismus, sexueller Sadismus und die Pädophilie. Bei Durchsicht der aktuellen Forschungsliteratur wurde schnell klar, dass man heute bereits ernsthaft darüber nachdenkt, weitere zwei oder drei dieser Paraphilien aus dem Kanon der „psychischen Störungen" zu streichen. Ein Buch ausschließlich über die Störungen der Sexualpräferenz wäre reichlich dürftig ausgefallen.

Schon seit längerer Zeit werden die Paraphilien in klinischen Einrichtungen sowieso eher selten als psychische Störung diagnostiziert. In den auf die Behandlung von Paraphilien spezialisierten Einrichtungen finden sich am häufigsten Pädophilie, Voyeurismus und Exhibitionismus. Andere Formen, wie der sexuelle Masochismus und der sexuelle Sadismus, werden weniger häufig gesehen, und nur ganz selten suchen Menschen mit Transvestitismus oder Frotteurismus um psychotherapeutische Behandlung nach.

Andererseits legt es der große kommerzielle Markt für paraphile Pornographie und Zubehör nahe, dass vermeintlich paraphile sexuelle Präferenzen in unserer Gesellschaft sehr verbreitet sind und dass zwischen Paraphilie als psychischer Störung und „Paraphilie" als normaler Ausdrucksform sexuellen Verhaltens fließende Übergänge bestehen. Deshalb wird vielfach argumentiert, dass paraphile Verhaltensweisen so lange keine Störungen darstellen, wie die Betroffenen nicht selbst unter ihrem Drang zur Ausübung sexueller Praktiken leiden oder die Freiheitsrechte anderer Menschen nicht verletzt und eingeschränkt werden.

Übergänge erforschen. Diese Beobachtung machte es zwingend notwendig, die Themenstellung dieses Buches zu erweitern und ernsthafter nach den Übergängen zwischen Normalität und Abweichung zu forschen. Danach können – was einige Leser möglicherweise etwas überraschen wird – heute beispielsweise jene Menschen, die eine sexuelle Vorliebe für Fetische besitzen, die dem fetischistischen Transvestitismus zuneigen oder die Freude an masochistischen Sexualpraktiken haben, nicht mehr so ohne Weiteres als psychisch gestört angesehen werden. Im Gegenteil scheinen die meisten von ihnen zu einer besonderen Gruppe von psychisch gesunden Personen zu gehören, die üblicherweise sozial bestens integriert und anerkannt sind. Sie unterscheiden sich von anderen psychisch gesunden Menschen lediglich durch einen kleinen Unterschied: nämlich durch ihre sexuellen Präferenzen, die sie üblicherweise sogar in einer entsprechend toleranten Partnerschaft zur wechselseitigen Befriedigung ausüben.

Im Bereich einer wertenden Beurteilung des vermeintlich paraphilen Verhaltens ist also genuine Kenntnis über den aktuellen Stand der Forschung sowie kontinuierlich große Behutsamkeit und Umsicht erforderlich. Die Festlegung und Definition von Paraphilien begründet sich immer damit, dass sie – gemessen an kollektiven Grundauffassungen über sexuelles Begehren und seine Befriedigung – deutliche Merkmale der Abweichung vom gesellschaftlichen Durchschnitt aufweisen. Das jedoch heißt noch lange nicht, dass sie psychische Störungen mit Krankheitswert darstellen. Im Gegenteil lässt sich gelegentlich eher beobachten, dass ein subjektives Leiden einzusetzen vermag, nachdem die Betreffenden festgestellt haben, dass ihre sexuelle Präferenz in der Psychiatrie als sexuelle Störung mit Behandlungswert gehandelt wird. Unsicherheit und Depressivität können die Folge sein. Dieses Leiden ist jedoch nicht Ausdruck einer vermeintlichen Paraphilie, sondern das Ergebnis ihrer Stigmatisierung.

1.1.3 Sexuelle Orientierung und Geschlechtsidentität

Die Auseinandersetzung mit dem Homosexualitätsdesaster in den Sexualwissenschaften ließ es lohnend erscheinen, dieses Buch auch noch für grundlegendere

Fragen zu öffnen. Eine ausführliche Beschäftigung mit den inzwischen bekannten Grundlagen der sexuellen Orientierung und mit der Entwicklung der Geschlechtsidentität schien dazu besonders gut geeignet, weil sich viele Fragen zu den sexuellen Präferenzen besser beantworten lassen.

Sex – Gender. Beispielsweise werden in öffentlichen und gelegentlich in wissenschaftlichen Diskursen die biologischen Voraussetzungen eines Menschen (englisch: Sex) kaum oder nur ungenau von ihren gesellschaftlich-kulturell möglichen Ausdrucksformen (englisch: Gender) getrennt. Interessanterweise findet sich in der deutschen Sprache auch keine geeignete Möglichkeit, zwischen Geschlecht als biologischer Voraussetzung und Geschlecht als subjektiv erlebter Identität bzw. gelebter sozialer Rolle begrifflich direkt zu unterscheiden. Insbesondere beide letztgenannten Gender-Perspektiven der Geschlechtspartnerorientierung und Geschlechtsrollenpräsentation sind jedoch bedeutsam für viele Aspekte sexueller Abweichung, insbesondere für ein Verständnis der Transsexualität und des Transvestitismus.

Geschlechtsrollen. Auch bei der Transsexualität und beim Transvestitismus handelt es sich heute um gesellschaftlich zunehmend akzeptierte Ausdrucksformen der sexuellen Orientierung und sexuellen Präferenzen. Untersuchungen zu beiden Phänomenen zeigen, dass es verkürzt oder sogar falsch wäre, Männlichkeit oder Weiblichkeit als ausschließlich getrennte oder in einer Person unvereinbare Eigenarten zu betrachten. Es liegen inzwischen hinreichend Belege aus Arbeiten über Bisexualität vor, die die Ansicht bestätigen, dass *alle* Menschen Eigenarten und Verhaltensmuster des jeweils anderen Geschlechts in sich tragen und dass die jeweilige Balance zwischen bisexuellen Eigenarten von Person zu Person erheblich zu variieren scheint.

Dies bleibt als Weiteres zu beachten, wenn es darum geht, Menschen mit Störungen der Geschlechtidentität bzw. mit Paraphilien mittels psychologischer Behandlung hilfreich zur Seite stehen zu wollen. Dabei gilt es insbesondere zu bedenken, dass sich die einmal ausgebildete individuelle Geschlechtsorientierung bzw. Geschlechtsidentität offensichtlich kaum mehr ändert oder sich nur sehr bedingt beeinflussen lässt – vom Kleinkindalter vielleicht abgesehen. Psychologische Therapie lässt sich deshalb und nach aller Erfahrung gegenwärtig nur mit Erwartungen verbinden, die sich auf eine Änderung der interpersonellen oder objektbezogenen Sexualpraktiken (also der Geschlechts-Rollenpräsentation und der aktiv ausgeübten sexuellen Handlungen) beziehen – zum Beispiel, um diese gegebenenfalls aus dem Bereich der Devianz oder Delinquenz in jenen mit gesellschaftlich akzeptierbaren Ausdrucksformen und Handlungsmustern zurückzunehmen.

Abweichend vs. normal. Lassen sich nun mit Blick auf die angedeuteten Schwierigkeiten und Definitionsprobleme akzeptable Unterscheidungen zwischen Normalität, psychischer Störung und Delinquenz überhaupt vornehmen? Dies scheint gegenwärtig nur möglich, wenn man im Auge behält, dass Festlegungen jeder Art nur kontext- und kulturabhängig vorgenommen werden können. Sie verändern sich deutlich bereits über kurze Zeitspannen hinweg und dürfen deshalb nur als grobe Annäherungen behandelt werden. Schließlich hängen sie auch noch eng mit Unterschieden einiger individueller Vorstellungen über Qualität und Ästhetik sexuellen Begehrens und Handelns zusammen, die nur selten das Licht der Öffentlichkeit erblicken.

1.1.4 Sexueller Missbrauch und sexuelle Gewalt

Angesichts dieser Frage sah ich mich schließlich mit dem Problem konfrontiert, doch noch ausführlicher über die devianten Aspekte der Paraphilien im engeren Sinne auf andere Weise hinauszublicken. Nicht nur um der Vollständigkeit Willen ist deshalb noch ein weiterer Buchteil (IV) notwendig geworden, der den Ursachen und Hintergründen des sexuellen Missbrauchs von Kindern und der sexuellen Gewalt gegen Frauen gewidmet ist. Dass dieser Buchteil letztlich der längste geworden ist, hängt unter anderem damit zusammen, dass gerade in diesem Bereich das empirische Wissen in den letzten Jahren geradezu explosionsartig angewachsen ist. Hätte ich vor Abfassung der letzten Kapitel dieses Buches geahnt, welche Lektürenotwendigkeit ich mir damit aufgebürdet habe, hätte ich dieses Thema gar nicht erst angerührt. Jetzt, im Nachhinein, bin ich froh, habe ich doch selbst viel Neues dazu gelernt, was ich gern an die Leser weiter geben möchte.

Bei sexuellem Missbrauch und sexueller Gewalt handelt es sich um sozial und gesellschaftlich nicht mehr akzeptierbare Verhaltensweisen, die als solche in fast jeder Gesellschaftsform oder kulturellen Gemeinschaft als unerwünschtes Gebaren und als Verstoß gegen die guten Sitten angesehen werden. Dennoch sind auch in diesem Feld immer noch eine Reihe von Fragen offen und ungeklärt. Diese Unklarheiten werden im Bereich sexueller Delinquenz durch ein Nebeneinander von soziologischen, politischen, strafrechtlichen, kriminologischen, medizinischen und psychologischen Aspekten bestimmt. Dieses Nebeneinander hat natürlich seine Berechtigung, weil die hinter diesen Aspekten stehenden Disziplinen und Institutionen mit ihren auch wechselseitig geführten Diskursen die gesellschaftliche Entwicklung insgesamt fruchtbringend voranbringen können.

Denn bei den mehr oder weniger kontrovers geführten Auseinandersetzungen zwischen unterschiedlichen Wissenschaftsdisziplinen, den gesellschaftlich-rechtsstaatlichen Instanzen und auch noch in der medialen Öffentlichkeit stehen häufig sehr brisante, weil gesellschaftlich bedeutsame Fragen im Vordergrund: Wie kann man die Gesellschaft effektiv vor Sexualstraftätern schützen? Wie können die Täter identifiziert und sicher untergebracht werden? Wo liegt das „hinreichend geringe Risiko" für Straflockerungen, das es erlaubt, die Täter zu erproben und mit ihrer Resozialisierung zu beginnen? Sollten die Täter ausschließlich bestraft werden oder sind psychotherapeutische, soziotherapeutische oder weitere medizinische Maßnahmen sinnvoll, weil zum Beispiel eine psychische Störung vorliegt?

Mehrdimensionale Behandlungsprogramme. Schließlich kann heute festgestellt werden, dass sich immer dort, wo eine Bestrafung von Sexualstraftätern durch sozialtherapeutische, psychologische und psychotherapeutische Behandlungsmaßnahmen ergänzt wird, das Rückfallrisiko beträchtlich reduzieren lässt. Und Konzeptentwicklungen, wie sie aktuell – und zwar weltweit – beobachtbar sind, wecken deutliche Erwartungen an weitere Fortschritte. Dies liegt u.a. an Initiativen, die einige engagierte Forschergruppen zielstrebig in die Richtung der Entwicklung mehrdimensionaler Behandlungsprogramme vorangetrieben haben. Zudem gibt es eine Reihe von Versuchen, die inzwischen vorhandene Expertise und Kompetenz in diesem Feld möglichst aufeinander zu beziehen und weltweit zu vernetzen.

1.2   Zum Aufbau des Buches

Nach einem historischen Abriss zur Geschichte sexueller Anpassung im Abendland wird im Teil II der Frage nachgegangen, wie es beim Menschen zu Unterschieden in der sexuellen Orientierung und in der Entwicklung einer Geschlechtsidentität kommen kann. Weiter werden die inzwischen bekannten Hintergründe der Geschlechtspartnerorientierung mit vielfältigen Varianten zwischen „heterosexuell – bisexuell – homosexuell" Thema sein. Es werden empirische Ergebnisse vorgestellt und Hypothesen diskutiert, warum sich unter den Menschen in völlig normaler Weise eine so große Spannbreite von Zwischenstufen zwischen Heterosexualität und Homosexualität finden lässt.

Bereits in der frühen Kindheit lässt sich gelegentlich beobachten, dass Jungen nicht gern Jungen, sondern lieber Mädchen sein möchten, wie es auch umgekehrt Mädchen gibt, die mit ihrem biologischen Geschlecht unzufrieden und unglücklich sind. Diese Auffälligkeiten werden in den psychiatrischen Diagnosesystemen als „Störungen der Geschlechtsidentität" bezeichnet und stellen in gewissen Grenzen Prädiktoren für die Homosexualität und den Transsexualismus dar. Sie werden gegenwärtig unter der Bezeichnung Transgenderismus intensiv untersucht und erforscht. Geschlechtsidentitätsstörungen lassen sich auch bei Menschen beobachten, bei denen sich das Geschlecht wegen biologischer Ursachen gelegentlich nicht eindeutig bestimmen lässt. Die wichtigsten dieser Syndrome, die unter dem Oberbegriff Intersexualität zusammengefasst werden, werden in Kapitel 5.3 dargestellt.

1.2.1 Grundlagen und Auswirkungen sexueller Abweichung

Teil III ist den sexuellen Präferenzen, Vorlieben und Interessen sowie den damit zusammenhängenden sexuellen Störungen, den Paraphilien, gewidmet. Für die Paraphilien war bis vor wenigen Jahrzehnten offiziell auch noch der Oberbegriff „Perversionen" üblich, und zu den Perversionen wurde auch die homosexuelle Geschlechtspartnerorientierung hinzu gerechnet. Nachdem die Homosexualität aus dem Kanon der psychischen Störungen gestrichen worden war, kam eine heftige Diskussion darüber in Gang, wie zukünftig diagnostisch mit den übrigen Perversionen zu verfahren sei. Der aktuelle Stand der Diskussion wurde bereits in der Wahl der Kapitelüberschriften zum Ausdruck gebracht, und es wurde eine grobe Unterscheidung vorgenommen: Zunächst werden die als „nicht mehr problematisch" angesehenen Paraphilien Fetischismus und Transvestitismus dargestellt, anschließend die „eher problematischen und gefahrvollen" Paraphilien. Zu den letzteren zählen jedoch noch zwei Varianten, die heute ebenfalls als „nicht mehr problematisch" angesehen werden, nämlich der Sexuelle Masochismus und die nicht gefahrvolle Variante des Sexuellen Sadismus.

Sexualdelinquenz. Bei den übrigen in Kapitel 8 dargestellten Varianten handelt es sich um sexuelle Präferenzen, die heute als Sexualdelinquenz gelten und zur polizeilichen Anzeige, Verfolgung und gerichtlichen Verurteilung führen können, wenn sie gegen die sexuelle Selbstbestimmung anderer Menschen gerichtet sind. Juristisch lassen sich paraphile Sexualdelikte grob danach unterscheiden, ob es sich einerseits um Sexualstraftaten ohne Körperkontakt handelt (Voyeurismus, Exhibitionismus). Die übrigen gefahrvollen Paraphilien setzen üblicherweise Körperkontakt voraus und führen entweder zu sexueller Nötigung und Gewalt zumeist gegen Frauen (gefährlicher sexueller Sadismus) oder erfüllen den Tatbestand des sexuellen Missbrauchs von Kindern (Pädophilie).

Sexueller Missbrauch, sexuelle Gewalt. In Teil IV erfolgt eine Auseinandersetzung mit den Phänomenen des sexuellen Missbrauchs von Kindern und der sexuellen Gewalt (zumeist) gegen Frauen. In nur wenigen Fällen sexueller Übergriffe lassen sich bei den Tätern Paraphilien diagnostizieren, sodass sexuelle Störungen in den meisten Fällen als Einflussgröße auszuschließen sind. Die möglichen

Ursachen sexueller Gewalt sind so vielfältig, dass diese nach und nach in völlig unterschiedlich strukturierten Kapiteln unter immer neuen Perspektiven dargestellt werden. Zunächst wird eine deliktorientierte Darstellung der Phänomene vorgenommen:

► Zahlen zur Häufigkeit und Verbreitung
► unterschiedliche Formen und Eigenarten des sexuellen Missbrauchs von Kindern
► die Unterschiedlichkeit sexueller Gewalt gegen Frauen
► sowie die neuerlich diskutierte Auffälligkeit des so genannten Stalking, d.h. die Verfolgung anderer Personen aus sexuellen (und anderen) Motiven.

In einem zweiten Annäherungsversuch wird die Deliktperspektive verlassen. Es wird nach klinischen Ordnungsmustern sexuellen Missbrauchs und sexueller Gewalt gefragt, die sich in der psychiatrischen und klinisch-psychologischen Forschung inzwischen als erklärungsrelevant für sexuellen Missbrauch und sexuelle Gewalt haben finden lassen. Es wird einerseits erneut die Frage zu beantworten sein, welche Bedeutung den Paraphilien zugesprochen werden darf. Andererseits sind inzwischen eine Reihe weiterer psychischer Auffälligkeiten und Störungen bekannt, die sich bei Sexualstraftätern beobachten lassen:

► Störungen der Impulskontrolle
► Soziale Ängste und Phobien
► Stimmungsstörungen und Depression
► Alkoholmissbrauch und Alkoholabhängigkeit
► Persönlichkeitsstörungen.

Die in den Kapiteln 9 und 10 dargestellten heterogenen Ursachen und Hintergründe sexuellen Missbrauchs und sexueller Gewalt wurden inzwischen von unterschiedlichen Forschern in so genannte integrative Erklärungsmodelle für Sexualdelinquenz überführt. Die wichtigsten dieser Perspektiven werden in Kapitel 11 dargestellt:

► Evolution und Biologie als Voraussetzung
► Mangel an sozialen Fertigkeiten
► Störungen der Sexualpräferenz
► Fehlregulation im emotionalen Erleben und Handeln
► kognitive Defizite und Störungen.

1.2.2 Behandlungskonzepte

Über das gesamte Buch hinweg immer wieder eingefügt wurden Kapitel zur psychologischen und psychotherapeutischen Behandlung. Dabei wurde eine wichtige Unterscheidung dahin gehend vorgenommen, dass einzelne dieser Behandlungsansätze ausdrücklich als *affirmative* Psychotherapie und Beratung gekennzeichnet wurden und andere nicht. Diese Empfehlung zur affirmativen, das heißt (unter-)stützenden Therapie wurde für folgende Bereiche vorgeschlagen:

▶ für Probleme mit der Geschlechtspartnerorientierung (Bisexualität, Homosexualität, Heterosexualität),

▶ für die Geschlechtsidentitätsstörungen, für die Transsexualität und für die Intersexualität.

▶ Affirmative Behandlungs- und Beratungskonzepte finden sich beim Fetischismus und Transvestitismus sowie beim Sexuellen Masochismus.

Diese Kennzeichnung unterstreicht, dass es in den gemeinten Bereichen heute nicht mehr darum gehen kann, die jeweils zugrunde liegenden sexuellen Abweichungen (weg) zu behandeln. Diese Akzentsetzung geschieht unter anderem auch deshalb, weil es in der Forschung in diesen Bereichen bis heute nicht gelungen ist, auch nur ansatzweise den empirisch haltbaren Nachweis zu erbringen, dass sich die jeweils gemeinten sexuellen Abweichungen mittels psychologischer Therapie hätten „beheben" oder etwa in Richtung einer vermeintlichen Normalität bzw. Heterosexualität hätten „umkehren" lassen. Vielmehr wird es mittels unterstützender Therapie und Beratung darum gehen, den Betroffenen Möglichkeiten zu eröffnen, wie sie in unserer heutigen Gesellschaft mit ihrer jeweiligen sexuellen Orientierung ein befriedigendes Leben führen können.

Rückfallprävention, Ressourcenorientierung. Selbst in Bereichen, in denen eine ausdrückliche Empfehlung in Richtung affirmative Therapie und Beratung nicht vorgenommen wurde, stellen sich Therapieforscher zunehmend die Frage, ob die sexuellen Präferenzen selbst die richtigen Veränderungsziele einer Psychotherapie darstellen. Gesucht wird inzwischen vielmehr nach Wegen, wie sich diese – insbesondere im Bereich der Sexualdelinquenz – auf ein Maß zurücknehmen lassen, dass es zukünftig nicht mehr zu sexuellen Übergriffen und Rechtsverletzungen kommt. Zwei Stichworte bekommen dabei eine zunehmend wichtigere Bedeutung: die Rückfallprävention und die Ressourcenorientierung. Beide Aspekte werden im Schlusskapitel dieses Buches über die psychologische Behandlung von gefährlicher Sexualdelinquenz ausführlich diskutiert. Metaanalysen der letzten Jahre zu den Behandlungswirkungen und Behandlungserfolgen bei Sexualdelinquenten, auf die wir in Kapitel 12.1 ausführlich eingehen werden, lassen heute unzweifelhaft folgende Schlüsse zu, die zukünftig sehr ernst genommen werden sollten:

▶ Ausschließlich einsichtsorientierte Psychotherapie, sei diese psychoanalytisch, psychodynamisch oder gesprächspsychotherapeutisch ausgerichtet, sollte mit Sexualdelinquenten mangels Effizienz zukünftig nicht mehr mit dem Ziel einer tiefgreifenden Veränderung durchgeführt werden.

► Sexuelle Präferenzen lassen sich nicht mit einer klassisch verhaltenstherapeutisch orientierten Symptombehandlung wegbehandeln; ausschließlich symptomorientierte Behandlungstechniken sollten deshalb zukünftig nicht mehr zur Anwendung kommen.

► In jeder Behandlung von Sexualdelinquenten sollte die systematische Einübung der Betroffenen in Möglichkeiten der selbst kontrollierten Rückfallprophylaxe einen zentralen Stellenwert einnehmen.

► In der Behandlung von Sexualdelinquenten sollten möglichst so genannte multimodale Behandlungskonzepte zum Einsatz kommen, in denen unterschiedliche Behandlungsziele mit unterschiedlichen Behandlungsverfahren angestrebt werden.

Praktikable Fortschritte wurden in den vergangenen Jahren durch ein systematisches Rückfallvermeidungstraining der Sexualdelinquenten und durch den Einsatz so genannter multimodaler Behandlungsansätze erreicht, die den Problemen sexuellen Missbrauchs und sexueller Gewalt möglichst in ihrer Breite entsprechen. Zur weiteren Absicherung werden in jüngster Zeit vermehrt Ziele angesteuert und Kompetenzen vermittelt, die es den Sexualdelinquenten ermöglichen, nach Entlassung aus Gefängnis oder forensischer Psychiatrie ein sorgenfreies und befriedigendes Leben zu führen. Für diesen jüngsten Perspektivwechsel in der psychologischen Behandlung von Sexualdelinquenz, der sich um eine ausgewogene Balance zwischen Erwartungen der Gesellschaft (Rückfallprävention) und Bedürfnissen der Sexualstraftäter (Wiedereingliederung) bemüht, wird zunehmend häufiger der Begriff Ressourcenorientierung eingesetzt. Im Schlusskapitel dieses Buches werden die Bausteine einer ressourcenorientierten Breitspektrumbehandlung von Sexualstraftätern dargestellt.

Eine kleine Anmerkung noch: In diesem Buch ist in der überwiegenden Zahl der Fälle von Lesern, Autoren, Patienten und Therapeuten in der männlichen Variante die Rede. Dies schließt – wo dies nicht anders vermerkt wurde – immer zugleich ein, dass mit dem Gesagten genauso Frauen gemeint sind. Es erhöht meines Erachtens die Lesbarkeit, wenn nicht durchgängig von AutorInnen, PatientInnen oder – weil richtiger – von Diagnostiker/inn/en gesprochen wird. Außerdem war es nur so möglich, gelegentlich deutlicher herauszuarbeiten, dass viele Begriffsetzungen und Diagnosen mit einem unschönen Geschlechtsbias behaftet sind – bei den sexuellen Präferenzen und Orientierungen des Menschen gelegentlich sogar in mehrere Richtungen.

Dank

Zum Schluss dieser Einführung möchte ich gern jene namentlich nennen, die das Buch ganz oder Teile daraus kritisch durchgesehen haben, allen voran Friedemann Pfäfflin und Eckard Umann. Beide haben sich der Mühe unterzogen, das gesamte Manuskript Satz für Satz zu begutachten. Und sie haben ihr Versprechen, dies zu tun, auch noch eingehalten, nachdem ich ihnen mitteilen musste, dass aus den geplanten 350 mehr als 600 Manuskriptseiten geworden waren. Sie haben mir teils freundschaftlich, teils vehement – wie man so schön sagt: – „ordentlich das Fell über die Ohren gezogen", mir zusätzliche Lektürepflichten aufgebrummt und mich mit ihrer substanziellen Kritik erfolgreich in weitere Denkwelten gelockt. Ihnen ist es zu verdanken, dass der ursprüngliche Text deutlich an Umfang verloren und ein neues Gesicht bekommen hat. Eine spätere Überarbeitung haben dann Andreas Marneros und erneut Eckhard Umann kritisch durchgesehen und mich auf weitere Unstimmigkeiten aufmerksam gemacht. Weiter zu nennen sind hier Reiner Bastine, Peter Fricke, Philipp Hammelstein, Jürgen Hoyer, Frieder Kapp, Ingo-Wolf Kittel, Birgit Römer-Wolf, Babette Renneberg und Claudia Theilmann-Braun, die sich vorab bestimmte Kapitel ausgesucht und begutachtet haben. Insgesamt hat das Buch durch die zahlreichen Mitleser und Mitdenker an Klarheit gewonnen, wofür ich allen sehr zu Dank verpflichtet bin. Mühevolle Arbeit habe ich mit dem Gesamtwerk auch den Mitarbeiterinnen im Lektorat der Beltz PVU bereitet, namentlich Monika Radecki. Wie mir scheint, ist ihnen die technische Aufbereitung und formale Gestaltung des Buches hervorragend gelungen. Ich bin inzwischen selbst überzeugt, dass das Buch die Hoffnungen weitgehend erfüllen kann, die offensichtlich alle Genannten mit diesem Projekt verbinden.

Heidelberg, im Januar 2004   Peter Fiedler

2 Zur Geschichte sexueller Anpassung im Abendland

Natürlich kann keine Gesellschaft ohne ein bestimmtes Minimum von Sexualgesetzen bestehen, weil bestimmte Arten sexuellen Verhaltens mit Gewalt, Erniedrigung, Ausbeutung oder Freiheitsberaubung verbunden sind und die Opfer solchen Verhaltens gesetzlichen Schutz verdienen. Im Vergleich der Epochen und sich wandelnder Kulturen lässt sich nun jedoch unschwer feststellen, dass sehr unterschiedlich beurteilt wurde, wann ein Mensch durch sexuelle Handlungen zu Schaden kommt. Dies nach wie vor vorhandene Problem macht deutlich, dass sich moralische Ablehnung, soziale Ausgrenzung und rechtliche Verfolgung sexueller Praktiken auch dann beobachten lassen, wenn es gar keine „Opfer" gibt. Bis in die Gegenwart hinein gibt es vielerorts Gesetze, die sexuelle Handlungen selbst dann unter Strafe stellen, wenn sich keine der beteiligten Personen in ihrer Freiheit eingeschränkt bzw. sich subjektiv geschädigt fühlt. Gerade im Bereich der Sexuellen Präferenzen bzw. ihrer psychischen Störungen als sog. Paraphilien (→ 6) finden sich eine Reihe von Handlungen, die unter Partnern einvernehmlich vorgenommen werden. Kein Beteiligter würde Anzeige erstatten, keiner vor Gericht als Zeuge aussagen wollen.

Relative Begriffe und gesellschaftliche Definitionen. Vielleicht liegt einer der wesentlichen Fortschritte der so genannten Sexuellen Revolution im letzten Jahrhundert darin begründet, dass in den meisten westlichen Ländern tatsächlich viele oder alle Gesetze abgeschafft wurden, die gegen einvernehmliche Sexualität im privaten Bereich und damit gegen „Straftaten ohne Opfer" gerichtet waren. Das ist jedoch bei weitem noch nicht überall der Fall. Außerdem wäre es viel zu verkürzt, die Paraphilien ausschließlich unter der Perspektive sich rasch wandelnder judikativer Normen in der modernen Gesellschaft zu betrachten. Historisch sind sexuelle Anpassung und sexuelle Abweichung, sexuelle Störung und sexuelle Delinquenz immer schon relative Begriffe. Ihr konkreter Inhalt hängt jeweils vom gesellschaftlich-kulturellen Zusammenhang ab: Bei vielen Formen der sexuellen Abweichung handelt es sich einerseits um sozial konstruierte Kategorien und andererseits um ein spezifisch menschliches Sexualverhalten, das sich im Tierreich nicht oder nur selten beobachten lässt und das deshalb einem langwierigen gesellschaftlichen Definitionsprozess unterzogen werden musste.

Die definitorische Festlegung, was angepasstes und unangepasstes Sexualverhalten ist und damit seine Tolerierung wie Disziplinierung durch die Gesellschaft bestimmt, kann durch unterschiedliche Begründungen und Instanzen erfolgen (Haeberle, 1983):

▶ durch religiöse Gemeinschaften bzw. Sekten und ihre Führerpersönlichkeiten, die sich gelegentlich als Sprecher und Ausführungsorgan einer „höheren" Moral verstehen,

▶ durch den „Rechtsstaat" nach vermeintlichem oder realem „Willen des Volkes" mit Mitteln der Legislative und Jurisdiktion,

▶ durch die „Wissenschaft", dort vor allem durch die Mediziner und Psychologen, die sich redlich bemühen, Grenzen zwischen „gesund" oder „krank" oder „gestört" zu ziehen.

Das gesellschaftliche Alltagsbewusstsein folgt den von dort vorgenommenen Regularien nur sehr zögerlich: Auch wenn sich in diesem Dreigestirn *eine* Perspektive, z.B. die wissenschaftliche Beurteilung wandelt, ist der im Privaten unauffällig bleibende Fetischist nicht automatisch nur ein sonderlicher Kauz, der nunmehr ein Recht hat, in Frieden gelassen zu werden. Veränderungen in einem Bereich ziehen nicht automatisch Veränderungen in den zwei anderen nach sich. Trotz der gewonnenen rechtlichen Anpassung an eine Norm kann die vermeintliche Abweichung unter einer der beiden anderen Perspektiven deutlicher werden oder sich sogar verschärfen. Und die sich dadurch ergebenden neuen Konflikte werden vermutlich nur unmerklich entschärft, wenn einzelne Psychotherapeuten religiöse Auffassungen reflektieren, wenn Gutachter offen Justizkritik üben oder wenn Geistliche medizinisch-psychologische Überlegungen in die Bewertung paraphilen Verhaltens einbeziehen.

Kritik an Begrifflichkeiten. In der gegenwärtigen Klassifikation und Bewertung sexuell abweichenden Verhaltens wurden zwar die vermeintlich altmodischen Bezeichnungen Perversion, Aberration oder Deviation wegen ihrer moralistischen Ursprünge und Implikationen durch den scheinbar unverfänglicheren Begriff der Paraphilie ersetzt. Bei genauem Hinsehen ist diese Bezeichnung allerdings nicht weniger ideologisch als alle anderen, gibt es offenkundig „natürliche" Sexualpraktiken (die Euphilien) neben einer Reihe konkret benennbarer Sonderformen, die sozial-gesellschaftlich weniger akzeptiert sind und eben deshalb „Behandlungswert" besitzen können, wenn sie nicht vielleicht juristisch geahndet werden müssen. Wo die Verletzung sexueller Normen als juristisches Problem definiert wird, erscheinen sexuelle Anpassung als „Rechtsbeachtung" und sexuelle Abweichung als „Rechtsverletzung". Und wo sexuelle Deviationen in psychiatrischen Klassifikationssystemen namentlich geführt werden, ist zu erwarten, dass sie von außen betrachtet insgesamt als „psychische Störungen" aufgefasst werden. Moral hin, Rechtsauffassung her.

In vielen moralischen, judikativen wie auch medizinisch-psychologischen Überzeugungen, die heute vertreten werden, spiegeln sich Ansichten, Umstände oder kollektive Erfahrungen längst vergangener Zeiten wider. Sexualität ist offensichtlich immer nur im sozialen Wandel zu erfassen und zu begreifen (Clement, 1986). Insbesondere was den gesellschaftlichen Umgang mit Abweichungsformen der sexuellen Orientierung und sexuellen Präferenzen betrifft, lohnt es sich deshalb, einige Hintergründe und Auffassungen dazu anhand der historischen Wurzeln unserer sexuellen Kultur nachzuzeichnen (teilweise orientiert an Ausarbeitungen zur Geschichte der Sexualität bei Haeberle, 1983, und bei Foucault, 1976; 1999).

2.1 Vom Altertum zum Mittelalter: Moral und das Recht der Natur

Von alters her waren philosophisch theoretisierende Moralvorstellungen, vor allem aber religiöse Glaubensauffassungen, die wichtigsten Grundlagen für die weltliche Gesetzgebung und allgemeine Rechtssprechung. Verbrecherische Handlungen waren zumeist gleich bedeutend mit sündhaftem Verhalten. Und wo für die Durchsetzung von Gesetzen Menschen notwendig waren, führten sie im Grunde genommen nur den Willen Gottes oder anderer höherer Mächte aus. Natürlich unterschieden und unterscheiden sich „göttlich inspirierte" Gesetzestexte erheblich von Kultur zu Kultur. Wird jedoch Sexualverhalten bestraft, dann häufig nicht nur, weil es anderen schade, sondern auch, weil es von Unglauben zeuge. Unglauben ist in Gesellschaften, die ihre Legislative auf religiöse Grundsätze gründen, nicht tolerierbar, seine Verhinderung und Verurteilung religiöse Pflicht, und jedes von Menschen entwickelte Strafmaß, das gegen Unglauben angewandt wird, scheint moralisch gerechtfertigt. Religion war bis in die Neuzeit hinein die einflussreichste moralische Macht im privaten wie im öffentlichen Leben.

2.1.1 Griechenland und Rom

Die antiken Griechen waren noch der Ansicht, dass fast alle ihre Götter ein lebhaftes und vielseitiges Liebesleben hatten. Entsprechend wurden Götter und Göttinnen der Fruchtbarkeit, Schönheit und sexuellen Freuden in besonderen Tempeln und zu besonderen Anlässen mit orgastischen Feierlichkeiten verehrt. Jugend und körperliche Schönheit wurden bewundert, und junge Körper wurden gern und nur wenig oder gar nicht bekleidet stolz gezeigt. Sexuelle Enthaltsamkeit war noch keine moralische Größe. Jedenfalls ist in den klassischen griechischen Texten kein besonderes Wort für Keuschheit zu finden.

Eros und Aphrodite. Im antiken Griechenland versinnbildlichte der junge und kraftvolle Gott Eros Liebe und sexuelles Verlangen. Je nach Lust und Laune konnte er von Menschen Besitz ergreifen. Jeder Widerstand gegen eine solche Inbesitznahme wäre zwecklos gewesen. Dies betraf auch das homosexuelle Begehren, insbesondere die Päderastie, also die sexuellen Handlungen zwischen einem erwachsenen Mann und einem Jungen oder männlichen Jugendlichen. Die Betonung lag auf dem sexuellen Verlangen, nicht auf seinem Objekt, wie dies auch heute noch in einem griechischen Sprichwort überliefert ist: „Der Gott der Liebe wohnt im Liebenden, nicht im Geliebten." Dies erklärt vielleicht, weshalb den Griechen eine große Toleranz in sexuellen Dingen nachgesagt wird. Jedenfalls ist eine öffentliche Verfolgung oder Bestrafung abweichender Sexualität nicht überliefert.

Die Ansicht großer Toleranz stimmt jedoch nur teilweise (vgl. Veyne, 1984). Viele politische Denker waren durchaus puritanisch und hegten gelegentlich die Befürchtung, dass ausschweifende Sexualität den Bürger-Soldaten verweichlichen könne. So hatte Platon (427–347 v.Chr.) die Päderastie zwar befürwortet: „Alle, die Stücke des Männlichen sind, folgen dem Männlichen, und als Knaben lieben sie, weil sie ja Teile vom Männlichen sind, die Männer, und sind froh, wenn sie bei den Männern liegen und sie umarmen" (387 v.Chr.; 1992, S. 58 f.). Andererseits hatte er die Päderastie auch als nicht ganz der Natur gemäß angesehen, da die Tiere (wie er – fälschlicherweise – glaubte) sich nie mit ihrem Geschlecht vereinigen. Dennoch war sie für Platon nicht gegen die Natur gerichtet. Sie ging lediglich über das hinaus, was die Natur fordere. Nicht die homosexuelle Person war für Platon wider die Natur, nur die Leidenschaft des Aktes, den diese vollzog. Andererseits: Abscheu, Angst oder „heilige Schauder" vor Päderasten gab es nicht, dazu war die Homophilie in den griechischen und später römischen Texten allzu gegenwärtig. Schließlich war Platon auch davon überzeugt, dass die Homosexualität unter Soldaten für Kameradschaft und Zusammenhalt wichtig war.

Amor und Venus. Antike Schriftsteller formulierten ihre Anmerkungen zur Homophilie gern in satirischer und ironischer Weise, und zwar in gleicher Weise, wie sie sich schlüpfrige Anspielungen überhaupt erlaubten – auch gegenüber Personen, die ausschließlich heterosexuelle Beziehungen bevorzugten. Dabei kann man übrigens zwischen griechischen und römischen Autoren kaum Unterschiede ausmachen. Und nur deshalb wissen wir auch, dass Vergil (70–19 v.Chr.) ausschließlich an Knaben Gefallen fand, Kaiser Claudius an Frauen (10 v.– 54 n.Chr.), was ihm zum Verhängnis wurde, weil seine Gattin ihn vergiftete.

Auch in der Selbstdarstellung des eigenen Geschlechtslebens finden wir kaum Mitteilungen über Scham und Schuld: Horaz (65–8 v.Chr.) sagt wiederholt und nicht ohne Stolz, dass er beide Geschlechter liebe, und Cicero (106–43 v.Chr.) hat die Küsse besungen, die er von den Lippen seines Sklavensekretärs raubte.

So wurden auch noch im antiken Rom viele Formen der Sexualität, die aus heutiger Sicht eher Befremden auslösen würden, als von Göttern vorbestimmt und daher als gut befunden. Die griechischen Gottheiten Eros und Aphrodite wurden von den Römern als Amor und Venus verehrt. Homosexualität wurde zwar nicht mehr idealisiert, dennoch als normal und natürlich angesehen. Andererseits legte sich auch ein Schatten auf die „römische Seele", als nämlich – vor allem in der Kaiserzeit – zunehmend über sexuelle Grausamkeit und Brutalität berichtet wird.

Im Laufe der Zeit erscheint die Sexualität bei den Römer überhaupt roher und vulgärer, als dies von den Griechen überliefert wurde. Vielleicht liegt hierin begründet, weshalb das asketische Denken und die Diskussion moralischer Sexualvorstellungen – als politische Gegenbewegung gegen die römische Lebensweise – gegen Ende der Antike beliebter wurde. Jedenfalls fanden, beginnend etwa zur Lebenszeit Jesu, Philosophen zunehmend breite Anhängerschaft, die sexuelle Askese, Reinheit und Tugend predigten. Einer der Prominenten war der mystische Philosoph Plotin (204–269), der bereits eindringlich forderte, dass doch „die wahren Denker die Schönheit der Knaben und der Frauen endlich verachten mögen" (Enneaden, II, 9, 17). Dieses Umdenken einiger Wortführer ging in gewisser Hinsicht Hand in Hand mit Vorstellungen, mit denen die frühen Denker des Christentums eine grundlegende moralische Wende einleiten sollten.

2.1.2   Das alte Israel

Sitten, Rechte und religiöse Vorstellungen des alten Israel sind im Alten Testament der Bibel sorgfältig dokumentiert – und sie spielen deshalb auch noch heute in einigen religiösen Gruppierungen eine wichtige Rolle. Viele Passagen machen deutlich, dass das Volk Israel zwar die Fortpflanzung als ein Hauptziel der Sexualität betrachtete, dass andererseits zugleich eine hohe Meinung von sexueller Lust vertreten wurde. Diese wurde insbesondere zurzeit des Königs Salomon (972–932 v.Chr.) öffentlich vertreten, unter dessen Regierung Israel eine besondere Zeit der kulturellen Blüte erlebte. Zwar sollten sich Männer und Frauen nicht nackt zeigen, was als beschämend und peinlich angesehen wurde. Lebendige Sexualität jedoch galt seither als Tugend, an der es sich zu erfreuen galt – wenngleich mit der strikten Einschränkung, dass sie vorrangig der Fortpflanzung zu dienen habe.

Die Geschichte Israels ist von Anbeginn an eine Geschichte des Kampfes um nationale Identität und um das Überleben. Entsprechend war die religiös fundierte Gesetzgebung einschließlich jener zur Sexualität darauf hin ausgelegt, das „auserwählte Volk" vor einem Bevölkerungsrückgang, vor religiöser Ketzerei und vor „Verunreinigung" durch Fremde und fremde Gebräuche zu schützen. So forderte das Gesetz das ausschließliche Primat des (ehelichen) Koitus gegenüber allen anderen sexuellen Handlungen. Jede Sexualität, die nicht der Fortpflanzung diente (d.h. auch die Selbstbefriedigung), stand im Widerspruch zum Willen Gottes, galt als „widernatürlich" und war damit gesetzeswidrig. Homosexualität und sexueller Kontakt mit Tieren wurde mit dem Tode bestraft (3. Moses 20, 13 und 15).

Diese religiös motivierte Intoleranz hatte handfeste politische Hintergründe. Israel war von Völkern umgeben, die zahlreiche Götter und Götzen verehrten und bei denen es nicht unüblich war, vielfältigste Formen sexueller Handlungen zum Bestandteil dieser Verehrung zu machen. Zur Absicherung der monotheistischen Religion wie der nationalen Identität wurde die Sexualität ohne das Ziel der Fortpflanzung dem Götzendienst gleichgesetzt und wie eine schwere religiöse Verfehlung geahndet. Später, etwa zur Lebenszeit Jesu, entwickelten bestimmte extreme religiöse Gemeinschaften, wie die Essener, noch strengere asketische Ideale, die jedoch für die jüdische Kultur in ihrer Gesamtheit zu keiner Zeit kennzeichnend waren.

2.1.3 Die Katholische Kirche

Überhaupt entstanden zu Zeiten Jesu im Römischen Reich zahlreiche asketische religiöse Bewegungen. Einige Wortführer forderten dazu auf, jeglicher sexueller Freude zu entsagen. Sie betrachteten den menschlichen Körper als „unrein" und verlangten seelenreinigende Enthaltsamkeit und Keuschheit, gelegentlich sogar, den eigenen Körper zu missachten, zu kasteien oder ihn, um der „reinen Seele" willen, darben zu lassen.

Jesus und sein Missionar Paulus. Von solchen asketischen Vorstellungen ist in den Überlieferungen zum Wirken Jesu wenig zu finden. Weder rühmte noch verdammte er das sexuelle Begehren. Vielmehr predigte er seinen Zuhörern, insbesondere Außenseitern der Gesellschaft mit Toleranz und Vergebung zu begegnen, und davon nahm er jene nicht aus, die sexueller Vergehen bezichtigt wurden (Lukas 7, 36–50; Johannes 8, 1–11). Erst in den Briefen des Christus-Nachfolgers und Missionars Paulus an die Römer (1, 26–27) und Korinther (1. Brief 7, 38) findet sich erneut eine strenge Verurteilung der Homosexualität. Damit schließt er den Bogen zur jüdischen Tradition. Andererseits fordert er, dem Zeitgeist entsprechend, ebenfalls zur Enthaltsamkeit und Keuschheit auf – bis hin zur einflussreichen Erklärung, dass das Zölibat über die Eheschließung erhaben sei (1. Korinther 7). Diese asketischen Einstellungen zur Sexualität wurden alsbald von einigen dogmatischen „Kirchenvätern" wie Tertullian, Jeremias und Augustinus übernommen.

Aurelius Augustinus. Insbesondere die von Augustinus (354–430) hergestellte Verbindung von Sexualität, Erbsünde und Schuld hatte eine andauernde und verhängnisvolle Auswirkung auf das christliche Denken. Nach seiner Auffassung waren die willentlich nicht zu beeinflussenden Körperreaktionen beim Geschlechtsverkehr ein erschreckendes Zeichen für die Versklavung des Fleisches. Sie waren die bittere Konsequenz des Sündenfalls von Adam und Eva. Dieser habe beide und alle ihre Nachkommen einer hinreichenden Selbstkontrolle beraubt und sie so der Fleischeslust ausgeliefert.

Für ein christliches Leben, mit dem sich die Hoffnung auf Wiedereintritt in das Paradies verband, verlangte Augustinus daher die strikte Unterdrückung sexuellen Begehrens. Jungfräulichkeit, vollständige Abstinenz und systematische Missachtung sexueller Regungen des Körpers galten fürderhin als Merkmale der Tugend. Auch sexuelles Begehren in der Ehe war mit dem Gebot absoluter Zurückhaltung und der strikten Einschränkung auf die Zeugungsfunktion des Geschlechtsverkehrs belegt, wollte man sich nicht versündigen. Mönche und Einsiedler wurden wegen ihres schonungslosen Fastens und ihres Kampfes gegen sexuelle Versuchung gepriesen.

Gleichzeitig erreichten Intoleranz und religiöser Fanatismus in der Katholischen Kirche einen ersten Höhepunkt. Als das Christentum im Römischen Reich zur offiziellen Religion erklärt wurde, führte die Regierung strikte Gesetze ein, die bestimmte Handlungen als heidnische Relikte unter Strafe stellten. Homosexuelle und andere Menschen, die von der christlichen Sexualmoral abwichen, wurden als Kapitalverbrecher bezeichnet und öffentlich hingerichtet (→ 2.2.1: Inquisition).

Kirchliche Gerichte. Abweichungen von der Moral einschließlich sexueller Verfehlungen wurden fast ausnahmslos als Fragen des Glaubens behandelt, die seitens der Kirche verfolgt und verurteilt werden sollten. Entsprechend verlagerte sich dieser Teil der Rechtsprechung zunehmend weg von den weltlichen hin zu kirchlichen Gerichten. Die kirchlichen Gerichte waren zuständig für Vergehen wie Ketzerei, Gotteslästerung, Hexerei und sozial abweichendes Verhalten. Das kirchliche Recht beruhte auf Sammlungen päpstlicher Dekrete sowie entsprechender Beschlüsse einzelner Konzile. Im Unterschied zu weltlichen Strafen wurden nunmehr Bußen verhängt. Die Kirchengerichte fühlten sich nicht an die für weltliche Gerichte übliche Beweisführung gebunden, sondern hielten sich in der Hauptsache an freiwillige Geständnisse. Menschen bekannten ihre Sünden, weil sie um ihr Seelenheil fürchteten.

Bußbücher. Die verschiedenen Arten und Härtegrade kirchlicher Bestrafungen wurden in eigens dafür angefertigten Bußbüchern niedergeschrieben. Auf Vergewaltigung – so kann man dort nachlesen – stand Buße bis zu einem Jahr, auf Ehebruch bis zu sieben Jahren. Masturbation und unbeabsichtigter Orgasmus im Schlaf wurden mit weniger harten Bußen belegt, homosexuelles Verhalten und sexueller Kontakt mit Tieren konnten demgegenüber mit Bußen von 22 Jahren bis lebenslänglich belegt werden. Büßer hatten in weiße Tücher gehüllt, barfuß und unbedeckten Hauptes an der Kirchentür zu erscheinen. Sie mussten eine schwere Kerze tragen und wurden durch das Seitenschiff vor die Gemeinde geführt, wo sie öffentlich büßend Schuld eingestanden. Wenn die Buße nach Wochen oder Jahren abgegolten war, erhielten sie darüber ein schriftliches Dokument.

Thomas von Aquin und das Recht der Natur. In den Bußbüchern wurde im Allgemeinen wenig Toleranz für abweichendes Sexualverhalten gezeigt. Erst später, als Thomas von Aquin (1225–1274) und seine Anhänger mehr Einfluss gewannen, wurde die Einstellung gegenüber der Sexualität etwas ausgeglichener. Die Grundlage seiner Sexualphilosophie nimmt ihren Ausgangspunkt in der von Gott eingesetzten „Natur", und dieses Naturrecht erlaubte, was Geschlechtlichkeit und Sexualität anging, nur die Zeugung von Kindern. Daher war jede sexuelle Handlung, die nicht diesem Ziel diente, „widernatürlich", das heißt gegen den Willen Gottes gerichtet und sündig. Andererseits sah Thomas von Aquin in der „einzig richtigen" sexuellen Handlung, dem ehelichen Koitus, nicht mehr jene Probleme, die von Augustinus noch als ungezügelte Fleischeslust angeprangert worden war. Das galt damals als fortschrittlicher Bruch mit der Tradition.

In der Folge dieses entsprechend „mäßigenden" Einflusses auf das theologische Denken konnte unter Kirchenleuten differenzierter über die Sexualität diskutiert werden. Selbst die Bußen wurden immer häufiger pauschal verordnet und konnten mit Almosen oder Geldleistungen abgegolten werden. Auch die etwa zeitgleich eingeführte Beichte mit anschließender Absolution verringerte den praktischen Wert der alten Bußbücher zusehends.

Zunehmende Säkularisierung der Rechtssprechung. Da jedoch sexuelle Übergriffe weiterhin öffentliche Aufmerksamkeit und Abscheu erregten, ja selbige sogar bei „zölibatären" Priestern und Mönchen beobachtet wurden, wurde aus dem kirchlichen Monopol in Sachen Sexualstrafrecht ganz allmählich erneut weltliches Recht in den Händen weltlicher Gerichte. Auch die Absolution versprechenden Beichten zeigten zunehmend weniger disziplinierende Wirkung, sodass weltliche Rechtsnormen an Straftatbestände zusätzlich angelegt werden mussten. Über einen langsamen Übergangsprozess der Zusammenlegung kirchlicher mit weltlicher Gerichtsbarkeit kam die zunehmende Säkularisierung der Rechtssprechung schließlich mit der Reformation und der katholischen Gegenreformation zum Abschluss.

2.2 Vom Mittelalter in die Neuzeit

Die bis heute nicht abgeschlossenen Entwicklungen im kirchlichen und rechtlichen Umgang mit der Sexualität sind angemessen vollständig nur zu verstehen, wenn man sie auch noch vor dem Hintergrund der grauenvollen Geschehnisse um die Ketzer- und Hexenverfolgung des Mittelalters betrachtet. Bis zum Ende des 13. Jahrhunderts hatte die Kirche mit verschiedenen Dekreten versucht, heidnischen Ritualen und dämonischer Zauberei entgegenzutreten.

2.2.1 Inquisition und Hexenverfolgung

Vereinzelt war es bereits damals zu kirchengerichtlichen Anklagen wegen Hexerei gekommen. Erste größere Ketzerprozesse gegen religiöse Sekten wie die Katharer und Waldenburger, die in französischen Alpenländern und in den oberen Rheingebieten lebten, hatten bereits im 12. Jahrhundert Aufsehen erregt. Die Katharer etwa glaubten rigoristisch an den Teufel als bösen Gott und Weltherrscher, was die Römische Kirche zum Anlass nahm, diesem ungläubigen Treiben durch Inquisition und Krieg gewaltsam Einhalt zu gebieten.

Inquisition. Dennoch griff der Hexenglaube, von fanatischen Priestern angetrieben, von den Alpenländern schnell nach Deutschland über. Während in Frankreich die weltlichen Mächte der inquisitorischen Hexenverfolgung alsbald Einhalt gebieten konnten, kam es in Deutschland trotz des Widerstands vieler regionaler Mächte zunehmend zu Hexenprozessen. Die päpstlich eingesetzten Inquisitoren waren hauptsächlich Mönche aus den Orden der Dominikaner und Franziskaner, und in Spanien wurde die Inquisition selbst zur staatlichen Einrichtung erklärt. Die kirchenoffizielle Verfolgung der Häretiker breitete sich rasch über ganz Europa aus, vor allem in Deutschland, den romanischen Ländern und den Niederlanden. Sie erreichte ihren Höhepunkt im 15. Jahrhundert und dauerte – mit nochmals deutlicher Ausweitung im Verlauf der Gegenreformation – bis zur Mitte des 17. Jahrhunderts. Die letzten bekannten Hexenprozesse fanden in Deutschland noch 1749 in Nürnberg, und in Europa 1782 im Schweizer Kanton Glarus statt. Sie haben nach Schätzungen fast eine Million

Opfer gefordert. „Offiziell" abgeschafft wurde die Inquisition in Spanien erst 1808 und im päpstlichen Kirchenstaat erst 1870.

Sodomie. Die Ketzer- und Hexenprozesse arbeiteten gegen vermeintlich vom Teufel inspirierte moralische Verfehlungen nicht gerade selten mit dem Vorwurf der „Sodomie" – ein Ausdruck, der sich vom wilden Leben der Einwohner Sodoms in der Bibel herleitete und der jetzt alle nicht der Zeugung dienenden, mithin verwerflichen Sexualhandlungen einschloss. Zeitweilig war Sodomie gleich bedeutend mit Hexerei wie auch umgekehrt. Um der Ketzerverfolgung entschieden entgegenzutreten und um die Einflüsse auf Recht und Ordnung mittels allgemeiner Gerichtsbarkeit wieder herzustellen, kamen die weltlichen Mächte letztendlich nicht umhin, ihrerseits die Sexualrechtssprechung zu verschärfen.

Peinliche Gerichtsordnung Kaiser Karls V. Nach Artikel 116 der „Peinlichen Gerichtsordnung" Kaiser Karls V. aus dem Jahre 1532, die bis Mitte des 18. Jahrhunderts als eine Grundlage der Rechtssprechung galt, waren homosexuelle Handlungen von Männern und Frauen und sexueller Umgang mit Tieren als „Verbrechen wider die Natur" mit dem Feuertod zu bestrafen. Die gleiche Bestrafung war für heterosexuellen Analverkehr vorgesehen. Weiter wurden Masturbation und sexuelle Handlungen mit Fetischen zumindest mit Landesverweis oder schwerem Kerker bestraft. Ohne Zweifel haben diese Gesetzesverordnungen letztendlich eine zunehmend ausgeweitete Definition des Sexualstrafbestandes der Sodomie befördert, der inzwischen als übergreifende Bezeichnung für alle möglichen außerehelichen sexuellen Verfehlungen eingesetzt wurde.

Immer den Untergang von Sodom und Gomorrha vor Augen, forderten jetzt auch die Juristen mit Rücksichtnahme auf die Vorstellungen der Kirche eine Vernichtung der „Schuldigen", weil sonst göttlicher Zorn in Form von Naturkatastrophen und Seuchen drohte. Im gesamten „Heiligen Römischen Reich Deutscher Nation" wurde noch im 18. Jahrhundert der Verbrennung der „Sodomiten" neben dem Abschreckungseffekt eine reinigende und sühnende Funktion zugesprochen. Nur sehr zögerlich begannen die Gerichte, von den Bestimmungen der Carolina abzuweichen. In den beiden größten Ländern, in Österreich und Preußen, wurde die Todesstrafe für Sodomie erst im Übergang zum 19. Jahrhundert abgeschafft. Die Sanktionen, welche die Hinrichtungen ersetzten, zum Beispiel Zwangsarbeiten, konnten jedoch ebenfalls äußerst hart sein. Meist wurde nur noch Analverkehr mit „Immissio seminis" als vollendete Tat angesehen und mit dem Tode, gegenseitige Masturbation dagegen weniger hart bestraft (Michelsen, 1996).

2.2.2 Reformation, Gegenreformation und weltliches Recht

Das Beharren auf sexuelle Anpassung an die „Natur", wie sie bei Thomas von Aquin zum Ausdruck kommt, also der Glaube an ein so genanntes Naturrecht, ist noch bis zum heutigen Tage und trotz aller Liberalisierung für die katholische Glaubenslehre von zentraler Bedeutung. Sexuelle Selbstbefriedigung, nichtehelicher heterosexueller Geschlechtsverkehr, homosexueller Geschlechtsverkehr und sexueller Kontakt mit Tieren werden von der Kirche nach wie vor als „unnatürlich" und sündig angesehen. Künstliche Befruchtung, Sterilisation, Schwangerschaftsabbruch und die meisten Arten von Verhütungsmittel werden ebenfalls abgelehnt. Ehescheidungen werden nach wie vor nicht anerkannt. Die kirchenrechtlichen Grundlagen für die ausschließliche Beschränkung sexueller Beziehungen in der Ehe wurden in der katholischen Eherechtsreform im Rahmen der Gegenreformation nach dem Ende des Trienter Konzils (1563) niedergelegt, in der zugleich alle nicht kirchlichen „Konsensehen" für nichtig erklärt wurden.

Reformation, Gegenreformation. Die von Martin Luther 1517 begonnene Reformation schwächte den Einfluss der Römischen Kirche und der kirchlichen Gerichtshöfe zusehends. Spätestens mit dem Übertritt vieler Landesfürsten zum Protestantismus und mit dem Augsburger Religionsfrieden 1555 war das Zurückdrängen der Kirchengerichtsbarkeit aus weltlichen Machtsphären nicht mehr rückgängig zu machen. Die katholische Eherechtsreform folgte zwangsläufig jener, die in protestantischen Landesteilen bereits durchgeführt worden war. Um dem von der protestantischen wie von der katholischen Kirche gleichermaßen geforderten Ehegebot Geltung zu verschaffen, musste die weltliche Macht zunehmend vor- und außereheliche Beziehungen unter Strafe stellen. In der Folge breitete sich zunehmend ein sexualfeindliches Klima aus.

Zunahme eines sexualfeindlichen Klimas. Diese Entwicklung folgte teilweise sozialpolitischen Zwängen. Da große Teile Europas an einer zunehmenden Überbevölkerung litten, benutzten die herrschenden Stände das neue Eherecht zur Verteidigung ihrer Privilegien. Wer heiraten wollte, hatte vielerorts ein Mindestvermögen nachzuweisen. Andererseits wurde zur Verhinderung „wilder" Ehen und unehelicher Geburten ein schärferes Vorgehen gegen Sexualdelikte durchgesetzt. Die Rechtsgelehrten bezogen sich dabei nicht nur auf weltliche, vor allem römische Rechtsauffassungen. Sie schlossen, insbesondere was die Beurteilung moralisch-ethischer und damit sexueller Verfehlungen anging, theokratische Auffassungen ein. Deshalb waren alle außerehelichen, nicht zur Zeugung führenden sexuellen Handlungen nach wie vor „nicht von Gott gewollt" und damit „wider die Natur", denen nunmehr auch der Staat mit strengsten Strafen zu begegnen hatte.

Syphilis. Es war zugleich die Zeit, als die Syphilis epidemische Ausmaße annahm und damit weitere Begründungen für staatliche Restriktionen lieferte. Vieles, was bisher vertrauter Umgang war, wurde nun als Ekel erregend und gesundheitsschädlich abgelehnt. Menschen aßen nicht mehr aus einer Schüssel und tranken nicht mehr aus dem gleichen Krug. Statt mit den Fingern begann man nun mit Messer und Gabel zu essen. Die Privatsphäre gewann an Bedeutung, das Bett wurde aus dem Wohnzimmer in den Schrank verbannt oder in ein eigens eingerichtetes Schlafzimmer verlegt. In Flüssen und Seen durfte bald nur noch nach Geschlechtern getrennt gebadet werden.

2.2.3 Aufklärung und beginnender Einfluss der Wissenschaft

Erst durch die im 17. Jahrhundert entstehende Aufklärungsbewegung veränderten sich allmählich auch die mittelalterlichen Einstellungen. Das Recht jedes Menschen auf Leben, die Verteidigung der Menschenwürde sowie die Feststellung der von Natur aus bestehenden Gleichheit aller Menschen waren die Hauptbestandteile der Naturrechtslehre der Aufklärung, die sich schließlich mit der Französischen Revolution 1789 durchsetzen sollten. Sie beinhalteten eine deutliche Kritik des Irrationalismus, des Aberglaubens und der Gott bezogenen Weltanschauung des Mittelalters. Denis Diderot (1713–1784 [1769]) empfahl die Masturbation als Mittel zur Bewahrung des seelischen Gleichgewichts. Und die Bücher des Giacomo Casanova (1725–1798 [1998]) und des Marquis de Sade (1740–1814 [1905]) waren nicht nur zum Teil politisch motivierte Schriften. Die Realität des Alltags dürfte bereits damals kaum mehr den gängigen politischen und religiösen Vorschriften entsprochen haben.

Grundlegende Reformen der Strafrechtslehren. Dieser Wandel erforderte in konsequenter Weise eine grundlegende Reformation der Strafrechtslehren. Im Revolutionsstrafrecht und im diesem folgenden französischen Code Pénal aus dem Jahre 1810 wurden – und dies ganz im Unterschied zu anderen Ländern: auf überraschend radikale Weise – die Masturbation, homosexuelles Verhalten, sexueller Kontakt mit Tieren und außereheliche sexuelle Beziehungen für straflos erklärt, und sie blieben es in Frankreich bis in die Gegenwart hinein. Zeitweilig war sogar das Mindestalter für sexuelle Beziehungen auf das 12. Lebensjahr gesenkt worden. Diese Veränderungen sind wesentlich Einflüssen zu danken, die von Seiten der Wissenschaft, namentlich der Mediziner an die Politik herangetragen wurden.

Die Anfänge der Psychiatrie. Im 18. Jahrhundert sahen sich die Staatsverwaltungen angesichts einer zunehmenden Überfüllung der Zuchthäuser und infolge der Kritik einiger aufgeschlossener Wissenschaftler mit dem Problem konfrontiert, einige schwer unterscheidbare Personengruppen zu differenzieren, die insbesondere von Seiten der ersten Psychiater nicht weiter als Verbrecher eingestuft wurden. Der seinerzeit beginnende Auf- und Ausbau psychiatrischer Kliniken gehorchte zwar einerseits sozialpolitischen Erfordernissen. Andererseits entsprach er zugleich einer Aufgabe, der sich die ersten engagierten Psychiater ernsthaft zu stellen versuchten, nämlich nach Menschlichkeit, Vernunft und Recht die Schuldigen von den Kranken zu trennen.

Angedeutet hatte sich dieser Perspektivwechsel in der Medizin schon seit mehreren Jahrhunderten. Immer wieder hatten ein paar mutige Einzelgänger versucht, der Barbarei der Hexenverfolgung mit medizinischen Argumenten entgegenzutreten. So veröffentlichte beispielsweise der deutsche Arzt Johann Weyer bereits im Jahre 1563 die Abhandlung „De Praestigiis Daemonum" (Von der Täuschung der Dämonen). Er versuchte zu begründen, dass Eigenarten und Handlungen, die insbesondere bei „armen und bestürzten Frauen" als Hexerei ausgelegt wurden, in Wirklichkeit natürlichen Ursprungs seien. Anstatt die Betroffenen zu ermorden, sollte man versuchen, sie zu heilen. Leider wurden seine Argumente von jenen ärztlichen Kollegen scharf zurückgewiesen, die in der Zwischenzeit und in Kirchendiensten stehend hohe Kompetenz entfaltet hatten, „Teufelsmale" bei verdächtigen Hexen zu diagnostizieren. Die Kirche setzte Weyers Buch auf den Index, was nicht verhinderte, dass es zahlreiche Nachdrucke und Übersetzungen sowie Nachfolgewerke durch mutige Mitstreiter gab.

Erst mit der beginnenden Aufklärung wurden jene Mediziner gehört, die vormals als „Besessene" bezeichnete Menschen zu Patienten erklärten und sie damit vor kirchlicher wie strafrechtlicher Verfolgung schützten. Aufgeklärte Psychiater wie Phillipe Pinel in Frankreich, Vincenzo Chiarugi in Italien, Johann Gottfried Langermann in Deutschland und Benjamin Rush in den Vereinigten Staaten reformierten die Asyle und befreiten die Insassen von Ketten. Sie richteten Kliniken für geistig Verstörte ein und entwickelten humanere Behandlungsformen.

Weltliche Gerichtsbarkeit. Ganz im Unterschied zu Frankreich verblieb die Gesetzgebung in anderen europäischen Staaten wie zugleich in den meisten Staaten der USA mit Blick auf Sexualstrafbestände mehr oder weniger restriktiv. So finden sich im Allgemeinen Preußischen Landrecht von 1794 und im österreichischen Strafgesetz von 1803 zahlreiche Strafbestimmungen gegen „widernatürliche Unzucht" mit zum Teil empfindlichen Zuchthausstrafen. Allein das bayerische Strafgesetz von 1813 sah Straflosigkeit im Sinne des französischen Rechts selbst dann vor, wenn „widernatürliche Unzucht" zwar die Gesetze der Moral überschreite, nicht jedoch die Rechte Dritter verletze. Auch die Königreiche

Württemberg und Hannover sowie die Herzogtümer Braunschweig und Baden kannten Strafverfolgung nur dann, wenn eine Klage verletzter Personen oder Erregung öffentlichen Ärgernisses vorlag.

Es kam jedoch auch in diesen Landesteilen erneut zu rechtlichen Einschränkungen, als das Reichsstrafgesetz von 1871 wesentliche Teile der preußischen Rechtsgrundlagen übernahm. In reichseinheitlicher Geltung dieses Gesetzes standen sexueller Kontakt zwischen Männern und mit Tieren erneut unter Strafandrohung. Seit seiner Verabschiedung hat dieses Gesetz mit seinen sexualstrafrechtlichen Anteilen bis zur großen Reform 1969 und 1973 nur wenig Änderung erfahren. Lediglich im Jahre 1935 kam es unter der nationalsozialistischen Herrschaft nochmals zu einer erheblichen Verschärfung in der Beurteilung homosexuellen Verhaltens unter Männern, die bis 1969 ihre Gültigkeit behalten sollte.

2.3 Die Sexualwissenschaft auf steinigem Weg in die Moderne

Rückblickend darf natürlich nicht ausgeklammert bleiben, dass die Mediziner, die sich in der Zeit der Aufklärung mutig der schwierigen Aufgabe stellten, aus karitativen und fürsorglichen Erwägungen Kranke von Kriminellen zu trennen, an diesem dunklen Verfolgungskapitel in der jüngsten Vergangenheit maßgeblich beteiligt waren – auch wenn viele von ihnen die sich später im Dritten Reich offenbarenden Konsequenzen ihres Handelns nicht intendierten und auch nicht gut voraussehen konnten. Ganz im Unterschied zu anderen psychischen Erscheinungen des „Irreseins" fiel es den staatlich inzwischen etablierten Medizinern bei den sexuellen Abweichungen besonders schwer, sich von den Vorstellungen der Kirche und damit von denen in der Gesellschaft zu lösen – zu plausibel erschien offensichtlich die kirchliche Naturrechtsideologie der Zeugung als der einzig akzeptierbaren Funktion sexuellen Begehrens (Foucault, 1961).

2.3.1 Der Kreuzzug gegen die Masturbation

Dass sich die Psychiater der ersten Stunde jedoch die Masturbation als eine der „bedrohlichsten Krankheiten mit Behandlungswert" aussuchten, ist rückwirkend nur sehr schwer verständlich. Denn im Mittelalter stand gerade die Neigung der Menschen zur Selbstbefriedigung nie sehr im Mittelpunkt der Verfolgung „unzüchtigen Treibens". In den Bußbüchern wird sie nur gelegentlich, eher versteckt erwähnt. Auch die volkstümlichen Katechismen, die im 16. Jahrhundert aufkamen, schenkten diesem Thema keine Beachtung. Erst Anfang des 18. Jahrhunderts wurde sie quasi als „bisher viel zu wenig beachtete" Form unnatürlicher Sexualität ausdrücklich in den Mittelpunkt gerückt. Vielleicht kann man sich diesen Aufschwung am besten damit erklären, dass Wissenschaftler immer schon schnell weite Bekanntheit erlangen konnten, wenn sie gesellschaftlich aktuell diskutierten Fragen neue Impulse zu geben vermochten.

Die Schrecken der Onanie. 1710 erschien in England das anonym verfasste Pamphlet „Onanie, oder die abscheuliche Sünde der Selbstbefleckung und alle ihre schrecklichen Folgen für beide Geschlechter, betrachtet mit Ratschlägen für Körper und Geist". Es stammt vermutlich von einem ehemaligen Pfarrer namens Bekker, der sich zu dieser Zeit mit Quacksalberei und Wunderheilungen sein Geld verdiente. Bei der Schrift handelte es sich um eine Aktualisierung und Neuauslegung alter Theorien vom „vergeudeten Samen". Bekker benannte die Selbstbefriedigung nach Onan, von dem die Bibel erzählt, dass er von Gott bestraft wird, weil er sich weigerte, die Witwe seines Bruders zu schwängern. Er vollführte zwar den Koitus, verhinderte aber die Schwangerschaft, indem er „seinen Samen zur Erde fallen ließ" (1. Moses, 38, 8–10).

Vor allem wegen der enormen Verbreitung und Popularisierung dieser auch in verschiedene Sprachen übersetzten Schrift wurde die Masturbation alsbald und überall in Europa heiß diskutiert und angeprangert. Es war also nur eine Frage der Zeit, bis sich die Mediziner mit den unterstellten gesundheitsschädigenden Folgen der Selbstbefriedigung auseinander setzen mussten. 1758 war es so weit. Unter dem Titel „Onanismus – oder eine Abhandlung über Krankheiten, die durch Masturbation entstehen" veröffentlichte ein angesehener Schweizer Arzt namens Samuel Auguste Tissot ein Buch mit spektakulärem Erfolg. Ursprünglich als „Onania" in Latein verfasst, erschien es bereits zwei Jahre später in französischer Sprache, bevor es seinen Siegeszug in der ganzen westlichen Welt antreten sollte (dt.: 1774). Nach Tissots Auffassung war die Masturbation nicht nur eine Sünde und ein Verbrechen. Viel gefährlicher sei, dass sie schreckliche Krankheiten wie Schwindsucht, Minderung der Sehkraft, Störungen der Verdauung, Impotenz und Wahnsinn verursachen könne.

Die Psychiatrie. Binnen weniger Jahre wurde Tissot als Autorität auf diesem Gebiet anerkannt und als Wohltäter der Menschheit gelobt. Rückfragen der Ärzte bei Patienten, ob diese sich selbst befriedigten, schienen nämlich die Sicht der Verursachung vielfältiger körperlicher und geistiger Krankheiten durch Onanie immer wieder zu bestätigen. Zu Beginn des 19. Jahrhunderts jedenfalls begannen die Ärzte der gesamten westlichen Welt, die Wurzeln fast aller körperlicher und seelischer Erkrankungen in der Masturbation zu sehen.

Benjamin Rush, der Vater der amerikanischen Psychiatrie, vermutete 1812 in seinem Lehrbuch in ihr nicht nur die Ursache der schweren Formen des Wahnsinns, sondern gemahnte die Ärzte, auch noch bei folgenden Krankheiten unbedingt an die Selbstbefriedigung als mögliche Quelle allen Übels zu denken: bei Samenschwäche, Impotenz, Schmerzen beim Wasserlassen, Rückenmarkschwindsucht, Lungenschwindsucht, Verdauungsstörungen, Sehschwäche, Schwindelgefühlen, Epilepsie, Hypochondrie, Gedächtnisschwund, Mannesschmerz, Verblödung und Tod. Und ein halbes Jahrhundert später, 1867, fügte Henry Maudsley, der größte britische Psychiater und Gerichtsmediziner seiner Zeit, noch hinzu, dass der „Masturbationswahnsinn" durch eine besondere „Perversion der Gefühle" charakterisierbar sei, die in frühen Stadien zu einer entsprechenden Verwirrung des Geistes führe. Später, wenn der Selbstbefriedigung kein Einhalt geboten würde, seien ein Versagen der Intelligenz, nächtliche Halluzinationen, mörderische und selbstmörderische Neigungen beobachtbar. Ab dieser Zeit wurde auch der von Maudsley (1874) benutzte Begriff „Perversion" – und zwar weltweit – für sexuelle Abweichungen zunehmend beliebter.

Fürderhin galt die Masturbation im fortgeschrittenen Stadium als unheilbar. Die einzige Kunst der Medizin bestand in dem Versuch, das Leiden zu verhüten oder früh zu entdecken. Eltern wurden angewiesen, ihren Kindern die Hände am Bett festzubinden oder ihnen Fausthandschuhe überzuziehen. Bandagen und „Keuschheitsgürtel" sollten das Berühren der Geschlechtsorgane verhindern. Es wurden vielfältige ausgeklügelte Vorrichtungen entwickelt und verkauft, die Menschen davor schützten, sich selbst zu beflecken. Und wenn alles nicht half, wurden chirurgische Eingriffe empfohlen, wie zum Beispiel das Einsetzen eines Metallringes zur Verhinderung der Erektion (Infibulation) oder das Herausschneiden der Klitoris bei Frauen. Gelegentlich wurde sogar versucht, die Geschlechtsorgane mittels Durchtrennung oder Verätzung von Nerven gefühllos zu machen.

Langer Abschied von einer Chimäre. Heute ist es natürlich keine Frage mehr, dass der Kampf gegen die vermeintlich das menschliche Dasein ernsthaft bedrohende Masturbation als eines jener dunkleren Kapitel in der Geschichte ärztlicher Kunst anzusehen ist, das der Psychiatrie als neue Wissenschaft innerhalb der Medizin wie zugleich in der Gesellschaft mit zum Durchbruch und zur Anerkennung verhalf. Erst beginnend mit der Wende zum 20. Jahrhundert lässt sich beobachten, dass sich die starre Haltung gegenüber der Masturbation abschwächte. Dieser Prozess vollzog sich ganz allmählich, und zwar in dem Maße, wie in der Psychiatrie Erkenntnisse über die Ursachen körperlicher und geistiger Leiden zunehmend auf eine empirische Grundlage gestellt werden konnten.

Es sollte jedoch noch bis zur Mitte des letzten Jahrhunderts dauern, bis sich allgemein durchsetzte, dass Masturbation keinerlei körperlichen oder geistigen Schaden verursacht. Spätestens als Alfred Kinsey und seine Mitarbeiter in den fünfziger Jahren das Sexualverhalten von Mann und Frau in breitangelegten Befragungen aufzuklären versuchten (→ 2.3.3), war es nicht mehr zu bestreiten: Nur sehr wenige Menschen masturbieren nie oder selten, viele andere jedoch über Jahrzehnte hinweg, zahlreiche mehrmals täglich, und einige weitere tun dies immer wieder einmal das gesamte Leben hindurch. Und bei keiner dieser vielfältigen Möglichkeiten ließen sich Zusammenhänge zu psychischen Störungen dingfest machen.

Vielleicht wäre alles auch etwas anders verlaufen, wenn sich die Mediziner bereits im 19. Jahrhundert auf ihre gemeinhin ebenfalls als bedeutsam angesehenen medizin-historischen Wurzeln besonnen hätten. Schon die Ärzte im antiken Griechenland und Rom hatten – übrigens ebenfalls aufgrund sorgsamer Befragungen und wegen guter Erfahrungen – ihren Patienten regelmäßige Samenergüsse zur körperlichen Ertüchtigung und geistigen Gesunderhaltung empfohlen, ohne dass damals auch nur ein einziger Arzt etwa an ungünstige Nebenwirkungen der Masturbation gedacht oder schädigende Folgen gefunden hätte.

2.3.2 Psychiatrischer „Garten der Lüste" und die sexuelle Entartung

Für die Etablierung der Psychiatrie als eigenständige wissenschaftliche Disziplin innerhalb der Medizin war es natürlich unverzichtbar, psychische Abweichungen und Auffälligkeiten etwa in der Abgrenzung zur Kriminalität möglichst genau zu definieren. Zugleich galt es, die körperlichen Ursachen seelischen Leidens zu finden, da nur sie eine Behandlung psychischer Störungen als „Krankheit" rechtfertigten. Und aus genau den gleichen Gründen war es notwendig, eindeutige Grenzziehungen zur Normalität vorzunehmen. Einer der ersten Versuche dieser Art stammt von Esquirol (1838), der mit seiner Lehre von den Monomanien versuchte, einige Delikttypen in den Bereich psychiatrischer Beurteilung und Behandlung einzubeziehen. Neben einigen seiner Kategorien, die wie Pyromanie und Kleptomanie auch noch in den heutigen Klassifikationssystemen zu finden sind, gab es bei ihm die Bezeichnung „Erotomanie" für exzessives unzüchtig-sexuelles Verlangen.

Psychopathia Sexualis. Eine erste weiterreichende Differenzierung sexueller Erotomanien wurde bereits kurze Zeit darauf 1843 vom Arzt Heinrich Kaan in einem Buch mit dem Titel „Psychopathia Sexualis" vorgelegt. Nach seiner Auffassung litten nahezu alle Menschen unter einer so genannten „phantasia morbosa", einem krankhaften sinnlichen Fantasieleben, dass sie insbesondere für sexuelle Exzesse anfällig machte. Kaan bot als Erster eine Liste „sexueller Aberrationen" an, zum Beispiel die Knabenliebe, gegenseitige homosexuelle Masturbation, Leichenschändung, Koitus mit Tieren und sexueller Kontakt mit Gegenständen. Seine Abhandlung hatte einen erheblichen Einfluss und beflügelte die Psychiater, immer neue und weiter gefasste Listen sexueller Deviationen zu entwickeln. Einer der Höhepunkte in diesem Reigen war die Buchpublikation des Wiener Psychiaters Krafft-Ebing (1886), dessen berühmte und weltweit viele Male neu aufgelegte Studie über „die Verirrungen des Sexuallebens" auch Kaans Buchtitel „Psychopathia Sexualis" programmatisch erneut übernahm.

Die noch junge Psychiatrie stand natürlich zum Zeitpunkt ihrer Etablierung nicht außerhalb gesellschaftlicher und kultureller Einflüsse und Zwänge. Trotz der durch sich selbst und zunehmend von außen auferlegten Verpflichtung zum Zurückdrängen mittelalterlicher mythologischer und moralischer Vorstellungen über Normalität und Abweichung war es den Psychiatern dennoch kaum möglich, sich mit der Definition und Klassifikation „seelischer Krankheiten" gänzlich außerhalb gesellschaftlich-kultureller Vorstellungen zu bewegen. Vielleicht wird auf diese Weise verständlich, weshalb sie in ihrem Bemühen um Einordnung und Systematisierung neuer Krankheitsbilder auf bestehende moralische wie vor allem auch auf rechtliche Voraussetzungen aufbauen mussten.

Was dabei die „sexuellen Abweichungen" anging, so wurde im ersten Jahrhundert der Psychiatriegeschichte schlicht die von „seriösen" Theologen wie Philosophen nach wie vor vertretene Sexualdoktrin als Orientierungsrahmen gewählt. Und diese sah nach wie vor ein Beharren auf sexueller Anpassung an die Natur vor und war allem nicht-reproduktiven Sexualverhalten gegenüber äußerst intolerant. Sexualität war gesellschaftlich nur als heterosexueller Geschlechtsverkehr zwischen Menschen tolerierbar, wenn dieser zum richtigen Zweck (dem der Fortpflanzung), mit der richtigen Person (dem Ehepartner) und in der richtigen Weise (durch Koitus) erfolgte. Alle anderen Formen der Sexualität beinhalteten die Gefahr der Abweichung und mussten fortan sorgfältig auf einen möglichen Krankheitswert hin untersucht werden, damit sie nach Absicherung der Krankheitsdiagnose psychiatrisch behandelt werden konnten.

Die Vervielfältigung der Perversionen. Die im Zuge dieses Bemühens um Einordnung und Klassifikation beobachtbare „Vervielfältigung" sexuell abweichender Ausdrucksformen reichte schon bald weit über viele Möglichkeiten hinaus, wie sie Hieronymus Bosch in seinen mystisch-abenteuerlich anmutenden Gemälden darzustellen versuchte, wie z.B. 1506 im „Garten der Lüste" (das jedoch eher als paradiesische Utopie, denn als Darstellung sexueller Aberrationen ausgedeutet wird). Auf jeden Fall erklärten die Psychiater noch zu Beginn des 20. Jahrhunderts fast alles, was vom „korrekten Koitus" abwich, als potenziellen Hinweis auf eine offen oder latent wirkende psychische Krankheit. Es muss klar gesehen werden, dass dies in vielem den Bußkatalogen des Mittelalters entsprach, mit dem Unterschied, dass man fleißig bemüht war, neue medizinische Fachausdrücke einzusetzen, die dem Ganzen eine Aura wissenschaftlicher Objektivität gaben (vgl. Glossar → 2.4 mit einer unvollständigen Auflistung dieser Bezeichnungen, die seit Ende des 19. Jahrhunderts bis in die Gegenwart hinein ständig angereichert wurde).

Schon bald entwickelte sich die Hypothese, dass Perversionen unterschiedlichster Art an Krankheitswert zunahmen, wenn sie kombiniert auftraten (heute als „Crossing" bezeichnet; → 10.3). Auch dass es sich bei allen diesen Phänomenen um potenzielle „Krankheiten" handelt, wurde seit Mitte des 19. Jahrhundert zunehmend deutlicher vertreten. Insbesondere die Gefahr, dass einige Personen mit ihren sexuellen Handlungen eindeutige kriminelle Handlungen vollzogen, indem sie die Freiheitsrechte anderer einschränkten oder sogar zur Gewalt neigten, führte zunehmend zur Problematik der terminologischen Verquickung mit gesellschaftlichen Wertungen und damit eher noch zur Festigung der sozialen Ausgrenzung von Personen mit abweichender Sexualität. Davon betroffen war und ist insbesondere die Begriffsetzung „Perversion", die bis in die Gegenwart hinein von psychoanalytischen Autoren bevorzugt wurde. Auch wenn sich Wissenschaftler immer wieder befleißigten, die Neutralität dieser Bezeichnung zu betonen, wird sie im allgemeinen Sprachgebrauch schon lange Zeit als Negativbezeichnung für alle möglichen Formen der Abartigkeit eingesetzt.

Degeneration und Entartung. Vorbereitet und befördert wurde dies entscheidend durch die Einführung der Degenerationslehren in die französische Psychiatrie (durch Morel, 1857). Auch diese Perspektive folgt noch eindeutig religiösen Vorstellungen. Der Arzt Morel hatte theologische Studien betrieben und gelangte daraufhin zu der Auffassung, dass fortschreitende „Degeneration" oder „Entartung" als Ursache vieler körperlicher und geistiger Gebrechen angesehen werden musste. Da der Mensch seit den frühen Phasen der Menschheitsgeschichte periodisch ungünstigen inneren und äußeren Einflüssen ausgesetzt war, gab es immer wieder unvollkommene Menschenrassen und viele „Entartungen". Gewohnheitsmäßige Dissozialität und Kriminalität konnten nach dieser Auffassung durch schädigende Umwelteinflüsse entstehen. Sie würden nach erfolgter Gewohnheitsbildung jedoch durch Vererbung weitergegeben. Der Schweregrad der Störung sollte schließlich sogar von Generation zu Generation bis zum Aussterben zunehmen, weshalb es galt, einer solchen „Entartung" (einschließlich der sexuellen Degeneration) möglichst frühzeitig entgegenzuwirken.

Diese Auffassung fand in der Psychiatrie – weltweit – rasche Verbreitung, konnte auch mit ihr plausibel die Krankheitshypothese psychischer Störungen begründet werden (vgl. zur Geschichte der Degenerationslehren z.B. Pick, 1989).

Natürlich stehen Morels Überlegungen in enger zeitlicher Verbindung zur „wissenschaftlichen" Grundlegung eines modernen Rassismus, der sich ebenfalls im 19. Jahrhundert entwickelte. Das in der Folge von den Sozialdarwinisten vertretene Konzept vom „geborenen Kriminellen" (Begriffssetzung „Delinquente nato" durch den italienischen Psychiater Lombroso, 1876) blieb in Europa und Amerika lange Zeit bestehen und dürfte viel zu den Negativurteilen gegenüber psychischen Störungen, sexuellen Andersartigkeiten und Persönlichkeitsstörungen beigetragen haben.

Eugenik. Die Bezeichnung „Entartung" ließ sich leicht auf ganze soziale und ethnische Gruppen anwenden, die aus irgendwelchen Gründen unbeliebt waren und die man jetzt als biologisch minderwertig und pervers abstempeln konnte. Deshalb wurde die Entartungsdebatte auch in der politischen und damit gesellschaftlichen Auseinandersetzung jener Zeit schnell populär. Dies geschah zu einer Zeit, als sich die Psychiatrie selbst bereits anschickte, die Degenerationslehren wieder zu verlassen und angesichts der absehbaren Negativfolgen in der Gesellschaft sogar aktiv zu bekämpfen (z.B. Moebius, 1900).

Staatlicherseits hingegen wurden zunehmend „eugenische" Maßnahmen diskutiert und offizielle Schritte eingeleitet, um die biologische Gesundheit der Bevölkerung zu verbessern, indem man die Fortpflanzung Entarteter verhinderte. Andererseits ging es in der Politik zur Degenerationsabwehr darum, dass sich die „höher stehenden Rassen" angemessen vermehrten. Rassenstolz, Nationalismus, Militarismus und die wachsende Industrialisierung veranlassten viele Regierungen, Bevölkerungswachstum zu fördern und zu lenken. Diese Entwicklung sollte im Dritten Reich ungeahnte Ausmaße annehmen und grausame Folgen zeitigen. Dass sich angesichts dieser Entwicklungen erneut nur die Fortpflanzung als das einzig „richtige" und rechtlich akzeptierbare Ziel des Geschlechtsverkehrs darstellte, darf ebenfalls nicht weiter verwundern.

2.3.3 Die Psychopathologisierung der Homosexualität

In dem Maße, wie der Kampf gegen die Masturbation allmählich an Intensität verlor, verlagerte sich das Hauptaugenmerk zunehmend auf eine andere Gruppe sexueller Auffälligkeiten, nämlich auf die Homosexualität. Bis weit in das 20. Jahrhundert hinein war unter Wissenschaftlern der Begriff „Inversion" sehr verbreitet, konnte sich gegenüber „Homosexualität" jedoch nicht mehr halten, nachdem dieser weite Verbreitung gefunden hatte – geprägt 1869 durch den österreichischen Schriftsteller Karl-Maria Benkert, der unter dem Pseudonym Karl-Maria Kertbeny publizierte. Selbst ein Mensch mit gleichgeschlechtlichen

Neigungen war Benkert der Ansicht, dass die Homosexualität nur bei einer kleinen Menschengruppe zu finden sei, die sich von den anderen unterscheide. Es dauerte nicht lange, bis für die Nichthomosexuellen das entsprechende Gegenwort „Heterosexualität" die Runde machte. Die halb-lateinisch, halb-griechisch inspirierten Wortschöpfungen konnten leicht in alle Sprachen übersetzt werden und waren alsbald in Europa und Amerika verbreitet.

Moral vs. Krankheit. Die Psychiater folgten in ihrem Interesse, den möglichen „Krankheitswert" der Homosexualität zu begründen, ebenfalls gesellschaftlichen Zwängen, auch wenn sie sich vielerorts mit Händen und Füßen dagegen zu wehren versuchten, sich zu moralischen Wertungen verleiten zu lassen. Der Arzt Alexander Hartwich zum Beispiel versuchte dies in seinem Vorwort zu einer 1937 in der Schweiz herausgegebenen Neuausgabe von Krafft-Ebings „Psychopathia Sexualis" – und zwar in ansonsten hochgradig kritischer Position zu den bereits sichtbaren schrecklichen Entwicklungen im Dritten Reich – etwa folgendermaßen zu begründen:
„Für die weitverbreitete Ansicht, dass die sexuellen Psychopathien auch moralisch zu beurteilen sind, wird u.a. angeführt, dass bei ihnen nicht nur der Arzt, sondern auch der Jurist einzugreifen hätte. Nun, bei einer Cholera oder einer Paralyse ist es auch nicht bloß nötig, den Kranken zu behandeln, die Isolierung – durch den Verwaltungsbeamten – ist bei Cholera ebenso selbstverständlich wie die Entmündigung – durch den Richter – bei Paralyse, und doch wird niemand einfallen, solche arme Kranke auch noch moralisch zu verurteilen. Die sexuellen Psychopathien sind Krankheiten; damit ist, in moralischer Hinsicht, alles gesagt" (Hartwich, 1937, S. 8).

Krankheit vs. Moral. Die Definition der Homosexualität als Krankheit beginnt im Jahr 1869 und wird als solche unmittelbar nicht nur Gegenstand der wissenschaftlichen Auseinandersetzung, sondern zugleich auch der politischen Debatten um diese Frage. In diesem Jahr veröffentlicht der Psychiater Carl Westphal den Aufsatz „Die conträre Sexualempfindung, Symptom eines neuropathischen (psychopathischen) Zustandes". Auf der Grundlage von zwei Fallbeschreibungen will er fürderhin die Homosexualität nicht mehr als etwas Sündhaftes, Verbrecherisches oder als Schuld codiert wissen, sondern als eine angeborene Krankheit, für die Mediziner allein zuständig seien (Hegener, 1993).

Welche unermesslich negativen Konsequenzen sich allein schon mit einer „moralischen Beschränkung" auf die Definition sexueller Abweichungen als „Krankheit" verbinden sollten, konnte offensichtlich erst zur Zeit weltweiter Psychiatrie- und Klassifikationskritik in den 60er und 70er Jahren des 20. Jahrhunderts und nach einem Generationswechsel der führenden Psychiater angemessen nachvollzogen und aufgearbeitet werden (Dörner, 1969).

2.3.4 Die Entdeckung der Bisexualität

Dabei waren aufgeschlossene Ärzte schon um die Wende zum 20. Jahrhundert, insbesondere aber nach dem 1. Weltkrieg – und vor allem in Berlin – durch kontinuierliche Aufklärungsarbeit darum bemüht, nicht nur der gesetzlichen und gesellschaftlichen Verurteilung homosexueller Menschen entgegenzuwirken, sondern auch ihrer vorschnellen Pathologisierung. An die Spitze dieser Bewegung setzte sich der aus Pommern stammende Arzt Magnus Hirschfeld. In Reaktion auf die Verurteilung von Oskar Wilde im Jahre 1895 in London, durch persönliches Erleben und tragische Schicksale unter seinen Patienten war er sich der psychischen und sozialen Probleme Homosexueller bewusst geworden und begann in der Erkenntnis, dass deren gesetzliche Verurteilung ungerechtfertigt, irrational und inhuman sei, sogleich eine beispiellose Aufklärungskampagne.

1896 veröffentlichte er unter dem Titel „Sappho und Sokrates" seine Antwort auf die im Untertitel gestellte Frage: Wie erklärt sich die Liebe der Männer und Frauen zu Personen des eigenen Geschlechts? 1897 gründete er ein „Wissenschaftlich-humanitäres Komitee" zur Förderung von Untersuchungen zur Homosexualität und begann zwei Jahre später in Vierteljahresheften sein sog. „Jahrbuch für sexuelle Zwischenstufen unter besonderer Berücksichtigung der Homosexualität" herauszugeben, in denen er mithilfe zahlreicher Mitstreiter bis in die 1920er Jahre versuchte, Fachwelt und Öffentlichkeit über alle damit zusammenhängenden Themen aufzuklären. Vorrangig war dabei der Kampf um die Abschaffung der Gesetze gegen homosexuelles Verhalten. Später folgten der erste Versuch der Herausgabe einer „Zeitschrift für Sexualwissenschaft" (1908) und so wichtige Werke wie „Die Transvestiten" (1910; dieser Begriff stammt von Hirschfeld), „Die Homosexualität des Mannes und des Weibes" (1914), „Sexualpathologie" (3 Bände, 1916–1920) und „Geschlechtskunde" (5 Bände, 1926–1930).

Hirschfelds größte organisatorische Leistung war zweifellos 1919 die Gründung des weltweit ersten „Institut für Sexualwissenschaft" am Berliner Tiergarten. Bis es nach dem Machtantritt Hitlers am 6. Mai 1933 durch nationalsozialistischen Vandalismus geplündert und ausgeraubt wurde, diente es fast 14 Jahre lang zu vielem gleichzeitig: zur Sammlung von allem, was geeignet war, die Sexualwissenschaft zu fördern; zur Volksaufklärung auf breitester Front mittels Vorträgen, Schriften aller Art und dem damals modernsten Massenmedium, dem Film; zur allgemeinen und individuellen Ehe-, Familien- und Sexualberatung; zur Untersuchung, Begutachtung und gerichtlichen Vertretung Einzelner oder ihrer Behandlung in verschiedenen Abteilungen und zur Expertenschulung in eigens dazu abgehaltenen Vorlesungen und Übungen. Hirschfelds Pioniergeist ist es auch zu verdanken, dass sein Institut in der deutschen Hauptstadt die erste

Einrichtung war, an der dank der wissenschaftlichen Leistungen seines wichtigsten ärztlichen Mitarbeiters Arthur Kronfeld psychologisches und psychotherapeutisches Denken – insbesondere psychoanalytisches Gedankengut – sexualwissenschaftlich berücksichtigt und systematisch gelehrt wurde (Kronfeld, 1923; 1924; vgl. Kittel, 1989).

Sexuelle Zwischenstufen. Zur gleichen Zeit, also Anfang des 20. Jahrhunderts begann das bereits bekannte Phänomen der „Bisexualität" quasi als Wiederentdeckung das Interesse der frühen Sexualwissenschaftler zu finden – nämlich dass davon auszugehen war, dass es sich bei der „Inversion" (wie die Homosexualität zu dieser Zeit sehr häufig bezeichnet wurde) möglicherweise nicht um eine klar abgrenzbare Entität handelte. Offensichtlich waren auch noch alle möglichen „Zwischenstufen" sexueller Orientierung von Menschen zu berücksichtigen (Hirschfeld, 1899). Bereits mit dem gewählten Titel für das „Jahrbuch für sexuelle Zwischenstufen" hatte man auf diesen Sachverhalt herausfordernd aufmerksam gemacht. Zunehmend häufiger wurde über Personen berichtet, die sich selbst als heterosexuell bezeichneten, gleichzeitig jedoch über homosexuelle Erfahrungen berichteten, wie auch umgekehrt.

Nur wenige Jahre später rückte Sigmund Freud die Bisexualität in das Zentrum seiner drei Abhandlungen zur Sexualtheorie (1905); sie sollte sogar das Herzstück seiner Vorstellungen zur Entwicklung und Behandlung psychischer Störungen werden: „Es ist übrigens bemerkenswert, dass die Mehrzahl der Autoren, welche die Inversion [Homosexualität] auf die Bisexualität zurückführen, dieses Moment nicht allein für die Invertierten, sondern für alle Normalgewordenen zur Geltung bringen, … dass somit in jedem Menschen männliche und weibliche Elemente vorhanden sind" (1915 [1980, S. 54f.]). Und: „Die Entscheidung über das endgültige Sexualverhalten fällt erst nach der Pubertät und ist das Ergebnis einer noch nicht übersehbaren Reihe von Faktoren, die teils konstitutioneller, teils aber akzidentieller Natur sind" (1915 [1980, S. 56]).

Überhaupt war Freud schließlich ebenfalls recht deutlich *dagegen* eingetreten, nicht nur die Homosexualität, sondern die Perversionen (Paraphilien) in ihrer Gesamtheit bedenkenlos als „Geisteskrankheiten" zu klassifizieren: „Bei keinem Gesunden dürfte irgendein pervers zu nennender Zusatz zum normalen Sexualziel fehlen, und diese Allgemeinheit genügt für sich allein, um die Unzweckmäßigkeit einer vorwurfsvollen Verwendung des Namens Perversion darzutun" (1915 [1980, S. 70f.]). Insofern war die Homosexualität für Freud „kein besonderer Vorzug", andererseits auch „nicht etwas, dessen man sich schämen müsste … kein Laster, keine Erniedrigung und kann deshalb auch nicht als Krankheit bezeichnet werden" (Freud nochmals 1935 [publiziert: 1947, S. 786f.]). Es muss ganz klar gesehen werden, dass mit den Definitionen von Freud unzählige sexuelle Akte, die vorher als pervers galten, aus dem Bereich der Devianz und Pathologie weg in den Bereich der Normalität und der Normalpsychologie verschoben wurden.

Bisexualität vs. Ödipus. Leider wurde diese kritische Position Freuds in der Öffentlichkeit wie in Teilen der Fachwelt nicht angemessen rezipiert (und vielleicht sogar lange Zeit absichtsvoll überlesen?). Viele seiner späteren Nachfolger jedenfalls betrachteten und betrachten nicht die „jedem Menschen innewohnende Bisexualität", sondern den sog. „Ödipuskomplex" als zentral für die Freud'sche Erklärung psychischer Störungen. Danach setzte seelische Gesundheit offensichtlich eine bereits nach den ersten Lebensjahren ausgebildete *heterosexuell orientierte* Geschlechtsidentität voraus. Genau dieser Teil-Aspekt der Abhandlungen zur Sexualtheorie beeinflusste hinfort das psychiatrische Denken, das bis in die jüngste Vergangenheit in genau diesem Sinn vorrangig „psychoanalytisch" orientiert bleiben sollte – und zwar erheblich, diente der Ödipuskomplex dort nicht nur der Definition und Einordnung psychischer Störungen, sondern auch zur Klassifikation psychischer Krankheiten (bis zum DSM-II und zur ICD-9). Nach Freuds Tod wurde unter Psychiatern nur mehr darüber gestritten, ob die „Krankheit" Homosexualität als „postödipale Störung" der Geschlechtsorientierung (als Perversion) oder eher als „präödipale frühe Störung" (und damit als Persönlichkeitsstörung) aufgefasst werden sollte.

Hinzu kam, dass bereits zur Zeit Freuds die Ödipus-Konfiguration mit zunehmender Popularisierung der Psychoanalyse auch in den öffentlichen Diskurs hinein wirkte und damit – entgegen der kritischen Position Freuds und einiger seiner Schüler – die damaligen gesellschaftlichen Diskriminierungsprozesse förderte. Heute kann nicht ausgeschlossen werden, dass die popularisierte „psychoanalytische" Ansicht, dass eine psychisch gesunde Entwicklung eine „postödipal sichtbare *heterosexuelle* Orientierung" voraussetzt und sich im Umkehrschluss seelische Abweichung mit homosexuell orientierter Geschlechtsidentität in einen Zusammenhang stellen lasse, zur politischen wie juristischen Verfolgung Homosexueller beigetragen hat. Auch kam hinzu, dass sich die meisten Psychoanalytiker in dieser Zeit eines öffentlichen politischen Engagements enthielten, abgesehen von Einzelnen, die jedoch in den eigenen Reihen zunehmend geschmäht wurden. So beispielsweise Wilhelm Reich (1936), der sich – obwohl er glaubte, dass die Homosexualität eine frühe Entwicklungsstörung zur Ursache habe – unbeirrt vom drohenden Nationalsozialismus kontinuierlich für eine Gleichberechtigung der Homosexuellen einsetzte und schließlich wegen seines politischen Engagements auf unrühmliche und bedrückende Weise aus der Psychoanalytischen Vereinigung ausgeschlossen wurde.

Biologie als verfehlte Hoffnung. Noch bis zum Ende der Weimarer Republik hatten zahlreiche Protagonisten der noch jungen Sexualwissenschaft in verschiedenen Ländern versucht, die juristische Beurteilung sexueller Handlungen den fortschrittlichen Auffassungen in der französischen Rechtssprechung anzupassen. Auch in Deutschland führte dies zu verschiedenen parlamentarischen Initiativen und Gesetzesentwürfen. 1921 wurde von Berlin aus der erste „Internationale Kongress für Sexualreform auf wissenschaftlicher Grundlage" organisiert, dem wenige Jahre später die Gründung der „Weltliga für Sexualreform" folgte. Diese Bemühungen wurden jedoch nach der Machtergreifung durch die Nationalsozialisten 1933 jäh unterbrochen. Und unmittelbar nach der Machtübernahme wurde das Berliner Sexualinstitut geplündert und zerstört, die wertvollen Buchbestände verbrannt.

Aus heutiger Sicht kann man unschwer feststellen, dass viele Sexualwissenschaftler jener Zeit an dieser Entwicklung nicht unbeteiligt waren. Hirschfeld und einige seiner Kollegen waren überzeugt, den Kampf um Menschenrechte für Homosexuelle im Rückgriff auf biologische und naturwissenschaftliche Erklärungen führen zu müssen. Dazu konnten sie die Sexualität zwar aus den Fängen der katholischen Moral befreien, indem sie das Wissen über sie mehrten. Sie entthronten den Mythos von der Sexualität als einer Knechtschaft, welche die Menschheit als Folge des Sündenfalls angetreten hatten (Dannecker, 1983). Andererseits arbeiten nicht wenige, einschließlich Hirschfeld, damit den politischen Entwicklungen zu. Viele waren theoretische Eugeniker und als solche durchaus gewillt, tiefe Eingriffe an der menschlichen Natur zum Zwecke der Heranzüchtung eines guten Geschlechts, einer gesunden Rasse vorzunehmen. Ihre „wohl verstandene Eugenik" bildete in den Jahren vor der Machtergreifung den Mittelpunkt zahlreicher Publikationen. Mit eugenischen Maßnahmen, so glaubten viele, ließe sich die Vision von einer besseren Gesellschaft realisieren (z.B. Hirschfeld, 1930).

Zwar waren viele Sexualwissenschaftler Homosexuelle, Juden und Kommunisten, und sie wurden deshalb verfolgt. Hirschfeld selbst war geflohen und verstarb 1935 in Frankreich. Dennoch drängt sich schon seit Jahren in der historischen Aufarbeitung dieser Zeit die Frage auf, ob die Sexualwissenschaft nicht auch deshalb so leicht liquidiert werden konnte, weil sie ihren Dienst als Zuträger in der eugenischen und rassenhygienischen Diskussion erschöpft hatte (Pfäfflin, 1983; Dannecker, 1987). Die erbbiologischen und gesundheitspolitischen Ziele konnten von den Nazis schließlich in einem solchen Ausmaß in die Tat umgesetzt werden, dass eine „wissenschaftliche" Begleitung auf sexualwissenschaftlicher Grundlage entbehrlich wurde.

In den zwölf Jahren des Dritten Reiches bis 1945 wurden ungefähr 50.000 Männer wegen homosexueller Vergehen verurteilt, Tausende verschwanden unter dem Zeichen des „Rosa Winkels" in Konzentrations- oder Arbeitslagern. Viele wurden ermordet oder starben an Unterernährung. Erst zwei Jahrzehnte nach dem Zusammenbruch, Ende der sechziger Jahre, sollte der politische Kampf der frühen Sexualwissenschaft um die gesellschaftliche Anerkennung der Homosexuellen in Deutschland Früchte tragen: Die Gesetze gegen homosexuelles Verhalten wurden in beiden Teilen Deutschland überarbeitet (in der ehemaligen DDR ein Jahr früher als in der Bundesrepublik), und der Verkehr zwischen erwachsenen Homosexuellen wurde nicht länger verfolgt.

2.3.5   Der Kinsey-Report

Bereits kurz nach dem zweiten Weltkrieg hatten zwei große Studien zum Sexualverhalten der Nordamerikaner weltweites Aufsehen erregt. Im 1947 gegründeten „Institute for Sex Research" (heute Kinsey-Institut) an der Indiana Universität hatten sich unter Federführung von Alfred Kinsey einige Forscher daran gemacht, bis 1953 mit 18.000 Amerikanern aller Altersstufen persönliche Interviews zu ihren sexuellen Vorlieben durchzuführen. Die Ergebnisse wurden von Kinsey und Mitarbeitern zum „Sexualverhalten des Mannes" (1948) und zum „Sexualverhalten der Frau" (1953) veröffentlicht. Die Daten zeigen eine erstaunliche Vielfalt sexueller Verhaltensformen aller Altersklassen und machten deutlich, dass die Sexualgesetzgebung (nicht nur) in den Vereinigten Staaten bis dahin vollkommen unrealistisch war.

Die Kinsey-Skala homosexuellen Verhaltens. Die mögliche Spannbreite homosexueller, bisexueller und heterosexueller Erfahrungen wurde mit einer dimensionierten Skala untersucht, die seither kurz als Kinsey-Skala bezeichnet wird. Sie unterscheidet: 0 = ausschließlich heterosexuelles Verhalten; 1 = gelegentlich homosexuelles Verhalten; 2 = häufiger als gelegentlich homosexuelles Verhalten; 3 = hetero- und homosexuelles Verhalten etwa gleichhäufig; 4 = häufiger als gelegentlich heterosexuelles Verhalten; 5 = gelegentlich heterosexuelles Verhalten; 6 = ausschließlich homosexuelles Verhalten.

Homosexuelles Verhalten war entsprechend der Befragung mit der Kinsey-Skala weit verbreitet: So zeigen die Statistiken, dass etwa 50 Prozent aller Männer und 20 Prozent aller Frauen in jener Zeit, und bereits bevor sie das mittlere Lebensalter erreichten, in irgendeiner Form sexuelle Erlebnisse mit Partnern des gleichen Geschlechts gehabt haben. Obwohl die konkreten Ergebnisse in ihrer Ausprägung durch nachfolgende Forschungsarbeiten relativiert wurden (Smith, 1998), blieb die Kernbotschaft dieser Daten erhalten, nämlich dass es eine außerordentlich große Spannbreite und Vielfalt bisexueller Zwischenstufen möglicher Geschlechtspartnerorientierungen gibt (→ 3.2.1).

Verbreitung bisexueller Erfahrungen. Was aus den Befunden des Kinsey-Reports nicht sogleich in der Wissenschaft wie öffentlich so richtig zur Kenntnis genommen wurde, ist die erstaunlich hohe Zahl jener Personen, die in ihrem Leben offensichtlich *bisexuelle* Erfahrungen machen (je nach Alterstufe bis zu einem Viertel der Frauen und bis zur Hälfte der Männer). Damit stand jedoch unzweifelhaft fest, dass die Zweiteilung der Menschen in homosexuell versus heterosexuell unsinnig ist. Denn die meisten Personen, die homosexuelle Handlungen in den Interviews angaben, waren nicht ausschließlich „homosexuell", sondern in irgendeiner Art mehr oder weniger ambisexuell, also gelegentlich oder häufiger sexuellen Beziehungen mit beiden Geschlechtern zugeneigt.

Wie bereits dargelegt, waren dies an und für sich überhaupt keine neue Erkenntnisse. Lediglich die Begriffe „homosexuell" und „heterosexuell" hatten etwas die Sicht dafür versperrt, dass es eine Variationsbereite unterschiedlichster sexueller Verhaltensweisen und Orientierungen gibt. Jetzt jedoch ließ sich nicht mehr darüber hinweg gehen: Die statistisch bedeutsame Zahl bisexuell aktiver Personen ging offensichtlich sogar weit über die Zahl jener hinaus, die ausschließlich homosexuelle Beziehungen pflegten. Ähnliches galt übrigens auch für viele andere sexuelle Gewohnheiten und Vorlieben, die sich im Kinsey-Report aufgelistet finden. Die Natur der Sexualität kennt offensichtlich keine scharfen Einteilungen sexueller Vorlieben, wie dies mit Blick auf die Rechtsprechung oder die Einordnung psychischer Auffälligkeiten in Krankheitsklassen ursprünglich sinnvoll schien.

2.3.6 Wandel der Homosexualität-Diagnose bis zum Verzicht

Die um Klassifikation und Einordnung psychischer Störungen bemühten Psychiater sahen erneut Handlungsbedarf. Wie sollte weiter verfahren werden? Kann eine Person, die in einem Jahr zwei homosexuelle Erlebnisse hat, aber 50 heterosexuelle Erlebnisse berichtet, noch als homosexuell bezeichnet werden? Sollte eine andere Person mit nur heterosexuellen Erlebnissen, die sich ansonsten jedoch subjektiv mehr dem gleichen als dem anderen Geschlecht hingezogen fühlt, dies aufgrund sozialer Restriktion aber vermeidet, als heterosexuell gelten? Nur sehr zögerlich konnten sich die meisten Psychiater mit dem Gedanken anfreunden, dass es sich bei all dem vielleicht nur um die Widerspiegelung gesellschaftlicher bzw. biologischer „Normalität" handelte.

Kritische Position der Sexualwissenschaft. Außerhalb der Psychiatrie wurde die Normalitätsperspektive in den Sozialwissenschaften zur Sprache gebracht. Es war eine junge Generation von Sexualwissenschaftlern, die zunehmend versuchte, ihre Disziplin auf eine empirische Grundlage zu stellen und sie vom ideologisch-moralischen Ballast zu befreien (vgl. Dannecker & Reiche, 1974; Dannecker, 1978/1991). Homosexualität war kein besonderes Merkmal bestimmter Personen, sondern ein devianter Status, der ihnen von anderen zugewiesen wurde. „Homosexualität" war ein kirchlich-politisch benutzter Ausgrenzungsbegriff, mit dem die zentrale gesellschaftliche Institution, die Familie, gesichert werden sollte. Als solcher war „Homosexualität" nur in bestimmten Gesellschaften möglich, die genau in dieser Hinsicht gleichgeschlechtliches Verhalten als problematisch betrachteten.

Leider lebten viele Menschen in den 60er und 70er Jahren des letzten Jahrhunderts noch in einer solchen Gesellschaft. Viele überholte Vorstellungen über sexuelle Devianz und Perversion aus dem 19. Jahrhunderts hatten nach wie vor ihre Gültigkeit. Die neue Generation der Sexualwissenschaftler war emsig bemüht, ihnen neue Inhalte zu geben. Bereits damals stand fest, dass psychologische und psychiatrische Therapie der Homosexualität die Lage der Homosexuellen eher verschlechterte als verbesserte (Dannecker, 1974/1979).

Homosexualität als seelische Krankheit. Die Mühsal der Psychiatrie, sich der Neuorientierung in der Sexualwissenschaft anzuschließen, kann gut an Veränderungen abgelesen werden, die im Diagnostischen und Statistischen Manual Psychischer Störungen (dem DSM der American Psychiatric Association) seit den 1950er Jahren nur ganz allmählich vorgenommen wurden: Im ersten DSM (APA, 1952) wird die Homosexualität unter der Kategorie „Sexuelle Abweichungen" gefasst und den Soziopathischen Persönlichkeitsstörungen zugeordnet. Die damals vorherrschende psychiatrische Meinung ging davon aus, dass zwischen der Präferenz des Sexualobjekts und der Gewissensstruktur des Einzelnen eine intrinsische Beziehung besteht und homosexuelles Verhalten deswegen mit Schwächen des Über-Ichs einhergeht.

Im DSM-II (APA, 1968) wurde die Homosexualität nicht mehr der Soziopathie zugeordnet, aber immer noch als seelische Erkrankung und als Beispiel für sexuell abweichendes Verhalten begriffen. Der heterosexuelle Geschlechtsverkehr galt als Maßstab sexueller Gesundheit. Als sexuelle Abweichungen bezeichnet das DSM-II acht besondere Störungen. Homosexualität steht ganz oben auf der Liste mit „Perversionen", gefolgt vom Fetischismus, der Pädophilie, dem Transvestismus, dem Voyeurismus, dem Sadismus und schließlich dem Masochismus.

Kritik am Krankheitsmodell. Allmahlich zeigten die öffentlichen Diskussionen und Publikationen der Sexualwissenschaftler deutlichere Wirkung. Bereits kurz nach Veröffentlichung des DSM-II war Kritik an der Vorstellung, dass die Homosexualität an sich eine Form von Psychopathologie darstelle, weit verbreitet. Es kam zu einigen dramatischen und verblüffenden Ereignissen einschließlich beißender Auseinandersetzungen zwischen Befürwortern und Gegnern der pathologischen Betrachtung der Homosexualität. Unter den Mitgliedern der American Psychiatric Association wurde Anfang der 1970er Jahre eine Umfrage durchgeführt, und Mitglieder der Homosexuellenbewegung störten wissenschaftliche Veranstaltungen.

Nach einem Beschluss der APA im Jahre 1972 wurde die Homosexualität aus dem Kanon psychischer Störungen gestrichen. Wohl nur als Kompromiss blieb im DSM-III (APA, 1980) eine Kategorie der „Ich-dystonen Homosexualität" erhalten. Sie war für Individuen gedacht, die ihre sexuelle Erregung durch homosexuelle Reize ablehnen, daran leiden und deren Wunsch es ist, überhaupt oder verstärkt heterosexuell erregt zu werden. In der revidierten Auflage des DSM-III, dem DSM-III-R (APA, 1987), wird schließlich selbst die Ich-dystone Homosexualität als Störung fallen gelassen.

Heftiger Widerstand. Die meisten Gegner dieser Veränderungen, die Anfang der 1970er Jahre eingeleitet wurden, hatten sich mit der zu dieser Zeit auch unter Psychiatern weit verbreiteten psychoanalytischen Auffassung identifiziert, dass die Homosexualität eine Fixierung auf einer frühen Stufe der psychosexuellen Entwicklung darstellt und deshalb eindeutig abnorm-pathologisch zu beurteilen ist: „Wir finden eben, ganz einfach gesagt, keine Homosexualität ohne ausgeprägte Charakterstörung", so Kernberg (1985a, S. 184) – Jahre nachdem die Homosexualität als psychische Störung offiziell gestrichen worden war. Kernberg stand für eine Untergruppe von Psychiatern und Psychoanalytikern, die bis weit in die 1980er Jahre hinein glaubten, dass die Homosexualität als besonders prototypisches Beispiel für die ausgeprägte Form eines nur von dort her verstehbaren „pathologischen Narzissmus" darstelle (Kernberg, 1985b).

In der nach Kinsey einsetzenden Diskussion jedenfalls geriet die Definitionsmacht, die sich die Psychiatrie über zwei Jahrhunderte hinweg gegenüber der Gesellschaft mit der Klassifikation psychischer „Krankheiten" mühselig erarbeitet hatte, über ein Jahrzehnt hinweg mächtig ins Wanken. In der einsetzenden Kritik ging es spätestens seit Anfang der 1970er Jahre auch nicht mehr nur um die sexuellen Deviationen. Die sich in der Folge der 1968er Jahre schnell weltweit ausbreitende Kritik am medizinischen Krankheitsmodell der Psychiatrie erstreckte sich zunehmend auch auf alle anderen psychischen Störungen, einschließlich jener, die – wie z.B. die Schizophrenie – in den Augen der Psychiater ganz eindeutig Krankheitswert besaßen. Der Kampf brandete hoch. Die Definitionsmacht der Psychiatrie über psychische Abweichungen wurde teilweise oder ganz in Frage gestellt.

2.3.7 Befreiung durch öffentliches Coming-out

Die Definitionsdebatte wurde zusätzlich noch dadurch verkompliziert (wie sie damit wohl auch der weiteren Klärung zugeführt werden konnte), dass sich zunehmend die Betroffenen selbst in diesen Definitionsprozess einmischten. Während viele Psychotherapeuten immer noch mit ihren Patienten zusammen nach einem Versagen der Eltern in der frühen Kind-Beziehung als Ursache suchten oder (vor allem in den angelsächsischen Ländern) sogar mit Aversionstherapien gegen eine fehlentwickelte Geschlechtspartnerorientierung vorgingen, proklamierten die Homosexuellen selbst ihr Anderssein. Sie stellten sich seit den 1970er Jahren öffentlich gegen den Rest der Menschheit einschließlich der Ärzte, Psychologen und sonstigen Therapeuten und forderten ihren Platz in der Gesellschaft. Erstaunlich ist, dass dieser Befreiungsschlag durch aktive Übernahme und öffentliche Präsentation einer „Rolle des Andersseins" in der westlichen Welt auch noch in der Folgezeit öffentliche Zustimmung fand und findet, in der angesichts der HIV-Epidemie eher das Gegenteil zu erwarten gewesen wäre.

Ende der Stigmatisierung? Spätestens seit Mitte des letzten Jahrhunderts dürfte immer klarer geworden sein, dass „Homosexualität" ein weder moralisch noch rechtlich noch medizinisch angemessen und grundlegend definierbarer Zustand ist. Sie war und ist schlicht nichts weiter als eine sich mit Zeitströmungen und Definitionsversuchen ändernde *soziale Kategorie*. Sie ist zweifelsohne auf dem guten Weg, sich allmählich aufzulösen, wenn dieser Prozess den Betroffenen und der Gesellschaft denn gelingt (→ 3). Aus den beiden psychiatrischen Klassifikationssystemen DSM und ICD wurde die Homosexualität als psychische Störung zwar gestrichen. Aus dem allgemeinen Sprachgebrauch noch längst nicht, haben sich doch die Betroffenen selbst ihre Befreiung erst über den Prozess der öffentlichen Selbstetikettierung als Schwule und Lesben und inzwischen regelmäßigen kollektiven Selbstpräsentation als eine anders geartete Gruppierung erstritten. Auch deshalb ist das bereits von Sigmund Freud – auf die ihm eigene, sprachlich unnachahmliche Art – empfohlene Ziel, nämlich „die Homosexuellen nicht mehr als besonders geartete Gruppe von den anderen Menschen abzutrennen" (1915 [1982, S. 56]), noch längst nicht erreicht.

Nochmaliges Aufbäumen der Kirche. Nach wie vor bestehen Vorbehalte und Ängste. Zwar richten diese sich nicht mehr gegen die besonderen Eigenarten einer homo- bzw. bisexuellen Orientierung. Ängste und Vorbehalte äußern sich vielmehr gegenüber den zwangsläufigen Folgeerscheinungen einer Gleichstellung von Homosexualität mit der Heterosexualität, unter anderem gegenüber einer damit einhergehenden Erosion ehelicher Privilegien. Unversehens fühlt man sich sogar ins Mittelalter zurück versetzt, machte sich doch in der heutigen Zeit die

„Kongregation für die Glaubenslehre" (2003) des Vatikans mit Josef Kardinal Ratzinger an der Spitze daran, der inzwischen in vielen Ländern gesetzlich verankerten homosexuellen Lebensgemeinschaft den Kampf anzusagen.

Homosexualität wird in diesem Papier – bibeltreu und fern jeder wissenschaftlichen Erkenntnis – erneut als „Sünde" und „schwere Verwirrung" gebrandmarkt (S. 2). Mit der Legalisierung homosexueller Lebensgemeinschaften werde „das Verständnis der Menschen für sittliche Grundwerte verdunkelt" (S. 3). Nicht nur das: In fast schon zynisch zu nennender Weise versucht die Kongregation mit dem Papst im Rücken, Druck auf frei gewählte Politiker auszuüben: Deren Verhalten wird als „schwerwiegende unsittliche Handlung" abgekanzelt (S. 4), da sie mit ihren Entscheidungen eine „Legalisierung des Bösen" betreiben (S. 2). Für einen modern gläubigen Menschen unglaublich. Für einen demokratisch denkenden Menschen ein schwerwiegender moralischer Eingriff in die Gewissensfreiheit frei gewählter Vertreter des Volkes.

Man mag hoffen, dass dies ein letztes Aufbäumen derjenigen ist, die im Zeichen des Kreuzes und meilenweit von der Bergpredigt entfernt erneut mit dem Feuer der Ausgrenzung spielen. Glücklicherweise ist die kirchliche Konstruktion der „Ehe", deren Prototypen-Entwicklung in der Zeit der Reformation rechtlich abgesegnet wurde, in unserer Gesellschaft dabei, sich durch eine kreativ organisierte Modellvielfalt auszuzeichnen. Sie erlaubt uns nicht nur neue Möglichkeiten partnerschaftlicher Lebensorganisation, sondern sie ermöglicht auch noch eine unglaubliche Vielfalt sexueller Erfahrungen. Wie sexuelle Interessen und Verhaltensweisen hinter verschlossenen Türen (auch hinter Klostertüren) zumeist zur Zufriedenheit der Beteiligten – auch „pervers" oder „paraphil" – gelebt werden, das ist sowieso schon seit Urzeiten eine völlig andere Geschichte als die, die wir hier nachzuzeichnen versucht haben.

2.4 Kleines Glossar medizinisch-psychiatrischer Bezeichnungen: Sexuelle Abweichungen, Perversionen, Paraphilien

Die meisten Bezeichnungen in dieser unvollständigen Auflistung wurden bereits früh seit Ende des 19. Jahrhunderts eingesetzt, im Verlaufe der letzten hundert Jahre zunehmend ausgeweitet und viele sind bis heute gebräuchlich.

Abstinentia sexualis: freiwillige Keuschheit; sowohl als Abweichung wie auch als Therapieziel beschrieben.

Akrotomophilie: sexuelle Erregung beim Anblick amputierter Gliedmaßen.

Algolagnie: „Schmerzgeilheit"; zusammenfassender Begriff für Sadismus (aktive Algolagnie) und Masochismus (passive Algolagnie); Synonym für Sadomasochismus.

Amor insanus: krankhafte Liebe; Synonym für Erotomanie.

Analismus: Analverkehr mit einer anderen Person.

Andromanie: Synonym für Nymphomanie.

Anilingus: Belecken des Anus als sexuelle Handlung.

Apandrie: krankhafte Abneigung gegen Männer.

Aphanisis: völliges Verschwinden sexuellen Verlangens.

Aphrodisie: krankhaft gesteigerte sexuelle Appetenz.

Autoerotik: sexuelle Handlungen werden an sich selbst ausgeführt.

Automonosexualismus: auf die eigene Person sich beziehende sexuelle Spannung, nicht zwingend mit Masturbation verbunden.

Bestialismus: Bestialität; häufig auch als Synonym für Sodomie verwendet.

Bestiophilie: Synonym für Sodomie.

Bisexualität: sexuelle Beziehungen zum gleichen wie zum anderen Geschlecht.

Cunnilingus: Belecken der weiblichen Scham als heterosexuelle oder homosexuelle Praktik.

Don-Juanismus: nach dem Sagen umwobenen Verführer Don Juan Tenorio von Sevilla benannte Form sexueller Störung beim Mann: Weibstollheit.

Effeminatio: extremer Grad einer passiven Homosexualität beim Mann, der sich damit wie eine Frau verhält (effeminieren).

Eonismus: nach dem berühmten Transvestiten Chevalier d'Eon eingesetzte Bezeichnung für Transvestismus.

Ephebophilie: „Jünglingsliebe"; homosexuelle Neigungen zu Jünglingen.

Erotismus: enorm gesteigerte Leidenschaftlichkeit beim Koitus.

Erotodromomanie: übersteigerte Betätigung oder Aktivitäten in der Absicht, sexuelle Wünsche zu unterdrücken.

Erotographomanie: unermüdliche Darstellung des Obszönen in Briefen und anderen Schriften.

Erotomanie: exzessives sexuelles Verlangen bzw. sexuelle Sucht.

Erotopath: jemand, der an abnormen und perversen sexuellen Impulsen leidet.

Erotophonie: das Führen obszöner Telefonanrufe zum Zwecke sexueller Erregung (engl. Telephone Scatophilia).

Eviratio: Entmännlichung; bei homosexuellen Männern vermutete Umwandlung des Gefühlslebens, bei der alles typisch Männliche gemieden, alles typisch Weibliche gesucht wird.

Fellatio: Praktik homosexueller oder heterosexueller Befriedigung, wobei der Penis des Geschlechtspartners in den Mund genommen wird.

Fetischismus: sexuelle Handlungen mit einem leblosen Objekt.

Flagellantismus: Geißelsucht; betroffene Männer lauern gewöhnlich jungen Mädchen auf, um ihnen zum Zwecke sexueller Erregung mit einer Gerte über das Gesäß zu schlagen; selten wird durch Herunterziehen des Schlüpfers nachgeschaut, welche Wirkung erzielt wurde.

Flagellomanie: Bezeichnung für Selbstgeißelung zum Zwecke sexueller Erregung; zumeist finden sich gemischte religiöse und sexuelle Motive.

Formicophilia: sexuelle Erregung beim Anblick oder Spiel mit kleinen Tieren (Schlangen, Frösche, Enten usw.).

Frigidität: Geschlechtskälte der Frau; Fehlen sexueller Erregung und Befriedigung beim Geschlechtsverkehr.

Frotteurismus; Frottage: das Reiben des eigenen Körpers an dazu nicht bereiten Personen zwecks sexueller Erregung.

Furor amatorius: überlebhafte Sexualität.

Furor genitalis: Synonym für Erotomanie.

Gerontophilie: sexuelle Beziehungen jüngerer Erwachsener mit einem deutlich älteren Menschen.

Geruchsfetischismus; Geruchsmasochimus: sexuelle Erregung bei Riechen bestimmter Gerüche des Geschlechtspartners (Genital; Faeces).

Gynäkomanie: übersteigertes Verlangen nach Frauen; Schürzenjägerei.

Gynäkrotie: ständiges sexuelles Verlangen, Frauen zu schlagen.

Gynäphobie: krankhafte Abneigung gegen Frauen.

Hemmungshomosexualität: bei psychisch kontaktgestörten Menschen vermutete Homosexualität als Ersatzhandlung. Der gleichgeschlechtliche Partner ist leichter zugänglich und wird deshalb bevorzugt.

Homosexualität; Homophilie: sexuelle Beziehungen zum gleichen Geschlecht.

Hyperaesthesia sexualis: sexuelle Übererregbarkeit.

Hyperaphrodisie: krankhaft übersteigerter Geschlechtstrieb.

Hypererosie; Hypersexualismus: Synonym für Erotomanie; übermäßige sexuelle Aktivität.

Hyphephilie: sexuelle getönte Freude am Anfassen von Samt, Seide und anderen Stoffen.

Hypoxyphilie: die Unterbindung von Sauerstoffzufuhr durch zeitweiliges Erhängen oder Einschnüren des Halses bzw. Überstreifen von luftdichten Beuteln/Tüten über den Kopf zum Zwecke sexueller Erregung.

Ideogamie: Fähigkeit von Mann oder Frau zur Ausübung des Geschlechtsverkehrs nur mit einem bestimmten Partner, während gegenüber anderen Impotenz oder Frigidität besteht.

Idolatrie: Synonym für Fetischismus.

Impotenz: Gefühlskälte des Mannes; fehlende sexuelle Erregung und Befriedigung.

Inversion: häufig gebrauchtes Synonym für Homosexualität.

Inzest: sexuelle Handlungen mit einem nahen (Bluts-)Verwandten.

Kleptolagnie; Kleptophilie: zwanghaftes Stehlen zum Zwecke sexueller Erregung.

Klismaphilie: sexuelle Erregung durch rektalen Einlauf mit einem Klistiergerät (von Wasser, Alkohol, Kaffee, Yoghurt usw.); zwanghaftes anales Duschen zum Zwecke sexueller Befriedigung.

Klitoromanie: Synonym für Nymphomanie.

Konträre Sexualempfindung; Konträrsexualität: häufig gebrauchte Synonyme für Homosexualität.

Koprophilie; Koprolagnie: zum Zwecke sexueller Erregung mit dem eigenen oder dem Kot des Partners/der Partnerin spielen.

Koprophemie: Obszönes Sprechen in Gegenwart des anderen Geschlechts zwecks sexueller Erregung.

Kopropraxie: seltener gebrauchtes Synonym für Exhibitionismus.

Korophilie: Neigung lesbischer Frauen zu jungen Mädchen.

Masochismus: sich während sexueller Handlungen mit anderen Leid zufügen oder erniedrigen lassen.

Metromanie: extreme Nymphomanie.

Misogynie: Abneigung gegen Frauen.

Mixoskopie: anderen zwecks sexueller Erregung beim Geschlechtsakt zuschauen.

Morphophilie: sexuelle Attraktion und Erregung beim Anblick ausgewählter Körperteile oder Kleidungsstück anderer Menschen (Haare, Beine, Hüften usw.); löst nur ein Körperteil sexuelle Erregung aus, spricht man von Partialismus.

Mysophilie: sexuelle Erregung beim Betasten, Beriechen oder Befühlen von Binden und Tüchern, die der Menstruationshygiene dienen.

Narratophilie: das laute Erzählen obszöner und anrüchiger Geschichten zum Zwecke sexueller Erregung.

Nekrophilie; Nekromanie: sexuelles Interesse bzw. sexuelle Handlungen an einem Leichnam.

Nekrosadismus: Zerstückelung von Leichen aus sexuellen Motiven.

Nymphomanie: exzessives sexuelles Verlangen bzw. sexuelle Sucht der Frau.

Olfaktophilie: sexuelle Erregung gegenüber Gerüchen und Düften.

Oralismus: oraler Geschlechtsverkehr mit einer anderen Person.

Päderastie: Bezeichnung für einen Mann mit homosexueller Neigung, insbesondere zu Kindern und Jugendlichen des gleichen Geschlechts.

Päderosis; Pädophilia erotica: Geschlechtsverkehr mit Kindern des anderen Geschlechts.

Pädophilie: sexuelle Handlungen Erwachsener mit einem Kind.

Paradoxia sexualis: sexuelle Betätigung jenseits der als physiologisch erachteten zeitlichen Grenzen im Kleinkind- oder Greisenalter.

Parasexualität: allgemeines Synonym für Paraphilien.

Partialismus: sexuelle Erregung beim Anblick eines bestimmten Körperteils (Haare, Bein, Fuß, Lippen); wurde früher dem Fetischismus zugerechnet.

Perversion: ein Begriff ursprünglich zur Kennzeichnung allgemeiner Normverstöße relativ zu den Sitten der Gesellschaft, in klinischen Arbeiten des letzten Jahrhunderts zunehmend für normwidriges sexuelles Verhalten und Störungen der Sexualpräferenz gebräuchlich; in der Psychiatrie heute durch den Begriff Paraphilien ersetzt.

Pictophilie: sexuelle Erregung beim Anschauen von Bildern, Filmen oder Videos mit pornographischen Szenen, allein oder mit einem Partner.

Pollutionismus: sexuelle Befriedigung durch Beschmutzen weiblicher Kleider mit Samen.

Psycholagnie: sexuelle Erregung durch Fantasien und Tagträumereien.

Psychopathia sexualis periodica: nur periodisch, z.B. während der Menstruation auftretender vermehrter Geschlechtsdrang mit Neigung zu perversen Handlungen.

Psychosexueller Hermaphroditismus: seltener gebrauchtes Synonym für Homosexualität.

Pygmalionismus: sexuelle Handlungen mit einer Statue.

Pyrolagnie: zwanghaftes Feuerlegen zum Zwecke sexueller Erregung oder sexuelle Erregung beim Anblick von Feuer.

Renifleur: Schnüffler; jemand, der durch bestimmte Gerüche wie Urin oder Faeces sexuell erregt wird.

Sadismus: Erniedrigung des Geschlechtspartners/der Geschlechtpartnerin oder das (gewaltsame) Zufügen von Leiden während sexueller Handlungen.

Sadomasochismus: gleichzeitiges Vorhandensein von Sadismus und Masochismus.

Saliromanie: den Körper, Kleidungsstücke oder Besitzstände anderer Menschen beschmutzen oder zerstören, um sexuelle Erregung zu erlangen.

Sapphismus; sapphistische Liebe: Homosexualität zwischen Frauen.

Satyriasis; Satyriomanie: exzessives sexuelles Verlangen bzw. sexuelle Sucht des Mannes.

Sexualpsychopathie: Abwegigkeiten des Sexuallebens, die wesentlich mit Anlagefaktoren in einen Zusammenhang gestellt wurden.

Sexualverachtungswahn: damit wurde eine besondere Form erotischer Wahnbildung „sexuell unbefriedigter weiblicher Wesen" bezeichnet.

Sexuelle Ersatzbefriedigung: Ersatz der als vermeintlich „normal" betrachteten sexuellen Handlungen durch andere Formen sexueller Betätigungen (z.B. durch Perversionen, Paraphilien).

Skatophilie: zum Zwecke sexueller Erregung mit den eigenen oder Exkrementen des Partner/der Partnerin spielen.

Skop(t)ophilie; Skop(t)olagnie: das heimliche Beobachten von Nacktheit und sexuellen Handlungen anderer Personen; Synonyma für Voyeurismus.

Sodomie: seit dem Mittelalter zunächst allgemeine Bezeichnung für die unterschiedlichsten Perversionen/Paraphilien; später eingeschränkt auf sexuelle Handlungen mit Tieren, damit Synonym für Zoophilie.

Stigmatophilie: sexuelle Erregung beim Anblick von Tätowierungen, Tattoos oder vom Piercing-Schmuck des Partners.

Stuprum: alte Bezeichnung für illegalen Sexualverkehr, meist in der Bedeutung eines gewaltsamen Übergriffs (Stuprum violentum).

Transsexualismus; Transsexualität: lebhafter Wunsch, die biologische Geschlechtszugehörigkeit zu wechseln.

Transvestismus; Transvestitismus: die Kleidung des anderen Geschlechts zum Zwecke sexueller Erregung anlegen und tragen.

Tribadie, Tribadismus: gleichgeschlechtliche Liebe zwischen Frauen; weibliche Homosexualität.

Triebanomalie: ursprüngliches Synonym für Perversion bzw. Paraphilie.

Troilismus: sexuelle Handlungen, die mit zwei oder drei anderen Personen ausgeführt werden.

Undinismus: nach dem weiblichen Wassergeist Undine bezeichnete sexuelle Anomalie, bei der Sexualität mit dem Gedanken an Harn, Wasserlassen und Wasser verbunden ist.

Uranismus: seltener gebrauchtes Synonym für Homosexualität; zumeist gemeint: die männliche Homosexualität.

Urningtum: selten gebrauchtes Synonym für Homosexualität; geprägt von K. H. Ulrichs, der unter dem Pseudonym Numa Numantius (1879) in Schriften die soziale Anerkennung des Urningtums forderte und für die Ehe unter Urningen eintrat.

Urophilie; Urolagnie: zum Zwecke sexueller Erregung mit dem eigenen oder dem Urin des Partners/der Partnerin spielen. Auch: sexuelle Erregung durch Zuschauen beim Urinieren.

Vampirismus: das Trinken oder Saugen von menschlichem Blut zum Zwecke sexueller Erregung.

Viraginität: männliche Verhaltensweisen bei Frauen, soweit sie Ausdruck weiblicher Homosexualität sind.

Vomerophilie: das künstlich herbeigeführte Erbrechen von Nahrung zum Zwecke sexueller Erregung.

Voyeurismus: das heimliche Beobachten von Nacktheit und sexuellen Handlungen anderer Personen.

Zoophilie: sexuelle Handlungen mit einem Tier.

Teil II
Sexuelle Orientierung und Geschlechtsidentität

3 Geschlecht, Identität und Rolle

Wir finden und akzeptieren inzwischen eine erstaunliche Vielfalt sexueller Ausdrucksformen und Lebensweisen, die verdeutlichen, dass jeder Mensch einzigartig ist und dass sich vorschnelle Beurteilungen und Verallgemeinerungen verbieten. Dies ist einer der Gründe, warum wir in diesem Buch auch *nicht* mit den
Formen sexueller Abweichung beginnen. Vielmehr sollen zunächst einige
Grundlagen zur Entwicklung der sexuellen Orientierung und Geschlechtsidentität sowie damit eng verbundene Fragen und Probleme dargestellt und diskutiert
werden.

Sex — Gender. In öffentlichen Diskursen werden die biologischen Voraussetzungen eines Menschen (englisch: Sex) häufig kaum oder nur ungenau von ihren gesellschaftlich-kulturell möglichen Ausdrucksformen (englisch: Gender)
getrennt. Auch in der Wissenschaft war diese Unterscheidung bis in die 1960er
Jahre hinein unüblich, selbst im angelsächsischen Raum, wo zwei Begriffe für
eine Unterscheidung vorhanden sind. Für ein Verständnis der weiteren Ausarbeitungen in diesem Buch ist es jedoch sinnvoll, zwischen Geschlecht als *biologischer Voraussetzung* und Geschlecht als *subjektiv erlebter Identität* (Geschlechtsidentität) beziehungsweise auch noch als Geschlecht einer *öffentlich präsentierten
sozialen Rolle* (Geschlechtsrolle) begrifflich zu unterscheiden.

Dafür, dass diese Differenzierung von Wissenschaftlern und darüber hinaus
bis in alltägliche Diskussionen aufgegriffen wurde, sind vor allem Publikationen
des Sexualforschers John Money (z.B. 1986; 1994; Money & Ehrhardt, 1972)
sowie des Psychoanalytikers Robert Stoller (1968; 1976) wichtig. Insbesondere
die beiden Gender-Perspektiven der Geschlechtsidentität und der Geschlechts-
präsentation sind für ein Verständnis der sexuellen Interessen und Vorlieben des
Menschen und – in noch stärkerem Ausmaß – der Störungen sexueller Präferenzen, den Paraphilien, bedeutsam. Die biologischen Merkmale sind nämlich nicht
ausschließlich dafür maßgeblich, wie Geschlecht und Geschlechtlichkeit vom
Menschen gelebt und nach außen dargestellt werden (vgl. Pfäfflin, 2003).

So kann sich die Geschlechtsidentität nach unterschiedlichen Perspektiven
entwickeln: Einerseits als *innerpsychische* Orientierung in Richtung Männlichkeit
oder Weiblichkeit, andererseits als *interpersonelle* Orientierung in Richtung Heterosexualität, Bisexualität und/oder Homosexualität. In der Geschlechtsrolle
bestimmt sich die *interpersonelle* bzw. *öffentliche Präsentation* von eher maskulin

oder eher feminin – wobei eine Wanderung durch die belebten Hauptstraßen unserer Städte deutlich macht, dass die öffentliche Präsentation der Geschlechtszugehörigkeit auf einem Kontinuum anzuordnen ist, da sie gelegentlich kaum mehr eindeutige Klassifikationen etwa in „männlich" versus „weiblich" ermöglicht.

Anpassung – Abweichung. Spätestens nach dem erst wenige Jahrzehnte zurück liegenden öffentlichen Coming-out der Schwulen und Lesben, das die Öffentlichkeit wie viele Sexualwissenschaftler gleichermaßen überraschte ($\rightarrow$ 2.3.3), ist man in der psychologischen und soziologischen, in der psychiatrischen wie in der allgemeinen medizinischen Sexualforschung – was die Kennzeichnung des Sexualverhaltens als „angepasst" oder „abweichend" angeht – hochgradig zurückhaltend geworden. Damit ist nun überhaupt nicht angedeutet, dass die Sexualwissenschaftler alle Maßstäbe und Normen über Bord geworfen hätten. Nach wie vor steht völlig außer Zweifel, dass bestimmte sexuelle Verhaltensweisen für die Gesellschaft wie für die Betroffenen selbst Anlass zur Besorgnis geben. Andererseits ergibt sich die Notwendigkeit, viel differenziertere Überlegungen anzustellen.

Denn als weiterführende Erkenntnis aus den letzten 50 Jahren der Geschichte der Sexualität im Abendland hat sich folgende beachtenswerte Konsequenz für die Wissenschaft ergeben: Die sexuellen Verhaltensweisen der Menschen lassen sich nicht einfach aufgrund ihrer spezifischen Eigenart nach „angepasst" oder „abweichend" bzw. „gesund" oder „krank" klassifizieren. Homosexualität, Bisexualität ebenso wie Heterosexualität kann zu allseits befriedigenden zwischenmenschlichen Beziehungen führen, wie sie bei einer kleineren Gruppe von Betroffenen subjektives Leiden mit Behandlungswert beinhalten können.

Und bei allen drei Gruppen sexueller Orientierung lassen sich Gemeinsamkeiten finden, die möglicherweise zu ganz ähnlichen Bewertungen und Behandlungsempfehlungen Anlass geben: Zum Beispiel kommt sexuelle Gewalt sowohl bei Heterosexuellen als auch bei Homosexuellen und Bisexuellen im prozentualen Vergleich etwa gleich häufig vor. Diese Gruppen unterscheiden sich zwar hinsichtlich ihrer sexuellen Orientierung. Sie unterscheiden sich jedoch nur unbedeutend oder gar nicht mehr hinsichtlich ätiologischer Faktoren, die für sexuelle Gewalt als Erklärung in Frage kommen ($\rightarrow$ 11) und die Therapeuten dann einer psychologischen Behandlung für alle drei Gruppen gleichermaßen als Orientierungshilfe zugrunde legen ($\rightarrow$ 12).

3.1 Die Entwicklung des Sexualverhaltens

Um der Komplexität sexueller Verhaltensweisen eine neue Perspektive zu geben, hat es sich in den vergangenen Jahren als hilfreich erwiesen, genauer zwischen biologischem Geschlecht, subjektiver wie interpersoneller sexueller Orientierung und den Eigenarten der öffentlichen Präsentation sexueller Rollen zu unterscheiden (Simon & Gagnon, 1986). Das innerpsychische Skript (die subjektiv erlebte Geschlechtsidentität und die interpersonell gelebte sexuelle Orientierung) folgt einer Logik, die subjektives Begehren möglich macht. Das sozial praktizierte Skript sexueller Handlungen (die präsentierte Geschlechtsrolle und die Sexualpraktiken) gehorcht einer Logik, die Verhalten üblicherweise sozial-gesellschaftlich akzeptabel macht. Letzteres, die *interpersonell-soziale* Dimension ist deshalb zumeist jene, die der Beurteilung von Handlungen als „abweichend" (im Sinne psychischer Gestörtheit) und „delinquent" (im Sinne juristischer Beurteilung) zugrunde gelegt werden kann.

Dies bleibt zu beachten, wenn es darum geht, Menschen mit Problemen der Geschlechtsidentität, der sexuellen Orientierung und ihrer sexuellen Präferenzen mittels psychologischer Behandlung hilfreich zur Seite zu stehen. Denn wir werden im Folgenden begründen, warum sich die einmal ausgebildete individuelle Geschlechtsidentität bzw. Geschlechtspartnerorientierung offensichtlich kaum mehr ändert oder warum sie sich nur sehr bedingt beeinflussen lässt – vom Kleinkindalter vielleicht abgesehen. Psychologische Therapie lässt sich nach aller Erfahrung gegenwärtig nur mit Erwartungen verbinden, die sich auf eine Änderung der interpersonellen Präsentation der Geschlechtsrolle einschließlich der Objekt bezogenen Sexualpraktiken beziehen.

3.1.1 Das biologische Geschlecht

Das biologische Geschlecht als „männlich" oder „weiblich" wird üblicherweise auf der Grundlage von unterschiedlichen körperlichen Merkmalen bestimmt:

▶ Das *genetische* Geschlecht ist bestimmbar durch die zytologisch feststellbare spezifische Ausstattung mit Geschlechtschromosomen als das genetisch angelegte Geschlecht der Körperzellen.

▶ Das *gonadale* Geschlecht ist durch die in der Embryo-Fetogenese gebildeten Keimdrüsen vorbestimmt und entwickelt sich üblicherweise durch das chromosomale Geschlecht.

▶ Das *phänotypische* Geschlecht erschließt sich durch die äußeren und inneren Geschlechtsorgane und die sekundären Geschlechtsmerkmale des männlichen bzw. weiblichen Phänotyps.

Menschen sind in dem Maße weiblich oder männlich, wie sie diese körperlichen Kriterien erfüllen, was auf die meisten Menschen eindeutig zutrifft. Die Entwicklung dahin vollzieht sich bereits in den ersten Wochen nach der Empfängnis.

Wird dem immer weiblichen X-Chromosom in der Eizelle der Frau durch das eindringende Spermium ein weiteres X-Chromosom hinzugefügt, entwickelt sich genetisch bedingt ein Mädchen mit einem XX-Chromosomenpaar; mit einem Y-Chromosom entwickelt sich ein Junge mit einem XY-Chromosomenpaar. Ein auf dem Y-Chromosom lokalisiertes Gen (SRY) ist für die Entwicklung der Testes zuständig, den Hoden, die bereits sieben Wochen nach der Befruchtung mit der Produktion des Geschlechtshormons Testosteron und seines Derivates Dihydrotestosteron (DHT) beginnen. Damit wird die Entwicklung der äußeren männlichen Geschlechtsorgane in Gang gesetzt.

Das gonadale Geschlecht ist in seinen Grundzügen etwa im dritten Monat so weit fortgeschritten, dass die Geschlechtsorgane (Penis, Prostata, Skrotum, Hoden usw.) gut erkennbar ausgebildet sind. Fehlt das Y-Chromosom und damit das testikuläre Gewebe, entwickeln sich normalerweise die weiblichen Geschlechtsorgane (Eierstöcke, Eileiter, Uterus und Vagina), die ebenfalls bereits drei Monate nach der Konzeption grundlegend vorhanden sind.

Intersexualität. Nur eine Minderheit von Menschen lässt sich bei Geburt noch nicht eindeutig einem biologischen Geschlecht zuordnen. Diese Erscheinungsformen werden z.B. als Intersexualität oder (Pseudo-)Hermaphroditismus bezeichnet. In den meisten dieser Fälle können gonadale Dysgenisien und/oder genetisch-chromosomale Ursachen gefunden werden (z.B. das Fehlen des SRY-Genes auf dem sehr wohl vorhandenen Y-Chromosom) – oder aber auch hormonell ungünstige Einflüsse während der Schwangerschaft verantwortlich sein. In der Folge ist das phänotypische Geschlecht des Kleinkindes gelegentlich schwer zu bestimmen. Das äußere Erscheinungsbild kann in solchen Fällen ganz unauffällig „männlich" oder „weiblich" sein, was bei zunächst fehlerhafter Zuordnung des Kleinkindes zu einem Geschlecht nicht selten im späteren Leben zu psychischen Problemen hinsichtlich der sexuellen Identität führen kann (ausführlich: → 5.3 und Fallbeispiel weiter unten).

3.1.2 Die Geschlechtsidentität

Die Frage, ob „es" denn nun ein Mädchen oder ein Junge geworden ist, klärt sich heute nicht erst, wenn das Kind zur Welt gekommen ist. Dank Bild gebender Diagnostik kann das morphologische Geschlecht schon während der Schwangerschaft mit relativer Sicherheit bestimmt werden, und das genetische Geschlecht auf der Grundlage zytologischer Zusatzuntersuchungen. Spätestens mit der Geburt jedoch erfolgt durch die Geburtshelfer in den Geburtsunterlagen die Festlegung des administrativen („bürgerlichen") Geschlechts anhand des aktuellen Zustands der äußeren Geschlechtsorgane. Das Geschlecht, das Eltern ihrer Erziehung zugrunde legen, baut üblicherweise auf diese Festlegungen auf – kann jedoch durch eventuell enttäuschte vorbestehende Erwartungen überformt werden.

Üblicherweise jedoch führt die klare Beantwortung dieser Frage zu entscheidenden Unterschieden in der Beziehung, die unterschiedliche Personen zum Mädchen oder Jungen aufbauen: Namensgebung, Kleiderwahl, Haarschnitt, Geschenke und Spielsachen – bei fast allem wird hinfort den kulturellen Gepflogenheiten entsprechend geschlechtsspezifisch gedacht, gehandelt und erzogen. Die Entwicklung einer Geschlechtsidentität beginnt mit den ersten Lebensminuten, und es ist nicht verwunderlich, wenn die Sexualforscher heute sicher davon ausgehen, dass sich in Entsprechung zur Erziehungsumwelt auch die subjektive Geschlechtsrollenfestlegung des Kindes rasend schnell entwickelt und bereits weitgehend vollzogen ist, bevor das Kind damit beginnt, das Sprechen zu beherrschen – etwa im Alter zwischen 18 Monaten und zwei Jahren.

Pränatale Entwicklung. All dies ist jedoch bereits entscheidend durch geschlechtshormonelle Prozesse während der Schwangerschaft vorbereitet. Das Auswachsen von Östrogen und Androgen sensitiven Zellsystemen insbesondere im Hypothalamus und limbischen System wird durch Androgene verstärkt und führt zu anatomisch unterschiedlichen Verbindungen und Größenverhältnissen von männlichem und weiblichem Gehirn – mit langfristig stabilen Wirkungen auf die geschlechtsspezifische Entwicklung von Begabungsschwerpunkten und kognitiven Leistungen. Mit der deutlichen Vergrößerung des Corpus callosum bei Frauen wird beispielsweise deren größere Plastizität für Sprachfunktionen erklärt. In der Tat lassen sich bei Mädchen erheblich seltener als bei Jungen Störungen der Sprache und der Sprechflüssigkeit beobachten (z.B. Stottern: Fiedler & Standop, 1994). Die linke Hemisphäre ist beim weiblichen Geschlecht voluminöser als die rechte, beim männlichen umgekehrt. Damit könnten die Begabungsdifferenzen zwischen den Geschlechtern für visuell-räumliche und sprachliche Aufgaben zusammenhängen. Diese Unterschiede werden heute mit einer unterschiedlichen prä- und postnatalen Hirnentwicklung unter Androgeneinfluss in einen Zusammenhang gestellt – begründet unter anderem damit, dass Begabungsunterschiede im Erwachsenenalter kaum mehr mit Androgen- oder Östrogenspiegel korrelieren (Birbaumer & Schmidt, 1996).

Kleinkindalter. Schon im Kleinkindalter können bei den meisten Menschen entsprechend ihres biologischen, genetischen und hormonellen Geschlechts viele Eigenarten des Geschlechtslebens beobachtet werden, die dann fast ein ganzes Leben in vielfältiger Weise gelebt, verändert und angereichert oder auch gehemmt und unterdrückt werden: Erektionen des Penis, Lubrikationen der Scheide, muskuläre Kontraktionen und rhythmische Bewegungen des Beckens.

Kinder empfinden es schon sehr früh als angenehm, wenn sie selbst oder ihre Eltern die Geschlechtsorgane oder andere erogene Zonen berühren. Und sie können schon relativ früh Orgasmen haben.

Kommt im zweiten und dritten Lebensjahr die Sprache hinzu, dauert es nach groben Schätzungen und gewissen Unterschieden zwischen Kindern nur noch weitere zwei Jahre, bis die Geschlechtsidentität bei den meisten Jungen und Mädchen auch im Selbstbild unwiderruflich festgelegt ist und damit im Geschlechtsrollenverhalten seinen Ausdruck findet. Es kann in dieser Zeit noch vorkommen, dass Kinder die weiblichen und männlichen Geschlechtsorgane verwechseln, was überhaupt nicht heißt, dass sie sich über die eigene Geschlechtlichkeit im Unklaren sind. Kinder dieses Alters nehmen die Unterscheidung nicht anhand der Geschlechtsorgane vor, sondern orientieren sich an anderen Merkmalen, nämlich jenen, mit denen ihnen diese Unterschiede von Geburt an durch die Erziehungspersonen näher gebracht wurden.

Geschlechtsidentität. Die Sicherheit, mit der Forscher heute die endgültige Festlegung der Geschlechtsidentität im vierten Lebensjahr behaupten, wird noch durch andere Beobachtungen gestützt (Cohen-Kettenis & Pfäfflin, 2003). In einigen Fällen wurden Kinder, bei denen wegen sexueller Missbildungen das Geschlecht bei Geburt falsch beurteilt wurde, in einer Geschlechtsrolle erzogen, die nicht ihrem biologischen Geschlecht entsprach. Wird dies entdeckt, kann eine Umkehrung der Geschlechtsrollenerziehung sinnvoll sein (→ 5.3). Aus den Erfahrungen mit solchen Versuchen lässt sich ableiten, dass eine solche Umkehrung dann möglich ist, wenn die Erziehung zum eigentlichen Geschlecht möglichst frühzeitig (in den ersten Lebensmonaten) beginnt und mit äußerster Geduld und Konsequenz durchgehalten wird. Nach 18 Monaten wird ein solcher Versuch schwieriger. Nach dem vierten Lebensjahr scheint es sicher, dass er fast immer misslingt (Money et al., 1957).

Das Geschlechterkonzept von Money, einem der maßgeblichen Forscher im Bereich sexueller Entwicklung, beinhaltete die Möglichkeit der erzieherischen Beeinflussung der Geschlechtsidentität nur in einem sehr frühen Alter. Mit seinem Ansatz bricht er den überkommenen Erbe-Umwelt-Dualismus auf, den er durch einen Dreischritt „Erbe → kritische Periode → Umwelt" ersetzt. Als erläuterndes Beispiel wählt Money gern den Erwerb der Muttersprache. Man wird zwar ohne Muttersprache geboren; ist diese aber erst einmal erworben, dann bleibt sie so einflussstark, als sei sie Natur.

Dennoch ist auch die hier angedeutete Möglichkeit einer noch sehr früh möglichen Umkehr in der Geschlechtsrollenerziehung inzwischen mit gewisser Zurückhaltung zu betrachten. Diese kritische Position bezieht sich u.a. auf einen Fall, den Money und Erhardt (1972) in einem viel beachteten Buch beschrieben haben, der jedoch nicht mehr als Beleg für diese Annahme angeführt werden darf (Colapinto, 2000).

Fallbeispiel: Der Junge, der als Mädchen aufwuchs

Das Konzept von Money (et al., 1957) führte in den 1960er Jahren zu einer Veränderung in der Behandlung intersexueller Kinder. Hatte man vorher nach der Maxime gehandelt, die Kinder nach Maßgabe des biologischen Geschlechts, so weit dies bestimmbar war, zu erziehen, so sollten Geschlechtszuweisung und -erziehung nun möglichst früh (möglichst weit vor dem 24. Lebensmonat) beginnend danach vorgenommen werden, was unter den gegebenen somatischen Bedingungen am ehesten zu einer stabilen Geschlechtsidentität, zu einem glücklichen Leben als Geschlechts- und Sexualwesen führen könnte, ob als Mann oder als Frau.

Dass dies wohl doch nicht immer gelingt, ist Thema des kürzlich erschienenen Buches von Colapinto (2000) „Der Junge, der als Mädchen aufwuchs". Im Folgenden geben wir Auszüge aus einer kritischen Besprechung dieser Publikation wider (Schmitt, 2000, S. 362–364):

„(…) Zu dieser Zeit, 1965, wurden Bruce und sein eineiiger Zwillingsbruder Brian in Winnipeg geboren. Im Alter von 7 Monaten sollten beide Jungen wegen einer vermeintlichen Vorhautverengung, die in diesem Alter noch gar nicht diagnostizierbar ist, beschnitten werden. Bruce verlor bei dieser Operation durch Fehler der Ärzte seinen Penis. Nach vielen Versuchen, bei ratlosen Ärzten Hilfe zu finden, konsultierten die verzweifelten Eltern zehn Monate nach dem Unfall Money im entfernten Baltimore. Money war der Erste, der ein klares Behandlungskonzept offerierte und Hoffnung weckte: Da eine Rekonstruktion des Penis damals chirurgisch nicht möglich war und das Aufwachsen als penisloser Junge unendlich traumatisch sei, empfahl er den Eltern, den Jungen als Mädchen aufzuziehen, eine geschlechtsangleichende Operation des äußeren Genitales vorzunehmen, später hormonell eine weibliche Pubertät einzuleiten und danach operativ eine Neovagina anzulegen. Money drängte zur Entscheidung, da eine Geschlechtsneuzuweisung spätestens bis zum 24. Monat möglich sei. Die Eltern folgten seinem Rat. Sie nannten Bruce nun Brenda und versuchten, ihn so gut es ging als Mädchen zu behandeln. Im Alter von 22 Monaten wurde Bruce kastriert und die äußeren Geschlechtsteile wurden denen eines Mädchens chirurgisch angepasst. Damit hatte Bruce nun auch seine Zeugungsfähigkeit verloren.

Money sah Brenda, ihre Eltern und Brian ein- bis zweimal im Jahr. In seinem letzten veröffentlichten Bericht über die damals neunjährige Brenda beschreibt er sie als ein Mädchen mit einer etablierten weiblichen Geschlechtsidentität und tomboyhaften Zügen, das heißt mit Freude an wilden ‚jungenhaften' Spielen. Letzteres irritierte Money nicht: Schließlich hatte Brenda die pränatale Hormongeschichte eines Jungen, und nach Moneys Untersuchungen waren auch ‚richtige' Mädchen, die vor der Geburt hohen Dosen männlicher Hormone ausgesetzt waren, überdurchschnittlich wild und hatten Lust an rauhen und Balgespielen.

Colapinto (2000) lernte Bruce/Brenda im Alter von 31 Jahren kennen, als er schon längst David geworden war. In der Pubertät wurde Brenda mit weiblichen Hormonen behandelt und bekam Brüste. Dem Drängen Moneys, eine Neovagina anlegen zu lassen, widersetzte sie sich vehement. Sie fühlte sich unwohl als Mädchen, war unglücklich und einzelgängerisch, immer wieder auch selbstmordgefährdet. Als der Vater ihr schließlich auf Drängen einer Psychotherapeutin ihre Geschichte erzählte, erschien ihr bisheriges Leben in einem neuen Licht. Sie verstand, was sie so quälte, und beschloss damals, im Alter von 14 Jahren erleichtert, als Mann zu leben und sich David zu nennen. Er ließ sich mit männlichen Hormonen behandeln, später wurden seine Brüste operativ entfernt und ein Neopenis angelegt. Er heiratete im Alter von 25 Jahren und adoptierte die Kinder seiner Frau.

Colapinto hat mit David viele lange Gespräche geführt und hat auch mit dessen Eltern, dem Bruder, der Frau, den Therapeuten, Freunden usw. gesprochen. Money hat ein Gespräch mit Colapinto verweigert. Offenbar wollte er sich nicht mit einem ehemaligen Patienten in der Öffentlichkeit auseinander setzen, einem Patienten, der ihn heftig angreift und ihm vorwirft, ihn als Kind einer Gehirnwäsche unterzogen zu haben. In einem seiner letzten Bücher (,Sin, Science, and the Sex Police', Amherst, N., 1998, S. 297 ff.) hat Money jedoch Stellung bezogen. Die Behandelnden seien in einem solchen Fall in ein unauflösbares Dilemma verstrickt, sie seien ,verflucht', wenn sie eine Geschlechtsneuzuweisung vornähmen, und sie seien ,verflucht', wenn sie es ließen. Er verteidigt seine Position, dass in Fällen von frühem Penisverlust die Geschlechtsneuzuweisung auch heute noch eine Option sein könne. Deswegen wird er von den Organisationen intersexueller Menschen heftig angegriffen, die fordern, mit eingreifenden Behandlungsmethoden so lange zu warten, bis der oder die Betroffene selbst darüber ein Urteil fällt. (…)

Geschlechtertheoretisch beweist Davids Geschichte [jedoch] nichts. Kanadische Forscher, beispielsweise, berichten über einen vergleichbaren Fall: Penisverlust bei Beschneidung mit zwei Monaten, Geschlechtsneuzuweisung im Alter von sieben Monaten. Die Frau – heute 26-jährig – ist eine Frau. Sie hat einen eher als männlich geltenden Beruf und ist bisexuell. Dies bietet Colapinto Anlass zum Verdacht, dass sie gar keine Frau ist und nur noch etwas Zeit braucht, um ihrer inneren Stimme zu folgen. Solche Gewissheit schützt Colapinto vor verstörenden Fragen. Was wäre aus Bruce geworden, wäre er als penisloser Junge neben seinem unbeschädigten Bruder groß geworden? Wer vermag auszuschließen, dass ein Mensch mit einem solchen Schicksal in der Pubertät ein Mädchen hätte werden wollen?" (Schmidt, 2000, 362–364; auszugsweise mit freundlicher Genehmigung des Thieme-Verlags, Stuttgart).

3.1.3 Geschlechtsrollenpräsentation

Mit zunehmendem Sprachvermögen organisiert sich beim Kind auf der Grundlage der erlebten Geschlechtsidentität die subjektive und mitteilbare Selbsterkenntnis, einem bestimmten Geschlecht anzugehören. Dies führt das Kind auch dazu, geschlechtsrollentypische Verhaltensweisen zu bevorzugen und gleichgeschlechtliche Personen als Rollenmodelle auszuwählen. Die subjektiv erlebte Geschlechtsidentität und die persönliche Geschlechtsrolle entwickeln sich vermutlich nur sehr bedingt nacheinander, über die ersten Jahre hinweg in vielerlei Hinsicht eher gleichsinnig und sich wechselseitig beeinflussend. Dennoch scheint die Geschlechtsidentität bereits in den ersten Lebensjahren weitgehend festgelegt zu sein, während sich die weitere Entwicklung der persönlichen Geschlechtsrolle und Rollenpräsentation wesentlich an kulturspezifischen Vorstellungen und Normen sowie an sozialen Erwartungen orientiert und ausdifferenziert.

Schließlich beinhaltet die öffentliche Präsentation der Geschlechtsrolle all das, was ein Mensch nach außen hin sagt oder tut, um sich, je nachdem, als Junge oder Mann bzw. Mädchen oder Frau darzustellen (Money & Tucker, 1975; Cohen-Kettenis & Pfäfflin, 2003). Es besteht inzwischen Konsens darüber, dass sich die Geschlechtsrollenpräsentation zwar durch die Geschlechtsidentität mit bestimmt, sich in der Vielfalt ihrer Erscheinungsformen jedoch nach und nach durch Erfahrungen aufbaut und vervollständigt. Wesentlich dafür sind erzieherische Einflüsse und Erwartungen wie auch durch das Kind selbst gewählte Vorbilder. Auch sexuelle Spiele mit sich und mit anderen Kindern scheinen von Bedeutung. Dabei werden die erotischen Möglichkeiten dieser Spiele erst nach und nach erlebt. Zunächst lassen sie sich viel besser mit Neugierde an der körperlichen Anatomie erklären.

3.2 Sexuelle Präferenzen, sexuelle Orientierung und Partnerwahl

Mit Beginn der Jugend kommt es zur Ausbildung erotischer und sexueller Wünsche, die sich in den sexuellen Präferenzen (in den sexuellen Vorlieben und Wünschen) und in der sexuellen Orientierung oder (genauer:) in der Geschlechtspartnerorientierung wiederfinden. Diese hängen vorrangig mit deutlichen hormonellen Veränderungen in der Pubertät zusammen, die eine rasch zunehmende sexuelle Reaktionsfähigkeit bewirken. Dies gilt in auffälliger Weise für Jungen, von denen viele ihre erste Ejakulation während des Schlafes erleben. Aber auch Mädchen haben Orgasmen im Schlaf, obwohl das seltener vorkommt. Gleiches gilt für die Masturbation. Bis zum Alter von 15 Jahren haben nur etwa ein Viertel aller Mädchen bis zum Orgasmus masturbiert, während die Vergleichszahl für Jungen fast 100 Prozent beträgt. Diese Zahlen haben sich seit den ersten systematischen Untersuchungen in den USA von Kinsey und Mitarbeitern (1948; 1953) bis heute kaum verändert (Clement, 1986; Smith, 1998).

Sexuelle Orientierung und sexuelle Präferenzen manifestieren sich typischerweise während der frühen Adoleszenz in sexuellen Fantasien bis hin zu sexuellen Kontakten. Diese Fantasien begleiten häufig bereits seit der Kindheit die Masturbation oder lösen diese aus. Fantasien mit erotischem und sexuellem Inhalt organisieren die innere Erlebniswelt und tragen erheblich zu einem subjektiven Selbstverständnis bei, zur Auswahl sexueller Vorlieben sowie zu inneren Vorstellungen über zwischenmenschliche Beziehungen (Mertens, 1994).

Erste Erfahrungen. Im deutschsprachigen Raum wurde in einigen Studien mit Wiederholung in größeren Zeitabständen das Sexualverhalten junger Menschen im Alter zwischen 11 und 30 Jahren untersucht (Schmidt et al., 1992; Sigusch & Schmidt, 1973; Clement, 1986; Schmidt, 1993). Dabei lassen sich deutliche Auswirkungen der zunehmenden Offenheit feststellen, mit der Sexualität öffentlich diskutiert und dargestellt wird. So sinkt im beobachteten Zeitraum von 20 Jahren das Alter um durchschnittlich drei Jahre auf eine Zeit vor dem 16. Lebensjahr, zu dem Jugendliche mit Verabredungen, Küssen, Petting und Geschlechtsverkehr beginnen. Heute scheint es so, dass etwa drei Fünftel der deutschen Jugendlichen vor dem 17. Lebensjahr über sexuelle Erfahrungen mit Geschlechtsverkehr berichten. Diese Zahlen entsprechen in etwa denen, wie sie aus Studien in den USA zu finden sind: Dort gaben im Alter von 17 Jahren 67 Prozent der jungen Männer und 56 Prozent der jungen Frauen an, ein- oder mehrmals Geschlechtsverkehr gehabt zu haben (Smith, 1998).

Man könnte diese Vorverlagerung aber auch folgendermaßen ausdeuten: Offensichtlich haben die religiösen und sozioökonomischen Vorgaben an eine gesellschaftlich akzeptierte Volljährigkeit über längere Zeit den Kohabitationsbeginn nach hinten verschoben. Im Moment beobachten wir vielleicht nur eine Rückkehr zu biologischen Normalverhältnissen, wie sich diese mit sexuellen Gepflogenheiten und insbesondere mit den Heiratsaltern in anderen Epochen und Kulturen vergleichen lassen.

Gleichzeitig haben sich zentrale Wertvorstellungen wieder deutlicher in Richtung eines monogamen Bindungsverhaltens geändert. Heute scheinen junge Männer die Sexualität stärker als noch eine Generation zuvor an eine feste Liebesbeziehung mit Treue zu binden. Sie sind zwar nicht so romantisch wie junge Frauen, legen aber großen Wert auf gegenseitiges Verstehen und Vertrauen. Große Angst haben Jugendliche vor dem Verlassenwerden, vielleicht – so vermutet Sigusch (1998, S. 1242) – „weil sie als Nachkommen der sexuellen ‚Revolutionäre' erfahren mussten, dass Ehen weder heilig sind noch ewig".

3.2.1 Sexuelle Orientierung und Partnerwahl

Bei heranwachsenden Jungen ist es nicht unüblich, ab Beginn der Pubertät in Gruppen zu masturbieren und auf diese Weise erste quasi homosexuelle Kontakte zu pflegen. Auch jugendliche Mädchen tauschen gelegentlich quasi lesbische Erfahrungen miteinander. Es ist in diesem Zusammenhang sehr sinnvoll, zwischen quasi homosexuellem *Verhalten* (spielerischer Erfahrungsaustausch, Mut- und Initiationsproben sowie sexuelles Konkurrenzgebaren oder schlichte Neugier zwischen Gleichgeschlechtlichen) und homosexueller *Orientierung* (überdauernde sexuelle Attraktivität und Wunsch nach Geschlechtsverkehr mit gleichgeschlechtlichen Partnern) zu unterscheiden. Denn die meisten der frühen homosexuellen Kontakte unter Jugendlichen sind auf kürzere Episoden begrenzt, bis sie älter werden und Gelegenheiten zu heterosexuellen Kontakten finden.

Sexuelle Orientierung vs. sexuelles Verhalten. Da eine solche Grenzziehung zwischen homosexuellem Verhalten und sexueller Orientierung nicht streng durchgehalten werden kann, gibt es nach wie vor Kontroversen über die Anzahl von Personen, die im Verlauf ihrer Entwicklung nicht ausschließlich heterosexuell orientiert sind. Die Angaben der organisierten Schwulen und Lesben zu homosexueller Orientierung und Partnerwahl lagen viele Jahre lang „konsensuell" bei durchschnittlich 10 Prozent, eine Zahl die auch heute noch im Internet weite Verbreitung findet.

Andererseits hat sich in den fünf Jahrzehnten, die seit dem Kinsey-Report (1948; 1953; → 2.3.3) vergangen sind, eine deutliche Veränderung ergeben (Sigusch 1998; Smith, 1998). Machten bis in die 1970er Jahre hinein noch etwa 20 Prozent der Jungen im Jugendalter frühe homosexuelle Erfahrungen, so ging diese Zahl in den 1990er Jahren – man könnte fast sagen: drastisch – auf 2 Prozent zurück. Erklärt wird dies zumeist mit der durchgreifenden sexuellen Liberalisierung in unserer Gesellschaft. Die symbolische, teils mystische Bedeutung der Sexualität hat in dem Maße abgenommen, wie es zu einem Abbau von Sexualverboten und zur Egalisierung der Geschlechter kam. Und seitdem die Homosexualität als eigene Sexualform in die öffentliche Diskussion eingedrungen ist, lassen sich paradoxerweise zunehmende Befürchtungen unter herangewachsenen Jungen ausmachen, womöglich als „Schwuler" angesehen zu werden. Wieweit dazu auch Befürchtungen um die Krankheit AIDS beigetragen haben, lässt sich nur schwer entscheiden, wenngleich sie durchaus Relevanz besitzen dürften.

Homosexualität rückläufig? Auch die Zahl der Erwachsenen jenseits des 18. Lebensjahres, die sich in ihrer sexuellen Orientierung als homosexuell bzw. mehr oder weniger als bisexuell einstufen würden, ist in den vergangenen zwei Jahrzehnten deutlich zurückgegangen. Dies betrifft sowohl Entwicklungen in den USA als auch in Europa (systematisch untersucht in Frankreich, Belgien, England, Norwegen, Dänemark und den Niederlanden; zusammenfassend: Smith/Kinsey Institut, 1998). Danach kann gegenwärtig bei etwa 2–3 Prozent der sexuell aktiven Männer und bei 1–2 Prozent der Frauen davon ausgegangen werden, dass sie sich ausschließlich mit gleichgeschlechtlichen Partnern bzw. Partnerinnen sexuell engagieren. Natürlich muss man bei diesen Zahlen beachten, dass es sich um konservative Einschätzungen handelt, da nach wie vor gegen die Homosexualität erhebliche gesellschaftliche Vorbehalte bestehen und nicht jede tatsächlich nicht heterosexuell orientierte Person bei Befragungen wirklichkeitsentsprechende Angaben machen dürfte, insbesondere wenn ein Coming-out noch nicht erfolgt ist (→ 4.3).

Egal wie man zu kritischen Einwänden gegenüber den Erhebungen steht, eines kann sicherlich festgestellt werden: Gegenüber dem Kinsey-Report lässt sich insbesondere bei Männern ein auffälliger Rückgang hinsichtlich einer homo- bzw. bisexuellen Aktivität beobachten. Überblickt man unterschiedliche Zeitspannen, so bezeichnen sich für zurückliegende 12 Monate etwa 2,4 Prozent der Männer als schwul und 0,6 Prozent als bisexuell, über einen Zeitraum von 5 vorausgehenden Jahren 2,5 Prozent als schwul und 1,4 Prozent der Männer als bisexuell. Die Angaben für lesbische bzw. bisexuelle Frauen liegen jeweils geringfügig niedriger. Insgesamt kann man heute auf der Grundlage epidemiologischer Studien davon ausgehen, dass sich seit ihrem 18. Lebensjahr etwa 5–6 Prozent der Männer und 4–5 Prozent der Frauen entweder ausschließlich homosexuell oder jeweils mehr oder weniger häufig bisexuell engagiert haben. Entsprechend liegt die Zahl der Männer ohne gleichgeschlechtliche Beziehungen bei 94–95 Prozent und die Zahl der heterosexuell orientierten Frauen bei 95–96 Prozent.

Heute gibt es unterschiedlichste Erklärungsversuche zur Ätiologie homosexuellen Verhaltens, auf die wir im nächsten Kapitel ausführlicher eingehen werden. Nur so viel sei dazu bereits an dieser Stelle gesagt: Die Androgen- oder Östrogenmenge im Blut des erwachsenen Menschen ist für die Richtung sexueller Geschlechtspartnerorientierung bedeutungslos. Kinder, die von lesbischen oder männlichen homosexuellen Eltern aufgezogen werden, zeigen keine Häufung homosexueller Orientierung. Die psychotherapeutische Behandlung Homosexueller zur Änderung ihrer sexuellen Orientierung ist ineffektiv. Vermutlich verursacht sie mehr Störungen als sie beseitigt (→ 4.4).

3.2.2 Sexuelle Beziehungen und sexuelle Aktivität

Heterosexuell wie nicht-heterosexuell orientierte Personen sind nicht zwangsläufig durchgängig sexuell aktiv. Die Zahl der Personen, die sich selbst als sexuell inaktiv bezeichnen, ist ebenfalls beträchtlich. Sie nimmt mit dem Alter zu und hängt davon ab, ob sich die Personen in einer ehelichen Beziehung befinden. Schließlich hängt die Zahl sexueller Kontakte vom ökonomischen Status ab: Je höher das Einkommen, umso häufiger sind regelmäßige sexuelle Kontakte (Smith, 1998). Häufigkeiten, mit denen Personen durchschnittlich ihre Kohabitationsfrequenz beziffern, liegen in der Alterspanne zwischen 18 und 29 Jahren gegenwärtig bei über 80 mal pro Jahr. Sie sinkt danach beständig bis auf ungefähr 60 mal pro Jahr bei Personen in den 40er Lebensjahren bis hin zu etwa 10 mal pro Jahr bei Personen, die 70 Jahre und älter sind.

Sexuelle Inaktivität. Korrespondierend fallen Untersuchungen zur sexuellen Inaktivität aus. Etwa 1–3 Prozent der jungen Erwachsenen geben an, gegenwärtig nicht sexuell aktiv zu sein, während solche Angaben bei Personen jenseits des 70. Lebensjahres etwa 60 Prozent betragen. Innerhalb der letzten Gruppe spielt es eine Rolle, ob sie sich (noch) in einer (ehelichen) Partnerschaft befinden: Nur etwa ein Drittel der (Ehe-)Partner über 70 halten sich für sexuell abstinent, während diese Zahl bei Personen ohne (Ehe-)Partner auf über 90 Prozent ansteigt. In der Alterspanne bis zum 50. Lebensjahr geben bis zu 30 Prozent der Unverheirateten an, in den vorausgehenden vier Wochen sexuell inaktiv gewesen zu sein, während dies nur auf etwa 16 Prozent der Personen in ehelichen Beziehungen zutrifft.

Langzeitbeobachtungen lassen den Schluss zu, dass sich in den vergangenen 50 Jahren hinsichtlich dieser Zahlen keine grundlegenden Veränderungen ergeben haben (Smith, 1998). Dies kann jedoch mit vielen, methodisch zum Teil anspruchsvollen Erhebungen infrage gestellt werden, die im Gefolge von AIDS das Sexualverhalten Erwachsener regelmäßig unter der Präventionsperspektive untersuchen (Schmidt, 1995; 2002). Sie verweisen eindrücklich auf eine Zunahme sexueller Inaktivität und dokumentieren gegenwärtig ein eher als karg zu bezeichnendes Sexualleben zwischen Männern und Frauen: Bis zur Hälfte der in den westlichen Gesellschaften dazu Befragten haben seltener als einmal in der Woche Geschlechtsverkehr.

Neben AIDS können weitere handfeste Gründe für die zunehmende sexuelle Inaktivität angeführt werden. Einfache demographische Daten belegen, dass diese Veränderungen in das Mark heterosexueller Beziehungen zielen. Religions- und kulturübergreifend steigen seit den 1970er Jahren in allen westlichen Ländern: die Scheidungsrate, die Zahl außerehelicher Geburten, die Zahl der Kinder mit nur einem erziehenden Elternteil, die Zahl der allein lebenden Erwachsenen. Zugleich sinken die Heiratsziffern und die Kinderzahl (vgl. Schmidt, 1995).

Außereheliche Beziehungen. Insgesamt gesehen haben sich im Zuge der sexuellen Liberalisierung seit den 1960er Jahren einige weitere Veränderungen im Sexualverhalten ergeben:

▶ Die Aufnahme zwischenmenschlicher sexueller Beziehungen beginnt um zwei bis drei Jahre früher.

▶ Die Zeitspanne, bevor aus sexuellen Partnerschaften feste eheliche Beziehungen werden, hat sich deutlich ausgeweitet.

▶ Personen bevorzugen es, mehrere sexuelle Partnerschaften zu erproben und das Zusammenleben an sich zu erlernen, bevor sie den Weg zum Standesamt beschreiten.

Diese Veränderungen hängen sicherlich mit den besseren Möglichkeiten einer Empfängnisverhütung, der größeren gesellschaftlichen Toleranz gegenüber nicht juristisch legitimierten Beziehungen und mit den veränderten materiellen Lebensbedingungen zusammen. Was jedoch die Häufigkeit außerehelicher Beziehungen angeht, so werden gelegentlich mehr untaugliche Zahlen öffentlich in Magazinen und Fernsehsendungen verbreitet, als dass diese Angaben, die häufig bis zu 50 Prozent und mehr betragen (z.B. im Hite-Report, 1976), tatsächlich repräsentativen Untersuchungen entsprechen.

Methodisch akzeptierte Schätzungen auf der Grundlage unterschiedlicher Studien lassen den Schluss zu, dass nur etwa 3 bis 4 Prozent von Verheirateten im Jahr vor einer Befragung außerhalb der ehelichen Beziehung einen oder mehrere weitere Sexualpartner haben und dass, bezogen auf die Gesamtzeit ihrer Ehe, nur 15–17 Prozent der befragten Personen von außerehelichem Geschlechtsverkehr berichten (Smith, 1998). Außereheliche sexuelle Kontakte kommen bei jüngeren Erwachsenen häufiger vor und werden von Männern etwa doppelt so häufig eingegangen als von Frauen. Zumeist verfügen diejenigen, die außereheliche Kontakte zugestehen, häufiger über ein geringeres Einkommen und/oder leben zumeist in größeren Städten und/oder fühlen sich nicht sehr eng einer religiösen Glaubensgemeinschaft verbunden und/oder berichten häufig über unglückliche eheliche Beziehungen.

Prostitution. Was schließlich die Prostitution angeht, wissen wir relativ wenig darüber, wie weit verbreitet diese Art der sexuellen Beziehungen zwischen Menschen tatsächlich ist. Wo Untersuchungen zu dieser Frage durchgeführt werden, finden sich jedoch regelhaft ähnliche Befunde, sodass die Verbreitung der Prostitution in aller Zurückhaltung grob abgeschätzt werden kann (Smith, 1998). Es muss (einschränkend) mitbedacht werden, dass Untersuchungen dieser Art häufig in bestimmten Zentren der Großstädte durchgeführt werden, weil sich dort eher Ergebnisse mit methodisch akzeptablen Fallzahlen generieren lassen. Außerdem dürfen insbesondere die US-amerikanischen Angaben als hochgradig konservative Schätzungen angesehen werden, da die Prostitution dort in den meisten Staaten noch unter Strafandrohung steht.

So findet sich beispielsweise in US-amerikanischen Mitteilungen wiederholt ein Stadt-Land-Gefälle dergestalt, dass 0,3 Prozent der Männer, die außerhalb großer Städte wohnen, angeben, in den vorausgehenden 12 Monaten Geschlechtsverkehr mit einer Prostituierten gehabt zu haben, während die Zahl der Männer in Großstädten mit etwa 2 Prozent angegeben wird.

Dies entspricht einem Durchschnitt von etwa 0,6 Prozent, mit der Männer bei Befragungen berichten, innerhalb des letzten Jahres für Sex mit einer Prostituierten bezahlt zu haben (Davis & Smith, 1998). Ganz ähnlich fallen Untersuchungen in Frankreich, England und Schottland aus. Im Zeitraum von jeweils zurückliegenden 5 Jahren liegt die Schätzung für US-amerikanische Männer bei etwa 6 Prozent (Wells & Sell, 1990); und überhaupt irgendwann im zurück liegenden Leben haben etwa 16 Prozent der US-amerikanischen Männer eine Prostituierte aufgesucht (Davis & Smith, 1998).

Dabei scheinen diese Zahlen relativ unabhängig von Alter und Bildungsniveau der Befragten zu sein. Demographische Analysen zeigen lediglich, dass Kontakte mit Prostituierten in Ballungszentren häufiger vorkommen, dass es Männer mit geringerem Einkommen sind, die zugleich häufiger über Ehescheidungen und weniger häufig über Kirchenbesuche berichten. Auch Männer, die nach eigenen Aussagen in unglücklichen ehelichen Beziehungen leben, scheinen aktuell (im zurückliegenden Jahr) häufiger auf die Prostitution als Ersatz oder Ergänzung für ehelichen Geschlechtsverkehr auszuweichen. Ob ausschließlich sexuelle Befriedigung, eine bestimmte Art zwischenmenschlicher Beziehung oder das besondere Flair dieses Dienstleistungsbereiches gesucht wird, muss hier offen bleiben.

Dennoch hat sich das Gewerbe differenziert und Karrieren geschaffen. Prostitution etabliert sich zunehmend als sexuelle Dienstleistung, die (beispielsweise in Deutschland) mit einem Jahresumsatz von mehreren Milliarden Euro einen beträchtlichen Wirtschaftsfaktor darstellt. Das Gewerbe hat sich in den letzten Jahren zunehmend aus den Sperrbezirken herausbewegt und vom Zuhälter emanzipiert. Stattdessen gibt es Hausbesuch und weiblich geführte Bordelle. Damit soll nicht verkannt werden, dass Straßen- und Babystrich, Opfer männlicher Gewalt und Ausbeutung sowie Elendsschicksale im Rotlichtmilieu nach wie vor vorhanden sind (→ 9.3.4; 9.3.5).

Andererseits fordern die meisten „Sexanbieterinnen" zunehmend Toleranz, weil sie sich in einer freien Demokratie für einen – wenngleich immer noch geächteten – Beruf entschieden haben (Domenta, 2003). „Sexarbeit" will als Arbeit wie jede andere betrachtet werden, jedenfalls solange sie freiwillig und zur Zufriedenheit der Beteiligten ausgeübt wird. Insofern hält sich der Staat seit einigen Jahrzehnten klug aus dem Privatleben seiner Bürger heraus, ja er passt sich einem veränderten Bewusstsein an. So stimmt er hierzulande zu, dass Prostituierte sich sozialversichern lassen und Honorare einklagen dürfen. In die Schlafgemächer regiert er nur noch hinein, wenn wichtige Grundsätze der sexuellen Selbstbestimmung missachtet werden.

4 Heterosexuelle, homosexuelle und bisexuelle Orientierung

Es könnte ja in absehbarer Zukunft tatsächlich einmal so sein, dass es einer administrativen Unterscheidung von Personen hinsichtlich ihrer jeweiligen sexuellen Orientierung nicht mehr bedarf. Die Gegenwart sieht beträchtlich anders aus. Zwar wurde die „Homosexualität" aus den psychiatrischen Diagnose-Systemen psychischer Störungen gestrichen. Damit ist sie für die Betroffenen schon gar nicht der Probleme enthoben, die sich nach wie vor aus politischen, rechtlichen, gesellschaftlichen und kulturellen Diskriminierungsprozessen ergeben und ableiten lassen. Psychische Störungen zum Teil erheblichen Ausmaßes werden bei Schwulen, Lesben und Bisexuellen als Folge der öffentlich weiter bestehenden Vorurteile und Ausgrenzungen beobachtet, wenn sie deren persönliche Möglichkeiten und Kompetenzen im Umgang mit Stigmatisierungserfahrungen überschreiten.

Allein diese psychischen Folgen sozialer Stigmatisierung lassen es als notwendig erscheinen, dass die Homosexualität so lange auch ein Thema in der Klinischen Forschung und Praxis bleibt, bis die Ausgrenzung der Schwulen und Lesben ein akzeptierbares Ende gefunden hat. Der Kampf um die Freiheit, Gleichheit und Gleichberechtigung der Menschen wird damit für die Homosexuellen nicht zu Ende sein. Er wird sich nur mehr auf eine andere Ebene heben lassen – zum Beispiel als öffentlich geführter Kampf um die Durchsetzung gleichberechtigter ehelicher oder beruflicher Privilegien, wie er sich gegenwärtig in einigen europäischen Ländern bereits andeutet. Damit stehen die Betroffenen dann in einer Reihe mit anderen Personengruppen, wie zum Beispiel Frauen oder Ausländer, die ebenfalls wohl noch längere Zeit um Gleichstellung und Gleichbehandlung in der Gesellschaft öffentlich einstehen müssen.

4.1 Eigenarten sexueller Orientierung: Meinungen und Vorurteile

Wie kann sich die sexuelle Geschlechtspartnerorientierung des Menschen entwickeln? Solange die Homosexualität für klinische (wie auch nicht klinische) Forscher als „Psychische Störung" und damit Abweichung von einer *biologischen*

Norm bzw. als „soziale Abweichung" von einer *moralischen* Norm galt, wurde schlicht versäumt, einmal gründlich nach den Bedingungen der heterosexuellen Orientierung zu forschen. Eine solche Frage wurde nur selten gestellt, weil die heterosexuelle Geschlechtspartnerorientierung schlicht als natürlich gegeben und jede Abweichung davon als unnatürlich und korrigierenswert angesehen wurde (Rauchfleisch, 2001). Konsequenterweise wurden vor allem Überlegungen und Untersuchungen dazu angestellt, wie und warum es zu solch auffälligen Abweichungen vom „Normalzustand Heterosexualität" kommen kann – zumeist ohne den Zustand Heterosexualität als lediglich *statistische* Norm der Spielbreiten sexueller Orientierung ernsthaft in Forschungsarbeiten einzubeziehen.

Nach dem Homosexualitätsdesaster in der Psychiatrie jedenfalls saß der Schock tief (→ 2.3.6). Sollte man jetzt die früher zur Homosexualität durchgeführten Studien mit ihren zahllosen Befunden einfach über Bord werfen? In den 1980ern und Anfang der 1990er Jahre konnte man den Eindruck gewinnen, als hätten die klinischen Forscher das Thema Homosexualität fast schon homophobisch erst einmal zur Seite gelegt. Das beginnt sich erst in jüngster Zeit zu ändern – glücklicherweise deutlich. Es deuten sich neue Forschungsperspektiven für eine vorurteilsfreie Aufklärung der Ursachen und Hintergründe der menschlichen Sexualorientierung an, die u.a. folgende Schlagworte und Fragen betreffen:

▶ Spielbreite: Wie sieht die Breite und Vielfalt menschenmöglicher sexueller Orientierungen und Lebensstile wirklich aus?

▶ Homophobie, Heterosexismus, sexuelle Vorurteile: Wie beeinflussten früher und wie beeinflussen noch heute die gesellschaftlichen Vorbehalte und Ängste gegenüber der Homosexualität die Entwicklung der sexuellen Orientierung?

▶ Ursachen und Entwicklung: Gibt es genetische, gonadale oder hormonelle Voraussetzungen, die eine spätere hetero-, homo- oder bisexueller Orientierung beeinflussen? Und wie beeinflussen psychosoziale und gesellschaftliche Einflüsse die sexuelle Entwicklung des Menschen?

▶ Coming-out: Welche positiven Möglichkeiten, aber auch Probleme und Störungen ergeben sich im Prozess des subjektiven Gewahrwerdens der eigenen sexuellen Orientierung und welche Möglichkeiten und Probleme ergeben sich, diese in der heutigen Gesellschaft öffentlich zu machen und auszuleben?

4.1.1 Übergänge zwischen Heterosexualität und Homosexualität

Wer ausdrücklich nach Unterschieden zwischen Heterosexualität und Homosexualität forscht, wird fast immer Unterschiede finden. So naiv diese Erkenntnis ist, so nachhaltig und unkontrollierbar sind die Folgen einer unbedachten Klassifikation von Personen in Gruppen zum Zwecke ihrer Erforschung nach „autistisch gesetzten a-priori-Klassen" (Bleuler, 1921). Das implizite Problem solcher Art Forschung liegt nämlich darin, dass sie nach außen der Eindruck vermittelt, als habe die Natur ausschließlich Menschengruppen mit klar unterscheidbaren Merkmalen hervorgebracht.

Dass dies mit Blick auf die Frage sexueller Orientierung nicht der Fall ist, wurde und wird in der Forschung sträflich vernachlässigt. Und dies, obwohl es dazu immer schon warnende Hinweise gegeben hat. Bereits 1897 hatte Magnus Hirschfeld zur Vermeidung einer vorschnellen Klassifizierung das erste Periodikum zu dieser Frage programmatisch mit „Jahrbuch für sexuelle Zwischenstufen" betitelt. Und Sigmund Freud (1915) ging in seiner für die Psychoanalyse lange Zeit maßgeblichen Libidotheorie sogar davon aus, dass

▶ die sexuelle Orientierung bei allen Menschen von der Bisexualität her ihren Ausgang nimmt,

▶ sie sich erst im Laufe der kindlichen Entwicklung in unterschiedlichste Richtungen entfalten kann und

▶ es sich bei der später sichtbar werdenden Vielfalt sexueller Orientierungen von Heterosexualität und Homosexualität nicht *per se* um Erscheinungsformen psychischer Störungen oder gar Krankheiten handelt.

Leider sind ihm viele seiner psychiatrisch denkenden Kollegen und Anhänger in dieser Ansicht nicht gefolgt. Spätestens seit den ersten empirischen Ergebnissen zu dieser Frage, seit dem Kinsey-Report (1948), hätte hier ein ernsthaftes Umdenken auch in der nach Ordnungsmustern suchenden Forschung einsetzen müssen.

Forschungskriterien. Nun hatten die Forschungsbefunde von Kinsey und Kollegen (1948) nahe gelegt, dass sich die Unterschiedlichkeit der sexuellen Geschlechtspartnerorientierung auf einer Dimension zwischen ausschließlicher Heterosexualität und ausschließlicher Homosexualität anordnen lasse (→ 2.3.5). Eine solche Dimensionierung ist immer wieder als völlig unzureichend kritisiert worden (Haeberle, 1983; Furnell 1986). Bei ein und derselben Person kann sich die Balance zwischen hetero- und homosexuell über eine Zeitspanne hinweg in die eine oder andere Richtung verschieben. Andere Menschen zeigen beide Verhaltensmuster mit unterschiedlichen Intensitäten. Bei ernsthafter Berücksichtigung solcher Differenzierung wird es eher unmöglich, anzugeben, wie viele Menschen denn nun ausschließlich wirklich heterosexuell und wie viele tatsächlich homosexuell sind.

So sind bei Befragungen immer wieder Personen zu finden, die sich subjektiv als lesbisch oder schwul bezeichnen, die jedoch noch nie sexuelle Kontakte mit gleichgeschlechtlichen Partnern hatten, wie es gleichermaßen Personen gibt, die sich selbst als heterosexuell einstufen, zeitgleich jedoch extensiv homosexuell aktiv sind (z.B. Savin-Williams, 1990). Will man solche interindividuellen Unterschiede in der Forschung nicht vernachlässigen, bedarf es differenzierter Herangehensweisen. Als einer der Versuche, sich diesem Problem auf neue Weise anzunähern, gilt das von Klein und Mitarbeitern (1985) vorgelegte „Klein Sexual Orientation Grid" (KSOG; → Kasten).

Klein Sexual Orientation Grid (KSOG)

Es werden die unten angegebenen Werte in die freien Felder eingetragen; bei größeren Diskrepanzen zwischen „Gegenwart" und „idealerweise" wird von einem aktuell vorhandenen Konflikt ausgegangen.

Variable	Vergangenheit	Gegenwart	in idealer Weise
A: Sexuelle Neigung			
B: Sexuelles Verhalten			
C: Sexuelle Fantasien			
D: Emotionale Vorlieben [1])			
E: Soziale Vorlieben [2])			
F: Hetero-/homosexueller Lebensstil			
G: Selbstidentifikation			

Für die Variablen A bis E
1 = ausschließlich mit dem anderen Geschlecht
2 = meistens mit dem anderen Geschlecht
3 = etwas mehr mit dem anderen Geschlecht
4 = gleichermaßen gleich-/gegengeschlechtlich
5 = etwas mehr mit dem gleichen Geschlecht
6 = meistens mit dem gleichen Geschlecht
7 = ausschließlich mit dem gleichen Geschlecht

Für die Variablen F und G
1 = ausschließlich heterosexuell
2 = meistens heterosexuell
3 = etwas mehr heterosexuell
4 = gleichermaßen hetero-/homosexuell
5 = etwas mehr homosexuell
6 = meistens homosexuell
7 = ausschließlich homosexuell

Erläuternde Hinweise:
[1]) Bei welcher Art von Sex möchten Sie gern emotional involviert sein?
[2]) Welcher sozialen Gruppierung möchten Sie sich zugehörig fühlen?

Kinsey-Skala. Das KSOG ist eine Erweiterung der von Kinsey et al. (1948) entwickelten dimensionalen Selbsteinschätzung zur Ausrichtung der *sexuellen Aktivität*. Die seither sog. Kinsey-Skala unterscheidet lediglich: 0 = ausschließlich heterosexuelles Verhalten; 1 = gelegentlich homosexuelles Verhalten; 2 = häufiger als gelegentlich homosexuelles Verhalten; 3 = hetero- und homosexuelles Verhalten etwa gleichhäufig; 4 = häufiger als gelegentlich heterosexuelles Verhalten; 5 = gelegentlich heterosexuelles Verhalten; 6 = ausschließlich homosexuelles Verhalten.

Sexuelles Erleben, sexuelle Orientierung. Das Klein Sexual Orientation Grid (KSOG; Klein et al., 1985) ermöglicht erheblich komplexere Abbildungen. Drei Variablenbereiche betreffen das sexuelle (Selbst-)Erleben:

▶ sexuelle Neigungen,
▶ sexuelle Fantasien und
▶ sexuelle Verhaltensmuster.

Drei weitere Variablenbereiche des KSOG betreffen die sexuelle Orientierung im engeren Sinne:

▶ die Art der bevorzugten emotionalen Partnerausrichtung,
▶ die Art der interpersonell-sozialen Zugehörigkeit,
▶ der Wunsch, einen heterosexuellen bzw. homosexuellen Lebensstil nach außen präsentieren zu wollen,
▶ die Frage, ob sich die Person subjektiv selbst als mehr, eher, weniger oder nicht als hetero-/homosexuell einstuft.

Das KSOG ermöglicht eine Bestandsaufnahme sexueller Neigungen und Vorlieben zu einem bestimmten Zeitpunkt. Es kann jedoch im Verlauf gewisser Zeitabstände wiederholt eingesetzt werden. Es ermöglicht in der Forschung, spezifische Aspekte der sexuellen Orientierung differenziert zu untersuchen. Eine genaue Beschreibung der Anwendungsmöglichkeiten findet sich in Kapitel 2 der Neuauflage des Buches „The bisexual option" (Klein, 1993; s.a. www.bisexual.org/klein/default.asp).

4.1.2 Homophobie und Heterosexismus

Bereits 1967 stellte Churchill mit Blick auf die Daten des Kinsey-Reports (1948) und aufgrund eigener Kultur vergleichender Studien die provozierende These auf, dass ausschließliche Homosexualität von antihomosexuellen Gesellschaften möglicherweise sogar noch gefördert werde. In den sexuell toleranten Gesellschaften liegt die Zahl der Menschen mit homosexuellem Verhalten offensichtlich niedriger als in Gesellschaften, die homosexuellen Neigungen gegenüber repressiv und ausgrenzend eingestellt sind. Wo sexuelle Kontakte mit dem eigenen Geschlecht scharf verurteilt werden, so Churchill (1967), sei mancher Bisexuelle gezwungen, sich einseitig festzulegen. Ein bisexueller Mensch mit vorhandener homosexueller Neigung würde sich unter dem Druck der Stigmatisierung, ein Homosexueller zu sein, zwangsläufig in Richtung Homosexualität entscheiden müssen und verzichte fürderhin möglicherweise nur deshalb auf sexuelle Kontakte mit Angehörigen beider Geschlechter.

Homophobie. Da sich im Zuge sexueller Liberalisierung in den vergangenen Jahrzehnten ein bemerkenswerter Rückgang bei der Zahl Homosexueller in den westlichen Gesellschaften beobachten lässt, wird die These vom Stigmatisierungsdruck auf die Bisexuellen immer noch diskutiert. Wesentlicher an Churchills Aussagen war seinerzeit jedoch, dass sie den Beginn einer zunehmend ernster geführten Auseinandersetzung mit den bestehenden Vorbehalten und Vorurteilen gegenüber der Homosexualität markieren. Bereits wenige Jahre später führte Weinberg (1972) den Begriff Homophobie für die ablehnende Haltung der Gesellschaft zur Homosexualität ein – ein Begriff, der inzwischen weltweit in den Wörterbüchern zu finden ist. Dudens Fremdwörterbuch definierte bereits 1982 Homophobie als „krankhafte Angst und Abneigung gegen Homosexualität" (S. 312).

Heterosexismus. In der Diskussion um Stigmatisierung und Ausgrenzung von Menschen mit „abweichender" sexueller Orientierung griffen alsbald auch die sich in Vereinigungen organisierenden Schwulen und Lesben selbst ein, die dem Begriff Homophobie den Begriff Heterosexismus zur Seite stellten. Sie benutzten diesen analog zu Begriffen wie Sexismus oder Rassismus und brandmarkten damit ein ideologisches System, das jede nicht-heterosexuelle Form des Verhaltens, der Identität, der Beziehungen oder einer Gemeinschaft verleugnete, diffamierte oder bekämpfte (vgl. Herek, 1990).

In der gesellschaftskritischen Diskussion und Forschung der 1980er und 1990er Jahre fanden beide Begriffe reichlich Verwendung. Der Begriff Homophobie wurde typischerweise zur Beschreibung individueller Einstellungen und Verhaltensweisen eingesetzt, und der Begriff Heterosexismus wurde zur Darstellung und Analyse gesellschaftlich-kultureller Ideologien und zur Charakterisierung institutioneller Unterdrückung nicht-heterosexueller Menschen verwendet. Beide provokanten Begriffsetzungen haben rückblickend erheblich dazu beigetragen, dass die bestehende Benachteiligung und Feindseligkeit gegenüber bisexuellen und homosexuellen Menschen ausdrücklich in den Mittelpunkt der öffentlichen wie wissenschaftlichen Aufmerksamkeit gerückt wurde.

Einige Forschungsbefunde zur „Homophobie"

Forschungsarbeiten zum Phänomen der Homophobie und dessen Auswirkungen wurden in den 1980er und zu Beginn der 1990er Jahre vorrangig in den angelsächsischen Ländern durchgeführt (erste Zusammenfassung bei Blumenfeld & Raymond, 1988). Sie haben bestätigen können, dass „Abscheu" und „Angst" vor homosexuellen Mitbürgern in der Bevölkerung weit verbreitet sind (Herek & Berrill, 1992; Plummer, 1989). Dabei war es häufig bezeichnend, dass die Menschen mit den größten Befürchtungen zumeist keine Homosexuellen persönlich kennen und auch nicht kennen lernen wollen. Entdecken sie einen Homosexuellen in der Familie, kommt es vor, dass sie ihn verstoßen (Martin & Hetrick, 1988). Es scheint für Eltern häufig kaum erträglich zu sein, dass sie keine Enkelkinder mehr bekommen – was beim heute noch bestehenden Vererbungsdruck den plötzlichen Verlust von Lebensentwürfen bedeuten könnte.

Oder sie berichten über eine hochgradig beschämende Erwartung, dass im Verwandten- und Freundeskreis öffentlich werden könnte, lesbische oder schwule Töchter oder Söhne zu haben (Davies, 1996a).

Solche Ängste und Befürchtungen und die daraus ableitbaren Restriktionen, mit denen sexuellen Eigenarten und Praktiken der Kinder begegnet wurde und wird, haben häufig beträchtliche Folgen für die Schwulen und Lesben selbst (Radkowsky & Siegel, 1997). Psychische Störungen wie Einsamkeit, depressive Verfassungen bis hin zu Suizidversuchen und Suiziden werden mit den Wirkungen der Homophobie in Zusammenhang gebracht. Selbst wenn Schwule und Lesben um professionelle Hilfe nachsuchen, konnte es (und kann es offensichtlich immer noch) vorkommen, dass sich ihre bisherigen Erfahrungen mit der Nichtakzeptanz ihrer sexuellen Orientierung nur mehr wiederholen. Trotz der sich verändernden Einstellung in der Wissenschaft wie in der Öffentlichkeit scheinen sich einige praktisch arbeitende Therapeuten dem Wunsch der Betroffenen etwa nach professioneller Begleitung bei einem Coming-out zu verschließen. Nicht nur das: Bis weit in die 1990er Jahren hinein berichten Betroffene immer noch von Psychotherapeuten, die mit den Betroffenen nach Wegen suchen möchten, die „abweichende" sexuelle Orientierung ihrer Patienten zu beeinflussen, anstatt sich mit den psychischen Folgewirkungen sozialer Stigmatisierung und Ausgrenzung zu befassen (Cabaj, 1988; McHenry & Johnson, 1993; Fontaine & Hammond, 1996; Travers & Schneider, 1996; Shidlo et al., 2002).

4.1.3 Sexuelle Vorurteile heute

In den vergangenen Jahren wurden die politisch motivierten Begriffe Homophobie und Heterosexismus in der wissenschaftlichen Erforschung antihomosexueller Einstellungen zunehmend aufgegeben und durch neue Begriffe ersetzt. „Sexuelle Vorurteile" scheint inzwischen als allgemein akzeptierte Bezeichnung den Sachverhalt, um den es geht, am besten zu treffen. Sexuelle Vorurteile beziehen sich definitionsgemäß in den meisten Studien denn auch auf alle negativen Einstellungen gegenüber jedweder sexueller Geschlechtspartnerorientierung, sei diese homosexuell, bisexuell oder heterosexuell (Herek, 2000).

Zunehmende Akzeptanz. Nach wie vor finden sich in unserer Gesellschaft gegenüber Homosexuellen auffällige Vorurteile. Dennoch scheint sich insgesamt ein Wandel anzudeuten. In gewissen Abständen führt das National Opinion Research Center (NORC) an der Universität Chicago repräsentative Befragungen durch. Dabei werden seit 1973 – ein Jahr, nachdem sich die American Psychiatric Organisation entschloss, Homosexualität als „Psychische Störung" aus dem DSM zu streichen – regelmäßig drei Fragen gestellt:

- ▶ Sind Sie damit einverstanden, dass eine Person, die sich selbst als homosexuell bezeichnet, eine öffentliche Rede halten darf?
- ▶ Darf eine homosexuelle Person an einer Universität lehren und forschen?
- ▶ Würden Sie es befürworten, ein Buch dieser Person, in dem sie sich für die Homosexualität ausspreche, aus einer öffentlichen Bibliothek zu entfernen?

Während im Jahre 1973 noch 35 bis 50 Prozent der Befragten Vorbehalte gegenüber dem öffentlichen Auftreten der Homosexuellen im Sinne dieser drei Fragen bekundete, ging dieser Anteil bis zum Jahr 1998 auf 20 bis 30 Prozent zurück. Die wenigsten Vorbehalte bekundeten die US-Amerikaner gegenüber dem öffentlichen Auftreten, die meisten Probleme scheinen nach wie vor Bücher zu bereiten, in denen Homosexuelle für ihre Rechte eintreten.

Ähnliche Veränderungen der Einstellungen in Richtung zunehmender Akzeptanz homosexueller Lebensstile finden sich auch in anderen Repräsentativuntersuchungen wie z.B. in Erhebungen, die durch die Gallup Organisation, Washington, durchgeführt werden. Nur 10 bis 13 Prozent der Amerikaner lehnen gegenwärtig noch eine berufliche Gleichstellung Homosexueller ausdrücklich ab, wobei es auffällige Unterschiede gibt, wenn nach Berufen gefragt wird, für die man eine Homosexualität akzeptieren würde: Gegen Verkäufer im Einzelhandel haben die Befragten die geringsten Vorbehalte, jedoch nur noch 50 bis 60 Prozent würden sich für eine Gleichstellung von homosexuellen Grundlehrern, Geistlichen oder Ärzten einsetzen (Daten aus Internetpublikationen der Gallup-Organisation; vgl. Herek 2002).

Die demographischen Daten und Motive derjenigen, die eine homosexuelle Lebensform nach wie vor ablehnen, haben sich seit den ersten Studien zur Homophobie kaum geändert:

- ▶ Es sind mehr Männer als Frauen.
- ▶ Es handelt sich um Personen im höheren Alter.
- ▶ Sie sind zumeist religiös gebunden und betrachten homosexuelles Verhalten als Sünde.
- ▶ Sie beschreiben sich selbst als politisch konservativ.
- ▶ Sie vertreten die Ansicht, dass Homosexualität ein selbst gewählter Lebensstil sei, der jederzeit aufgegeben werden könne.
- ▶ Sie kennen keinen homosexuellen Menschen persönlich.

Auch in Deutschland ist die Akzeptanz der Homosexualität weiter fortgeschritten – ablesbar beispielsweise an Antworten auf die Frage, ob man einen Politiker, der die eigenen Interessen vertritt, auch wählen würde, wenn er homosexuell sei. Mitte 2003 antworteten insgesamt 89 Prozent der Befragten mit „Ja", wobei die meisten, die dieser Frage ablehnend gegenüberstanden, 60 Jahre und älter waren (26 Prozent; Quelle: Stern 36/2003).

4.1.4 Öffentliche Meinungen über die Ursachen der Homosexualität

In einer kürzlich publizierten Studie, in der weit über 1.000 US-Amerikaner im Jahre 1999 telefonisch befragt wurden, stand u.a. die Frage im Vordergrund, welche Annahmen zu den möglichen Ursachen in der gegenwärtigen öffentlichen Meinung vertreten werden (Herek, 2002; → Tab. 4.1). Die Meinungen verdeutlichen, dass bei der Mehrzahl der Befragten einige nach wie vor wissenschaftlich nicht oder kaum mehr in dieser Ausschließlichkeit vertretbare Ansichten über die Voraussetzungen sexueller Partnerorientierung bestehen. Dies betrifft die Annahme, dass es sich bei der Homosexualität um einen durch die Betroffenen selbst und frei gewählten Lebensstil handelt. Wird die Annahme der freien Entscheidung nicht geteilt, sind die meisten Befragten der Ansicht, dass die Homosexualität eher angeboren ist, als dass Ursachen in der Erziehung und Umwelt vermutet werden.

Tabelle 4.1. Öffentliche Meinung über die möglichen Ursachen der Homosexualität. Prozentuale Angaben der befragten Frauen und Männer getrennt nach Annahmen über Lesben und Schwule (Herek, 2002, S. 51 f.)

Ursachen der Homosexualität:	Befragte Männer über …		Befragte Frauen über …	
	Lesben	Schwule	Lesben	Schwule
Selbst gewählter Lebensstil	62,6	53,8	53,2	42,5
Nicht selbst gewählt, sondern:				
– Angeboren oder so	23,1	30,1	34,4	41,9
– Erziehung, Umwelt	9,2	8,6	6,5	8,3
– Weiß ich nicht	5,1	7,5	5,9	7,2
Sexuelle Belästigung oder Missbrauch in der Kindheit	8,5	19,1	5,8	9,6
Geisteskrankheit	14,8	21,9	11,7	13,4
Genauso wie andere Geschlechtspartnerorientierungen	48,2	53,9	53,0	49,2
Fühle mich in der Gegenwart eines homosexuellen Menschen mehr oder weniger unbehaglich	35,5	48,4	42,7	28,8

In den Angaben spiegeln sich einige Stereotypien wieder, die zwar immer wieder auch von Wissenschaftlern vertreten wurden und werden, sich heute jedoch nicht mehr aufrecht erhalten lassen:

- die Annahme, dass für die Homosexualität sexuelle Missbrauchserfahrungen in der Kindheit eine Rolle spielen können, obwohl sich in Forschungsarbeiten dazu keinerlei Hinweise finden lassen (→ 4.2.3);
- Zustimmungen bei der Frage, ob es sich bei der Homosexualität um eine psychische Störung bzw. Geisteskrankheit handelt.

Dass die Homosexualität seitens der Wissenschaft inzwischen aus dem Bereich der psychischen Störungen gänzlich gestrichen wurde, hat bisher noch keine bedeutende Änderung in der Bevölkerung bewirkt. Die Einstellungen in Deutschland unterscheiden sich übrigens nicht sehr von denen, die wir hier für die USA vorgestellt haben (Seise et al., 2002).

Weiter findet sich bestätigt, dass es insbesondere die heterosexuellen Frauen sind, die weniger ausgeprägte Vorurteile und Stereotypien über die Homosexualität vertreten: Männer fühlen sich zu 48 Prozent besonders unwohl im Zusammensein mit einem Schwulen, und Frauen fühlen sich zu 43 Prozent besonders unwohl im persönlichen Umgang mit einer Lesbierin, aber beim Zusammensein mit einem gegengeschlechtlichen Homosexuellen fühlen Frauen sich nur in 29 Prozent der Fälle unwohl, Männer zu 36 Prozent (Herek, 2002). Anzumerken nochmals, dass es sich bei jenen Personen, die Unbehagen empfinden, zumeist um Menschen handelt, die bisher keine Homosexuellen persönlich kennen gelernt haben.

4.2 Entwicklung der sexuellen Orientierung

Wer der Meinung ist, Heterosexualität sei normal, Homosexualität dagegen abnorm, begründet dies häufig damit, dass es im Tierreich keine ausschließliche Homosexualität gebe, solange andersgeschlechtliche Partner verfügbar sind. Es wird behauptet, dass alle Arten heterosexuelle Kontakte in der Population maximierten, um das Fortbestehen der Art zu sichern. Zwar werden in unseren Zoos immer wieder Beobachtungen homosexueller Partnerschaft unter Tieren gemacht. Sie wurden bisher jedoch zumeist mit dem Argument heruntergespielt, dass dies aus Mangel an Sexualpartnern geschehe. Diese auch gern von Wissenschaftlern vertretene Meinung gerät inzwischen ins Wanken, nachdem der Biologe Bruce Bagemihl über viele Jahre hinweg mehrere hundert Studien gesammelt und inzwischen (1999) zusammenfassend publiziert hat.

Auch wenn nicht einfach von Beobachtungen im Tierreich auf den Menschen zurück geschlossen werden darf, geben sie doch zum Nachdenken Anlass: Gerade bei Tierarten, die wie z.B. Pinguine oder Schwäne ebenfalls lebenslange Partnerschaften bevorzugen, gibt es gleichgeschlechtlich orientierte Weibchen oder Männchen – nicht nur das, sie ignorieren ausdrücklich auch dann das andere Geschlecht, wenn das Angebot groß genug ist. Und diese gleichgeschlechtlichen Tierpärchen bleiben sich, wenn dies bei gegengeschlechtlichen Beziehungen der jeweiligen Art allgemein üblich ist, ebenfalls ein Leben lang treu – oder wechseln zu einem neuen gleichgeschlechtlichen Partner. Für Bagemihl ist die „Homosexualität" im Tierreich vor allem Ausdruck der Spiel- und Experimentierfreude der Natur. Und er bedauert sehr, dass im Bereich der in der Natur beobachtbaren Vielfalt sexueller Orientierungsmöglichkeiten der Mensch offensichtlich die einzige Spezies darstellt, der die Homosexualität als etwas Abnormes betrachtet. Wie gesagt, mit Rückschlüssen vom Tierverhalten auf den Menschen ist dennoch kritisch zu verfahren.

4.2.1 Biologische Faktoren und sexuelle Orientierung

Damit nähern wir uns einer der zentralen Fragen dieses Kapitels: Wie kann sich die Unterschiedlichkeit der menschlichen Geschlechtspartnerorientierung entwickeln? Etwa vererbt? Oder durch Erziehung bedingt? Oder durch beide Faktoren? Natürlich ist die Antwort von Bagemihl (1999), dass es sich dabei um eine Experimentierfreude der Natur (in den Randgruppen der Population einer Spezies) handelt, wenig befriedigend. Die sich spätestens bei Jugendlichen zeigende Geschlechtspartnerorientierung ist das Resultat einer Vielzahl von Einflüssen. Zwei Aspekte sind jedoch – egal ob späterhin hetero-, homo- oder bisexuell – als Voraussetzung zu beachten:

▶ Geschlechtsidentität bleibt „Mann" oder „Frau". Egal wie sich die Menschen später entwickeln, basiert ihre jeweilige sexuelle Orientierung eindeutig auf der nach den ersten vier Lebensjahren festgelegten Geschlechtsidentität: Schwule erleben sich wie bisexuelle oder heterosexueller Männer subjektiv gleichermaßen dem männlichen Geschlecht zugehörig wie sich Lesben, heterosexuelle und bisexuelle Frauen eindeutig dem weiblichen Geschlecht zurechnen (seltene Ausnahme: Transsexualität; → 5.2).

▶ Geschlechtsrolle bleibt „männlich" oder „weiblich". Die nach außen präsentierte Geschlechtsrolle ist und bleibt eindeutig. Insofern gilt auch für sie fast uneingeschränkt das Gleiche wie für die Geschlechtsidentität: Die von heterosexuellen oder bisexuellen oder homosexuellen Menschen nach außen präsentierte Geschlechtsrolle entspricht der Geschlechtsidentität und lässt sich auch in der Außenperspektive zumeist recht eindeutig als „männlich" oder „weiblich" zuordnen (seltene Ausnahmen: Transsexualität und Transvestitismus; → 5.2; → 7.2).

Die interessierende Frage ist nach wie vor: Wann und wie entwickelt sich die jeweils unterschiedliche Geschlechtspartnerorientierung? Zunächst werden wir kurz auf Befunde eingehen, die nahe legen könnten, dass biologische bzw. genetische Faktoren eine wichtige Rolle spielen.

Genetik. Im Mittelpunkt der meisten Studien zur Genetik sexueller Orientierung standen homosexuelle Männer, dies nicht zuletzt deshalb, weil sich Hinweise auf hereditäre Einflüsse bei gleichgeschlechtlich orientierten Frauen nicht so leicht wie bei Männern nachweisen ließen und lassen (Veniegas & Conley, 2000). Schon früh und danach wiederholte Male wurde über die Beobachtung berichtet, dass Schwule häufiger gleichgeschlechtlich orientierte Brüder haben, als sich dies in ähnlicher Weise bei heterosexuellen Männern nachweisen ließ.

Die zur Homosexualität unter Brüdern am gründlichsten durchgeführte Studie fand in zwei größeren Stichproben eine Rate von bis zu elf Prozent (Bailey et al., 2000). Legt man gleiche Auswahlkriterien für heterosexuelle Männer an, so haben diese durchschnittlich in etwa zwei Prozent der Fälle homosexuell orientierte Brüder. Ähnliche Ergebnisse finden sich in Studien zum Vorkommen weiblicher Homosexualität unter Schwestern (Pattatucci & Hamer, 1995). Natürlich kann in solchen Beobachtungen nicht so ohne weiteres auf hereditäre Hintergründe rückgeschlossen werden, da die Geschwister nicht nur eng zusammen leben, sondern auch noch in einer gleichartigen Erziehungsumwelt aufwachsen. Gleiche Vorbehalte gilt es zu bedenken, wenn man aus Zwillingsstudien ohne Adoptionsstudien Rückschlüsse auf mögliche genetische Faktoren ziehen möchte.

Zwillingsstudien. So konnten in zwei recht umfänglichen Zwillingsstudien, in denen jeweils 115 Schwule und 115 Lesben mit ihren Brüdern bzw. Schwestern verglichen wurden, einige Hinweise auf die Möglichkeit hereditärer Einflüsse gefunden werden. Immerhin waren 52 Prozent der eineiigen Zwillingsbrüder der einbezogenen Schwulen ebenfalls homosexuell, jedoch nur 22 Prozent der zweieiigen Brüder (Bailey & Pillard, 1991). Und in einer Zwillingsstudie mit Frauen waren 48 Prozent der monozygoten Zwillingsschwestern ebenfalls lesbisch, jedoch nur 16 Prozent der dizygoten Schwestern sowie schließlich 6 Prozent von in diese Studie einbezogenen Adoptivschwestern (Bailey et al., 1993).

Nun lässt sich gerade der letzte Befund mit den recht hohen Raten der Adoptivschwestern als ein wichtiges Indiz dafür nehmen, dass Umgebungsfaktoren und das gemeinsamen Heranwachsen von Geschwistern eine wichtige zusätzliche Rolle bei der Ausbildung der Geschlechtspartnerorientierung spielen – zumal Zwillinge immer besonders eng aufeinander bezogen aufwachsen und eine solche enge Bindung durch die Umgebung sehr mitbefördert wird: Insbesondere eineiige Zwillinge werden nicht nur gleich angezogen, sondern bekommen fast immer ihrer Ähnlichkeit wegen durchgängig vermehrte Aufmerksamkeit und immer auch noch die gleichen Dinge geschenkt.

Bailey und Mitarbeiter führten angesichts dieser Kritik eine weitere Studie durch, in der sie auf der Grundlage eines nationalen Zwillingsregisters insgesamt

668 gleichgeschlechtlich orientierte männliche Zwillingspaare und 376 gleichgeschlechtlich orientierte weibliche Zwillingspaare rekrutierten (Bailey et al., 2000). Zugleich wurde bei der Auswahl mittels Matching darauf geachtet, dass die Umgebungsbedingungen in der Erziehungswelt dieser Kinder als vergleichbar angesehen werden konnten. Einerseits ließen sich die signifikanten Unterschiede zwischen den gleichgeschlechtlich orientierten monozygoten und dizygoten Zwillingsbrüdern replizieren, andererseits waren die zwar tendenziell sichtbaren Unterschiede zwischen gleichgeschlechtlich orientierten eineiigen und zweieiigen Zwillingsschwestern nicht mehr signifikant. Die Kritik der Gleichartigkeitserziehung konnte mit dieser Studie jedoch auch nicht ausgeräumt werden.

Genetische Marker. Mit genetischen Markern bezeichnet man üblicherweise Regionen oder Abschnitte auf der DNA, die bei Familienangehörigen gleichermaßen zu finden sind. Sie gelten heute als beste Möglichkeit, von genetischen Einflüssen auszugehen. Erste dazu publizierte Studienergebnisse, mit denen das mögliche Vorhandensein solcher Marker in der Xq28-Region des X-Chromosoms bei homosexuellen Männern und ihren ebenfalls schwulen Brüdern mitgeteilt wurden, haben deshalb unmittelbar große Aufmerksamkeit auf sich gezogen (Hamer et al., 1993; 1994). In einer zweiten Validierungsstudie dieser Autorengruppe wurden dann auch lesbische Geschwister einbezogen und mit homosexuellen Brüdern verglichen (Hu et al., 1995). Wiederum fanden sich bei homosexuellen Brüdern Marker in der Xq28-Region, nicht jedoch bei lesbischen Geschwistern. Diese Befunde sind jedoch nach wie vor umstritten, zumal sie bisher außerhalb dieser Forschungsgruppe nicht repliziert werden konnten. Andererseits reihen sich auch diese Studien in die Reihe der Zwillingsstudien ein, nach denen sich im Unterschied zu homosexuellen Frauen regelhaft leichter bei homosexuellen Männern Hinweise auf genetische Einflüsse finden lassen (zusammenfassend: Dawood et al., 2000; Veniegas & Conley, 2000).

Endokrinologie: pränatale Hormone. In einer der ältesten Hypothesen zur sexuellen Orientierung wurde die Vermutung geäußert, dass homosexuelle Männer zu wenig und homosexuelle Frauen zu viel des androgen wirkenden Steroidhormons Testosteron produzieren. Diese Annahme musste jedoch schon recht früh verworfen werden (vgl. Gartrell, 1982; Meyer-Bahlburg, 1984) – und sie wurde danach endgültig ad acta gelegt.

Nur kurze Zeit später jedoch tauchte bereits eine neue faszinierende Vermutung auf: In den 1980er Jahren erregten eine Zeit lang Tierversuche mit Ratten die Gemüter der Wissenschaftler. Man untersuchte in Experimenten die Frage, welche Auswirkungen sich bei Nachkommen zeigte, wenn bereits während der Schwangerschaft der pränatale androgene Hormonspiegel deutlich variiert würde. Man konnte daraufhin bei den Nachkommen recht geschlechtsuntypische Verhaltensweisen beobachten. Unter anderem erwiesen sich weibliche Ratten, die pränatal Überdosen von Testosteron erhalten hatten, als deutlich aggressiver. Und männlichen Ratten, bei denen der Testosteronspiegel pränatal deutlich vermindert worden war, versuchten ungewöhnlich häufig mit gleichgeschlechtlichen Artgenossen zu kopulieren (z.B. Ellis & Ames, 1987).

Einmal abgesehen davon, dass aus sexuellen Aktionen der Rattenmännchen nicht auf etwaige „homosexuelle Neigungen" zurück geschlossen werden kann, wurden aus dieser und ähnlichen zuvor durchgeführten Studie(n) von einigen Autoren weitreichende Schlüsse auf die Möglichkeit der neuroendokriologischen Erklärung der Homosexualität gezogen. Diese gewagten Rückschlüsse von Tierexperimenten auf den Humanbereich wurden zwischenzeitlich einer fundierten Kritik unterzogen (zusammenfassend: Pfäfflin, 1990) und sollten bis zum empirischen Nachweis ihrer Relevanz für den Humanbereich nicht weiter vertreten werden. Denn selbst entsprechende Beobachtungen bei Personen mit hormonell bedingten Intersexsyndromen dürfen nicht ohne weiteres auf Menschen ohne diese Störungen übertragen. Dennoch seien die zum letztgenannten Aspekt durchgeführten Studien hier bereits angesprochen (ausführlich: → 5.3.2).

Androgenitales Syndrom. Einige dieser Studien wurde an Personen mit dem sog. Adrenogenitalen Syndrom (AGS; engl. Congenital Adrenal Hyperplasia, ACH) durchgeführt. Dabei handelt es sich um eine chronisch verlaufende endokrinologische Störung, bei der die Embryonen zu bestimmten Perioden der Schwangerschaft intrauterin abnorm erhöhten androgenen Steroidhormonen ausgesetzt waren. Dies kann insbesondere bei Frauen im Laufe des Lebens zu einer zunehmend auffälligen Virilisierung führen. Diese Entwicklung kann bei 46,XX-Kindern (also bei den Mädchen) bereits bei Geburt in Veränderungen der Genitale sichtbar werden und sich eventuell bis zu einem pseudomaskulinen Bild weiterentwickeln. Es kann zu frühzeitigem Auftreten von Scham- und Achselbehaarung, vermehrter Muskelentwicklung und beschleunigtem Wachstum in den ersten Lebensjahren kommen, aber auch zu einem frühzeitigen Wachstumsabschluss (→ 5.3.2).

Wiederholt ließ sich bei Betroffenen beobachten, dass sie bereits im Kindesalter durch nicht-geschlechtsrollenkonforme Verhaltenweisen auffällig wurden: Betroffene Mädchen zeigten vermehrt jungenhaftes Verhalten, spielten lieber mit Dingen, die für das andere Geschlecht typisch sind, zeigten Interesse an typischen Sportarten der Jungen und erwiesen sich insgesamt als draufgängerischer, als dies üblicherweise bei Mädchen beobachtet wird (Berenbaum & Snyder, 1995; Collaer & Hines, 1995). Eine Reihe weiterer Studien wurden mit erwachsenen AGS-Patientinnen durchgeführt, in denen direkter nach homosexuellen, bisexuellen oder heterosexuellen Neigungen und Fantasien geforscht wurde (vgl. Phillips & Over, 1992; Veniegas & Conley, 2000). Auch in diesen Studien findet sich bei den AGS-Frauen im Unterschied zu nicht betroffenen Personen konsistent, dass sie eher über gleichgeschlechtliche Neigungen und Fantasien berichten. Auch wenn sich dies mitnichten bei allen finden ließ, bleibt dennoch mit Blick auf die nachfolgenden Abschnitte in diesem Buch beachtenswert: Immer dann, wenn sich später homosexuelle Neigungen und Interessen finden ließen, erinnern sich die Betreffenden gleichzeitig daran, in der Kindheit für ihr Geschlecht untypische Interessen und Verhaltensmuster gezeigt zu haben.

Schlussfolgerung. Fasst man die bisherigen Erkenntnisse zusammen, finden sich keine eindeutigen Befunde, aus denen auf eine Heredität sexueller Orientierung rückgeschlossen werden könnte. Die vorliegenden Zwillingsstudien lassen vorläufig lediglich marginale Rückschlüsse auf genetische Einflüsse bei der männlichen Homosexualität zu, nicht in gleicher Weise jedoch bei einer lesbischen Orientierung von Frauen. Bedacht werden sollte auch, dass Gene kein Schicksal per se sind, sondern in den Stoffwechselkaskaden und Entwicklungsturbulenzen des Lebendigen nur die Voraussetzung dafür schaffen, dass weitere Faktoren ihre Wirksamkeit entfalten können. So verweisen auch die bisherigen Studien zu pränatalen neuroendokrinen Einflüssen vor allem auf die Notwendigkeit zur Entwicklung von Erklärungsmodellen, die nicht mehr auf Alles-oder-Nichts-Hypothesen beruhen. Vielmehr sollten sie den komplexen Wechselwirkungen zwischen biologischem Substrat, Entwicklung, Umwelt und sexueller Orientierung in ihrer Vielfältigkeit gerecht zu werden versuchen.

4.2.2 Herkömmliche psychoanalytische und lerntheoretische Erklärungen

Die Frage nach der Entwicklung lesbischer, schwuler und bisexueller Menschen kann angemessen vernünftig nur gestellt werden, wenn sie gleichzeitig Antworten auf die spiegelbildlich zu stellende Frage danach erlaubt, wie es bei Heterosexuellen zu einem ausschließlichen Interesse an gegengeschlechtlichen Partnern oder Partnerinnen kommt. Wir stoßen auf das Problem, dass – solange man die Homosexualität als psychische Abweichung ansah – in wissenschaftlichen Publikationen Auffassungen vertreten wurden, die selten mit Blick auf die gleichwertig interessanten heterosexuellen Entwicklungen hin durchdacht und ausgearbeitet wurden. Außerdem hangen sie sehr eng mit bestimmten Forschungstraditionen zusammen (v.a. der Psychoanalyse oder den psychosozialen Lerntheorien). Da die dort entwickelten Hypothesen, obwohl sie inzwischen als unzureichend angesehen werden müssen, gelegentlich immer noch vertreten werden, kommen wir nicht umhin, sie kurz darzustellen, um dann nachfolgend darauf einzugehen, weshalb sie auf der Grundlage aktuellerer Forschungsarbeiten als wenig oder auch nicht mehr akzeptabel angesehen werden müssen.

Psychoanalyse: Irritationen in der frühen Eltern-Kind-Beziehung

Sigmund Freud (1915) und die meisten seiner psychoanalytischen Nachfolger haben hereditäre Ursachen für die sexuelle Orientierung nicht in Abrede gestellt. Dennoch stand für sie außer Frage, dass sich die sexuelle Orientierung wesentlich bereits in den ersten Kindheitsjahren strukturiert und sich dann in einer ganz spezifischen Weise weiter entwickelt und ausdifferenziert. (Das Problem dieser Ansicht: Für Psychoanalytiker liegen die Ursprünge der meisten menschlichen Eigenarten oder Ursachen von späteren psychischen Problemen fast immer und gelegentlich ausschließlich in den Bindungserfahrungen der ersten vier oder fünf Kindheitsjahre, was regelmäßig die Kritik empirisch arbeitender Forscher herausfordert, da es nicht oder selten gelingt, Belege für die Stichhaltigkeit dieser Hypothese zu finden.)

„Klassische" Perspektiven. Die meisten Psychoanalytiker jedenfalls sind immer noch der Auffassung Freuds, dass ein ursprünglich diffuser (noch bisexuell) ungerichteter Sexualtrieb danach ein „Schicksal" bekommt, eine individuelle, unverwechselbare, stabile Gestalt, die das weitere Leben entscheidend prägt – wichtig für Freud: ohne dass dabei die homosexuelle wie die heterosexuelle Orientierung per se als psychische Störung zu betrachten sei. Viele Nachfolger Freuds haben dann – insbesondere die Psychiater unter ihnen und dies ganz im Unterschied zu Freud – aus der Homosexualität erneut eine „psychische Störung" werden lassen. Und in der Folge wurde häufiger darüber gestritten, ob es sich um ein pathologisches Phänomen aus dem Bereich „Perversionen" handelt, welches sich postödipal „spiegelbildlich" zu den Neurosen entwickelt, oder um eine sog. „frühe Störung", die eher an eine Charakter- oder Persönlichkeitsstörung denken lässt. Als einer ersten hatte Sullivan (1940) – interessanterweise selbst Homosexueller – die Homosexualität dem Bereich der Persönlichkeitsstörungen zugeordnet, nahm davon aber wenig später wieder Abstand.

Eine häufig zitierte Studie, mit der man diese Frage zu klären versuchte, stammt von Bieber et al. (1962). Bieber und Kollegen hatten Fallberichte inhaltsanalytisch ausgewertet, und auf diese Weise die aus Psychotherapien von 106 homosexuellen und 100 heterosexuellen Patienten durch ihre 77 Therapeuten mitgeteilten Angaben miteinander verglichen. Man stellte seinerzeit fest, dass männliche homosexuelle Analysanden häufiger eine „enge, intime Bindung" zu einer Mutter mit dominanten Persönlichkeitszügen hatten und zugleich emotional gleichgültige, ablehnende Väter mit eher „schwacher Charakterstruktur". Die Autoren glaubten, dass ihre Befunde eher die Ansicht der Entwicklung einer Persönlichkeitsstörung stützten, und bezeichneten starke Intimität mit der dominanten Mutter und Gleichgültigkeit der Väter als „klassisches Muster" der Entwicklung von Homosexualität.

Diese Studie jedoch hat in vielerlei Hinsicht nicht nur methodische Kritik erfahren, sondern sie wurde von Nichtanalytikern auch kritisch hinterfragt – etwa danach, was denn an einer „engen Mutterbindung" so problematisch sei, „wenn sie nicht zufällig in der Geschichte von Menschen auftauche, deren Verhalten man von vornherein als pathologisch beurteilt hat" (Davison, 1976, S. 159). Dennoch fanden die Annahmen von Bieber und Kollegen weite Verbreitung und blieben bis in die jüngste Vergangenheit in der Diskussion der (nicht nur amerikanischen) Psychoanalytiker als „Lehrmeinung" sehr bestimmend.

Aktueller Wandel. Seitdem die Homosexualität aus den Diagnosesystemen gestrichen wurde, hat sich die psychoanalytische Theoriebildung gewandelt (hierzu ausführlich: Rauchfleisch, 2001). Zunächst einmal wurden die Ansichten von Freud (1905/1915) zur „Normalität" bisexueller, homosexueller und heterosexueller Orientierungen wieder entdeckt. Und entsprechend wird heute (erneut) davon ausgegangen, dass sich aufgrund von Beziehungserfahrungen in den ersten Lebensjahren auf das eigene Geschlecht ausgerichtete, entsprechend „narzisstisch getönte Kristallisationskerne" der Geschlechtsidentität ausbilden. Diese strukturieren die späteren sozialen Erfahrungen der Kinder und Jugendlichen in zwei Entwicklungsperioden. In einer postödipal folgenden zweiten Phase werden vom Kind eigene sexuelle Präferenzen zunehmend gegen elterliche Einflüsse vertreten. Homosexuelle Orientierung entwickelt sich in dem Maße, wie die Betreffenden im Bemühen um Autonomie und Abgrenzung gegenüber elterlichen Erziehungseinflüssen die bereits vorhandenen sexuellen Vorlieben weiter verfolgen (Morgenthaler, 1987). In der Jugend erfolgt dann in einer dritten Entwicklungsphase das mühevolle Coming-out, mit dem die homosexuelle Orientierung auch noch gegenüber bestehenden gesellschaftlich-kulturellen Einflüssen durchzusetzen ist.

Einen für psychoanalytisches Denken etwas ungewohnten Akzent findet sich in einer Perspektive von Isay (1989). Er nimmt einen umgekehrten Ödipus-Prozess an: Der Junge begehrt den Vater und identifiziert sich mit der Mutter, da er weiß, dass der Vater die Mutter begehrt. Hierüber erkläre sich das geschlechtsrollenuntypische Verhalten (→ 4.2.4). Der Vater jedoch lehne dies ab, was zu einem konfliktreichen Verhältnis zwischen Vater und schwulem Sohn führen kann. Die Frage, wie und warum es zu einer „umgekehrten ödipalen Entwicklung" komme, bleibt Isay allerdings schuldig.

Bei genauem Hinsehen hat die aktuelle Erweiterung der Entwicklungsperspektive bis in die Jugend nichts an der eigentlichen Auffassung der Psychoanalytiker geändert, dass nämlich die entscheidenden „Kristallisationskerne" bereits (prä-ödipal) in den ersten drei Lebensjahren relativ unveränderbar durch elterliche Einflüsse angelegt werden. Homosexualität ist damit nach wie vor das Ergebnis von „zwangsläufig immer wieder auftretenden größeren und kleineren Verletzungen" und von „Irritationen und Krisen in der Eltern-Kind-Beziehung" in den ersten Beziehungserfahrungen (Rauchfleisch, 2001, S. 52). Heute ist lediglich die Wahl des Sprachgebrauchs und entsprechend die Definition von Konstrukten der Tatsache angepasst worden, wonach nicht mehr nach den interpersonellen Hintergründen für eine „pathologische" Entwicklung, sondern nach Erklärungen für eben „unterschiedlich mögliche Sexualorientierungen" gefragt wird – egal ob diese heterosexueller, homosexueller oder bisexueller Natur sind.

Psychosoziale Lerntheorien: Erziehung, Verstärkung, Modelllernen

Aus der Perspektive der sozialen Lerntheorien wurden früher vor allem zwei Prozesse als wesentlich postuliert:

(1) die differenzielle Verstärkung kindlicher sexueller Vorlieben durch Bezugspersonen und
(2) das Modelllernen.

Kinder werden sehr unterschiedlich hinsichtlich ihrer sexuellen Verhaltensmuster erzogen, wobei sich eben auch Vorlieben für gleichgeschlechtliche Orientierungen entwickeln können (vgl. Fagot & Hagan, 1991). Wenn dann mit dem Eintritt in die Schule der Erziehungseinfluss der Eltern zunehmend sinkt, kommen die Gleichaltrigen und öffentlichen Medien als wichtige Einflussgrößen dazu, wobei das Lernen über Modelle eine immer bedeutsamere Einflussgröße darstellt (z.B. Golombok & Tasker, 1994).

„Klassische" Auffassungen. In diesem Zusammenhang wurde gelegentlich die Hypothese aufgestellt, dass das „Risiko" der homosexuellen Entwicklung dann erhöht sei, wenn Kinder lesbische Mütter oder homosexuelle Väter hätten (Patterson, 1992). Obwohl sich die Befundlage dazu mehr als kümmerlich ausnimmt und wissenschaftlich nicht haltbar ist, wurde die provokante These in den Medien aufgegriffen und hat, wie dargestellt, tiefe Spuren in der öffentlichen Meinung hinterlassen. Ähnliches gilt für die unter Laien verbreitete sog. Verführungshypothese, nach der sich überdauernde homosexuelle Neigungen abgehoben von homosexueller Aktivität auf der Grundlage homosexueller Intimerfahrung in Kindheit oder Jugend bzw. durch sexuellen Missbrauch durch gleichgeschlechtliche Täter ausbilden würde. Auch für diese Ansicht lassen sich keinerlei empirischen Belege finden (Bell et al., 1981).

Folgende Annahme jedoch hat sich wiederholt bestätigen lassen (Garnets & Kimmel, 1993): Gewinnt im Verlauf der Kindheitsentwicklung die gleichgeschlechtliche Orientierung erst einmal an subjektiver Attraktion, dann werden spätestens mit Beginn der Jugend Informationen selektiv ausgewählt. Es werden vermehrt entsprechende Erfahrungen gemacht, die der „werdenden" Geschlechtspartnerorientierung entsprechen. Dadurch wird die sexuelle Orientierung zunehmend verfestigt und entzieht sich schließlich sogar endgültig einer Änderungsmöglichkeit.

Aktueller Wandel. So weit entspricht die Zeitstruktur der lerntheoretischen Auffassungen grob den Phasenmodellen, wie sie von Psychoanalytikern vertreten werden. Der Unterschied liegt darin begründet, dass Lern- und Entwicklungspsychologen die wichtigsten „Kristallisationskerne" für die Geschlechtspartnerorientierung akzentuierter im *Übergang zur Jugendzeit* und nicht bereits in den ersten Bindungserfahrungen vermuten (Cates, 1987). Wie die Psychoanalytiker haben zwischenzeitlich auch die sozialen Lerntheoretiker ihren Sprachgebrauch den veränderten Einstellungen von Wissenschaft und Gesellschaft der Homosexualität gegenüber angepasst. Wurde zunächst als Ursache der Homosexualität noch ein „Fehler" in jeweils postulierten Stufenabfolgen hin zu einer „normalen" heterosexuellen Entwicklung vermutet (Taylor, 1983; Zuger, 1984), werden heute Entwicklungen *unterschiedlicher* sexueller Orientierung als „normal" betrachtet.

Für die Lernpsychologen gelangen hetero-, homo- und bisexuelle Entwicklungen jedoch zunehmend unter das Regime verschiedener Orientierungs*ziele* und werden auf diese Weise angeregt und gefestigt, schließlich im Coming-out durch Betroffene zunehmend autonom nach außen vertreten. Für diesen Prozess sind die unterschiedlichsten Erziehungsinstanzen und Sozialisationsagenten in Schule, in Freundschaftsbeziehungen, im Berufsleben und öffentliche Medien verantwortlich – ein Prozess, an dem auch die Betroffenen selbst, aktiv beteiligt sind und bleiben, nämlich durch die selektive Ausbildung und Favorisierung von zum Teil stereotyp wirkenden hetero-, homo- bzw. bisexuellen Orientierungsschemata (Frable, 1997).

Kurz: Im Sinne aktueller lerntheoretischer Konzeptualisierung gibt es ein Coming-out *auch* bei heterosexueller Orientierung: Denn auch im Fall der heterosexuellen Partnerorientierung gibt es vielfältige kulturell-gesellschaftlich oder familiär vorgegebene Tabuzonen und Altersgrenzen zu überwinden – wenngleich dieser Prozess bei weitem nicht so problematisch verläuft, wie bei der Homosexualität. Andererseits lassen sich in allgemein sexualitätsfeindlich eingestellten Familien erhebliche psychische Probleme auch bei ansonsten heterosexuell orientierten Kindern und Jugendlichen beobachten, die denen homosexueller Menschen durchaus ähnlich sind.

4.2.3 Geschlechtsrollenkonformes und nicht-geschlechtsrollenkonformes Verhalten in der Kindheit

Bereits Anfang der 1980er Jahre wurde in einer breit angelegten Interviewstudie des Kinsey Instituts für Sexualforschung versucht, den Realitätsgehalt der psychoanalytischen und lerntheoretischen Entwicklungsperspektiven zu überprüfen (Bell, Weinberg & Hammersmith, 1981).

San Francisco-Studie. Die als San Francisco-Studie bekannt gewordene Untersuchung wurde in der San Francisco Bay Area durchgeführt. Die Forscher interviewten annähernd 1.000 Lesben und Schwule und verglichen die Ergebnisse mit Daten aus gleichartigen Interviews, die mit 500 heterosexuellen Männern und Frauen durchgeführt wurden. Diese Studie gilt nach wie vor als Meilenstein, nicht zuletzt deshalb, weil sich mit den Ergebnissen erhebliche Zweifel an vielen der bis dahin und auch heute noch vertretenen Hypothesen der Psychoanalytiker und Lernpsychologen begründen lassen. Methodisch wurden Pfadanalysen durchgeführt, um unterschiedliche Entwicklungshypothesen zu prüfen.

Empirische Kontraste und neue Fragen. Kurz zusammengefasst (ausführlich Bell et al., 1981, S. 184–189): Es ließen sich *überhaupt keine* nennenswerten familiären Variablen und Erziehungsstile identifizieren, mit denen sich ein Einfluss auf die spätere sexuelle Orientierung hätte voraus sagen lassen. Dies gilt einerseits für die bindungstheoretisch begründeten psychoanalytischen Annahmen (Mutterdominanz und Vaterindifferenz): Es fanden sich zwischen homosexuell bzw. heterosexuell orientierten Personen keinerlei Unterschiede, vielmehr überwog in beiden Gruppen gleichwertig häufig eine Dominanz des Vaters. Andererseits ließen sich für viele Hypothesen der sozialen Lerntheoretiker keine Entwicklungspfade finden, weder mit Blick auf eine differenzielle Verstärkung noch eine mögliche Modellierung sexueller Orientierungsmuster. Schließlich erwies sich die auch unter Laien weit verbreitete Verführungshypothese als völlig unhaltbar.

Die San Francisco-Studie widerlegt eindeutig die Vermutung, dass erst eigene heterosexuelle oder homosexuelle Erfahrungen die Grundlage für die spätere sexuelle Orientierung darstellen: Die meisten homosexuellen bzw. bisexuellen Erfahrungen werden gemacht, *nachdem* sich die Betreffenden ihrer Orientierung selbst bewusst geworden sind – d.h., die Orientierung ist bereits angelegt, wenn eigene Aktivitäten aufgenommen werden: Die 1.000 Schwulen und Lesben der Interviewstudie jedenfalls hatten typischerweise erst drei Jahre (!) später, nachdem sie sich selbst ihrer homosexuellen Neigungen bewusst geworden waren, ihre ersten gleichgeschlechtlichen Kontakte – was im Übrigen den Entwicklungen der ebenfalls zur Jugendzeit befragten Heterosexuellen in der Kontrollgruppe entspricht.

Und beachtenswert ist weiter, dass viele Homosexuelle berichten, während der Jugendzeit auch zahlreiche heterosexuelle Erfahrungen gemacht zu haben, und dass ihnen diese nicht nur gelegentlich Spaß und Freude bereitet hätten. Mit Ausnahme von Angst vor sozialer Stigmatisierung und Ausgrenzung wurden nur wenige negative Ereignisse in der Entwicklung sexueller Neigungen berichtet, die unangenehm in Erinnerung geblieben sind. Und auch noch in einer anderen Hinsicht, nämlich dem gelegentlichen pubertären Leiden an Liebesbeziehungen (die gelegentlich sogar heterosexuell ausgerichtet waren) unterscheiden sich die späteren Homosexuellen überhaupt nicht von jenen, die eine heterosexuelle Entwicklung beibehalten.

Die Ergebnisse der San Francisco-Studie bedeuten ohne jeden Zweifel, dass die Frage nach den Ursachen und Hintergründen der sexuellen Orientierung viel radikaler *neu* gestellt werden muss. Dabei ist ein Phänomen von besonderer Wichtigkeit, auf das andere Autoren bereits zuvor wiederholte Male hingewiesen hatten. Immer wieder war beobachtet worden, dass viele Schwule und Lesben bereits in ihrer Kindheit mit einem nicht-geschlechtsrollenkonformen Verhalten aufgefallen waren.

Geschlechtsrollenkonformes Verhalten in der Kindheit. Spätestens seit der San Francisco-Studie (Bell et al., 1981) steht fest, dass als einer der sicheren Prädiktoren für die spätere Geschlechtspartnerorientierung das geschlechtsrollenkonforme bzw. das nicht-geschlechtsrollenkonforme Verhalten in der Kindheit anzusehen ist (→ Tab. 4.2). Seither ist es in einschlägigen Forschungsarbeiten üblich, diesen Aspekt immer mitzuerheben. Und seither hat sich nichts daran geändert, dass sich stets hoch signifikante Beziehungen zwischen geschlechtsrollentypischen und nicht-geschlechtsrollentypischen Verhaltensmustern in der Kindheit mit der späteren sexuellen Orientierung finden lassen (vgl. die Literaturübersicht von Bailey & Zucker, 1995). Über Zusammenhänge zwischen *nicht*-geschlechtsrollenkonformem Verhalten und Homosexualität war bereits in den von uns zuvor dargestellten Studien zu den pränatalen Hormonungleichgewichten berichtet worden. Sie finden sich gleichermaßen *in allen* zuvor dargestellten Genetikstudien, auch wenn wir dies dort nicht gesondert erwähnt hatten.

Mädchen mit diesen Eigenarten bekunden häufig, lieber Junge sein zu wollen, und Jungen lieber Mädchen, was die Eltern gelegentlich zum Anlass nehmen, in der Kinder- und Jugendpsychiatrie oder bei einem Kinder- und Jugendlichenpsychotherapeuten vorstellig zu werden. In den Diagnosesystemen ist für solche Fälle die Diagnose „Geschlechtsidentitätsstörung" (im DSM) oder „Störung der Geschlechtsidentität in der Kindheit" (in der ICD) vorgesehen, auf die wir im nächsten Kapitel näher eingehen werden (→ 5.1).

Tabelle 4.2. Prozentangaben zu den Antworten, in denen nicht geschlechtsrollenkonforme Interessen und Verhaltensweisen während Kindheit von Männern und Frauen in der San Francisco-Studie angegeben wurden (Bell et al., 1981)

	Männer		Frauen	
	schwul (n = 686)	heterosexuell (n = 337)	lesbisch (n = 293)	heterosexuell (n = 140)
Hatte wenig Freude an für das eigene Geschlecht typischen Aktivitäten	63	10	63	15
Hatte viel Freude an *nicht* für das eigene Geschlecht typischen Aktivitäten	48	11	81	61
Untypische Selbstdefinition: Junge wäre lieber „Mädchen"; Mädchen lieber ein „Junge"	56	8	80	24
Die meisten Freunde/Freundinnen gehörten dem anderen Geschlecht an	42	13	60	40

Die Prozentangaben in der Tabelle wurden einer Zusammenstellung entnommen, wie sie von Bem (1996) auf der Grundlage der Daten von Bell et al. (1981) tabelliert und verrechnet wurden. Danach sind alle chi-Quadrat-Vergleiche zwischen den homosexuellen und heterosexuellen Untergruppen mit $p < .0001$ hochsignifikant.

Auch wenn sich heute jeweils statistisch hoch signifikante Bezüge zwischen für das Geschlecht untypischen Verhaltensweisen in der Kindheit und der späteren Homosexualität finden, heißt dies gleichzeitig, dass es dennoch viele Fälle gibt, in denen sich später eine heterosexuelle Geschlechtspartnerorientierung findet ($\rightarrow$ Tab. 4.2). Denn auch viele Heterosexuelle berichten, dass sie in der Kindheit ein nicht-geschlechtsrollenkonformes Interesse gehabt und gezeigt hätten. Schließlich findet sich auch bei erwachsenen Transsexuellen überzufällig häufig, dass sie bereits in der Kindheit für ihr Geschlecht allgemein als untypisch angesehene Verhaltensmuster bevorzugten ($\rightarrow$ 5.2). Schließlich gibt es auch noch eine größere Untergruppe von Homosexuellen, bei denen sich Abweichungen von der Geschlechtsrollenkonformität in der Kindheit nicht finden lassen.

In der San Francisco-Studie jedoch war das geschlechtsrollenkonforme bzw. nicht-geschlechtsrollenkonforme Verhalten in der Kindheit der bedeutsamste und zugleich einzige Prädiktor für die spätere sexuelle Orientierung sowohl bei den Männern als auch bei den Frauen ($\rightarrow$ Tab. 4.2). Zum Beispiel unternahmen die Schwulen in ihrer Kindheit im Unterschied zu den heterosexuellen Männern eher selten und mit nur wenig Freude Aktivitäten, die für Jungen als typisch gelten (z.B. Fußball spielen, abenteuerliche Unternehmungen). Im Gegenteil beschäftigten sie sich viel lieber auf eine Weise, die üblicherweise bei Mädchen beobachtbar ist (z.B. mit Puppen oder Puppenstuben spielen, Ringelreihen, Springspiele mit anderen Mädchen). Überhaupt wird von den späteren Homosexuellen angegeben, dass sich auch ihre frühen Freundschaftsbeziehungen eher untypisch ausnahmen: Während Jungen und Mädchen üblicherweise gleichgeschlechtliche Beziehungen pflegen, bestanden sowohl bei Schwulen als auch Lesben in der Kindheit vorrangig Freundschaftsbeziehungen zum anderen Geschlecht; und obgleich dieses Phänomen auch von heterosexuellen Frauen in größerer Anzahl berichtet wird, bestehen dennoch deutliche Unterschiede zu Lesben.

Weitere Befunde. Wie bereits angedeutet, steht die San Francisco-Studie mit diesen Befunden nicht allein. Bereits kurze Zeit zuvor hatten Friedman und Stern (1980) ähnliche Beobachtungen mitgeteilt: Über Zweidrittel der 17 von ihnen eingehend untersuchten homosexuellen Männer hatte im Unterschied zu ebenfalls untersuchten 17 heterosexuellen Männern während der gesamten Kindheit und der frühen Jugend anhaltende Furcht vor körperlichen Auseinandersetzungen mit anderen Jungen. Es schien nun genau diese Furcht zu sein, eine große Anzahl sozialer Interaktionen zu unterlassen, insbesondere das Raufen oder dem Raufen ähnliche Spiele und Sportarten mit Körperkontakt. Viele von ihnen wurden wegen ihres mädchenhaften Verhaltens von gleichaltrigen Jungen ausgegrenzt. Die Befragung zum weiteren Lebenslauf der einbezogenen Homosexuellen verdeutlicht zugleich folgende Aspekte: Obwohl die Untersuchungsteilnehmer besondere raufähnliche und aggressive Aktivitäten während der Kindheit und Jugend vermieden, kann nicht davon ausgegangen werden, dass dieses Vermeidungsverhalten zu einer auffälligen Schwächung der Selbstsicherheit führte. Die Lebensläufe der Männer zeigen sogar das Gegenteil: Viele wurden Führungskräfte, einige in Tätigkeiten, die ein hohes Maß an körperlicher Courage verlangen (vgl. auch Friedman, 1986).

Metaanalyse. In einer Metaanalyse von Bailey und Zucker (1995) über bis dahin einbezogene 48 Studien mit Stichprobengrößen zwischen 34 und 8.751 Personen findet sich immer wieder der hochgradig signifikante Befund von Zusammenhängen zwischen späterer Geschlechtspartnerorientierung und den jeweiligen *nicht* für das eigene Geschlecht typischen kindlichen Interessen und Aktivitäten (bei Homosexuellen) bzw. den jeweiligen für das eigene Geschlecht typischen kindlichen Interessen und Aktivitäten (bei Heterosexuellen). Die Autoren sind sich sicher, dass es sich bei den von ihnen generierten Effektstärken (zwischen 0.96 und 2.09, je nach Studie) um die größten handelt, die gegenwärtig zur Voraussage sexueller Orientierung zu finden seien. Dabei bleibt zu ergänzen, dass es offensichtlich bereits eine einzige Frage ist, die von Schwulen und Lesben zwar unterschiedlich, dennoch recht eindeutig beantwortet wird: Homosexuelle Männer geben zumeist an, dass sie als Kind wenig Interesse an sportlichen Aktivitäten, insbesondere an Körperkontakt erfordernden Raufspielen mit Jungen hatten; und homosexuelle Frauen bekunden zumeist, dass sie sich in der Kindheit am liebsten sportlich betätigt hätten, dies insbesondere auch im Wettstreit mit gleichaltrigen Jungen (Bell et al., 1981).

Fehlende Prospektivstudien. Anzumerken bleibt jedoch, dass es sich bisher fast ausschließlich um Ergebnisse aus retrospektiven Befragungen erwachsener Personen handelt und dass Prospektivstudien fehlen. Eine Voraussage auf die spätere Geschlechtspartnerorientierung kann also aus entsprechend beobachtbaren Vorlieben in der Kindheit nicht vorgenommen werden. Auch bei später heterosexuell orientierten Menschen finden sich in Befragungen zur eigenen Kindheit entsprechende Neigungen und Verhaltensmuster in nicht unbeträchtlichem Umfang (→ 5.1). Auch wird den immer gefundenen 10 bis 30 Prozent Homosexuellen, deren Geschlechtsrollenverhalten in der Kindheit *nicht* von dem für Jungen oder Mädchen typischen abweicht, in der Forschung leider selten gesonderte Aufmerksamkeit gewidmet. Seltene Ausnahme stellt eine Arbeit von Grossmann (2002) dar, der prähomosexuelle Kindheiten in ihrer Unterschiedlichkeit untersuchte. Der Autor beschreibt eine interessante Untergruppe Homosexueller mit geschlechtsrollenkonformem Verhalten in der Kindheit, deren damalige Interessen und Vorlieben als geradezu geschlechtsprototypisch angesehen werden können.

4.2.5 Der Wendepunkt zur sexuellen Orientierung in der Pubertät

Wie kann sich auf der Grundlage von geschlechtsrollentypischen bzw. nicht-geschlechtsrollentypischen Interessen und Verhaltensweisen eine heterosexuelle bzw. homosexuelle Geschlechtspartnerorientierung entwickeln? Eine faszinierende Perspektive wurde Mitte der 1990er Jahre von Daryl Bem vorgelegt (1996). Der Autor stellt dazu einen „zentralen Wendepunkt" in das Zentrum seiner Überlegungen, der sich offensichtlich bei allen Menschen irgendwann in der Jugend oder im frühen Erwachsenenalter vollzieht: Jene Menschen, die in der Kindheit gern mit Mädchen spielen (nämlich homosexuelle Männer und heterosexuelle Frauen) bevorzugen im späteren Leben Männer als Sexual- und Lebenspartner. Diejenigen, die in der Kindheit lieber mit Jungen spielen (nämlich homosexuelle Frauen wie heterosexuelle Männer) fühlen sich im späteren Leben vorzugsweise von Frauen angezogen.

Bem (1996) macht darauf aufmerksam, dass dieser bedeutsame und entscheidende Wechsel im Interesse am Geschlecht von Bezugspersonen im Lebenslauf in der bisherigen Forschung zur Partnerwahl kaum beachtet wurde. Vermutlich, weil er (wenn man nämlich ausschließlich von Heterosexualität als einem „Normalzustand" ausgeht) in der Wissenschaft wie im gesellschaftlichen Leben als gleichermaßen unbedeutsam wie selbstverständlich erscheint – was er mit Blick auf die beträchtliche Zahl homosexueller und bisexueller Orientierungsmöglichkeiten natürlich nicht ist.

Der kleine Unterschied

Erst wenn man diesen Bias genau in Rechnung stellt, wird deutlich, wie sehr insbesondere der bei den meisten Menschen beobachtbare Wechsel hin zum Interesse am anderen Geschlecht in vielerlei Hinsicht den meisten Befunden *widerspricht*, die inzwischen zur Sozialpsychologie der Partnerwahl zusammengetragen wurden. In Forschungsarbeiten jedenfalls findet sich immer wieder, dass in der überwiegenden Zahl vorrangig Ähnlichkeiten zwischen Personen die Partnerwahl beeinflussen. Nur selten werden in Befragungen neben Ähnlichkeiten auch noch Gegensätze als wichtig betont; letztere zumeist nur noch zusätzlich.

Genau so und nicht anders kann man dies jedenfalls jedem Psychologielehrbuch als fest gefügte Lehrmeinung entnehmen: Die meisten verheirateten Paare in den westlichen Industrienationen haben die gleiche Religionszugehörigkeit, sind ähnlich alt, kommen zumeist aus gleichen ökonomischen Verhältnissen, verfügen über ein ähnliches Bildungsniveau, sind gleichartig intelligent, haben die gleiche Augenfarbe und sind sich auch sonst noch in vielerlei Hinsicht physiognomisch sehr ähnlich. Weiter teilen die meisten Paare gleichartige Wertvorstellungen, wählen die gleiche Partei, schätzen sich wechselseitig als gleichartig freundlich ein und teilen viele weitere Interessen. Und je mehr dies alles der Fall ist, umso länger halten offensichtlich die ehelichen und partnerschaftlichen Beziehungen. Fast alle diese Eigenarten sind, entwicklungspsychologisch gut begründet, entweder (wie die Hautfarbe) von Anfang an gegeben, oder sie lassen sich (wie das Interesse an Musik) in ihren Ursprüngen bis weit in die Kindheit zurück verfolgen. Partnerschaftliche Attraktion und die ehelichen Beziehungen basieren und bestehen eher auf der Grundlage vielfältigster Ähnlichkeiten als auf Gegensätzlichkeiten.

Eben mit einer auffälligen Ausnahme. das Geschlecht! Die allermeisten Menschen wechseln in ihren bedeutsamsten zwischenmenschlichen Beziehungen irgendwann – zeitgleich mit den hormonellen Veränderungen der Pubertät – im

Übergang von der Kindheit zur Jugend zum anderen Geschlecht. Und genau das ist der interessante Wendepunkt, den Bem (1996) zum Ausgangspunkt seiner Entwicklungspsychologie der sexuellen Orientierung macht: diesen hochgradig faszinierenden Wechsel im Interesse hin zum anderen Geschlecht. Er gilt offensichtlich

▶ nicht nur für die spätere heterosexuelle Orientierung, weil die Betreffenden in ihrer Kindheit vorzugsweise enge gleichgeschlechtliche Freundschaften eingehen und zugleich gleichgeschlechtliche Interessen und Verhaltensmuster zeigen,

▶ sondern auch für die spätere homosexuelle Orientierung, weil die Betreffenden in der Kindheit am liebsten gegengeschlechtliche Freundschaftsbeziehungen pflegen wie zugleich gegengeschlechtliche Interessen und Verhaltensmuster bevorzugen.

4.2.6 Die Faszination am weniger bekannten Geschlecht: „Exotic Becomes Erotic" (EBE)

Damit kommen wir jetzt zur Entwicklungsperspektive sexueller Orientierung von Bem (1996), die wir hier in aller Kürze wiedergeben möchten (→ Abb. 4.1). Die Kernannahme seiner Theorie beinhaltet, dass sich Menschen sexuell und erotisch zunehmend von Personen angezogen fühlen, im Vergleich zu denen sie sich selbst in der Kindheit eher als *deutlich unterschiedlich* erlebt hatten. Das Entwicklungsmodell beinhaltet eine zeitliche Abfolge von Einflüssen, Ereignissen und Phasen in der sexuellen Orientierung der meisten Menschen in einer geschlechtspolarisierenden Kultur. Sie stellt den Versuch dar, den gegenwärtig in einigen Wissenschaftsdisziplinen vielfach einseitig untersuchten biologischen und hereditären Variablen, die den in der Gesellschaft weit verbreiteten Vorurteilen (→ 4.1.4) ungünstig zuarbeiten, eine ausdrücklich entwicklungspsychologische Perspektive gegenüberzustellen – ohne biologische Faktoren grundsätzlich auszuschließen. Nach Bems Auffassung durchläuft die Entwicklung der sexuellen Orientierung sechs Phasen (→ Abb. 4.1).

A → B. Angesichts der nach wie vor eher als tendenziell zu bezeichnenden Hinweise der biologischen Forschung auf mögliche Einflüsse genetischer oder pränatal-hormoneller Voraussetzungen geht die EBE-Theorie davon aus, dass diese *keinen direkten* Einfluss auf die spätere sexuelle Orientierung haben. Vielmehr wird postuliert, dass diese eher für die Entwicklung von Temperamentsvariablen eine wichtige Rolle spielen, also für Persönlichkeitsmerkmale, die sich auf einer Dimension zwischen „aktiv" und „passiv" einordnen lassen.

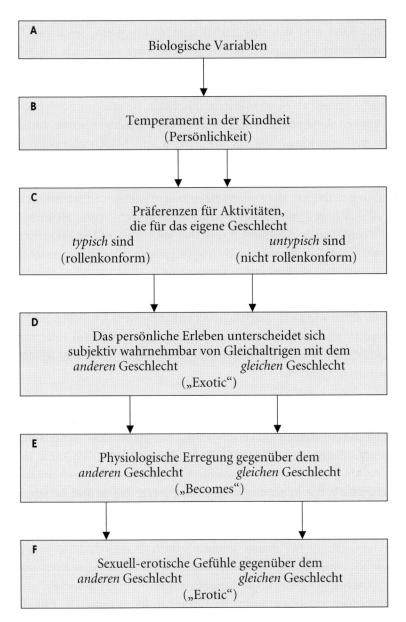

A Biologische Variablen

B Temperament in der Kindheit
(Persönlichkeit)

C Präferenzen für Aktivitäten,
die für das eigene Geschlecht
typisch sind   *untypisch* sind
(rollenkonform)   (nicht rollenkonform)

D Das persönliche Erleben unterscheidet sich
subjektiv wahrnehmbar von Gleichaltrigen mit dem
anderen Geschlecht   *gleichen* Geschlecht
(„Exotic")

E Physiologische Erregung gegenüber dem
anderen Geschlecht   *gleichen* Geschlecht
(„Becomes")

F Sexuell-erotische Gefühle gegenüber dem
anderen Geschlecht   *gleichen* Geschlecht
(„Erotic")

Abbildung 4.1. „Exotic-Becomes-Erotic" – die EBE-Entwicklungstheorie der zeitlichen Abfolge von Einflüssen, Ereignissen und Phasen in der sexuellen Orientierung der meisten Menschen in einer geschlechtspolarisierenden Kultur (Bem, 1996; 2000)

B → C. Das kindliche Temperament ist Voraussetzung dafür, an welchen Aktivitäten das Kind bevorzugt Interesse und Freude entwickelt. So wird das eine Kind zunehmend Spaß an Rauf-und-Kampf-Spielen, an Fußballspielen und anderen Wettkampfsportarten entwickeln (die als typisch für Jungen angesehen werden);

ein anderes Kind wird sich eher zurückhaltend entwickeln, Spiele mit Puppen und Vater-Mutter-Kind-Spiele bevorzugen (die eher als typisch für Mädchen gelten). Einige Mädchen jedoch bevorzugen Jungenkleidung und tragen kurze Haare, sodass Außenstehende sie nicht selten für Jungen halten – und sie wählen mit Vorliebe Jungen als Spielgefährten, mit denen sie raufen und sich sportlich messen können. Und einige Jungen können eine herzerweichende Vorliebe für Barbiepuppen entwickeln und für das Tragen von Mädchenkleidern, die sie, wenn diese nicht zur Verfügung stehen, gern durch große Tücher zur Imitation von Röcken ersetzen – und einige von ihnen sind am liebsten mit Mädchen zusammen, weil deren Art, die Freizeit zu gestalten, eine hohe Faszination ausübt. Woran all dies liegt, kann bis heute kaum jemand recht sagen. Heute vermutet man das Temperament. Vermutlich sind aber auch noch andere Faktoren mit im Spiel (→ 5). Kinder, die geschlechtsrollentypische Verhaltensmuster zeigen, werden als geschlechtsrollenkonform bezeichnet.

C → D. Zunehmend jedoch werden sich die Kinder ihrer eigenen (geschlechtsrollenkonformen wie nicht-geschlechtsrollenkonformen) Vorlieben und Aktivitäten bewusst. Dies kann bei nicht-geschlechtsrollenkonformen Interessen und Neigungen dazu führen, dass sie sich wünschen, lieber Junge statt Mädchen zu sein, wie auch umgekehrt.

D → E. Das Gefühl, jeweils „anders" zu sein, führt zu innerer Aufregung und Spannung in ganz spezifischen Erscheinungsweisen. Zunächst scheint es so, als würden geschlechtsrollentypische Jungen gewisse ablehnende Gefühle und Einstellungen gegenüber Mädchen entwickeln, die sie gelegentlich sogar lautstark vertreten („Mädchen sind blöd"). Geschlechtsrollentypische Mädchen können in entsprechender Weise in der Gegenwart von Jungen Ängste und Beklemmungsgefühle entwickeln. Ähnliches lässt sich auch bei Kindern mit nicht-geschlechtsrollenkonformen Neigungen gegenüber gleichgeschlechtlich orientierten Gleichaltrigen beobachten. Bei diesen kommt jedoch hinzu, dass sie von gleichgeschlechtlich orientierten Kindern wegen ihrer Andersartigkeit abgelehnt werden („Du bist ja kein richtiger Junge bzw. kein richtiges Mädchen"), was bei den Betreffenden zusätzlich Ängste und Ärger auslösen kann. Die EBE-Theorie postuliert, dass praktisch jedes Kind – egal ob geschlechtsrollenkonform oder nicht – in dieser Entwicklungsphase in der Gegenwart von Gleichaltrigen, die nicht den eigenen Neigungen entsprechen, regelhaft erhöhte nichtspezifische Erregungsphasen durchmacht. Zugleich handelt es sich um die Zeit, in der sich gravierende geschlechtshormonelle Veränderungen vollziehen. Im subjektiven Erleben wird dies für viele Kinder ein neuartig unbekanntes, vielleicht sogar angstvolles Geschehen darstellen. Nicht bei jedem Kind muss diese neue Art Aufregung von außen beobachtbar sein, und wohl kaum sind sie sich bewusst, dass diese Erregung aus einer geschlechtshormonell bedingten Veränderung der Beziehung zu Gleichaltrigen erwächst, die über eine bis dahin eher dem Selbst wenig vertraute („exotische") Typik der Geschlechtsrollenpräsentation verfügen.

E → F. Im Verlauf der weiteren Entwicklung verändert sich diese spezifische Eigenart affektiver Erregung vor allem mit den weiter zunehmenden hormonellen Veränderungen in der Jugend in Richtung auf ein – jetzt – *erotisches* Interesse an jenen, denen man bis dahin eher reserviert gegenüber gestanden hat und deren „exotische" Eigenarten und Gewohnheiten man bisher nicht genau kennt. Dies sind Neigungen und Verhaltensmuster, die im Rahmen der jetzt folgenden Partnerwahl eine zunehmende sexuelle und erotisierende Funktion bekommen. Auf diese Weise könnte diese Theorie auch noch andere Phänomene einordnen helfen wie zum Beispiel, dass auf hellhäutigen Menschen plötzlich dunkelhäutige Personen erotisierend wirken. Postuliert wird von Bem (1996; 2000), dass spezifische psychologische Mechanismen dafür verantwortlich zeichnen, wenn sich zunächst „exotisch" erlebte Merkmale in „erotisierende" Attraktoren verwandeln.

„Exotic Becomes Erotic" (D → F)

In seinen bisherigen Ausarbeitungen hat Bem eine Reihe von Forschungsarbeiten an Belegen für die Sinnhaftigkeit einer solchen Stufenabfolge zusammengetragen (1996; 2000). Zugleich hat er dies durch Reanalysen und eigene Pfadanalysen auf der Grundlage von Ergebnissen der Genetikforschung untermauern können, sodass es außerordentlich wertvoll wäre, in der zukünftigen Erforschung der sexuellen Orientierung ein ausdrückliches Augenmerk auf die psychophysiologischen, psychologischen und sozialen Bedingungen zu lenken, die für die Übergänge der Phasen D bis F bedeutsam sind (→ Abb. 4.2). Zugrunde gelegt wurden die Daten einer Studie von Dunne et al. (2000), der weitere Hinweise entnommen werden können: Für beide Geschlechter finden sich signifikante Voraussagen, ausgehend vom Genotyp hin zu nicht-geschlechtsrollenkonformem Verhalten in der Kindheit bis hin zur späteren sexuellen Orientierung – *nicht jedoch* direkt vom Genotyp zur sexuellen Orientierung.

Natürlich eröffnen sich spannende Forschungsfragen danach, wie denn nun der eigenwillige Wechsel von gefühlsmäßiger Abneigung über eine zunehmende erotisierende Neugierde hin zu sexueller Attraktion an Personen erfolgt. Bem geht davon aus, dass bereits der zeitweilig zunehmenden Abneigung ähnliche Erregungstendenzen zugrunde liegen, wie dem erlebten Wandel in Richtung Erotisierung – nur dass diese Erregungen in der Frühphase durch die Kinder anders interpretiert werden: Zu wenig vertraut und fremdartig mögen ihnen jene Gleichaltrigen vorkommen, deren Einstellungen und Verhaltensweisen sie bis dahin nicht geteilt und entsprechend wenig gut kennen gelernt haben. Später gewinnt dann die hormonell gesteuerte sexuell-erotisierende Neugier überhand.

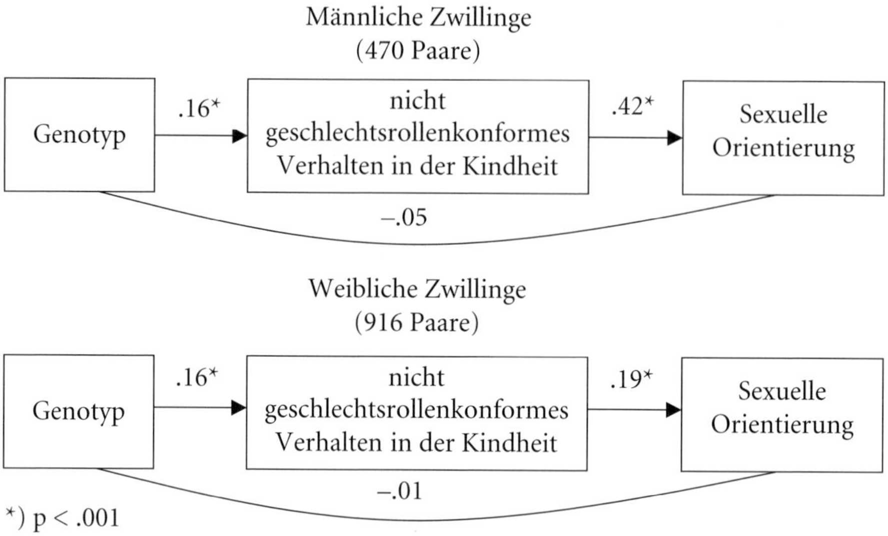

Männliche Zwillinge
(470 Paare)

Abbildung 4.2. Pfadkoeffizienten zwischen gleichem Genotyp, gleichartig beobachtbarem nicht geschlechtsrollenkonformen Verhalten in der Kindheit und gleichartiger sexueller Orientierung im Erwachsenenalter für männliche und weibliche Zwillingspaare (Bem, 2000)

Der genaue Zeitpunkt, zu dem sich die später bleibende sexuelle Orientierung subjektiv im homosexuellen wie heterosexuellen Coming-out offenbaren kann, wird durch sehr unterschiedliche Faktoren beeinflusst, einschließlich jener von schlichter Neugier getriebenen Begegnungen, in denen Kinder die Unterschiede und Gleichartigkeiten des gleichen oder anderen Geschlechts bei Eltern, Geschwistern oder Spielkameraden untersuchen (dürfen). Eine Mitte der 1990er Jahre dazu durchgeführte Studie kommt zu dem Ergebnis, dass Männer wie Frauen sich daran erinnern, dass sich ihre erste sexuelle Zuneigung durchschnittlich etwa im Alter von zehn Jahren entwickelte – und zwar war es dabei egal, ob sich diese auf das eigene oder andere Geschlecht bezog (McClintock & Herdt, 1996).

Natürlich beeinflussen kulturelle Normen und soziale Erwartungen entscheidend die Möglichkeiten der Bewusstwerdung oder Interpretationen subjektiver Erregung – und damit die Möglichkeiten eines eher entlastenden oder eher bedrückenden Coming-out, was im Falle sozialer Restriktionen natürlich seinerseits zur weiteren Erregungssteigerung beitragen kann. Die meisten Menschen gehen in unserer geschlechtspolarisierenden Gesellschaft eben schlicht davon aus oder werden mehr oder weniger in diese Denkrichtung gedrängt, dass sich romantisches Erleben und erotisierende Erregung auf das andere Geschlecht auszurichten habe. Entsprechend viele Personen ignorieren und unterdrücken sexuelle Erregung, die sich auf das gleiche Geschlecht bezieht, oder deuten und interpretieren sie zeitweilig völlig fehlerhaft (Savin-Williams, 1996).

Angesichts der angedeuteten Veränderungen in der öffentlichen Meinung gegenüber der Homosexualität (→ 4.1.2) sollte also zu erwarten sein, dass sich bei Vorliegen einer gleichgeschlechtlichen Orientierung auch die beobachtbare Zeitspanne zwischen Bewusstwerdung und aktiver Aufnahme sexueller Beziehungen weiter verringern dürfte. Nach wie vor jedenfalls ist das Coming-out für die Heterosexuellen zumeist ein recht problemloses Unterfangen, für die meisten Homosexuellen jedoch ein eher langwieriger und dornenreicher Weg (Biechele et al., 2001).

4.3   Coming-out

Inzwischen ist es nicht nur durch Forschungsarbeiten, sondern in zahllosen Erfahrungsberichten eindrücklich belegt, dass sich die kurz und knapp mit Coming-out bezeichnete Entwicklung zwischen der Bewusstwerdung einer homosexuellen Orientierung und der Entscheidung für einen Lebensstil mit entsprechender Geschlechtspartnerwahl in sehr unterschiedlicher Weise ausgestalten kann. Für viele Betroffene bestehen dabei angesichts der vorhandenen gesellschaftlichen Vorurteile und homophobischen Befürchtungen in den Familien nach wie vor erhebliche Probleme, mit der eigenen sexuellen Orientierung nach außen zu treten. Für andere gilt das aber eher nicht mehr. Angesichts politisch-rechtlicher Verbesserung hat sich vieles zum Positiven geändert und verändert sich günstig weiter, sodass ein Coming-out heute manchen Betroffenen etwas einfacher erscheint. Schriftsteller, Künstler und selbst Politiker fassen inzwischen Mut und vermögen offensichtlich ohne gravierende Konsequenzen die Öffentlichkeit mit einem Coming-out zu überraschen, wie z.B. wenige Jahre zurück Klaus Wowereit kurz vor seiner Wahl zum Berliner Oberbürgermeister mit der Bemerkung: „Übrigens bin ich schwul – und das ist gut so."

Dennoch beeinflusst die Notwendigkeit, eine nicht-heterosexuelle Orientierung in die eigene Identität zu integrieren, in vielerlei Hinsicht eine ganze Spannbreite adaptiver und gesundheitsbezogener Eigenschaften, Einstellungen und Verhaltensweisen (Rosario et al., 2001). Zum Beispiel findet sich bei einer größeren Zahl von Betroffenen in dieser Lebensperiode konsistent eine Abnahme des Selbstwertgefühls sowie ein Anwachsen von Stresserleben und innerer Anspannungen. Damit häufig einhergehend werden auffällige Störungen des Sozialverhaltens beobachtet sowie mit wachsendem Sexualverlangen in der Jugend ein zunehmendes Risiko ungeschützten Geschlechtsverkehrs und damit des Infektionsrisikos für Geschlechtskrankheiten. Diese Auswirkungen werden nicht nur durch die allgemeine homophobische Stigmatisierung homosexueller Neigungen weiter bekräftigt, sondern auch durch Restriktionen verstärkt, wie sie entgegen einer sexuellen Liberalisierung laufend im sozialen Umfeld der Betroffenen und in Religionsgemeinschaften beobachtet werden können.

Soziale Isolation. Weiter kommt es nicht selten vor, dass Schwule und Lesben im Unterschied zu gleichaltrigen Heterosexuellen schlicht und einfach keinen Partner finden, um ihre Neigungen zu erproben und auszuleben. Bei einigen kann es zu sozialer Isolation, zunehmender Einsamkeit bis hin zu Depressivität und Anpassungsstörungen kommen. Unter schwulen, lesbischen und bisexuell orientierten Jugendlichen lag Mitte der 1990er Jahre die Rate der Suizidversuche in Vergleichsstudien mit weit über 20 Prozent jeweils mehr als doppelt so hoch, als sie in dieser Zeit allgemein bei Jugendlichen bekannt war (D'Augelli & Hershberger, 1993; Remafedi et al., 1991; Rotheram-Borus et al., 1994). Hier ist ein Stadt-Land-Gefälle zu beachten. Als mögliche Ursache dafür lässt sich finden, dass die Betreffenden im Vorfeld ihrer Suizidversuche kränkende familiäre Zurückweisungen und soziale Ausgrenzungen über sich ergehen lassen mussten, nachdem ihre homosexuelle Neigung öffentlich geworden war.

4.3.1 Identitätsfindung und Integration

Glücklicherweise mehren sich die Hinweise, dass ein Coming-out auch günstige Entwicklungen der Identitätsfindung beizutragen vermag (Rosario et al., 1996). Es handelt sich dabei zumeist – wenn man die Untersuchungen über die letzten Jahre hinweg verfolgt – um eine größer werdende Gruppe nicht-heterosexuell orientierter Jugendlicher, die in ihrer Umgebung Verständnis und Akzeptanz finden. Ihr Coming-out liegt zugleich deutlich früher als bei jenen, bei denen sich soziale Ausgrenzung, eine geringe Selbstwertschätzung und weitere psychische Probleme und Störungen finden lassen (Beaty, 1999).

Die als günstig beschriebenen Entwicklungen vollziehen sich offensichtlich in zwei Phasen: einerseits die der Identitätsfindung, andererseits die der Integration (Rosario et al. 2001).

▶ In der Phase der Identitäts*findung* wird die nicht-heterosexuelle Orientierung allmählich bewusst; und die Jugendlichen sind aktiv bemüht, zunehmende Dissonanzen und Widersprüche zu überwinden, die sich aus der bisher gelernten Geschlechtsrolle einerseits und aus den bestehenden Vorbehalten gegenüber einer gleichgeschlechtlichen Partnerschaft andererseits ergeben.

▶ Die Phase der Identitäts*integration* erfolgt mit der Akzeptanz der homosexuellen bzw. bisexuellen Orientierung und in dem Bemühen, diese Art der Geschlechtspartnerorientierung mit anderen zu teilen.

Stufenmodelle. Allgemein kann die Entwicklungsphase des Coming-out als Prozess komplexer intrapsychischer wie interpersoneller Transformationen aufgefasst werden. Sie nimmt gewöhnlich im Übergang zum Jugendalter ihren Anfang und reicht gelegentlich bis weit in das Erwachsenenalter hinein. Seit Anfang der 1980er Jahre wurden zahlreiche Versuche unternommen, diesen Entwicklungsprozess in so genannten Stufenmodellen abzubilden (Cass, 1979; Coleman, 1982; Troiden, 1989; Savin-Williams, 1990; Davies, 1996b; Carrion & Lock, 1997; Rauchfleisch, 2001). Ziel war es zumeist, mit den Abfolgemodellen Orientie-

Tabelle 4.3. Sechs-Stufen-Modell der Entwicklung des Coming-out (nach Cass, 1979)

Identitätsaspekte	Wahrnehmung und Verhalten
Konfusion	Gewahrwerden sexuell-erotisierender Gefühle dem gleichen Geschlecht gegenüber, womit sich die ersten Eigenarten homosexueller Orientierung andeuten und zunehmend ausbilden.
Vergleich	Die betreffende Person wird sich zunehmend darüber klar, dass sie – was die Geschlechtspartnerorientierung angeht – nicht mehr zur Mehrheit in der Gesellschaft gehört und dass sie sich damit auch grundlegend von Personen in der eigenen Familie wie im Freundeskreis unterscheidet.
Toleranz	Gegen Ende der zweiten Phase findet eine Veränderung vom bisherigen heterosexuell geprägten hin zu einem zunehmend homosexuell ausgestalteten Selbstbild statt. Die gleichgeschlechtliche sexuelle Orientierung wird zunehmend toleriert.
Akzeptanz	Ein beginnender und zunehmend häufigerer Kontakt zu anderen homosexuell orientierten Personen normalisiert und festigt die eigene Homosexualität und beeinflusst den weiteren Lebensstil.
Stolz	Die betreffende Person entwickelt hinsichtlich ihrer sexuellen Orientierung ein positives Selbstwertgefühl, obwohl dieses in der Gesellschaft auf Ablehnung stößt. Um mit diesem Widerspruch fertig zu werden, werden zunächst selektiv negative Aspekte an der „Heterosexualität" sowie positive Aspekte an der „Homosexualität" gesucht, wobei man persönlich der letzteren (zunehmend stolz) den Vorzug gibt.
Synthese	Das Individuum wird sich zunehmend klar darüber, dass die negativen Einstellungen zur „Heterosexualität" nicht haltbar sind. Auch wenn die eigene Homosexualität in der Gesellschaft keine allgemeine Zustimmung findet, kann die homosexuelle Orientierung dennoch voll in die eigene Identität integriert werden. Sie wird damit zugleich mit den vielen anderen Aspekten des eigenen Selbst vereinbar.

rungshilfen zu entwickeln, die zum Beispiel der psychotherapeutischen Begleitung Homosexueller beim Coming-out zugrunde gelegt werden konnten (Beispiele in Davies, 1996 b).

Die Stufenmodelle unterscheiden sich beträchtlich, zum Beispiel in der Zahl der aufgenommenen Entwicklungsstufen und auch hinsichtlich der Zeitspanne. Einige sind enger auf die Jugend und das frühe Erwachsenenalter beschränkt, andere – häufig die von psychoanalytischen Autoren – umfassen den gesamten Entwicklungsprozess von der frühen Kindheit bis ins hohe Alter (z.B. Rauchfleisch, 2001). Den Coming-out-Prozess enger in der Jugend bis zum frühen Erwachsenenalter zu verorten, wurde zumeist angestrebt. Beispiel ist das bereits Ende der 1970er Jahre vorgelegte Modell von Cass (1979), das weite Verbreitung und Akzeptanz unter Professionellen wie bei Homosexuellen selbst gefunden hat (→ Tab. 4.3).

4.3.2   Verläufe und Entwicklungen

In der in den letzten Jahren erneut expandierenden Forschung werden solche zeitlich organisierten oder hierarchisch aufgebauten Stufenmodelle zunehmend als unzureichend angesehen. Das Coming-out gilt inzwischen als hoch komplexer Prozess, der sich zeitlich auf verschiedenen emotionalen, kognitiven und verhaltensnahen Dimensionen sehr unterschiedlich entwickeln kann (Rosario et al., 2001). Dabei stehen folgende Entwicklungsdimensionen im Vordergrund:
► die sexuelle Orientierung bzw. Identität (also die persönliche Identifikation als schwul, lesbisch oder bisexuell),
► Eigenarten und Vorlieben des Sexualverhaltens und die konkrete Partnerwahl (insbesondere Häufigkeit sexueller Kontakte; ob und wie sich Betreffende bei sexuellen Kontakten vor Infektionen schützen),
► die Entwicklung und Darstellung eines homosexuellen Lebensstils (z.B. in der Freizeit und bei anderen sozialen Aktivitäten),
► persönliche Einstellungen gegenüber der Homosexualität (und Heterosexualität),
► Art und Ausmaß der Verheimlichung oder Veröffentlichung der eigenen sexuellen Orientierung gegenüber anderen Menschen.
Einige der auf diese Weise in der Forschung generierten Erkenntnisse seien kurz erwähnt. Das wichtigste Ergebnis ist sicher nicht unerwartet: In der Tat ergibt sich ein fehlerhaftes Bild, würde man versuchen, den Prozess des Coming-out mit Durchschnittswerten darzustellen.

Bewusstwerdung – erste Kontakte. Wie Heterosexuelle auch, machen Schwule wie Lesben ihre ersten homosexuellen Kontakte im Durchschnitt erst im zeitlichen Abstand von drei Jahren nach der Bewusstwerdung ihrer sexuellen Orientierung (Bell et al., 1978; 1981). Die Zeitspanne kann sich bei einzelnen Frauen wie Männern sogar bis zu 35 Jahren erstrecken. Die Unterschiedlichkeit, mit der welche Personen welcher Geschlechtszugehörigkeit welche nicht-heterosexuellen Erfahrungen machen oder wann sie welche inneren Einstellungen zur Homo, Bi- oder Heterosexualität entwickeln, ist zum Teil beträchtlich. Das gilt es bei den nachfolgenden Aussagen kritisch im Auge zu behalten, wenn auch wir nicht ganz umhinkommen, mit Durchschnittwerten zu arbeiten.

Selbstdefinition. Das Alter, in dem sich die Betreffenden selbst als eindeutig homosexuell definieren, wird in verschiedenen Studien für Schwule mit 16–18 Jahren angegeben, wobei der Range zwischen 8 und 24 Jahren liegt. Bei Lesben liegt die Zeit der eindeutigen Selbstdefinition bei durchschnittlich 20–22 Jahren. Zeitlich früher als die eindeutigen Selbstdefinitionen als „schwul" oder „lesbisch" liegt gelegentlich der Zeitpunkt, zu dem einige Homosexuelle bereits erste Kontakte zu den homosexuellen Vereinigungen herzustellen versuchen. Bei Männern liegt dieser Zeitpunkt um das 17. Lebensjahr herum. Bei Frauen liegt er deutlich später, wobei zudem bemerkenswert ist, dass weit über die Hälfte der dazu befragten Lesben überhaupt noch nie Kontakte zu Lesben-Vereinigungen gesucht haben (Barber, 2000).

Der Zeitpunkt, zu dem Homosexuelle ihre sexuelle Orientierung einem heterosexuell orientierten Menschen gegenüber das erste Mal offenbaren, liegt bei etwa 20 Jahren für Schwule und bei etwa 21 Jahre für Lesben, ohne dass sich in diesem Bereich signifikante Unterschiede zwischen den Gruppen nachweisen ließen (Herek et al., 1998).

Erste homosexuelle Erfahrungen. In diesem Zusammenhang bedürfen einige Studien einer gesonderten Betrachtung, in denen ganz allgemein nach gleichgeschlechtlichen Erfahrungen in der Kindheit gefragt wurde. In diesen Studien erstreckt sich der Range, in dem Kinder (egal ob sie später heterosexuell oder nicht-heterosexuell orientiert sind) ihre ersten homosexuellen Kontakte machen, vom 5. bis zum 24. Lebensjahr. Bei den niedrigen Werten, die in Studien zu Kindheitserfahrungen mitgeteilt werden, handelt es sich jedoch nicht um homosexuell zu nennende Kontakte, sondern zumeist um von Neugier angetriebene sexuelle Spiele unter gleichaltrigen Kindern. Diese lassen sich ganz allgemein immer wieder im Kindesalter gleichgeschlechtlich wie gegengeschlechtlich beobachten, und haben, egal ob sich später eine heterosexuelle oder homosexuelle Orientierung entwickelt, keinerlei prädiktive Bedeutung (Haeberle, 1983).

Durchschnittlich liegt das Alter für die ersten sexuell zu nennenden Erfahrungen mit gleichgeschlechtlichen Personen bei Schwulen etwa zwischen 13 und 14 Jahren, und das von Lesben mit 16–18 Jahren etwas höher (vgl. Barber, 2000). Dabei dürfte das Durchschnittsalter, mit dem sich Schwule ihrer homosexuellen Neigungen bewusst werden – wie angedeutet – heute durchschnittlich bei etwa 10 und das der Lesben bei etwa 11 Jahren zu verorten sein. Weit über 90 Prozent der lesbischen Frauen gaben bereits 1973 in einer Studie an, dass sie sich ihrer homosexuellen Neigungen weit vor dem 20. Lebensjahr bewusst gewesen seien. Und von diesen hatten ebenfalls bereits bis zu 80 Prozent noch vor dem 20. Lebensjahr ihre ersten homosexuellen Kontakte (Hedblom, 1973). Das Alter, das Homosexuelle als jenes Jahr erinnern, in dem sie beim Zusammensein mit einem gleichgeschlechtlichen Partner das erste Mal einen Orgasmus erlebten, liegt im Mittel für Schwule bei etwa 17 Jahren und für Lesben bei etwa 20 Jahren (Herek et al., 1998).

Heterosexuelle Kontakte. In einer Reihe von Studien wird die Zahl der Lesben, die jemals zuvor bereits heterosexuelle Kontakte hatten, zwischen 57 und 90 Prozent angegeben. Dabei ergeben sich keinerlei bemerkenswerte Veränderungen über eine Zeitspanne von 30 Jahren, in denen Studien dazu durchgeführt wurden (Hedblom, 1973; Bell & Weinberg, 1978; Rust, 1992; Barber, 2001). Ähnliches gilt für Schwule, deren heterosexuelle Erfahrungen zwischen 52 und 72 Prozent angegeben werden (Roesler & Deisher, 1972; Bell & Weinberg, 1978; Savin-Williams, 1996; Barber, 2001). Im jeweils der Befragung direkt vorausgehenden Jahr hatten noch 5 bis 26 Prozent der befragten Lesben heterosexuelle Kontakte und 15–18 Prozent der Schwulen.

4.3.3 Bisexualität als eigene Option

Mit dem öffentlichen Coming-out der Homosexuellen setzte fast zeitgleich ein Prozess der Konstituierung der manifesten Bisexualität als eigenständige Möglichkeit der sexuellen Orientierung ein, für welches das Buch „The Bisexual Option" stimulierender Ausdruck war (Klein, 1978). Gleichwohl fand die beginnende Selbstorganisation der bisexuellen Männer und Frauen, einen eigenen Emanzipationsprozess in Gang zu setzen, gesellschaftlich und wissenschaftlich zunächst wenig Beachtung. Erst mit dem Auftauchen von AIDS rückten die bisexuellen Männer in das Zentrum der Aufmerksamkeit, als ihnen eine enorme Bedeutung für den Verlauf der HIV-Epidemie zugeschrieben wurde (→ 4.3.4). Von sexualwissenschaftlicher Seite wurde die Bisexualität zunächst als transitorisch, also als Übergangsform etwa im Rahmen eines homosexuellen Coming-out betrachtet. Es schien so, als würden Bisexuelle in einem nicht abgeschlossenen Integrationprozess auf dem Weg zur Homosexualität stagnieren, wofür Psychoanalytiker bis vor kurzem das Konstrukt der „Abwehrbisexualität" diskutierten (Reiche, 1990).

Bisexuelle Orientierung. Das Modell einer Übergangsphase ist sehr eingeengt durch die Annahme einer hetero-/homosexuellen Dichotomisierung der sexuellen Orientierung geprägt, und es dürfte sich wie das Konstrukt der „Abwehrbisexualität" – jedenfalls empirisch – wohl kaum in dieser Eindeutigkeit rechtfertigen lassen (Goos, 2003). Auch wenn einige Homosexuelle eine Phase der Heterosexualität durchlaufen, ist überhaupt nicht sicher, ob die Bisexualität immer mit einem Homosexualitätskonflikt angesichts gesellschaftlicher Heterosexualitätserwartungen verbunden ist. Das kann in einigen Fällen so sein, in anderen Fällen aber nicht. Die voreilige Diagnose „Abwehrbisexualität" könnte in vielen Fällen den Blick auf eine eigenständige bisexuelle Differenzierung verstellen.

Erst nachdem bisexuelle Frauen und Männer, zunächst in den USA und in den letzten Jahren auch hierzulande, den Versuch unternahmen, sich zu organisieren, haben die Sexualforscher damit begonnen, die manifeste Bisexualität als eigenständige Möglichkeit sexueller Orientierung wahrzunehmen. Wie so oft scheint sich auch diesmal die Wissenschaftsgeschichte sexueller Anpassung im Abendland durch öffentliches Eintreten von Betroffenen für eigene Bedürfnisse und Rechte fortzuentwickeln – panta rhei: So wird es gegenwärtig interessant, auch die Bisexualität als eigenständige, nicht aus Hetero- oder Homosexualität abgeleitete Form der Sexualität zu verstehen und zu untersuchen.

Bisexuell und monosexuell differenzierte Menschen unterscheiden sich vor allem dadurch, dass die Bisexuellen eine doppelte, eine homosexuelle *und* eine heterosexuelle Option haben. Die häufig vertretene Vermutung, dass Bisexuelle indifferent gegenüber dem Geschlecht ihrer Partnerinnen und Partner sind, ist dabei nur eine denkbare Hypothese, auf die eine Bisexualitätsforschung nicht reduziert werden darf. Homosexualität und Heterosexualität schließen sich nicht wechselseitig aus, sondern können in Form einer bisexuellen Erotisierung miteinander verbunden sein. Bisexualität könnte vielleicht über Geschlechtergrenzen hinweg einen Zusammenhang stiften – ein Aspekt, der zeitweilig in der Diskussion über eine Androgynität des Menschen im Mittelpunkt stand (Wolff, 1979). Bisexuelle wären – positiv ausgedrückt – in der Lage, „das beste beider Welten in Erfahrung zu bringen" (Zinik, 1985, S. 9). Das Besondere ist, dass sie beide Geschlechter erotisieren können und von beiden Geschlechtern sexuell angezogen werden.

Serielle Monogamie. Da unsere Kultur auf derartige Möglichkeiten nicht einge-stellt ist, wird verständlich, warum sich Bisexuelle gegenwärtig organisieren und „bisexuelle Orte" schaffen – das heißt: Orte, an denen sie nicht wie in hetero- oder homosexuellen Zusammenhängen ständig damit rechnen müssen, auf Partnerinnen oder Partner zu treffen, die sich auf die jeweilige Monosexualität festlegen wollen. Realisieren sie dabei ihre Bisexualität in selbstbewusster Weise und haben sie befriedigende sexuelle Kontakte mit Männern wie mit Frauen erlebt, „sind sie in dem Sinne flexibel, dass sie sich entscheiden können, perio-denweise monosexuell zu leben, ohne ihre bisexuelle Option aufgeben zu müs-sen" (Goos, 2003, S. 63). Der Autor vermutet sogar, dass Bisexuelle nicht Frauen und Männer als solche erotisch besetzen, sondern dass sie aufgrund ihrer Struk-tur insbesondere von Männern und Frauen sexuell angezogen fühlen, die, wie sie selber, die Geschlechter bisexuell erotisieren. Das würde bedeuten, dass Bisexuel-le sich sexuell gegenseitig anziehen.

In einer Hinsicht unterscheiden sich Bisexuelle heute nicht mehr ausdrücklich von Hetero- wie Homosexuellen, nämlich in der zurzeit allgemein häufiger ge-wählten Form der „seriellen Monogamie", vor allem, weil diese inzwischen freier gelebt werden kann – mit dem Unterschied jedoch, dass Bisexuelle in der spezifi-schen Partnerwahl zwischen unterschiedlichen Welten hin und her pendeln können. Das wiederum heißt nicht, dass die bisexuelle Orientierung als solche frei gewählt wurde. Sie hat wie die hetero- bzw. homosexuelle Orientierung ver-mutlich ihr eigenes „Schicksal". Und die Forscher hätten heute endlich freiere Hand, vorurteilsfrei auch das Geheimnis der Bisexualität allmählich zu lüften.

4.3.4 Sexualpraktiken, HIV und AIDS

Damit kommen wir zu einem anderen Punkt, den nicht nur die Coming-out-Forschung in den vergangenen Jahren zunehmend in den Mittelpunkt rückt: HIV und AIDS – ein Themenkomplex, der auch hier nicht ausgeklammert blei-ben darf, weil er eng mit der Homosexualität bzw. vor allem mit der Bisexualität verknüpft ist (ergänzend → 4.4.6 zur AIDS-Prävention).

HIV und AIDS

AIDS ist die Abkürzung für „Acquired Immuno Deficiency Syndrom" (Erwor-benes Immundefekt-Syndrom), HIV für „Human Immunodeficiency Virus" (Humanes Immundefizienz-Virus). Zu Beginn der 1980er Jahre kam es zunächst vorwiegend bei homosexuellen Männern in Kalifornien und New York zum Auftreten von gravierenden Immunmangelsyndromen mit nicht erkennbarer Ätiologie. 1984 wurde das HI-Virus als Krankheitsauslöser identifiziert und

AIDS als Syndrom verschiedener Erkrankungen gleicher Ursache (HIV) definiert. Weltweit sind bisher seit dem Ausbruch der Pandemie mehr als 60 Millionen Menschen mit dem HIV infiziert worden. Ende 2002 lebten etwa 42 Mio. Menschen mit dem HI-Virus. Im Jahr 2002 haben sich weltweit ca. 5 Mio. Menschen neu mit HIV infiziert. Rund 3,1 Mio. Menschen sind 2002 an den Folgen ihrer HIV-Infektion verstorben, davon 2,3 Mio. in Afrika. So ist AIDS denn auch in den südlich der Sahara gelegenen afrikanischen Staaten bereits die Todesursache Nummer 1 geworden, und weltweit ist sie mittlerweile die vierthäufigste Todesursache (Quelle: UNAIDS/WHO).

In Deutschland haben sich seit Beginn der Verbreitung von HIV etwa 60.000 Menschen infiziert, davon sind 20.000 Menschen verstorben. Ende des Jahres 2001 lebten in der Bundesrepublik knapp 40.000 Menschen mit einer HIV-Infektion, davon 32.000 Männer und gut 8.000 Frauen. Interessanterweise nimmt die Zahl um ca. 2.000 pro Jahr zu, da durch verbesserte Therapiemöglichkeiten Menschen an AIDS später sterben. Nach wie vor findet die Ansteckung mit HIV in der BRD oft durch gleichgeschlechtlichen Sex zwischen Männern statt: Jede zweite Infektion trifft homosexuelle Männer. Mittlerweile jedoch infizieren sich zunehmend auch Heterosexuelle, und zwar öfter bereits als Drogenabhängige, die sich ihr Suchtmittel intravenös zuführen. Letztere galten bis vor einigen Jahren noch als die zweitgrößte Risikogruppe.

Die Übertragung kann durch Blut oder Blutprodukte, ungeschützten Geschlechtsverkehr (z.B. auch durch Spermien beim Oralverkehr bei Verletzungen der Mundschleimhaut), durch Mutter-zu-Kind-Übertragung (also während der Schwangerschaft), unter der Geburt (sog. vertikale Transmission) oder durch das Stillen erfolgen. Derzeit leben in Deutschland etwa 400 Kinder mit einer HIV-Infektion, etwa 20 haben sich im Jahr 2001 neu infiziert und bei 5 Kindern wurde die Diagnose AIDS vergeben. Die Zahl der Kinder, die seit Beginn der Epidemie in Deutschland an AIDS verstorben sind, wird auf etwa 150 geschätzt (Quelle: Robert-Koch-Institut).

Die Erkrankung verläuft üblicherweise in mehreren Stadien: Kurz nach erfolgter Ansteckung mit HIV kann es zum Auftreten der sog. akuten HIV-Erkrankung kommen. Die Symptome sind unspezifisch und denen des grippalen Infektes ähnlich. Die akute HIV-Infektion klingt in aller Regel nach einigen Tagen folgenlos ab. Es folgt ein krankheitsfreies Intervall von mehreren Jahren bis Jahrzehnten, in dem die Infektion lediglich durch Blutuntersuchungen frühestens sechs bis acht Wochen nach der Infektion nachweisbar ist. In dieser Phase ruht die HIV-Infektion jedoch nicht, wie man früher annahm. Vielmehr handelt es sich um ein sehr dynamisches Geschehen, bei dem jeden Tag Milliarden neuer Viren entstehen bzw. neutralisiert werden. Später kommt es in der Vorstufe der AIDS-Erkrankung zunehmend zu typischen Infektionen.

Ende 2001 lebten rund 5.000 HIV-Infizierte in Deutschland mit der Diagnose AIDS, d.h. bei ihnen hat die HIV-Infektion zu einer derartigen Schwächung des Immunsystems geführt, dass bestimmte Krankheiten (die sog. AIDS-definierenden Erkrankungen) bereits aufgetreten sind. Das Vollbild der AIDS-Erkrankung ist durch Gewichtsabnahme, schwere Infektionserkrankungen und bestimmte Krebsarten definiert. Durch gezielt gegen die Vermehrung des HI-Virus wirkende, sog. antiretrovirale Medikamente kann der Ausbruch bzw. das Fortschreiten von AIDS heutzutage lange hinausgezögert werden. Eine endgültige Heilungsmöglichkeit besteht jedoch nach wie vor nicht (Quelle: Medicine-Worldwide).

AIDS und Homosexualität. Angesichts der Gefahren, sich über ungeschützte sexuelle Kontakte mit HIV und anderen Geschlechtskrankheiten zu infizieren, stellt sich die Frage: Wie wirksam greifen die aktuell und vielfältig laufenden „Safersex"-Kampagnen? Diese Frage ist nicht nur angesichts der gerade dargestellten Zahlen bisexueller Beziehungen von Relevanz. Bisexuelle und Homosexuelle selbst gelten als eine besondere Risikogruppe. Und ganz fraglos nimmt im Verlauf des Coming-out die Zahl homosexueller Kontakte zu, und heterosexuelle Kontakte werden, wie dargestellt, von vielen in zum Teil bewusst bisexuell gelebter Orientierung ebenfalls gepflegt (Rosario et al., 1996).

Risikozeit: Coming-out bei Männern. Dazu wird seit Jahren über die Beobachtung berichtet, dass ein ungeschütztes Sexualverhalten von homosexuellen Jugendlichen und jungen Erwachsenen mit einigen Bedingungen assoziiert zu sein scheint, die eng mit der Entwicklungsphase des Coming-out verbunden sind. Dies gilt insbesondere für junge Männer. Einige Schwule neigen während der Zeit ihrer sexuellen Identitätsfindung und zunehmenden Sexualbeziehungen häufiger als andere zu risikoreichem Verhalten einschließlich ungeschützter sexueller Kontakte, wenn sie vermehrtem Stress und Belastungen ausgesetzt sind. Das heißt, das Risiko ungeschützter sexueller Beziehungen steigt an,

▶ wenn homosexuell orientierte männliche Jugendliche in ihrem Umfeld mit starken Vorurteilen gegenüber der Homosexualität zu kämpfen haben (Lima et al., 1993; Perkins et al., 1993; Ross & Rosser, 1996),

▶ wenn sie damit scheitern und große Probleme haben, ihre Identität anderen gegenüber öffentlich zu machen (Cole et al., 1996; Seibt et al., 1993; Rosario et al., 2001) – und dann häufig auch noch,

▶ wenn sie zusätzlich zur Gruppe der bisexuell orientierten Personen gehören (McKirnan et al., 1995).

Schließlich scheint das Ausmaß an subjektiver Belastung und sozialer Ausgrenzung die Häufigkeit sexueller Kontakte mit gleichgeschlechtlichen Partnern zu erhöhen, die dann zumeist in homosexuellen Subgruppen gesucht werden (Rosario et al., 2001).

Ungeschütztes Sexualverhalten bei Frauen. Nun ist es zweifellos so, dass schwule und bisexuelle männliche Jugendliche ein hohes Risiko für eine HIV-Infektion eingehen, wenn sie ungeschützten Sexualverkehr ausüben. Weniger eindeutig scheint die Befundlage für lesbische und bisexuelle junge Frauen. Andererseits mehren sich die Hinweise auf ein erhöhtes Risiko auch bei Frauen, die sexuelle Kontakte nur zu Frauen oder zu Männern und zu Frauen pflegen. Das Risiko fällt offensichtlich höher aus als bei Frauen, die ausschließlich heterosexuelle Sexualbeziehungen unterhalten (Bevier et al., 1995; Einhorn & Polgar, 1994; Lemp et al., 1995).

HIV-infizierte lesbische Frauen beispielsweise berichten über oralen Verkehr mit ihren Sexualpartnerinnen sowie über risikoreiche Sexualpraktiken wie z.B. vaginale Stimulation mit der ganzen Hand bzw. Faust (vaginal fisting) oder mittels Dildo bzw. Vibrator. Insbesondere letztgenannte Praktiken können leicht zu Verletzungen und damit zum wechselseitigen Austausch von Körperflüssigkeiten führen, insbesondere wenn zugleich orale Praktiken einbezogen werden. Obwohl das Infektionsrisiko zwischen Frauen geringer eingeschätzt wird, ist es also keinesfalls auszuschließen.

Unzureichende Aufklärungskampagnen. Kurz zusammengefasst scheint sich Folgendes zu bestätigen: Je weniger psychosoziale Belastungen etwa in Form sozialer Ausgrenzung im Prozess des Coming-out auftauchen, umso günstiger sind die Auswirkungen auf die Entwicklung eines gesunden Selbstwertgefühls – und umso häufiger entscheiden sich die Betreffenden für sexuelle Praktiken, die ein geringeres Risiko der HIV-Infektion haben. Dies scheint in gleicher Weise für Schwule wie für Lesben zu gelten (Rosario et al., 2001).

Aktuell laufende Safersex-Kampagnen müssen also immer dann als unzureichend angesehen werden, wenn sie vorrangig darauf hinzielen, die Bereitschaft zu geschütztem Geschlechtsverkehr zu erhöhen, ohne die genannten psychosozialen Rahmenbedingungen berücksichtigen. Hier scheint ein Umdenken erforderlich (Dannecker, 2002). Zumindest was Schwule und Lesben als Zielgruppe einer HIV-Prävention angeht, sollten sich die Safersex-Kampagnen sowie weitere vorbeugende und therapeutische Maßnahmen viel stärker, als bisher, mit der sozialen Situation im Coming-out, den damit verbundenen Belastungen und Ängsten, mit der sozialen Ausgrenzung und Isolation und mit den daraus folgenden Anpassungs- und Verhaltensstörungen der jugendlichen Homosexuellen auseinander setzen.

4.4   Affirmative Psychotherapie und Beratung

Menschen jedweder sexueller Orientierung haben das Recht auf Rücksichtnahme, Wertschätzung und Schutz ihrer Integrität. Nach wie vor besteht Bedarf an kompetenter therapeutischer Hilfe, um die Betroffen darin zu stärken und zu unterstützen, einer erlebten Diskrimination aktiv und selbstbewusst entgegentreten zu können. Angesichts der nach wie vor bestehenden „homophoben" bzw. „heterosexistischen" Tendenzen in Teilen der Bevölkerung, gilt es weiter, die Betroffenen in dieser Situation nicht sich selbst zu überlassen, sondern sie von Seiten der Wissenschaft mit zu unterstützen. Dies gilt, weil es unzweifelhaft darum geht, auch seitens der Medizin, Psychologie und Psychotherapie Wiedergutmachung für schuldhaftes Versagen zu leisten, in das sich diese Professionen lange Zeit „kollektiv" verstrickt hatten – und gelegentlich noch verstrickt sind.

Denn immer wieder gibt es auch heute noch Berichte von Menschen mit nicht-heterosexueller Geschlechtspartnerorientierung, dass ihnen Psychotherapeuten ihre Hilfe versagt hätten, weil die Betroffenen selbst sich nicht mit ihrer „Homosexualität als dem *eigentlichen* Problem" auseinander setzen wollten (Shidlo et al., 2002). Diese Psychotherapeuten sahen sich zum Beispiel nicht in der Lage, dem geäußerten Wunsch nach Hilfe im Coming-out zu entsprechen. Sie versagten ihre Hilfe gegenüber dem Wunsch der unter Vorurteilen in Familie, Beruf oder Gesellschaft leidenden Personen, sie in ihrer Absicht zu unterstützen, zukünftig besser in Familie, Beruf und Gesellschaft als nicht-heterosexuell orientierter Mensch zurechtzufinden.

Die zuletzt dargestellten Anliegen der Betroffenen bestimmt die Erwartungen, die an eine modern zu nennende Therapie von Menschen mit nicht-heterosexueller Orientierung zu stellen wären. Sie entspricht zugleich einer Haltung, wie sie Sigmund Freud 1935 in Antwort auf einen Brief an eine amerikanische Mutter formuliert hat, die ihn um helfenden Rat für ihren homosexuellen Sohn gebeten hatte (publiziert: 1947). In diesem Brief gibt Freud einige Ratschläge, die einer Psychotherapie als allgemeine Prinzipien gut zugrunde gelegt werden könnten, nämlich die Betroffenen darin zu unterstützen, die eigene sexuelle Orientierung zu erforschen, zu festigen und zu integrieren.

Im Folgenden sollen die wichtigsten Aspekte einer solchen affirmativen Psychotherapie dargestellt werden. Wir orientieren uns dabei unter anderem an Überlegungen, wie sie in den letzten Jahren recht konvergent von Autoren mit unterschiedlichster Therapieschulenorientierung vorgeschlagen und eingesetzt werden (z.B. Davies & Neal, 1996; 2000; Neal & Davies, 2000; Whitman & Boyd, 2002). Inzwischen wurden von der American Psychological Association ethische Leitlinien für eine affirmative Behandlung von Lesben, Schwulen und Bisexuellen herausgegeben, die der nachfolgenden Darstellung ebenfalls weitgehend entsprechen (APA, 2000b).

4.4.1 Entwicklung und Stabilisierung der sexuellen Orientierung

Affirmative Psychotherapie unterstützt Rat suchende Menschen, die eigene sexuelle Orientierung zu erforschen, zu bejahen und festigen (lat. affirmo: befestigen, bekräftigen, bestätigen). In einer, die eigene sexuelle Orientierung bejahenden Psychotherapie werden heterosexuelle wie nicht-heterosexuelle Einstellungen und Lebensstile grundsätzlich als gleichwertig, natürlich und normal betrachtet. Entsprechend zielt eine Psychotherapie mit Lesben, Schwulen oder bisexuellen Menschen auf eine Erforschung, Entwicklung und Stabilisierung ihrer jeweiligen sexuellen Orientierung. Gleiches gilt natürlich auch für jene Menschen, die sich ihrer heterosexuellen Geschlechtspartnerorientierung unsicher sind.

Information und Aufklärung. Affirmative Psychotherapie und Beratung verlangt vom Psychotherapeuten gelegentlich eine Blickwinkeländerung bei der Benennung und Behandlung von Problemen, mit denen nicht-heterosexuell orientierte Menschen eine Behandlung aufsuchen. Dies gilt es insbesondere zu beachten, wenn man sich mit den Betroffenen auf eine Ursachensuche für vermeintliche oder reale Probleme begibt. Einsichtsorientiert oder psychodynamisch arbeitende Therapeuten, für die eventuell Abstinenz, inhaltliche Enthaltsamkeit und die Analyse innerpsychischer Konflikte bisher als Maxime gelten, sollten sich vor Augen führen, dass eindeutige Wertsetzungen und Stellungnahmen durch die Psychotherapeuten, und zwar im oben angedeuteten *affirmativen* Sinne, nicht nur Voraussetzung und Begleitschutz für das wechselseitige Vertrauen darstellen. Vielmehr gehören Aufklärung und Informationen über den Stand der Erforschung sexueller Orientierung gelegentlich an den Beginn der Behandlung. Dies ist sinnvoll, wo es darum geht, Betroffene von eventuell vorhandenen Schuldgefühlen zu entlasten.

Aus den gleichen Gründen rückt denn auch die Homophobie möglichst unmittelbar in den Mittelpunkt. Denn die Homophobie und ein eventuell vom Patienten erfahrener Heterosexismus hängen mit der Homosexualität unverbrüchlich und komplementär zusammen. Dies dürfte auch längere Zeit noch so bleiben, bis sich die Akzeptanz jedweder sexueller Orientierung allgemein durchgesetzt hat. Die Homophobie jedenfalls gilt nach wie vor als die wichtige „pathologische Variable" in der Entwicklung von psychischen Problemen und Störungen, mit denen es Psychotherapeuten in der Behandlung nichtheterosexuell orientierter Menschen zu tun bekommen (Davies, 1996a).

Wertschätzung und Akzeptanz. Wollen Psychotherapeuten in der Behandlung von Lesben, Schwulen und bisexuellen Menschen erfolgreich handeln, müssen sie zunächst „mit sich selbst im Reinen sein". Sie sollten bejahen können, dass es sich bei den unterschiedlichen Möglichkeiten der heterosexuellen wie der nicht-heterosexuellen Orientierung um gleichermaßen gesunde menschliche Neigungen, Vorlieben und Lebensstile handelt. Während diese wissenschaftliche Haltung noch intellektualisierend eingenommen werden kann, bedürfen interferierende tiefer liegende Einstellungen gelegentlich einer vorgeschalteten Selbsterfahrung. Psychotherapeuten, die im Sinne einer affirmativen Psychotherapie arbeiten möchten, verstehen sich dann eher als Partner ihrer Patienten, die sich mit den Betroffenen zusammen auf eine Erkundungsreise begeben – ohne vorschnell in die Rolle eines Reiseleiters zu verfallen.

Die Richtung, in die diese Reise gehen kann, verbleibt in der Selbstbestimmung und Selbstverantwortung der Patienten. Konkrete Hilfestellungen können immer nur angeboten, niemals forciert eingesetzt werden (Clark, 1987; Isay, 1989). Schwierigkeiten könnten sich für Therapeuten ergeben, wenn sie Eigenarten und Gewohnheiten homosexueller Lebenswelten nicht zu akzeptieren vermögen. Denn in unserer geschlechtspolarisierenden Gesellschaft unterscheidet sich die Lebenskultur von Menschen mit heterosexueller versus nicht-heterosexueller Geschlechtspartnerorientierung in vielerlei Hinsicht.

Einige Lesben, Schwule und Bisexuelle leben in partnerschaftlichen Beziehungen, die sich von außen betrachtet nur geringfügig von heterosexuellen Partnerschaften unterscheiden. Andere wiederum leben doch sehr anders. Einige leben allein und haben mehrere sexuelle Partner, andere haben gar keinen Partner. Es ist zu erwarten, dass sich Psychotherapeuten gelegentlich mit ihren Patienten auf eine Reise in für sie unvertraute Milieus, Subkulturen oder ökologische Nischen begeben. Positiv gesprochen ist auch zu erwarten, dass sie selbst, also die Psychotherapeuten, viel über die Vielfalt sexueller Orientierungsmöglichkeiten und Lebensgewohnheiten lernen könnten – eventuell sogar zunächst hinzulernen *müssen*. Dies impliziert gelegentlich einige bedenkenswerte Konsequenzen insbesondere für jene Therapiekonzepte, die – wie beispielsweise die Verhaltenstherapie – auf therapeutisches Wissen, auf therapeutische Kompetenz und auf die Expertise ihrer Psychotherapeuten setzen.

Transparenz und Zieloffenheit. Dass Überdenken psychotherapeutischer Routinen in der Arbeit mit Lesben, Schwulen und Bisexuellen gilt in gewisser Hinsicht auch für psychodynamisch arbeitende Psychotherapeuten, wenn diese bis dahin psychotherapeutische Einflussnahme vorrangig über die Analyse und Ausdeutung der Übertragungssituation zum Patienten realisiert haben. Diese werden beobachten, dass ihnen nicht-heterosexuell orientierte Menschen zur eigenen Versicherung wiederholt viele Fragen stellen, die sie offen und ehrlich beantwortet haben möchten – da sie sich vergewissern müssen, dass ihre Sexualorientierung akzeptiert und nicht „bearbeitet" wird.

Dies könnte für Therapeuten mit Schwierigkeiten verbunden sein, die es nicht gewohnt sind, auf Patientenfragen aller Art offen zu antworten, sondern die sich in guter Absicht bemühen, den psychodynamischen „Sinn hinter Fragen" zu analysieren und mit Deutungen zu beantworten – das heißt, die nicht gut darauf vorbereitet sind, zwischen wiederholt notwendiger Beziehungsklärung und therapeutischer Arbeit in der Therapiebeziehung längerfristig hin und her zu wechseln. Denn auch nach der phasengerechten Beziehungsklärung im Sinne der anfänglichen Abwehrbearbeitung bleibt die Beziehungsfrage zwischen zwei sexuell eventuell unterschiedlich ausgerichteten Personen bestehen, wobei der Therapeut für den Klienten genauso unerklärlich und exotisch wirkt wie umgekehrt.

Therapeuten sollten beachten, dass hohe Transparenz über therapeutische Ziele und die konkreten therapeutischen Handlungen ihrerseits unmittelbar therapeutisch wirken. Im Falle geringer Offenheit und Transparenz fehlen den Patienten wichtige Anhaltspunkte dafür, weshalb sich Therapeuten genau so und nicht anders verhalten. Patienten müssen in solchen Fällen schlicht glauben bzw. darauf vertrauen, dass das, was der Therapeut beabsichtigt, richtig sein wird – ein schwieriges Unterfangen, denn ein sexuell anders orientierter Therapeut lebt ebenfalls in schwer nachvollziehbaren Konstellationen.

Transparenz und Offenheit schaffen gute Voraussetzungen dafür, die Mitverantwortung der Patienten an ihrer Therapie zu stärken. Diese Hinweise sollten auch deshalb Beachtung finden, weil es inzwischen einige im Internet verbreitete Kataloge mit „Fragen an Psychotherapeuten" gibt, mit deren Hilfe homo- und bisexuelle Menschen die Vertrauenswürdigkeit und Kompetenz der professionellen Helfer zu überprüfen suchen (→ Kasten).

Die dort angegebenen Fragen zwingen jene Therapeuten, die bisher noch nicht über Kenntnisse in der Behandlung von Lesben, Schwulen oder bisexuellen Menschen verfügen, sich über die eigenen Einstellungen zur sexuellen Orientierung und über die Zielstellungen des eigenen Therapieangebots Klarheit zu verschaffen, und zwar noch *bevor* sie die therapeutische Arbeit mit Betroffenen ein erstes Mal in Erwägung ziehen.

Kritische Fragen an die Praktiker

Die europäische „Association for Lesbian, Gay and Bisexual Psychologies" (ALGBP) hat folgende hilfreiche „Fragen an die Praktiker" formuliert (vgl. Davies & Neale, 1996):

„Wie lange praktizieren Sie bereits? Wie würden Sie Ihren therapeutischen Ansatz beschreiben? Wie sind Sie selbst ausgebildet worden? Ging es in Ihrer bisherigen Ausbildung auch um Fragen der sexuellen Orientierung? Bitte erzählen Sie mir doch etwas über Ihre persönlichen ethischen Vorstellungen?

Befinden Sie sich selbst in einer regulären Supervision oder Therapie? Haben Sie dabei bereits selbst über Ihre eigenen sexuellen Einstellungen und Vorlieben gearbeitet? Haben Sie bereits zuvor mit Schwulen, Lesben oder bisexuellen Menschen therapeutisch gearbeitet? Haben Sie bereits bei sich selbst nichtheterosexuelle Anteile bemerkt?"

Im Kommentar heißt es zum Umgang mit den Antworten auf diese Fragen weiter: „Wir erwarten nicht, dass Praktiker auf alle diese Fragen klare Antworten haben. Aber die Art, wie sie auf diese Fragen antworten, kann Ihnen eine Menge über die Art ihrer praktischen Arbeit aussagen. Es gibt auch keine falschen oder richtigen Antworten. Aber im Verlauf der ersten Sitzungen sind Sie vielleicht in der Lage, das Behandlungskonzept, die Vertrauenswürdigkeit und Kompetenz der befragten Therapeuten zu beurteilen. (…) Auf jeden Fall sollten Sie den Eindruck bekommen, dass Ihnen die Praktiker gut zugehört haben. Und Sie sollten das Gefühl bekommen haben, dass der Praktiker wie Sie selbst Vorstellungen davon entwickelt haben, dass und wie Ihnen geholfen werden kann, wie die Art dieser Hilfe konkret aussieht und wie lange ungefähr die Behandlung dauern wird" (Davies & Neale, 1996, S. 211f.).

Bibliotherapie. Was die Information und Aufklärung des Patienten angeht, so hat sich auch die Bibliotherapie als ausgesprochen hilfreich erwiesen. Gemeint ist die therapeutische Nutzung von Literatur jedweder Couleur, wenn sie versprechen könnte, die Selbstentfaltung und den Stabilisierungsprozess der Patienten voranbringen. Die therapeutische Wirkung bibliotherapeutischer Initiativen scheint weitgehend unabhängig davon, ob den Betroffen sog. schöngeistige oder wissenschaftliche Literatur empfohlen wird. Beides kann zur inneren Sicherheit und zur selbstbewussten Außendarstellung beitragen. Außerdem gilt Bibliotherapie als Kosten sparende Möglichkeit, den Therapieprozess eindrücklich in Gang zu bringen und zu beschleunigen (vgl. Davies, 1996 c).

Fort- und Weiterbildung der Psychotherapeuten. Fortbildungskurse über die affirmative Behandlung bei Problemen mit der sexuellen Orientierung gehören leider nicht überall zu den Standardinhalten einer psychotherapeutischen Grundausbildung. Deshalb werden sie inzwischen überall in den westlichen Ländern von psychologisch-psychotherapeutisch orientierten Vereinigungen der Lesben, Schwulen und Bisexuellen angeboten (z.B. von der oben erwähnten europäischen ALGBP und in Deutschland auf Tagungen des „Verbandes lesbischer Psychologinnen und schwuler Psychologen", VLSP). Fortbildungsangebote dieser Art setzen u.a. folgende Schwerpunkte:

▶ Sie ermöglichen es teilnehmenden Psychotherapeuten, die eigenen Einstellungen zur Homosexualität aus persönlicher wie professioneller Perspektive zu reflektieren.

▶ Sie vermitteln Informationen über Lebensstil und Lebensgewohnheiten von Schwulen, Lesben und bisexuellen Menschen.

▶ Sie informieren über Probleme, psychische Störungen oder belastende Erfahrungen, die aus Diskriminierungserfahrungen resultieren können.

▶ Sie vermitteln Vorgehensweisen und Informationsmaterialien, die in der psychotherapeutischen Behandlung nicht-heterosexuell orientierter Menschen eingesetzt werden können.

4.4.2 Allgemeine Leitlinien der affirmativen Psychotherapie

Im Rückgriff auf eine viel beachtete Buchpublikation von Clark (1987) hat Davies (1996c) einige Leitlinien der affirmativen Psychotherapie sexueller Orientierung zusammengefasst und diskutiert, von denen wir einige den nachfolgenden Abschnitten voranstellen möchten (vgl. APA, 2000a):

(1) In der affirmativen Psychotherapie sollte die subjektive Realität der bisherigen Erfahrungen mit Akzeptanz oder Ablehnung der sexuellen Orientierung angesprochen werden, um Perspektiven für den zukünftigen Umgang damit zu entwickeln.

(2) Nicht-heterosexuelle Patienten sollten angeregt werden, die auch bei ihnen vorhandenen stereotypen Vorstellungen über Homosexualität zu identifizieren, um dann ungünstige Anteile dieser Stereotypien herauszufiltern und sie auf ihren Realitätsgehalt zu überprüfen.

(3) Negative soziale Erfahrungen wurden vielleicht über lange Zeit hinweg abgewehrt und damit zusammenhängender Ärger unterdrückt. Ständige Abwehr negativer Gefühle könnten depressive Verstimmungen bewirkt haben, einschließlich suizidaler Krisen. Patienten sollten angeleitet werden, berechtigte Ärger- und Wutgefühle *konstruktiv* auszudrücken, um sie in akzeptierbare Formen der Selbstmitteilung und Stellungnahme zu verändern – auch um auf diese Weise aus dem Hilflosigkeitserleben und aus depressiven Verstimmungen herauszukommen.

(4) Die Patienten sollten ermutigt werden, auf die Entwicklung eines Systems sozialer Unterstützung und wechselseitiger Wertschätzung hinzuarbeiten und Freundschaftsbeziehung aufzubauen und zu pflegen, die von gemeinsamen Interessen und Aktivitäten bestimmt werden. Diese Leitlinie ist für Betroffene von Bedeutung, die ihr Leben bisher isoliert und auf sich allein gestellt geführt haben.

(5) Patienten könnten eigene Werthaltungen und Einstellungen kritisch überprüfen, auf die sie ihre bisherige nicht-heterosexuelle Orientierung aufgebaut haben. Therapeuten sollten sich nicht scheuen, auf Gefahren zu verweisen, die sich mit ungünstigen gesellschaftlich und religiös vertretenen
Wertvorstellungen verbinden.

(6) Die therapeutische Besprechung und Desensibilisierung von Scham- und
Schuldgefühlen, die sich mit der sexuellen Orientierung verbinden, stellen
besondere Möglichkeiten bereit, auf dem Weg zu klaren eigenen Wertvorstellungen voranzukommen.

(7) Schließlich wird es sinnvoll, gelegentlich notwendig sein, Einstellungen und
Gefühle anzusprechen, die Patienten mit HIV, AIDS und Safersex-
Kampagnen verbinden. Affirmative Psychotherapie ist genau jener Ort, an
dem diese Themen ausdrücklich zur Sprache gebracht werden. Dies sollte
schon deshalb geschehen, weil insbesondere der Prozess des Coming-out
mit besonderen Risiken ungeschützten Geschlechtsverkehrs verbunden ist
(→ 4.3.4).

(8) Sollten Schwule, Lesben und Bisexuelle ihre sexuelle Orientierung verheimlichen, könnte dies als Zugeständnis an die gesellschaftlich erzeugte Drucksituation aufgefasst werden, nach der es offensichtlich opportun erscheint,
seine sexuelle Orientierung zu verheimlichen. Spätestens gegen Ende einer
affirmativen Psychotherapie sollte dieser Mythos, der für Heterosexuelle
nämlich nicht gilt, symbolisch zu Grabe getragen werden.

4.4.3 Coming-out: Psychotherapie als Begleitschutz

Ein Coming-out beinhaltet das zunehmende Gewahrwerden homosexueller
Gefühle, Phantasien und Gedanken, realisiert sich in der Bewusstheit der eigenen
sexuellen Ausrichtung, zielt auf die Integration der Sexualität in das Selbst- und
Fremdbild und beschließt sich im günstigsten Falle im Ausleben der gefundenen
Gender-Rolle (→ 4.3). Für einige Personen vollzieht sich dieser Prozess rasch
und ohne größere Komplikationen. Andere erleben diesen Weg als dornenreich
und voller innerer Widersprüche und Selbstzweifel (Biechele, 2001). Das Coming-out darf also nicht in der Form eines linearen Entwicklungsprozesses gesehen werden. Die möglichen Perspektiven, nach denen sich die therapeutische
Arbeit differenziell entfaltet, sollen dargestellt werden.

Das Gewahrwerden sozial weniger akzeptierter sexueller Neigungen kann zu
sehr unterschiedlichen Reaktionsmustern führen. Ängste, Panikstörungen und
Schlaflosigkeit können Folge der Erkenntnis sein, sich von den meisten anderen
Menschen in der sexuellen Orientierung zu unterscheiden. Psychotherapeuten

werden im einfacheren Fall mit dem Wunsch der Patienten konfrontiert, die eigene sexuelle Orientierung besser zu verstehen und die damit verbundenen neuen Konflikte lösen zu wollen. Schwieriger könnten sich Fälle gestalten, in denen Patienten mit therapeutischer Hilfe zur Heterosexualität zurückkehren möchten, etwa um die subjektiv bis dahin gelebte Identität zu bewahren, einschließlich des gewohnten Lebensstil mit vermeintlich heterosexueller Orientierung – d.h. sich dem gesellschaftlichen Anpassungsdruck zu beugen.

Verleugnung, Hilflosigkeit. Eine Umkehr der sexuellen Orientierung als etwaiges Ziel einer Psychotherapie ist nach allem, was die Wissenschaft hierzu weiß, nicht mehr vertretbar. Insofern besteht dem Patienten gegenüber zwangsläufig Aufklärungspflicht. Verständlicherweise wird gelegentlich zu erwarten sein, dass Patienten auf solchermaßen aufklärende Hinweise mit Ärger oder Wut reagieren. Dem lässt sich in vielen Fällen dadurch vorbeugen, dass man als Therapeut natürlich die subjektive Sicht der Patienten und ihre damit zusammenhängenden Wünsche verstehen und akzeptieren kann. Dies schon deshalb, weil homophobische Tendenzen nach wie vor weit verbreitet sind. Von diesen Vorurteilen sind auch die meisten Betroffenen nicht unberührt geblieben – dies insbesondere dann nicht, wenn sie religiösen Gemeinschaften angehören, in denen die Homosexualität nach wie vor als Sünde betrachtet, eventuell sogar sanktioniert und bekämpft wird.

Andererseits können Therapeuten perspektivisch vertreten, welche Möglichkeiten eine psychotherapeutische Behandlung bereitstellen kann: nicht nur eine Unterstützung bei eventuell vorhandenen psychischen Problemen (wie z.B. Angst, Panik, Depressivität, Schlaflosigkeit), sondern eine Auseinandersetzung mit der eigenen sexuellen Orientierung zu beginnen. Eine offensive, empathische und hilfreich aufklärende Grundhaltung könnte in vielen Fällen sogar die Neugierde von Patienten anregen, mit dem Therapeuten in einen interessanten Vergleich der eigenen Lebensgeschichte mit den vorliegenden Erkenntnissen der Erforschung sexueller Orientierungen einzutreten (→ 4.2). Was religiös motivierte Vorbehalte angeht, kann es gelegentlich sinnvoll sein, sich der kooperierenden Unterstützung jener kirchlichen Institutionen und Repräsentanten zu versichern, die der Homosexualität gegenüber eine aufgeschlossene Haltung einnehmen und eigene Beratung- und Behandlungsangebote entwickelt haben (vgl. Malony, 2002).

Depressivität und suizidale Neigungen. Im Coming-out besteht gelegentlich auch heute noch die Gefahr, dass Betroffene die Unterstützung oder Verbundenheit in der Familie oder im Freundeskreis verlieren. Der Verlust von Zuneigung und Unterstützung kann seelische Krisen zur Folge haben. Solche Krisen können verstärkt werden, wenn die Betroffenen mit Beginn des Coming-out ihrerseits anderen Lesben und Schwulen ablehnend gegenüber eingestellt sind und wenn diese dann nicht als positive Rollen- oder Identifikationsmodelle erfahren werden. Aus diesen Erfahrungen können Unsicherheiten, Ängste, Panikstörungen und bei anhaltender Hilflosigkeit depressive Verstimmungen resultieren, die nicht selten in suizidale Handlungen einmünden (Baker, 2002).

Identitätsambivalenz. Wird den Betroffenen die „normabweichende" Geschlechtspartnerorientierung bewusst, können sie recht unterschiedlich reagieren. Die zunehmende Gewissheit, lesbisch oder schwul zu sein, kann im günstigen Fall unmittelbar zur Auswahl von Informationsquellen über die nichtheterosexuellen Orientierung führen oder Anlass sein, gezielt Personen vermehrte Aufmerksamkeit zu schenken, die zulassen, als schwul oder lesbisch identifiziert zu werden. Andererseits kann sich zeitweilig aber auch eine reaktive Abwehr aufbauen, und zwar gegenüber dem eigenen Erleben und mit Vermeiden von sozialen Kontakten und Kontexten, welche die bisherige Identität bedrohen könnten.

Diese gelegentlich ins Phobische reichende Abwehr jedoch bricht unaufhaltsam zusammen. Insbesondere die Phantasiewelt lässt sich kaum einschränken. Erregung, Glücksgefühle und Neugierde können sich mit Schreckerleben und Angstgefühlen abwechseln, wenn z.B. jugendliche Frauen beim Ansehen von Tatort-Filmen mit Ulrike Volkerts sexuelle Erregung erleben oder beim späteren (Tag-)Träumen sexuelle Kontakte mit der Schauspielerin phantasieren. Solche Erregungen werden sich zunehmend auch in alltäglichen zwischenmenschlichen Kontakten einstellen, ohne dass eine Abwehr dagegen möglich ist.

Therapeutische Hilfe wird gelegentlich aufgesucht, weil die Versuche einer Abwehr des neuartig-fremden Erlebens bis hin zum Vermeiden sozialer Kontakte ihrerseits zum Auslöser für entsprechende Phantasien werden und sich dadurch ihre vermeintliche Bedrohlichkeit nur noch verstärkt. Wenn man Schwule und Lesben fragt, ist es erstaunlich, wie lange eine Art doppelter Buchführung gelebt werden kann: Obwohl mit homosexuellen Phantasien masturbiert wird, kommen viele lange Zeit nicht auf die Idee, diese Erfahrungen als Handlungsanleitung zu benutzen oder aber sich selbst als schwul oder lesbisch zu bezeichnen.

Identitätstoleranz. In der Phase der beginnenden Identitätsakzeptanz liegt das therapeutische Ziel in der Auflösung von Ungewissheiten, die sich häufig mit der Frage verbinden: „Wer bin ich eigentlich?" Bisher geträumte Ideale könnten zusammenbrechen, z.B. bei jungendlichen Lesben die bis dahin phantasierte Hoffnung, verheiratet zu sein, eine eigene Familie zu gründen und Kinder zu bekommen. Die Therapie wird sich in vielfältiger Weise mit der möglichen Trauer über eventuell nicht mehr realisierbarer Hoffnungen und Lebensziele auseinander setzen.

Diese Durchgangsphase hin zu einer stabilen nicht-heterosexuellen Identität berührt fast immer die Frage, ob es nicht besser sei, nach außen hin das Bild heterosexueller Geschlechtsorientierung zu wahren. Damit wäre man vermeintlich geschützt vor negativen Einstellungen und homophoben Ausgrenzungserfahrungen. Für eine gewisse Zeit wird die Stützung einer solche Haltung sicherlich sinnvoll sein, schon um mit den Patienten über dessen persönliche Erfahrungen und das vorhandene Wissen über Homophobie und Heterosexismus und die Konsequenzen eines Coming-out zu sprechen. Der soziokulturelle Lebensraum des Klienten ist dabei zu beachten. Sollte dieser keine ökologischen Nischen für eine nicht-heterosexuelle Lebensgestaltung bieten, wären auch die Möglichkeiten einer noch tiefer greifenderen Lebensveränderung zu hinterfragen.

Denn: Die nicht-heterosexuellen Neigungen nach außen hin über längere Zeit erfolgreich zu tarnen, impliziert vielfältige Probleme. Das gelingt nämlich nur, wenn man beispielsweise Partys vermeidet, auf denen erwartet wird, dass man mit Partnerin oder Partner kommt. Das wird kaum befriedigend durchzuhalten sein. Auch wird es schwierig werden, persönliche Gespräche zu vermeiden, in denen danach gefragt wird, was man am Wochenende macht, was man gern anzieht, oder wenn man – wie allgemein unter Gleichaltrigen üblich – über Beziehungen spricht, auch über die zum anderen Geschlecht. Auch das Vermeiden homosexueller Kontakte, nur um sich zu tarnen, ist Arbeit gegen sich selbst und wird langfristig wenig erfolgreich sein. Unentdeckt zu bleiben kann zwar das hier gemeinte Dilemma mit seinen vielen Inkongruenzen abmildern. Gelöst wird es damit nicht, schon deshalb nicht, weil man sich in ständiger Ungewissheit wie ein Spion oder Freiheitskämpfer in einem besetzten Land durchschlagen müsste (Davies, 1996).

Beginnende sexuelle Kontakte. Wenn Betroffene ihre nicht-heterosexuelle Orientierung zu bejahen beginnen, wird das Bedürfnis nach Kontakten mit ebenfalls lesbischen, schwulen oder bisexuellen Menschen zunehmen. Therapeuten sollten dazu anregen, nicht zu ungeduldig und überstürzt zu handeln. Dies insbesondere dann, wenn die bisherige Ambivalenz in ungestümen Tatendrang umzukippen droht, etwa dergestalt, dass jetzt endlich und sofort etwas getan werden müsse. Der Patient könnte überprüfen, ob hinter der zunehmenden Toleranz eigener sexueller Bedürfnisse auch tatsächlich bereits eine Akzeptanz der reifenden Geschlechtspartnerorientierung deutlich wird. Das Gelingen einer Sozialisation in der sexuellen Orientierung ist entscheidend von der Qualität der gewählten Partnerbeziehungen abhängig. Eine Reihe von Faktoren könnte die weitere Entwicklung erschweren oder behindern und therapeutische Stützung erfordern. Schüchternheit, verminderte soziale Fertigkeiten, ein vermindertes Selbstwertgefühl, noch vorhandene Ängste gegenüber dem Coming-out, letztlich auch noch bestehende eigene internalisierte homophobe Einstellungen.

Therapeutische Präsenz kann auch den weiteren Verlauf des Coming-out günstig beeinflussen. Ein erstes Mal mit zunehmender Sicherheit als Nichtheterosexueller in eine Disco zu gehen, kann für einige ein hochgradig spannendes Erlebnis sein, für andere jedoch eine eher niederschmetternde Erfahrung, die viele überwunden geglaubte Ängste erneut zum Leben erweckt. Mit ihrem ersten Hineingehen in homosexuelle Gemeinschaften sehen sich Lesben und Schwule unvermittelt mit unbekannten Ansprüchen, Normen und Erwartungen konfrontiert, die sie so nicht erwartet hatten. Zum Beispiel erleben viele plötzlich eine Drucksituation, nach außen hin erkennbar auf bestimmte Weise aussehen oder sich verhalten zu müssen. Gelegentlich drängt sich der Eindruck auf, dass viele Lesben und Schwule noch höhere Erwartungen an eine bestimmte, durch Subgruppen geprägte Stilisierung der eigenen Körperlichkeit (unterstützt durch das Tragen einer typischen Designer-Kleidung) entwickeln, als dies bei jungen (gleichaltrigen) heterosexuellen Erwachsenen ebenfalls augenfällig üblich ist. Und Bisexuelle experimentieren nicht selten mit androgyn anmutenden Erscheinungsweisen.

Selbstpräsentation und Körperlichkeit. Hier sollen jetzt keine negativen Vorurteile neu belebt werden, wie sie in der Öffentlichkeit und in Medien gelegentlich mit dem Auftreten und der Präsentation der Körperlichkeit durch Lesben und Schwule verbreitet werden. Psychotherapeuten sehen sich jedoch auch in der Behandlung nicht-heterosexuell orientierter Menschen mit Problemen konfrontiert, die ganz eindeutig mit sozial-gesellschaftlichen Erwartungen an die (heterosexuelle) Präsentation von Weiblichkeit oder Männlichkeit zusammenhängen: Der gesellschaftliche Druck zur Anpassung an geschlechtsstereotype Standards der äußeren Erscheinung verleitet offensichtlich auch Lesben und Schwule zu vermehrter Anstrengung, sich möglichst feminin bzw. maskulin darzustellen. Sogar Körperbildstörungen und Essstörungen können die Folge sein (Moon, 1996).

In der Art, wie Schwule und Lesben auf ihre körperliche Erscheinung und ihr Äußeres Wert zu legen beginnen, und in dem Ausmaß, wie sie hohe Erwartungen auch an ihre Partnerinnen und Partner entwickeln, unterscheiden sie sich in der Tat von anderen Gruppen (Etnyre, 1990; Blumstein & Schwartz, 1983). Das Risiko der Entwicklung von Körperbildstörungen und Essstörungen liegt z.B. für Schwule deutlich über dem heterosexueller Männer, dies insbesondere dann, wenn in Schwulengemeinschaften viel Wert auf Körpererscheinung und Kleidung gelegt wird (Silberstein et al., 1989; Moon, 1996).

Psychotherapeuten sollten mit den Patienten ohne Scheu Konflikte ansprechen, die mit Mythen über die öffentliche Körperpräsentation und das Erleben der eigenen Körperlichkeit zusammenhängen. Für die Stabilisierung des Selbstwertsystems kann es außerordentlich förderlich sein, die Unterschiede zwischen subjektivem Körpererleben, eigenen Überzeugungen und den medial vermittelten hetero-/homosexuellen Bildern und öffentlichen Erwartungen in der Gesellschaft sorgsam herauszuarbeiten, um damit Grundlagen für Entscheidungen zu finden, wie Betroffene zukünftig mit der eigenen Körperlichkeit umgehen möchten.

4.4.4 Akzeptanz und Integration

Mittelfristig ist zu erwarten, dass der Umgang mit Gleichgesinnten und die lebendige Auseinandersetzung mit subkulturellen Eigenarten und Gewohnheiten mehr Vorteile als Nachteile verspricht. Die vorhandene Vielfalt sozialer Gemeinschaften von Lesben, Schwulen und bisexuellen Menschen bietet inzwischen unterschiedlichste Möglichkeiten, Kontakt zu suchen und zu pflegen. Nicht zuletzt bieten sich dabei angstfreiere Möglichkeiten, Sexualpartner kennen zu lernen und erste sexuelle Beziehungen anzuknüpfen. Die meisten Autoren und Betroffenen scheinen sich einig, dass noch bestehende Widerstände und Abwehrhaltungen gegenüber der eigenen sexuellen Orientierung erst dann endgültig überwunden werden, wenn sich Schwule, Lesben oder bisexuelle Menschen ein erstes Mal so richtig verlieben (Isay, 1989; Davies, 1996).

Freundschaftsbeziehungen. Es sind zumeist günstige subkulturelle Sozialisationserfahrungen, die eine Entwicklung und Vermehrung stützender Sozialbeziehungen ermöglichen, auch jene Freundschaftsbeziehungen, in denen nicht nur Intimität und Sexualität im Vordergrund stehen. Therapeuten könnten verdeutlichen, dass es durchaus unterschiedliche Wege gibt, die Geschlechtspartnerorientierung in die eigene Identität zu integrieren. Einige Schwule wie Lesben machen keine deutlichen Unterschiede darin, ob und wie sie ihre sexuelle Orientierung in persönlichen und privaten Beziehungen entwickeln bzw. ob und wie sie ihre Identität in öffentlichen Kontexten präsentieren. Andere wiederum erleben es als sehr angenehm, dass außerhalb der gleichgeschlechtlichen Beziehungen nur sehr ausgewählte heterosexuelle Freunde etwas von der eigenen Geschlechtspartnerorientierung wissen. Über diesen ausgewählten Freundeskreis hinaus jedoch vermeiden sie jedwede Präsentation ihrer sexuellen Orientierung, tragen grundsätzlich keine Zeichen, an denen man ihre sexuellen Vorlieben erkennen könnte, und sie beteiligen sich auch nicht an sozialen oder politischen Aktionen in der Szene.

Angesichts bestehender Vorurteile kann der letztgenannte Weg durchaus klug gewählt sein und darf nicht verbaut werden. Dennoch ist es so, dass viele Autoren, Therapeuten und Betroffene die Vermeidung des öffentlichen Eintretens für die eigene Geschlechtspartnerorientierung als letzte Barriere auf dem Weg zur vollständigen Integration betrachten (Cass, 1979; Savin-Willams, 1990; Davies, 1996b). Der Rückzug auf eine selbst gewählte Subkultur ist möglicherweise Ausdruck einer Abgrenzung, die ebenfalls nur mittels Vorurteilen gegenüber der heterosexuellen Welt aufrechterhalten werden kann. Für diese Autoren scheint der Prozess hin zur vollständigen Identitätssynthese erst dann gelungen, wenn die bis dahin gepflegte Strategie des Einteilens von Menschen als homosexuell und heterosexuell einen endgültigen Abschluss findet und sich nicht mehr als nützlich und hilfreich erweist.

Zu bedenken bleibt, dass dies aber auch ein gesellschaftspolitischer Vorgang ist, der nur von solidarischen und kämpferischen Gemeinschaften getragen werden kann. Es bleibt also zu prüfen, ob der Klient einen Anschluss an eine solche stützende Gemeinschaft gefunden hat und ob er die Fähigkeiten mitbringt, sich derart zu exponieren.

Integration. Therapeutisch ist die den Prozess des Coming-out abschließende Integrationsentwicklung gut daran erkennbar, dass der Patient sich zunehmend klarer darüber wird, dass grob verallgemeinernde oder gar negative Einstellungen zur Heterosexualität genau so wenig haltbar sind wie jene, die in grober Vereinfachung über die Homosexualität bestehen. Auch wenn die eigene Homosexualität in der Gesellschaft keine allgemeine Zustimmung findet, kann die homosexuelle Orientierung dennoch voll in die eigene Identität integriert werden. Sie wird damit zugleich mit vielen anderen Aspekten des eigenen Selbst vereinbar, könnte als solche sogar Modell bildende Funktionen für jene Menschen übernehmen, die der Homosexualität ablehnend und feindselig gegenüber stehen. Es bleibt immer zu bedenken, dass die Homophobie-Forschung eindrücklich belegt, dass negative Einstellungen und Ängste gegenüber Schwulen, Lesben und Bisexuellen fast ausschließlich bei jenen Menschen bestehen, die bisher keine persönlichen Beziehungen zu Menschen mit nicht-heterosexueller Geschlechtspartnerorientierung hatten (→ 4.1.4).

4.4.5 Affirmative Paartherapie

Erst seit wenigen Jahren besteht die Möglichkeit, gleichgeschlechtliche Partnerschaftsbeziehungen angstfreier auch in der Öffentlichkeit zu leben. Dennoch halten viele homosexuelle Paare ihre Partnerschaft nach außen hin bedeckt. Natürlich ist es verständlich, wenn aufgeschlossene Psychotherapeuten und Autoren bereits davon ausgehen, dass es für Schwule, Lesben und bisexuelle Menschen inzwischen problemlos sei, gleichgeschlechtliche Partnerschaften offen zeigen zu können. Dabei wird übersehen, dass gesellschaftliche Vorurteile nach wie vor bestehen und die Zeit der Ablehnung und Ausgrenzung homosexueller Neigungen in familiärem und beruflichen Kontexten noch längst nicht der Vergangenheit angehört.

Internalisierte Homophobie. Insbesondere wenn nicht-heterosexuell orientierte Menschen nicht in größeren Städten leben, mangelt es ihnen nicht selten an geeigneten Modellen, wie und auf welche Weise sie eine beginnende Partnerschaft leben und gestalten sollen, und zwar sowohl nach innen als auch nach außen. Die beständige Angst, dass die gleichgeschlechtlichen Neigungen in Familie, Nachbarschaft oder im Beruf öffentlich werden könnten, wird als internalisierte Homophobie bezeichnet, wenn sie für geringes Selbstwertgefühl, depressive Verstimmung und subjektives Unglücklichsein mitverantwortlich zeichnet. Psychotherapeutische Begleitung nicht nur einzelner Personen, sondern auch von zusammenlebenden Paare, kann hilfreiche Perspektiven eröffnen (G. Simon, 1996).

Eingetragene Lebenspartnerschaft. Im Mittelpunkt der Arbeit mit Paaren stehen Fragen nach der öffentlich präsentierbaren Rolle, Partnerschaft oder Familie und – in einigen Ländern wie in Deutschland – inzwischen auch die nach öffentlich-rechtlich verbriefter gleichgeschlechtlicher Lebensgemeinschaft bzw. „Homo-Ehe" (→ Kasten). Welche Werthaltungen und Einstellungen möchten die Paare ihrer Partnerschaft zugrunde legen? Wie sehen sie selbst ihre Rolle als Paar, das natürlich weiterhin eingebunden bleibt in bestehende gesellschaftliche und kulturelle Kontexte, in denen sich glücklicherweise eine Reihe von Entwicklungen in Richtung vermehrter Akzeptanz und Toleranz gleichgeschlechtlicher Partnerschaften vollziehen? Ist der Prozess des eigenen Coming-out weit vorangetrieben, besteht das Problem nicht mehr so sehr in der Beantwortung von Fragen, die mit der eigenen Sexualität zusammenhängen. In den Vordergrund treten Notwendigkeiten, die eigene sexuelle Orientierung zur Grundlage der vielfältigsten Arten zwischenmenschlicher Beziehungen zu machen, seien diese eher intimer oder öffentlicher Natur.

Das Gesetz über die eingetragene Lebenspartnerschaft (LPartG)
Das Europäische Parlament hatte sich in seiner „Entschließung zur Gleichberechtigung von Schwulen und Lesben in der EG" vom 8. Februar 1994 ausdrücklich für ein Eheschließungsrecht für gleichgeschlechtliche Paare ausgesprochen. Nachdem bereits in Dänemark, den Niederlanden, in Schweden, Großbritannien und Spanien rechtlich registrierte Formen der Partnerschaft eingeführt worden waren, gibt es seit dem 1. August 2001 auch in Deutschland die Möglichkeit für lesbische und schwule Paare, einen eheähnlichen Lebensbund zu schließen. Als Kernstück des allgemeinen „Gesetzes zur Beendigung der Diskriminierung gleichgeschlechtlicher Gemeinschaften: Lebens-

---

partnerschaften" regelt das „Gesetz über eingetragene Lebensgemeinschaften" (LPartG) u.a. folgende Bereiche:

► behördliche Eintragung der Lebenspartnerschaft
► Regelungen für den Fall der Trennung
► Namensrecht
► Regelungen zum Güterstand
► Unterhaltsverpflichtungen
► Sorgerecht für Kinder in der Partnerschaft
► Angehörigenstatus und damit auch umfassende Zeugnisverweigerungs- und Auskunftsrechte
► Schaffung von Verwandtschaftsverhältnissen (Schwiegereltern; Schwägerschaft).

Das Gesetz befindet sich nach Verabschiedung der grundsätzlichen Rechte zurzeit noch in weiterer Entwicklung und Ausarbeitung, da zahlreiche Bereiche offen gelassen wurden, u.a. Fragen der Ausbildung, Steuerregelungen, Sozialhilfe und Möglichkeiten einer Adoption. Ein Recht auf Adoption haben gegenwärtig homosexuelle Paare nur in Dänemark und den Niederlanden (→ nachfolgend: Lesben und Schwule als Eltern).

Unmittelbar nach Einführung des Gesetzes hatte es vielerorts in Deutschland einen regelrechten Ansturm auf die Standesämter gegeben. Dieser hat bereits im Folgejahr merklich nachgelassen und sich inzwischen wohl auf ein als normal zu bezeichnendes Niveau eingependelt. Auch die Bevölkerung steht verschiedenen Umfragen der Fernsehanstalten der Länder zufolge der „Homo-Ehe" inzwischen mehrheitlich positiv gegenüber, wenngleich es noch Unterschiede zwischen Bevölkerungsgruppen gibt. Frauen sind überwiegend dafür, Männer weniger eindeutig. Weite Zustimmung gibt es bei Personen mit mittleren und höheren Bildungsabschlüssen, während Personen mit Volks- und Hauptschulabschlüssen eher geteilter Meinung sind.

Vor einigen Jahren noch unterschieden sich Lesben, Schwule und Bisexuelle beträchtlich in ihren sexuellen Neigungen wie in ihren zwischenmenschlichen Beziehungen nicht nur von heterosexuelle Paaren, sondern auch untereinander. Einige bevorzugten langfristig angelegte Beziehungen mit ausschließlich einem Partner, die den heterosexuellen Ehen ähnlich sind. Andere Lesben und Schwule und nicht nur bisexuelle Menschen wechselten gelegentlich in „Nebenbeziehungen", ohne damit ihre Verbundenheit oder das Zusammenleben mit einem festen Partner aufgeben zu wollen. Inzwischen mehren sich Hinweise, dass sich die früher berichteten Unterschiede zwischen Schwulen und Lesben einander anzunähern scheinen. Während Schwule früher sehr häufig das Modell einer offene (oder polygamen) und Lesben eher das einer monogamen Beziehung bevorzugten, scheint sich gegenwärtig ein Wandel der Möglichkeiten in die Richtung zu vollziehen, wie diese bei heterosexuell orientierten Menschen anzutreffen sind – einschließlich die der sog. seriellen Monogamie (G. Simon, 1996).

Man könnte geneigt sein, dies als Entwicklung in Richtung vermehrter Normalität zu betrachten. Damit wäre es vielleicht auch als normal zu bewerten, wenn es Paartherapeuten in der Behandlung von Schwulen, Lesben und bisexuellen Menschen nur noch mit jenen zwischenmenschlichen Problemen zu tun bekommen, mit denen heterosexuell orientierte Paare bei einem Paartherapeuten um Hilfe nachsuchen, wie z.B. Eifersucht, Trennungsängste, abnehmende wechselseitige sexuelle Attraktivität, sexuelle Funktionsstörungen, Konflikte im Umgang mit Nebenbeziehungen, Probleme bei anstehender Trennung und Scheidung. Diese Probleme nehmen sich mit Blick auf Konsequenzen für eine Behandlung zumeist ganz ähnlich aus wie die, mit denen heterosexuelle Paare sich in psychotherapeutische Behandlung begeben.

Es ergeben sich jedoch auch noch einige „neuartige" Probleme, auf die nachfolgend eingegangen werden soll. Je mehr nämlich die Gleichstellung homosexueller und heterosexueller Partnerschaften vorankommen wird, umso mehr wird zu erwarten sein, dass öffentliche Vorbehalte und Ängste nicht mehr gegen die besonderen Eigenarten einer homo- bzw. bisexuellen Orientierung gerichtet sein werden. Homophobisch anmutende Ängste und Vorbehalte äußern sich heute vor allem gegenüber den zwangsläufigen Folgeerscheinungen einer Gleichstellung von Homosexualität mit der Heterosexualität, u.a. gegenüber einer damit einhergehenden Erosion traditioneller ehelicher Privilegien.

Lesben und Schwule als Eltern. Die Realisierung emanzipierter Möglichkeiten der Sexualität stößt in homosexuellen Beziehungen natürlich auf Schwierigkeiten und führt in das Erleben einer benachteiligten Andersartigkeit – und zwar sowohl auf der körperlichen als auch auf der rechtlichen Ebene. Durch unsere gesellschaftliche Historie sind wir verfangen in der Vorstellung von der unabdingbaren Notwendigkeit der Kindererziehung im Rahmen des christlich kapitalistischen Familienmodells, auch wenn die Realität schon deutlich anders aussieht. Bereits seit Ende der 1970er Jahre artikulieren homosexuelle Frauen, die in festen Beziehungen leben, den Wunsch und Anspruch, gleichberechtigt wie heterosexuelle Frauen eigene Kinder zu haben und aufziehen zu wollen. Und in den letzten Jahren werden solche Wünsche häufiger auch von Schwulen vorgetragen, die in festen Partnerschaften leben (Hargaden & Llewellin, 1996).

Sollten solche Elternwünsche in einer affirmativen Psychotherapie als Problem vorgetragen werden, werden Psychotherapeuten in eine genuine Exploration der damit persönlich verbundenen Bedürfnisse und Wertvorstellungen eintreten. Für eine Übergangszeit wird es wohl so sein, die gleichgeschlechtlichen Paare mit Kinderwunsch dazu anzuregen, sich besonders sorgsam auf eine Elternschaft vorzubereiten, damit diese nicht in den Ruf gerät, sie sei sowieso nur zur Durchsetzung der Gleichberechtigung mit heterosexuellen Paaren angestrebt worden.

So müssen sich lesbische Paare darüber einig werden, wer das Kind austragen wird oder wer als Erste. Es könnten weiter Überlegungen dazu angestellt werden, wie sich jene Partnerin dem Kind gegenüber verhält, die selbst nicht die Mutter ist. Obwohl beide eine längere Elternschaft anstreben werden, sollten Fragen danach gestellt werden, wie mit einer Situation umzugehen ist, wenn die Beziehung einmal zusammenbricht. Auch männliche Paare müssen sich einig werden über Rechte und Verantwortlichkeiten jedes Einzelnen dem Kind gegenüber: über die Anteile und Rollenfunktion in der Kinderversorgung und -erziehung. Und auch hier wird die Frage nicht ausgeklammert, dass und welche Arrangements für den Fall der Trennung oder bei Tod eines Partners getroffen werden müssen. Paare sollten ermutigt werden, auch unangenehme Fragen vor Beginn der Elternschaft ehrlich zu diskutieren, statt mit einer Beantwortung zuzuwarten, bis es zur Krise kommt. Antworten auf viele dieser Fragen werden letztlich die Sicherheit erhöhen, mit der man auf erwartbare Fragen, Vorurteile oder sogar Vorhaltungen aus der Umwelt angemessen umgehen kann.

Psychotherapeuten werden sich bei der gemeinsamen Beantwortung von Fragen zur Elternschaft homosexueller Paare behutsam im Rahmen der sich ändernden rechtlichen Rahmensetzungen voran bewegen. Es könnte sich als Vorteil erweisen, die Paare dazu anzuregen, sich bei der Erfüllung des Elternwunsches der Unterstützung rechtlich versierter Personen der Lesben- und Schwulenorganisationen oder der von aufgeschlossenen Anwälten zu versichern.

Rechtliche Möglichkeiten für Lesben und Schwule, ihren Kinderwunsch zu erfüllen

Das früher von schwulen oder lesbischen Paaren häufiger gewählte Modell der sog. Co-Elternschaft hat mit Einführung des Gesetzes über eingetragene Lebensgemeinschaften insofern eine rechtliche Grundlage erhalten, als dem jetzt eingetragenen Lebenspartner eines sorgeberechtigten Elternteils die Befugnis zur Mitentscheidung in Angelegenheiten des täglichen Lebens des Kindes eingeräumt wurde (§ 9, LPartG). Stammen also Kinder von Lesben und Schwulen aus einer heterosexuellen Lebensphase, so sind die Verpflichtung des homosexuellen Eltern-Paares gegenüber dem Kind jetzt jenen in heterosexueller Ehe lebenden Eltern gleichgestellt – zumeist verbunden mit der herausfordernden Notwendigkeit, gemeinsame Grundregeln zu Kindererziehung, Partnerschaft, Geld, Wohnort, Zeit und Verpflichtungen zu entwickeln und zu erproben. In formaler Hinsicht dürften sich also die homosexuellen Eltern-Paare nicht grundlegend von jenen Eltern-Paaren unterscheiden, in denen z.B. Stiefvater bzw. Stiefmutter ebenfalls nicht biologischer Elternteil sind.

Die nachfolgenden Ausführungen zu den weiteren rechtlichen Möglichkeiten für Lesben und Schwule, ihren Kinderwunsch zu erfüllen, fassen wichtige Aspekte zusammen, wie sie von Berger (2001, S. 95–101) ausführlicher diskutiert wurden.

Insemination (künstliche Befruchtung). Man unterscheidet zwischen der homologen Insemination (Befruchtung einer verheirateten Frau mit Samen des Ehemannes) und der heterologen Insemination, der Befruchtung mit dem Samen eines anderen (anonymen) Mannes bzw. der Befruchtung einer unverheirateten Frau. In den USA und den skandinavischen Ländern haben Lesben mittlerweile die Möglichkeit, ihren Kinderwunsch mittels heterologer Insemination zu realisieren. In Deutschland gibt das Embryonenschutzgesetz (EschG) allein Ärzten das Recht, eine Insemination vorzunehmen. Alle anderen (z.B. Hebammen, Krankenschwestern oder auch Freundinnen der lesbischen Frauen) machen sich im Falle einer Durchführung strafbar. Straffrei bleibt lediglich eine Frau, welche die Insemination an sich selbst durchführt. Die Richtlinien der Bundesärztekammer befürworten eine künstliche Befruchtung nur bei verheirateten Paaren, und zwar bei Unfruchtbarkeit der Frau oder des Mannes.

Diese rechtliche und standespolitisch bestimmte Situation hat in der Vergangenheit häufiger dazu geführt, dass sich Lesben ihren Kinderwunsch mit einer Insemination im Ausland (von Deutschland aus z.B. in den Niederlanden) erfüllen wollten. Dieser Weg ist sehr kostspielig und nicht immer erfolgreich. So berichtete die Berliner „taz" in ihrer Ausgabe vom 16. 1. 1999 von 30 Frauen, die aus Deutschland ins „Leidener Stichting Medisch Centrum voor Geboortenregeling" reisten, um dort eine Insemination vornehmen zu lassen. Die Kosten für ein auf sechs Fruchtbarkeitszyklen ausgelegtes Verfahren beliefen sich seinerzeit auf etwa 1600 Gulden (ca. 900 Euro). Nur bei 4 der 30 Frauen führte das Verfahren im ersten Anlauf zur gewünschten Schwangerschaft (wie generell bei den derzeitigen Inseminationsverfahren).

Adoption. In Deutschland können sich Homosexuelle bisher nur als Einzelpersonen für eine Adoption bewerben, wenngleich die Lesben und Schwulen in den Bundestagsparteien zurzeit etliche Anstrengungen unternehmen, die rechtliche Gleichstellung mit homosexuellen Paaren in anderen europäischen Ländern zu erstreiten. Bisher jedoch mussten die Antragsteller ein aufwendiges Überprüfungsverfahren durchlaufen – mit oft negativem Bescheid, weil unterstellt wurde, homosexuelle Beziehungen seien nicht von Dauer. Diese Begründung kann nicht mehr gegeben werden, seitdem homosexuelle Paare ihre Partnerschaft standes-

amtlich fixieren können und mit dem Gesetz über eingetragene Lebensgemeinschaften zugleich das gemeinsame Sorgerecht für Kinder festgeschrieben und
verbrieft wurde. Andererseits bleibt zu bedenken, dass einer geringen Anzahl von
Kindern, die zur Adoption freigegeben werden, ganz allgemein seit Jahrzehnten
eine Flut von Anträgen gegenübersteht: Auf jedes Adoptivkind kommen in der
Regel zehn Bewerbungen. Chancen auf ein erfolgreiches Adoptivverfahren haben
lesbische und schwule Paare vor allem bei ausländischen Kindern – eine Möglichkeit, die früher häufig wegen der weniger restriktiven Gesetzgebung in anderen Ländern gewählt wurde.

Pflegschaft. Eine Pflegschaft können grundsätzlich sowohl verheiratete als auch
unverheiratete Paare und damit auch homosexuelle Paare übernehmen, ebenso
wie dies Einzelpersonen möglich ist oder auch mehreren Erwachsenen, die in
häuslicher Gemeinschaft leben. Jugendämter haben entsprechend auch schon
vor Einführung des Gesetzes über eingetragene Lebensgemeinschaften Lesben
und Schwulen als Einzelpersonen und Paaren die Pflegeerlaubnis erteilt, auch in
Fällen, in denen die Betreffenden ihre Homosexualität offen legten. Bei Pflegschaft bleibt jedoch zu bedenken, dass Pflegekinder häufig problematische Erfahrungen aus früheren Familiensituationen oder aus der Heimerziehung zu bewältigen haben – aber warum sollte der Umgang damit homosexuellen Paaren nicht
gleichermaßen erfolgreich gelingen, wie dies bei heterosexuell orientierten Paaren zu erwarten scheint? Andererseits verbleibt das Sorgerecht bei Pflegekindern
bei den leiblichen Eltern, was die Aussichten begrenzt, ein Kind auf Dauer versorgen zu können. Besteht ein Pflegeverhältnis allerdings bereits zwei Jahre oder
länger, wird in der Regel die Rückkehr des Kindes zu den biologischen Eltern
abgelehnt.

Öffentliche Diskussion. Öffentliche bis offizielle Vorbehalte bestehen immer
noch gegenüber einer Adoption oder Pflegeelternschaft – dies insbesondere
dann, wenn der Adoptivwunsch von schwulen Paaren vorgetragen wird. Das
jedoch könnte sich in den nächsten Jahren durchaus ändern, wenn es nach all-
mählicher Beruhigung der Diskussionen um die Einführung des Gesetzes über
die Eingetragene Lebenspartnerschaft den Lesben- und Schwulenorganisationen
in konzertierter Aktion mit Wissenschaftlern gelänge, auch die immer noch weit
verbreiteten und völlig unsinnigen Annahmen über etwaige „Verführungshypo-
thesen" oder „ungünstige Modellwirkungen" endlich aus der Welt zu schaffen.
Eine Vielzahl von Lesben und Schwulen sind aktiv, privat wie beruflich, eingebunden in die Versorgung und Erziehung von Kindern, ohne selbst Eltern zu
sein. Ihr beträchtliches privates und gesellschaftliches Engagement zur Gesunderhaltung, zum Glück und zur positiven Entwicklung unserer Kinder steht völlig
außer Frage. Deshalb ist es ein nur zu berechtigter Wunsch vieler homosexueller

Paare, auch die Herausforderungen und Befriedigungen, die mit Elternschaft verbunden sind, persönlich kennen zu lernen. Dass sich die von ihnen adoptierten oder betreuten Kindern genauso unauffällig oder auffällig wie jene mit heterosexuellen Eltern entwickeln, gilt inzwischen als sicher (Stacey & Biblartz, 2001).

4.4.6 AIDS-Prävention

Als HIV und AIDS Anfang der 1980er Jahre sozusagen vor der Fernsehkamera „geboren" wurden und die ersten Zeitungskampagnen liefen, reagierten insbesondere die Schwulenorganisationen mit großem Misstrauen (→ 4.3.4). Nach langjährigem Kampf der Schwulen für ihre Rechte sah es plötzlich so aus, als würde AIDS zum Vorwand, die Homosexuellen erneut auszugrenzen. Im Rückblick auf die letzten 20 Jahre darf heute uneingeschränkt festgehalten werden: Ohne die Initiativen und Aktivitäten der Homosexuellen gäbe es in den westlichen Ländern keine gut funktionierenden AIDS-Hilfe-Organisationen, denn die Gefahr der HIV-Infektion bewirkte von Anfang großes Interesse und Engagement unter den Homosexuellen selbst.

Über die unmittelbar entwickelten Ziele der europaweit vernetzten AIDS-Prävention war man sich schnell einig: Bereits in kurzer Zeit ging es nicht mehr nur um schwule Männer als der in der Tat besonders gefährdeten Risikogruppe, sondern ganz allgemein und unterstützt mit öffentlichen Mitteln darum, die Verbreitung des HI-Virus in der Bevölkerung insgesamt zum Stillstand zu bringen. Andererseits hatte zu Beginn der AIDS-Epidemie wohl niemand so recht vorausgesehen, wie lang und erfolglos die Suche nach wirksamen Mitteln gegen die HIV-Infektionen bleiben und wie langfristig für *alle* Menschen das sexuelle Leben mit Risiko andauern würde. Ein Ende, z.B. durch eine Schutzimpfung, ist immer noch nicht in Sicht, von einer Heilung für HIV-Positive ganz zu schweigen. Die heute bestehenden psychosozialen Initiativen zur Prävention und Behandlung von HIV-Infektionen und AIDS, auf die wir nachfolgend kurz eingehen werden, bestehen

▶ einerseits in der Fortentwicklung und ständigen Aktualisierung von Primärpräventionsstrategien für Hauptbetroffenengruppen und

▶ andererseits im Aufbau einer effektiven Beratung, Behandlung und Versorgung für Menschen, die mit HIV und AIDS leben.

Safersex. Die Maßnahmen zur primären Prävention wurden und werden weltweit bis hinunter auf Länderebene durch unterschiedliche Vorhaben realisiert (in Deutschland zumeist regionalisiert geplant und gelenkt durch die Bundesländer). Einerseits werden geeignete Kommunikationskanäle für Aufklärungs-kampagnen gesucht, ausgebaut und genutzt:

► als bevölkerungsweite Aufklärung,
► zielgruppenspezifische Initiativen und
► persönliche Beratung.

Dabei galt es insbesondere, die Aufmerksamkeit auf eine Optimierung der Kommunikationsvoraussetzungen mit und innerhalb besonderer Ziel- und Risikogruppen zu lenken. Es wurde nach Wegen gesucht, sowohl eine öffentliche Diskriminierung von Betroffenen zu verhindern als auch den glaubwürdigen Zugang zu einer partnerschaftlichen Infektionsprävention zu erhalten. Konsequenterweise mussten die Lebensweisen, Milieus und Strukturen der Zielgruppen respektiert und gestützt werden. Entsprechend wurde bevölkerungsweit von Anfang an die Verantwortung für präventives Verhalten den Infizierten wie Nichtinfizierten in gleicher Weise zugesprochen.

Kernpunkt der meisten Präventionsstrategien ist das Risikomanagement, das Raum für individuell sehr unterschiedliches Verhalten gibt (vgl. Meurer, 2001). Dabei sind in den vergangenen Jahren eine Reihe neuer Probleme aufgetreten. Denn die ursprünglichen Safersex-Kampagnen, die Mitte der 1980er Jahre aufgestellt wurden, waren seinerzeit nicht auf Dauer angelegt worden, da man die trügerische Hoffnung hatte, dass man das HIV-Problem bald medizinisch in den Griff bekommen könnte. Je länger aber die medizinische Lösung auf sich warten lässt, umso mehr artikuliert sich versteckt bis offen Unbehagen: Safersex wird den sexuellen Wünschen vieler Menschen nach Hingabe, Verschmelzung und Nähe nicht gerecht.

AIDS war bedrohlich und in aller Munde, solange es eine vagabundierende Angst vor kollektiver Bedrohung gab. Als Mitte der 1990er Jahre neue antiretrovirale bzw. Kombinationstherapien verfügbar wurden, mit denen das Sterben an AIDS langfristig hinausgezögert werden konnte, stellte sich ein Wendepunkt im Umgang mit dem HIV-Risiko ein. Durch die erfolgreiche Kombinationstherapie konnte die Virus-Last offenkundig gesenkt werden, verbunden mit der trügerischen Annahme, dass damit ein geringeres Risiko verbunden sei. Die Präventionsforscher sehen sich heute damit konfrontiert, dass sich Safersex in ein wenig zeitstabiles Verhalten wandeln könnte (Dannecker, 2002).

Ungeschützter Sex – wieder im Vormarsch? Gefördert wird der aktuell beobachtbare Risikozuwachs durch Möglichkeiten, die der anonyme und geschützte Rahmen des Internet bietet. Dort kann ohne Furcht vor Sanktionen oder Stigmatisierung diskutiert werden. Dabei deutet sich eine neue Art von vermeintlicher „Normalisierung" dahingehend an, dass AIDS mit zunehmenden medizinischen Möglichkeiten der Beeinflussung seine abschreckende Bedeutung einbüßt.

„Durch das medizinisch mögliche längere Leben mit HIV scheint AIDS uninteressant und langweilig geworden, stellt für viele Menschen in der westlichen Welt kein ernst zu nehmendes Risiko mehr dar. Gewiss: AIDS ist immer noch eine tödliche Krankheit. Aber Alkohol, Rauchen und zu fettes Essen führen zu weit mehr Todesfällen, ohne dass diese Risikofaktoren wirklich ernst genommen werden würden" (Meurer, 2001, S. 131).

Die HIV-Infektion ist zu einer chronischen Bedrohung geworden, und das reicht trotz aller negativen Begleiterscheinungen zur „Abschreckung" nicht mehr aus. Denn gegenläufig zur Forderung nach Safersex der Anti-AIDS-Kampagnen scheint sich unmerklich eine neue Art Protestbewegung hinzuzugesellen, eine Auflehnung gegen die „andauernde Bevormundung" der Präventionisten: Unsafe Sex – denn die ursprünglichere Form der Sexualität sei nun einmal nicht geschützter Geschlechtsverkehr, sondern Sex ohne Kondom und ohne Risikomanagement. Das Schlagwort „Barebacking" findet seine provozierende Verbreitung.

„Barebacking" meint ursprünglich „Reiten ohne Sattel" und steht insbesondere in der Schwulenszene für Sex ohne Kondom – oder, wie Meurer (2001) dies treffend charakterisiert: Der Begriff bezeichnet ein Sexualverhalten mit einem verharmlosenden Amerikanismus aus der „Marlboro-Welt" und umfasst vieles, was (nicht nur schwule) Männer mit Sexualität verbinden: Freiheit, Wildheit, „jemanden reiten" etc. Unsafe Sex erscheint als unkomplizierter Sex. Man muss nicht lange nachdenken. Die Verantwortung für geschützten Sex wird (wenn überhaupt) den HIV-Infizierten zugeschoben – eine Gefahr, die man in den bisherigen Aufklärungskampagnen mit Bedacht zu vermeiden versucht hatte, nicht zuletzt um unglückliche Prozesse der Stigmatisierung und Ausgrenzung von Betroffenen zu verhindern. Nach wie vor mangelt es an Studien zum Barebacking-Risiko. Dennoch gilt es, mittels gezielter Präventionsinitiativen erneut gegenzusteuern: HIV-Vorbeugung kann nicht delegiert werden, sondern verbleibt in der individuellen Verantwortung, deren Konsequenzen jede und jeder Einzelne zu tragen hat.

„Die epidemiologische Entwicklung der letzten Jahre zeigt, dass sich das HIV-Übertragungsgeschehen von den traditionellen ‚Hauptbetroffenengruppen' in andere Bevölkerungsgruppen verlagert. Heute sind zunehmend Angehörige marginalisierter Gruppen wie Unterschichtschwule, Migrantinnen und Migranten von HIV und AIDS betroffen. Die alte Regel ‚Wer arm ist, stirbt früher' gilt auch hier. Hier gilt es, adäquate Strategien zu entwickeln, die den Besonderheiten dieser Gruppen gerecht werden. Anders als bei den Mittelschichtschwulen, die bisher vorwiegend Zielgruppe von Kampagnen waren und die man über Printmedien erreichen kann, sind vor allem personalkommunikative Methoden gefragt. Auch für junge schwule Männer und weite Teile der Partyszene, für die

AIDS eher ein historisches Phänomen ist, bedarf es individueller Kampagnen. Wir müssen ein neues Problembewusstsein schaffen, wenn wir nicht einen epidemiologischen Rollback in die 80er Jahre wollen, für den erste Anzeichen bereits erkennbar sind. Wir sollten in den letzten 15 Jahren gelernt haben, dass sich die Investitionen, die hiefür notwendig sind, langfristig auszahlen" (Meurer, 2001, S. 134).

Risikoverhalten. Offensichtlich gibt es interessante Zusammenhänge zum in letzter Zeit häufig untersuchten Sensation Seeking (Risikolust, Risikoverhalten) Jugendlicher und junger Erwachsener. Hoch risikofreudige junge Menschen haben offenkundig eine höhere Tendenz zu ungeschütztem Sexualverkehr. In jüngeren Studien konnte dies allerdings nur bei heterosexuellen, nicht in dieser Weise bei homosexuellen Probanden nachgewiesen werden. Weiter konnten Präventionskampagnen, die auf das Sensation Seeking der Zielgruppe abgestimmt wurden, einen nachweisbaren Erfolg verbuchen (Schumacher & Hammelstein, 2003).

4.4.7 Psychotherapie und Beratung von HIV-Patienten

In den Anfangsphasen der Epidemie standen die Angst vor existentieller Bedrohung, vor Diskriminierung, vor Verlust von Unversehrtheit und Autonomie bis hin zur erschreckenden Aussicht auf langes Siechtum und Tod im Vordergrund psychologischer und psychotherapeutischer Angebote für HIV-infizierte Patienten. Inzwischen gilt die anfängliche Gleichsetzung von HIV mit AIDS und baldigem Sterben nicht mehr in dieser radikalen Zwangsläufigkeit. In den Jahren „nach Vancouver", jenem legendären AIDS-Kongress von 1996, auf dem erstmals Erfolg versprechende Ansätze in der Behandlung der HIV-Infektion vorgestellt wurden, lassen die neuen medizinischen Möglichkeiten der sog. Antiretroviralen Kombinationstherapie zugleich neue Themen in der Beratung und Psychotherapie sichtbar werden (Traute et al., 2001).

Menschen mit HIV und AIDS haben sowohl prognostisch als auch real Lebenszeit zurückgewonnen. Diese Jahre wollen mit Sinn und Leben gefüllt werden. Psychologisch und psychotherapeutisch keine ganz leichte Aufgabe, wenn man sich mit Traute et al. (2001) z.B. vor Augen führt, dass vor allem „altinfizierte" Menschen möglicherweise zwei erhebliche Einbrüche in ihrer Biographie zu bewältigen hatten und haben: jene persönlichen krisenhaften Erfahrungen „vor Vancouver", noch in der Gewissheit getragen, in vermutlich absehbarer Zeit die Schrecken der AIDS-Erkrankungen bis zum Tod durchmachen zu müssen, und dann jene biographische Wende „nach Vancouver", die trotz neuer

Hoffnung auf mehr Lebenszeit für viele unerwartet dennoch in eine seelische Krise führte.

Leben auf absehbare Zeit? In den zunächst entwickelten psychologischen Therapieprogrammen ging es – wie bei allen den Lebensentwurf und die Lebenszeit begrenzenden Zuständen – vorrangig darum, der Lebenszeitbegrenzung Sinn abzugewinnen oder sie in einen Sinn stiftenden Prozess zu überführen (vgl. Psychotherapiemanual Hüsler & Hemmerlein, 1996). Dieses und andere Psychotherapiekonzepte haben nach wie vor ihre Berechtigung für jene Fälle, in denen AIDS zunehmend auf die Körperbefindlichkeit Einfluss gewinnt. Sie lassen sich mit Einzelpersonen, in und mit Gruppen Gleichbetroffener oder auch zusammen mit Angehörigen durchführen. Die allgemeinen Ziele der häufig parallel zur medizinischen Versorgung angelegten psychologisch-psychotherapeutischen Behandlungsmaßnahmen lassen sich folgendermaßen beschreiben:

▶ Verbesserung der psychischen Befindlichkeit
▶ Verbesserung der Lebensqualität
▶ Veränderungen im Sexualverhalten v.a. im Sinne einer Risikovermeidung
▶ Stabilisierung der Immunparameter
▶ konkrete Möglichkeiten der weiteren Lebensplanung
▶ Sterbemeditation.

Die persönlichen Konsequenzen für ein „Leben auf Zeit" wurden von Betroffenen zunächst, wenn auch unterschiedlich, gelegentlich radikal gezogen: Ausbildungen wurden abgebrochen, Erwerbsunfähigkeitsrenten beantragt und Pläne für den anstehenden Lebensabend geschmiedet – das Probeliegen im Hospiz inbegriffen. Rechtliche Verfügungen wurden getroffen und die Lebensbilanz in persönlichen Testamenten niedergelegt.

Leben auf unbestimmbare Zeit? Was ist jedoch zu tun, wenn sich der Lebens*abend* plötzlich als Nachmittag herausstellt? Dies war die zentrale Frage des zweiten Biographiebruchs (Lemmen et al., 2001). Nicht ganz unerwartet stellten sich bei einigen Betroffenen ernsthafte neue Krisen ein, die von reaktiven Depressionen bis hin zu gelegentlichen psychotischen Dekompensation reichen konnten. In Berichten über die Psychotherapie von HIV-Infizierten, die sich noch zuvor mit einem vermeintlich „frühen Tod" auseinander gesetzt hatten, stehen heute Probleme erneut und verschärft in Vordergrund, die zuvor als abgeschlossen galten.

„Diese Wendung lässt verständlich werden, warum manche/r HIV-Positive der neu gewonnenen Lebenszeit durchaus ambivalent gegenübersteht. Die Öffnung des ‚individuellen Zeithorizontes' führt zu einem Strukturverlust. Menschen mit HIV müssen sich heute danach ausrichten, vielleicht nur noch zwölf Monate, aber auch 20 Jahre Leben mit (der Behandlung) ihrer HIV-Infektion vor sich zu haben. Welche von diesen beiden Alternativen als wünschenswerte oder unerwünschte Perspektive eingestuft wird, hängt vom Zeiterleben des/der Betroffenen ab. [So kommt es dann, dass plötzlich „neue"] Fragen der beruflichen (Nach-)Qualifikation, der (Re-)Integration ins Arbeitsleben oder der Sinn stiftenden Beschäftigung zu einem vordringlichen Thema für AIDS-Berater werden" (Lemmen et al., 2001, S. 139).

Insofern werden Fragen zur Entscheidungsfindung oder Probleme mit einer perspektivisch lebenslangen medizinischen Behandlung analog zu anderen chronisch behandlungsbedürftigen Erkrankungen auch hier zum Thema psychologischer Beratung und Psychotherapie. Auch mit den medizinischen Möglichkeiten, den Ausbruch von AIDS hinauszuzögern, besteht inzwischen Gewissheit, dass der HI-Virus in dieser vermeintlichen „Latenzphase" dem Immunsystem kontinuierlich Schaden zufügt. Selbst symptomlose HIV-Positive, die sich subjektiv rundum wohl fühlen, müssen sich mit der Vorstellung anfreunden, chronisch krank zu sein und sich in einem progredienten Verschlechterungsprozess zu befinden. In der psychotherapeutischen Begegnung mit den Betroffenen gilt es mehr als zuvor, an Deutungsmustern ihrer Erkrankung und an den (Be-)Deutungen hinter ihren Entscheidungen zu arbeiten. Es kommt also darauf an, bei der Gestaltung therapeutischer Angebote nicht ausschließlich der „medizinischen Logik", sondern auch der „Psycho-Logik" der Lebenswelt der Patienten Gehör zu verschaffen (Lemmen et al., 2001; Danneker, 1999; 2001).

Dies impliziert neue Herausforderungen für Psychotherapeuten, für die Patientenschulung und Beratung in den letzten Jahren ganz allgemein einen wichtigen Stellenwert bekommen haben. Ohne medizinische Grundkenntnisse rund um das Thema Kombinationstherapien ist heute keine angemessene Beratung und Behandlung mehr möglich. Psychotherapeuten müssen darum wissen, welche schädlichen Wirkungen und Nebenwirkungen eine Kombinationstherapie haben kann. Einige der heute im Rahmen der antiretroviralen Behandlung eingesetzten Medikamente rufen Schlafstörungen, Angstzustände oder Halluzinosen hervor. Körperliche Symptome, wie z.B. wochenlange Durchfälle, können psychische Probleme und Konflikte verschärfen und soziale Isolation zur Folge haben. Psychotherapeuten, bei denen Betroffene in dieser Phase um Hilfe nachsuchen, sollten gemeinsam mit Patienten und den sie betreuenden Organmediziner die optimale Therapieeinstellung diskutieren.

Themenbereiche in der psychologischen Therapie von HIV-Patienten
Neben der Ausarbeitung persönlicher Lebensperspektiven tritt in der psychologischen Behandlung von Patienten mit HIV-Infektion eine kritische Medizinberatung und Stützung der Compliance ausdrücklich in den Mittelpunkt, um einer ausschließlichen Medikalisierung entgegenzuwirken. Eine gute Compliance ver-

ringert nachweislich die Gefahr einer drohenden Resistenzbildung gegen einzelne Medikamente oder gegen ganze Wirkstoffgruppen. Compliance jedoch ist nicht per se gewährleistet, sie bedarf – das steht inzwischen ebenfalls empirisch gut begründet außer Frage – einer klugen und vertrauenswürdigen psychologischen Beratung und Unterstützung. Psychologische Therapie und Compliance-förderung wirken zudem einer unkritischen Übernahme ärztlicher Maßnahmen entgegen, weil die persönlichen Ziele und Bedürfnisse der Patienten ausdrücklich Berücksichtigung finden.

Hierbei ist besonders zu beachten, ob der Patient eine rationale Einstellung zum somatischen Behandlungsangebot finden kann und ob Behandelnder wie Patient zu einer tragfähigen Beziehungsgestaltung fähig sind bzw. woran diese scheitern kann. Der psychologische Psychotherapeut sollte sich bewusst sein, dass er sich gleichzeitig im besonderen juristischen Raum der „auswärtigen" Arzt-Patient-Beziehung bewegt, deren Intimität durch den Patienten aufgehoben wird, womit somatische Ärzte nicht immer gut zurechtkommen. Andererseits könnten patientenorientierte psychosoziale Beratung und psychologische Unterstützung langfristig im Gesundheitswesen allgemein zu einer Neuorientierung führen, indem chronisch kranken Menschen ausdrücklich mehr kritische Mitverantwortung beim Krankheitsmanagement übertragen wird (Petermann, 1997). Dies gilt insbesondere für Patienten, die an HIV bzw. AIDS erkrankt sind.

Lemmen und Mitarbeiter haben einige Fragestellungen erarbeitet, die zumindest zeitweilig eine Psychotherapie (z.B. persönlicher und zwischenmenschlicher Probleme) von HIV-Patienten um explizite Beratungsaspekte v.a. hinsichtlich der Verbesserung der Compliance erweitern könnten (Lemmen et al., 2001, S. 143):

Verstehbarkeit. Wie deutet der Patient die HIV-Infektion bzw. Erkrankung? Hat er verstanden, wo eine Kombinationstherapie ansetzt und was sie bewirken soll? Hat er die Compliance und die mögliche Resistenzbildung erfasst? Ist er über mögliche Nebenwirkungen informiert?

Handhabbarkeit. Welches Therapieregime lässt sich am besten in den vorgegebenen Tagesablauf des Patientenintegrieren (Familie, Beruf, Ernährungsgewohnheiten, Freizeitverhalten)? Ist eine mögliche Nicht-Compliance ein Abwehrproblem oder Ausdruck einer schleichenden Demenz im Rahmen einer chronischen Enzephalitis? Muss im Interesse einer guten Abstimmung und Compliance u.U. auf die medizinisch gesehen bestmögliche Kombination verzichtet werden? Wie kann der Patient mögliche Nebenwirkungen im Alltag managen? Welche Unterstützung kann er in seinem Umfeld mobilisieren?

Sinnhaftigkeit. Wie wirkt sich eine antiretrovirale Therapie auf das Leben der Patienten im Allgemeinen aus? Können sie die veränderte Deutung ihrer HIV-

Infektion (als chronisch-progredient verlaufende Krankheit) aushalten? Welche Einschränkungen (z.B. Verlust der Autonomie, Unbeschwertheit und Verdrängungsmöglichkeiten) kommen möglicherweise auf sie zu, und wie werden diese von ihnen bewertet? Welchen Wert können sie der neu gewonnenen Lebenszeit beimessen? Welche Unterstützung brauchen sie, um sich neue Perspektiven zu erschließen? Wie verändert die Therapie letzten Endes ihr Selbstverständnis als HIV-Positive?

Psychotherapie als Stützungssystem. Eine HIV-positive Person wird subjektiv wahrnehmbar über eine unbestimmbare Zeit hinweg keine AIDS-Symptome entwickeln. Es gibt also eine subjektive Gewissheit auf Zeit, eine Ungewissheit jedoch dahingehend, wie lange diese andauern wird. Diese Ambivalenz kann in der Psychotherapie aufgegriffen werden, damit die Person nicht weiter in täglich auftretender Angst oder Hilflosigkeit verharrt. Ob man will oder nicht, mit der Diagnose HIV sind die Kontrollmöglichkeiten des Verlaufs deutlich besser geworden, eine absolute Kontrolle der Entwicklung gibt es nicht. Ausgeklammert bleiben dürfen auch nicht die eingeschränkten Möglichkeiten der Einflussnahme auf die Umwelt. Neben einer Akzeptanz durch andere wird der Betroffene Ablehnung und Ausgrenzung erfahren können. Somit besteht ein therapeutischer Zugang in einem weiter gefassten Sinne vor allem darin, dem Patienten Kontrollmöglichkeiten in vielfältigster Hinsicht zu schaffen. Unvorhersehbare Situationen lassen sich zu vorhersagbaren Situationen gestalten, wenn Gesprächspartner zur Verfügung stehen. Psychotherapie stellt in diesem Zusammenhang ein wichtiges Stützungssystem bereit.

5 Transgenderismus, Intersexualität, Störungen der Geschlechtsidentität

Die meisten Menschen werden sich vordergründig niemals die Frage stellen, ob sie Junge oder Mädchen, Mann oder Frau sind. Dennoch gibt es immer wieder Personen beiderlei Geschlechts, denen es im Verlauf ihrer Entwicklung zunehmend schwerer fällt, sich mit ihrem biologischen Geschlecht zu identifizieren. Es gibt also Kinder, Jugendliche und Erwachsene mit männlichem Körper, die sich zeitweilig oder beständig als Mädchen oder Frau fühlen, wie auch umgekehrt jene mit weiblichem Köper, die sich selbst als Junge oder Mann betrachten. Insbesondere wenn die sekundären Geschlechtsmerkmale in der Jugend zunehmen, kommt es bei vielen zu einem zunehmenden Leiden unter ihren biologisch deutlicher werdenden Geschlechtsmerkmalen (Geschlechtsdysphorie).

Transsexualität. Transgenderismus. Dies kann bei einer Untergruppe sogar zur Konsequenz haben, dass sie alles Mögliche unternehmen, um ihren Körper mit dem subjektivem Identitätserleben in Übereinstimmung zu bringen. Dieses faszinierende Phänomen wird als Transsexualität bezeichnet (in der ICD-10: WHO, 1991). In das DSM wurde die Transsexualität 1980 erstmals als Diagnose übernommen und im DSM-III-R der Achse II hinzugefügt (APA, 1987). Seit dem DSM-IV-(TR) gibt es die Transsexualität nicht mehr als eigenständige Kategorie, sondern sie wurde in die Gruppe der „Störungen der Geschlechtsidentität" eingebunden (APA, 2000). Die unterschiedlichen Phänomene der Geschlechtsidentitätsstörungen werden heute in der Forschung unter der Bezeichnung Transgenderismus zusammengefasst und untersucht.

Geschlechtsidentitätsstörungen. In den vergangenen drei Jahrzehnten haben die Transgenderismus-Forscher mit großem Aufwand versucht, das Phänomen der Geschlechtsidentitätsstörungen aufzuklären (vgl. Money, 1994; Cohen-Kettenis & Pfäfflin, 2003). Auch wenn noch viele Fragen offen geblieben sind, ist man heute in der Lage, viele Eigenarten und Entwicklungen dieser Menschen zu verstehen. Im Laufe der Jahre, in denen Forschungsarbeiten zur Geschlechtsidentitätsstörung zumeist unter der Überschrift einer „psychischen Störung" durchgeführt wurden, wurde immer wieder darüber diskutiert, ob es sich überhaupt um eine solche handelt. Viele bezweifeln dies. Nachdem nämlich die Homosexualität als vermeintliche psychische Störung aus den Diagnosesystemen gestrichen wurde, präsentierten die Forscher Entwicklungsstudien, nach denen nicht geschlechtsrollenkonformes Verhalten in der Kindheit einer späteren homosexuellen Orientierung vorausgehen kann (→ 4.2.5). Entsprechende Beobachtungen werden auch bei der Entwicklung einer Transsexualität gemacht (→ 5.1.2), so dass es sich bei Unsicherheiten von Kindern hinsichtlich ihres Geschlechts um eine unspezifische Anfangssymptomatik mit später differierender Entwicklung handelt.

Seither wird vielfach argumentiert, dass ein eventuelles „Leiden" von Kindern an nichtgeschlechtsrollenkonformem Verhalten möglicherweise nur der Ausdruck eines Leidens an der Intoleranz einer sie falsch erziehenden Umgebung sein könnte. Dies gilt natürlich zunächst nur für eine spätere homosexuelle Entwicklung. Das subjektive Leiden im Falle einer Transsexualität, die eine tiefgreifende Veränderung in der Akzeptanz des eigenen biologischen Geschlechts (als Mädchen, Junge, Mann oder Frau) darstellt, ist natürlich durch Toleranz in der Erziehung nicht allein abzumildern. Dennoch wird vielfach vorgeschlagen, anstelle einer klinischen Behandlung einer vermeintlichen Geschlechtsdysphorie in Kindheit und Jugend alternativ Aufklärungs- und Öffentlichkeitsarbeit zu betreiben, um wenigstens den homophoben und stigmatisierenden Tendenzen in der Gesellschaft entgegenzuwirken.

Selbst wenn eine diagnostizierbare Geschlechtsdysphorie bereits in klinisch bedeutsamer Weise zu subjektivem Leiden geführt hat, ist in der Behandlung große Sorgsamkeit notwendig, welche Ziele mit psychologischen oder psychotherapeutischen Maßnahmen angestrebt werden. Dass sich etwa bereits in Kindheit oder Jugend Entwicklungen in Richtung Transsexualität mittels therapeutischer Maßnahmen aufhalten oder umkehren lassen, dafür gibt es – wie bei der Homosexualität – bis heute keinerlei empirisch haltbare Belege.

Intersexualität. Im Rahmen einer Darstellung der besonderen Probleme einer abweichenden Geschlechtsidentität ist es sinnvoll, einen Exkurs über Menschen einzuschließen, bei denen sich Diskrepanzen zwischen ihren genetischen, gonadalen, hormonellen oder genitalen Geschlechtsmerkmalen finden lassen. Bei dieser Untergruppe, deren Auffälligkeiten als Intersexualität zusammengefasst werden, bestehen mehr oder weniger große Schwierigkeiten, sie eindeutig als männlich oder weiblich zu klassifizieren. Dazu gehören insbesondere gonadale Dysgenesien bzw. Chromosomenaberrationen sowie hormonelle Veränderungen und deren Auswirkungen, die als Pseudo-Hermaphroditismus bezeichnet werden. In der Praxis sieht man sich in solchen Fällen gelegentlich nicht nur mit dem Problem konfrontiert, welches Geschlecht bei dem Kind vorliegt, sondern auch mit der Frage, welches Geschlecht der Erziehung zugrunde gelegt werden soll. Lange Zeit war man der Meinung, dass bei unklarem Geschlecht eine Festlegung möglichst unmittelbar nach Geburt erfolgen sollte (→ 3.1.2).

Seit den 1990er Jahren wird diese Praxis von Erwachsenen mit Intersexsyndromen – also von den Betroffenen – teils heftig kritisiert. Viele von ihnen waren im späteren Leben mit der früh administrativ von den Medizinern und in deren Folge erzieherisch von den Eltern vorgenommen Festlegung nachträglich nicht einverstanden. Sie blicken auf eine lange Zeit des Leidens unter einem für sie nicht akzeptierten Geschlecht zurück und sind aktiv bemüht, medizinische Unterstützung für eine „neuerliche Geschlechtsumwandlung" zu erwirken. Andererseits gibt es viele Berichte, nach denen bei Betroffenen offensichtlich die richtige Entscheidung getroffen wurde. Wie mit diesem Dilemma angemessen umgegangen werden soll, ist nach wie vor unklar – zumal es bis heute fast ausschließlich Fallberichte mit sehr widersprüchlichen Darstellungen gibt.

Viele Professionelle wie Betroffene vertreten heute die Ansicht, dass man bei Zweifel über das tatsächlich vorliegende Geschlecht keine eindeutige Zuweisung vornehmen sollte. Empfohlen wird, zuzuwarten, bis die Betroffenen hinreichend in der Lage sind, die von ihnen gewünschte sexuelle Identität selbst zu bestimmen. Sollte sich dies in einigen Jahren als die bessere Möglichkeit erweisen, setzte dies dennoch Aufklärungsarbeit in der Gesellschaft voraus, damit unterschiedliche Formen der Geschlechtsorientierung auch tatsächlich akzeptierbar werden. Wie Cohen-Kettenis und Pfäfflin (2003) dazu feststellen, würde dies das Leben der Menschen mit einer abweichenden Form der Geschlechtlichkeit sicherlich deutlich erleichtern. Ob Kinder mit einem „dritten Geschlecht" in unserer Gesellschaft glücklicher aufwachsen würden, stellen die Autoren noch in Frage.

Welche Seite man in den Diskussionen über Geschlechtsidentitätsstörungen auch vertritt: Weitgehende Einigkeit besteht darin, dass Menschen mit Transsexualität und Intersexsyndromen viele psychologische wie existenzielle Probleme zu bewältigen haben und dass viele von ihnen unter diesem Zustand leiden. In dieser Situation kann man nicht untätig auf günstige Entwicklungen zuwarten. Kliniker, Eltern und Betroffene müssen gelegentlich weitreichende Entscheidungen fällen, auch wenn sich diese nach heutigem Wissen nicht in jedem Fall rational begründen lassen. Wir werden im Folgenden einige Voraussetzungen, über die heute bereits eine gewisse Einigkeit herrscht, vorstellen und diskutieren. Wer sich einen grundlegenden Überblick über die Forschung, klinischen Einsichten und die ethischen Fragen zur Transsexualität und Intersexualität verschaffen möchte, dem sei die Ausarbeitung von Cohen-Kettenis und Pfäfflin (2003) empfohlen. Auch unsere Darstellung wird sich an dieser Arbeit mitorientieren.

5.1   Störungen der Geschlechtsidentität in der Kindheit

Gemäß ICD-10 (WHO, 1993) und DSM-IV-TR (APA, 2000) lassen sich die ersten Anzeichen einer Störung der Geschlechtidentität bereits während der frühen Kindheit beobachten. Sehr gelegentlich kann dies bereits im zweiten Lebensjahr der Fall sein, in den meisten Fällen liegt der Beginn weit vor der Pubertät. Als das wesentliche diagnostische Merkmal wird der dringliche oder anhaltende Wunsch oder die feste Überzeugung angesehen, zum anderen als dem angeborenen Geschlecht zu gehören. Gleichzeitig kommt es zu einer starken Ablehnung des Verhaltens, der Merkmale oder der Kleidung des angeborenen Geschlechts (→ Kriterien). Eltern von Jungen mit einer Geschlechtsidentitätsstörung berichten gelegentlich, dass ihre Söhne bereits vom Zeitpunkt des Sprechenkönnens den Wunsch geäußert hätten, die Kleider und Schuhe der Mutter zu tragen. Werden die Kinder älter, kann es sein, dass die Auffälligkeiten nur deshalb weniger deutlich sind, weil sie sich an Verboten ihrer Eltern orientieren und es vermeiden, ihre nicht-geschlechtsrollenkonformen Verhaltensweisen öffentlich zu zeigen.

Diagnostische Merkmale für Geschlechtsidentitätsstörung (gem. DSM-IV-TR; 302.6 [für Kinder]; 302.85 [für Jugendliche/Erwachsene])

A. Ein starkes und andauerndes Zugehörigkeitsgefühl zum anderen Geschlecht (d.h. nicht lediglich das Verlangen nach irgendwelchen kulturellen Vorteilen, die als mit der Zugehörigkeit zum anderen Geschlecht verbunden empfunden werden).

Bei Kindern manifestiert sich das Störungsbild durch vier (oder mehr) der folgenden Merkmale:

(1) wiederholt geäußertes Verlangen oder Bestehen darauf, dem anderen Geschlecht anzugehören,

(2) bei Jungen Neigung zum Tragen der Kleidung des anderen Geschlechts oder Imitation weiblicher Aufmachung; bei Mädchen das Bestehen darauf, nur eine dem männlichen Stereotyp entsprechende Bekleidung zu tragen,

(3) starke und andauernde Neigung zum Auftreten als Angehöriger des anderen Geschlechts in Phantasie- oder Rollenspielen oder anhaltende Phantasien über die eigene Zugehörigkeit zum anderen Geschlecht,

(4) intensives Verlangen nach Teilnahme an Spielen oder Freizeitbeschäftigungen, die für das andere Geschlecht typisch sind,

(5) ausgeprägte Bevorzugung von Spielgefährten des anderen Geschlechts.

Bei Jugendlichen und Erwachsenen manifestiert sich das Störungsbild durch Symptome wie äußeres Verlangen nach Zugehörigkeit zum anderen Geschlecht, häufiges Auftreten als Angehöriger des anderen Geschlechts, das Verlangen, wie ein Angehöriger des anderen Geschlechts zu leben oder behandelt zu werden oder die Überzeugung, die typischen Gefühle und Reaktionsweisen des anderen Geschlechts aufzuweisen.

B. Anhaltendes Unbehagen im Geburtsgeschlecht oder Gefühl der Person, dass die Geschlechtsrolle des eigenen Geschlechts für sie nicht die richtige ist.

Bei Kindern ist das Störungsbild durch eines der folgenden Merkmale gekennzeichnet: Bei Jungen die Behauptung, dass der Penis oder die Hoden abstoßend seien oder verschwinden werden, oder die Behauptung, dass es besser wäre, keinen Penis zu haben, oder eine Aversion gegen Rauf- und Tobespiele und eine Ablehnung von typischem Jungenspielzeug, Jungenspielen und Jungenbeschäftigungen; bei Mädchen Ablehnung des Urinierens im Sitzen, die Behauptung, dass sie einen Penis haben oder ihnen ein solcher wachsen wird, oder die Behauptung, dass sie keine Brust bekommen möchten oder nicht menstruieren möchten, oder eine ausgeprägte Aversion gegen normative weibliche Bekleidung.

Bei Jugendlichen und Erwachsenen manifestiert sich das Störungsbild durch Symptome wie das Eingenommensein von Gedanken darüber, die primären und sekundären Geschlechtsmerkmale loszuwerden (z.B. Nachsuchen um Hormone, Operation oder andere Maßnahmen, welche körperlich die Geschlechtsmerkmale so verändern, dass das Aussehen des anderen Geschlechts simuliert wird) oder der Glaube, im falschen Geschlecht geboren zu sein.

C. Das Störungsbild ist nicht von einem somatischen Intersex-Syndrom begleitet.

D. Das Störungsbild verursacht in klinisch bedeutsamer Weise Leiden oder Beeinträchtigungen in sozialen, beruflichen oder anderen wichtigen Funktionsbereichen.

Bestimme, ob (für Personen nach Abschluss der sexuellen Entwicklung):
Sexuell orientiert auf Männer,
Sexuell orientiert auf Frauen,
Sexuell orientiert auf beide Geschlechter,
Sexuell orientiert weder auf Manner noch auf Frauen.

Zitiert gem. DSM-IV-TR der APA (2000); Saß et al. (2003, S. 642f.).

ICD-10: Störungen der Geschlechtsidentität im Kindesalter (F64.2; hier: Forschungskriterien)

Bei Mädchen:

A. Andauerndes intensives Leiden daran, ein Mädchen zu sein, und erklärter Wunsch, ein Junge zu sein (nicht begründet mit kulturellen Vorurteilen für Jungen). Oder das Mädchen besteht darauf, bereits ein Junge zu sein.

B. Entweder 1. oder 2.

(1) anhaltende deutliche Aversion gegen üblicherweise weibliche Kleidung und Bestehen auf typisch männlicher Kleidung, z.B. männlicher Unterwäsche und anderen Accessoires.

(2) anhaltende Ablehnung weiblicher anatomischer Gegebenheiten, die sich in mindestens einem der folgenden Merkmale äußert:

a. Behauptung, einen Penis zu besitzen, oder dass ein Penis wachsen wird;

b. Ablehnung, im Sitzen zu urinieren;

c. Versicherung, keine Brüste zu bekommen oder nicht menstruieren zu wollen.

C. Das Mädchen hat bis jetzt nicht die Pubertät erreicht.

D. Die Störung muss mindestens sechs Monate vorliegen.

Bei Jungen:

A. Anhaltendes intensives Leiden darunter, ein Junge zu sein, sowie intensiver Wunsch oder seltener Behauptung, bereits ein Mädchen zu sein.

B. Entweder 1. oder 2.

(1) Beschäftigung mit typisch weiblichen Aktivitäten, z.B. Tragen weiblicher Kleidungsstücke oder Nachahmung der weiblichen Erscheinung, intensiver Wunsch, an Spielen und Zeitvertreib von Mädchen teilzunehmen, und Ablehnung von typisch männlichem Spielzeug, männlichen Spielen und Aktivitäten.

(2) anhaltende Ablehnung männlicher anatomischer Gegebenheiten, die sich durch mindestens eine der folgenden wiederholten Behauptungen äußert:

a. dass er zu einer Frau heranwachsen wird (nicht nur in der weiblichen Rolle);

b. dass sein Penis oder seine Hoden ekelhaft sind oder verschwinden;

c. dass es besser wäre, keinen Penis oder Hoden zu haben.

C. Der Junge hat bis jetzt nicht die Pubertät erreicht.

D. Die Störung muss mindestens sechs Monate vorliegen.

Zitiert gem. ICD-10 (Forschungskriterien: WHO, 1994, S. 164f.).

5.1.1 Auffälligkeiten bei Mädchen und Jungen

Kinder mit geschlechtsrollenkonformem Verhalten. Durch soziale Einflüsse angeregt, kommt es in den allgemeinen sozialen Beziehungen von Kindern ohne Geschlechtsidentitätsstörung untereinander schon sehr früh zu einer strikten Geschlechtertrennung. Normalerweise spielen die meisten bereits im Kindergarten wie später in der Schule vorrangig in gleichgeschlechtlich zusammengesetzten Gruppen (Mädchen mit Mädchen und Jungen mit Jungen). Es ist empirisch gut belegt, dass Mädchen und Jungen die überwiegende Zeit mit gleichgeschlechtlichen Spielgefährten verbringen und dabei fast ausschließlich für ihr Geschlecht typische Aktivitäten pflegen (Serbin et al., 1993). Gegengeschlechtliche Verhaltensweisen und Beziehungen werden nur ausgeübt, wenn die Kinder ausdrücklich dazu aufgefordert und bekräftigt werden. Werden sie nicht mehr dazu angehalten, kehren Mädchen und Jungen schnell zu geschlechtsrollenkonformen Gewohnheiten und Interaktionen zurück. Der soziale Druck, den Kinder sich selbst zur Einhaltung geschlechtsrollenkonformer Beziehungsmuster auferlegen, scheint gelegentlich enorme Ausmaße anzunehmen.

Kinder mit nicht-geschlechtsrollenkonformem Verhalten. Kinder mit Geschlechtsidentitätsstörungen hingegen lieben nicht-geschlechtsrollenkonformes Verhalten und gehen mit Vorliebe Beziehungen zu gegengeschlechtlichen Altersgenossen ein. Deshalb nimmt es nicht weiter Wunder, wenn viele von ihnen bereits in der Schulzeit erleben müssen, dass sie von anderen ausgegrenzt und gemieden werden. Dies kann zu einem geringen Selbstwertgefühl beitragen. Trennungsängste, soziale Ängste und depressive Verfassungen können die Folge sein. Hänseleien und Ächtung durch Gleichaltrige sind besonders häufig bei betroffenen Jungen zu finden, insbesondere wenn sie wegen weiblicher Manierismen und Sprachmuster auffällig werden. Bei einigen kann sich das psychische Erleben derart gestalten, dass sie von ihrem Wunsch nach Zugehörigkeit zum anderen Geschlecht vollkommen eingenommen scheinen und ständig damit beschäftigt sind, das Leiden an der nicht akzeptierten Geschlechtszugehörigkeit zu vermindern.

Jungen. Bei Jungen manifestiert sich das Zughörigkeitsgefühl zum anderen Geschlecht in einem Eingenommensein von traditionell weiblichen Aktivitäten: Sie können ein Interesse zum Tragen von Frauen- und Mädchenkleidung entwickeln oder auch mit entsprechenden Kleidungsstücken wie Handtüchern, Schals, Schürzen oder Perücken mit langem Haar improvisieren. Ähnliches gilt für die Bevorzugung von Spielen und Freizeitaktivitäten. Im Gegenzug vermeiden sie die üblichen Rauf- und Kampfspiele der Jungen, zeigen nur geringes Interesse und Freude an Wettkampfsportarten und Fußballspielen.

Mädchen. Mädchen zeigen häufig negative Reaktionen, wenn sie von Eltern aufgefordert werden, Kleider und andere weibliche Accessoires zu tragen. Sie bevorzugen Jungenkleidung und kurze Haare, werden durch Fremde fälschlich für Jungen gehalten und können darum bitten, mit einem Jungennamen angesprochen zu werden, häufig in leichter Veränderung des eigenen Vornamens (z.B. „Bertold" anstelle von „Berta"). Sie lieben typische Spiele der Jungen und messen sich gern mit diesen bei sportlichen Anlässen. Insgesamt wird das nichtgeschlechtsrollenkonforme Verhalten bei Mädchen in unserer Gesellschaft als weniger sozial auffällig angesehen, weshalb wohl auch mehr Jungen in klinischen Einrichtungen wegen einer Störung der Geschlechtsidentität vorgestellt werden.

5.1.2   Entwicklungspfade in der Jugend

Im Übergang zur Pubertät, im Verlauf der Jugend und im frühen Erwachsenenalter scheint sich nun eine Vielfalt von Entwicklungsmöglichkeiten zu offenbaren, für die eine Störung der Geschlechtsidentität in der Kindheit eine mögliche Voraussetzung darstellt. Da Mädchen mit dieser Auffälligkeit in klinischen Kontexten seltener untersucht werden können, liegen verlässliche Angaben nur für Jungen vor. Aufgrund der zu Jungen vorhandenen Angaben kann davon ausgegangen werden, dass es sich bei der Geschlechtsidentitätsstörung in der Kindheit wie bereits angedeutet *nicht* um ein homogenes Störungsbild handelt. Gleiches scheint auch für jene Fälle zu gelten, in denen eine Geschlechtsidentitätsstörung in der Jugend und im Erwachsenenalter bestehen bleibt (Cohen-Kettenis & Pfäfflin, 2003).

Da inzwischen recht klar ist, welche unterschiedlichen Prognosen möglich sind, wird zunehmend heftiger darüber diskutiert, ob es sich bei der Geschlechtidentitätsstörung in der Kindheit überhaupt um eine „psychische Störung mit Behandlungswert" handelt. Wie schnell deutlich wird, ist dies ein sehr ambivalentes Thema. Denn zumindest was die Transsexualität mit der Möglichkeit zur späteren Geschlechtsumwandlung angeht, muss sie – jedenfalls heute noch – „Störung mit Behandlungswert" bleiben; dies schon aus versicherungstechnischen Gründen, um eine spätere Finanzierung eventuell geschlechtswandelnder medizinischer Maßnahmen zu gewährleisten. Was diese Ambivalenz weiter kennzeichnet, betrifft die Tatsache, dass die Wahrscheinlichkeit der späteren Transsexualität im Unterschied zu den anderen möglichen Ausgängen nur eine kleine Minderheit betrifft.

Dennoch ist es ebenfalls inzwischen so, dass die meisten prognostisch möglichen Entwicklungen inzwischen als sozial, rechtlich und medizinisch akzeptierbare Formen der sexuellen Orientierung des Menschen gelten. Neben der Heterosexualität als einer prognostischen Variante sind die anderen Möglichkeiten die Bisexualität, die Homosexualität und die Transsexualität. Die kritische Diskussion dreht sich also vorrangig um die Frage, wie mit den Störungen der Geschlechtsidentität *noch oder bereits in der Kindheit* sinnvoll umgegangen werden kann. Denn in keiner systematischen Studie konnte bis heute nachgewiesen werden, dass sich auch nur eine dieser Entwicklungen durch medizinische oder psychologische Behandlungsformen hätte verhindern oder – etwa in präventiver Absicht – hätte umkehren lassen. Die wichtigsten Formen der prognostisch möglichen Weiterentwicklung seien kurz beschrieben:

Bisexuelle und homosexuelle Entwicklung. Wir haben bereits dargestellt, dass die Vorliebe für geschlechtsrollenkonformes bzw. nicht-geschlechtsrollenkonformes Verhalten in der Kindheit als einer der deutlichsten Prädiktoren für die spätere Geschlechtspartnerorientierung in Betracht kommt (→ 4.2.5). Ungefähr drei Viertel der Kinder mit einer Störung der Geschlechtsidentität weisen in der Jugend oder im Erwachsenenalter eine homosexuelle oder bisexuelle Orientierung auf. Was in diesem Zusammenhang wichtig ist: Mit dem Coming-out der Betroffenen scheint die vermeintliche Störung der Geschlechtsidentität nicht länger zu bestehen – und zwar egal, ob diese in der Kindheit „professionell behandelt" wurde oder auch nicht. Die meisten bisexuellen und homosexuellen Personen verfügen über eine ihrer Biologie entsprechende Geschlechtsidentität als Mann oder Frau. Lediglich die sexuelle Orientierung ist monosexuell-gleichgeschlechtlich oder bisexuell ausgerichtet.

Heterosexuelle Entwicklung. Bei den meisten anderen Personen mit einer Geschlechtsidentitätsstörung in der Kindheit entwickelt sich späterhin eine heterosexuelle Geschlechtspartnerorientierung. Und bei ihnen gehen die für ihre Kindheit typischen Interessen an nicht-geschlechtsrollenkonformen Verhaltensmustern mit der Pubertät und spätestens in der Jugendzeit – ebenfalls mit oder ohne „Behandlung" – so deutlich zurück, dass nicht mehr von einer Störung der Geschlechtsidentität die Rede sein kann. Wie die anderen heterosexuellen Menschen verfügen sie mit dem Verlassen der Kindheit über eine klare Identität als Mann oder Frau, die dem biologischen Geschlecht entspricht.

Transsexuelle Entwicklung. Nur ein geringer Prozentsatz der Jugendlichen behält eine Geschlechtsidentitätsstörung in der Jugendzeit bei. Ein Teil dieser Personen entwickelt dabei ein subjektiv deutlicher werdendes Zugehörigkeitsgefühl zum biologisch anderen Geschlecht. Diese Entwicklung kann in eine Transsexualität übergehen, in der die Betroffenen sich zunehmend bemühen, ihr äußeres Erscheinungsbild nicht nur dem anderen Geschlecht anzupassen, sondern sich in vielen Fällen auch noch einer Geschlechtsumwandlungsoperation zu unterziehen. Zur Abschätzung der möglichen Häufigkeit des Vorkommens dieses Entwicklungspfades fassten Zucker und Bradley (1995) die Ergebnisse von sechs Nordamerikanischen Follow-up-Studien zusammen. Danach ließ sich bei sechs Prozent der eingeschlossenen Jungen mit einer Geschlechtsidentitätsstörung in der Kindheit im späteren Leben eine Transsexualität beobachten (→ 5.2.1).

Bleibende Geschlechtsdysphorie und -identitätsstörung. Wohl vor allem ungünstige Erziehungsumwelten und die Erfahrung sozialer Ausgrenzung und Ablehnung können dafür verantwortlich gemacht werden, dass bei Fortbestehen der Geschlechtsidentitätsstörung bis in die Jugend und in das Erwachsenenalter hinein eine Geschlechtsrollenkonfusion bestehen bleibt. Diese spiegelt sich in einem bleibenden Gefühl des Unbehagens über das eigene Geschlecht wider. In seltenen Fällen können Geschlechtsidentitätsstörung, -rollenkonfusion und -dysphorie bis ins hohe Erwachsenenalter hinein andauern. Gelegentlich wird dabei ein spätes Coming-out in Richtung Homosexualität/Bisexualität oder in Richtung Transsexualität beobachtet.

Beginn der Geschlechtsdysphorie in der Jugend und im Erwachsenenalter. Manchmal kann sich aber auch erst in der Jugend und im frühen Erwachsenenalter eine Geschlechtsdysphorie einstellen. Aus diesen Entwicklungen kann nun ganz allmählich noch eine zweite Variante des Transsexualismus hervorgehen (→ 5.2.1). Dabei handelt es sich um Personen, bei denen in der Kindheit *keine* Geschlechtsidentitätsstörungen beobachtbar waren. Interessant ist vielmehr, dass es sich dabei um Personen handeln kann, die ab ihrer Jugend eine Phase mit *Transvestitismus* durchlaufen haben oder noch durchlaufen (→ 7.2).

Weitere Aspekte. Bei Fortbestehen der Geschlechtsidentitätsstörung in der Jugend können sich die angedeuteten negativen sozialen und damit einhergehend die psychischen Folgewirkungen des nicht-geschlechtsrollenkonformen Verhaltens in einzelnen Fällen derart vergrößern, dass depressive Verfassungen, Suizidgedanken und -versuche beobachtet werden. Wenn Betroffene mit einer Störung der Geschlechtsidentität erstmals in ihrer Jugend um therapeutische Hilfe nachsuchen, stellt sich bei den meisten heraus, dass sie bereits von Kindesbeinen an ein Interesse an nicht-geschlechtsrollenkonformen Verhaltensweisen gehabt haben. Dennoch vermögen es die meisten Betroffenen mit zunehmendem Alter, wegen der erzieherischen Vorgaben ihrer Eltern und wegen ungünstiger Erfahrungen mit Gleichaltrigen, ihre nicht-geschlechtsrollenkonformen Neigungen und Interessen zu verbergen.

Auch wenn viele Betroffene das nicht-geschlechtsrollenkonforme Verhalten verheimlichen, bleibt es den nahen Angehörigen zumeist nicht verborgen. Für viele Eltern ist es nicht weiter überraschend, wenn sie schließlich mit dem Wunsch der Jugendlichen nach Geschlechtsumwandlung konfrontiert werden. Auch die Möglichkeit einer homosexuellen Entwicklung haben viele Eltern bereits vor dem Coming-out ihrer Kinder angedacht. Werden die Betroffenen dann in der Jugend in klinischen Kontexten vorstellig, kommen einige mit transsexueller Entwicklung bereits vollständig eingekleidet in der gegengeschlechtlichen Rolle. In einigen aufgeschlossenen Familien wurden zu diesem Zeitpunkt bereits vorläufige Überlegungen angestellt oder sogar erste Schritte für eine offizielle Vornamensänderung in die Wege geleitet (→ 5.2.2).

5.1.3 Erklärungsversuche

Die meisten Versuche, die Ätiologie der Geschlechtsidentitätsstörung entwicklungspsychologisch zu erklären, können als weitgehend gescheitert angesehen werden (Cohen-Kettenis & Pfäfflin, 2003). Die meisten Annahmen beruhen auf Einzelfallspekulationen und haben sich bis heute einer empirischen Überprüfung entzogen. Vor allem in psychoanalytischen Ausarbeitungen wurden das nicht-geschlechtsrollenkonforme Verhalten in der Kindheit und dessen spätere Übergänge in Richtung Homosexualität oder Transsexualität beinahe allen in der Psychoanalyse bereitstehenden ätiopathogenetisch möglichen Entwicklungspfaden zugeordnet: den Neurosen, Borderline-Strukturen oder Perversionen. Die jeweilige Zuordnung folgt lediglich dem sich wandelnden Zeitgeist der Psychoanalytiker. Nur eine Überzeugung scheint als Erklärungsfigur die vielen Jahrzehnte des tiefenpsychologischen Nachdenkens über einzelne Fälle zu durchziehen: Immer spielen entweder die Mütter bei den Jungen oder die Väter bei den Mädchen für die nicht-heterosexuelle Entwicklung des Kindes eine „dominante Rolle". Dass diese Annahme seit mehr als zwei Jahrzehnten mit empirischen Ergebnissen der Entwicklungspsychologie sexueller Orientierung im Widerspruch steht, wurde bereits dargestellt (→ 4.2.3).

Selbst dem früh von einzelnen Psychoanalytikern eingenommenen „entpathologisierenden psychoanalytische Blick" (Sigusch, 2001b, S. 563), den z.B. Morgenthaler (1981) auf die Homosexualität oder Stoller (1976) auf den Transsexualismus geworfen hatten, begegneten viele andere mit immer neuen Versuchen, doch noch irgendwelche psychologischen Konfliktsituationen oder ein ungewöhnliches Ausmaß an Traumatisierung in verschiedenen Lebensabschnitten der Kindheit und Jugend zu finden (z.B. Meyenburg, 2001). Trotz etlicher in sich durchaus schlüssiger, zumindest aber anregender und gelegentlich intellektualisierender theoretischer Abhandlungen zu einzelnen Fällen kann man nur eindringlich davor warnen, die aus Einzelfallbeurteilungen abgeleiteten Ätiologiehypothesen bedenkenlos auf andere als die jeweils im Einzelfall vorliegenden Konstellationen zu generalisieren. Natürlich können sie als Möglichkeit der Einzelfallbeurteilung mit in Betracht gezogen werden, und zwar so lange noch, bis in der empirischen Ätiologieforschung eindeutige Entwicklungspfade nachgewiesen werden.

Entwicklungspsychologie: wenig eindeutige Befunde. Bis heute jedenfalls ließen sich in forschungsmethodisch akzeptierbaren Studien keine haltbaren Hinweise dafür finden, dass den Erziehungsstilen der Eltern überhaupt eine maßgebliche Rolle bei der Entwicklung der internen sexuellen Orientierung zugesprochen werden kann (→ 4.2.3). Auffälliges Erziehungsverhalten findet sich nur, wenn Eltern bemüht sind, jedwede externalisierte Abweichung von der Heterosexualität teils angstvoll, teils ärgerlich zu unterbinden, in der wohl gemeinten Hoffnung, damit auch eine interne Entwicklung anzustoßen. Selbst methodisch besser abgesicherte Studien kommen immer nur zu widersprüchlichen Befunden (Cohen-Kettenis & Pfäfflin, 2003). Diese Widersprüchlichkeit mag sich damit erklären, dass die möglichen späteren Entwicklungspfade in Richtung Homosexualität, Heterosexualität und Transsexualität in der Kindheit mit den heutigen Möglichkeiten noch nicht erkennbar sind.

Aus den Ergebnissen lässt sich bis heute nur schlussfolgern, dass Umgebungsvariablen vor allem für die subjektive Verarbeitung und Bewältigung nicht-heterosexueller Entwicklungen eine wichtige Rolle spielen. Wenn man Querschnitts- und Retrospektivuntersuchungen durchführt, muss man bei der Interpretation von Daten sehr selbstkritisch bleiben. Die bei Kindern mit Geschlechtsidentitätsstörungen findbaren sozialen Ängste und Selbstwertprobleme könnten in Umgebungsvariablen ihren Ursprung haben (Zucker & Bradley, 1995). Sie könnten – etwa bei Jungen – aber auch mit Temperamentseigenarten zusammenhängen, weil diese eher den Mädchen zu entsprechen scheinen und deshalb per se eine höhere Vulnerabilität implizieren. Traumatisierungen in den ersten Jahren könnten bei der Entwicklung von Selbstwertproblemen und sozialen Ängsten eine Rolle spielen (Coates et al., 1991).

Ob Traumatisierungen und soziale Ängste gleichermaßen für die Entwicklung der Geschlechtsidentitätsstörungen in Frage kommen, ist eine offene Frage. Traumatisierungen im Vorfeld der Geschlechtsidentitätsstörung lassen sich vor allem in Familien mit niedrigem Sozialstatus beobachten (Coates et al., 1991). In Fallberichten und ärztlichen Gutachten sprechen Traumatisierungen eher gegen das Vorliegen einer Geschlechtsidentitätsstörung im engeren Sinne. In der Forschung andererseits benötigt man sorgsam ausgewählte Kontrollgruppen, die in klinischen Fallsammlungen fehlen. Auch wenn sich dann bei bis zu 20 Prozent der Betroffenen Traumatisierungen finden lassen, bleibt die Frage unbeantwortet, wie sich denn bei jenen 80 Prozent ohne Traumatisierung eine Geschlechtsidentitätsstörung entwickeln kann. Es kommt also darauf an, wie dies Sigusch (2001b) eindrücklich fordert, in Interrelationen und Interdependenzen zu denken und einfache Ursache-Wirkung-Hypothesen nur als bescheidene Mosaiksteinchen in einem hochkomplexen Zusammenhang zu betrachten.

Biologie: nur vorläufige Hypothesen. Ähnliche Uneindeutigkeiten in der Befundlage gelten für die Genetik und Biologie der Geschlechtsidentitätsstörung. Wie wir dies am Beispiel der Homosexualität aufgezeigt haben ($\rightarrow$ 4.2.1), sind die meisten Autoren eher zurückhaltend, etwa eine direkte Beziehung zwischen intrauterinen hormonellen Bedingungen und der sehr viel später im Leben sichtbar werdenden sexuellen Orientierung zu formulieren. Wie sich in den bisher retrospektiv angelegten Studien zur Bedeutsamkeit biologischer Voraussetzungen durchgängig zeigt, lassen sich signifikante lineare Zusammenhänge oder sichere Prädiktoren auf der Grundlage genetischer und hormoneller Faktoren eher bei *Persönlichkeitsmerkmalen* und *Temperamentseigenarten* als substratnähere Qualitäten finden – nicht jedoch generell mit Blick auf die spätere Geschlechtspartnerorientierung, für die viele weitere Zwischenstufen für die spätere Verhaltensausformung anzunehmen sind. Dass eventuell Temperamentsunterschiede in der Kindheit für unterschiedliche Neigungen zu geschlechtsrollenkonformen bzw. nicht-geschlechtsrollenkonformen Verhaltensmustern infrage kommen könnten, ist eine der wenigen Hypothesen, die in größeren Stichproben eine statistische, jedoch keinesfalls eine generelle Absicherung erfahren hat ($\rightarrow$ 4.2.5).

5.1.4 Transgenderismus

Da die Zahl der Personen mit vermeintlichen Geschlechtsidentitätsstörungen in der Kindheit in klinischen Kontexten recht gering ausfällt, ist man zumeist auf retrospektiv angelegte Analysen von Einzelfällen mit transsexuellen bzw. homo/bisexuellen Entwicklungen angewiesen. Im „International Journal of Transgenderism" werden Ergebnisse dieser Forschung seit einigen Jahren systematisch zusammengetragen (Pfäfflin & Coleman, 1997). In der Transgenderismus-Forschung, die den Entwicklungsprozessen der Transsexualität und, damit zusammenhängend, der Homosexualität, des Transvestitismus und der Intersexualität gewidmet ist, wird inzwischen von folgenden Voraussetzungen ausgegangen (Ekins & King, 2001a):

▶ Beim *Transgendering* handelt es sich um einen generischen sozialen Prozess.
▶ Die unterschiedlichen Dimensionen möglicher Geschlechtidentitätsentwicklung sind (immer noch) abhängig zu sehen vom so bezeichneten „generi-

schen Binarismus", also von der gesellschaftlich nach wie vor strikt vorgenommenen Trennung der Geschlechter (Mann vs. Frau; davon abhängig zu sehen bspw. Homosexualität vs. Heterosexualität).

▶ Die vorhandenen Variationen der Entwicklung von Geschlechtsidentitäten werden sich qualitativ mit den Möglichkeiten weiterentwickeln, mit denen der Transgenderismus sozial konstruiert und gesellschaftlich gelebt werden kann, um den generischen Binarismus allmählich zu überwinden.

Entwicklungsprozesse. In Abhängigkeit von der Mann/Frau-Binarität lassen sich die differenten Entwicklungsprozesse der Geschlechtsidentität gegenwärtig vier zentralen Erscheinungsformen oder persönlichen Entwicklungsstilen zuordnen, für deren zukünftige Einordnung und Erforschung Ekins und King (2001a) vier Konzepte vorgeschlagen haben:

(1) Migration: Dieser Entwicklungsprozess beinhaltet den Wechsel von einer Seite binärer Entscheidungen zur anderen auf einer permanenten Basis (Mann-zu-Frau-Transsexualität bzw. Frau-zu-Mann-Transsexualität).

(2) Oszillation: Diese Entwicklungsdimension beschreibt das Hin-und-Her-pendeln zwischen den Möglichkeiten der Mann-Frau-Polaritäten, als kontinuierlicher Wechsel zwischen den zwei Welten des binären Entscheidungsraumes. Die Realisierung dieses Lebensstils findet sich eindrücklich im Transvestitismus, aber auch in der Bisexualität manifestiert (→ 7.2; → 4.3.3).

(3) Negation: Dieser Entwicklungspfad steht für eine Tendenz, den Zwang, sich zwischen „Mann" oder „Frau" entscheiden zu müssen, aktiv zu eliminieren. Als solcher kann er dann in der Geschlechtsdysphorie seinen Ausdruck finden oder, im Extrem, eine Art Geschlechtslosigkeitserleben zur Folge haben (Ekins & King, 2001b). In eine ähnliche Situation können bisexuell orientierte Menschen geraten, die in der sozial konstruierten Dichotomie zwischen Homosexualität vs. Heterosexualität verharren. Dieser Status der „bisexuellen Nichtexistenz" wurde zeitweilig durch wissenschaftliche Konstruktionen verschärft, in denen Bisexualität nicht als eigenständig lebbare Option, sondern als „Übergangsphänomen" zur Homosexualität oder als „Abwehrbisexualität" konzeptualisiert wurde (Reiche, 1990; Goos, 2003; → 4.3.3).

(4) Transzendenz: Diese Entwicklung stellt den generischen Binarismus in Frage und geht über ihn hinaus. So gibt es (u.a. im Internet) eine sich inzwischen stärker artikulierende Gruppe von Transsexuellen und Transvestiten, die versuchen, das sich immer deutlicher artikulierende geschlechtliche Unbehagen in dieser Kultur wirksam zum öffentlichen Reden zu bringen, weil sie der Tyrannis des generischen Binarismus im Kopf, mit Leib und Unterleib

nicht mehr erliegen wollen. Sie streben ein Lebensperspektive mit den „un-
begrenzten" Möglichkeiten „voller Geschlechtlichkeit" und ohne Geschlechtsumwandlung an, auf der Suche nach einer Sphäre jenseits der Bi-
närdimension zwischen Mann und Frau (Ekins & King, 2001a).
Insbesondere die letzte Entwicklungsmöglichkeit wäre sicherlich „eine Provokation sondergleichen in einer Gesellschaft, die dem Geschlechtswechsel und Ge-
schlechtsübergängen keinen institutionellen Ort einräumt jenseits der Kliniken
und Kanzleien, in einer Gesellschaft, die trotz aller Geschlechtsrollenaufwei-
chungen von der gesellschaftlichen Arbeitsverteilung bis zum Rechtssystem keinen Zweifel daran lässt, welches Geschlecht das sexus sequior ist. Dann gäbe es
nicht nur zwei Geschlechter und vier geschlechtsbezogene Objektwahlen, sondern zunächst einmal vier Geschlechter und acht Objektwahlen – Überblick und
Kontrolle würden erschwert, die Normalität wäre endlich so plural wie sie immer tut, das Splitting des Entweder-Oder entlarvte sich als armselige Abwehr
alter binärer Rechnung. (…) Aber offenbar ist Freuds Rede von der ‚Anatomie
als Schicksal' in gesellschaftlicher Hinsicht so wahr, wie er sie in biopsychologi-
scher verstanden wissen wollte: Der generische Binarismus durchherrscht alles,
natürlich auch Transsexualismus und Feminismus und unsere Theorien darüber" (Sigusch, 1991, S. 327).

5.1.5 Die affirmative Behandlung von Kindern

Wird ein Kind wegen Störungen der Geschlechtsidentität vorgestellt, ist eine
sorgsame Differentialdiagnose unverzichtbare Voraussetzung für eine Behandlung. In den eingangs dargestellten Kriterien beider Diagnosesysteme wird leider
nicht genau genug unterschieden, ob das nicht-geschlechtsrollenkonforme Interesse des Kindes im Zusammenhang mit einer ansonsten als psychisch gesund
und stabil zu bezeichnenden kindlichen Entwicklung aufgetreten ist oder ob das
Kind selbst unter seinen vermeintlich abweichenden Interessen leidet. Im letztgenannten Fall wäre weiter zu klären, womit sich dieses subjektive Leiden begründet. Es kann sein, dass das kindliche Leiden vor allem Besorgnisse und (homophobe) Ängste der Eltern widerspiegelt. Das Leiden kann seine Ursache auch
in sozialer Ausgrenzung in der Gruppe der Gleichaltrigen haben. Es kann – in
Ausnahmefällen – aber auch den frühen Beginn einer transsexuellen Entwicklung markieren.
Das Interesse an nicht-geschlechtsrollenkonformem Verhalten kann aber
auch noch weitere Ursachen haben: Es kann gelegentlich in der Folge eines
traumatischen Lebensereignisses beobachtet werden, mit einem Mangel an
gleichgeschlechtlichen Freunden und Freundinnen zusammenhängen oder ein-

fach aus Lust und Neugierde erwachsen, gegengeschlechtliche Kleidung einfach auch einmal ausprobieren zu wollen, was dann einfach zur Gewohnheit werden kann, wenn diese – wie beispielsweise weibliche Unterwäsche – als angenehmer zu tragen erlebt wird. Wenn also subjektives Leiden fehlt, sollten die Verhaltensauffälligkeiten nicht vorschnell pathologisiert und stigmatisiert werden. Auch die bisher diskutierten ätiologischen und prognostischen Faktoren werden lediglich den groben Hintergrund dafür abgeben, die diagnostisch eruierten Informationen über das jeweilige Kind in einen heuristischen Zusammenhang zu stellen.

Information und Aufklärung. Angesichts der Vorläufigkeit ätiologischer Hypothesen, sollten die Voraussetzungen und Entwicklungsaspekte der Kindheit sehr zurückhaltend ausgedeutet werden. Angesichts der möglichen Vielfalt der Perspektiven sind gegenwärtig keine eindeutigen Bewertungen möglich. Entsprechend behutsam sollte eine sorgsame Aufklärung der Eltern und – je nach erreichtem Alter in angemessener Form – auch des Kindes über die möglichen unterschiedlichen Hintergründe und Perspektiven vorgenommen werden. Insbesondere mit Blick auf die Prognose kann dies – angesichts der bestehenden Aufklärungspflicht gegenüber Angehörigen und Patienten – zum Beispiel heißen: Sollte die Geschlechtsidentitätsstörung bis in die Jugend und darüber hinaus bestehen bleiben, kann sie (häufiger) in eine homosexuelle Entwicklung oder (seltener) in eine transsexuelle Entwicklung einmünden. In vielen anderen Fällen jedoch wird das Interesse an nicht-geschlechtsrollenkonformen Verhaltensweisen noch im Verlaufe der Kindheit wieder zurückgehen. Es kann auch sein, dass dies bereits im Rahmen einer psychologischen Behandlung eintreten wird.

Behandlung. Wegen dieser Unsicherheit in der Prognose besteht nach wie vor eine gewisse Uneinigkeit, ob die Geschlechtsidentitätsstörung in der Kindheit überhaupt behandelt werden sollte – und wenn ja, wie und auf welche Weise (Cohen-Kettenis & Pfäfflin, 2003). Da gegenwärtig eine Prognose in Richtung Heterosexualität, Homosexualität und Transsexualität mit Ausnahme der Angabe von Prozentsätzen nicht möglich ist und eine therapeutische Beeinflussung dieser Entwicklungen keinen Erfolg verspricht, wird empfohlen, nicht die Geschlechtsidentitätsstörung selbst in den Mittelpunkt der Behandlung zu rücken. Vielmehr sollte der Fokus der Behandlung vorrangig auf Faktoren ausgerichtet werden, die einer gesunden Entwicklung des Kindes im Wege stehen bzw. die eine weitere Entwicklung des Kindes negativ beeinflussen können. Empfohlen wird also eine affirmativ (stützend) ausgerichtete Behandlung. Familiäre und soziale Umgebungsbedingungen könnten bereits aktuell für soziale Ängste, Rückzug aus sozialen Beziehungen und für Mängel in sozialen Fertigkeiten mitverantwortlich zeichnen. In solchen Fällen geht es darum, das Selbstvertrauen und die Selbstsicherheit der Kinder im Umgang mit interpersonell relevanten Situationen zu stärken. Entsprechende Ziele sind auch in einer affirmativen Eltern- und Familientherapie anzustreben.

Prognose. Obwohl die Zahl der publizierten Behandlungsansätze für Kinder mit Störungen der Geschlechtsidentität in den vergangenen Jahren zugenommen hat, liegen bis heute keine kontrollierten Studien vor. Es können also keine sicheren Aussagen darüber gemacht werden, was denn nun konkret mit welchen psychologischen Mitteln wie und mit welchem Erfolg tatsächlich erreicht wurde (Cohen-Kettenis & Pfäfflin, 2003). Bei den meisten Kindern geht das Interesse an nicht-geschlechtsrollenkonformen Verhaltensweisen sowieso irgendwann im Verlaufe der Zeit mehr oder weniger eindrücklich zurück, wobei es dabei gleichgültig ist, ob sie später im Leben eine heterosexuelle oder homosexuelle Geschlechtspartnerorientierung aufweisen. Lediglich eine Untergruppe von höchstens zehn Prozent behält ihre vermeintliche Geschlechtsidentitätsstörung bis in die Jugend und darüber hinaus bei. Bei den meisten dieser Personen kommt es zu einer transsexuellen Entwicklung, auf die wir nachfolgend eingehen.

5.2   Transsexualität

Im Zentrum der aktuellen Transgenderismus-Forschung steht ganz fraglos die Transsexualität ($\rightarrow$ 5.1.4). Transsexualität bezeichnet das Phänomen, dass das subjektiv (psychisch) erlebte Geschlecht im Gegensatz zum körperlichen Geschlecht steht. Transsexuelle sind körperlich eindeutig männlich oder weiblich, fühlen sich psychisch aber dem anderen Geschlecht zugehörig.

Das Gefühl, im falschen Körper zu sein, erzeugt häufig schon in der Kindheit einen starken Leidensdruck. Die in den vergangenen Jahren zunehmende gesellschaftlich-rechtliche Toleranz gegenüber transsexuellen Entwicklungen hat dazu geführt, dass die Menschen, die erstmals mit der Bitte einer Geschlechtsumwandlung um professionelle Hilfe nachsuchen, immer jünger geworden sind. Die Chance dieser Veränderung liegt zweifelsohne darin, dass junge Menschen notwendige Veränderungen und gewünschte Behandlungen besser und leichter überstehen. Das Risiko ist, dass die Weichen zu früh in eine falsche Richtung gestellt werden könnten (Sigusch, 2001b).

5.2.1   Beginn transsexueller Entwicklungen in der Jugend

Abhängig vom individuellen Entwicklungsniveau können bei Jugendlichen die klinischen Merkmale noch den Störungen der Geschlechtsidentität des Kindesalters entsprechen. Dennoch wird die Diagnosestellung bei jüngeren Jugendlichen aufgrund der häufig gelernten Zurückhaltung schwieriger sein. Diese Schwierigkeit kann noch größer sein, wenn sich Jugendliche bezüglich ihres Zugehörigkeitsgefühls zum anderen Geschlecht nach wie vor unsicher sind oder wenn sie mit ihren gegengeschlechtlichen Neigungen in der Primärfamilie keine Akzeptanz finden. Viele kommen denn auch zunächst nicht wegen der Geschlechtsidentitätsstörung in Behandlung, sondern weil Angehörige oder Lehrer über die soziale Isolation des Jugendlichen und über eine beobachtbare soziale Ausgrenzung besorgt sind (APA, 2000).

In Forschungsarbeiten wurden wiederholt zwei gut unterscheidbare Entwicklungspfade beschrieben (Clement & Senf, 1996; Cohen-Kettenis & Pfäfflin, 2003). Sie werden in der Literatur auch als primäre und sekundäre Transsexualität bezeichnet. Obwohl die Begriffe primär und sekundär dies suggerieren könnten, unterscheiden sich beide Gruppen *nicht* in der Eindringlichkeit ihres Wunsches, dem gegenteiligen Geschlecht angehören zu wollen. Primär und sekundär kennzeichnen lediglich zwei unterschiedliche Arten der zeitlichen Entwicklung, in denen der transsexuelle Wunsch entstanden ist (ergänzend hierzu die Ausführungen zur Ätiologie des Transgenderismus → 5.1.3).

Primäre Transsexualität. Diese Gruppe zeigt bereits von früher Kindheit an ein extrem auffälliges Interesse an nicht-geschlechtsrollenkonformen Verhaltensweisen und kleidet sich entsprechend gern und immer schon mit Kleidern des anderen Geschlechts. Die Betroffenen fühlen sich von der Pubertät an in der Geschlechtspartnerorientierung sexuell eher zum gleichen biologischen Geschlecht hingezogen. Für sie erfüllt das Verkleiden mit Kleidungsstücken des anderen Geschlechts (engl. Cross-Dressing) zu keiner Zeit sexuelle oder erotische Funktionen, was sie zumeist von der zweiten Gruppe eindrücklich unterscheidet. Schließlich verfolgen sie bereits recht früh und mit aller Konsequenz eine Geschlechtsumwandlung.

Sekundäre Transsexualität. Bei einer zweiten Gruppe treten die Anzeichen eines Zugehörigkeitsgefühls zum anderen Geschlecht später und weniger deutlich auf. Diese Menschen werden in klinischen Kontexten eher später, nämlich im frühen Erwachsenenalter vorstellig. Und bei ihnen verbindet sich eine gewisse Zeit lang mit dem Verkleiden eine sexuelle Erregung und Befriedigung, wie dies ganz ähnlich beim Transvestitismus beobachtbar ist (→ 7.2). Die Angehörigen dieser Untergruppe beantragen eine Geschlechtsumwandlung erst zu einer Zeit, nachdem sie zuvor zum Teil über viele Jahre hinweg in der sozialen Rolle ihres biologischen Geschlechts gelebt, unter Umständen sogar geheiratet haben. Sie werden üblicherweise als psychisch labiler als die Personen der erstgenannten Gruppe beschrieben, was möglicherweise mit ihrem bisherigen Leben in Ambivalenz gegenüber einer sich allmählich entwickelnden Transsexualität erklärt werden kann. Das beachtenswerte Merkmal dieser Untergruppe transsexueller Personen ist, dass sich ihre Entwicklung *nicht* aus einer Störung der Geschlechtsidentität in der Kindheit heraus erklären lässt. Es gibt sogar einzelne Verläufe, die sich erst im dritten oder vierten Lebensjahrzehnt oder noch später zum transsexuellen Erscheinungsbild verdichten.

Individuelle Unterschiede. Trotz dieser groben Zweiteilung verlaufen transsexuelle Entwicklungen auch darüber hinaus noch sehr unterschiedlich. In vielen Fällen kann selbst der transsexuelle Wunsch variieren (Clement & Senf, 1996; ergänzend nochmals die Ausführungen zur Ätiologie des Transgenderismus → 5.1.3, 5.1.4). Er kann lediglich die innere, aber nicht öffentlich gezeigte Gewissheit der gegengeschlechtlichen Zugehörigkeit umfassen. Er kann sich auf den Wunsch nach Akzeptanz im öffentlichen und privaten Leben richten, aber nicht den Schritt hormoneller und chirurgischer Eingriffe einbeziehen. Selbst chirurgische Eingriffe können auf unterschiedliche Weise angestrebt werden, sich z.B. nur auf die Entfernung des männlichen Genitals oder die weibliche Brust beziehen. Bei wieder anderen ist der Wunsch unerschütterlich, sich plastisch-chirurgischen Operationen zu unterziehen, mit denen eine möglichst perfekte Nachahmung des gewünschten anderen Geschlechts erreicht werden soll.

5.2.2 Rechtliche Aspekte: das Transsexuellen-Gesetz

Nicht immer steht also der Wunsch nach vollständiger Geschlechtsangleichung im Vordergrund. Entsprechend dieser Variationsweite persönlicher Wünsche an ein zukünftiges transsexuelles Leben hat sich im Laufe der zurückliegenden 30 Jahre ein zeitlich gestuftes, prozesshaftes diagnostisch-therapeutisches Vorgehen durchgesetzt. Dieses Vorgehen dient dem Umgang der Professionellen mit Transsexuellen in fast allen Ländern, in denen die Geschlechtsumwandlung inzwischen auf eine rechtliche Basis gestellt wurde. Ein völlig beliebiger Zugang (auf bloßes Verlangen) zur somatischen Behandlung soll damit verhindert werden. Als Orientierungshilfe für das Vorgehen dienen üblicherweise die 1979 erstmals vorgelegten und seither mehrfach überarbeiteten „Standards of Care" der „Harry Benjamin International Gender Dysphoria Association" (aktuelle 6. Aufl. Levine et al., 1998; aktuelle deutschsprachige Leitlinien: Becker et al., 1998).

In der Bundesrepublik Deutschland wurde am 10. September 1980 ein „Gesetz über die Änderung der Vornamen und die Feststellung der Geschlechtszugehörigkeit in besonderen Fällen" im Bundesgesetzblatt verkündet, kurz auch als

Transsexuellen-Gesetz (TSG) bezeichnet. Danach können deutsche Transsexuelle beim zuständigen Amtsgericht eine Vornamens- und Personenstandsänderung beantragen. In zwei unabhängig voneinander erstellten Fachgutachten (durch einen Arzt oder Psychologen) muss für die *Vornamensänderung* festgestellt sein,

► dass der Antragsteller sich nicht mehr dem in seinem Geburtseintrag angegebenen, sondern dem anderen Geschlecht zugehörig empfindet,

► dass er seit mindestens drei Jahren unter dem Zwang steht, seinen Vorstellungen entsprechend zu leben, und

► dass sich nach derzeitigem Erkenntnissen der medizinischen Wissenschaft das Zugehörigkeitsempfinden zur neuen Geschlechtsrolle mit hoher Wahrscheinlichkeit nicht mehr ändern wird.

Im Gesetz wird die Änderung des Vornamens ohne Personenstandsänderung als sog. kleine Lösung nach § 1 TSG von einer sog. großen Lösung nach § 8 TSG unterschieden, nach der eine Personenstandsänderung beantragt werden kann. Letztere ist jedoch erst nach einer geschlechtsumwandelnden Operation möglich. Die Vornamensänderung erfordert keinerlei somatische Behandlung und ist auch für verheiratete Transsexuelle möglich. Für eine *Personenstandsänderung* ist zusätzlich erforderlich, dass der Patient nicht verheiratet ist, dass der Antragsteller „dauernd fortpflanzungsunfähig ist und sich einem seine äußeren Geschlechtsmerkmale verändernden operativen Eingriff unterzogen hat, durch den eine deutliche Annäherung an das Erscheinungsbild des anderen Geschlechts erreicht worden ist" (§ 8 TSG).

In beiden Verfahren müssen Gutachten von Sachverständigen (Mediziner oder Psychologen) erstellt werden, die aufgrund ihrer Ausbildung und ihrer beruflichen Erfahrung mit den besonderen Problemen des Transsexualismus ausreichend vertraut sind. Für die inhaltliche Anfertigung von Gutachten sowie für das ordnungsgemäße Verfahren ist die genaue Beachtung der Standards für die Behandlung und Begutachtung von Transsexuellen erforderlich (→ 5.2.3; vgl. Pfäfflin, 1996b).

Durch Beschlüsse des Bundesverfassungsgerichtes aus den Jahren 1982 und 1993 wurde die im ursprünglichen Gesetz noch vorgesehene Altersgrenze von 25 Jahren für beide Lösungen aufgehoben. Im Jahre 1987 ist den Transsexuellen durch eine Entscheidung des Bundessozialgerichtes zudem der Zugang zu den Leistungen der gesetzlichen Krankenversicherung unter bestimmten Voraussetzungen eingeräumt worden. Inzwischen können die Betroffenen seit einer Entscheidung des Bundesgerichtshofes aus dem Jahre 1995 entsprechend verlangen, dass die Kosten für chirurgische Eingriffe nach den gesetzlichen auch von privaten Krankenversicherungen übernommen werden. 1998 hat das Landesarbeitsgericht Hamm entschieden, dass nach einer Personenstandsänderung der Anspruch besteht, auch die beruflichen Zeugnis- und Arbeitspapiere neu ausgestellt zu bekommen.

5.2.3 Standards und Phasen der affirmativen Behandlung

Auf der Grundlage der internationalen „Standards of Care" der „Harry Benjamin International Gender Dysphoria Association" (aktuelle 6. Aufl. Levine et al., 1998) wurden auch für den deutschsprachigen Raum Leitlinien ausgearbeitet (aktuell: Becker et al., 1998). Entsprechend dieser Vorgaben kann man die Behandlung Transsexueller als ein gestuftes Therapiepaket beschreiben. Es umfasst individuell gestaltete Einzelphasen unterschiedlicher Länge. Die einzelnen Phasen gehen ineinander über. Es kann, muss aber nicht zu einer geschlechtskorrigierenden Operation und zum juristisch anerkannten Geschlechtswechsel führen. Wir folgen in der nachfolgenden Zusammenfassung des Vorgehens grob einer Ausarbeitung von Kockott (1996; vgl. auch Becker, 1998).

Phase 1: Diagnostik. Diese Eingangsphase erfordert eine breit angelegte Differenzialdiagnostik, in der eine Reihe von Ausschlussmöglichkeiten beachtet werden müssen. Gemäß DSM-IV-TR (APA, 2000) sind mindestens folgende Phänomene und Auffälligkeiten auszuschließen: der fetischistische Transvestitismus (→ 7.2), ein effiminiertes homosexuelles Verhalten sowie Geschlechtsverkennungen als vorübergehende Symptome einer Psychose, schließlich Formen der Intersexualität. Gegenüber diesen Kriterien bleibt hier kritisch einzuwenden,

▶ dass sich die eingangs genannte sekundäre Transsexualität aus einem (fetischistischen) Transvestitismus heraus entwickeln kann (→ 7.2), was das Ausschlussprinzip einschränkt,

▶ dass das Prinzip der Komorbidität der psychiatrischen Diagnosesysteme impliziert, dass die Geschlechtsumwandlung bei einer vorausgehenden psychotischen Episode nicht in jedem Fall abgelehnt werden muss,

▶ dass es auch im Falle der Intersexualität in bestimmten Fällen sinnvoll ist, an eine Geschlechtsumwandlung zu denken (→ 5.3).

Beachtet werden müssen jedoch eine latent bestehende Suizidalität, die eine Suizidprophylaxe erforderlich machen könnte, sowie eine diagnostizierbare Alkohol-, Drogen- oder Medikamentenabhängigkeit, die ebenfalls einer Vorbehandlung zugeführt werden muss. Weiter haben sich endokrinologische Untersuchungen als notwendig erwiesen – in der Basisdiagnostik und wenn im Verlauf der weiteren Behandlung mit einer gegengeschlechtlichen Hormontherapie begonnen wird.

Bereits in dieser ersten Phase sollte darauf geachtet werden, wie konstant das drängende Bedürfnis ist, in der anderen Geschlechtsrolle zu leben. Ein sehr schwankendes Bedürfnis bedarf einer Abklärung möglicher Ursachen. Diese könnten in einem Unbehagen und an Schwierigkeiten im Umgang mit sozialen Rollenerwartungen liegen oder Ausdruck noch bestehender Adoleszenzkrisen sein. Auch ist es sinnvoll, den Transsexuellen darauf hinzuweisen, dass nicht die Operation der entscheidende therapeutische Schritt ist, sondern die voraussehbar jahrelange Vorbereitung darauf mit ständigen Überprüfungen, ob der Wechsel überhaupt sinnvoll ist und subjektiv bewältigt werden kann.

Diese erste Phase der Sicherstellung der Diagnose Transsexualität kann für sich genommen bereits mehrere Monate bis hin zu einem Jahr regelmäßiger Kontakte umfassen. Sie kann einer intensiven psychotherapeutischen Behandlung entsprechen oder eher im Sinne einer stützenden Beratung durchgeführt werden. Sie sollte dem Transsexuellen dazu verhelfen, die innere Stimmigkeit und Konstanz seines transsexuellen Wunsches zu erfassen und die Möglichkeiten und Grenzen einer Hormonbehandlung und geschlechtsverändernden Operation realistisch zu beurteilen.

Phase 2: Alltagstest. Während dieser Behandlungsphase erprobt der Transsexuelle, ob ihm der Geschlechtswechsel möglich ist. Er lebt 24 Stunden täglich in der angestrebten Rolle und überprüft das Gelingen des Rollenwechsels in allen wichtigen Aspekten: Gestik, Mimik, Kleidung, Schminken und soziales Verhalten. Er lernt die Reaktionen der Umwelt kennen und mit ihnen zurechtzukommen. Die affirmativ psychotherapeutische Begleitung in dieser Phase dient der persönlichen Verarbeitung von unvermeidbaren Schwierigkeiten und der Entwicklung persönlicher Kompetenz in der Ausgestaltung der neuen Geschlechtsrolle.

Bei gegebener Notwendigkeit können in dieser Phase Gespräche der Therapeuten mit Angehörigen, Partnern bzw. Vorgesetzen sinnvoll und notwendig werden. In großer Übereinstimmung wird heute der Alltagstest als ein ganz wesentlicher Anteil in der Behandlung von Geschlechtidentitätsproblemen angesehen, weshalb er eine Zeit von ein bis zwei Jahren umfassen kann.

Phase 3: Hormonbehandlung. Die somatischen Therapien werden zu irreversiblen oder zu kaum korrigierbaren körperlichen Veränderungen führen. In den Standards werden entsprechend einige Voraussetzung erwartet: Der Therapeut sollte den Patienten in der Regel mindestens ein Jahr kennen. Er ist dabei zu dem begründeten Urteil gekommen, dass bei dem Patienten folgende drei Kriterien erfüllt sind:
(1) innere Stimmigkeit des Identitätsgeschlechts und seiner individuellen Ausgestaltung,
(2) Lebbarkeit der gewünschten Rolle und
(3) realistische Einschätzung der Möglichkeiten und Grenzen somatischer Behandlung.

Bei Frau-zu-Mann-Transsexuellen kommt es nach unterschiedlich langer Hormonbehandlung zu einer deutlichen Vermännlichung der Stimme (Stimmbruch), die nicht mehr rückgängig gemacht werden kann. Mann-zu-Frau-Transsexuelle erleben nach mehrmonatiger Hormontherapie die irreversible Entwicklung von weiblichen Brüsten. Die Hormonbehandlung erfolgt unter endokrinologischer Kontrolle (zu den konkreten Möglichkeiten: Eicher, 1996a). Sie ermöglicht es dem Patienten, schon vor einer Operation den postoperativen subjektiven Zustand zu erleben. Im positiven Fall erleichtert die Hormonbehandlung dem Transsexuellen seine Situation im Alltag erheblich, mit zunehmend weiblichen bzw. männlichen Attributen wirkt der Betroffene im angestrebten Geschlecht überzeugender.

Phase 4: Geschlechtskorrigierende Operation. Die Operation schafft eine irreversible Situation. Die Eingriffe können deshalb erst nach einer sicheren Indikationsstellung erfolgen. Inzwischen muss sich erwiesen haben, dass der Transsexuelle mit der hormonellen Medikation psychisch und körperlich gut zurechtkommt, da sie lebenslang fortgesetzt werden muss. Die Standards legen fest, dass der Therapeut den Patienten in dieser Phase mindestens eineinhalb Jahre kennen sollte, dass der Transsexuelle bis zur Operation mindestens ein Jahr lang das Leben in der gewünschten Geschlechtsrolle erprobt und dass er mindestens ein halbes Jahr unter gegengeschlechtlicher Hormonbehandlung gestanden hat.

Der Therapeut hilft bei der Auswahl der Chirurgen, mit denen der Transsexuelle Gespräche über die verschiedenen Möglichkeiten operativer Eingriffe führen kann (vgl. Eicher, 1996b). Es ist nochmals Zeit darauf zu verwenden, die Entscheidung für die Operation gut zu durchdenken. Denn in dieser Phase sind erneut zwei Fachgutachten notwendig, aus denen zweifelsfrei die Zustimmung des Patienten zum geschlechtskorrigierenden Eingriff ablesbar ist. Die Folgen einer voreiligen Entscheidung sind offenkundig: Rückoperationen sind entweder überhaupt nicht oder äußerst schwierig und mit fraglichem Ausgang möglich.

Phase 5: Nachbetreuung. Auch wenn eine psychologische/psychotherapeutische Betreuung nach vollständiger Geschlechtsumwandlung nicht mehr vorgesehen ist, sollte sie empfohlen werden. Zwar gelingt bei entsprechender Vorbereitung die psychosoziale Integration in der Regel gut, doch können immer wieder Probleme auftreten. Dies gilt häufig angesichts des Wunsches, eine feste Partnerschaft eingehen zu wollen (Kockott, 1996). Andere kommen von sich aus erneut in Behandlung, weil sie nach der Operation eine Phase der psychischen Instabilität erleben, z.B. unter Depressivität leiden oder immer noch ständige Kämpfe um ihre sozial-gesellschaftliche Anerkennung führen müssen (Becker, 1998).

Nach der Darstellung des Phasenmodells ist zudem deutlich, dass die Zeitspanne für die notwendige psychotherapeutische Begleitung und Behandlung langwierig ist, formal mindestens eineinhalb Jahre betragen sollte, in der Regel jedoch deutlich länger ausfallen wird. Insgesamt bleibt nochmals zu bedenken, dass zwar die meisten Transsexuellen den Weg zur kompletten Geschlechtsumwandlung gehen möchten; es gibt jedoch immer wieder Betroffene, die vor allem in der Anfangsphase ihrer Therapie dennoch irgendeine andere Alternative für sich als Lösung ihres Problems annehmen können.

5.3   Intersexualität

Im Rahmen einer Darstellung der besonderen Probleme einer alternativen Geschlechtsidentität ist es sinnvoll, einen Exkurs über Menschen einzuschließen, bei denen sich Diskrepanzen zwischen ihrem genetischen, gonadalen, hormonellen oder genitalen Geschlechtsmerkmalen finden lassen. Bei dieser Untergruppe, deren Auffälligkeiten als Intersexualität zusammengefasst werden, bestehen in der Regel Schwierigkeiten, sie nach der Geburt eindeutig als männlich oder weiblich zu klassifizieren. Dennoch ist Intersexualität ein nach wie vor unscharf definierter Begriff, der lediglich den früheren pejorativ gefärbten Ausdruck der Zwitterbildung abgelöst hat (Garrels, 1998). Er ist phänomenologisch ausgerichtet und zielt auf klinisch erkennbare Äußerungen einer Störung der Geschlechtsdifferenzierung mit gleichzeitigem Vorkommen von Geschlechtsmerkmalen, die sich gewöhnlich entweder nur bei der Frau oder nur beim Mann finden. Er umfasst eine ernorme klinischen Variabilität: von einer isolierten Klitorishyperplasie bis hin zu einer Ausprägung der Geschlechtsambiguität, die eine weibliche oder männliche Geschlechtszuordnung zunächst beliebig erscheinen lässt.

Die Betroffenen weisen also bestimmte sexuelle Fehlbildungen oder Behinderungen auf, von denen einige medizinisch behandelt werden können, um eine befriedigende sexuelle Lebensweise zu ermöglichen. Sie können äußere und innere Geschlechtsorgane betreffen. Auf die Auffallendsten soll in den folgenden Abschnitten kurz eingegangen werden, während andere ausgeklammert bleiben, weil sie sehr selten sind. Insgesamt ist die Prävalenz der Intersexsyndrome unbekannt. Je nach Definition wird die Häufigkeit ihres Auftretens auf 0,1–2 Prozent geschätzt. Die nachfolgende Zusammenfassung der wichtigsten Aspekte orientiert sich an einer lesenswerte Ausarbeitung zum Thema von Cohen-Kettenis und Pfäfflin (2003).

5.3.1   Chromosomale Abweichungen und der Hermaphroditismus

Wenn sich bei der Befruchtung Spermium und Eizelle vereinigen, kann sich gelegentlich eine ungewöhnliche Konfiguration der Geschlechtschromosomen entwickeln. Wird im Normalfall dem immer weiblichen X-Chromosom in der Eizelle der Frau durch das eindringende Spermium ein weiteres X-Chromosom hinzugefügt, entwickelt sich genetisch bedingt ein Mädchen mit einem 46,XX-Chromosomensatz. Handelt es sich dabei um ein Y-Chromosom, entwickelt sich ein Junge mit einem 46,XY-Chromosomensatz (→ 3.1.1). Gelegentlich kann es jedoch zu Abweichungen von dieser Regel kommen, sodass mehr als die üblicherweise 46 Chromosomen vorhanden sind. Bekanntestes Beispiel ist die Trisomie 21, der Mongolismus bei Mädchen (47,XX,21+) bzw. bei Jungen (47,XY,21+). Solche Abweichungen lassen sich auch bei den für das Geschlecht zuständigen X- und Y-Chromosomen beobachten. Häufiger kommen dabei Trisomien vor, wie z.B. 47,XXX (Triplo-X-Frauen), 47,XXY (Klinefelter-Syndrom) oder 47,XYY (XYY-Typus). Die chromosomalen Abweichungen können in äußerst seltenen Fällen offensichtlich bis 49,XXXY bzw. 49,XXXX reichen.

Der bei jedem Embryo primär angelegte Vorgang ist die Entfaltung weiblicher Geschlechtsorgane. Das Y-Chromosom jedoch induziert die Entwicklung der männlichen Geschlechtsdrüsen und markiert damit den Beginn der Testosteronproduktion, der für die Entwicklung der anderen männlichen Geschlechtsorgane und -attribute verantwortlich zeichnet (→ 3.1.1). Fehlt dieser Entwicklungsschritt und damit ein Y-Chromosom, kommt es zur Ausfaltung weiblicher Geschlechtsorgane. Dies ist der Normalfall bei einem 46,XX-Chromosomensatz. Gelegentlich fehlt jedoch ein zweites Geschlechtschromosom, und es kommt zur Entwicklung des sog. Turner-Syndroms (45,X0).

Bei Vorhandensein eines Y-Chromosoms ist die männliche Gonadenanlage dominant festgelegt. Selbst wenn *mehrere* X-Chromosomen vorhanden sind, kommen deren Einflüsse vordergründig nicht mehr zur Geltung. Üblicherweise bleibt in diesen Fällen die Entwicklung der männlichen Geschlechtsorgane zurück, sodass eine Geschlechtsbestimmung der Kinder auf der Grundlage äußerer Geschlechtsmerkmale erschwert werden kann. Von den möglichen chromosomalen Abweichungen sollen nachfolgend beispielhaft zwei der häufiger vorkommenden Phänomene kurz beschrieben werden, die sich mit den Namen ihrer Entdecker verbinden: das Klinefelter- und das Turner-Syndrom. Doch zunächst zum sehr seltenen Phänomen des Hermaphroditismus.

Echter Hermaphroditismus

Äußerst selten kann es vorkommen, dass ein zweizelliges Ei von einem X- und einem Y-Spermium doppelt befruchtet wird (sog. Dispermie). In solchen Fällen kann ein so genanntes Mosaik-Individuum entstehen, bei dem sich XX-Zellen neben XY-Zellen finden (46,XX/46,XY). Bei der Geburt weisen die Kinder üblicherweise männliche und weibliche Geschlechtsorgane nebeneinander auf, entweder zu einem Organ (Ovotestis) vereinigt oder getrennt an unterschiedlichen Orten. Diese sehr seltenen Fälle werden seit alters her als Hermaphroditismus bezeichnet (nach Hermaphroditos, dem androgynen Sohn des Hermes und der Aphrodite in der griechischen Mythologie). Das weitere äußere Erscheinungsbild kann dabei ganz unauffällig sein und bleiben. Dennoch ist ein Hermaphroditismus verus mit generativer Potenz in beiden Geschlechtern unbekannt und Berichte darüber gehören in den Bereich mythologischer Überlieferung.

In unserer Gesellschaft, in der es offensichtlich kein drittes Geschlecht geben darf, kann es jedoch zu psychischen Problemen hinsichtlich der sexuellen Identität und Orientierung kommen. In der Folge einer Geschlechtszuweisung werden heute zumeist chirurgische Korrekturen in die eine oder andere Richtung vorgenommen, weshalb es in der Gegenwart nur noch selten Fallberichte über ein Leben mit Hermaphroditismus gibt. Vielleicht werden zukünftig die kritischen Einwände gegen eine zu frühe Festlegung beachtenswert, die wir eingangs des Kapitels angesprochen haben. Denn im Altertum kamen die Betreffenden offensichtlich recht gut als Zwitter zurecht und wurden wegen der sichtbaren göttlichen Bestimmung sehr verehrt. Um ihr Liebesleben herum jedenfalls ranken sich viele beeindruckende Legenden.

Klinefelter-Syndrom

Häufiger vorkommendes Beispiel für Abweichungen von der männlichen Konfiguration eines aus 23 Chromosomenpaaren bestehenden Kariotyps kann das Vorhandensein eines zusätzlichen X-Chromosoms darstellen (47,XXY; Klinefelter-Syndrom). Die Inzidenz wird auf 1:600 lebend geborene Jungen geschätzt. Von wenigen Ausnahmen abgesehen lässt sich das Geschlecht nach der Geburt als männlich bestimmen, und die Betreffenden werden als Jungen erzogen. Im Verlauf der Entwicklung können verschiedene Auffälligkeiten deutlicher werden. Im Kindesalter können 47,XXY-Patienten durch ihre leicht verminderte Intelligenz bei eher überdurchschnittlicher Körpergröße, durch mangelnde Vitalität mit gelegentlichen aggressiven Ausbrüchen und durch Schwierigkeiten insbesondere des Erlernens von Lesen, Schreiben und Rechnen auffallen. Vom Kindergartenalter an können sich Schwierigkeiten in den Beziehungen zu Gleichaltrigen entwickeln, weil sie wegen ihrer Rückgezogenheit, Unsicherheit und Passivität auffällig werden. Diese Schwierigkeiten können in der Jugend zunehmen.

Mehr als die Hälfte der Kinder wird wegen dieser Probleme in kinderpsychologischen und -psychiatrischen Einrichtungen vorgestellt. Um weiteren pathologischen Entwicklungen entgegenzuwirken, kann eine Testosteronbehandlung ab Beginn der Pubertät sinnvoll sein, mit der sich die Maskulinisierung befördern lässt. Mit dem dabei zunehmendem Konzentrationsvermögen lassen sich nicht nur die Schulleistungen verbessern, sondern es lässt sich auch ein günstiger Einfluss auf das Selbstwertgefühl und auf die zwischenmenschlichen Beziehungen beobachten. Von inzwischen in vielen Ländern vorhandenen und (www-) vernetzten Klinefelter-Gesellschaften werden seit einigen Jahren Leitlinien herausgegeben und aktualisiert, an denen sich Eltern, Professionelle und Betroffene für den Umgang mit häufig auftretenden Problemen orientieren können.

Geschlechtidentität, Geschlechtsrolle. Männer mit Klinefelter-Syndrom erleben sich selbst als weniger maskulin, auch wenn sich ihre geschlechtsrollentypischen Interessen und Aktivitäten nicht von Vergleichsgruppen unterscheiden. Dennoch wurden in Einzelfällen Geschlechtsidentitätsstörungen beobachtet.

Sexuelle Aktivität, sexuelle Orientierung, Fruchtbarkeit. Spätestens mit der Jugend fällt die ungenügende sexuelle Entwicklung auf. Die Hoden bleiben abnorm klein, im Ejakulat finden sich keine Spermien, sodass die Patienten unfruchtbar sind. Das Interesse am anderen Geschlecht ist wenig ausgeprägt. Sexuelle Aktivitäten scheinen sich erst in späteren Jahren zu entfalten und in der Häufigkeit immer deutlich hinter Gleichaltrigen zurückzubleiben. Andererseits scheinen viele Betroffene sehr wohl Befriedigung aus eingegangenen sexuellen Beziehungen zu ziehen.

Turner-Syndrom

Wenn nur ein einziges X-Chromosom vorhanden ist und ein zweites Geschlechtschromosom fehlt (45,X0; Ullrich-Turner-Syndrom; Gonadendysgenesie), entwickeln sich bei dieser chromosomalen Abweichung Ovarien mit primordialen Eiern und Prägranulosazellen, die für die weiblich-embryonale Entwicklung typisch sind. Sie unterscheiden sich bis zum Ende des dritten Schwangerschaftsmonats nicht von den Ovarien normaler 46,XX-Embryonen. Späterhin zeigen sich ein bindegewebiger Umbau der Ovarien und ungenügend ausgebildete Follikelzellen. Die rudimentären Gonaden ohne Keimzellen, die man bei älteren Kindern oder Erwachsenen mit 45,X0 findet, sind offensichtlich das Ergebnis eines degenerativen Prozesses. Ganz ähnliche Beobachtungen können in sehr seltenen Fällen auch in der Entwicklung von Menschen gemacht werden, die über einen normalen männlichen 46,XY-Chromosomensatz verfügen, bei denen offensichtlich das für die Testis-Entwicklung zuständige Gen (SRY) auf dem Y-Chromosom seine Funktion nicht erfüllt hat. Die Inzidenz des Turner-Syndroms wird auf 1:2.500 neugeborener Mädchen geschätzt.

Insgesamt betrachtet entwickeln Personen mit Gonadendysgenesie eine durchschnittliche Intelligenz. Ein Zurückbleiben in intellektuellen Fähigkeiten wird nur in einer Untergruppe beobachtet. Vermutlich wegen ihres deutlichen Minderwuchses entwickeln sich bei vielen dennoch emotionale Probleme, die sich in einem verminderten Selbstwertgefühl und in einer verminderten sozialen Kompetenz niederschlagen können. Im Vergleich zu Gleichaltrigen gehen sie seltener und weniger sozial befriedigende zwischenmenschliche Beziehungen ein.

Um eine pubertäre Entwicklung anzuregen und um einer Osteoporose vorzubeugen wird beginnend mit dem 12. Lebensjahr eine regelmäßige Östrogen-Medikation empfohlen. Auch kann das Wachstum durch entsprechende medikamentöse Behandlung weiter angeregt werden. Von inzwischen in vielen Ländern vorhandenen und (www-)vernetzten (Ullrich-)Turner-Gesellschaften werden seit einigen Jahren Leitlinien herausgegeben und aktualisiert, an denen sich Eltern, Professionelle und Betroffene für den Umgang mit häufig auftretenden Problemen orientieren können.

Geschlechtidentität, Geschlechtsrolle. Menschen mit Turner-Syndrom entwickeln eine weibliche Geschlechtsidentität und zeigen in der Regel durchgängig Interessen und Vorlieben, wie sie für Mädchen typisch sind.

Sexuelle Aktivität, sexuelle Orientierung, Fruchtbarkeit. Von wenigen Ausnahmen abgesehen entwickeln die Mädchen mit Gonadendysgenesie eine heterosexuelle Geschlechtspartnerorientierung, auch wenn sie im Vergleich mit Gleichaltrigen erst später sexuell aktiv werden. Eher selten findet man negative Einstellungen zum eigenen Köper, vor allem den Kleinwuchs betreffend. Sexuelle Beziehungen werden in der Regel als befriedigend erlebt. Wegen der Gonadenveränderung sind sie unfruchtbar. In Ländern, in denen dies möglich ist, könnte dies Problem mittels Fertilisation in vitro überwunden werden.

5.3.2 Intersexsyndrome und Pseudo-Hermaphroditismus

Während das Kind im Mutterleib heranwächst, entwickeln sich seine inneren und äußeren Organe, auch seine Geschlechtsorgane, bis zu der Vollkommenheit, die bei der Geburt sichtbar sind ($\rightarrow$ 3.1.1). In seltenen Fällen können Störungen dieser Entwicklung auftreten, die dazu führen, dass das Kind mit unvollständig entwickelten Geschlechtsorganen geboren wird. Die bereits in den ersten Wochen nach Befruchtung einsetzende Entwicklung der Geschlechtsorgane benötigt das jeweilige hormonelle Milieu, um sich störungsfrei zu entfalten. So können sich beim männlichen Fötus Probleme einstellen, wenn nicht hinreichend Testosteron zur Verfügung steht oder das Zielgewebe nicht darauf anspricht. Ähnliches kann bei der Entwicklung der weiblichen Geschlechtsorgane beobachtet werden. In der Folge können Kinder geboren werden, bei denen sich das Geschlecht nicht mehr gut bestimmen lässt. Diese Phänomene werden als Pseudo-Hermaphroditismus bezeichnet.

Fehlentwicklungen dieser Art können sich auch noch im weiteren Verlauf der Schwangerschaft einstellen. Dies kann passieren, wenn eine an sich normale weibliche 46,XX-Entwicklung pränatal einem zu hohem Ausmaß von Androgen ausgesetzt wurde oder wenn eine männliche 46,XY-Entwicklung zeitweilig in einer extrem verminderten Testosteron-Umgebung verläuft. Auch in solchen Fällen ist das Geschlecht des Neugeborenen oft schwer bestimmbar, da unvollständig entwickelte Geschlechtsorgane bei Jungen und Mädchen sehr ähnlich aussehen. Das Ausmaß der jeweiligen Eigenarten kann extrem variieren. Kinder mit einem 46,XX-Kariotyp können eine deutlich vergrößerte Klitoris aufweisen und 46,XY-Kinder einen deutlich kleineren Penis, der im Extrem nicht größer als eine Klitoris ausfallen kann. Zwei dieser möglichen Phänomenbereiche sollen nachfolgend kurz beschrieben werden.

Androgenresistenz bei testikulärer Feminisierung

Bei der Androgenresistenz (engl. Androgen Insensitivity Syndrom) handelt es sich um eine rezessiv geschlechtsgebundene erbliche Intersexform mit äußerlich rein weiblichen, gonadal und chromosomal (46,XY) aber männlichen Geschlechtsmerkmalen als Folge einer pränatalen Hodeninsuffizienz und/oder einer angeborenen Androgenresistenz der Zielorgane. Die Androgenrezeptoren können sich dabei als vollständig oder nur partiell unempfänglich gegenüber Androgenen verhalten. Die vorhandenen Testes produzieren zwar Testosteron, dennoch entwickeln sich die männlichen Geschlechtsorgane nicht erwartungsgemäß, weil die Körperzellen das Testosteron nicht in Dihydrotestosteron umwandeln können. Bei der Geburt weisen 46,XY-Kinder mit einer *partiellen* Einschränkung der *Androgenempfindsamkeit* normale bis uneindeutige äußere weibliche Genitale in einer großen Spannweite der Möglichkeiten auf (testikuläre Feminisierung). In Abhängigkeit von dem Ausmaß, mit dem sich die Genitale zuordnen lassen, wird ihnen bisher entweder das weibliche oder das männliche Geschlecht zugewiesen. Kinder mit *vollständiger Androgenresistenz* haben zumeist unterentwickelte männliche Geschlechtsdrüsen (Gonaden) mit einem weiblich erscheinenden äußeren Genital. Hier fehlen jedoch Uterus und Tuben. Da diese Kinder zumeist als Mädchen aufwachsen, kann die Diagnose häufig erst später im Leben gestellt werden, z.B. weil in der Pubertät die erwartete Menstruation ausbleibt. Die Inzidenz der Androgenresistenz wird auf etwa 1:20.000 beziffert.

Da die partielle Androgenresistenz wegen ihrer zweideutigen Geschlechtsmerkmale früh entdeckt werden kann, können ebenfalls früh operative Eingriffe empfohlen werden (zur Kritik: die Anmerkungen in der Kapiteleinführung sowie „Minderheit fordert Anerkennung" zum Schluss dieses Kapitels). Der meist zu kleine Penis kann vergrößert oder eine Vagina angelegt werden. Im Falle der Entscheidung für ein Mädchen kann – ähnlich wie bei der Transsexualität –

spätestens in der Jugend an eine Vertiefung der Vagina gedacht werden, um Geschlechtsverkehr zu ermöglichen. Die Eierstöcke werden zumeist ebenfalls früh entfernt, um einer möglichen Krebsgefahr vorzubeugen. Zusätzlich werden Östrogene verabreicht, um die Entwicklung weiterer weiblicher Geschlechtsmerkmale anzuregen.

Geschlechtidentität, Geschlechtsrolle. Nicht alle Kinder, denen mit unvollständiger Androgenresistenz die Mädchenrolle zugewiesen wurde, entwickeln ganz ohne Probleme eine entsprechende Geschlechtsidentität. Wiederholt gibt es Berichte einer Geschlechtsidentitätsstörung in der Kindheit. In einer Gruppe von vier Jungen mit dieser Störung entschied sich im späteren Leben einer, als Frau zu leben, auch wenn er nach außen hin weiter als Mann mit männlicher Kleidung aufgetreten ist. Bei vollständiger Androgenresistenz wachsen die Betroffenen als Mädchen auf. Dennoch scheint eine größere Untergruppe männliche Interessen und Aktivitäten zu bevorzugen.

Sexuelle Aktivität, sexuelle Orientierung, Fruchtbarkeit. Frauen mit partieller Androgenresistenz erscheinen in der überwiegenden Zahl der Fälle in ihren Beziehungen typischerweise heterosexuell orientiert. Auch Frauen mit vollständiger Androgenresistenz unterscheiden sich in der Regel nicht von anderen Frauen in ihren Beziehungen und in der Geschlechtspartnerorientierung. Frauen mit Androgenresistenz sind üblicherweise unfruchtbar, da sie mit männlichen Gonaden geboren werden, die im späteren Leben gewöhnlich entfernt werden.

Adrenogenitales Syndrom

Beim Adrenogenitalen Syndrom (AGS; engl. Congenital Adrenal Hyperplasia; ACH) handelt es sich um eine chronisch verlaufende endokrine Störung, bei der die Embryonen in bestimmten Phasen der Schwangerschaft intrauterin abnorm erhöhten androgenen Steroidhormonen ausgesetzt waren. Dies kann insbesondere bei Frauen im Laufe des Lebens zu einer auffälligen Virilisierung führen. Diese Entwicklung kann bei 46,XX-Kindern bereits bei Geburt in Veränderungen der Genitale sichtbar werden und sich bis zu einem pseudohermaphroditischen oder pseudomaskulinen Bild weiterentwickeln. Es kann zu frühzeitigem Auftreten von Scham- und Achselbehaarung, vermehrter Muskelentwicklung und beschleunigtem Wachstum in den ersten Lebensjahren kommen, aber auch zu einem frühzeitigen Wachstumsabschluss. Bei 46,XY-Knaben findet sich eine Pseudopubertas praecox, d.h. eine vorzeitige Entwicklung der sekundären Geschlechtsmerkmale ohne entsprechende Reifung der Hoden, oder ähnliche Wachstumsbeschleunigungen wie bei Mädchen. Bei Mädchen kann die Ovarialfunktion nicht recht in Gang kommen. Die Inzidenzschätzungen reichen von 1:5.000 bis 1:15.000 Lebendgeburten.

In ihren intellektuellen Möglichkeiten unterscheiden sich die Betroffenen nicht von Vergleichsgruppen. Frauen tendieren jedoch mehr zu männlichen Fähigkeiten als zu denen, bei denen Frauen ganz allgemein Männern gegenüber im Vorteil sind (vor allem bei visuellen und verbalen Aufgabenstellungen).

Das adrenogenitale Syndrom ist durch Nebennierenrindenhormone von cortisolartiger Wirkung therapeutisch gut zu beeinflussen. Früher Beginn der Therapie und lebenslange Fortführung scheinen allerdings notwendig zu sein. Bereits während der Schwangerschaft kann eine Dexamethason-Behandlung dem fötal-adrenalen Hyperandrogenismus und damit der Virilisierung der äußeren Genitale bei Mädchen vorbeugen helfen. Die männlichen Genitalanteile können bereits kurz nach der Geburt in ein weibliches Aussehen operativ korrigiert werden (man beachte jedoch die kritischen Einwände dazu in der Einleitung und zum Schluss dieses Kapitels).

Geschlechtidentität, Geschlechtsrolle. Wegen der genitalen Virilisierung werden 46,XX-Kinder nicht gleich nach der Geburt als Mädchen erkannt, was gelegentlich zu einer männlichen Geschlechtszuweisung führte und eine Erziehung als Junge zur Folge hatte. Geschlechtsidentitätsstörungen in der Kindheit waren nicht selten. Frauen hingegen entwickeln zumeist eine weibliche Geschlechtsidentität, dennoch werden auch bei ihnen später manchmal Geschlechtsdysphorie und Zweifel an der Geschlechtsidentität beobachtet. In der Kindheit und Jugend ist ein gegengeschlechtliches Rollenverhalten, das der Geschlechtsidentitätsstörung entspricht, nicht ungewöhnlich.

Sexuelle Aktivität, sexuelle Orientierung, Fruchtbarkeit. Bei Frauen mit AGS ist eine heterosexuelle Geschlechtspartnerorientierung zwar die Regel, dennoch werden mehr homosexuelle Entwicklungen berichtet, als sie in Vergleichsgruppen zu finden sind. Die Fruchtbarkeit scheint gegenüber nicht betroffenen Frauen ebenfalls vermindert. Dies könnte seine Ursache in nicht optimal ausgestalteten hormonellen Behandlungen haben. Insgesamt gesehen fallen die unterschiedlichsten sexuellen Neigungen, Interessen und Aktivitäten etwas geringer aus, als dies bei Frauen ohne AGS der Fall ist.

5.3.3 Implikationen einer affirmativen Behandlung

Insbesondere die pseudohermaphroditischen Intersexsyndrome sollten von Anbeginn der Entdeckung an unter Einbeziehung allen Fachwissens möglichst in (interdisziplinärer) Zusammenarbeit zwischen Psychologen, Medizinern und Eltern behandelt werden. Wenn sich Kinder einem Geschlecht nicht eindeutig zuordnen lassen, stellt dies nicht nur für viele Professionelle, sondern auch für die meisten Eltern und schließlich für die Betroffenen selbst eine traumatische Erfahrung dar, die sich gelegentlich schwer handhaben lässt. Dennoch sollten die Eltern unmittelbar in Kenntnis gesetzt werden. Dafür muss hinreichend Zeit eingeräumt sein, insbesondere wenn die Eltern zunächst überfordert scheinen. In einzelnen Fällen kann es sich als notwendig erweisen, dass einige Elternpaare eine gewisse Zeit lang therapeutische und beratende Unterstützung benötigen.

Aufklärung der Kinder. Sobald dies möglich ist, sind natürlich auch die betroffenen Kinder selbst in Kenntnis zu setzen. Letztendlich wird man niemals darum herum kommen, den Kindern die ganze Geschichte in ihrer Komplexität darzustellen – auch wenn dies in Abhängigkeit vom jeweiligen Alter am besten nach und nach erfolgen wird. Viele benötigen diese Erklärungen, weil sie wegen ihrer Defizite bereits im frühen Alter nicht nur medizinisch-medikamentöse, sondern auch kinderpsychotherapeutische Unterstützung etwa zur Vermittlung altersentsprechender Kompetenzen, logopädische Behandlungen zur Verbesserung sprachlicher Fertigkeiten oder Formen der Nachhilfe bei Problemen in der Schule benötigen werden (vgl. zur differenziellen Behandlung insbesondere Cohen-Kettenis & Pfäfflin, 2003).

Geschlechtskorrekturen. Wie einleitend erwähnt, kommt seit Beginn der 1990er Jahre die bis dahin übliche Praxis in die Kritik, bei Schwierigkeiten der Geschlechtsbestimmung diese möglichst frühzeitig eindeutig festzulegen – oder noch weiter reichend: genitale Fehlentwicklungen möglichst frühzeitig mithilfe operativer Eingriffe in die erwartbar beste Richtung zu korrigieren. Diese Kritik wird insbesondere von Betroffenenverbänden artikuliert und gründet sich vor allem auf Einzelfälle, in denen sich für die Betroffenen eine frühe psychologische und operative Festlegung der Professionellen und Eltern als die später nicht mehr gewünschte und damit falsche Entscheidung erwiesen hat (vgl. die Fallbeschreibung in → Kapitel 3.1.2). Entsprechend radikal wird von Betroffenenverbänden die Forderung erhoben, grundsätzlich zuzuwarten, bis das Kind selbst in der Lage ist, diese wichtige Entscheidung selbst vorzunehmen.

In den meisten Fällen mit weniger gravierenden genitalen Entstellungen oder mit einer unklaren Prognose sollte in der Tat zugewartet werden, bis das heranwachsende Kind in eine Entscheidung einbezogen werden kann. Ganz zweifelsohne ist es so, dass frühe Fehlentscheidungen und dann folgende operative Geschlechtskorrekturen bei weitem nicht immer auf lange Sicht einen positiven Verlauf und Ausgang genommen haben. Inzwischen mehren sich die Hinweise, dass eine zum Zwecke der späteren Mitentscheidung des Kindes aufgeschobene Geschlechtsfestlegung nicht die negativen Wirkungen auf das Kind haben muss, wie dies von vielen Sexualforschern in den 1970er und 1980er Jahren noch befürchtet wurde – ein entsprechend positiv eingestelltes Erziehungsumfeld vorausgesetzt, das sich für die persönlichen Belange des Kindes einzusetzen vermag.

Andererseits ist aber auch anzumerken, dass in den allermeisten Fällen die Feststellung des chromosomal vorliegenden Geschlechts mithilfe der heute vorhandenen diagnostischen Möglichkeiten gut gelingt. In solchen Fällen kann unter Abwägung aller Pro und Contra nach wie vor eine Entscheidung bereits früh nach der Geburt getroffen werden. Diese kann sich schon deshalb als die beste der Möglichkeiten erweisen, weil es für das Kind selbst Probleme aufwerfen könnte, mit genitalen Fehlbildungen aufwachsen zu müssen. Das Leben mit einem abweichenden Geschlecht steht in unserer Gesellschaft nach wie vor in einem wenig akzeptierenden Umfeld.

Als viel problematischer hat es sich inzwischen erwiesen, wenn Professionelle die Eltern sowie wenn Eltern ihre Kinder zu lange in Unklarheit und Unwissen belassen. „Zu spät" informiert zu werden, kann offensichtlich traumatischere Folgen haben, als wenn „die Wahrheit" möglichst unmittelbar oder frühzeitig zur Kenntnis gegeben wird und dann konstruktiv verarbeitet werden kann (Cohen-Kettenis & Pfäfflin, 2003).

Ein weiteres Problem wird immer einmal wieder darin bestehen, dass es Eltern bei der Geburt ihres Kindes mit Professionellen zu tun bekommen, die selbst nicht fachkundig genug sind, Probleme der Intersexualität angemessen zu erkennen, und/oder die sich – aus welchen (unakzeptablen) Gründen auch immer – scheuen, ihrer Aufklärungspflicht nachzukommen, oder die es sogar vermeiden, sich der fachkundigen Hilfe weiterer Spezialisten zu bedienen. Langfristige gravierende Folgeschäden für die gesundheitliche Entwicklung der Betroffenen, die auf Unkenntnis der gegebenen Intersexualität beruhen, sind in Fallberichten ebenfalls vielfältig dokumentiert. Es handelt sich dabei um teils gravierende Schäden für Leib und Seele des Heranwachsenden, die sich bei früher Kenntnis der tatsächlichen Gegebenheiten und bei sachkundiger Behandlung hätten weitgehend vermeiden lassen.

Eine weitere Minderheit fordert Anerkennung und Toleranz

Das in Gesellschaft wie Wissenschaft dominierende binäre Geschlechterverständnis führte lange Zeit zu der einheitlichen Auffassung, dass eine frühe eindeutige Geschlechtszuweisung notwendig sei. Trotz verschiedener theoretischer Vorstellungen über Kausalität der Geschlechtsidentität waren die Empfehlungen für Kriterien, nach denen die Geschlechtszuweisung erfolgen sollte, größtenteils einheitlich. Sie waren vor allem an der Morphologie der äußeren Geschlechtsmerkmale, am zu erwartenden Verlauf und an Behandlungsmöglichkeiten orientiert. Wesentlich durch die Betroffenen selbst, die sich mithilfe der Möglichkeiten, die das Internet bietet, zunehmend in Vereinigungen zusammenschließen, wird zurzeit eine radikale Änderung dieser Perspektive eingefordert: fort von einer vermeintlich wissenschaftlich legitimierten „objektiven" Position „nicht intersexueller" Forscher, die ihre Verankerung in der gesellschaftlichen Normativität des binären Geschlechterverhältnisses nicht in Frage stellen, hin zur Position der Betroffenen. Garrels (1998) hat den Stand der aktuellen Diskussion zusammengefasst und kommentiert, der in einigen Aspekten zitiert werden soll (Garrels, 1998, S. 208 f.).

„Die Veröffentlichungen Betroffener sind um die Unmöglichkeit, sich als Intersexueller sicher dem einen oder anderen Geschlecht zuzuordnen, zentriert. Zuvor war in einzelnen Veröffentlichungen verschiedener Ärzte und Forscher zwar immer wieder dargestellt worden, dass Intersexuelle einen Geschlechtswechsel anstrebten oder auch durchführten, allerdings immer mit der Implikation, dass die ursprüngliche Geschlechtszuweisung falsch gewesen sei. (…) Bei ‚richtiger' und rechtzeitiger Geschlechtszuweisung und adäquater Behandlung wurde durchgehend vorausgesetzt, dass eine eindeutige und stabile Geschlechtsidentität erreicht würde. Die zahlreichen Äußerungen, Bekenntnis, Lebens- und Erfahrungsberichte der Betroffenen stellen nun unübersehbar die tradierte wissenschaftliche Auffassung in Frage und ihre eigene *gender dysphoria* (die nicht die der Transsexuellen ist!) in den Vordergrund. Sich als Intersexuelle oder Intersexueller zu bekennen, geht mit dem Anspruch einher: sich nicht mehr in das gesellschaftlich vorgesehene Prokrustesbett für die Frau bzw. für den Mann zu begeben, sondern das Intersexuell-Sein – auch im Sinne einer Geschlechtsidentität – in das Selbstverständnis aufzunehmen und vielleicht sogar öffentlich zu äußern. (…)

Da ist zunächst ein verändertes Selbstverständnis von Patienten mit wachsenden autonomen Bedürfnissen und Ansprüchen gegenüber Ärzten und Wissenschaftlern. Sie bestehen darauf, offen und umfassend über die Erkrankung und Behandlungsmöglichkeiten informiert zu werden, und verlangen, an Entscheidungen über Therapieschritte zumindest beteiligt zu werden. Sie lesen häufig ihre Krankengeschichten, beschäftigen sich mit medizinischer und wissenschaftlicher Literatur und organisieren sich in Selbsthilfegruppen und Interessenverbänden, über die sie allmählich auch Einfluss auf Behandlungsstandards und gesundheitspolitische Vorgaben nehmen. (…)

Wird die kollektive *gender dysphoria* Intersexueller als relevant angesehen, taucht die Frage auf, ob die wissenschaftliche Community diese jahrelang übersehen oder verschwiegen hat oder ob wir gerade Zeugen eines neuerlichen Umbruchs werden. Auch wenn zu vermuten ist, dass die offensichtliche, vielmehr aber noch die latente *gender dysphoria* Intersexueller von Ärzten und Wissenschaftlern jahrzehntelang nicht ausreichend berücksichtigt und kaum jemals gezielt untersucht worden ist, spricht dennoch viel für einen Umbruch, der von den zunehmend organisierten Intersexuellen in einer veränderten kulturellen Situation vollzogen wird. (...) Die Problematisierung des traditionellen binären Geschlechtsverhältnisses durch Intersexuelle, die sich in neuer Weise nach innen und außen als Geschlechtsindividuen sui generis definieren, ist Ausdruck dieser Prozesse.

Angemerkt werden muss, dass diese Position natürlich nicht für alle Intersexuellen eine Option darstellen kann. Dazu ist das Phänomen Intersexualität zu vielfältig und dazu sind intersexuelle Menschen viel zu unterschiedlich. Doch es ist bereits zu erkennen, dass von den Intersexuellen und ihren neu entstehenden Organisationen Impulse ausgehen, die (...) das traditionelle Geschlechterverhältnis in Frage stellen. Darin liegen Risiken: weitere Radikalisierung der Positionen sowie Bruch mit Ärzten und Wissenschaftlern. Und darin liegen Chancen: Solidarisierung der Intersexuellen untereinander, (...) partnerschaftliche und von gegenseitigem Respekt gegenüber autonomen Interessen getragene Zusammenarbeit mit Ärzten und Wissenschaftlern und vor allem eine konstruktive und kritische Auseinandersetzung mit dem eingefahrenen Diskurs über die Geschlechtsidentität Intersexueller" (Garrels, 1998, S. 208 f.; mit freundlicher Genehmigung des Georg Thieme Verlags).

Publikationsforum. Zum Schluss dieses Kapitels noch der Verweis auf ein Internet-Publikationsforum, dem „International Journal of Trangenderism", das von Pfäfflin, Coleman und Bockting (verantwortlich) sowie von Ekins und King (assoziiert) herausgegeben wird (http://www.symposion.com/ijt/). In diesem frei zugänglichen Periodikum werden seit einigen Jahren Fragen zu Problemen der Heterosexualität, Homosexualität, Transsexualität und Intersexualität auf hohem Niveau abgehandelt – eine unverzichtbare Quelle für jene, die sich für Fragen, wie sie in diesem Buch bis hier aufgeworfen wurden, interessieren.

Teil III
Sexuelle Präferenzen und
Sexuelle Störungen

6 Paraphilien und die Vielfalt sexueller Vorlieben und Neigungen

Unglücklicherweise hatte Sigmund Freud den zu seiner Zeit unter Psychiatern und in der Rechtssprechung gebräuchlichen Begriff der Perversion für die Kennzeichnung sexueller Abweichungen aller Art übernommen – und dies, obwohl er selbst strikt der Ansicht war, dass nicht gleich jede eigenwillige sexuelle Neigung oder Präferenz eines Menschen als psychisch gestört zu bewerten sei. Wenn man Freud (1905/1915) genau liest, kommt man nicht um das Zugeständnis herum, dass für ihn nur jene Perversionen als psychische Störung galten, die bei Betroffenen subjektives Leiden auslösten, die ein zwanghaftes Wiederholen implizierten oder die destruktive Impulse zur Folge hatten. Dennoch trennte er selbst nicht immer ganz sauber. Die mit dieser Unklarheit verbundene Ambivalenz verführte viele seiner Nachfolger, die Perversionen schlechthin mit psychischer Störung gleichzusetzen.

Im Sinne der auf Freud zurückgehenden psychoanalytischen Auffassung werden sexuelle Perversionen als Folge einer „fixierten" oder „gehemmten" psychosexuellen Entwicklung angesehen. Danach wird jedes Kind mit einem starken sexuellen Trieb geboren, der im Fall „perverser Fehlentwicklungen" jedoch nicht seinen sozial angemessenen Ausdruck finden kann. Zu Beginn seines Lebens erscheine jedes Kind irgendwie „polymorph pervers", das heißt „verdreht" in vielfältigen Formen und verschiedenen Entwicklungsstadien – ein diffus-polyvalenter Ausgangszustand, der dann kulturell in die „rechte Bahn" zu lenken sei. Ein Entwicklungsprozess in Richtung einer reifen Sexualität kann nun in der Weise gestört verlaufen, dass es zu einer, zumeist erziehungsbedingten „Fixierung" kommt. Gemeint ist damit das Festhalten an unreifen und kindlichen Ausdrucksformen ungelenkter Sexualität. Der Mensch bleibt dann bis in das Erwachsenenalter hinein „unreif" und gehört damit zum Kreis der „perversen" Personen.

Freizügigkeit und Ausgrenzung. Diese psychoanalytische Auffassung fand bald weite Anerkennung und hatte erheblichen Einfluss auf die Kindererziehung in Europa und Nordamerika. Auch hat diese Entwicklung ihren eigenen positiven Beitrag zur Liberalisierung der Auffassungen gegenüber der menschlichen Sexualität beigetragen – indem sie eine freizügigere Sexualerziehung beförderte. Im Gegenzug allerdings hat sie zur weiteren Ablehnung und Stigmatisierung vermeintlich „perverser" Handlungen beigetragen. Verhalten sich Menschen „pervers", indem sie etwa ungewöhnliche fetischistische oder transvestitische Vorlieben entwickeln, wurden und werden sie (auch wegen der öffentlichen Maßgeblichkeit tradierter psychoanalytischer und psychiatrischer Auffassungen) inzwischen sogar in weiten Teilen der Bevölkerung ganz allgemein als psychisch gestört angesehen – dies übrigens einschließlich der psychoanalytischen Annahme, dass irgendetwas in der elterlichen (Sexual-)Erziehung falsch gelaufen sein muss. Das Stigmatisierungsproblem und die damit mögliche Ablehnung bis Ausgrenzung von Menschen betrifft nicht nur die vermeintlich „Perversen", sondern reicht häufig bis in die Familien der Betroffenen hinein.

Nicht zuletzt aus diesem Grund standen der Begriff „Perversion" wie die mit ihm verbundenen ätiologie-theoretischen Implikationen wiederholt im Mittelpunkt einer heftig vorgetragenen Kritik. Diese wurde von zahlreichen, vor allem empirisch arbeitenden Sexualforschern vorgetragen, die in ihren Forschungsarbeiten viele der tiefenpsychologischen Hypothesen *nicht* bestätigen konnten. Immer wieder wurde bezweifelt, dass ein „korrekter" oder „normaler" Sexualtrieb existiert, der „pervertiert" werden könne (Kronfeld, 1923; Haeberle, 1983; Grinspoon et al., 1986). Von den empirischen Grundlagen, die diesen Zweifel inzwischen gut begründen, wird in den folgenden Kapiteln über die Vielfalt sexueller Präferenzen und Interessen ausführlich die Rede sein.

6.1 Von der Normalität der Perversionen

Nicht zuletzt seit den Kinsey-Reporten (1948; 1953) wird von Seiten der empirisch arbeitenden Sexualforschung auch nicht mehr in Zweifel gezogen, dass vermutlich jeder Mensch bis zu einem gewissen Grad von irgendeiner Art von „Perversion" betroffen scheint. Millionen Männer und Frauen masturbieren oder haben Phantasien von sexuellen Orgien. Unzählige Menschen verspüren homosexuelle Neigungen oder inzestuöse Wünsche. Viele sammeln Liebesbriefe, Haarlocken, Taschentücher oder Kleidungsstücke einer geliebten Person, sei sie nun gleichen oder gegenteiligen Geschlechts. Andere wiederum sind von großen Puppen fasziniert, die zeitweilig sogar zum Mittelpunkt des sexuellen Lebens werden können. Viele Sadomasochisten leben in sexuellen Beziehungen Aggressionen aus oder verhalten sich unterwürfig – und die meisten von ihnen tun dies, wie wir sehen werden, zur beiderseitigen Zufriedenheit.

6.1.1 Perversion?

Insofern, so scheint es, hatte Sigmund Freud recht – jedenfalls was die „Polymorphie" sexueller Vorlieben und Neigungen angeht. Wegen der unglaublichen

Verbreitung vermeintlich pervers-pathologischer Neigungen in der Bevölkerung hätte man eigentlich schon sehr bald nach dem Kinsey-Report zur Überzeugung gelangen können, dass es sich bei den meisten Perversionen gar nicht um psychische Störungen oder absonderliche Krankheiten handeln kann – es sei denn, man unterstellte uns Menschen insgesamt perverse und damit völlig abartige sexuelle Neigungen. Richtig ist vielmehr, dass es sich bei vielen sexuellen Präferenzen um nichts anderes handelt, als um den vielleicht gelegentlich übertriebenen, aber ansonsten allgemein verbreiteten Ausdruck ganz normaler menschlicher Neigungen. Kinsey und Kollegen fanden deshalb bereits damals den Begriff „Perversion" entbehrlich.

Psychische Abweichung oder Störung? In Deutschland begünstigte die ständige Herausforderung der Kliniker durch forensisch-psychiatrische Fragestellungen im Umfeld des Sexualstrafrechts eine deskriptive Annäherung an die Perversion. Insbesondere Giese (1962) betonte die beziehungsstiftende Funktion der Perversionen und unterschied zwischen den *nicht* grundsätzlich devianten Perversionsstilen einerseits und devianten Perversionen im engeren Sinne andererseits. Sein Perversionskonzept erlangte Bedeutung im Rahmen der Strafrechtsreform-Gesetzgebung von 1969, nach der nicht nur die Homosexualität keine Verletzung der im Sexualstrafrecht propagierten Normen darstellte. Die forensische bzw. Kriminalpsychiatrie versuchte zunächst an ihrem Bild der Perversion als Sexualpsychopathie festzuhalten und bekämpfte Gieses von Seiten der Judikative akzeptierte Fassung des Perversionsbegriffs oder rezipierte ihn nur zögernd und widerstrebend (vgl. Pfäfflin, 1989).

Deshalb dürfte es sich selbst heute noch für viele Fachleute etwas erstaunlich ausnehmen, wenn auch wir in diesem Buch, nun mehr auf der Grundlage empirischer Forschungsarbeiten, die meisten Personen mit fetischistischen, transvestitischen, sexuell-masochistischen und sexuell-sadistischen Neigungen – jedenfalls was ihre sexuellen Präferenzen angeht – (erneut und ausdrücklich) von jeglicher Art psychischer Gestörtheit ausnehmen werden.

Nur weil sich bei einer kleineren Untergruppe von Sexualstraftätern immer wieder vermeintlich abweichende sexuelle Neigungen und Interessen finden lassen, verführte dies lange Zeit zu der Annahme, diese abweichenden sexuellen Präferenzen mit psychischer Gestörtheit gleichzusetzen. Man vermutete, dass diese sexuellen Präferenzen prinzipiell das psychisch bedingte Risiko zur Sexualdelinquenz implizierten. Dieser Rückschluss jedoch ist nicht statthaft. Er würde in konsequenter Anwendung nämlich beinhalten, dass man schlussendlich auch die Heterosexualität und „ganz normale" sexuelle Neigungen und Interessen als psychische Störungen definieren müsste, werden doch die meisten sexuellen Gewalttaten von heterosexuellen Personen mit zugleich „ganz normal" anmutenden sexuellen Präferenzen verübt (→ 9.1).

6.1.2   Normalität?

Was die Gesellschaft ablehnt, ist in erheblichem Ausmaß davon abhängig, was in der Sexualwissenschaft, in der Psychiatrie und in der Psychologie als nicht normal, psychisch gestört oder sogar als krankhaft angesehen wird. Wir haben es mit einem sorgsam zu bedenkenden Teufelskreis der Wechselwirkungen sozial-gesellschaftlicher und wissenschaftlicher Beurteilungsprozesse zu tun. Dass sexuelle Neigungen und Vorlieben persönliches Leiden verursachen können, ist nicht weiter erstaunlich, wenn man sich vor Augen führt, welches Stigma mit den „Perversionen" inzwischen verbunden ist. Wenn man die Literatur zu den Perversionen einmal mit den Augen der Betroffenen zu lesen versucht, ist es auch nicht weiter verwunderlich, dass sie Ängste entwickeln, wenn sie gelegentlich völlig unreflektiert mit Kindsmissbrauchern, Vergewaltigern und Sexualmördern in eine Reihe gestellt werden (vgl. z.B. Becker, 2001). Verwunderlich ist auch nicht, welche Abscheu vor sich selbst viele Menschen empfinden, nur weil sie wissenschaftlich vertretene Ansichten auf sich selbst in Anwendung bringen und dann glauben, zum Kreis der vermeintlich Pervertierten zu gehören.

Sexuelle Fantasien. Seit dem Kinsey-Report (1948; 1953) gibt es wiederholt durchgeführte Befragungsstudien über das allgemeine Vorkommen von sexuellen Präferenzen, Neigungen, Fantasien und Verhaltensweisen, die als abweichend von einer moralischen Durchschnittsnorm angesehen werden könnten. Beispielsweise befragten Crepault und Coulture (1980) 94 Männer hinsichtlich ihrer sexuellen Fantasien während der Masturbation oder während eines Geschlechtsverkehrs. Von den Befragten berichteten 61 Prozent von der Vorstellung, junge Mädchen zur Sexualität zu verführen; 33 Prozent beschrieben, in ihrer Fantasie erwachsene Frauen zu vergewaltigen; 12 Prozent schilderten masochistische Fantasien; 5 Prozent stellten sich sexuelle Kontakte mit Tieren vor, um sich selbst stärker sexuell zu erregen; und 3 Prozent schließlich fantasierten die Verführung von Knaben. Die Summe von über 100 Prozent verweist auf das Mehrfachvorkommen bei den Befragten, und die Autoren geben keine Erläuterungen zum praktischen Sinn dieser Fantasien, außer dass sie die sexuelle Lust beim Geschlechtsverkehr und bei der Masturbation zu steigern vermögen. Dass die Befragten ihre Fantasien jemals in die Tat umsetzen, ist nicht gefunden worden.

Paraphilien bei Studenten. Deshalb interessiert natürlich das reale statistische Vorkommen möglicher Realisierungen. Templeman und Stinnet (1990) untersuchten dazu moralisierend als Norm abweichend anzusehende sexuelle Verhaltensmuster und Fantasien bei 60 College-Studenten. 42 Prozent der Studenten berichteten, schon einmal anderen heimlich bei Geschlechtsverkehr und anderen sexuellen Handlungen zugeschaut zu haben (Voyeurismus); 35 Prozent berichteten, sich zum Zwecke der sexuellen Erregung an anderen Personen gerieben zu haben, z.B. in Menschengruppen (Frotteurismus); 8 Prozent berichteten von obszönen Telefonanrufen, die sie zur eigenen sexuellen Stimulierung durchgeführt hatten (Erotophonie); 5 Prozent berichteten über aggressive und destruktive Handlungen beim Geschlechtsverkehr (Sexueller Sadismus); 3 Prozent von sexuellen Kontakten mit Mädchen, die jünger als 12 Jahre waren (Pädophilie) und 2 Prozent schließlich von exhibitionistischen Handlungen, bei denen sie zur eigenen sexueller Stimulierung gegenüber Frauen die eigenen Geschlechtsteile entblößt hatten. Insgesamt waren es 65 Prozent der Studenten, die über irgendeine Art sexueller Handlung berichtete, die heute in den aktuellen Diagnosesystemen als sog. Paraphilien geführt werden. In der gleichen Untersuchungsgruppe berichteten 54 Prozent über lustvolle Neigungen und Fantasien, anderen heimlich beim Geschlechtsverkehr zuschauen zu können; 7 Prozent verspürten den gelegentlichen Impuls nach exibitionistischer Entblößung und 5 Prozent berichteten über das sexuelle Verlangen nach sexuellen Kontakten mit Mädchen unter 12 Jahren.

Bedenkenswerte Aspekte. Problematisch an diesen Zahlen ist jedoch ebenfalls, wie mit ihnen wissenschaftlich umgegangen werden sollte. Deutlich wird lediglich, dass die sexuellen Präferenzen, Neigungen und Interessen der Menschen sehr komplex und nur selten miteinander vergleichbar sind. Es gibt offensichtlich ganz gewöhnliches, aber auch seltsam bizarres Verhalten. Es gibt ein zwanghaftes Getriebensein neben sehr wohl überlegten Handlungen. Sexuelle Präferenzen können völlig harmlos sein, aber auch hochgradig gefährlich. Es wäre unangemessen, sexuelle Eigenarten und Abweichungen einfach in einen Topf zu werfen, auch wenn sie sich unter systematischen Gesichtspunkten gruppieren und der Vereinfachung wegen unter moralisierenden Bezeichnungen wie „Perversion" oder „Paraphilie" zusammenfassen lassen.

6.2   Paraphilie: Sexuelle Abweichung oder psychische Störung?

Inzwischen haben sich die meisten Wissenschaftler einer nüchternen Einstellung gegenüber der Vielfalt sexueller Präferenzen und einer behutsamen Beachtung der Stigmatisierungsgefahren angeschlossen. Viele haben Begriffe wie „Perversion" oder „sexuelle Anomalie" aus ihrem Vokabular gestrichen. Wenn moderne Sexualforscher eine objektive und weniger dogmatische Betrachtungsweise einnehmen, wollen sie damit aber nicht zum Ausdruck bringen, dass man nun alle sexuellen Normen und Maßstäbe über Bord werfen sollte. In vielen Fällen steht völlig außer Zweifel, dass bestimmte Formen von Sexualverhalten Anlass zur Besorgnis geben.

Nun schaffen Sprachregelungen und Definitionen nicht zwangsläufig Realitäten, haben jedoch Konsequenzen. Historisch war es nun einmal die Psychiatrie, die sich der sexuellen Phänomene angenommen hatte – und zwar durchaus in humaner Absicht: um sie nämlich aus dem Bereich ungerechtfertigter juristischer Verfolgung heraus zu bekommen. Und deshalb musste sie die sexuellen Abweichungen auch als psychische Krankheiten definieren, einschließlich der Gefahr der Rückgabe ihrer neuen Zuständigkeit an den Staat. Erst die Freud'sche Psychoanalyse mit ihrer Pansexualität als theoretische Grundlage der Metapsychologie verschob die Gewichte erneut – wobei wenigstens Freud selbst humanistische Größe bewahrte. Die klassische Psychiatrie akzeptierte die Lehre vom Unbewussten, verwahrte sich jedoch – und dies zum Teil vehement – gegen die Pansexualität.

Zuständigkeiten. Es waren daher auch zunächst Psychiater, die aus medizinischer Sicht über sexuelle Themen publizierten. In den klassischen Lehrbüchern der Psychiatrie jedoch werden sexuelle Themen entweder gar nicht abgehandelt oder nur kursorisch, zumeist auch noch unter der gegenläufigen Frage, inwieweit psychiatrische Erkrankungen das sexuelle Funktionieren beeinflussen. Bei forensischen Begutachtungsfragen muss die somatisch orientierte Rechtsmedizin zumeist passen und verweist gewohnheitsgemäß auf ihr Nachbarfach, sodass Gutachtenaufträge an die Psychiatrie delegiert werden. Die Psychiatrie selbst erklärt sich schon seit Jahrzehnten nicht mehr grundlegend als zuständig für Kernfragen der Sexualität und ihrer Abweichungen, verfügt andererseits über die größte Kompetenz bei der Gutachtertätigkeit.

Es ist ganz fraglos eine Schwäche der modernen Diagnosesysteme von DSM und ICD, sexuelle Phänomene in der Psychiatrie belassen und sie nicht den mittlerweile etablierten Sexualwissenschaften zugeschlagen zu haben. Beide Diagnosemanuale sind nämlich bei genauem Hinsehen keine Lehrbücher der Psychiatrie, sondern Manuale für nationale (DSM) bzw. internationale (ICD) epidemiologische Untersuchungen oder für die Zuordnung einzelner Fälle zu Störungsklassen. Ihre klinischen Erläuterungen dienen nur der Konsistenz dieser Zuordnungen über Schul- und Ländergrenzen hinweg. Gerade so, als würde man die Regale eines Obstgeschäftes mit der Botanik verwechseln, wurde es in den letzten 20 Jahren zunehmend Usus, sämtliche Lehrbücher an den Ordnungsstrukturen von DSM und ICD auszurichten. Auch wir verfahren in diesem Buch nach dieser Vorgabe, müssen aber genau deshalb die damit gegebenen Strukturvorgaben permanent einer Kritik unterziehen.

6.2.1 Psychische Störung

In diesem Zusammenhang ist natürlich fraglich, ob der neu eingeführte Diagnosebegriff der „Paraphilien", der den der „Perversionen" abgelöst hat, wirklich etwas an der unreflektierten Gleichsetzung von beliebigen und lediglich „statistisch Norm abweichenden" sexuellen Präferenzen mit „psychischer Gestörtheit" oder „Krankheit" zu ändern vermag. Denn auch die Festlegung und Definition von Paraphilien in den aktuellen Diagnosesystemen begründet sich immer damit, dass sie – gemessen an kollektiven Grundauffassungen über sexuelles Begehren und seine Befriedigung – deutliche Merkmale der Abweichung von einer gesellschaftlichen Norm aufweisen. Diese Sichtweise verschließt sich jedoch *erstens* gegenüber den Möglichkeiten, die *rekreativen* (funktional auf Erholung und Beziehung ausgerichteten) und *produktiven* (funktional auf Vermehrung ausgerichteten) Aspekte der Sexualität zu erfassen und angemessen zu würdigen. Und sie wird deshalb *zweitens* nicht unbedingt eine Entsprechung in subjektiver Norm finden, darf und muss diese Entsprechung gelegentlich auch gar nicht implizieren.

Psychiatrische Diagnostik. In Tabelle 6.1 findet sich eine erste Übersicht über die aktuell in den Diagnosesystemen DSM-IV-TR (APA, 2000) und ICD-10 (WHO, 1993) aufgeführten Paraphilien bzw. Störungen der Sexualpräferenz.

Paraphilie ist die Bezeichnung im DSM-IV-TR. In der ICD-10 wird von Störungen der Sexualpräferenz gesprochen. Mit der Bezeichnung Paraphilie wird ausgesagt, dass eine Abweichung (para) im Objekt vorliegt, von welchem der Betroffene angezogen wird (philie). Diese Abweichung muss intensiv sein und mindestens seit sechs Monaten bestehen. Auf der Ebene des Verhaltens ist eine Störung der Sexualpräferenz am besten zu beschreiben als sexueller Drang nach einem unüblichen Sexualobjekt oder nach unüblicher sexueller Stimulierung. In klinischen Einrichtungen werden Paraphilien im Allgemeinen eher selten als psychische Störung diagnostiziert. In den auf die Behandlung von Paraphilien spezialisierten Einrichtungen finden sich am häufigsten Pädophilie, Voyeurismus und Exhibitionismus. Andere Formen, wie der Sexuelle Masochismus und der Sexuelle Sadismus, werden deutlich seltener gesehen. Kaum mehr suchen Menschen mit Transvestitismus oder Frotteurismus um psychotherapeutische Behandlung nach (vgl. APA, 2000).

Tabelle 6.1. Übersicht über Paraphilien (DSM-IV-TR; APA, 2000) bzw. Störungen der Sexualpräferenz (ICD-10; WHO, 1991)

	Über einen Zeitraum von mindestens 6 Monaten bestanden wiederkehrende, starke sexuelle Impulse, Handlungen und/oder sexuell erregende Phantasien, …	ICD-10	DSM-IV
Exhibitionismus	… die das Entblößen der eigenen Geschlechtsteile gegenüber einem nichts ahnenden Fremden beinhalten	F 65.2	302.4
Fetischismus	… die den Gebrauch lebloser Objekte (z.B. weibliche Unterwäsche) beinhalten	F 65.0	302.81
Pädophilie	… die sexuelle Aktivität mit einem vorpubertären Kind oder Kindern (gewöhnlich im Alter von 13 Jahren oder jünger) beinhalten	F 65.4	302.2
Transvestitismus	… die z.B. im Zusammenhang mit weiblicher Kleidung bei einem heterosexuellen Mann bestanden	F 65.1	302.3
Voyeurismus	… die die Beobachtung argloser Personen, die nackt sind, sich gerade entkleiden oder sexuelle Handlungen ausführen, beinhalten	F 65.3	302.82
Frotteurismus	… die das Berühren und Sich-Reiben an Personen betreffen, die mit der Handlung nicht einverstanden sind	F 65.8	302.89
Sexueller Masochismus	… die mit einem realen, nicht simulierten Akt der Demütigung, des Geschlagen- und Gefesseltwerdens oder sonstigen Leidens verbunden sind	F 65.5	302.83
Sexueller Sadismus	… die reale, nicht simulierte Handlungen beinhalten, in denen das psychische oder physische Leiden (einschließlich Demütigung) des Opfers für die Person sexuell erregend ist	F 65.5	302.84

Die Diagnose wird üblicherweise dann gestellt, wenn der Betreffende nach sexuellen Impulsen handelt und/oder deutlich darunter leidet, den sexuellen Impulsen nicht widerstehen zu können. Insofern werden die Paraphilien gelegentlich in die Nähe der Störungen der Impulskontrolle gerückt bzw. als solche verstanden. Auch bei den Störungen der Impulskontrolle (wie z.B. spontane Aggressionen, Kleptomanie oder das pathologische Spielen) handelt es sich um eine zeitweilige Unfähigkeit der Betroffenen, einem Impuls, einem inneren Antrieb oder einer Versuchung zu widerstehen und damit wiederholt Handlungen auszuführen, die die Möglichkeit einschließen, der handelnden Person selbst oder anderen Schaden zuzufügen (→ 10.3).

Paraphilien bei Frauen. Weiter werden Paraphilien bei Frauen eher selten beobachtet. Dabei bleibt jedoch zu beachten, dass die meisten Untersuchungen zu dieser Frage in der forensischen Psychiatrie oder in Gefängnissen durchgeführt wurden. Von Daten dieser Art *darf nicht* auf das Vorkommen in der Allgemeinbevölkerung rückgeschlossen werden. Methodisch akzeptierbare administrative Prävalenzschätzungen dieser eingeschränkten Art liegen vorrangig zum Sadomasochismus vor, wo ein Verhältnis von 20 Männern zu 1 Frau vermutet wird (APA, 2000) – was jedoch nicht ganz stimmt (→ 8.2 über den Sexuellen Masochismus).

Wir werden verschiedentlich Daten präsentieren, die verdeutlichen können, dass die Ansicht des deutlichen Überwiegens von Paraphilien bei Männern nur mit großer Zurückhaltung vertreten werden kann. Dazu gibt es z.B. die Auffassung, dass weibliche Paraphilien in klinischen Kontexten deshalb vermeintlich selten aufträten, weil sie häufig und ohne weitere Differenzierung zur Symptomatik anderer psychischer Störungen zugerechnet würden, wie z.B. zur Borderline-Persönlichkeitsstörung, Anorexie oder Bulimie, die ja deutlich häufiger bei Frauen als bei Männern diagnostiziert werden (vgl. Sigusch, 1997; Kämmerer & Rosenkranz, 2001). Vielleicht neigen Untersucher auch nur dazu, Frauen als anderweitig „krank" zu exkulpieren und Männern eine Paraphilie eher anzulasten. Andererseits nimmt die Zahl dokumentierter Paraphilien bei Frauen in den vergangenen Jahren offensichtlich zu (vgl. die Sammlung von Paraphilien bei Frauen bei Fedoroff et al., 1999). Dies ist vor allem der Fall, seit die Forscher ein zunehmend größeres Interesse an den Ursachen und Wirkungen sexuellen Missbrauchs entwickelt haben, der in nicht gerade geringer Zahl auch von Frauen an Kindern verübt wird (→ 8.4; → 9.2).

6.2.2 Sexuelle Abweichung und sexuelle Straftat

Inzwischen wurden die diagnostischen Kategorien auf jene sexuelle Präferenzen begrenzt, bei denen einerseits Übergänge zu einer psychischen Auffälligkeit mit Störungswert vermutet werden bzw. mit denen andererseits im juristischen Sinne Freiheiten und sexuelle Selbstbestimmungsrechte anderer Personen in rechtlich nicht akzeptierbarer Weise eingeschränkt werden. Im Bereich der Einschränkung persönlicher Freiheiten anderer bis hin zu gewalttätigen Handlungen liegt der Übergang zur sexuellen Delinquenz: Als sexuell delinquent gelten Personen, die Straftaten gegen die sexuelle Selbstbestimmung anderer Menschen begehen (→ Teil IV).

Crossing. Insbesondere bei gerichtsanhängigen Paraphilien zeigt sich eine erhöhte Wahrscheinlichkeit dafür, dass verschiedene Störungen der Sexualpräferenz gleichzeitig oder nacheinander bestehen (sog. Crossing; Abel & Osborn,

1992; → 10.4). Die Forschung selbst kann heute jedoch noch keine eindeutigen Antworten auf die Frage liefern, ob im solitären, komorbiden oder sukzessiven Auftreten einer Paraphilie das Risiko für die spätere Entwicklung devianten oder delinquenten Verhaltens bestimmbar ist (Adams & McAnulty, 1993).

Sexualdelinquenz. Sexualdelikte gegen Kinder bilden einen bedeutenden Anteil aller angezeigten Sexualstraftaten (→ 8.3; → 9.2), und neben sexuellem Missbrauch stellen die Vergewaltigung und der Exhibitionismus den Hauptanteil polizeilich verfolgter Straftaten dar (→ 9.1). Aber auch ohne juristische Verfolgung können Paraphilien soziale und sexuelle Beziehungen zwischen Menschen erheblich beeinträchtigen, z.B., wenn andere die ungewöhnlichen sexuellen Verhaltensweisen als schändlich und abstoßend empfinden. Gelegentlich ist es nämlich so, dass sämtliche der in diesem Kapitel beschriebenen sexuellen Präferenzen einer juristischen Beurteilung zugeführt werden, weil sie als Verstoß gegen die guten Sitten angesehen werden können. Nicht immer ist in solchen Fällen ein Straftatbestand erfüllt. Vielmehr stellt sich gelegentlich die berechtigte Frage nach der Grenzziehung zwischen erwartbarer Toleranz und Erregung öffentlichen oder privaten Ärgernisses. Wir werden übrigens – verteilt über unterschiedliche Kapitel – die jeweils möglichen rechtlichen Konfliktaspekte zur Sprache bringen und wichtige Gesetzesgrundlagen kurz darstellen.

6.3 Sexuelle Störung: zwischen Anpassung und Delinquenz

Lassen sich nun mit Blick auf die angedeuteten Schwierigkeiten und Definitionsprobleme akzeptable Unterscheidungen zwischen Angepasstheit, psychischer Störung und Delinquenz vornehmen? Dies scheint gegenwärtig nur möglich, wenn man im Auge behält, dass Festlegungen jeder Art nur kontext- und kulturabhängig vorgenommen werden können. Sie verändern sich deutlich bereits über kurze Zeitspannen hinweg und dürfen deshalb nur als grobe Annäherungen behandelt werden. Schließlich hängen sie auch noch eng mit Unterschieden einiger individueller Vorstellungen über Qualität und Ästhetik sexuellen Begehrens und Handelns zusammen, die nur selten das Licht der Öffentlichkeit erblicken.

6.3.1 Anpassung

Als angepasst im Sinne psychischer Normalität könnte man heute jene Formen sexuellen Handelns zwischen Menschen oder allein ausgeübt betrachten, die für alle Beteiligten akzeptabel sind und die insofern keinen Zwang, keine Ausnutzung oder Ausbeutung und keine Erniedrigung implizieren und die, soweit sie öffentlich ausgeübt werden, die Selbstbestimmung anderer Menschen nicht einschränken – und/oder im Sinne einer biologischen Normalität ein angepasstes Funktionieren ermöglichen und sicherstellen. Eine solche Sicht bemüht sich um Toleranz gegenüber einer Reihe von Sexualpraktiken, aus denen Menschen persönliche wie zwischenmenschliche (rekreative) Befriedigung ziehen, auch wenn diese von anderen aus ästhetischen oder anderen Gründen abgelehnt werden. Dazu gehören beispielsweise Oral- oder Analverkehr und deren Variationen sowie die „Noch-Paraphilien" Fetischismus, Transvestitismus und Sexueller Masochismus. Eine solche Sicht beinhaltet möglicherweise auch Sexualpraktiken, die in bestimmten anderen Kulturen nicht akzeptiert sind.

Sexuelle Abweichung ohne Opfer. Zumindest wird inzwischen die klinische Paraphilie-Diagnose immer dann als unsinnig angesehen, wenn die sexuell abweichenden Vorlieben von den Betroffenen mit großer Zufriedenheit ausgeübt werden *und* wenn sie ohne negative Folgen bleiben. Insbesondere, wenn es *keine Opfer* sexueller Nötigung und Gewalt gibt, ist die Hypothese der psychischen Gestörtheit nur mit großer Zurückhaltung und Vorsicht in Erwägung zu ziehen. Denn selbst das in solchen Fällen als Diagnosekriterium geltende Leiden einer Person unter der eigenen sexuellen Präferenz muss nicht zwingend bedeuten, dass die sexuelle Eigenart selbst eine psychische Störung darstellt. Das Leiden kann lediglich Ausdruck dafür sein, dass die persönlichen sexuellen Vorlieben in der Gesellschaft, in der wir leben, von der Mehrheit abgelehnt werden.

6.3.2   Delinquenz

Aus dem Gesagten ergibt sich zugleich eine gewisse Akzeptanz dahingehend, die Grenzziehung zur Delinquenz jeweils aktuell anhand juristisch-rechtlicher Festlegungen vorzunehmen: wenn sexuelle Handlungen also Merkmale der Zwangsausübung, Ausnutzung, Erniedrigung und Einschränkung von Freiheitsrechten anderer beinhalten. Juristisch-rechtliche Festlegungen sind Ausdruck der gegebenen Definitionsmacht von Justiz und Gesellschaft. Die Geschichte der Paraphilien lehrt jedoch, dass die Rechtsprechung keinesfalls immer oder unreflektiert akzeptiert werden darf. Hier erweist sich häufig die Gutachtertätigkeit im Einzelfall vor Gericht und deren Publikation als wichtiges Korrektiv.

Gutachten und deren Publikation sind wichtige Mittel der kontinuierlichen Einflussnahme, den öffentlichen Definitionsprozess der Grenzziehung zwischen Delinquenz, psychischer Störung und Angepasstheit im Sinne wissenschaftlich nachvollziehbarer Veränderungen soziokultureller Prozesse voranzutreiben –

wenn Gutachter sich dieser hochgradig verantwortlichen Doppelfunktion nur ernsthaft genug stellen würden (vgl. Schorsch, 1991; Marneros, 1997). Dies bleibt deshalb beachtenswert, weil es in unserer Gesellschaft die wünschenswerte *Kultur einer Justizkritik*, von wenigen Ausnahmen abgesehen, nicht gibt. Gerade im Bereich sexueller Verfehlungen interessieren sich die Medien für die Strafjustiz vorwiegend unter dem Aspekt, ob sie Schlagzeilen für das Gruseln oder Stoff für das Spiel der Fantasie liefert. Wir projizieren hier zwar eine (r)evolutionäre Haltung auf alle Gutachter, sind uns dennoch sehr bewusst, dass im Falle eines besonders konservativen Gutachtens die mittlerweile erreichte Praxis den Begutachteten eher schützt, als dass sie Nachteile impliziert.

6.3.3 Sexuelle Störung

Die Paraphilien als individuelle Möglichkeiten sexueller Orientierung und Vorlieben werden in diesem Buch als Variationsformen zwischen Anpassung und Abweichung beschrieben und *nicht* unmittelbar mit psychischer Störung gleichgesetzt. Wegen der damit verbundenen Stigmatisierungsprobleme sollten auch Begriffe wie „sexuelle Perversion" oder „sexuelle Deviation" zukünftig vermieden oder nur mit großem Bedacht eingesetzt werden. Was nämlich die Möglichkeit der Klassifikation einer Paraphilie z.B. als psychische Störung angeht, sind in der psychiatrischen Klassifikation – nach dem Homosexualitäts-Desaster – einige wichtige Veränderungen erfolgt.

Psychische Störung. So verlangt beispielsweise das DSM-IV-TR als Voraussetzung der Diagnose „Paraphilie als psychische Störung" die Beachtung folgender zwei Aspekte: Einerseits wird bei Pädophilie, Voyeurismus, Exhibitionismus, Frotteurismus und Sexuellem Sadismus die Diagnose nur gestellt, „wenn die Person das dranghafte Bedürfnis (mit einer nicht einverstandenen Person) ausgelebt hat oder wenn das dranghafte Bedürfnis oder die sexuellen Phantasien zu deutlichem Leiden oder zu zwischenmenschlichen Schwierigkeiten führen". Bei den anderen Paraphilien wird die Diagnose nur gestellt, „wenn das Verhalten, das sexuell dranghafte Bedürfnis oder die Phantasien in klinisch bedeutsamer Weise zu Leiden oder Beeinträchtigungen in sozialen, beruflichen oder anderen wichtigen Funktionsbereichen führen" (DSM-IV-TR: Saß et al., 2003, S. 625).

Keine psychische Störung. Mit diesen beiden Voraussetzungen dürfen sexuelle Handlungen *nicht* als Paraphilie im Sinne psychischer Störung diagnostiziert werden, wenn sie kein subjektives Leiden und/oder keine weiteren Beeinträchtigungen und/oder keine Delinquenz beinhalten. So können beispielsweise die gleichartigen Handlungen im Fetischismus zweier Personen in dem einen Fall kein Problem darstellen und müssten eher als normal zu bewerten sein. In einem anderen Fall – mit subjektivem Leidensdruck – könnte sich die Notwendigkeit einer psychotherapeutischen Behandlung begründen. Andererseits wäre genau zu prüfen, ob sich das „Leiden" nicht aus sozialen Ansichten über Perversionen speist und ob sich die Betroffenen vielleicht völlig zu Unrecht als psychisch gestört erleben. Diese Ambivalenz gilt es bei fast allen Paraphilien genau zu prüfen, wie z.B. beim Transvestitismus und sogar beim sexuellen Sadomasochismus, die im Sinne unserer Normalitätsdefinition durchaus im Rahmen wechselseitig befriedigender Sexualpraktiken ausgeübt werden können und werden.

Sexualdelinquenz und psychische Störung. Im Falle des Vorliegens sexueller Delinquenz wird im Sinne der DSM-IV-TR-Defintion von psychischer Gestörtheit auszugehen sein, weil soziale und berufliche Konfliktzonen erheblich mit betroffen sind – dies selbst dann, wenn bei Betroffenen (zunächst) kein subjektiver Leidensdruck besteht. Juristisch jedoch ist diese Grenze zur Zwangsausübung, Ausnutzung, Erniedrigung und Einschränkung von Freiheitsrechten anderer Personen fast immer bereits überschritten, z.B. bei Offenbarwerden einer Pädophilie bzw. sexuellem Missbrauch von Kindern, beim Exhibitionismus und bei erotophonen obszönen Telefonanrufen.

Man sollte in dieser Hinsicht jedoch nicht in jedem Fall dem DSM und der ICD folgen: Der Betroffene hat bei der Befriedigung seiner Bedürfnisse allgemein gültige Regeln des menschlichen Zusammenlebens verletzt, wobei wir ihm Kenntnis der üblichen Sanktionen unterstellen. Dies *kann* Folge einer psychischen Gestörtheit sein, *muss* es aber beileibe nicht – selbst dann nicht, wenn sich sein Handeln einer der Paraphilien zuordnen ließe.

6.4 Allgemeine Diagnostik

Nachfolgend werden weitere beachtenswerte Aspekte der Diagnostik bei Paraphilien besprochen. Einerseits geht es um eine erste kritische Würdigung einiger allgemeiner diagnostischer Leitlinien, wie sie im DSM-IV-TR als übergeordnete Aspekte spezifischer Paraphilien angeführt werden. Andererseits soll in einem zweiten Abschnitt auf Probleme der psychophysiologischen Untersuchung sexueller Erregungen mithilfe der Penisplethysmographie eingegangen werden. Von dieser, kurz auch als Phallometrie bezeichneten Untersuchungsmethodik haben sich einige Forschergruppen erhofft, paraphile und normophile Neigungen differenzialdiagnostisch trennen zu können.

6.4.1 Voraussetzungen

Im DSM-IV-TR (APA, 2000) sind an die Störungsdiagnose einige Voraussetzungen geknüpft. Im Allgemeinen sollte die Paraphilie über einen Mindestzeitraum von sechs Monaten aufgetreten sein und dabei wiederkehrende intensive sexuell erregende Phantasien, sexuell dranghafte Bedürfnisse oder Verhaltensweisen umfassen, die sich beziehen

▶ auf nichtmenschliche Objekte und/oder
▶ auf das Leiden oder die Demütigung seiner selbst oder eines Partners und/oder
▶ auf Kinder oder andere nicht einwilligende Personen.

Weiter ist von einer psychischen Störung nur dann auszugehen, wenn „das Verhalten, die sexuell dranghaften Bedürfnisse oder Phantasien in klinisch bedeutsamer Weise zu Leiden oder Beeinträchtigungen in sozialen, beruflichen oder anderen wichtigen Funktionsbereichen" führen (DSM-IV-TR: Saß et al., 2003, S. 625).

Einige Anmerkungen zur Intention psychiatrischer Klassifikation

In der psychiatrischen Klassifikation muss differenziert werden, um den Fachleuten wie dem Gesetzgeber einen Maßstab jenseits moralischer Beurteilungen an die Hand zu geben und um damit Behandlungs- und Betreuungsmöglichkeiten zur Aufgabe der Solidargemeinschaft der Versicherten zu machen. Zum besseren Verständnis sind jedoch einige Anmerkungen dazu sinnvoll.

Das bei den psychischen Störungen findbare Kriterium „subjektives Leiden" ist in der Medizin außerhalb der Psychiatrie gewöhnlich unüblich. Nicht jede Erkrankung spiegelt sich im subjektiven Erleben – sie kann leicht bis schwer sein. Der Grad eines subjektiven Leidens entspricht nicht zwingend der realen subjektiven Gefährdung. Das subjektive Erleben kann unter Umständen sogar ein unrealistisches Wohlbefinden erzeugen. Unabhängig vom subjektivem Leiden erfolgt die diagnostische Beurteilung deshalb anhand objektivierbarer paraklinischer Befunde oder des epidemiologischen Wissens. Bei den sexuellen Störungen (Paraphilien) muss zudem sorgsam mit entschieden werden, ob das subjektive Leiden nicht auch noch oder vielmehr Ausdruck der subjektiv antizipierten oder bereits erfahrenen Folgen des Verhaltens ist.

Zeitkriterium. DSM und ICD fordern ein Zeitkriterium, um kurze Reaktionen oder symptomatische Phänomene durch andere Erkrankungen und psychische Störungen von den hier avisierten überdauernden sexuellen Besonderheiten abzutrennen, wie z.B. von einer akuten Belastungsstörung (Ein-Monats-Kriterium) oder von einer posttraumatischen Belastungsstörung (Ein- bis Drei-Monats-Kriterium). Die Paraphilien werden in die Nähe der Anpassungsstörungen gerückt; für beide Bereiche gilt ein Sechs-Monats-Kriterium. Dieses versteht sich als ein in etwa zu erreichendes Minimum. Eine solche Kriteriensetzung ist auch in anderen medizinischen Bereichen üblich (z.B. akute vs. chronische Bronchitis oder akute vs. chronische Pyelonephritis).

DSM und ICD wollen differenzieren zwischen Fehlhaltungen einer Person (ausreichende Freiheitsgrade; kein subjektives Leiden, kein Krankheitswert) und persönlichkeitsnäheren strukturellen Störungen (reduzierte Freiheitsgrade, im Bereich der Paraphilien: Dranghaftigkeit). Letztere können subjektiv erlebt werden und störend sein (Defizite der Impulskontrolle; Zwangsstörungen). Sie können deutlich erlebt werden oder subjektiv eher im Hintergrund stehen und unbewusst sein (Rituale oder Manierismen). Weiterhin sind einige pathopsychologische Phänomene eher unspezifisch und können im Rahmen hirnorganisch begründbarer, endogen-psychotischer oder reaktiv begründeter Prozesse auftreten.

Wir werden uns in diesem Kapitel fast ausschließlich mit den primären Phänomenen befassen und uns nur zu differenzialdiagnostischen Zwecken mit den im Verlauf anderer neurologisch-psychiatrischer Erkrankung erworbenen und wirkenden sexuellen Auffälligkeiten auseinander setzen.

6.4.2   Diagnostische Leitlinien

Paraphilie. Im DSM-IV-TR werden einige zentrale Merkmale angegeben, die auf Zusammenhänge sexueller Präferenzen mit psychischen Störungen hinweisen könnten (in der deutschen Übersetzung des DSM-IV-TR bei Saß et al., 2003, S. 626). Wie bereits angedeutet, sollte die Hypothese einer Paraphilie (als sexueller Störung) immer dann sorgsam abgeklärt werden, wenn die paraphilen Handlungen die Freiheitsrechte anderer Personen beeinträchtigt haben und/oder wenn von Sexualpartnern keine Einwilligung zur Teilnahme an ungewöhnlichen Sexualpraktiken vorliegt – oder allgemein: wenn wegen ungenügender Selbststeuerung zwischenmenschliche Schwierigkeiten aus sexuellen Präferenzen resultieren. Häufig werden in solchen Fällen die Fantasien im Rahmen sexueller Übergriffe an einem Opfer ausgelebt.

> Entsprechend gestörte Personen können beispielsweise „(...) einen Beruf wählen, ein Hobby entwickeln oder ehrenamtlich in einem Bereich arbeiten, der sie häufiger in Kontakt mit dem gewünschten Reiz bringt (z.B. der Verkauf von Damenschuhen oder Damenunterwäsche [Fetischismus], die Arbeit mit Kindern [Pädophilie] oder das Fahren eines Notfallwagens [Sexueller Sadismus] (...) Viele Personen mit derartigen Störungen behaupten, dass ihr Verhalten ihnen kein Leiden verursacht und dass ihr einziges Problem soziale Belastungen seien, die aus Reaktionen anderer auf ihr Verhalten resultieren würden. Andere berichten von extremen Schuldgefühlen, Scham und Depression aufgrund des von ihnen praktizierten ungewöhnlichen Sexualverhaltens,

welches gesellschaftlich nicht akzeptabel oder von ihnen selbst als unmoralisch angesehen wird. Oft ist die Fähigkeit zur gegenseitig emotional getragenen sexuellen Interaktion beeinträchtigt, und es können sexuelle Funktionsstörungen bestehen. Auffälligkeiten der Persönlichkeit sind ebenfalls häufig und können so schwerwiegend sein, dass die Diagnose der Persönlichkeitsstörung gerechtfertigt ist. Symptome der Depression können sich bei Personen mit Paraphilien entwickeln und von einem Anstieg der Häufigkeit und der Intensität der paraphilen Verhaltensweisen begleitet sein" (DSM-IV-TR: Saß et al., 2003, S. 626).

Weggelassen in diesem Zitat haben wir Stellen, in denen im DSM-IV-TR ohne weitere Differenzierung Merkmale beschrieben sind, die aus unserer Sicht nicht unmittelbar an eine psychische Störung denken lassen – im Zitat mit Bedacht mit „Pünktchen" (…) gekennzeichnet. Sie sollen hier nicht vorenthalten bleiben und nachfolgend angegeben werden. Weiter werden einige Sätze erneut wiederholt, zumal wir ausdrücklich davon ausgehen, dass diese Aspekte zukünftig durchaus auch dem Bereich der Normalität sexueller Präferenzen zugeordnet werden könnten und sollten – jedenfalls so lange, wie die Freiheitsgrade anderer Personen durch sie nicht weiter eingeschränkt werden.

Übergänge zur Normalität. Dieser Hinweis bleibt zu beachten. Denn aus dem solitären Vorliegen nachfolgender (z.T. erneut angegebener) Aspekte kann *nicht so ohne Weiteres* auf eine Paraphilie rückgeschlossen werden.

Die Betreffenden „können selektiv Photographien, Filme oder Textmaterialien betrachten, lesen, erwerben oder sammeln, die den von ihnen bevorzugten Stimulus zum Thema haben (…) Viele Personen mit derartigen Störungen behaupten, dass ihr Verhalten ihnen kein Leiden verursacht und dass ihr einziges Problem soziale Belastungen seien, die aus Reaktionen anderer auf ihr Verhalten resultieren würden. Andere berichten von extremen Schuldgefühlen, Scham und Depression aufgrund des von ihnen praktizierten ungewöhnlichen Sexualverhaltens, welches gesellschaftlich nicht akzeptabel oder von ihnen selbst als unmoralisch angesehen wird. Oft ist die Fähigkeit zur gegenseitig emotional getragenen sexuellen Interaktion beeinträchtigt, und es können sexuelle Funktionsstörungen bestehen (…) Symptome der Depression können sich bei Personen mit Paraphilien entwickeln" (DSM-IV-TR: Saß et al., 2003, S. 624).

Mit der erneuten Hervorhebung dieser Aspekte sollte nicht zum Ausdruck gebracht werden, dass diese Merkmale nicht auch bei Menschen mit entsprechenden paraphilen psychischen Störungen zu finden sind. Diese Aspekte erfordern jedoch jeweils ein sorgsames Abwägen, ob sie überhaupt als Symptome der jeweiligen sexuellen Präferenz in Betracht gezogen werden sollten. Streng genommen handelt es sich bei den Paraphilien nämlich nicht um ein Problem der sexuellen Präferenz, sondern um ein Problem der Steuerung und Ausgestaltung zwischenmenschlicher Beziehungen schlechthin – wobei sexuelle Beziehungen als Sonderfall auch meist als gute Widerspiegelung für die Reife einer Persönlichkeit in Betracht gezogen werden können. Auf diese Aspekte werden wir ausführlicher in Teil IV zurückkommen.

6.4.3   Differenzialdiagnostik

Natürlich wird die differenzialdiagnostische Problematik der Übergänge von der Normalität über psychische Störung bis hin zur Delinquenz von den Autoren des DSM-IV-TR selbst gesehen. Deshalb wird von ihnen wiederholt eindringlich gefordert, dass eine Paraphilie ausdrücklich unterschieden werden muss vom „nicht pathologischen Einsatz sexueller Phantasien, Verhaltensweisen oder Objekte zur Stimulierung der sexuelle Erregung". Letztere gelten nur dann als paraphil im Sinne psychischer Gestörtheit, „z.B. wenn sie unverzichtbar sind, zu einer sexuellen Funktionsstörung führen, die Einbeziehung einer nicht einwilligenden oder nicht einwilligungsfähigen Person erfordern, zu juristischen Schwierigkeiten führen, soziale Beziehungen gefährden" (DSM-IV-TR: Saß et al., 2003, S. 628).

Nicht in jedem Fall wird in den Ausführungen dieses Buches selbst dieser letztgenannten Leitlinie entsprochen – in der Annahme, dass in der Frage, ob die als „potenziell gefährlich" eingestuften Paraphilien in jedem konkreten Fall die Merkmale einer sexuellen Störung oder die der sexuellen Delinquenz besitzen, weiterhin ausdrücklich Diskussionsbedarf besteht. Außerdem kann es sich mit dem „klinischen Leiden" jeweils auch umgekehrt verhalten, dass nämlich nur z.B. eine sexuelle Funktionsstörung in eine Paraphilie einmünden kann usw. Diese kritischen Aspekte werden insbesondere in den Abschnitten über Fetischismus (→ 7.1), Transvestitismus (→ 7.2) und Sexuellen Masochismus (→ 8.2) ausführlich zur Sprache kommen.

Weniger Probleme bestehen gegenwärtig mit folgenden differenzialdiagnostischen Überlegungen im DSM-IV-TR, die bei der weiteren Ausarbeitung der folgenden Kapitel ebenfalls immer wieder einmal in den Mittelpunkt rücken werden:

„Bei Geistiger Behinderung, Demenz, Persönlichkeitsveränderungen aufgrund eines medizinischen Krankheitsfaktors, Substanzintoxikation, einer Manischen Episode oder Schizophrenie kann es zu einer Abnahme von Urteilsvermögen, sozialen Fertigkeiten oder der Impulskontrolle kommen, was – in seltenen Fällen – zu einem ungewöhnlichen sexuellen Verhalten führt. Dies kann dadurch von einer Paraphilie unterschieden werden, dass das ungewöhnliche Sexualverhalten nicht dem bevorzugten oder obligaten Verhaltensmuster der Person entspricht, die sexuellen Symptome ausschließlich im Verlauf dieser psychischen Störung auftreten, die ungewöhnlichen sexuellen Handlungen eher vereinzelt als wiederholt vorkommen und die Betreffenden beim ersten Auftreten meist schon älter sind" (DSM-IV-TR: Saß et al., 2003, S. 628).

6.4.4 Der Penisplethysmograph und die Phallometrie

Als Hauptmerkmale, mit denen sich paraphile und nicht paraphile Personen unterscheiden lassen, werden die jeweiligen spezifischen Reize angesehen, die bei den Betreffenden sexuelle Erregung und den Drang zur Ausführung entsprechend spezifischer sexueller Handlungen auszulösen vermögen. Weil eine Reihe von Sexualstraftätern dazu neigen, ihre abweichenden sexuellen Präferenzen strikt zu leugnen, ist es nahe liegend, Untersuchungsmethoden zu entwickeln, mit deren Hilfe sich ihre abweichenden sexuellen Präferenzen dennoch nachweisen lassen.

Lange Zeit haben die Forscher große Hoffnungen darauf gesetzt, dass ein solcher Nachweis mithilfe der *Plethysmographie* möglich sein könnte. Mithilfe unterschiedlicher Ableitungen werden Blutdruck- oder Volumenänderungen sowie weitere physiologische Erregungen an den Geschlechtsorganen gemessen, während die Probandinnen oder Probanden mit spezifischen visuellen oder auditiven Reizen konfrontiert werden, die bei ihnen sexuelle Erregung auszulösen vermögen. Dieses Vorgehen wird, wenn es bei Männern zur Anwendung kommt, kurz auch als Phallometrie bezeichnet. Diese Penisplethysmographie wurde erstmals von Freund (1979) im Paraphilie-Bereich eingesetzt und danach kontinuierlich fortentwickelt.

Versuchsanordnung. Auch wir werden in den folgenden Kapitel wiederholt auf Forschungsarbeiten zu sprechen kommen, in denen die Phallometrie zur Differenzierung paraphiler und normophiler sexueller Erregung eingesetzt wurde. Eine typische Versuchsanordnung mit Männern, die wegen sexuellen Missbrauchs an Kindern verurteilt wurden, könnte beispielsweise so aussehen: Den Sexualstraftätern werden während der phallometrischen Messung Bilder von nackten oder bekleideten Mädchen sowie von nackten oder bekleideten Frauen in den unterschiedlichsten Altersstufen gezeigt. Es wird erwartet, dass Täter mit einer paraphilen Pädophilie insbesondere dann auffällige Penisvolumenänderungen zeigen, wenn sie Bilder mit eher jungen Mädchen anschauen, während sie im Unterschied zu nicht pädophilen Tätern und im Unterschied zu „normalen" Kontrollprobanden auf Bilder erwachsener Frauen eher weniger deutlich oder sogar gar nicht mehr sexuell erregt reagieren. Bei sexuell unauffälligen Kontrollprobanden wären hingegen deutliche Penisvolumenänderungen eher bei erwachsenen Frauen zu erwarten.

Die Vielzahl der Studien, in denen die Phallometrie inzwischen eingesetzt wurde, ist heute kaum mehr angemessen zu überschauen. Seit Mitte der 1980er Jahren gibt es regelmäßig Übersichtsarbeiten, die sich kritisch mit dieser Methodik auseinander setzen (z.B. Schorsch & Pfäfflin, 1985; Murphy & Barberee, 1988; 1994; Laws, 2003). Zunächst wurde die Phallometrie zur vergleichenden Untersuchung von Personen eingesetzt, die ihre abweichenden sexuellen Präferenzen leugneten bzw. die ihre abweichenden sexuellen Präferenzen freiweg zugaben. In den letzten Jahren sind viele Untersuchungen hinzugekommen, in denen man die Besonderheiten von Anreizen bei spezifischen Paraphilien analysierte, mit denen man weiter die Effektivität von Behandlungen zu überprüfen versuchte und Erkenntnisse über die Möglichkeit der Prognoseabschätzung mittels Phallometrie gewinnen wollte.

Individualdiagnostik: nicht geeignet. Alle Übersichtsarbeiten kommen immer wieder zu dem gleichen Schluss, dass sich die Phallometrie *nicht* als Diagnose-Instrument zur Bestimmung einer im Einzelfall vorliegenden Paraphilie eignet. Andererseits kann sie in experimentellen Gruppenuntersuchungen von Nutzen sein, wenn bestimmte Rahmenbedingungen beachtet werden – wie z.B. die Zusicherung strikter Vertraulichkeit, was im Falle einer forensischen Begutachtung ja nicht eingehalten werden könnte. In der Einzelfallbeurteilung weist die Reliabilität und Validität des Verfahrens deutliche Mängel auf, weil die sexuelle Erregung von den untersuchten Personen bewusst manipuliert werden kann. So können sexuelle Erregungen mithilfe persönlicher innerer Vorstellungen, die konkurrierend zum Reizmaterial fantasiert werden, deutlich verändert werden, und zwar sowohl in Richtung auf eine Steigerung wie auch in Richtung auf eine Unterdrückung sexueller Erregung. Im Ergebnis dieser Erkenntnisse gilt das Verfahren inzwischen für die Einzelfallbegutachtung als nicht tauglich, und es darf entsprechend vor Gericht *nicht* verwendet werden.

Gruppenstudien: bedingt geeignet. Andererseits finden sich in Forschungsarbeiten, in denen die Phallometrie bei einer größeren Anzahl von Probanden eingesetzt wurde, immer wieder deutliche Unterschiede zwischen Untersuchungsgruppen. Diese Unterschiede haben sich als gelegentlich bedeutsam für die Beurteilung und Bewertung von theoretischen Fragestellungen erwiesen (vgl. die Arbeiten in Laws & O'Donohue, 1997). Die generierten Ergebnisse scheinen immer dann von besonderem Wert zu sein, wenn den teilnehmenden Sexualstraftätern und anderen Probanden strikte Anonymität und damit Konsequenzlosigkeit der Ergebnisse zugesagt wurde.

Genau aus diesem Grund und unter strikter Wahrung der Anonymität findet die Phallometrie auch heute noch in Forschungsprojekten Verwendung, dies auch deshalb, weil die Entwicklung von Alternativen zu diesem Vorgehen noch sehr weit am Anfang steht. Dies gilt beispielsweise für Reaktionszeitexperimente, die in jüngster Zeit vermehrt zur Anwendung kommen (Wright & Adams, 1994; APA, 1999). Auch die Reaktionszeitmessung auf visuelles oder akustisches sexuell erregendes Reizmaterial ist noch nicht so weit entwickelt, dass sie etwa zur „sicheren Paraphilie-Diagnostik" eingesetzt werden könnte. Für Gruppenuntersuchungen stellt sie inzwischen eine akzeptierte Alternative zur Phallometrie dar, die zugleich weniger ethische Bedenken provoziert, wie diese verschiedentlich gegen die Penisplethysmographie vorgebracht wurden (Laws, 2003).

Eine weitgehend sichere Paraphilie-Diagnose lässt sich nach heutigem Ermessen nur stellen, wenn sich die Gutachter sehr eingehend in Interviews mit den Betreffenden auseinander setzen, unter Einbezug möglichst vielfältiger Informationen einschließlich standardisierter Erhebungsinstrumente, wenn sie weiter mit den zu untersuchenden Personen möglichst auf einen Konsens hinarbeiten, um dann als Ergebnis der objektivierbaren Daten und ihrer persönlichen Eindrücke zu einer Diagnosestellung gelangen (APA, 1999).

7   Nicht problematische Paraphilien

Inzwischen dürfte unter Forschern weitgehend unbestritten sein, dass die zwei in diesem Kapitel dargestellten sexuellen Präferenzen (der Fetischismus und der Transvestitismus) zunächst nicht als sexuelle Störungen betrachtet werden sollten – dies insbesondere dann nicht, wenn sie solitär auftreten (Laws & O'Donouhue, 1997). Beim Fetischismus und Transvestitismus gibt es fast niemals ein Opfer, wenngleich beide Arten sexueller Neigungen in zwischenmenschlichen Beziehungen durchaus Irritationen und Probleme auslösen können. Erst im Falle eines Leidens der Betroffenen selbst und/oder wenn beide sexuelle Präferenzen eine Freiheitseinschränkung anderer Personen beinhalten, könnte die Paraphilie-Diagnose infrage kommen.

Aber auch, wenn beide sexuellen Präferenzen zu zwischenmenschlichen Schwierigkeiten führen, wäre genau zu erwägen, ob sich eine vermeintliche „Belästigung anderer" oder „Erregung öffentlichen Ärgernisses" bei genauem Hinsehen nicht eher als ein Problem mangelnder Toleranz darstellt. Jedenfalls werden gegenwärtig Fälle mit Fetischismus oder Transvestitismus in den westlichen Ländern fast überhaupt nicht mehr Gegenstand gerichtlicher Auseinandersetzungen. Und selbst in engen zwischenmenschlichen oder ehelichen Beziehungen tragen beide Formen nicht zwingend zum Auftreten sexueller Probleme oder zu Zwistigkeiten bei. Im Gegenteil: Hat sich erst einmal eine wechselseitige Toleranz eingestellt, kommt es – wie wir zeigen werden – zumeist zu befriedigenden sexuellen Erfahrungen, auf die gelegentlich beide Partner nicht mehr verzichten möchten. Dies soll auch die mehr als einhundert Jahre alte Fallgeschichte verdeutlichen, mit der wir unsere Ausführungen beginnen möchten.

Beispiel: Schließlich waren es sogar 72 Perücken …
Die nachfolgende Geschichte stammt aus der „Psychopathia Sexualis" von Richard Krafft-Ebing (1886), der im 19. Jahrhundert einen „klassischen Fall" von Fetischismus folgendermaßen beschrieb:

Eine Dame erzählte, dass in der Brautnacht und in der folgenden Nacht ihr Gatte sich damit begnügt hatte, sie zu küssen, in ihrem nicht üppigen Haar zu wühlen und sich dann schlafen zu legen. In der dritten Nacht brachte Herr X. eine mit vollem langen Haar geschmückte Perücke zum Vorschein und bat seine Frau, dieselbe aufzusetzen.

> Kaum war dies geschehen, holte der Mann reichlich die versäumte eheliche Pflicht nach. Am folgenden Morgen begann X. wieder zärtlich zu werden, indem er zunächst die Perücke liebkoste. Kaum hatte Frau X. die ihr lästig gewordene Perücke abgesetzt, so hatte sie jeden Reiz für den Mann verloren.
>
> Bei Krafft-Ebing fehlt der Hinweis darauf, dass es sich wohl insgesamt um eine glückliche Ehe handelte. Der große Meister auf dem Gebiet sexueller Abweichungen teilt nur ganz nebenbei das beeindruckende Ergebnis mit, das nach fünf Jahren festgestellt werden konnte: In dieser Familie gab es zwei sich prächtig entwickelnde Kinder und eine Perückensammlung von 72 Stück. Ob Krafft-Ebing, getreu seiner damaligen Ansichten, aus der Rat suchenden Anfrage dieser Frau einen Fall für die Psychiatrie gemacht hat, ist nicht überliefert…

7.1   Fetischismus

Das sexuelle Hauptinteresse beim Fetischismus beinhaltet den Gebrauch von mindestens einem unbelebten Objekt: einem „Fetisch". Dieser Begriff entstammt dem portugiesischen „fetiço", den portugiesische Forschungsreisende im 15. Jahrhundert für geschnitzte Holzfiguren und Steine einsetzten, die Eingeborene in Westafrika mit sich herumtrugen. Unter Anthropologen fand er rasche Verbreitung. Aus ihm abgeleitet wurde etwa zeitgleich von Binet (1887) und Krafft-Ebing (1886) der Begriff „Fetischismus" für ein sexuell motiviertes Verhalten eingesetzt.

Für Krafft-Ebing handelte es sich bei dem „Fetich" [!] um ein Objekt oder um den Teil eines Objekts, das bzw. der ganz offensichtlich erhebliche und deutlich sichtbare Einflüsse auf die Stimmung und auf die Persönlichkeit ausüben konnte. Bei sexuellen Perversionen könne ein solcher „Fetisch" [!] die Person subjektiv dermaßen gefangen nehmen, dass die Betroffenen bei gleichzeitig zunehmendem sexuellen Verlangen schließlich auch in ihrem klaren Denken erheblich eingeschränkt seien.

Am häufigsten erregen sich männliche Fetischisten an schönen Schuhen, hauchdünnen Damenstrümpfen, Handschuhen, Pelzwerk und besonders häufig an Damenunterwäsche. Die Objekte werden zur eigenen sexuellen Stimulierung berührt, berochen, getragen oder sonst wie benutzt, während die Person masturbiert, oder – wie im Beispielfall – indem der fetischistische Partner seine Partnerin bittet, den Gegenstand bei gemeinsamer sexueller Aktivität zu tragen. Eine etwas ungewöhnliche Attraktivität beschreibt King (1990) bei einem 26-jährigen Mann, der durch das Niesen von Frauen in sexuelle Erregung geriet.

Fetischistische Neigungen und Interessen finden sich fast ausschließlich bei Männern, während sie bei Frauen nur gelegentlich zu beobachten sind (vgl. Fedoroff et al., 1999). Einige Autoren vermuten schon längere Zeit eine größere Dunkelziffer, weil die Vorliebe für Fetische bei Frauen weniger auffällig ist als eine vermeintlich „falsche Objektwahl" beim Mann (Greenacre, 1979). Immerhin gibt es einen nicht gerade geringen Markt für Penissubstitute der unterschiedlichsten Art (sog. Dildos oder Vibratoren).

7.1.1 Diagnostik

Subjektiv ist die Vorliebe des Fetischisten für sein Objekt unfreiwillig und unwiderstehlich. Die Grenze zwischen „Normalität" und „Störung/Abweichung" ist nicht ganz einfach zu ziehen, wenn man bedenkt, welche Anziehungskraft hohe Absätze oder Reizwäsche auf fast alle heterosexuell orientierten Männer ausüben oder welche Begeisterung die meisten von ihnen für schöne Haare, Brüste oder schwankende Hüften entwickeln. In den meisten Kulturen besteht heute eine gesellschaftlich-rechtliche Toleranz gegenüber dem Fetischismus. In klinischen Kontexten sind Fetischisten entsprechend selten anzutreffen.

Chalkley und Powell (1983) durchsuchten das Register einer großen Londoner Klinik und fanden nur 48 registrierte Fälle in einem Zeitraum von 20 Jahren – mit bereits damals abnehmender Tendenz. Eigentlich bitten Fetischisten nur dann um psychologischen Rat, wenn die Störung ihnen selbst oder ihrem Partner Kopfzerbrechen oder Konflikte bereitet. Deshalb ist vor Diagnostik einer „psychischen Störung" sorgsam abzuwägen, ob es sich im vorliegenden Fall wirklich um eine Auffälligkeit mit „Störungswert" handelt oder ob etwa nur Unsicherheiten im Umgang mit den eigenen sexuellen Präferenzen vorliegen.

Im Übergang zur möglichen psychischen Störung (Paraphilie) wird der Fetischismus definitionsgemäß immer mehr zur „zwanghaften Handlung", mit der zunehmende Erregungszustände und später ein generelles inneres Belastungserleben reduziert werden kann (→ Kriterien). Außerdem darf die Diagnose nur vergeben werden, wenn die Dranghaftigkeit der Wiederholung bereits mehr als sechs Monate anhält. Manche Betroffene begehen Diebstähle, um so viele Gegenstände ihres Begehrens wie möglich zu sammeln. Auch unter solchen Voraussetzungen kommen Betroffene gelegentlich mit Recht und Gesetz in Konflikt, was die Annahme einer psychischen Störung wahrscheinlicher macht.

> **Diagnostische Kriterien für Fetischismus gem. DSM-IV-TR (302.81)**
> A. Über einen Zeitraum von mindestens 6 Monaten wiederkehrende intensive sexuell erregende Phantasien, sexuell dranghafte Bedürfnisse oder Verhaltensweisen, die den Gebrauch von unbelebten Objekten (z.B. weibliche Unterwäsche) beinhalten.

B. Die Phantasien, sexuell dranghaften Bedürfnisse oder Verhaltensweisen verursachen in klinisch bedeutsamer Weise Leiden oder Beeinträchtigungen in sozialen, beruflichen oder anderen wichtigen Funktionsbereichen.

C. Die fetischistischen Objekte beschränken sich nicht auf Teile der weiblichen Kleidung, die zum Tragen der Kleidung des anderen Geschlechts verwendet werden (wie beim Transvestitischen Fetischismus), oder auf Geräte, die zum Zwecke der genitalen Stimulation hergestellt werden (z.B. ein Vibrator).

Zitiert gem. DSM-IV-TR der APA (2000); Saß et al. (2003, S. 630f.).

ICD-10: Fetischismus (F65.0)

In der ICD-10 werden zusätzlich zur Beschreibung der Auffälligkeiten weitere Merkmale hervorgehoben, die an eine mögliche psychische Störung denken lassen: „Fetischismus soll nur dann diagnostiziert werden, wenn der Fetisch die wichtigste Quelle sexueller Erregung darstellt und für die sexuelle Befriedigung unerlässlich ist. Fetischistische Fantasien sind häufig und stellen keine Störung dar, außer sie münden in Rituale aus, die so zwingend und inakzeptabel werden, dass sie den Geschlechtsverkehr beeinträchtigen und für die betroffene Person zur Qual werden."

Zitiert gem. ICD-10 (2. Aufl.; WHO, 1993, S. 244f.).

Im Rahmen der Vermarktung sexueller Stimuli und anwachsender Toleranz hat sich eine Fetisch-Industrie etabliert, die mit den gängigen Marketingmethoden eine Atmosphäre besonderer Verruchtheit und scheinbarer Exklusivität dieses harmlosen Gebrauchs sexueller Zusatzmittel aufbaut. Die DSM-Kriterien beziehen sich wesentlich auch darauf und heben nur auf den dranghaften Gebrauch ab (Kriterium B ist die Charakterisierung des Schweregrads, Kriterium C die Differenzialdiagnose).

Die ICD-Kriterien kommen der Möglichkeit näher, eine psychische Gestörtheit zu diagnostizieren, indem der Fetisch als *wichtigste* und *unerlässliche* Quelle mit *Ritualcharakter* genannt wird – die menschliche Begegnung also dahinter zurücktritt. Das *pars-pro-toto*-Prinzip des Fetischs verzerrt diese Begegnung von Anfang an. Psychisch gestört zu nennen wären möglicherweise jene Fälle, bei denen die auf den Fetisch gerichtete sexuelle Fantasie die reale menschliche Begegnung *vollständig* ersetzt – wobei jedoch zwingend zu klären ist, worauf das Vermeidungsverhalten enger menschlicher Beziehungen dann eigentlich beruht: Auch in vielen dieser Fälle dürfte das fetischistische Verhalten keine (!) eigenständige Diagnose mehr abgeben, weil es sich als Symptom einer allgemeinen Beziehungsstörung entpuppt (z.B. einer sozialen Phobie oder ängstlichvermeidenden Persönlichkeit).

Der „ewige" Streit über Sinn und Zweck des Fetischismus als diagnostischer Kategorie

Im Vorfeld der Entwicklung und Überarbeitung diagnostischer Kriterien kommt es in den zuständigen Kommissionen schon seit Mitte des letzten Jahrhunderts immer wieder zu heftigen Diskussionen. Einerseits kreisen diese Auseinandersetzungen um die Frage, ob es der Fetischismus angesichts seiner „gesellschaftlichen Belanglosigkeit" und wegen des seltenen Auftretens in der Klinik überhaupt noch Wert sei, als offizielle Störungkategorie im Bereich Sexueller Störungen geführt zu werden. Da er von Krafft-Ebing (1886) an den Anfang seiner „Psychopathia Sexualis" gerückt wurde und weil er seit Freud in Einzelfallberichten der Psychoanalyse die Wissenschaftsgeschichte Sexueller Störungen durchzieht, mag man sich offensichtlich von dieser „Störung" nicht gern trennen, auch wenn sie für Kliniker allenfalls Seltenheitswert besitzt.

Andererseits erregt es die Gemüter der Diagnostiker, wenn jeweils eine größere Gruppe von Diskutanten darauf besteht, dass – wie im DSM-IV wieder einmal erfolgreich (→ Kriterien), das war früher anders – wichtige sexuell-fetischistische Neigungen ausgeschlossen bleiben, wie z.B. sich auf das Innigste nur in Anteile einer Person zu verlieben (z.B. in ihre Füße oder Haare oder Ohren oder Hüften) und nicht nur in „unbelebte Objekte" (vgl. Mason, 1997).

Auch meinen andere, die sich in diesen Debatten nicht gleich durchsetzen können, dass man zwingend noch die sexuelle Präferenzen für weitere „leblose Objekte" zum Fetischismus hinzu rechnen sollte, wie z.B. die *Nekrophilie* (als das sexuelle Interesse an einem Leichnam), die *Zoophilie* (als das sexuelle Interesse an oder sexuelle Handlungen mit einem Tier), weiter die *Koprophilie* (zum Zwecke sexueller Erregung z.B. mit dem eigenen oder dem Kot des Partners/der Partnerin spielen) oder entsprechend die *Urophilie* (bei welcher der eigene Urin oder der des Partners/der Partnerin im Vordergrund steht). Dann – so die Meinung der Befürworter dieser Diagnoseerweiterung – läge die Hypothese der „abweichenden Perversion" doch näher, und die „Störungsdiagnose" bekäme ihren eigentlichen Sinn (vgl. Stoller, 1986).

Aber genau in dieser letzten Hinsicht entbrennt dann erst recht Streit unter den Experten, weshalb man – jedenfalls aktuell – bei der neutralen Formulierung der „unbelebten Objekte" geblieben ist – und die anderen Spezialformen unter den „Nicht Näher Bezeichneten Paraphilien" nur noch kurz erwähnt (im DSM-IV-TR: 302.9; APA, 2000).

7.1.2   Entwicklungshypothesen

Die fetischistische Präferenz beginnt gewöhnlich in der Jugend, obwohl der Fetisch seine besondere Bedeutung bereits in der frühen Kindheit erlangt haben kann, wenngleich zunächst *immer* ohne sexuelle Bedeutung. Über die möglichen Hintergründe für diese Entwicklung gibt es in den Therapieschulen unterschiedliche Ansichten.

Psychoanalyse. Manche Fetische erinnern nicht nur die Betreffenden, sondern bei Nachfragen auch die Eltern an das so genannte Übergangsobjekt (Winnicott, 1973). Dieser Aspekt scheint eine der möglichen Eingangsbedingungen zu sein, jedenfalls wenn man den psychoanalytischen Fallberichten zum Fetischismus Glauben schenken mag. In dem Übergangsobjekt oder in der früh beginnenden Verliebtheit in ein lebloses Objekt liegt für einige Autoren sogar „der Beweis" für die immer wieder erstaunlich früh und zu Beginn eben polymorph wirkenden Triebkraft sexuellen Geschehens – eine Annahme, die psychoanalytische Schriften bis heute durchzieht, seitdem sie von Balint (1935) erstmals mit Blick auf den Fetischismus angestoßen wurde. Empirisch lässt sich diese Hypothese schwer oder gar nicht überprüfen.

Methodischen Anforderungen entsprechende Befragungsstudien jedenfalls zeigen, dass der Ursprung der Frühzeit-Hypothese eher in den theoretischen Spekulationen zwischen Patienten und ihren Analytikern zu vermuten ist. Jedenfalls wird die bewusste Koppelung zwischen einem Fetisch und erlebter sexueller Erregung von den Betroffenen selbst immer erst ab etwa dem zehnten Lebensjahr erinnert, bei den meisten aber auch erst viel später in der Jugend. Zu diesem Schluss jedenfalls gelangen Gosselin und Wilson (1980), die – seltene Ausnahme – Gelegenheit hatten, eine größere Gruppe nicht klinisch auffällig gewordener Fetischisten zu untersuchen.

Verhaltenstherapie. Ähnliche Schwierigkeiten wie Psychoanalytiker dürften Verhaltenstherapeuten mit der empirischen Validierung ihrer „retrospektiven" Lieblingshypothese bekommen. Die Lerntheoretiker haben den Entwicklungsprozess mit den Mechanismen der so genannten Klassischen Konditionierung in der soziosexuellen Entwicklung zu erklären versucht – und diese Hypothese wird bis in die Gegenwart hinein ebenfalls von Autor zu Autor weitergereicht (Kockott, 1999): Haben vielleicht Bilder von halb nackten Frauen mit Reizwäsche den späteren Fetischisten als frühe erste Masturbationshilfe gedient?

Der einzige Vorteil dieser Perspektive liegt vielleicht darin, dass man sich nicht nur auf „ganz frühe" Kindheitserfahrungen rückbeziehen muss. Als Beleg für die Konditionierungshypothese wird gern eine Untersuchung von Rachman (1966) angesehen. Man zeigte nicht paraphilen jungen Männern wiederholt Bilder von attraktiven nackten Frauen und dazwischen Bilder von Frauenstiefeln. Schließlich lösten auch die Stiefel allein sexuelle Erregung aus, die mittels phallometrischer Messung bestimmt wurden (→ 6.4.2). Die solcherart konditionierte fetischistische Anziehung war allerdings nicht sehr stark und legte sich bald wieder. Aber immerhin – mag man einwenden – handelte es sich im Experiment auch nicht um „frühe" oder sogar „erste" sexuelle Erfahrungen, und die Probanden wurden in den Versuchen aus ethischen Gründen nicht zur Masturbation angeregt.

Bei genauem Hinsehen kann man die unakzeptable Schlichtheit der Konditionierungshypothese jedoch schnell entlarven: Wenn es ausschließlich das allgemeine Prinzip der Klassischen Konditionierung wäre, dann würden Fetischisten auch Sofakissen oder Wolldecken als Fetische benutzen. Darüber liegen jedoch keine Berichte vor.

Evolution. Vielleicht könnte auch die Eigenart der Gegenstände selbst bestimmte Qualitäten einschließen, für die Menschen eine gewisse Bereitschaft mitbringen, auf bestimmte Objekte – quasi evolutionär vorbereitet – leichter sexuell zu reagieren als auf andere. Diese sog. Preparedness-Hypothese (Seligman, 1971) gilt beispielsweise für die Entwicklung von Phobien, nach der Schlangen- und Spinnenphobien weit verbreitet sind, Phobien vor Steckdosen andererseits nicht gefunden werden. Vielleicht besitzen Menschen ähnliche phylogenetisch vorbereitete Klassen von Reizen, sexuell stimuliert zu werden (Kockott & Berner, 2004).

Immerhin lässt sich Fetischismus nicht nur bei Menschen, sondern auch bei Primaten beobachten (Wilson, 1987) – auch wenn man bei einer Übertragung solcher Ergebnisse in den Humanbereich vorsichtig bleiben muss. Sicherlich kann zugestanden werden, dass nicht nur im Tierreich, sondern auch in unserer Kultur bestimmte „Signale" oder „Bilder" oder „leblose Objekte" der vielfältigsten Art eine außerordentlich bedeutsame Rolle spielen, wo es darum geht, das Sexualverhalten von Männern (und Frauen) anzuregen, um bei diesen ein aktives Werbungsverhalten in Gang zu setzen (Epstein, 1969; Freund, 1990).

Berichtet und untersucht wurde entsprechend, dass sich die gewählten Fetische immer wieder ganz bestimmten Klassen zuordnen lassen. Beispielsweise hat Bancroft (1989) drei prinzipielle Eigenschaften sexueller Stimuli herausgearbeitet, die einen Fetisch ausmachen: (1) der Teil eines Körpers; (2) die leblose Erweiterung eines Körpers (z.B. Kleidungsstück); (3) die besondere Qualität einer spezifischen taktilen Stimulation (Beschaffenheit oder Eigenart eines Materials). Dem haben andere noch hinzugefügt, dass in vielen Fällen auch (4) andere sensorische wie gustatorische oder olfaktorische Qualitäten dazugehörten (z.B. Money, 1984).

Kultur. Bei der konkreten Ausgestaltung evolutionär vorbestimmter Anreize sexueller Erregung müssen im Humanbereich natürlich kulturelle Einflüsse in Rechnung gestellt werden. Fetischistische Traditionsstrukturen (pars pro toto) sind sowieso weit verbreitet: Zum Beispiel vertritt die Flagge den Staatsgedanken, und ihre Schändung wird als Angriff auf den Staat geahndet; das Feldzeichen steht für die Armee und muss mit allen Mitteln gerettet oder vom Feind erbeutet werden (u.v.a.m.). Fetischistische Denkstrukturen beruhen auf unserer Fähigkeit zur Symbolbildung. Verabsolutierungen dieser Symbolik wirken allgemein befremdlich. Der sexuelle Fetischismus ist vielleicht nur ein Sonderfall dieses Prinzips: Die Verfeinerung und Kultivierung menschlichen Verhaltens zeigt sich hierbei wie bei Ritualen des guten Essens: Details werden betont und auch ganz aus dem Vorgang herausgelöst. In Schwierigkeiten geraten Menschen immer dann, wenn sie von ihren überkultivierten Ansprüchen abhängig geworden sind. Das Selbstexperiment, für einige Tage das Zähneputzen zu unterlassen, kann die „Dranghaftigkeit" belegen, mit der nach Wiederaufnahme kulturell vermittelter Rituale gestrebt wird.

Mit kulturellen Einflüssen begründet sich wesentlich die konkrete Wahl und Qualität eines Fetischs, die sich im Verlauf der Jahrhunderte deutlich ändern kann. Waren es beispielsweise zu Krafft-Ebings Zeiten noch samtene oder seidene Kleidungsstücke, so werden heute von den Fetischisten Materialien aus Gummi oder Leder bevorzugt. Bei der Auswahl stehen insbesondere Eigenarten und Qualitäten im Vordergrund, die in der jeweiligen „Gegenwart in Kindheit und Jugend" allgemein beobachtbar eine wichtige Rolle spielen – z.B. bei der Auswahl von Kleidungsstücken, wodurch die heranwachsenden Kinder ihre um eine Generation älteren Eltern gelegentlich schier zur Verzweiflung bringen können.

Warum nun in diesem Entwicklungsprozess bestimmte „Zeichen" das sexuelle Werbungsverhalten und das sexuelle Interesse von Fetischisten immer wieder zwanghaft leidenschaftlich und gelegentlich *vollständig* für sich einnehmen können, das genau ist nach wie vor ungeklärt. Dass dies so ist, sollte neugierig machen, gibt es für die Forschung in dieser Frage glücklicherweise weiteren Aufklärungsbedarf.

Fetisch und Geschlecht. Eines kann die soziobiologische oder soziokulturelle Perspektive bereits heute leichter als andere dargestellte Erklärungsperspektiven beantworten: In menschlichen Gesellschaften gibt es wie im Tierreich fast ausschließlich „Kulturen", in denen einerseits die vermeintlich *aktive Rolle* beim Werbeverhalten und beim Verlangen nach Sex dem männlichen Part zugewiesen wurde. Angeregt jedoch wird solchermaßen männliches Liebeswerben in den meisten Fällen durch „Fetische", mit denen sich üblicherweise die weiblichen Partner von Natur aus schmücken oder mit denen sie sich – je nach kultureller Umgebung – zu schmücken verstehen (Munroe & Gauvain, 2001).

Vielleicht erklärt sich hieraus, weshalb nur wenige Frauen zum Fetischismus neigen: Ihre Anreize erfüllen fast ausschließlich für die Männer eine sexuell erregende Funktion. Wir haben jedoch die Frauen mehrere Absätze zuvor mit Bedacht in Klammern gesetzt. Es könnte ja sein, dass der Fetischismus bei Frauen in dem Maße zunimmt, wie die (berechtigten) Emanzipationsbemühungen in unserer Gesellschaft voranschreiten werden. Außerdem braucht man gar nicht so weit voraus zu denken: Auch im Bereich der Homosexualität gibt es heute bereits andere Anregungsformen, nur hat sich bis anhin kaum ein Forscher die Frage gestellt, welche Fetisch-Neigungen bei Lesben und Schwulen bestehen.

7.2 Transvestitismus

In diesem Buch wird der Begriff Transvestitismus benutzt, auch wenn in der Literatur noch weitere Begriffe oder Begriffspaare für das gleiche Phänomen gebräuchlich sind, wie z.B. „Transvestitischer Fetischismus", „Fetischistischer Transvestitismus" oder kurz auch noch „Transvestismus" (von lat. *trans*: „über" und lat. *vestis*: „Kleidung"). Transvestitischer Fetischismus übrigens ist die Paraphiliebezeichnung im DSM-IV-TR und Fetischistischer Transvestitismus die Störungsbezeichnung in der ICD-10. Diese Begriffsverbindung von Fetischismus und Transvestitismus wird in den Diagnosesystemen auf Personen in Anwendung gebracht, die sich durch gegengeschlechtliches Verkleiden sexuell erregt fühlen – deren Kostümierung also fetischistische Funktionen zu erfüllen scheint. Wie es die Bezeichnungen im DSM und in der ICD nahe legen, gibt es zwischen Fetischismus und Transvestitismus fließende Übergänge, und beide Phänomene können bei ein und derselben Person vorkommen.

In der Vergangenheit bezeichnete das Wort „Transvestitismus" jede Art Verkleidung, die nicht der eigenen Geschlechtsrolle entsprach (engl. Cross-Dressing). Männer wie auch Frauen, die typische Kleidungsstücke des anderen Geschlechts trugen, wurden und werden als Transvestiten bezeichnet. Bei einigen Transvestiten geht die Verkleidung mit einer Reduktion von allgemeiner Ängstlichkeit, von innerer Unruhe oder von einem Spannungszustand einher – eine Erfahrung, die von Betroffenen selbst als gelegentlicher Auslöser für das Anlegen gegengeschlechtlicher Kleidung beschrieben wird.

7.2.1 Diagnostik

Frauen, die sich wie Männer kleiden, fallen in unserer Gesellschaft nicht mehr auf. Männer, die sich wie Frauen kleiden, sehr wohl. Vielleicht ist dies eine der

Ursachen, dass es unter Männern sehr viel mehr Transvestiten zu geben scheint als unter Frauen (→ 7.4 Ätiologie). Nachfolgend werden wir deshalb vorrangig auch diese Perspektive des männlichen Transvestitismus im Auge haben, weil zum Transvestitismus bei Frauen – mangels Probanden – kaum Studien zu finden sind.

Die diagnostische Kategorie einer paraphilen Störung darf nur in Anwendung gebracht werden, wenn der Transvestitismus in klinisch bedeutsamer Weise Leiden oder Beeinträchtigungen in sozialen, beruflichen oder anderen wichtigen Funktionsbereichen verursacht (→ Kriterien). Wohl um vorschnelle und ungerechtfertigte Störungsdiagnosen zu vermeiden, wird in beiden Diagnosesystemen in der Störungsbezeichnung die Nähe zum Fetischismus betont.

Diagnostische Kriterien für Transvestitischer Fetischismus gem. DSM-IV-TR (302.3)

A. Über einen Zeitraum von mindestens 6 Monaten wiederkehrende intensive sexuell erregende Phantasien, sexuell dranghafte Bedürfnisse oder Verhaltensweisen, welche das Tragen der Kleidung des anderen Geschlechts beinhalten.

B. Die Phantasien, sexuell dranghaften Bedürfnisse oder Verhaltensweisen verursachen in klinisch bedeutsamer Weise Leiden oder Beeinträchtigungen in sozialen, beruflichen oder anderen wichtigen Funktionsbereichen.

Bestimme, ob:

Mit Geschlechtsdysphorie: Falls die Person ein anhaltendes Unbehagen über die eigene Geschlechtsrolle oder -identität aufweist.

Zitiert gem. DSM-IV-TR der APA (2000); Saß et al. (2003, S. 635).

ICD-10: Fetischistischer Transvestitismus (F65.1)

In der ICD-10 werden zusätzlich zur Beschreibung der Auffälligkeiten weitere Merkmale hervorgehoben, die an eine mögliche psychische Störung denken lassen und Unterschiede zur Transsexualität betonen: „Fetischistischer Transvestitismus unterscheidet sich vom transsexuellen Transvestitismus durch die deutliche Koppelung an sexuelle Erregung und an das starke Verlangen, die Kleidung nach dem eingetretenen Orgasmus und dem Nachlassen der sexuellen Erregung abzulegen. Häufig berichten Transsexuelle über eine frühere Phase von fetischistischem Transvestitismus, und wahrscheinlich stellt dieser in solchen Fällen eine Zwischenstufe in der Entwicklung zum Transsexualismus dar."

Zitiert gem. ICD-10 (2. Aufl.; WHO, 1993, S. 245).

Im Unterschied zu zahlreichen populären Auffassungen sind die meisten Transvestiten heterosexuell (ergänzend unsere Ausführungen zum Transgenderismus → 5.1.4). Viele von ihnen gehen ihrer sexuellen Vorliebe zu Hause und mit Zustimmung oder sogar Unterstützung der Ehefrau nach. Gelegentlich ist die betreffende Person nach außen hin ein mustergültiger Ehemann, der sich nur in der Privatsphäre verkleidet, z.B. weil das Tragen von Frauenkleidern die eigene sexuelle Lust, aber auch – wie wir darstellen werden – die wechselseitige Lust in der Partnerschaft deutlich zu steigern vermag. Nur ein kleiner Prozentsatz verkleidet sich, um sich in der Öffentlichkeit zu präsentieren oder um einschlägige Bars oder Transvestiten-Clubs aufzusuchen. Manche tragen nur ausgewählte weibliche Kleidungsstücke wie weibliche Unterwäsche oder Strumpfwaren unter ihren Männerkleidern – und fallen in der Öffentlichkeit überhaupt niemals auf.

Es entspricht nicht den Intentionen der psychiatrischen Diagnose-Systeme, Menschen als fetischistische Transvestiten zu bezeichnen, wenn diese gern die Kleidung des anderen Geschlechts tragen, ohne sich selbst dadurch sexuelle Anregung zu verschaffen. Das trifft beispielsweise auf männliche Unterhaltungskünstler zu, die als Damen-Imitatoren arbeiten. In dieser Hinsicht besteht jedoch Uneinigkeit, zumal die Travestie-Shows nicht unerheblich zur Toleranz gegenüber dem Transvestitismus in unserer Gesellschaft beigetragen haben.

Transsexualität vs. Transvestitismus. Die DSM-IV-Spezifizierung „Mit Geschlechtsdysphorie" wurde eingeführt, um das Vorhandensein einer Transsexualität, einer Störung der Geschlechtsidentität oder Entwicklungen in diese Richtung diagnostisch abzugrenzen (→ 5). Der Transvestitismus ist von der Transsexualität zu unterscheiden, da es sich bei Transvestiten *nicht* um Personen handelt, die sich mit dem Geschlecht identifizieren, das im Gegensatz zum eigenen biologischen Geschlecht steht. Deshalb werden es die allermeisten Transvestiten weit von sich weisen, würde man sie als Transsexuelle bezeichnen. Im Unterschied zum Transsexuellen liebt es der Transvestit, nur zeitweilig als Mann in die Rolle einer Frau beziehungsweise, was offensichtlich seltener vorkommt, nur zeitweilig als Frau in die Rolle eines Mannes zu schlüpfen, ohne jedoch die eigene, dem biologischen Geschlecht entsprechende Geschlechtsidentität als solche in Frage zu stellen.

Von Transsexuellen hingegen werden Kleidungsstücke getragen, weil sie der gewünschten oder subjektiv erlebten Geschlechtsidentität entsprechen, auch wenn diese dem biologischen Geschlecht widerspricht. Weiter fehlt den Transsexuellen das für den Transvestitischen Fetischismus typische Motiv, sich nämlich durch das Tragen gegengeschlechtlicher Kleidungsstücke sexuell zu stimulieren. Dennoch berichten auch Transsexuelle gelegentlich über eine frühere Phase von

Fetischistischem Transvestitismus, und in solchen Fällen kann dieser tatsächlich eine Zwischenstufe in der Entwicklung zum Transsexualismus darstellen (so genannte sekundäre Transsexualität; → 5.2.1).

7.2.2 Transgenderismus: „Frau im Mann"

Das Tragen der Kleidung des anderen Geschlechts (engl. Cross-Dressing) ist ein komplexes soziales und psychologisches Phänomen mit Eigenarten, die das Gefühlsleben, die Sexualität und Identitätsaspekte betreffen. So ist es nicht überraschend, dass zahlreiche Fälle heute dem Bereich der Transsexualität zuzuordnen wären, mit denen Magnus Hirschfeld (1910) das Phänomen des Transvestitismus der Öffentlichkeit näher zu bringen versuchte. Hirschfeld betrachtete den (noch nicht weiter differenzierten) Wunsch, gegengeschlechtliche Kleider zu tragen, als Hauptmotivation und damit als „ursächlich". Die an der Entwicklung von Störungs- und Behandlungskonzepten interessierten klinischen Forscher andererseits haben den Blick etwas einseitig auf die *sexuellen fetischistischen* Aspekte des Transvestitismus verengt und andere Motivationsaspekte sehr vernachlässigt.

Von fast allen Transvestiten wird berichtet, dass der Beginn der Entwicklung ihrer transvestitischen Neigungen eng mit dem fetischistischen Bedürfnis nach Steigerung der sexuellen Erregung zusammenhängt (Croughan et al., 1981). Dennoch verliert sich das sexuelle Verlangen mit zunehmendem Alter fast vollständig, und zwar in 25 – 65 Prozent der jeweils untersuchten Fälle unterschiedlicher Altersstufen bereits bis zum 40. Lebensjahr (Docter, 1988). In einer Studie mit 851 männlichen Transvestiten im Durchschnittsalter von 45 Jahren gaben bereits 86 Prozent der Befragten an, dass sie mit zunehmendem Alter immer weniger aus sexuellen Motiven zum Tragen gegengeschlechtlicher Kleidung stimuliert wurden. Vielmehr habe bei ihnen das („wohl immer schon vorhandene") Bedürfnis zugenommen, die in ihnen vorhandene „Rolle" oder „Rollenanteile" des gegenteiligen Geschlechts wenigstens zeitweilig klar zum Ausdruck zu bringen.

Transgenderismus. Ähnliche Beobachtungen haben einige Forscher angeregt, Phasenmodelle der Entwicklung des Transvestitismus zu untersuchen. 1979 beschrieb Brierley ein Kontinuum, das von einer frühen „fetischistischen Phase" bis hin zu einer späteren Phase einer „transvestiten Rollen-Identität" reichen konnte. Docter (1988) hat diese Transgenderismus-Vermutung an einer größeren Stichprobe von 110 Männern weiter untersucht. Er findet eine frühe, mittlere und späte Entwicklungsphase, die sich dadurch auszeichnen,

- dass die Häufigkeit zunimmt, mit der die Betreffenden sich als Frauen vollständig einkleiden,
- dass das Interesse ansteigt, ausgesprochen feminine Verhaltensmuster und Rolleneigenarten zu präsentieren, und schließlich
- dass die – wenngleich immer zeitlich begrenzten – Episoden zunehmen, in denen sich die Betreffenden zeitweilig selbstbewusst und von sich selbst überzeugt als Frau erleben und zeigen möchten.

Im Laufe des Lebens gewinnt also das Bedürfnis an Bedeutung, immer wieder einmal der „Frau in sich selbst" Ausdrucksmöglichkeiten zu verleihen („the girl within"; Prince & Bentler, bereits 1972). Auch diejenigen, die noch im höheren Alter sexuelle Erregung beim Verkleiden verspüren, benötigen die fetischistischen Aspekte nicht mehr, etwa um eine Erektion zu bekommen, die sexuelle Lust beim Geschlechtsverkehr zu steigern oder einen Orgasmus zu stimulieren (Brown, 1994; 1995).

Das grundlegende Bedürfnis, die femininen Aspekte des Selbst zu erleben und zu zeigen, gilt heute unter Sexualforschern als *primäre Motivation* für das Verkleiden. Sie scheint die treibende Kraft zu sein, auch im weiteren Leben an der in der Jugend beginnenden und zunächst mit sexueller (fetischistischer) Lust gepaarten Neigung des Cross-Dressing festzuhalten (Brown, 1995). Die transvestistische Literatur ist bestückt mit Autobiographien und Lebensgeschichten, Selbstanalysen und Fallberichten, in denen genau diese primären Motivationsaspekte ausführlich diskutiert werden. Andererseits finden diese Transgenderismus-Phänomene in den diagnostischen Manualen DSM und ICD bis heute keinerlei Beachtung und bleiben entsprechend auch in den meisten der bisher vorliegenden Forschungs- und Behandlungskonzepte ausgeklammert. Das sollte sich grundlegend ändern ($\rightarrow$ 5.1.4; 7.4).

7.2.3 Transvestitismus unter Beibehaltung beider Geschlechterrollen: Abweichung ohne Pathologie!

Der zuletzt genannte Aspekt der zunehmenden spezifischen Geschlechtsidentität bei Transvestitismus (sich als Mann mit Anteilen einer Frau zu erleben) wird von den meisten psychopathologisch interessierten Forschern wohl deshalb leichtfertig übersehen, weil sie sich bisher einseitig mit dem vermeintlich „paraphilen Störungsgehalt" des Transvestitismus beschäftigt haben. Vermutlich nur deshalb betonen sie einseitig den *Fetischismus* als zentralen „Problemaspekt". Natürlich dient das Verkleiden beim Transvestitismus wie die Bevorzugung eines Fetischs beim Fetischismus der sexuellen Stimulierung, einer Stimmungsveränderung in Richtung Euphorie und als solches gelegentlich der Reduktion eines psychischen Belastungserlebens. Aber in dieser Hinsicht unterscheiden sich weder Fetischismus noch Transvestismus von sonstigen, üblicherweise *nicht* als paraphil angesehenen sexuellen Neigungen und Interessen, einschließlich der Masturbation.

Wie kommen die psychopathologisch interessierten Diagnosesystementwickler eigentlich darauf, in dem einen Fall (Fetischismus, Transvestitismus) von „Paraphilie" und damit von „Sexueller Störung" zu sprechen, andere Fälle der sexuellen Stimulierung und sexuellen Erregung etwa durch Haarlocken einer Geliebten, durch Plastikpuppen oder Vibratoren ausdrücklich aus dem Bereich psychischer Gestörtheit auszuschließen (vgl. die Fetischismus-Kriterien → 7.1.1). Bei ruhigem Nachdenken über genau diesen Punkt ergeben sich weitere „Fragen über Fragen". Wenn man beispielsweise das DSM zugrunde legt, muss es schon sehr erstaunen, dass sich die meisten, offensichtlich paraphilen (!) fetischistischen Transvestiten im Verlaufe ihres Lebens in dem Maße in nicht mehr paraphile (!) Transvestiten verwandeln, wenn sie das Cross-Dressing nicht mehr zur eigenen sexuellen Stimulierung und Erregung einsetzen, sondern dies – wie oben dargestellt – nur noch tun, um dem Identitätsaspekt der „Frau im Mann" regelhaft Ausdruck zu verleihen.

Doch Halt, das stimmt nicht ganz! Denn im Unterschied zum DSM war die *nicht* paraphile Neigung der älter werdenden Transvestiten zum Tragen gegengeschlechtlicher Kleidung für die Autoren der ICD-10 sogar Anlass, auch noch eine weitere Kategorie psychischer Gestörtheit (!) für „Transvestitismus unter Beibehaltung beider Geschlechtsrollen" im Bereich der Störungen der Geschlechtsidentität vorzusehen – und zwar ausdrücklich, ohne das ansonsten die Diagnose einschränkende „Leiden" der Betroffenen als Kriterium zu wiederholen (→ Kriterien).

Diagnostische Kriterien für „Transvestitismus unter Beibehaltung beider Geschlechtsrollen" gem. ICD-10 (F64.1)
Dabei wird die gegengeschlechtliche Kleidung getragen (Cross-Dressing), um zeitweilig die Erfahrung der Zugehörigkeit zum anderen Geschlecht zu erleben. Der Wunsch nach langfristiger Geschlechtsumwandlung oder chirurgischer Korrektur besteht nicht. Diese Störung ist dadurch vom fetischistischen Transvestitismus zu unterscheiden, dass das Umkleiden nicht von sexueller Erregung begleitet ist (Ausschluss).
Zitiert gem. ICD-10 (2. Aufl.; WHO, 1993, S. 241f.).

Die (wohlgemerkt: Störungs-) Diagnose „Transvestitismus unter Beibehaltung beider Geschlechtsrollen" dürfte sich nach den bis hier und nachfolgend dargestellten Beobachtungen zum Cross-Dressing im Erwachsenenalter nicht mehr rechtfertigen. Daran dürfte auch die Hinzufügung „subjektives Leiden" nichts ändern, weil sich dieses sowieso zumeist als Folgewirkung sozialer Ausgrenzung und Stigmatisierung erweisen wird. Und an diesem sozialen Phänomen der Stigmatisierung sind die klinischen Wissenschaftler nicht unerheblich beteiligt – jedenfalls so lange noch, wie sie Fetischismus und Transvestitismus allzu leichtfertig in die Nähe einer psychischen Gestörtheit rücken.

7.2.4   Beachtenswerte weitere Auffälligkeiten

Bereits Hirschfeld (1910) hatte in seiner Studie darauf hingewiesen, dass es wohl kaum mittels therapeutischer oder sonstiger Hilfe möglich wäre, Transvestiten von ihrer sexuellen Präferenz zu „heilen". In den uns zugänglichen Studien zeigt sich, dass die längsten berichteten Episoden, in denen Transvestiten es durchgehalten haben, keine Frauenkleidern anzuziehen, ein Jahr oder nur wenige Monate mehr betrug (Croughan et al. 1981). Über mindestens einmal realisierte, letztlich doch gescheiterte Versuche, sich aller vorhandenen Frauenkleider durch Verkaufen, Wegwerfen oder Verschenken „endlich ein für alle Mal" zu entledigen, berichten bis 30 Prozent der dazu Befragten. Den heimlichen Wunsch, dies zu tun, äußern immerhin 75 Prozent (Brown, 1995).

Als Grund für derartige Wünsche werden Ablehnung durch andere oder durch heterosexuelle Partner oder Unsicherheiten hinsichtlich einer eventuellen psychischen Gestörtheit angegeben. Nur eine kleine Minderheit hat schon einmal den ernsten Wunsch gehegt, die Kleidung des anderen Geschlechts andauernd tragen zu wollen – zumeist jedoch, ohne sich selbst bereits als transsexuell zu bezeichnen. Nur in Ausnahmefällen findet sich das in den Diagnosesystemen aufgeführte Zusatzkriterium der Geschlechtsdysphorie erfüllt.

Geschlechtsdysphorie. Liegt eine Unsicherheit hinsichtlich der sexuellen Präferenz bzw. Orientierung vor, sollte zunächst diagnostisch abgeklärt werden, ob sich diese nicht lediglich mit unbegründeten Ängsten vor psychischer Gestörtheit oder mit zwischenmenschlichen Problemen begründet. Gelegentlich werden von Transvestiten Ambivalenzen beschrieben, die aufgetreten seien, als man andere Transvestiten das erste Mal mit „übertrieben femininen Verhaltenmustern" beobachtet habe. Nur in sehr seltenen Fällen kann sich in einer Geschlechtsdysphorie die Entwicklung eines sekundären Transsexualismus andeuten ($\rightarrow$ 5.2).

Weit mehr als die Hälfte der Transvestiten geben an, dass das gelegentliche Tragen von Kleidern des anderen Geschlechts nur geringe oder gar keine negativen Konsequenzen für ihr Leben habe (Docter, 1988). Die überwiegende Mehrheit der Transvestiten gibt in Befragungsstudien vielmehr zu Protokoll, dass sie ihre transvestitischen Vorlieben und Neigungen als die wichtigsten Glück versprechenden und damit als die befriedigendsten und bereicherndsten Aspekte ihres erwachsenen Lebens erfahren (Brown, 1995).

Behandlungsmotive. Nur eine Minderheit heterosexueller Transvestiten bittet, wenn überhaupt, jemals um professionelle diagnostische Abklärung und therapeutische Hilfe. Die Angaben dazu schwanken je nach Studie zwischen 10 und 50 Prozent, durchschnittlich etwa ein Viertel (vgl. Brown, 1995). Seitdem es das Internet gibt, scheint die Zahl deutlich zu sinken. Die Motive, sich in eine psychologisch-psychotherapeutische Behandlung zu begeben, sind vielfältig, wobei Schwierigkeiten im privaten und beruflichen Umgang mit anderen Menschen überwiegen. Die Vorstellungsgründe wurden von Brown (1995) in eine Rangreihe abnehmender Häufigkeit gebracht:

▶ Beginn einer Behandlung auf Anraten der Ehefrau oder der Kinder
▶ Suche um konkreten Rat und Hilfe bei der Frage, ob und wie man die eigenen Kinder über die sexuelle Präferenz des Vaters in Kenntnis setzen könne
▶ Probleme am Arbeitsplatz und mit Kollegen und Freunden
▶ Drohende berufliche Risiken und Laufbahnprobleme, z.B. als Berufssoldat
▶ Unsicherheiten, Scham- und Schuldgefühle wegen einer möglichen psychischen Gestörtheit
▶ Komorbide Alkoholabhängigkeit oder eine Depression, zumeist als die dann zentral vorgetragene oder offensichtlich zu behandelnde Problematik
▶ Beginnende Geschlechtsdysphorie.

Nur gelegentlich berichten die Betroffenen über Folgeprobleme des Transvestitismus, wie Einsamkeit, Depressivität oder Alkoholmissbrauch (Wise, 1989; 1990). Dabei bleibt beachtenswert, dass ein erhöhtes Risiko der Entwicklung einer Substanzabhängigkeit oder Depression im Vergleich zur Normalbevölkerung bislang bei Transvestitismus nicht festgestellt werden konnte.

7.3 Erklärungsmodelle zu normalen sexuellen Präferenzen

Da der Transvestitismus inzwischen zu den normalen sexuellen Präferenzen hinzugerechnet werden kann, werden wir nachfolgend über diese präferenzielle sexuelle Neigung hinaus nach Erklärungsmodellen und nach den Entwicklungsbedingungen für nicht problematische sexuelle Interessen und Vorlieben ganz allgemeiner Art fragen. Eine der wichtigen Beobachtungen betrifft den Sachverhalt, dass sich sexuelle Präferenzen – so sie sich einmal entwickelt haben und zur bevorzugten Gewohnheit geworden sind – im weiteren Verlauf offensichtlich nur mehr schwer verändern lassen.

Transvestitismus. Die meisten Männer mit Transvestitismus geben an, dass es einige bis viele Jahre der inneren Unsicherheit gegeben habe, bevor man sich mit seiner sexuellen Präferenz endgültig habe anfreunden können. Es scheint sich hierbei um die Entwicklung einer Geschlechtsidentität zu handeln, wie wir sie als Coming-out im Zusammenhang mit der Homosexualität kennen gelernt haben (ergänzend hierzu aber auch unsere Anmerkungen zum Transgenderismus → 5.1.4). Dass sich die sexuelle Präferenz als Teil der Geschlechtsidentität in nicht umkehrbarer Weise verfestigt, scheint der Lebensentwicklung homosexueller Menschen weitgehend zu entsprechen.

Ganz anders sieht es jedoch mit Entwicklungsbedingungen aus, die sich nämlich von jenen unterscheiden, die zur Homosexualität und zur Transsexualität prädisponieren. Wir haben in den Kapiteln 4.2.3 und 5.1.3 ausführlich dargestellt, dass als einer der härtesten Prädiktoren für die in der Jugend deutlicher werdende Homosexualität das so genannte „nicht-geschlechtsrollenkonforme Verhalten in der Kindheit" gilt. Lange Zeit wurde vermutet, dass die Vorliebe für nicht-geschlechtsrollenkonformes Verhalten in der Kindheit auch als Prädiktor für einen späteren Transvestitismus infrage kommen könnte.

Inzwischen liegen einige gründliche prospektive Verlaufsstudien vor, die dieser Frage nachgegangen sind (Green, 1987; Zuger, 1984; 1988). Beide Studien wurden mit Jungen durchgeführt, die in der Kindheit nicht-geschlechtsrollenkonformes Verhalten zeigten und die mit einer Vorliebe für Kleider des anderen Geschlechts aufgefallen waren. In beiden Studien fand sich das bereits bekannte Ergebnis, dass nämlich diese Kinder mit Beginn ihrer Jugend in überwiegender Zahl (zwischen 70 und 90 Prozent) eine Homosexualität bzw. Bisexualität entwickelten. *Keiner* der untersuchten Jungen jedoch neigte zum Transvestitismus.

7.3.1 Sexuelle Präferenzen: Abweichung oder Vielfalt?

Die Ursachen für die Entwicklung des Transvestitismus wie die anderer nicht problematischer Sexualpräferenzen liegen weitgehend im Dunkeln, auch wenn in den vergangenen hundert Jahren zahlreiche Theorievorschläge unterbreitet wurden. Für die meisten dieser Annahmen ließen sich bis heute keine akzeptablen empirischen Befunde zur Absicherung finden. Die meisten dieser Annahmen sind zudem nicht spezifisch auf den Transvestitismus zugeschnitten, sondern stellen (mit vielleicht zu hohem Anspruch) Versuche dar, alle Paraphilien in ihrer Unterschiedlichkeit zu erklären und zugleich auch noch (mit vielleicht zu engem Anspruch) die Entwicklung hin zur „psychischen Gestörtheit" der Betreffenden zu begründen.

Da die Hypothese psychischer Gestörtheit inzwischen ad acta gelegt werden sollte, dürften die meisten psychoanalytischen Hypothesen über verschiedenste „Fehlentwicklungen" in der frühen Kindheit, über ungelöste ödipale Konflikte oder eine Abwehr gegenüber homosexuellen Impulsen nicht nur wegen fehlender Empirie, sondern auch in ihrer Art, eine psychische Transvestitismus-Störung zu begründen, als obsolet angesehen werden. Ähnliches gilt für entsprechend wenig erfolgreiche Versuche der Lerntheoretiker, den Transvestitismus und Fetischismus als Folge unbewältigter Trennungsängste oder mit der konditionierenden Freude der Eltern über das Tragen gegengeschlechtlicher Kleidungsstücke in der Kindheit zu erklären. Mit zunehmender Akzeptanz der eigenen sexuellen Präferenzen kann der Transvestitismus wie der Fetischismus von den Betreffenden mit großer Zufriedenheit gelebt werden. Bei den meisten Menschen mit diesen Neigungen handelt es sich um erfolgreiche und gut integrierte Mitglieder der sozialen Gemeinschaft (zusammenfassend: Brown, 1995).

Normal und nur allzu menschlich. Mit einer solchen Perspektive im Hintergrund erweitert sich die Fragestellung: weg von einer vermeintlichen Suche nach „Ätiologiefaktoren für Gestörtheit" und hin zur Frage nach der Entwicklung sexueller Vorlieben ganz allgemein und völlig unabhängig von der spezifischen Objektwahl. Solange ich die gesellschaftlich und juristisch zu regelnden Freiheitsrechte anderer Menschen gar nicht verletze und die mir eigenen sexuellen Präferenzen meine Verpflichtungen im Leben nicht im Übermaß einschränken, macht es eigentlich keinen Unterschied aus, ob ich mich – regelhaft wiederholt, zwanghaft und sehnsüchtig, leidend oder euphorisch – von der Reizwäsche einer Frau, vom Lesen pornographischer oder gelegentlich kaum unterscheidbarer schöngeistiger Literatur sexuell stimulieren und gefangen nehmen lasse oder ob ich mich in die Stimme einer Frau oder ihre schöne Beine verliebe.

Andererseits ist diese Objektwahl nicht beliebig, was sich darin zeigt, dass sich sexuelle Vorlieben und Neigungen recht leicht zu (diagnostischen) Klassen zusammenfassen lassen. Menschen besitzen offensichtlich eine Prädisposition, auf bestimmte Objekte – vielleicht evolutionär vorbereitet oder biosozial bedingt – leichter sexuell zu reagieren als auf andere (→ 7.1.2). Fetischismus oder Transvestitismus sind in diesem Zusammenhang möglicherweise brauchbare Begrifflichkeiten, wenn es uns denn gelänge, sie – wie Homosexualität oder Transsexualität – aus dem Dunstkreis einer per se gegebenen „psychischen Störung" herauszuholen.

Innere Landkarten der Verliebtheit. Die meisten sexuellen Präferenzen sind hochgradig personalisierte Erfahrungen sexueller Erregbarkeit, die sich in ihrer Eigenart und Ausformung möglicherweise auf erste persönliche sexuelle Erfahrungen und auf die Kontexte dieser Erfahrungen zurückbinden lassen. Vielleicht waren dies erste Masturbationserfahrungen und zugehörige Kontexte oder Fantasien. Auch wenn dieses Konditionierungsmodell empirisch nicht gesichert ist, scheint es gut nachvollziehbar, dass eine einmal vollzogene enge Assoziation zwischen inneren Triebkräften und äußerlichen Reizbedingungen eine Eigendynamik in Richtung „Wiederholung zum Zwecke sexueller Befriedigung" entwickeln mag. Im Unterschied zum Triebmodell der Psychoanalyse vermag die Konditionierungshypothese *nicht sehr gut* die Intensität sexuellen Verlangens zu erklären, aus deren machtvollem Drang nicht nur heterosexuelle Aktivität, sondern auch fetischistische oder transvestistische Objektwahl immer wieder nach sexueller Befriedigung streben.

Um diese Phänomene theoretisch besser in den Griff zu bekommen, hat Money (1980; 1985; 1986) sein schematheoretisches Konzept so genannter innerpsychischer „Landkarten der Verliebtheit" (Love Maps) vorgeschlagen. Es ermöglicht die Integration komplexer Zusammenhänge zwischen inneren und äußeren Bedingungen wie zugleich auch die Berücksichtigung von Entwicklungsprozessen. Money (1986) entsprechend handelt es sich bei vielen sexuellen Präferenzen um den Ausdruck innerpsychischer Repräsentationen früherer Erfahrungen, die in kognitiv-affektive Schemata eingebunden werden. Diese wiederum hängen eng mit sexuellen Bedürfnissen und mit der jeweiligen Art zusammen, wie und unter welchen Umständen sexuelle Bedürfnisse in der bisherigen Entwicklung befriedigt wurden (etwa mit den kontextuellen Bedingungen früher Masturbationserfahrungen). Die sich immer mehr zum sexuellen Skript entwickelnden „selbst-befriedigenden" Erfahrungen entfalteten schließlich eine Eigendynamik.

Abweichende Normalität. Die individuellen Love-Maps liegen auf einem Kontinuum. Money (1985; 1986) selbst stellt sich eine Dimension vor, die sich von einem Bereich „normaler" menschlicher sexueller Präferenzen bis in einen Bereich „sexueller Abweichungen" hinein erstreckt. In Letzterem sind die Love-Maps ein Ausdruck „psychischer Gestörtheit". Uns selbst erscheint es sinnvoller, „sexuelle Abweichung" eher als Ergebnis gesellschaftlich-kultureller Konstruktionsprozesse aufzufassen. Denn das, was sich in unserer Gesellschaft als normale sexuelle Präferenz darstellt, ist von einer solch bewundernswerten Vielgestaltigkeit, dass sich empirische Ansprüche an die Feststellung etwa einer statistischen Norm überhaupt nicht erfüllen lassen. Entsprechend ist das, was sich uns als „sexuelle Abweichung" darstellt, *primär* Abweichung von einer gesellschaftlich-kulturell konstruierten Norm, die ihren manifesten Ausdruck in Gesetzen oder Moralvorstellungen findet, in denen für gewisse Zeiträume festgeschrieben ist, was jeweils aktuell als gesellschaftlich akzeptierbare Normalität gilt.

Vorsicht bei der Wahl von Begrifflichkeiten! Die den Paraphilien zugrunde liegenden innerpsychischen Schemata werden von Money und Lamacz (1989) auch als „vandalisierende Love-Maps" bezeichnet. Das erscheint uns problematisch, wenn man in Rechnung stellt, wie rasch sich im Laufe weniger Jahre eben noch „vandalisierende" sexuelle Repräsentanzen oder Schemata offensichtlich in „nicht mehr vandalisierende" sexuelle Vorlieben und Neigungen wandeln können. Wie in vielen Kapiteln dieses Buches eindringlich nahe gelegt wird, ist gerade im Bereich der Analyse und Bewertung sexueller Orientierungsmuster von Seiten der Wissenschaft (auch Begriff setzende) Zurückhaltung geboten. Nur auf diese Weise lässt sich vermeiden, dass die wissenschaftlich durchaus legitimen Versuche, etwa psychische Störungsmuster zu identifizieren, nicht zu vorschnell von gesellschaftlichen Vorstellungen über „moralisch-rechtliche Abweichung" abhängig werden.

Diese erneut angebrachte Warnung schmälert in keiner Weise die Attraktivität und Plausibilität von Moneys Modell der „inneren Landkarten der Verliebtheit". Nur sollte man sich frei machen von der Idee, dass es vor allem für eine Erklärung von „vandalisierenden" Love-Maps dienlich ist. Vielleicht versteht man überhaupt die kulturell „abweichenden" Sexualpräferenzen besser, wenn man zuvor die kulturell akzeptierten und als hinlänglich normal angesehenen Sexualpraktiken besser erforscht. Individuelle Love-Maps fast beliebiger Art werden für fast jeden von uns zu bestimmten Zeiten unserer Entwicklung zur treibenden (subjektiv häufig idealisierten) Kraft. Sie scheinen wesentlich dafür verantwortlich zu sein, einmal und dann wiederholt erfahrene sexuelle Befriedigungsmuster auch in Zukunft als höchst beglückend erlebte sexualerotische Aktivitäten beizubehalten – und dies natürlich auch dann, wenn sich die konkreten sexuellen Handlungen und Verliebtheiten von gesellschaftlich akzeptierten Praktiken mehr oder weniger deutlich entfernen. Und nur nebenbei sei angemerkt, dass sich das Sexualverhalten nicht von vielen anderen Arten das menschliche Dasein beglückender Erfahrungen unterscheidet.

7.3.2 Kaum zu beeinflussen: die Intensität unerfüllter Liebe

Munroe und Gauvain (2001) haben diese Entwicklungshypothese erweitert. Sie weisen darauf hin, dass es insbesondere *unerfüllte* sexuelle Wünsche und Bedürfnisse sind, die eine „unglaubliche" Triebkraft und Intensität erreichen, so dass sich die Betreffenden von ihrem sexuellen Drang selbst nicht mehr frei machen können – und dies vor allem dann und deshalb nicht, weil sie *keine* Bedürfnisbefriedigung erlangten. Nichts scheint so intensiv wie unerfüllte Liebe (Salter, 1997).

Unabgeschlossene Gestalten. Die Autoren greifen in diesem Zusammenhang auf den so genannten Zeigarnik-Effekt als Erklärungsmöglichkeit zurück: auf das Konzept „unabgeschlossener Handlungen" oder „unvollständiger Gestalten", das in der Gestaltpsychologie umfängliche empirische Absicherung gefunden hat (Zeigarnik, 1927; Deutsch, 1968). Mit dem Konzept der unabgeschlossenen Gestalten versuchen Munroe und Gauvain (2001) zu erklären, warum bestimmte sexuelle Präferenzen und die Paraphilien sehr häufig ein kaum nachvollziehbares Ausmaß an Zwanghaftigkeit entfalten – eben weil den Betreffenden zumeist, was die Objektwahl angeht, das zwischenmenschliche Gegenüber fehle. Das häufig als Ersatz für reale Beziehungen gewählte Objekt werde schließlich selbst in die zwischenmenschliche Beziehung mit hinübergenommen – eben wegen ihrer zuvor erfahrenen Qualität, sexuell zu befriedigen. Dazu führen die Autoren mehrere Beispiele an, unter anderem das folgende von Kaplan (1991):

„In den 60er Jahren berichteten einige Prostituierte in London über Männer, die sie gebeten hatten, statt der üblichen Reizwäsche beim Geschlechtsverkehr mit ihnen gemeinsam mitgebrachte Gasmasken und Bademäntel zu tragen. Diese Männer hatten im Zweiten Weltkrieg bei Luftangriffen gelegentlich mit Frauen im Bunker sexuell verkehrt, wo sie dermaßen bekleidet gleichzeitig versuchten, sich vor möglichen Gasangriffen zu schützen" (Munroe & Gauvain, 2001, S. 47f.).

Die Dranghaftigkeit sexuellen Verlangens. Was uns an dieser Perspektive faszinierend erscheint: Die Entwicklung sexueller Präferenzen und der Paraphilien hängt offensichtlich nicht ausschließlich mit ersten selbst befriedigenden Sexualerfahrungen zusammen. Unerfüllte sexuelle Bedürfnisse könnten früher liegen, aber – und das ist das Interessante an diesem Modell: – auch noch viel später, also weit nach den ersten Masturbationserfahrungen. Es ist die sich kontinuierlich wiederholende Triebhaftigkeit *jeder Art sexuellen Begehrens*, die uns in subjektiv wie objektiv beobachtbare Perioden des sehnsüchtigen Verlangens versetzt. Begründbar sind diese – da besteht weitgehend Konsens – natürlich vornehmlich biologisch, angeregt vielleicht durch evolutionäre Programme, auch stimuliert durch altersabhängige geschlechtshormonelle Veränderungen, nie jedoch unabhängig von kulturellen Einflüssen oder persönlichen Erfahrungen.

Diese sexualerotischen Episoden sind nicht nur von außen feststellbar, sondern sie erfassen die Betreffenden selbst gelegentlich in noch weitaus stärkerem Maße. Diese Phasen der Verliebtheit erscheinen dann auch in der Selbstwahrnehmung als unausweichlich dranghaftes Geschehen, sodass sich – subjektiv und objektivierbar – gelegentlich der klare Rückschluss aufdrängt, es handele sich dabei um ein „zwanghaftes" und damit um ein „pathologisches" Geschehen – nur dass Kliniker allzu leicht übersehen, dass dieser Zwang auch im Bereich völlig normaler sexueller Präferenzen eine unbändige Kraft entfalten kann. Es dürfte nur sehr wenige Menschen geben, die nicht irgendwann oder wiederholt solche, die gesamte Aufmerksamkeit bindende Perioden unbefriedigter Bedürfnisse und damit ungestillter Phasen sexueller Erregung durchlaufen und dann sexuell-präferenzielle Ersatzmöglichkeiten außerhalb von Paarbeziehungen suchen. Wenn diese Kompensationsversuche befriedigende Erfahrungen ermöglichen, ist es nur zu leicht verständlich, wenn sie weiterhin für die Person bedeutsam bleiben – und zwar, ohne dass in jedem Einzelfall der Rückschluss auf „psychische Gestörtheit" angemessen wäre.

Biologie und Kultur. Sexualität bleibt nun einmal ein biologisches Bedürfnis und hat in diesem Sinne viele Gemeinsamkeiten mit Hunger und Durst – die sich jedoch nur mit kulturell und persönlich gelernten Formen der Befriedigung „angemessen befriedigen" und entsprechend verstehen lassen. Deshalb dürfen wir bei sexuellen Präferenzen auch nicht nur auf die Biologie als enge Erklärung setzen, dies schon deshalb nicht, weil sich der ausschließliche Rückgriff auf „Anlage und Natur" in der Geschichte der Sexualforschung bereits häufig als Bumerang erwiesen hat (→ 2.3.3). Auch der einseitige Blick in die Kultur wäre reduktionistisch, auch wenn er zur Erklärung bestimmter Phänomene wie der Zwanghaftigkeit hinreichen mag. Dazu nochmals das bereits in einem früheren Kapitel empfohlene Selbstexperiment: Putzen Sie sich zur Selbsterfahrung doch nur ein paar Tage lang einmal nicht Ihre Zähne…

7.4   Behandlungskonzepte bei Transvestitismus

Inzwischen besteht Einigkeit, dass Versuche, den Transvestitismus (weg) zu behandeln, zum Scheitern verurteilt sind. Publikationen, die den Erfolg solcher Versuche suggerieren, haben nur mehr historischen Wert (wie z.B. Bak, 1953; Marks & Gelder, 1967). Entsprechend selten begeben sich Transvestiten und Fetischisten selbst in psychotherapeutische Behandlung. Bereits 1972 hatten Prince und Bentler darauf hingewiesen, dass nur etwa ein Viertel der von ihnen Befragten 504 Transvestiten überhaupt jemals um psychiatrischen oder psychotherapeutischen Rat nachgesucht hätten. Bei den meisten von ihnen (62 Prozent) begrenzte sich dieser Kontakt nur auf eine einzige Beratungssitzung. Die Übrigen folgten dem Rat, eine Psychotherapie zu beginnen. Von diesen 38 Prozent berichten nur 5 Prozent, dass sie zeitweilig mithilfe der Therapie von ihren transvestitischen Neigungen hätten lassen können. Durchgehalten haben die allermeisten aber nur wenige Monate (zwischen einem Monat bis höchstens wenig mehr als ein Jahr). Etwas über die Hälfte der Psychotherapiepatienten (53 Prozent) gab letztendlich zu Protokoll, dass sich ihre Psychotherapie im Rückblick als „sinnlos herausgeworfenes Geld" und als „unsinnigerweise verschenkte Lebenszeit" herausgestellt habe (Brown, 1995).

7.4.1 Affirmative Psychotherapie

Methodisch akzeptierbare Studien zu einer mehrjährig dauerhaft erfolgreichen „Heilung" des Transvestitismus gibt es bis heute nicht. Entsprechend wird in den gegenwärtigen Behandlungsempfehlungen bei Fetischismus und Transvestitismus auf eine Bejahung der sexuellen Präferenz abgehoben. Das empfohlene therapeutische Vorgehen ähnelt in vielerlei Hinsicht jenen Konzepten, wie wir sie als „affirmative Psychotherapie" bereits im Zusammenhang mit der Homosexualität (→ 4.4), mit den Störungen der Geschlechtsidentität (→ 5.1.4) oder mit der Transsexualität (→ 5.3.3) besprochen haben. Mindestens folgende drei Ziele rücken in den Mittelpunkt psychologisch-psychotherapeutischer Angebote:
▶ eine Selbstakzeptanz des Transvestitismus,
▶ eine Reduktion von sozial bedingten Belastungen,
▶ eine Beeinflussung von Sekundärsymptomen (wie Scham, Schuldgefühle, depressive Verfassungen oder Suizidalität).

Psychodynamische Therapie. Ungeachtet des Nachdenkens der meisten Psychoanalytiker über Erklärungs- und Behandlungsmöglichkeiten der Perversionen einschließlich des Fetischistischen Transvestitismus, werden affirmative Ziele der psychodynamischen Therapie schon seit den 1960er Jahren vertreten und zunehmend akzeptiert (Bruce; 1967; Pomeroy, 1975; Peo, 1988; Docter, 1988). Alle Autoren berichten in ihren Falldokumentationen über nachweisbar deutliche Besserungen der Sekundärsymptomatik ihrer Patienten, die sie ausdrücklich mit einer Zunahme der Selbstakzeptanz in Beziehung setzten. Fast alle beschreiben außerdem ein weiteres interessantes Begleitphänomen (hierzu insbesondere Pomeroy, 1975): Nahm die Selbstakzeptanz des Transvestitismus zu, erweiterten sich damit einhergehend auch die Freiheitsgrade, sich in Frauenkleidern zu zeigen, und wurde solches Verhalten zudem noch durch relevante Bezugspersonen (wie die Ehefrau, Freunde oder durch Therapeuten) gestützt und akzeptiert, dann führte dies in vielen Fällen sogar zu einer gewissen Abnahme des Bedürfnisses oder Dranges, sich zum Zwecke sexueller Stimulierung gegengeschlechtlich zu kleiden – wenngleich nicht zur Aufgabe des für sie befriedigenden Verhaltens.

Verhaltenstherapeutische Behandlung. Die zunächst vereinzelt, später zunehmend ebenfalls in Abweichung vom Mainstream vertretenen affirmativen Konzepte in der Verhaltenstherapie bei Transvestitismus entsprechen weitgehend denen, wie sie von Cliffe (1987) publiziert wurden. Um nicht allzu sehr gegen die allgemeine Auffassung zu verstoßen, bei Transvestitismus handele es sich um eine psychische Störung, betitelte Cliffe seinen Therapieansatz damals als „Paradoxe Intervention" – ein Vorgehen, das seinerzeit in der Verhaltenstherapie zunehmend akzeptiert wurde. Der Therapeut schlug seinem Patienten eine klare und breit gefächerte Zielstruktur vor. Der gemeinsam mit dem Patienten erarbeitete Therapieplan sah schließlich neben den bereits oben angegebenen allgemeinen Zielstellungen auch noch vertiefende konkrete Arbeitsschritte vor:

▶ eine genaue Analyse der sozialen und gesellschaftlichen Bedingungen und Einstellungen, die für die Sekundärsymptome oder weitere psychische Belastungen verantwortlich zeichnen,

▶ eine Analyse und Besprechung von Bereichen, in denen in privaten, beruflichen und gesellschaftlichen Kontexten Negativfolgen bereits eingetreten sind oder zukünftig zu erwarten wären,

▶ schließlich Möglichkeiten zu erarbeiten und zu erproben, wie die transvestitischen sexuellen Präferenzen selbst kontrolliert so gelebt werden können, dass sich zukünftig keine weiteren sozialen Negativfolgen ergeben.

7.4.2 Behandlungsangebote für Ehepartner und Paartherapie

Ein besonders sensibler Bereich stellt eine eventuell bereits bestehende oder gewünschte eheliche Partnerschaft dar. Nicht von ungefähr scheint es so, dass Ehefrauen von Transvestiten nicht nur ihre Partner veranlassen, eine Psychotherapie zu beginnen, sondern möglicherweise häufiger als ihre Ehemänner selbst psychologische Hilfe in Anspruch nehmen (Brown, 1994). Davon scheinen annähernd 40 Prozent der Frauen, die mit einem Transvestiten in ehelicher Beziehung leben, Gebrauch zu machen. Aus diesem Grund ist es sinnvoll, auch auf Behandlungsangebote für Ehepartner und entsprechende Grundlagen für eine Paartherapie näher einzugehen.

Das Eheleben mit Transvestitismus. Befragungen von Ehefrauen mit einem transvestitischen Partner machen auf einige Eigenarten aufmerksam, mit denen die Betreffenden ihre ehelichen und sexuellen Beziehungen gestalten (vgl. Brown, 1994). Mehr als die Hälfte der Ehefrauen hatte es ihrem Mann gestattet, sich beim Geschlechtsverkehr weibliche Kleidungsstücke anzuziehen, und für die Hälfte dieser Frauen (also etwa ein Viertel des Gesamtkollektivs) ermöglichte diese Erlaubnis für beide Partner neuartige sexuelle Erfahrungen einschließlich einer größeren sexuellen Befriedigung. Wurden die Frauen bereits vor der Aufnahme intimer Beziehungen durch ihre späteren Ehemänner über seinen Transvestismus informiert, zeigten diese üblicherweise eine weit reichende Akzeptanz und Zustimmung bis hin zur Bereitschaft, diese Neigungen auch beim geschlechtlichen Beisammensein zu akzeptieren.

Frauen, die ihren Ehemann eher zufällig beim Verkleiden überrascht hatten, scheinen die größeren Probleme mit dem Transvestitismus zu erleben und entsprechend häufiger Psychologen, Ärzte und Psychotherapeuten um Rat zu bitten – oder auch ihre Ehemänner aufzufordern, eine Psychotherapie zu beginnen, um das transvestitische Verhalten zu beenden. Aus diesen Befragungsergebnissen lässt sich unschwer die Empfehlung an Transvestiten ableiten, dass es für die Absicherung einer beginnenden Partnerschaft wichtig ist, die transvestitische Präferenz möglichst frühzeitig mit der Partnerin zu besprechen.

Transvestitismus: selten ein Grund zur Trennung. Das Offenbarwerden des Transvestitismus in einer Ehe ist selten Anlass für Trennung oder Scheidung – dies insbesondere dann nicht, wenn die Betroffen von Anbeginn an mit offenen Karten spielen. Selbst vom Coming-out erst nach Eheschließung überraschte Partnerinnen geben nur zu einem Drittel an, sich ernsthaft mit dem Gedanken einer Trennung vom Partner auseinander gesetzt zu haben. Kam es in Ehen mit einem Transvestiten zur Scheidung, wurde die transvestitische Neigung nur in etwa einem Drittel der Scheidungsfälle als ein Trennungsgrund angegeben (Prince & Bentler, 1972; Brown, 1994).

Nachdem sich zunehmend Selbsthilfegruppen und Vereinigungen transvestitischer Männer etabliert haben, ist sogar zu beobachten, dass sich viele Ehefrauen aktiv an der Ausgestaltung und den Aktivitäten der subkulturellen Gruppierung beteiligen. Dies betrifft auch die Teilnahme der Paare an überregionalen Treffen, das gemeinsame Einkaufen von Frauenkleidern und Schminkutensilien sowie die Unterstützung beim Versuch, möglichst neue und interessante Make-ups auszuprobieren. Diese Gruppe der akzeptierenden Frauen (sog. „high acceptors" in der Befragung von Brown, 1994) gibt erwartungsgemäß bei Befragungen an, dass sie noch nie den Impuls oder Wunsch verspürt hätten, etwa psychotherapeutische Hilfe oder Paartherapieangebote in Anspruch zu nehmen.

Themen der Partnerbehandlung und Paartherapie. Eines sollte mit dieser Befunddarstellung deutlich gemacht werden, dass es trügerisch und vielleicht sogar unverantwortlich wäre, der Empfehlung einiger Autoren zu folgen, nach der Psychotherapeuten den Ehefrauen dringend zuraten sollten, sich auf keinen Fall an den transvestitischen Aktivitäten ihrer Ehemänner zu beteiligen (wie dies beispielsweise von Wise noch im Jahr 1989 mit Bezug auf eine Reihe weiterer Autoren dringend nahe gelegt wurde). Dieser Rat verkennt, dass eine Akzeptanz des Transvestitismus durch die Ehefrau vielfältige neue und befriedigende Erfahrungen mit dem Ehepartner ermöglicht. Diese betreffen nicht nur die sexuelle

Beziehung, sondern reichen weit in Bereiche hinein, die heterosexuellen Paaren in aller Regel nicht offen stehen. Für Psychotherapeuten beachtenswert bleibt deshalb, dass es sich bei Rat suchenden Frauen um Partnerinnen handelt, die möglicherweise unvorbereitet und „aus heiterem Himmel" vom Transvestitismus überrascht wurden. Weiter handelt es sich um Personen, die sich – wie vielleicht die Betroffenen selbst – unsicher sind, wie der Transvestitismus aus wissenschaftlich-therapeutischer Sicht einzuordnen wäre: psychisch gesund, deviant, behandelbar, vererbt und damit ein eventuelles Problem für die Kinder usw.? Brown (1995, S. 1998) hat die hauptsächlichen Fragen und Themenbereiche, die von Ehefrauen in einer psychologisch-psychotherapeutischen Beratung und Behandlung angesprochen werden könnten, systematisiert und zusammengestellt (→ Kasten).

Fragen und Themen, die Partnerinnen/Ehefrauen von Transvestiten interessieren könnten

Bedeutung des Transvestitismus für die Ehefrau
▶ Bin ich selbst lesbisch?
▶ Ist irgendetwas mit mir selbst nicht in Ordnung, dass er sich wie eine Frau kleiden muss?
▶ Kann ich meinen Mann verlieren (an eine andere Frau oder einen anderen Mann)?
▶ Ich bin eifersüchtig auf das, was „sie" trägt (Kleidung, Make-up)!
▶ Ich fühle mich mit alledem so allein gelassen.
▶ Ich fühle mich beschämt und schuldig, mit einem Transvestiten verheiratet zu sein.

Bedeutung für die Familie
▶ Was sollen wir den Kindern erzählen (sollen wir das überhaupt tun)?
▶ Werden auch unsere Kinder Transvestiten oder Transsexuelle?
▶ Das Geld und die Zeit, die „sie" für sich aufwendet, geht der Familie verloren.
▶ Was passiert, wenn die Restfamilie, die Nachbarn oder der Arbeitgeber den Transvestitismus entdecken?

Bedeutung für die eheliche Beziehung
▶ Er hat es vor mir geheim gehalten, deshalb kann ich ihm nicht mehr vertrauen.
▶ In welchen Punkten und Fragen hat er mich noch belogen?
▶ Welche anderen „Perversionen" hat er noch zu verbergen?
▶ Wie wird seine Andersartigkeit unsere sexuelle Beziehung beeinflussen?

> ▶ Ich habe einen Mann geheiratet. Ich habe nicht bekommen, was mir ver-
> sprochen wurde!
> ▶ Wenn ich ihn seinen Neigungen nachgehen lasse, kann er dann seine Kon-
> trolle verlieren?
>
> **Bedeutung für ihren Ehemann**
> ▶ Ist er, weil er sich Frauenkleider anzieht, schwul oder bisexuell?
> ▶ Wird er eventuell eine operative Geschlechtsumwandlung anstreben?
> ▶ Wird es ihm schaden, wenn er sich einer Transvestiten-(Selbsthilfe-)
> Vereinigung anschließt?
> ▶ Wird sich seine Neigung, Frauenkleider anzuziehen, jemals ändern?

Die meisten dieser Fragen können leicht in einigen psychoedukativen Sitzungen beantwortet und diskutiert werden; bei anderen wiederum kann durchaus die Möglichkeit einer kürzeren oder längeren Einzeltherapie der Frauen oder eine Paartherapie in Erwägung gezogen werden. Informationsmaterialen, wie sie inzwischen im Internet auf den Seiten der Vereinigungen von Transvestiten leicht zugänglich sind, können Beratungs- und Therapieangebote sinnvoll ergän-zen.

Abschließend nochmals der Hinweis, dass sich nur ganz selten aus einem Transvestitismus heraus eine transsexuelle Entwicklung anschließen kann (→ 5.2). Fallberichte belegen, dass selbst in solchen Fällen eine vorbestehende heterosexuelle Partnerschaft zur wechselseitigen Befriedigung („homosexuell") weitergelebt werden kann (Ruthmann, 2001).

8 Eher problematische und gefahrvolle Paraphilien

Mit diesem Kapitel beginnend wird sich unsere Perspektive ändern. Die beschriebenen sexuellen Phänomene und Erscheinungsformen können nicht nur in der Betrachtung persönlicher Eigenarten, sondern auch mit Blick auf ethische und rechtliche Rahmenbedingungen zunehmend problematische Wirkungen entfalten. In diesen Fällen wird die Frage bedeutsamer, ob auf die Betroffenen die psychiatrische Störungsdiagnose einer Paraphilie ernsthaft in Anwendung gebracht werden sollte oder nicht (→ 6.4). Im DSM-IV-TR finden sich für die in diesem Kapitel dargestellten Paraphilien knapp zusammengefasst folgende Störungsbeschreibungen und Diagnosehinweise (APA, 2000; deutsche Ausgabe: Saß et al., 2003, S. 625 ff.):

▶ Voyeurismus: Das paraphile Hauptinteresse beinhaltet die Beobachtung nichts ahnender Personen, üblicherweise Fremder, die nackt sind, sich gerade ausziehen oder sexuelle Handlungen ausführen. Das Zuschauen („Spannen") geschieht, um sexuelle Erregung zu bekommen, wobei im Allgemeinen keine sexuelle Aktivitäten mit der beobachteten Person gesucht werden.

▶ Exhibitionismus: Beim Exhibitionismus besteht das paraphile Hauptinteresse im Zurschaustellen der eigenen Genitalien vor Fremden zum Zwecke der eigenen sexuellen Erregung. Manchmal masturbiert der Betroffene, während er sich zeigt (oder sein Zeigen fantasiert).

▶ Frotteurismus: Das paraphile Hauptinteresse beim Frotteurismus beinhaltet das Berühren und Sich-Reiben an einer nicht einwilligenden Person zum Zwecke sexueller Erregung.

Bei Voyeurismus, Exhibitionismus und Frotteurismus wird die Diagnose gestellt, wenn die Person das dranghafte Bedürfnis ausgelebt hat oder wenn das sexuelle Bedürfnis zu deutlichem Leiden oder zu zwischenmenschlichen Schwierigkeiten führt.

▶ Sexueller Masochismus: Das paraphile Hauptinteresse beim Sexuellen Masochismus beinhaltet den (realen, nicht simulierten) Akt der Demütigung, des Geschlagen- bzw. Gefesseltwerdens oder sonstigen Leidens.

Bei Sexuellem Masochismus wird die Diagnose vergeben, wenn das sexuelle Bedürfnis in klinisch bedeutsamer Weise zu Leiden oder zu Beeinträchtigungen in sozialen, beruflichen oder anderen wichtigen Funktionsbereichen führt.

▶ Sexueller Sadismus: Das paraphile Hauptinteresse beim Sexuellen Sadismus beinhaltet (reale, nicht simulierte) Handlungen, welche für die Person durch psychisches oder physisches Leiden des Opfers (einschließlich Demütigung) sexuell erregend sind.

Bei Sexuellem Sadismus wird die Diagnose gestellt, wenn die Person das dranghafte Bedürfnis gegen den Willen einer nicht einverstandenen Person ausgelebt hat oder wenn es zu deutlichem Leiden oder zu zwischenmenschlichen Schwierigkeiten führt.

▶ Pädophilie: Das paraphile Hauptinteresse bei Pädophilie beinhaltet sexuelle Handlungen mit einem präpubertierenden Kind (in der Regel 13 Jahre oder jünger). Die Person mit Pädophilie muss 16 Jahre oder älter und mindestens 5 Jahre älter sein als das Kind.

Bei der Pädophilie wird die Diagnose gestellt, wenn die Person das dranghafte Bedürfnis ausgelebt hat oder wenn das sexuelle Bedürfnis zu deutlichem Leiden oder zu zwischenmenschlichen Schwierigkeiten führt.

Exklusiv – nicht-exklusiv. Gemäß DSM-IV-TR lassen sich die genannten Paraphilien weiter in zwei empirisch auffällige Untergruppen unterteilen, in die so genannten „exklusiven" und die so genannten „nicht-exklusiven" Paraphilien.

▶ Exklusive Paraphilie: Hier lässt sich bei betreffenden Personen beobachten, dass sie ausschließlich durch paraphile Fantasien oder Verhaltensweisen, Gedanken oder Handlungen sexuelle Erregung erreichen können. Fantasien und Handlungen, die üblicherweise bei Menschen sexuell stimulierend wirken können, wie z.B. deutliche Signale und die Einwilligung gleichaltriger Erwachsener zum gemeinsamen Geschlechtsverkehr, verfehlen bei den Betreffenden ihre Wirkung.

▶ Nicht exklusive Paraphilie: Dabei können sexuelle Bedürfnisse sowohl durch nicht-paraphile als auch durch paraphile Reize angeregt werden und entsprechend konventionelle und/oder ungewöhnliche sexuelle Aktivitäten zur Folge haben. Ein Intimpartner stellt nach einer gewissen Phase sexueller Erfahrungen plötzlich oder allmählich fest, dass der/die Erwählte ungewöhnliche sexuelle Neigungen und Interessen offenbart und realisieren will.

Crossing. Paraphilien treten in klinischen Kontexten bei ein und derselben Person häufiger mehrfach als isoliert auf. Insbesondere bei Vorliegen eindeutiger delinquenter sexueller Handlungen und bei Sexualstraftätern zeigt sich eine deutliche Tendenz, dass verschiedene Paraphilien gleichzeitig oder nacheinander bestehen können. Auf dieses Phänomen des so genannten Crossing (Abel & Osborn, 1992; → 10.2) werden wir in den nachfolgenden Kapiteln wiederholt eingehen.

8.1 Voyeurismus, Exhibitionismus, Frotteurismus

Mit Voyeurismus, Exhibitionismus und Frotteurismus werden zunächst jene Paraphilien im Mittelpunkt stehen, bei denen sich die Frage nach Störung und/oder Delinquenz nicht immer eindeutig beantworten lässt. In vielen Fällen ist also vorrangig zu entscheiden, ob eine behandelnswerte psychische Störung überhaupt vorhanden ist oder nicht. Alle drei Phänomene lassen sich überzufällig häufig bei ein und derselben Person beobachten, weshalb es die Vermutung gibt, dass es sich um eine gemeinsame Störungsgruppe handeln müsste (Freund et al., 1997; → 8.1.6).

8.1.1 Voyeurismus

Das Beobachten sexueller Aktivitäten hat eine erotisierende Wirkung. Schon im Mittelalter wurde das Zusehen bei der Kopulation von Tieren von Ärzten als Mittel gegen Impotenz verordnet. In Swingerclubs macht es einen Teil der Atmosphäre aus, die Pornoindustrie lebt davon. Es kann aber immer wieder einmal vorkommen, dass ein Mann eine nackte Frau zufällig und ohne deren Wissen beobachtet. Wenn dies vorkommt, ist die betreffende Person noch lange kein Voyeur. Von Voyeurismus (von franz. *voir*: sehen) wird üblicherweise erst dann zu sprechen sein, wenn das Beobachten von Personen, die entweder nackt sind, sich gerade ausziehen oder sich sexuell betätigen, wiederholt und über längere Zeiträume hinweg zur bevorzugten oder ausschließlichen Variante wird, sexuelle Erregung zu erleben. Das Zuschauen („Spannen"; engl.: Peeping) steht dabei im Vordergrund. Eine sexuelle Betätigung mit der anderen Person selbst wird zumeist nicht gesucht.

Diagnostische Kriterien für Voyeurismus gem. DSM-IV-TR (302.82)

A. Über einen Zeitraum von mindestens 6 Monaten wiederkehrende intensive sexuell erregende Phantasien, sexuell dranghafte Bedürfnisse oder Verhaltensweisen, welche die Beobachtung einer nichts ahnende Person, die nackt ist, sich gerade entkleidet oder sexuelle Handlungen ausführt, beinhalten.

B. Die Person hat das sexuell dranghaften Bedürfnis ausgelebt, oder die sexuell dranghaften Bedürfnisse oder Phantasien verursachen deutliches Leiden oder zwischenmenschliche Schwierigkeiten.

Zitiert gem. DSM-IV-TR der APA (2000); Saß et al. (2003, S. 636).

> ### ICD-10: Voyeurismus (F65.1)
> Wiederholt auftretender oder ständiger Drang, anderen Menschen bei sexuellen Aktivitäten oder Intimitäten wie z.B. beim Entkleiden, zuzusehen. Dies passiert in der Regel heimlich und führt zu sexueller Erregung und Masturbation.
> Zitiert gem. ICD-10 (2. Aufl.; WHO, 1993, S. 246).

Voyeurismus scheint vorrangig ein Problem Jugendlicher und junger erwachsener Männer zu sein. Angaben zum weiblichen Voyeurismus liegen nur von Frauen vor, die wegen sexuellen Missbrauchs von Kindern gerichtlich verfolgt wurden (z.B. Kaplan & Green, 1995). Immerhin berichteten bis zu einem Viertel dieser Frauen, früher schon ein- oder mehrmals nackten Männern und Jugendlichen zum Zwecke sexueller Erregung heimlich zugeschaut zu haben.

Andererseits nimmt sich die Suche nach Paraphilien bei Frauen auch deshalb schwierig aus, weil es zahlreiche subtil wirkende Einstellungen gibt, die bei der Frage nach „normal" oder „abweichend" eine Eigenwirkung in Richtung „Mann" als dem vermeintlichen „Täter" entfalten. Das mag folgende kleine Geschichte verdeutlichen, die bei Meyer (1995, S. 1346) nachzulesen ist: „Wenn ein Mann vor einem Fenster stehen bleibt, um eine nackte Frau im Raum dahinter zu beobachten, kann er wegen Voyeurismus angezeigt werden. Wenn eine Frau vor einem Fenster stehen bleibt, um einen nackten Mann im Raum dahinter zu beobachten, kann es im Konfliktfall passieren, dass er wegen Exhibitionismus eine Anzeige erhält."

Bei den (also wohl zumeist männlichen) Voyeuren kann es bereits während des Zuschauens zu einem Orgasmus kommen, der üblicherweise durch gleichzeitiges Masturbieren befördert wird. Masturbation kann auch nach der Beobachtung erfolgen, wenn der Betreffende sein Zuschauen in der Fantasie nacherlebt oder weitere Fantasievorstellungen über einen eventuellen sexuellen Kontakt mit der beobachteten Person entwickelt. Aber auch dann bleibt es zumeist eine Fantasie, denn beim Voyeurismus besteht in den seltensten Fällen zwischen dem Beobachter und der beobachteten Person Kontakt.

Weitere Auffälligkeiten. Typischerweise finden es Voyeure nicht sexuell erregend, wenn sie einer Frau zuschauen, die sich bewusst nur für sie entkleidet (Kaplan & Krueger, 1997). Wichtig scheint für die meisten, dass sich das Zuschauen mit dem Moment der Gefahr, entdeckt zu werden, verbindet. Einige werden nur durch die Vorstellung sexuell erregt, was passieren würde und wie die Frau reagieren würde, wusste sie, dass sie in ihrer Nacktheit beobachtet wird. Manche Voyeure wiederum beobachten mit besonderer Vorliebe Paare beim Geschlechtsverkehr.

In klinischen Interviews zeigen sich auch noch weitere, z.T. recht unterschiedliche Aspekte (Marshall, 1989; Marshall & Eccles, 1991; deSilva, 1995): Voyeurismus kann ein Ersatz für zwischenmenschliche Sexualität sein, nicht nur bei sozialer Isolation, sondern auch bei Vorliegen sexueller Funktionsstörungen oder auch bei körperlicher Behinderung. Einige Voyeure scheinen Angst vor der eigenen Körperlichkeit und Sexualität zu haben, andere haben Angst, für einen realen und aktiven Sexpartner Verantwortung zu übernehmen. In der Passivität fühlen sie sich geschützt und unangreifbar. Die Zuschauerrolle ermöglicht ihnen eine gewisse Kontrolle über die eigene Sexualität.

Alternativdiagnosen beachten. Die allermeisten Voyeure sind unauffällige und eher sozial zurückgezogen lebende Personen, bei denen sich in vielen Fällen auch noch ein Mangel an sozialen Fertigkeiten, soziale Ängste und Phobien sowie Schwierigkeiten im Umgang mit intimen zwischenmenschlichen Erfahrungen finden lassen. Letzteres gilt es, differenzialdiagnostisch zu beachten: Der Voyeurismus kann in bestimmten Fällen besser als nur eines von mehreren Symptomen einer sozialen Angst oder Phobie aufgefasst werden, als dass sich eine eigenständige Paraphiliediagnose rechtfertigte. Ähnliches gilt, wenn sich komorbid eine sexuellen Funktionsstörung oder Behinderung diagnostizieren lässt, deretwegen Voyeuristen sexuelle Beziehungen zum anderen Geschlecht meiden.

Epidemiologie. Da Voyeurismus im Heimlichen ausgeübt wird, ist die Häufigkeit des Vorkommens nicht angemessen einzuschätzen. Voyeuristische Neigungen entstehen in mehr als der Hälfte aller Fälle bereits vor dem 15. Lebensjahr. Wenn das 20. Lebensjahr überschritten ist, lassen sie sich kaum erstmals finden (Abel & Rouleau, 1990). In klinischen Kontexten der Behandlung von Paraphilien bei Sexualdelinquenten machen Voyeure 12 – 15 Prozent aus. Opfer können einzelne Personen (zumeist Frauen) oder Paare sein, nur ganz selten Frauengruppen. Werden erstmals angezeigte Jugendliche zu ihren voyeuristischen Neigungen befragt, so schwanken die Zahlenangaben über bereits zuvor durchgeführte voyeuristische Aktionen zwischen 10 und 50 (Abel, 1989).

Nachdem in den sechziger und siebziger Jahren des 20. Jahrhunderts in vielen Ländern die Verkaufsbeschränkungen für pornographisches Material an Erwachsene aufgehoben und vielerorts für die Möglichkeit des „heimlichen Beobachtens" so genannte Peepshows eingerichtet wurden, nahm als eine der wenigen beobachtbaren Auswirkungen dieser Liberalisierung der Voyeurismus signifikant ab – zumindest Polizeiberichten zufolge (z.B. Kutchinsky, 1970). Entsprechend spielt der Voyeurismus in den westlichen Ländern als Wirtschaftsfaktor eine zunehmend größere Rolle, bedingt durch die beziehungslose Art, öffentlich erlaubte Sexualität zu konsumieren: Peepshows, Striptease, Privatclubs bis hin zu Fernseh-Shows und Live-Angeboten im Internet.

Letzteres könnte als gewisse weitere Bestätigung für die bereits oben angesprochene Hypothese angesehen werden, dass es sich bei Voyeuren um selbstunsichere Personen handelt, denen sich durch alle möglichen pornographischen und Peeping-Räume angstfreiere Möglichkeiten zum Ausleben ihrer sexuellen Präferenz eröffnet haben. Vielleicht befriedigt der leichtere Zugang zu freizügigem Bild- und Schriftmaterial inzwischen viele Bedürfnisse, die früher ein Risiko für bestimmte Männer darstellten, zu „Spannern" zu werden und andere Menschen durch direktes Zuschauen zu belästigen.

Therapeutische Implikationen. Gleiches gilt es im Auge zu behalten, wenn es um die Entwicklung therapeutischer Perspektiven geht. Die sexuelle Präferenz selbst müsste vielleicht gar nicht so sehr in den Mittelpunkt der Behandlungsplanung rücken. Denn einerseits sind für voyeuristische Neigungen soziale Angst und Unsicherheit sowie ein Mangel an Bindungskompetenzen die wesentlichen Determinanten, weshalb diese Aspekte inzwischen in der Behandlung einen zentralen Stellenwert einnehmen (→ 12.2).

Andererseits geht es vielleicht auch nur um die Art, mit der ein voyeuristischer Mensch seinen persönlichen Bedürfnissen nachkommen könnte, ohne mit Recht und Gesetz in Konflikt zu geraten. Was jedoch diesen zweiten Aspekt angeht, so müssten die Betroffenen in unserer merkantilistischen Welt wohl darauf achten, dass sie bei der Erfüllung ihrer Sehnsüchte nicht unversehens große Schulden anhäufen. Dies kann z.B. schnell geschehen, wenn man masturbierend einer Frau am hochgetakteten Telefon lauscht oder im Internet durch Sexübertragungen abgezockt wird. Vielleicht handelt es sich in Fällen einer extremen Verschuldung durch Telefonsex ebenfalls nicht mehr um eine Paraphilie, sondern um ein völlig anders gelagertes Problem. Dieses ist in den Diagnosesystemen üblicherweise im Bereich der so genannten *Störungen der Impulskontrolle* zu finden, und dafür wären dann – ähnlich wie beim Pathologischen Spielen – noch einmal völlig anders geartete Therapiepläne zu entwerfen.

8.1.2   Exhibitionismus

Exhibitionismus (von lat. *exhibere*: zeigen) bedeutet, dass jemand seine Geschlechtsorgane ohne Aufforderung anderen, meist fremden Personen zeigt, um sich dadurch sexuelle oder andere emotionale Befriedigung zu verschaffen. Nicht selten hängt diese Befriedigung vom Erschrecken oder von der Überraschung der unfreiwilligen Betrachter ab. Beim solitär auftretenden Exhibitionismus steht häufig eine, auch von den Betroffenen selbst subjektiv erlebte Zwanghaftigkeit des Verhaltens im Vordergrund.

> **Diagnostische Kriterien für Exhibitionismus gem. DSM-IV-TR (302.4)**
>
> A. Über einen Zeitraum von mindestens 6 Monaten wiederkehrende intensive sexuell erregende Phantasien, sexuell dranghafte Bedürfnisse oder Verhaltensweisen, die das Zur-Schau-Stellen der eigenen Genitalien gegenüber einem nichts ahnenden Fremden beinhalten.
> B. Die Person hat das sexuell dranghafte Bedürfnis ausgelebt, die sexuell dranghaften Bedürfnisse oder Phantasien verursachen deutliches Leiden oder zwischenmenschliche Schwierigkeiten.
> Zitiert gem. DSM-IV-TR (APA, 2000; Saß et al., 2003, S. 629).
>
> **ICD-10: Exhibitionismus (F65.2)**
>
> In der ICD-10 werden zusätzlich zur Beschreibung der Auffälligkeiten weitere Merkmale hervorgehoben, die an eine mögliche psychische Störung denken lassen: „Diese Neigung (zum Exhibitionismus) kann eventuell nur in Zeiten emotionaler Belastung oder in Krisensituationen manifest werden, dazwischen können Perioden ohne solches Verhalten vorkommen (…) Für einige ist der Exhibitionismus die einzige sexuelle Betätigung, während andere zur gleichen Zeit ein aktives Geschlechtsleben mit langdauernden Beziehungen haben; allerdings kann sich der innere Drang bei Konflikten in diesen Beziehungen verstärken. Die meisten Exhibitionisten empfinden ihren inneren Drang als schwer kontrollierbar und persönlichkeitsfremd."
> Zitiert gem. ICD-10 (2. Aufl.; WHO, 1993, S. 245 f.).

Bei vielen Exhibitionisten hat es den Anschein, sie versuchten mit ihren Handlungen plötzliches Erschrecken und Abscheu zu provozieren, um sich von psychischen Spannungen zu befreien (Murphy, 1997). Stress und innere Spannung müssen dazu nicht unbedingt mit der eigenen Sexualität zusammenhängen. Unterschiedlichste Belastungserfahrungen, steigende psychosoziale Anforderungen und zunehmender Stress können exhibitionistisches Verhalten in Gang setzen.

Bleiben Schreck und Ekel bei den Opfern aus, fühlen sich viele Täter frustriert, dies vor allem dann, wenn ihnen mit Gelassenheit begegnet wird oder sie sogar ausgelacht werden. Nur ganz selten kommt es in solchen Situationen zu Übergriffen und Handgreiflichkeiten – eigentlich nur, wenn diese von den Opfern initiiert werden. Die allermeisten Exhibitionisten kommen nicht einmal näher, halten Distanz und fliehen nach der Exposition. Reagieren die Opfer verschreckt, panisch oder mit Ekel, steigert dies jedoch die Erregung, und es kommt zur anschließenden Masturbation.

Phallometrie. Der Penisplethysmograph ($\rightarrow$ 6.4.2) wurde bei einer Untersuchung männlicher Exhibitionisten eingesetzt, um mittels Penisvolumenänderung zu klären, ob und durch welche sexuellen Reize sie erregt werden, die für andere nicht erregend sind (Fedora et al., 1986). Im Vergleich zu nicht auffälligen Probanden und Sexualstraftätern, die körperliche Angriffe durchgeführt hatten, zeigten ausschließlich Exhibitionisten eine stärkere Erregung bei Dias von vollständig bekleideten Frauen in nicht sexuellen Umgebungen wie z.B. in einem Aufzug oder in einem Park. Andererseits erreichten die Exhibitionisten wie die Probanden der Kontrollgruppen ein durchschnittliches Erregungsniveau sowie ein gleichartiges Interesse an erotischen und eindeutig sexuellen Bildern.

Epidemiologie. Empirische Studien kommen fast immer zu dem Ergebnis, dass es sich beim Exhibitionismus nicht um eine schwere psychische Störung handelt. Die allermeisten Exhibitionisten stammen aus geordneten Lebensverhältnissen und sind in Zweidrittel aller Fälle verheiratet. Und wo weiter untersucht wird, unterscheiden sie sich in weiteren untersuchten Variablen *nicht* vom Bevölkerungsdurchschnitt: weder in der Ausbildung, im beruflichen Status noch hinsichtlich ihrer Intelligenz (Blair & Lanyon, 1981; Murphy, 1997). Die Autoren ziehen den Schluss, dass es sich bei vielen Exhibitionisten offensichtlich um „solide Mitbürger" handelt – dies jedenfalls so lange, bis sie für ihre Umgebung zumeist unerwartet auffällig werden.

Die meisten Exhibitionisten sind männlichen Geschlechts, und Opfer ihrer Handlungen sind zumeist weiblich. Der meisten Opfer scheinen Kinder und Jugendliche zu sein. Es gibt offensichtlich nur wenige Frauen, die zum Exhibitionismus neigen, deren Opfer in den meisten Fällen ebenfalls Frauen sind. Uns sind nur zwei Berichte bekannt, in denen Frauen wegen Exposition gegenüber Männern auffällig wurden (Murphy, 1997). Häufiger sind Berichte, in denen Frauen mit einer Entblößung männliche Personen sexuell zu verführen versuchten – das jedoch zählt nicht als Exhibitionismus.

Jugendliche und junge Erwachsene. Exhibitionismus hat seinen Beginn in der späten Kindheit im Übergang zur Jugend. Es ist sogar eine bimodale Verteilung zu beobachten mit Höhepunkten jeweils um das 15. und um das 25. Lebensjahr (Mohr et al., 1964), wobei etwa die Hälfte der Betroffenen den Beginn ihrer Störung vor dem 18. Lebensjahr datieren. Zu ersten Anzeigen kommt es zumeist erst im jungen Erwachsenenalter Mitte der Zwanziger – vielleicht, weil die Opfer das Exhibieren Jugendlicher leichter als „pubertären Unsinn" abtun können. Jenseits des 40. Lebensjahres wird über einen Anteil älterer Exhibitionisten zwischen 6 und 25 Prozent berichtet (Murphy, 1997). Die meisten publizierten Zahlenangaben beruhen auf Stichproben polizeilich auffällig gewordener Personen. Immerhin macht der Exhibitionismus in den westlichen Gesellschaften jeweils etwa ein Drittel (!) aller zur Anzeige gebrachten Sexualstraftaten aus (→ 9.1).

Es gibt nur wenige Befragungsstudien außerhalb der forensischen Psychiatrie und der Gefängnisse. Als Ausnahme interviewten Freund und Mitarbeiter (1997) 69 Universitätsstudenten und 35 gleichaltrige Männer mit geringerer Schulbildung, ob sie schon jemals einer ihnen völlig fremden Frau aus gewisser Distanz ihren Penis gezeigt hätten – was alle verneinten. 11 Prozent der Studenten und 17 Prozent der Personen mit geringerer Schulbildung gaben jedoch zu, dass sie schon einmal vor einer ihnen fremden Frau ihr Gesäß entblößt hätten, und ungefähr 5 Prozent beider Gruppen hätten in diesem Zusammenhang auch noch kurz einen Blick auf das „durchhängende" Geschlechtsteil gewährt – „alles natürlich nur zum Spaß", wie die Befragten bekundeten. Die Forscher stellten männlichen Personen mit der Exhibitionismusdiagnose die gleichen Fragen: 49 Prozent der 150 Befragten gaben zu, ihren Penis vor einer ihnen fremden Frau entblößt zu haben. Immerhin gaben 31 Prozent an, sowohl den Penis als auch das nackte Gesäß präsentiert zu haben. Und nur ungefähr 1 Prozent bejahte die Frage, nur das Gesäß vor einer fremden Frau entblößt zu haben.

Alternativdiagnosen beachten. Bei einer größeren Untergruppe jedoch lassen sich – wie beim Voyeurismus – ein Mangel an sozialen Fertigkeiten, soziale Ängste und Phobien sowie Schwierigkeiten im Umgang mit intimen zwischenmenschlichen Erfahrungen beobachten. Auch der Exhibitionismus kann in bestimmten Fällen besser als Symptom einer sozialen Angst oder Phobie aufgefasst werden. Gleichermaßen gilt es, diagnostisch das Vorliegen einer sexuellen Funktionsstörung abzuklären, wenn Exhibitionisten sexuelle Beziehungen zum anderen Geschlecht meiden.

Crossing. Freund (1990) vertritt das Konzept des engen Zusammenhangs von Exhibitionismus, Voyeurismus und Frotteurismus in einer von ihm postulierten „Störung des sexuellen Werbungsverhaltens" (sog. Courtship Disorder; → 8.1.6). Er untersuchte diese Hypothese an 241 Insassen der forensischen Psychiatrie mit der aktuellen Primärdiagnose Exhibitionismus. Von diesen gaben zwei Drittel an, in ihrem bisherigen Leben auch schon andere paraphile Neigungen und Interessen gehabt zu haben: Zwei Drittel davon berichteten über Voyeurismus, 30 Prozent über Frotteurismus und nur 15 Prozent der Exhibitionisten in dieser Stichprobe waren wegen Vergewaltigung auffällig geworden.

Abel und Osborn (1992) berichten in einer Untersuchung über 118 inhaftierte Sexualstraftäter mit der aktuellen Primärdiagnose Exhibitionismus. Auch sie finden signifikante Hinweise auf eine Untergruppe der Störung des sexuellen Werbungsverhaltens: Bei 27 Prozent dieser Untergruppe wurde die Zusatzdiagnose Voyeurismus vergeben und bei 17 Prozent Frotteurismus. Weitere 39 Prozent waren bereits zuvor wegen Kindesmissbrauchs verurteilt worden und 14 Prozent wegen Vergewaltigung.

Therapiehinweis. Der solitäre Exhibitionismus kann heute und im Unterschied zu früher gut und erfolgreich behandelt werden. Mithilfe der in → Kapitel 12.2 beschriebenen Rückfallprävention lässt sich die Zahl der Rückfalle drastisch reduzieren.

8.1.3   Frotteurismus

Eine Person, die Frotteurismus betreibt, hat wiederkehrende starke sexuelle Impulse, eine andere Person, die damit nicht einverstanden ist, zu berühren oder sich an ihr zu reiben – oder aber entsprechende sexuell erregende Fantasien. Wie bei den anderen Paraphilien muss der Betroffene bereits längere Zeit zwanghaft gehandelt haben oder deutlich unter seinen Impulsen leiden. Die Frottage (vom französischen *frotter*: reiben) wird gewöhnlich an überfüllten Orten wie in öffentlichen Verkehrsmitteln, in Aufzügen oder in sonstigen Menschenansammlungen ausgeführt.

Diagnostische Kriterien für Frotteurismus gem. DSM-IV-TR (302.89)

A. Über einen Zeitraum von mindestens 6 Monaten wiederkehrende intensive sexuell erregende Phantasien, sexuell dranghafte Bedürfnisse oder Verhaltensweisen, die das Berühren und Sich-Reiben an einer nicht einwilligenden Person beinhalten.

B. Die Person hat das sexuell dranghafte Bedürfnis ausgelebt, oder die sexuell dranghaften Bedürfnisse oder Phantasien verursachen deutliches Leiden oder zwischenmenschliche Schwierigkeiten.

Zitiert gem. DSM-IV der APA (2000); Saß et al. (2003, S. 630).

ICD-10: Frotteurismus (F65.8)

Der Frotteurismus wird in der ICD-10 lediglich als zusätzlich mögliche Bezeichnung für den Fall eingesetzt, dass das Pressen oder Reiben des eigenen Körpers an anderen Menschen in Menschenansammlungen oder öffentlichen Verkehrsmitteln zum Zwecke der sexuellen Erregung im Vordergrund steht. Sie findet sich dort unter „Sonstige Störungen der Sexualpräferenz" (ICD-10; 2. Aufl.; WHO, 1993, S. 244f.).

Der Frotteur ist fast immer ein Mann. Er kann zum Zwecke sexueller Erregung z.B. seine Genitalien an Schenkeln oder am Gesäß des Opfers reiben oder die eng bei ihm Stehende an für ihn erregenden Körperteilen wie Brüste oder den Genitalbereich mit den Händen berühren oder streicheln. Häufig fantasieren die

Betreffenden während ihrer Handlungen eine beschützende Beziehung zum Opfer.

Epidemiologie. Obwohl es einen sehr umfänglichen Corpus an Literatur über die Paraphilien gibt, sind die theoretischen und empirischen Ausarbeitungen über den solitären Frotteurismus sehr spärlich. Computerrecherchen über die letzten 10 Jahre kommen auf 6 Titel und jene über einen Zeitraum von 20 Jahren nur auf 15 Titel, die sich ausdrücklich auf den Frotteurismus beziehen. Genaue Angaben fehlen, weil frotteuristische Handlungen selten zur Anzeige führen. Die Dunkelziffern jedoch dürften beträchtlich sein.

Freund und Kollegen (1997) befragten 63 Universitätsstudenten und 186 altersentsprechend gematchte Probanden mit eher geringerer Schulausbildung: (1) „Haben Sie seit Ihrem 16. Lebensjahr schon einmal versucht, die Brust oder den Genitalbereich einer ahnungslosen Frau zu berühren, die Ihnen vollkommen unbekannt war?" und (2) „Haben Sie schon einmal seit Ihrem 16. Lebensjahr hinter einer ahnungslosen Frau gestanden, die Ihnen vollkommen unbekannt war, und (absichtlich) versucht, Ihren Penis gegen ihr Gesäß zu drücken?" 30 Prozent der Personen mit geringer Schulbildung und 32 Prozent der Studenten beantworteten eine oder beide Fragen mit „Ja".

8.1.4 Rechtliche Aspekte

Obwohl dies möglicherweise etwas außerhalb der landläufigen Erwartungen liegt, sind etwa ein Drittel der verurteilten Sexualstraftäter Exhibitionisten (einschließlich Personen mit Voyeurismus), die wegen so genannter „Erregung öffentlichen Ärgernisses" oder wegen „Verstoßes gegen die guten Sitten" angezeigt wurden (→ 9.1.1). Dabei handelt es sich zumeist um Wiederholungstäter, die ihrem jeweiligen sexuellen Drang nicht widerstehen konnten.

Voyeurismus. Den Opfern von Voyeurismus ist zumeist nicht bewusst, dass sie beobachtet werden. Wenn sie dies bemerken, sind sie verständlicherweise empört. Der Voyeurismus stellt – juristisch betrachtet – kein schweres Sexualvergehen dar und ist in vielen westlichen Ländern als eigener Tatbestand auch nicht strafbar. Da er jedoch einen unerträglichen Eingriff in die Privatsphäre darstellt, kommt es immer mal wieder zu Anzeigen und juristischer Verfolgung aufgrund anderer Straftatbestände, wie in Deutschland z.B. dem der Beleidigung/Belästigung nach § 185 StGB oder dem eines Verstoßes gegen die guten Sitten nach § 183 StGB. Auch kann die betreffende Person zivilrechtlich auf Unterlassung verklagt werden, falls sich jemand durch das Hineinschauen in seine Wohnung oder in seinen Garten belästigt fühlt.

Exhibitionismus. Die Empirie widerspricht der landläufigen Befürchtung, dass Exhibitionisten körperlich gefährlich sein können. Auch die meisten Fallberichte erlauben den Schluss, dass die meisten Exhibitionisten ihre Opfer nicht angreifen. Exhibitionismus ist nach § 183 StGB strafbar und kann mit Geldstrafen oder Gefängnis bis zu einem Jahr bestraft werden. Dabei wird die Tat nach Absatz (2) nur auf Antrag des Beleidigten verfolgt oder, falls die Person minderjährig ist, durch einen Erziehungsberechtigten. Eine Ausnahme besteht, wenn ein besonderes öffentliches Interesse an einer Strafverfolgung besteht (z.B. bei Wiederholungstaten). Geschieht die Tat vor Kindern, gilt sie nach § 176 StGB als sexueller Missbrauch und wird mit erheblich höheren Strafen bis zu fünf bzw. in schweren Fällen bis zehn Jahren bedroht (→ 8.4.9).

Frotteurismus. Der Frotteurismus bleibt fast immer juristisch ungeahndet, weil die meisten Opfer solcher Handlungen unmittelbar ärgerlich reagieren und körperliche Distanz zum Täter herstellen. Vielleicht wird später im Bekanntenkreis über die Erlebnisse mit „diesem Verrückten" scherzend berichtet, weshalb die persönlich erlebte Frottage zumeist schnell in Vergessenheit gerät. Bleibende Ängste vor einer eventuellen Wiederholung solcher Erfahrungen mit Frotteurismus wurden bisher nicht berichtet. Auch die Täter erkennen zumeist die Notwendigkeit, eine Entdeckung zu vermeiden oder nach der Bloßstellung möglichst schnell zu entfliehen, um einer möglichen strafrechtlichen Verfolgung zu entgehen. Auch seitens der Polizei wird diese Tätlichkeit in den meisten Fällen als Bagatellfall abgehandelt – mit der Ausnahme, dass der Täter möglicherweise bereits durch andere (sexuelle) Belästigungen oder Übergriffe auffällig geworden ist.

8.1.5   Erklärungsmodelle

Wegen der engen Schulbindung klinischer Forscher im vergangenen Jahrhundert dominieren bis in die Gegenwart hinein vor allem psychoanalytische und verhaltenstherapeutische Hypothesen, und dies zumeist zur Entwicklung der Perversionen/Paraphilien insgesamt. Viele Autoren haben leider eine Vorliebe dafür entwickelt, ausschließlich in die Geschichte der *eigenen* Therapieschule zurückzusteigen. Kritische Hinweise auf inzwischen vorhandene empirisch begründbare Widersprüche finden sich kaum. Auch eine Differenzierung wegen der Unterschiedlichkeit oder möglichen Normalität von Paraphilien fehlt bis in die jüngste Vergangenheit hinein. Um unserer Referenzpflicht Genüge zu tun, erfolgt zunächst ein kurzer Abriss der klassischen Vorstellungen in Psychoanalyse und Verhaltenstherapie, die wir anschließend mit Blick auf die inzwischen vorhandene Empirie jeweils kritisch würdigen werden. Da in den Therapieschulen eher selten zwischen den Paraphilien unterschieden wird, gilt der rückblickende Exkurs teilweise auch als Erklärungsraum für Störungen der Sexualpräferenz, die nicht im Mittelpunkt dieses Kapitels stehen. Bei den meisten Autoren ist bis heute (leider) immer noch der stigmatisierende Begriff der „Perversionen" gebräuchlich (hierzu kritisch → 6).

Psychoanalyse und Psychodynamik der Perversionen

In den frühen triebdynamisch akzentuierten Ausarbeitungen in der Psychoanalyse stehen der Ödipus-Komplex und die sog. Kastrationsangst im Vordergrund (Fenichel, 1945; Gillespie, 1956). In ihrer einfachsten Form gelten Voyeurismus, Exhibitionismus und Frotteurismus als Abwehr gegen die Kastrationsangst, z.B. um im exhibitionistischen oder frotteuristischen Akt dem weiblichen Geschlecht zu beweisen, dass „Mann" doch existent ist (ähnlich noch Becker, 2001). Diese Hypothese wird gelegentlich in Richtung auf eine allgemeine Angstabwehr ausgeweitet: Autoren wie Chasseguet-Smirgel (1986) oder McDougall (1985) sehen als den zentralen Mechanismus der sexuellen Perversionen die Verleugnung, welche im Rahmen einer neurotischen Symptombildung die Aufgabe habe, eine seelische Stabilisierung zu bewirken und Angst zu binden.

Mit dem zeitweilig im Vordergrund stehenden Interesse an ich-psychologischen Aspekten wurde der Hypothese autoplastisch wirkender Angstabwehr die Annahme gegenübergestellt, dass es sich bei den Perversionen um unverstellte, alloplastische Äußerungen der kindlichen Partialtriebe handeln könnte. Diese Überlegung wurde bald von selbst- und objektpsychologischer Fragestellungen abgelöst, mit denen zunehmend Verbindungen zwischen prä- und postödipaler Entwicklungen gesucht und hergestellt wurden.

Winnicott (1973) sieht die Ursache der Entwicklung sexueller Perversionen in einer Bezugsperson, die das Kind nicht mit seinen Bedürfnissen anerkennt. Dies führt zu einem Anwachsen übermäßiger Ängste und zur Bildung heftiger Fantasien, die Realität ersetzen sollen. Anteile des Selbst mitsamt den frühesten Fantasien werden nicht integriert, sondern dissoziiert und damit aus dem bewussten Selbsterleben ausgeschlossen. Bereiche primärprozesshafter subjektiver Wirklichkeit werden dann nicht von sekundärprozesshafter objektiver Wirklichkeit abgelöst, sondern bleiben mit den dissoziierten Selbstanteilen verknüpft. Es war Morgenthaler (1974), der die Perversionen in diesem Sinne einprägsam als Plombe bezeichnete. Sie schließe die Lücke in der Selbstentwicklung und ermögliche es den Betroffenen, in seinen sonstigen Sozialbeziehungen eine äußere und innere Homöostase aufrechtzuerhalten.

Zunehmend mehr rückte im Verlauf der Zeit die Untersuchung von *funktionalen Aspekten* der Perversionsbildung in den Vordergrund (Goldberg, 1995; 1998; Reiche, 1996), vor allem als Suche nach Verbindungen zwischen strukturellen und interaktionellen Aspekten. Stoller (1979) beispielsweise sah im perversen Verhalten Neuinszenierungen früher erlittener Traumata unterschiedlichster Art. Das Agieren der Hassgefühle in der perversen Sexualität mache es möglich, ein Kindheitstrauma in den Triumph des Erwachsenen zu verwandeln und gleichzeitig Schuld und Scham zu vermeiden. Schorsch et al. (1996) schließlich differenzieren häufig wiederkehrende Formen des Ausdrucks- und Bedeutungsgehaltes der Perversionen. Sie beschreiben

► eine Demonstration von Männlichkeit vor dem Hintergrund einer gestörten männlichen Identität,
► ein Ausweichen vor Genitalität bei auch hier vorliegender ausgeprägter Männlichkeitsproblematik,
► ein im Vordergrundstehen von Wut und Hass als Ausdruck eines Triumphs in der Umkehr früherer Entwertungen sowie
► weiterhin Perversionen auch als oppositionellen Ausbruch, insbesondere in Fällen, in denen das perverse Symptom in extremem Kontrast zu einer sehr rigiden Lebensführung steht.

Den Ausdruck einer Störung des Selbsterlebens auf der narzisstischen Ebene sehen Schorsch et al. (1996), falls in der perversen Symptomatik eine momentane regressive Wiederbelebung infantiler Allmachts- und Größenvorstellungen vorkommt.

Insbesondere dieser Aspekt, dass narzisstische Anteile mit die Entwicklung der Perversionen unverbrüchlich zusammenhängen, durchzieht die Arbeiten der Psychoanalytiker in den vergangenen dreißig Jahren wie ein roter Faden (Allen, 1980). Perversionen werden ausgelöst, wenn Betroffene unter einer narzisstischen oder emotionalen Kränkung zu leiden beginnen, dies insbesondere, wenn sie von wichtigen Bezugspersonen zurückgewiesen werden oder wenn sie in ihrer maskulinen Rolle nicht angemessen gewürdigt werden.

Dabei ist zunehmend wichtiger geworden, dass der sexuelle Akt in der Perversion nicht mehr nur dem Beweis dienlich ist, „dass Mann einen Penis hat". Vielmehr dienen perverse Handlungen dazu, ein Gefühl von Kontrolle und Überlegenheit zurückzugewinnen. Und viele dieser Handlungen verstehen sich entsprechend als ein Ausdruck von Ärger über erfahrene narzisstische Kränkungen.

Kritik psychoanalytischer Hypothesen

Insbesondere die letztgenannten Aspekte sind nun auch außerhalb der Psychoanalyse wiederholt aufgegriffen worden (z.B. Money, 1986) und wurden teilweise Gegenstand der lernpsychologisch orientierten Gegenwartsforschung zur sexuellen Devianz im Allgemeinen, wie zu den Paraphilien im Besonderen (vgl. die folgenden Kapitel und zusammenfassend → 11.2). Auch in der anschließend beschriebenen Perspektive der Störungen des sexuellen Werbungsverhaltens

(→ 8.1.6) lassen sich viele Gemeinsamkeiten mit den Objektbeziehungstheorien entdecken. Andererseits haben inzwischen vorliegende Forschungsergebnisse auf einige Widersprüche im dargestellten Theoriekorpus aufmerksam gemacht, die in der Weiterentwicklung psychoanalytischer Hypothesen nicht übergangen werden sollten.

Zunächst gilt es generell kritisch auf das Problem hinzuweisen, dass – von Ausnahmen abgesehen – immer ein und derselbe psychoanalytische Hypothesenbereich auf das Gesamt der Perversionen in Anwendung gebracht wird. Natürlich ist es verständlich, wenn sich die vermeintlich für die Paraphilie spezifischen Hypothesen lediglich als Widerspiegelung des allgemeinen Theoriewandels erweisen, den die Psychoanalyse in den letzten hundert Jahren durchlaufen hat. Was diesen Perspektivwandel jedoch (immer noch) auszeichnet, ist ein eklatanter Mangel an Bereitschaft, die jeweiligen Hypothesen mit der vorliegenden Empirie abzugleichen.

Dazu gleich ein erstes Beispiel: Was nämlich die Perversionen insgesamt angeht, ist zumeist nur eines über die Zeit hinweg gleich geblieben: Es sind fast immer „dominante Mütter" und „abwesende Väter", die bereits in den ersten Lebensjahren ihre ungünstige (teils traumatisierende) Wirkung auf das Kind entfalten und die damit offensichtlich für die spätere Entwicklung einer Perversion fast ausschließlich verantwortlich zeichnen.

Dominante Mutter? Fehlender Vater? Obwohl die Bedeutung elterlicher Erziehung für die Paraphilien besonders schwer zu untersuchen ist, haben sich Forscher wiederholte Male bemüht, das Klima in den Ursprungsfamilien paraphiler Menschen und deren Entwicklung der ersten Lebensjahre empirisch aufzuklären. Dabei stehen zwangsläufig Exhibitionisten im Zentrum der Forschung, weil sie häufiger verurteilt und deshalb in Behandlungskontexten in größerer Zahl untersucht werden können.

Bereits Anfang der 1980er Jahre haben Blair und Lanyon (1981) den bereits damals vorhandenen Forschungsstand zur familiären Verursachung des Exhibitionismus zusammengefasst, ohne dass diese Ergebnisse in der Psychoanalyse rezipiert worden wären. Diese Studienübersicht kommt zu dem Schluss, dass es bislang wenig Anhaltspunkte dafür gibt, dass sich das ursprüngliche familiäre Klima von Exhibitionisten von dem jener Personen unterscheidet, die sich wegen anderer psychischer Störungen ebenfalls in forensischen Kontexten in Behandlung befinden. Mithin kann es sich höchstens um einen unspezifischen Faktor handeln.

Und bereits seit Mitte der 1970er Jahre lag mindestens eine Studie vor, in der Exhibitionisten mit normalen und psychisch unauffälligen Menschen auf der Grundlage standardisierter Erhebungsmethoden verglichen wurden (z.B. Paitich

& Langevin, 1976). In dieser Forschungsarbeit findet sich nun das bemerkenswerte Ergebnis, dass sich – etwa was unterschiedliche Aspekte des familiären Klimas betraf – die Exhibitionisten offensichtlich in kaum nennenswerten Aspekten von gesunden Kontrollpersonen unterschieden, vor allem aber *in Nichts*, was die Eigenarten von Müttern anging. Lediglich von einer Untergruppe der Exhibitionisten wurde jeweils *der Vater* als „etwas zu streng" und als „dominant" (!) eingestuft.

Von einer „dominanten Mutter" oder von der „Abwesenheit des Vaters" kann in den vorliegenden Forschungsarbeiten jedenfalls keine Rede sein, zumal diese Hypothese auch in späteren Arbeiten ausdrücklich im Vordergrund stand (vgl. Murphy, 1997). Dennoch wird diese Ursachenperspektive der Paraphilien (einschließlich der Homosexualität) unverändert von Psychoanalytikergeneration zu Psychoanalytikergeneration weitergereicht, seitdem sie unseres Wissens ein erstes Mal von Balint (1935) für die Erklärung des Fetischismus benutzt worden war. Dass diese Hypothese schon früh als hoch problematisch hätte verworfen werden müssen (spätestens seit Bell et al., 1981), haben wir andernorts bereits im Zusammenhang mit der Homosexualität dokumentiert (→ 4.2.3).

Narzissmus? Ende der 1970er Jahre wurde experimentell untersucht, welche Rolle der Narzissmus im Zusammenhang mit dem Exhibitionismus spielen könnte (Langevin et al., 1979). Die Autoren benutzten eine phallometrische Versuchsanordnung (→ 6.4.2). Sie prüften die Hypothese, dass sexuelle Erregung sich bei Exhibitionisten dann besonders deutlich zeigen werde, wenn sie einem Tonband lauschten, auf dem sich eine Frau in großer Bewunderung über den Penis des Zuhörers äußerte. Kurzes Resümee: Es gab keinerlei Unterschied zwischen Versuchpersonen mit und ohne Paraphilie. Langevin und Mitarbeiter (1978; 1979) scheiterten auch mit mehrfachen Versuchen, narzisstische oder andere persönlichkeitsnähere Defizite in der männlichen Rollenidentität mittels standardisierter Erhebungen nachzuweisen oder Unterschiede zu Kontrollpersonen zu finden. Was sich fand, lässt sicher eher als selbstunsicher und ängstlich-vermeidend typisieren – und wenn man das ernst nimmt, würde auch das einer psychoanalytischen Erklärungswelt durchaus zugänglich sein.

Murphy (1997) zieht in seiner Bewertung der Bedeutung psychoanalytischer Literatur für die Störungen dieses Kapitels den Schluss: Das dazu vorgelegte Material sei zwar reich an klinischen Einzelfallbeschreibungen, die jeweils zugrunde gelegte oder generierte Theorieperspektive halte aber nur sehr bedingt einer empirischen Prüfung stand. Diese kritische Einschätzung wird inzwischen auch von anderen Autoren geteilt, die sich seit vielen Jahren im Bereich sexueller Abweichungen gut auskennen, die – wie Murphy selbst – mit psychoanalytischen Auffassungen groß geworden sind und denen es gelegentlich selbst spürbar

schwer fällt, sich von einigen „Klassikern" der psychoanalytischen Perversions-
forschung zu distanzieren.

Verhaltenstherapeutische Erklärung der Perversionen

Was kritisch gegen die psychoanalytischen Konzepte vorgebracht wurde, gilt in
einigen Aspekten auch für Versuche, sich die Störungen der Sexualpräferenz mit
den Mechanismen des klassischen Konditionierens zu erklären. Angestoßen
wurde diese Perspektive mit einer Hypothese aus den 1960er Jahren (McGuire et
al., 1965). Nach Auffassung der Autoren könnten sich Kontext und sexuelle
Handlungen mit den ersten Masturbationserfahrungen emotional dermaßen
verkoppeln, dass sie (als klassisch konditionierte Erfahrung) auch für die zukünftige Auswahl sexueller Präferenzen bestimmend bleiben. Die Autoren berichteten in dieser Arbeit über die Entwicklung eines Exhibitionismus bei zwei
jungen Männern, die beim Urinieren von einer attraktiven Frau überrascht worden waren. Zu Hause, als sich Verlegenheit und Schamgefühle gelegt hatten,
erregte sie die Erinnerung an das Ereignis zunehmend – und sie masturbierten.
Nachdem sie wiederholt mit solchen Phantasien masturbiert hatten, begannen
sie mit exhibitionistischen Handlungen.

Die Vorstellung, dass die Paraphilien auf klassische Konditionierungsprozesse
während der frühen Masturbationserfahrungen zurückgeführt werden können,
wurde und wird nun ebenfalls und unkritisch über Generationen von Verhaltenstherapeuten hinweg weitergereicht. Diese Entwicklung setzte so richtig ein,
nachdem sich mit ersten Laboruntersuchungen von Rachman (1966; Rachman
& Hodgson, 1968) die Hinweise auf eine mögliche Konditionierung von Paraphilien zu verdichten schienen – in diesem Fall des Fetischismus (→ 7.1.2). Die
Konditionierungshypothese erschien so hochgradig plausibel, dass Verhaltenstherapeuten unmittelbar damit begannen, entsprechende Konsequenzen für
Behandlungsprogramme abzuleiten, beispielsweise um den fehlerhaften Kondi-
tionierungsprozess mittels Gegenkonditionierung außer Kraft zu setzen. Zahlreiche Aversionstherapien wurden erprobt, die von der Anwendung individuell
angepasster und von den Betroffenen akzeptierbarer elektrischer Schocks (z.B.
MacCulloch et al., 1967; 1978) über aversive Gerüche (z.B. Levin et al., 1977) bis
hin zu sauer schmeckenden Flüssigkeiten (Sajwaj et al., 1974) reichten.

Kritik verhaltenstherapeutischer Konzepte

In den 1970er Jahren wurden einige Anfangserfolge der Aversionsbehandlung
(z.B. Marshall et al., 1983) als Beleg für die Angemessenheit der ihr zugrunde
liegenden Ätiologie-Annahme der klassischen Konditionierung gewertet, obwohl
ein solcher Rückschluss formal gar nicht möglich ist. Ein solcher Zirkelschluss
dient allenfalls der Plausibilität. Aber selbst Plausibilitätserwägungen der vorge-

tragenen Art bleiben forschungsmethodisch fragwürdig, so lange keine substanziellen Befunde zur Absicherung der Ätiologiehypothese selbst beigebracht werden. Und von einer empirischen Absicherung ist die Hypothese der klassischen Konditionierung paraphiler Neigungen nach wie vor weit entfernt (Murphy, 1997).

Gegenkonditionierung: nicht erfolgreich! Letzteres gilt schon längere Zeit auch für den Nachweis der Effektivität der Gegenkonditionierungstherapie. Denn mit ihr konnten immer nur kurzfristige Wirkungen, kaum jedoch langfristige Veränderungen erreicht werden (Maletzky, 1993). Nur selten konnte das Rückfallriskio positiv beeinflusst werden. Häufig fielen sogar die Rückfallzahlen der mit Aversion behandelten Exhibitionisten höher aus als die in unbehandelten Kontrollgruppen (Rooth & Marks, bereits 1974). Kritische Stimmen haben wiederholt darauf aufmerksam gemacht, dass fast alle Studien erhebliche methodische Mängel aufwiesen (die meisten Forschungsberichte beziehen sich auf Einzelfälle oder auf Studien mit zu kleinen Fallzahlen; häufig gab es keine sehr gründlichen Nachuntersuchungen), so dass aus diesen Studien eigentlich keine allzu weit reichenden Schlüsse hätten gezogen werden dürfen – schon gar nicht als zirkulärer Rückschluss auf die ätiologietheoretische Angemessenheit der Konditionierungshypothese (McConaghy, 1993).

Klassische Konditionierung ließ sich nicht replizieren. Denn im Laufe der Zeit mehrten sich Einsichten, dass selbst die klassische Konditionierung sexueller Abweichungsmuster – eben mit Ausnahme von Rachmans Erfolgen (1968) – doch nicht so einfach im Laborexperiment zu wiederholen war (Herman et al. 1974; Marshall, 1974). Keiner weiß genau, wie viele Misserfolge in dieser Hinsicht gar nicht erst den Weg in die Publikationsorgane gefunden haben. Einige Autoren (z.B. McConaghy, 1993) argwöhnen sogar, dass in den 1970er Jahren alle Arbeiten, die nur ansatzweise die Hypothese der „klassischen Konditionierung" sexueller Abweichung stützen konnten, von den Zeitschriften akzeptiert wurden, auch wenn sie beträchtliche methodische Mängel aufwiesen, andererseits jene mit negativen Befunden sehr genau auf methodische Mängel hin geprüft und entsprechend zurückgewiesen wurden.

Biologie und Ethologie

Immer wieder vermuten Autoren eher evolutionäre Hintergründe insbesondere für die drei in diesem Kapitel dargestellten Störungen der Sexualpräferenz. So ist z.B. mit Blick auf den Exhibitionismus bekannt, dass bestimmte Tierarten ihre Geschlechtsorgane als Drohung oder Aggressionsgebärden, aber auch zum Zwecke der sexuellen Stimulierung zeigen (vgl. Jones & Frei, 1979; DeWaal, 1991; Godall, 1991).

Natürlich gelten im Zusammenleben der Menschen offiziell andere Regeln, als wie sie im Tierreich zu beobachten sind. Es sind Regeln der Kultur und Zivilisation, die in der Menschheitsgeschichte durch die Fähigkeit zur Selbstreflexion und zur sprachlichen Kommunikation möglich geworden sind. Aber in Ergänzung zu diesen geistig-kulturellen Grundlagen gelten für Menschen nach wie vor auch die Regeln der biologisch-animalischen Welt. Auch Menschen sind, zumindest potenziell, Trieb gesteuerte Primaten, die sexuellen Impulsen schwer widerstehen können und dabei gelegentlich einen ausgeprägten Hang zur sexuellen Abweichung erkennen lassen. Dies legt nahe, dass menschliche Bestrebungen in diese Richtung ähnliche Funktionen haben könnten.

Es war Kurt Freund (1990), der im Rückgriff auf ethologische Studien der Paraphilie-Forschung neue Impulse gegeben hat. Sein Versuch, die sexuellen Präferenzen des Menschen unterschiedlichen Phasen des sexuellen Werbungsverhaltens zuzuordnen, wie diese auch im Tierreich zu finden sind, hat inzwischen weite Anerkennung gefunden, so dass wir nachfolgend auf dieses inzwischen empirisch gut begründete Konzept ausführlicher eingehen wollen.

8.1.6 Störung des sexuellen Werbungsverhaltens

Insbesondere die drei in diesem Teilkapitel beschriebenen Paraphilien – Voyeurismus, Exhibitionismus, Frotteurismus – bestehen bei ein und derselben Person recht häufig gleichzeitig und/oder lassen sich in der Entwicklung der Betroffenen nacheinander beobachten. Dieses typische *Crossing* hat in jüngster Zeit zu der Vermutung geführt, dass diese drei sexuellen Präferenzen möglicherweise einen gemeinsamen Hintergrund haben, ja dass es sich bei ihnen sogar um ein *gemeinsames* paraphiles Syndrom handeln könne. Für eine solche Störungsgruppe führte Freund (1990), der sich sein ganzes Forschungsleben ausgiebig mit diesem Phänomen beschäftigt hat, schließlich den Begriff „Courtship Disorder" ein, grob übersetzt: Störung des Werbungsverhaltens.

Konzept. Mit dem Begriff „Courtship" wird im angelsächsischen Raum und in der Ethologie das Werbungs- und Balzverhalten bei Tieren beschrieben. In Entsprechung zum tierischen Werbungsverhalten postuliert Freund (1990), dass sich auch das menschliche sexuelle Werbungsverhalten in Phasen einteilen lässt, von denen vier mit Blick auf die Erklärung der Paraphilien eine besondere Bedeutung haben:
▶ die Sichtung des potenziellen Partners (Störung: Voyeurismus),
▶ die prätaktile Interaktion, die aus Schauen, Lächeln, sich in Szene setzen vor oder Sprechen mit einem prospektiven Partner bestehen kann (Störung: Exhibitionismus),

▶ die taktile Interaktion (Störung: Frotteurismus),

▶ die genitale Vereinigung (Störung: präferenzielle sexuelle Übergriffe wie die Pädophilie).

Die vier in Klammern genannten paraphilen Neigungen stellen in diesem Verlaufsmodell sexuelle Präferenzen dar, die auf eine Überbetonung oder Fehlentwicklung einzelner oder mehrerer Stadien des sexuellen Werbungsverhaltens zurückzuführen sind.

Konzeptvarianten. Freund und Kollegen (1997) führen für alle störanfälligen Phasen im Werbungsverhalten einige weitere Varianten an, die wir in den vorhergehenden Abschnitten noch nicht dargestellt haben, die jedoch auf bestimmte Besonderheiten in der Ausgestaltung sexueller Präferenzen aufmerksam machen:

▶ Voyeurismus: Für den Voyeurismus wird für eine solche zusätzliche Variante als Beispiel angeführt, dass einige Voyeure Frauen beobachten oder fantasieren, auch wenn diese sich nicht in einer sexuell stimulierenden Weise verhalten. Dabei handelt es sich häufig um Frauen, die urinieren. Dieses Beispiel steht für die Möglichkeit, dass die *spezifische Wahl des Zielobjekts* das prototypisch überbetonte sexuell erregende Element im Störungsmuster darstellt.

▶ Exhibitionismus: Hier wird z.B. die Erotophonie (obszöne Telefonanrufe) als weitere prototypische Möglichkeit der Fehleranfälligkeit eines sich exhibitionistisch in Szene setzenden Werbungsverhaltens angesehen.

▶ Frotteurismus: Als Variation der „Störung des taktilen Werbungsverhaltens" beschreiben die Autoren Patienten, die das Reiben oder Berühren fremder Personen nicht selbst ausführen, sondern die sich sexuell erregen, wenn sie anderen bei der Frottage zuschauen können.

▶ Präferenzielle sexuelle Übergriffe: Diese Kategorie wurde dem Konzept später hinzugefügt und geht über das Modell des Werbungsverhaltens hinaus. Unter der gewählten Bezeichnung „Preferential Rape Pattern" fassen Freund et al. (1997) Personen zusammen, die über eine dranghafte „Störung des genitalen Werbungsverhaltens" verfügen; gemeint sind Pädophilie und sexualsadistische Vergewaltigung. Als unauffälliges Äquivalent dafür gilt beispielsweise die dranghafte Neigung von Personen, sexuelle Befriedigung immer wieder bei Prostituierten zu suchen, dies auch dann, wenn eine intime Partnerschaft oder Ehe besteht.

Paraphilien. Im Kernkonzept der Störungen des Werbungsverhaltens werden also Teilschritte des Annäherungsverhaltens beschrieben, die der Vorbereitung des Sexualaktes dienlich sind. Die damit verbundenen Funktionen sind sicher allen Menschen bekannt und wurden unter anderen Begriffen immer wieder, vor allem in psychoanalytischen Fallausarbeitungen, beschrieben. Die Paraphilie ergibt sich, wenn diese Aktivitäten realisiert werden, ohne sich der Bereitschaft und Zustimmung der zweiten Person zu vergewissern. So lässt sich denn auch eine sexualpräferenzielle Vergewaltigung in das Konzept einschließen, wenn die Bereitschaft über das Tun zwar angetestet, die explizite Ablehnung durch das Opfer letztendlich übergangen wird. Hemmungen aller Funktionen der Störungen im Werbungsverhalten lassen sich zumeist mit dem Gefühl der Scham in Beziehung setzen.

Mit Ausnahme der Bezüge zur Ethologie liegt die Ätiologie der menschlichen Courtship Disorders noch weitgehend im Dunkeln. Wir können bis heute nur ihre Phänomene und Auswirkungen beschreiben. Dennoch scheint dieses Konzept zumindest bei Voyeurismus, Exhibitionismus und Frotteurismus sinnvoll zwischen Personen mit und ohne Paraphilie zu unterscheiden. Fraglich scheint dies noch im Bereich des sexuellen Kindesmissbrauch und der Vergewaltigung. Deshalb werden wir die Absicherung des Modells der Courtship Disorder mit Konzeptüberlegungen und Befunden zu präferenziellen sexuellen Übergriffen beginnen.

Präferenzielle sexuelle Übergriffe. Menschen, die sich sexuell an Kindern vergreifen oder die zu sexueller Gewalt bei Frauen neigen, stellen eine hochgradig heterogene Gruppe dar ($\rightarrow$ 9; $\rightarrow$ 10). Es gibt jedoch eine Untergruppe von Sexualstraftätern, bei denen gleichzeitig eine oder mehrere andere paraphile Störung(en) des sexuellen Werbungsverhaltens beobachtbar ist (sind). Eine nicht geringe Zahl von Forschern hat inzwischen versucht, diese Gruppe mittels phallometrischer Messungen, also mit Untersuchungen zur Penisvolumen-Veränderung bei sexueller Stimulation, zu identifizieren ($\rightarrow$ 6.4.2).

Seto und Kuban (1996) konnten zeigen, dass Vergewaltiger mit paraphilen Neigungen sich von Vergewaltigern ohne Paraphilie unterscheiden. Paraphile Täter zeigen bei sexueller Stimulation mit der Paraphilie entsprechenden Reizvorlagen (Bilder, Filme, vorgelesene Texte) im Durchschnitt deutlichere Vergrößerungen des Penisvolumen als Kontrollprobanden. Vergewaltiger ohne Paraphilie-Merkmale zeigen im Durchschnitt eine Volumenminderung, dies sogar bei Darbietung allgemein sexuell stimulierender Vorlagen (im Unterschied zu altersgematchten unauffälligen Kontrollpersonen aus der Bevölkerung). Diese Ergebnisse entsprechen einer Reihe weiterer Studien (Freund et al., 1983; 1986; Barbaree, 1990; Freund & Watson, 1990).

Aus solchen Studien sind inzwischen weitere Merkmalsunterschiede zwischen paraphilen und nicht paraphilen Sexualstraftätern bekannt (Prentky & Knight, 1991; Freund et al., 1997). Sie bestätigen die Trennschärfe der Paraphiliekriterien durch

▶ ein deutlich höheres Ausmaß an Aggressivität und Gewalt bei den nicht paraphilen Sexualstraftätern,

▶ das Vorliegen einer Persönlichkeitsstörung vor allem bei nicht paraphilen Sexualstraftätern,

▶ das Fehlen sexualisierter Zwanghaftigkeit bei nicht paraphilen Sexualstraftätern.

Freund und Watson (1990) haben zur Unterscheidung beider Gruppen versucht, das Gemeinsame dieser drei Merkmale herauszuarbeiten. Danach scheint ein „prototypisch paraphiler Sexualstraftäter" nur so viel physische Gewalt einzusetzen, wie er sie benötigt, um das Opfer zum Mitmachen zu zwingen – jedenfalls im Durchschnittsvergleich zu nicht-paraphilen Tätern.

Kritik. Schon bald nach Publikation dieser Befundhypothese mehrten sich kritische Stimmen. Was im Konzept präferenzieller sexueller Übergriffe als „hinreichende Gewalt" angesehen wird, ist natürlich vom Beurteilungsvermögen der Straftäter abhängig. Und das unterliegt in vielen Fällen weiteren ernst zu nehmenden Einflüssen, weshalb aus diesen theoretisch interessanten Befunden nicht so ohne weiteres Konsequenzen für die Begutachtung und Behandlung abgeleitet werden dürfen. Von Kritikern wurde angemahnt, dass „tatsächlich ausgeübte Gewalt" eher auf einem Kontinuum anzusiedeln sei, als dass sie sich zwei voneinander sauber trennbaren Kategorien zuordnen lasse (Hucker, 1997). Auch die Tauglichkeit dieser Unterscheidung etwa für therapeutische und prognostische Zwecke konnte bis heute nicht nachgewiesen werden (Knight & Prentky, 1990; Knight et al., 1994; McConaghy, 1993; → 8.3.4).

Inzwischen gilt weitgehend konsensuell, das Ausmaß der Gewalt als Kriterium in der klinischen Diagnostik wenn überhaupt, dann nur sehr zurückhaltend in Überlegungen einzubeziehen, nicht jedoch etwa prognostische Erwägungen abzuleiten. Als Schlussfolgerung aus den dargestellten Untersuchungen verbleibt lediglich, dass das Ziel paraphiler Gewalttäter sexuell mitdeterminiert ist und dass diese offensichtlich nicht die üblichen Wege sexuellen Interaktionsverhaltens gehen können. Nicht paraphile Vergewaltiger hingegen benutzen die Sexualität, um damit anders gelagerte Ziele zu realisieren, wie z.B. Gewalt und Machtausübung an sich (→ 10).

Crossing. Für das Konzept der „Störung des sexuellen Werbungsverhaltens" spielen die Gleichzeitigkeits- und Sukzessionsdiagnosen der drei in diesem Kapitel behandelten Paraphilien eine zentrale Rolle (Freund et al., 1997). Um die Bedeutung des Crossing weiter aufzuklären, wurden aus einer umfänglichen Datenbank des Clark Institutes of Behavioural Sexology in Toronto aus einem Kollektiv von 5.189 Männern mit sexuellen Störungen der unterschiedlichsten Art 743 Personen mit einer Paraphilic-Diagnose im Alter zwischen 17 und 55 Jahren ausgewählt. 516 dieser Personen waren wegen sexueller Straftaten angeklagt und/oder verurteilt und/oder auf Bewährung entlassen worden (nachfolgend Gruppe der Sexualstraftäter), 227 hatten sich auf eigenen Wunsch in Behandlung begeben (nachfolgend Gruppe der Patienten).

▶ Sexualstraftäter: 302 (59 Prozent) der Sexualstraftäter hatten nur eine einzige paraphile Störung und 214 (41 Prozent) hatten zwei oder mehr Diagnosen erhalten. Die Paraphilie-Diagnosen verteilen sich auf Voyeurismus (14 Prozent), Exhibitionismus (32 Prozent), Frotteurismus (19 Prozent), präferenzielle sexuelle Übergriffe ohne Sexuellen Sadismus (16 Prozent), Sexuellen Sadismus (17 Prozent), Sexuellen Masochismus (2 Prozent).

▶ Patienten: Von den aus eigener Motivation vorstellig gewordenen Patienten hatten 146 (64 Prozent) nur eine einzige Paraphilie-Diagnose und 81 (36 Prozent) mehr als eine Paraphilie-Diagnose. Die Paraphilie-Diagnosen der Patienten verteilen sich auf Voyeurismus (24 Prozent), Exhibitionismus (31 Prozent), Frotteurismus (8 Prozent), präferenzielle sexuelle Übergriffe ohne Sexuellen Sadismus (3 Prozent), Sexuellen Sadismus (14 Prozent), Sexuellen Masochismus (20 Prozent).

Die möglichen Typen einer Courtship-Störung unterscheiden sich im Erscheinungsbild sowie in ihrer Kombination bei ein und derselben Person. Jeder mögliche Untertyp scheint ganz typische Eigenarten zu besitzen (Freund et al., 1997). Am häufigsten ließen sich in der Tat Gleichzeitigkeitsdiagnosen von Voyeurismus, Exhibitionismus und Frotteurismus finden. Verbindungen dieser drei Störungen mit sexuellen Übergriffen werden umso seltener beobachtet, je gewalttätiger bzw. sadistischer die Sexualhandlungen ausfallen. Auch das bedeutet, dass sich die vierte von Freund (1990) vorgeschlagene Kategorie der „präferenziellen sexuellen Übergriffe" (Preferential Rape Pattern) nach wie vor recht unklar ausnimmt. Denn lediglich die Untergruppe der präferenziellen sexuellen Übergriffe ohne extreme Gewalt (zumeist sexuelle Belästigung oder Nötigung ohne Gewaltanwendung) weist immer wieder höhere Gleichzeitigkeitsdiagnosen mit den drei anderen Courtship-Diagnosen auf.

Ätiologie: nach wie vor unklar. Zu den ätiologietheoretischen Implikationen dieses Modells liegen bis heute keine Untersuchungen vor. Dass sich bei den hier konzeptuell zusammengefassten Störungen soziobiologische Hypothesen anbieten, legt die Grundidee der Courtship Disorders nahe. Ungeklärt ist die Frage, wie es zu den möglichen Entgleisungen in der Entwicklung eines normalen Werbungsverhaltens kommen kann – weshalb also die meisten Menschen ihre animalische Basis kulturell zu zivilisieren vermögen, andere jedoch nicht. Hier wäre eventuell die Expertise psychoanalytischer Autoren gefordert, wenn sie denn über den Zaun ihrer Tradition hinaus schauen mögen. Ganz unvertraut ist vielen von ihnen die Auseinandersetzung mit der Evolution und dem (sexuellen) „Unbehagen in der Kultur" ja nicht, wie wir an anderer Stelle andeuten werden (→ 11.1.1).

8.1.7 Behandlungsansätze

Auf die Behandlung von Störungen des sexuellen Werbungsverhaltens soll an dieser Stelle nur kurz eingegangen werden, da wir deren Elemente im Schlusskapitel dieses Buches mit umfangreicheren Behandlungsplänen bei Sexualdelinquenz in einen Zusammenhang stellen werden (→ 12.2). Was die empirische Überprüfung der Wirksamkeit therapeutischer Maßnahmen bei Voyeurismus, Exhibitionismus und Frotteurismus im engeren Sinne angeht, so steht die geringe Anzahl der Studien in deutlichem Kontrast zu einer Vielzahl von Publikationen, in denen höchstens konzeptuelle Vorschläge gemacht werden (Vogelsang, 1999).

Bemerkenswerter Wandel. Wo empirische Studien zur spezifischen Behandlung der Courtship Disorders durchgeführt wurden, stammen diese zumeist von verhaltenstherapeutisch orientierten Forschern. Sie beinhalten zumeist das methodische Problem kleiner Fallzahlen und fehlender Überprüfung der Langzeitwirkungen, weshalb deren Ergebnisse nicht unbedacht verallgemeinert werden dürfen. Zudem ist in den letzten Jahrzehnten ein bemerkenswerter Wandel erfolgt. In den 1970er und 1980er Jahren standen vor allem verhaltenstherapeutische Ansätze im Vordergrund, die auf eine Unterbindung der paraphilen Handlungen ausgerichtet waren: elektrische und olfaktorische Aversionstherapien, Rekonditionierungsversuche mit und ohne phallometrisches Biofeedback sowie die nachfolgend beschriebene Masturbatorische Sättigung (Marshall & Barbaree, 1990).

Es wurde sehr bald deutlicher, dass mit solchermaßen Gegen-Konditionierungsversuchen keinerlei langfristige Erfolge erreicht werden konnten. Die alleinige Anwendung etwa der Elektro-Aversion führte gelegentlich sogar zu Rückfallzahlen, die über jenen zu liegen kamen, die sich mit anderen Maßnahmen erreichen ließen (z.B. 67 Prozent berichteter Rückfälle bei Rooth & Marks, 1974, nach Behandlung des Exhibitionismus mit Elektroschocks, gegenüber etwa 50 Prozent bei unbehandelten Kontrollpatienten). Von den frühen Verhaltenstherapieverfahren haben eigentlich nur jene bis heute eine gewisse Bedeutung behalten, die bei Patienten selbst Akzeptanz gefunden haben. Dazu gehören einerseits die Sättigung sexueller Impulse sowie weiter die so genannte Verdeckte Sensibilisierung. Auf den Forschungsstand zu beiden Verhaltenstherapiemethoden soll kurz eingegangen werden.

Sättigung sexueller Impulse. In viele frühere Behandlungsprozeduren der Verhaltenstherapie paraphiler Neigungen fanden sich Masturbationstechniken integriert (Maletzky, 1986; Laws & Marshall, 1991). Dabei werden die Patienten unterwiesen, ein erstes Mal bis zur Ejakulation zu masturbieren und dabei zur

Erregungssteigerung *nicht* deviante, sondern angemessene sexuelle Vorstellungen zu benutzen. Zur Überprüfung sollen die Patienten begleitend zur Masturbation ihre Fantasien laut erzählen. Anschließend werden sie gebeten, in einem Zeitraum von 30–60 Minuten immer weiter zu masturbieren, diesmal – mit zunehmenden inneren Widerständen gegen die Masturbation – jedoch unter Nutzung paraphiler Phantasien. Das Ziel dieser, von den Betroffenen aversiv erlebten Strategie besteht in der Sättigung paraphiler Impulse. Die im Therapieraum gelernten Techniken werden zu Hause weitergeführt und mittels Ton- oder Videoaufnahmen in anschließenden Sitzungen überprüft und weiter optimiert.

Verbale Sättigung hinreichend? Über dieses Vorgehen, das sehr weit in die Privatsphäre der Patienten eingreift, wurde nicht nur aus ethischen Gründen häufiger gestritten. Diese Auseinandersetzung mündete in die Frage, ob aversive Elemente in der Behandlung der Paraphilien überhaupt enthalten sein müssten. Maletzky (1986) sah es als hinreichend an, nur das Element nicht-devianter und angemessener Phantasien bei der Masturbation zu etablieren und auf die als aversiv erlebten Anteile zu verzichten. Er bezeichnete diese Technik mit *Fantasy Change*. Andererseits wird von anderen Autoren betont, dass das wirksame Element solcher Strategien „nur in der Sättigung" bestünde. So wies beispielsweise Laws (1995) darauf hin, dass es bei vielen Patienten völlig hinreichend sei, wenn sie dazu angeregt würden, sich ausschließlich paraphile Szenen (ohne Masturbation) immer und immer wieder vorzustellen und laut zu beschreiben, bis sich eine „verbale Sättigung" einstelle. Der Autor führt einige Forschungsergebnisse an, die seine Ansicht zu stützen scheinen.

Letztgenannter Vorschlag entspricht einer Technik, die seit einigen Jahren im Bereich der Verhaltenstherapie von Zwangsstörungen als unverzichtbar angesehen wird. Dabei werden Patienten aufgefordert, die sie ängstigenden Zwangsgedanken und phantasierten katastrophalen Folgen unterlassener Zwangshandlungen auf ein Tonband zu sprechen und sich dieses Tonband zwecks Habituation immer wieder anzuhören (vgl. Salkovskis & Kirk, 1996). Es könnte durchaus sein, dass mit dieser Nicht-Vermeidungs-Strategie einer Untergruppe von Paraphilie-Patienten geholfen werden könnte, die – wie Zwangspatienten – subjektiv unter der Zwanghaftigkeit ihrer Störung leiden und sie ständig zu vermeiden trachten, denen es andererseits dennoch nicht gelungen ist, sich selbst von ihr zu befreien.

Verdeckte Sensibilisierung. Seit Mitte der 1980er Jahre regte sich ethisch begründeter Widerstand gegen jede Art von Aversionstherapien, der dazu führte, die Modifikation sexueller Präferenzen mittels „bestrafender" Elemente möglichst nur in Ausnahmefällen in Behandlungsprogramme zu integrieren. Zu solchen Ausnahmetechniken zählt die Verdeckte Sensibilisierung (engl. Covert Sensitization), die ebenfalls in den 1970er Jahren entwickelt wurde (Knopp et al., 1992).

Bei diesem imaginativen Verfahren begeben sich Patienten in der inneren Vorstellung in zeitlich zurückliegende, gut erinnerbare Kontexte, in denen die paraphilen Akte ausgeführt wurden. Zuvor mit dem Therapeuten geplant und dann mit seiner Unterstützung durchgeführt, sollen innere Bilder davon entwickelt werden, was ihnen an sozialen (beschämenden und peinlichen) Folgen während einer öffentlichen Aufdeckung ihrer paraphilen Neigungen passieren könnte. In einer weiteren Phase dieses Vorgehens werden die Patienten imaginativ in risikoreiche Kontexte versetzt, und sie stellen sich nun vor, wie sie bei beginnender sexueller Erregung die paraphile Handlung aktiv von sich aus vermeiden.

Aktive Rückfallvermeidung. Auch für dieses, von Patienten selbst als wirksam beschriebene Vorgehen gilt inzwischen, dass es nicht immer die gewünschten langfristigen Effekte zeitigt – insbesondere nicht, wenn es als solitäres Verfahren eingesetzt wird (McConaghy, 1990). Zur Überraschung vieler Verhaltenstherapeuten zeigte sich jedoch bei Therapierespondern, dass es sich als gleich wirksam erwies, wiederholt in der Vorstellung ausschließlich *erfolgreiche Vermeidungsstrategien* durchzuspielen, also nur den letzten Anteil der ursprünglichen Verdeckten Sensibilisierung: Dazu werden risikoreiche Kontexte imaginiert, bis sich die sexuelle Erregung einstellt, um dann aktiv und selbst kontrolliert nicht mehr die paraphilen Aktionen, sondern abgesprochene Alternativen einzusetzen. Dieses Vorgehen wird als „Success Imagery" (Maletzky, 1991) oder auch als „Alternative Behavior Completion" (McConaghy, 1993) bezeichnet.

Die positiven Erfahrungen mit dem letztgenannten Vorgehen zeigen, dass die Aversionsaspekte möglicherweise gar nicht die entscheidenden Wirkmechanismen der Covert Sensitization sind. Vielleicht scheint es bedeutsamer zu sein, Patienten darin anzuleiten, wie sie selbstverantwortlich in Risikosituationen bestehen. Auf diesen Aspekt werden wir im Schlusskapitel dieses Buches ausführlich eingehen, weil sich zwischenzeitlich die selbst kontrollierte Rückfallprävention als eine der wichtigsten Strategien in der Behandlung von Sexualstraftäter erwiesen hat. Was den Exhibitionismus angeht, konnten damit die Rückfallzahlen gegen Null gesenkt werden (→ 12.1.2).

8.2   Sexueller Masochismus

Wenn wir im Folgenden den Sexuellen Masochismus und den Sexuellen Sadismus in zwei unterschiedlichen Kapiteln abhandeln, so scheint dies auf den ersten Blick der diagnostischen Vorgabe in der ICD-10 (WHO, 1993) zu widersprechen. Dort ist für beide Störungen der Sexualpräferenz nur eine Kategorie vorgesehen: die des *Sexuellen Sadomasochismus*. Das hat seinen Grund darin, dass beide Sexualpräferenzen in der Tat bei ein und derselben Person vorkommen können. Dass dies jedoch vorrangig der Fall sein soll, stimmt nicht. Viele sexuell motivierten Sadomasochisten können zwar zwischen der submissiven und dominanten Rolle hin und her wechseln. Dennoch fällt die Zahl mit ausschließlichem Sexuellem Masochismus weitaus größer aus, wobei das Verhältnis zwischen Masochismus und Sadismus mit etwa 4 zu 1 angegeben wird (→ 8.2.4). Auch in Bordellen wird ein guter Teil des Geschäftes mit Masochisten in so genannten Sklavenspielen und mit anderen Bestrafungsritualen gemacht (Breslow et al., 1985).

Es gibt also Unterschiede, die insbesondere in psychoanalytischen Ausarbeitungen nicht angemessen genug gewürdigt werden. Der wichtigste Unterschied betrifft die Tatsache, dass Sexueller Masochismus in seiner allgemeinen Erscheinungsform nicht so ohne weiteres als psychische Störung betrachtet werden darf. Letzteres darf auch nicht so ohne weiteres beim Sexuellen Sadismus unterstellt werden, auch wenn bei diesem die Auswirkungen vielfältiger und unter Umständen ernsthaft sind. Dies jedenfalls sind die Gründe, weshalb beide sexuelle Präferenzen in diesem Buch in zwei unterschiedlichen Kapiteln getrennt abgehandelt werden. Dennoch soll zunächst als Einführung mit Aspekten begonnen werden, die beiden sexuellen Präferenzen gemeinsam sind bzw. die sie unterscheiden.

8.2.1 SM — Sadomasochismus: eine Störung oder zwei?

Sexueller Sadismus (nach dem französischen Schriftsteller des 18. Jahrhunderts de Sade) bezeichnet die Neigung mancher Menschen, ihre Geschlechtspartner zum Zwecke sexueller Erregung zu beherrschen, zu fesseln oder auch zu demütigen. Sexueller Masochismus (nach dem österreichischen Schriftsteller des 19. Jahrhunderts Sacher-Masoch) verweist auf das entgegengesetzte Verhalten: Im Mittelpunkt steht das sexuell erregende Verlangen, vom Partner beim Geschlechtsakt beherrscht, überwältigt oder erniedrigt zu werden.

Nachdem sich Krafft-Ebbing (1886) in seiner „Psychopathia Sexualis" mit dem Sexuellen Sadismus und mit Fällen sexueller Grausamkeiten der unterschiedlichsten Art intensiv auseinander gesetzt hatte, wurde von Schrenck-Notzing (1892) mit dem Begriff Algolagnia (Schmerzsucht) eine weitere Bezeichnung eingeführt. Schrenck-Notzing war wohl der Erste, der diese „Störungsgruppe" in zwei Bereiche einteilte: in eine aktive (Sadismus) und eine passive Form (Masochismus), die er als Pole eines Kontinuums konzeptualisierte.

Diese Ansicht wird nach wie vor von einer Vielzahl Autoren vertreten, während andere mit obigen Argumenten für eine Trennung eintreten.

DSM vs. ICD. So sind sich selbst die Autoren der beiden wichtigsten psychiatrischen Diagnosesysteme uneins. Im DSM-IV-TR sind für beide sexuelle Präferenzen getrennte Paraphilie-Kategorien vorgesehen. Wenn beide Präferenzen bei ein und derselben Person vorliegen, sollen Komorbiditätsdiagnosen vergeben werden. In der ICD-10 steht der Sammelbegriff Sexueller Sadomasochismus, mit dem beide in einer Störungskategorie zusammengefasst werden – jedoch mit der Möglichkeit, für einzelne Personen die eine oder andere Seite des Kontinuums deutlicher zu kennzeichnen.

Beide sexuellen Präferenzen sind unter Menschen weit verbreitet. Wie man bei einer entsprechenden Suche im Internet leicht feststellen kann, gibt es in vielen Ländern zahlreiche sadomasochistische Clubs und Freundeskreise, die z.T. eine lange Tradition besitzen (Spengler, 1979). Ihre Mitglieder treffen sich zum Erfahrungsaustausch und vereinbaren Begegnungen zur gemeinsamen Befriedung ihrer Bedürfnisse. Aber auch außerhalb dieser Vereinigungen dürfte es nicht selten vorkommen, dass heterosexuelle, bisexuelle und homosexuelle Paare sadomasochistische Beziehungen aufnehmen, in denen ein Partner dem anderen mit dessen voller Zustimmung Schmerzen und Misshandlungen zufügt. Gewöhnlich ist es der Masochist, der die sadistischen Aktivitäten seines Partners provoziert und kontrolliert. Solche Beziehungen können sich durch Feingefühl und Intimität auszeichnen und sich für beide Seiten hochgradig befriedigend gestalten (Haeberle, 1983; Baumeister & Butler, 1997).

Inklinierender vs. nicht Inklinierender Sexueller Sadomasochismus

Für den im einander zugeneigten Einvernehmen der Partner durchgeführten Sadomasochismus werden wir nachfolgend die zusätzliche Bezeichnung *inklinierend* einsetzen (lat. *inclinare*: sich zuneigen; mit dieser Begriffsetzung folgen wir einem Vorschlag von Umann, 2003). Dies geschieht einerseits zur Kennzeichnung jener Formen von Sexuellem Masochismus bzw. Sexuellem Sadismus, die heute begründbar nicht mehr als psychische Störungen angesehen werden können. Insbesondere im Bereich des Sexuellen Sadismus wird es nämlich darum gehen, genau zwischen „inklinierend" und „nicht inklinierend" zu unterscheiden, weil dieser Unterschied einen deutlichen Übergang in Richtung sexuelle Störung bzw. Gefährlichkeit markiert. Der Sexuelle Sadismus als Paraphilie ergibt sich zumeist dann, wenn sexuelle Aktionen realisiert werden, ohne sich der Bereitschaft und Zustimmung der zweiten Person zu vergewissern, so dass sich diese als unfreiwilliges Sexualobjekt erlebt und/oder gegen ihren Willen sexuell missbraucht und misshandelt wird.

Inklinierender Sadomasochismus. Für inklinierende sadomasochistische Neigungen werden phylogenetische Hintergründe vermutet (→ 9.1.3: Ätiologie): Es ist nicht ungewöhnlich, dass sich bestimmte Tierarten bei der Begattung erhebliche Verletzungen zufügen, die manchmal sogar zum Tode führen. Immerhin muss dabei körperliche Nähe durchgehalten werden, und nicht jede Paarung dürfte perfekt und für beide Seiten befriedigend verlaufen. Auch ändert sich die Reizschwelle während der Begattung, so dass unsere Vorstellung vom „Leiden" eines submissiven Parts (im Tierreich) nicht stimmen muss. Beim Menschen ist Schmerzerleben stark von Befürchtungen geprägt, sodass es durch andere Einstellungen auch abgesenkt werden kann. Mäßiger Schmerz kann daher bitter-süß sein, und er ist besonders schön, wenn er nachlässt. Wie alle ambivalenten Erfahrungen kann auch diese kultiviert und gesucht werden.

Was den Sexuellen Sadomasochismus unter Menschen angeht, so ist in Fällen, wo diese sexuellen Vorlieben und Handlungen wechselseitig freiwillig ausgeübt werden, eine Einmischung von außen, ob juristischer oder medizinischer Art, nicht gerechtfertigt (→ 8.3.9: rechtliche Aspekte). Und von psychischer Störung sollte nur gesprochen werden, wenn die klinischen Kriterien erfüllt sind (→ 8.2.2; → 8.3) – oder wenn die sexuelle Selbstbestimmung gewaltsam eingeschränkt wird.

Sexuelle Orientierung. Sexueller Sadomasochismus kommt bei Menschen mit unterschiedlicher sexueller Orientierung vor. In klinischen Kontexten jedenfalls wird diese Diagnose in mehr als 85 Prozent der Fälle bei heterosexuell orientierten Personen vergeben (Moser & Levitt, 1987). Dies lässt den Schluss zu, dass sadomasochistische sexuelle Präferenzen fast gleich verteilt scheinen, egal ob die Betreffenden eher heterosexuell, bisexuell oder eher homosexuell orientiert sind. Häufiger als bei anderen Paraphilien wird sowohl der Sexuelle Masochismus als auch der Sexuelle Sadismus bei Frauen diagnostiziert. Dies ist nicht weiter verwunderlich ist, wenn man bedenkt, dass bei Kontakten dieser Art fast immer Partnerinnen bzw. Partner involviert sind, die komplementäre Sexualpraktiken bevorzugt pflegen dürften.

Auch wenn dies für viele auf den ersten Blick überraschend ist, dürfte nur bei einem Bruchteil von Menschen mit sadomasochistischen Praktiken die Diagnose einer Paraphilie gerechtfertigt sein. Wir kommen also nachfolgend nicht umhin, diese Annahme hinreichend gründlich und plausibel zu begründen. So nimmt inzwischen die Zahl der Autoren zu, die zumindest den Sexuellen Masochismus aus den Kategoriensystemen psychischer Störungen streichen möchten – und wir werden auf empirische Belege eingehen, die für eine solche Forderung sprechen.

8.2.2 Diagnostik beim Sexuellen Masochismus

Die Erscheinungsformen des Sexuellen Masochismus variieren. Beispiele dafür sind körperliche Einschränkungen (Fesseln), Ausschalten der Wahrnehmung (Augenverbinden, Ohrstöpsel tragen), Verprügeln und Auspeitschen, Elektroschocks, Schnitte und Demütigungen (wie das Ertragen des Urinierens oder Defäzierens eines anderen auf dem eigenen Körper, gezwungen zu sein, wie ein Hund zu bellen) oder das Opfer von Beschimpfungen zu sein. Einige Autoren benutzen den Begriff *Infantilismus* für den spezifischen Wunsch, zur sexuellen Erregung wie ein kleines Kind behandelt zu werden oder während sadomasochistischer Rituale Windeln zu tragen.

Üblicherweise wird die Paraphilie-Diagnose des sexuellen Masochismus gestellt, wenn die sexuellen Verhaltensweisen in klinisch bedeutsamer Weise Leiden verursachen oder zu Beeinträchtigungen in sozialen, beruflichen oder anderen wichtigen Funktionsbereichen führen (→ Kriterien).

Diagnostische Kriterien für Sexueller Masochismus gem. DSM-IV-TR (302.83)

A. Über einen Zeitraum von mindestens 6 Monaten wiederkehrende intensive sexuell erregende Phantasien, sexuell dranghafte Bedürfnisse oder Verhaltensweisen, welche einen (realen, nicht simulierten) Akt der Demütigung, des Geschlagen- bzw. Gefesseltwerdens oder sonstigen Leidens beinhalten.

B. Die Phantasien, sexuell dranghaften Bedürfnisse oder Verhaltensweisen verursachen in klinisch bedeutsamer Weise Leiden oder Beeinträchtigungen in sozialen, beruflichen oder anderen wichtigen Funktionsbereichen.

Zitiert gem. DSM-IV der APA (2000); Saß et al. (2003, S. 633).

ICD-10: Sexueller Sadomasochismus (F65.5)

Als diagnostische Leitlinie führt die ICD-10 folgende Maßgabe an: „Diese diagnostische Kategorie soll nur dann vergeben werden, wenn die sadomasochistischen Betätigungen die hauptsächliche Quelle der Erregung oder für sexuelle Befriedigung unerlässlich ist."

Zitiert gem. ICD-10 (2. Aufl.; WHO, 1993, S. 246 f.).

Eine nicht ungefährliche Form des Sexuellen Masochismus stellt die *Hypoxyphilie* dar, bei der sexuelle Erregung durch Sauerstoffdeprivation erreicht wird. Das kann durch die Verwendung einer Schlinge, einer Plastiktüte, von Druck auf den

Brustkorb erreicht werden oder durch chemische Substanzen, die eine zeitweilige Verminderung der Sauerstoffversorgung des Gehirns durch periphere Gefäßerweiterung herbeiführen. Die forensische Fachliteratur enthält immer wieder Todesfälle durch eine so genannte *autoerotische Asphyxie*: Die Betroffenen führen einen Sauerstoffmangel herbei, indem sie sich beim Masturbieren aufhängen oder anderweitig strangulieren – und dabei manchmal leider auch die Kontrolle verlieren (Blanchard & Hucker, 1991). Da ein Sexualpartner fehlt, ist es umstritten, ob diese Praktik den sadomasochistischen Ritualen zugerechnet werden kann. Auch wenn Fesselhandlungen vorlagen, die der Erregungssteigerung beim Masturbieren dienen und als Ursache für die Erstickung ausgeschlossen werden können, kann nicht unmittelbar auf masochistische Fantasien rückgeschlossen werden.

Differenzialdiagnostische Aspekte

Selbstverletzendes Verhalten. Vor allem psychoanalytisch orientierte Theoretiker waren auf der Grundlage von Einzelfallstudien von der Idee eingenommen, dass zwischen nicht sexuell motivierten Selbstverletzungen und masochistischem Sexualverhalten Zusammenhänge bestehen könnten. Einige zogen den Schluss, dass ein grundlegendes Verlangen, Schmerzen zugefügt zu bekommen, in der menschlichen Natur tief verwurzelt sei, was beide Aspekte gut erklären könne. Heute wissen wir, dass Selbstverletzungen zumeist andere und für die Betroffenen viel näher liegende Funktionen erfüllen, z.B. möglichst rasch aus dysphorischen oder dissoziativen Zuständen herauszukommen (Fiedler, 2002).

Auch die verbreitete und falsche Ansicht, dass Frauen von Natur aus eher zum Masochismus neigen würden, ist nur schwer aus dem Bereich ungünstiger Vorurteile herauszuholen. Noch schwieriger nimmt sich das für die psychoanalytische Denkfigur aus, dass Frauen, die bei ihren gewalttätigen Ehemännern bleiben, eine masochistischen Befriedigung daraus ziehen, von ihren Männern geschlagen zu werden (Young & Gerson, noch: 1991).

Die Beispiele wurden angeführt, um deutlich zu machen, dass auf der Grundlage empirischer Forschungsergebnisse zwischen *nicht* sexuell motiviertem Masochismus und *sexuell* motiviertem Masochismus unterschieden werden muss. Denn nur in einzelnen, eher seltenen Fällen lassen sich beide Aspekte gleichzeitig finden (Baumeister & Butler, 1997).

Persönlichkeitsstörungen. Eventuell könnte in Fällen eines überdauernden submissiven Verhaltens an eine zugrunde liegende Persönlichkeitsstörung gedacht werden – aber auch das nicht zu vorschnell. Denn nicht ohne Grund wurde die noch bis zum DSM-III-R (APA, 1987) vorhandene Störungsgruppe einer *masochistischen* Persönlichkeitsstörung aus dem DSM-IV (1994) wieder gestrichen. Dies geschah einerseits, weil die Datenlage für die Begründung einer masochistischen Persönlichkeitsstörung als nicht hinreichend angesehen wurde. Andererseits bleibt zu beachten, dass sich submissive Eigenarten bei den *unterschiedlichsten* Persönlichkeitsstörungen finden lassen – bei einer selbstquälenden Selbstaufopferung zwanghafter Persönlichkeiten genauso wie bei den anders strukturierten Borderline-Patienten, also nicht nur bei der heute häufig als Ersatz gewählten dependenten Persönlichkeitsstörung (Fiedler, 2001).

Submissiver Masochismus. Wenn es zwischen den verschiedenen persönlichkeitsnahen Formen eines submissiven Masochismus Gemeinsamkeiten gibt, so bestehen diese in Unterwürfigkeitsneigungen nichtsexueller Art: z.B. in der wiederholt hergestellten Erfahrung von Unterdrückung, Demütigung und Misserfolg im privaten, beruflichen und/oder gesellschaftlichen Leben. Dabei erleben die Betroffenen wiederholt eigenes Leid, Schuld und Minderwertigkeitsgefühle und nehmen dafür gelegentlich eine schlechte Behandlung ihrer Person in Kauf. Gleichzeitig ist ihnen gemeinsam, dass sie offene Aggressionen vermeiden und dass ein erhöhtes Depressionsrisiko besteht (Cartwright & Wood, 1993; Friedman, 1991).

Inklinierender Sexueller Masochismus zielt auf sexuelle Erregung und Befriedigung und benötigt real wie in der Fantasie immer einen konkreten Partner, mit dem zusammen und gemeinsam nach sexueller Lust und Befriedung gestrebt wird. Demgegenüber ist der submissive Masochismus wesentlich auf eine Schädigung der eigenen Person gerichtet, zielt also auf eine Erniedrigung des Selbst. Nur „oberflächlich" ergeben sich Ähnlichkeiten, auch wenn diese „tiefenpsychologisch" ausgedeutet werden (vgl. Wurmser, noch: 2000). Sigmund Freud (1924) jedenfalls hatte sehr genau und aus gutem Grund zwischen einem sexuell motivierten und einem nicht sexuell motivierten, von ihm so bezeichneten „moralischen Masochismus" unterschieden. Außerdem zeigt die Forschung, wie recht Freud hatte: dass es nämlich zwischen beiden Phänomenen keine nennenswerten Überschneidungen gibt (Baumeister & Scher, 1988; Baumeister, 1989; Berglas & Baumeister, 1993).

8.2.3 Inklinierender Sexueller Masochismus: Abweichung ohne Pathologie!

Viele Wissenschaftler begründen die Störungshypothese gelegentlich damit, dass es sich beim Sexuellen Masochismus um eine risikoreiche, weil nicht ungefährliche und für die Gesundheit abträgliche sexuelle Präferenz handele. Und zum Beleg werden dann zahlreiche Fallbeispiele angeführt. Eine solche Argumentation müsste man dann auch auf jene Personen in Anwendung bringen, die dranghaft masturbieren oder von anderen sexuell motivierten Sehnsüchten zeitweilig derart eingenommen sind, dass sie ihre alltäglichen Aufgaben und Verpflichtungen für gewisse Zeit aus den Augen verlieren. Im Umkehrschluss könnte das bedeuten, dass wir das zeitweilige und jeden Menschen irgendwann blind machende sexuelle Verlangen oder erneut die Masturbation in den Rang einer psychischen Störung erheben müssten.

Ungefährlich und harmlos. Für viele ist es vielleicht überraschend, wenn sich aus den in jüngster Zeit zu dieser Frage durchgeführten Forschungsarbeiten ergibt, dass es sich beim Sexuellen Masochismus offenkundig um eine weitgehend ungefährliche und harmlose sexuelle Vorliebe handelt. Inklinierender Masochismus lässt sich offensichtlich ohne große Schwierigkeiten mit anderen sexuellen Vorlieben und Interessen in eine Reihe stellen, die in unserer Gesellschaft üblicherweise als gesund, normal und bereichernd angesehen werden. Die sexuellen masochistischen Praktiken werden von beiden Partnern in aller Regel mit großer Vorsicht und Behutsamkeit durchgeführt, so dass keine Verletzungen zu erwarten sind (Scott, 1983; Weinberg & Kamel, 1983) – von eher seltenen Ausnahmen abgesehen. Außerdem geht es den meisten Masochisten – was ihr psychisches Wohlbefinden angeht – anschließend offensichtlich genau so blendend, wie dies viele andere auch so erleben, nachdem sie ihre sexuellen Bedürfnisse auf eine „normale" Weise befriedigt haben (Baumeister & Butler, 1997).

Kultivierte rekreative Sexualität. Weiter ist Folgendes zu beachten: Untersuchungen mit aktiv praktizierenden Masochisten kommen schon seit vielen Jahren wiederholt zu dem Ergebnis, dass es sich bei den Betreffenden um sozial gut integrierte, von Freunden und Nachbarn wertgeschätzte und erfolgreiche Mitbürger handelt (Spengler, 1977; 1979; Scott, 1983; Moser & Levitt, 1987; Baumeister & Butler, 1997). Einige Forscher kommen nicht umhin, die Betreffenden hinsichtlich ihrer sozialen Anpassung in den unterschiedlichsten Aspekten als eher über dem Durchschnitt liegend zu bezeichnen und ihnen zudem noch eine gute psychische Gesundheit zu attestieren. Sie gelten als ausgesprochen zuverlässig und haben hohe Ansprüche an sich selbst. Kurz: von psychischer Gestörtheit weit und breit keine Spur.

Wenn also Inklinierender Sexueller Masochismus von der überwiegenden Zahl jener, die sich dieser sexuellen Präferenz hingeben, sicher und harmlos praktiziert wird und die Betreffenden als psychisch eher kerngesund anzusehen sind, was berechtigt dann eine Reihe von Experten, nach wie vor von psychischer Störung zu sprechen? Baumeister und Butler (1997) haben einige Aspekte zusammengestellt, die beachtet werden sollten und die auch wir näher erläutern möchten.

Seltene Ausnahme 1:
Das Vorhandensein einer anderen psychischen Störung

So gibt es die Beobachtung, dass Sexueller Masochismus im Rahmen einer psychischen Störung auftreten kann. Aber dabei handelt es sich immer nur um Ausnahmen: Bei geistiger Behinderung, Demenz und sonstigen hirnorganischen Prozessen, pathologischen Entwicklungen der Persönlichkeit, Medikamenten- und Alkoholmissbrauch, in manischen Episoden oder im Kontext einer Schizophrenie kommt es zu einer Abnahme von Urteilsvermögen und Impulskontrolle sowie zu Verschiebungen in der Bedürfnisstruktur, was auch zu verändertem Sexualverhalten führen kann (APA, 1994; 1999). Die pathogenetischen Mechanismen dieser Verschiebung sind nicht ganz klar, wären jedoch theoretisch hochinteressant. Andererseits: Inklinierender Sexueller Masochismus lässt sich dabei *nur äußerst selten* beobachten.

Auch *Selbstverletzungen* kommen bei unterschiedlichen psychischen Störungen vor, beinhalten jedoch zumeist *keine* interaktionelle sexuelle Handlung, wie dies beim Inklinierenden Sexuellen Masochismus der Fall ist. Im Sexuellen Masochismus begeben sich zwei Personen bewusst in eine besondere, sexuell geprägte gegenseitige Beziehung. Bei selbstverletzendem Verhalten wäre es fahrlässig, verallgemeinernd von „masochistischen Tendenzen" oder „masochistischen Neigungen" der Person zu sprechen. Kommt sexuell motivierter Masochismus bei psychischen Störungen (neu dazu tretend) vor, ist dieser lediglich ein Symptom im Kontext weiterer Symptome. Wird die psychische Störung erfolgreich behandelt, sind die zeitweilig vorhandenen „masochistischen" Sexualpraktiken in aller Regel nicht mehr vorhanden.

Seltene Ausnahme 2:
Die Entwicklung einer inneren Abhängigkeit

Die Reduzierung subjektiver Freiheitsgrade ist die Grundlage für die Störungsdiagnose, wenn die Betroffenen das Verlangen nach realen und fantasierten masochistischen Aktivitäten nicht mehr steuern können (→ Kriterien). Aber auch diese Fälle sind äußerst selten. Und vor Diagnosevergabe sind *zwingend* die geforderten zwei weiteren Kriterien zu beachten: Einerseits, dass das dranghafte sexuelle Verlangen bereits über einen Zeitraum von sechs Monaten (!) anhält, und andererseits, dass subjektives Leiden vorhanden und/oder die allgemeine Funktionsfähigkeit erheblich beeinträchtigt ist.

In den meisten Fällen sexuellen Getriebenseins unterscheiden sich Menschen mit Inklinierendem Sexuellem Masochismus nicht von anderen Menschen, die „normale" sexuelle Präferenzen pflegen. Auch diese können in bestimmten Phasen ihres Lebens von ihrem sexuellen Verlangen dermaßen eingenommen werden, dass sie über Tage und Wochen nach nichts Anderem streben, als endlich eine Erfüllung ihrer sexuellen Sehnsüchte zu erlangen (→ 7.3). Weiter: Das Ziel therapeutischer Interventionen kann in solchen Fällen nicht darin bestehen, die sexuelle Präferenz anzugehen. Vielmehr geht es schlicht darum, sie in ihrem Ausmaß zurückzunehmen, so dass subjektives Leiden ein Ende findet und alltägliche Verpflichtungen wieder erfüllt werden.

Es geht also nicht um den Inhalt der Sexualität, sondern um den Umgang mit ihr. Der Diagnostiker hat auch anderenorts nach Merkmalen reduzierter Selbstverfügbarkeit zu suchen. Diese können durchaus inhaltliche, weil dynamisierende Aspekte betreffen: Verliebtheit als Psychopathologie des Alltagslebens; fixe und überwertige Ideen; Zwangsgedanken oder auch Wahn. Sie betreffen dann jedoch zumeist formal ideatorische Störungen: autistisches, katathymes, ambivalentes, räsonierendes, magisches, haftendes bzw. perseverierendes Denken und Handeln.

Seltene Ausnahme 3:
Die Anwendung gefährlicher und selbstverletzender Sexualpraktiken

Bei einigen Menschen, die zum Inklinierenden Sexuellen Masochismus neigen, lassen sich Sexualpraktiken beobachten, die selbstverletzend sind oder sogar tödliche Folgen haben können. Beispiel ist die bereits oben erwähnte Sauerstoffdeprivation (Hypoxyphilie; autoerotische Asphyxie). Hierzu gehören weiter elektrische Stimulationen oder die Benutzung von Giftstoffen. Solche Praktiken könnten einerseits darauf hinweisen, dass eine andere psychische Störung vorliegt, oder aber auch, dass schlicht eine Fehleinschätzung über die gefährlichen Folgewirkungen der sexuellen Stimulanzien vorliegt. Wenn die gefährlichen Sexualpraktiken von Betreffenden allein ausgeübt werden, kann an eine Neigung zur Selbstverletzung gedacht werden, wie sie bei unterschiedlichen anderen psychischen Störungen als Symptom zu finden ist.

Für die Diagnose „Sexueller Masochismus" jedenfalls gilt in aller Regel, dass für die Ausübung der sexuellen Präferenz ein (realer oder fantasierter) Interaktionspartner wichtig ist. Schwere, vermeintlich masochistische Selbstverletzungen führen häufig zur Notaufnahme und lassen sich entsprechend gut untersuchen. Dabei zeigt sich in der Tat, dass bei den meisten Betroffenen Selbstverletzungsmotive im Vordergrund standen und nicht etwa sexuell motivierter Masochismus (O'Halloran & Dietz, 1993). Weiter ist inzwischen ziemlich sicher, dass in den meisten anderen Fällen die Folgen selbstdestruktiver Handlungen nicht angemessen eingeschätzt wurden, so dass auch suizidale Absichten auszuschließen waren. Menschen, die eine Vorliebe für masochistische Sexualpraktiken entwickeln, wissen in aller Regel sehr genau um die Vorsichtsmaßnahmen und lehnen unsichere Sexualpraktiken strikt ab (Scott, 1983; Weinberg & Kamel, 1983).

> **Schlussfolgerung.** Die inzwischen über den Inklinierenden Sexuellen Masochismus vorliegenden Erkenntnisse lassen nur den Schluss zu, dass es sich bei dieser sexuellen Präferenz *nicht* um eine psychische Störung und damit auch *nicht* um eine Paraphilie handelt. Dies schon gar nicht, nur weil nach wie vor gesellschaftliche oder religiöse Tabus masochistische Sexualpraktiken als „gesundheitsgefährdend" ablehnen oder als „sündhaft" verdammen – Vorurteile, denen sich teilweise auch Wissenschaftler lange Zeit angeschlossen haben. Es besteht jedoch Hoffnung, dass sich dies allmählich ändern wird.

8.2.4 Epidemiologie

Auf der Grundlage vorliegender Studien gelangt Baumeister (1989) zu der Einschätzung, dass sich ungefähr 5–10 Prozent der Menschen irgendwann in ihrem Leben zeitweilig oder länger sexuell masochistisch betätigen. Vielleicht mehr als doppelt so viele erfreuen sich in ihrer Fantasie an masochistisch sexuellen Praktiken, z.B. während sie masturbieren. Von durchgängig vorhandenem Masochismus als sexueller Präferenz kommen konservative Schätzungen immer auf Zahlen, die ungefähr 1–2 Prozent der Population ausmachen (Baumeister & Butler, 1997).

Geschlecht. Man geht heute davon aus, dass vermutlich deutlich mehr Männer als Frauen zu sexuell masochistischen Vorlieben neigen (Moser & Levitt, 1987). Einige Autoren vermuten, dass sich dieses Zahlenverhältnis angleichen könnte, wenn man bedenkt, dass Männer leichter wegen masochistischer Sexualpraktiken „auffallen" als Frauen. Selbst wenn man einen solchen Bias in Rechnung stellte, kann nicht davon die Rede sein, dass Frauen prinzipiell eher zu masochistischen Sexualpraktiken neigen als Männer.

Immer wieder finden sich die bereits erwähnten positiven Zusammenhänge zwischen Inklinierendem Sexuellem Masochismus und sozioökonomischem Status der Untersuchten. In den unteren gesellschaftlichen Schichten scheint sexueller Masochismus so gut wie gar nicht verbreitet. Die meisten Mitglieder sadomasochistischer Clubs gehören der oberen Mittelschicht an und verfügen über eine gute Schulbildung. Gleiches wird von Prostituierten berichtet, bei denen masochistische Praktiken häufig von hoch gebildeten Leuten nachgefragt werden (Diana, 1985; Smith & Cox, 1983).

Sexuelle Präferenz. Von theoretischem Interesse ist auch die Beobachtung, dass Sexueller Masochismus in der Bevölkerung erheblich weiter verbreitet ist, als man dies für den Inklinierenden Sexuellen Sadismus abschätzen kann (Baumeister & Butler, 1997; Hucker, 1997). Für das Mehr an masochistischer sexueller Präferenz wird üblicherweise ein Verhältnis von 4 zu 1 angegeben. Da konkrete epidemiologische Studien zu dieser Frage schwierig zu realisieren sind, stützt man sich auf Quellen der unterschiedlichsten Art: Berichte und Geschichten von Betroffenen in Sex-Magazinen (Baumeister, 1988); die Untersuchung von ganz allgemein erbetenen Narrativen über sexuelle Fantasien (Friday, 1980); die Untersuchung sexueller Vorlieben in sadomasochistischen Vereinigungen (Scott, 1983). Alle diese Erhebungen kommen jeweils zu einer verblüffend gleich lautenden Verhältniseinschätzung von 4 zu 1.

Weiter scheinen die meisten sexuell-sadistisch inklinierenden Personen zuvor eine Phase mit inklinierend masochistischen Vorlieben hinter sich gebracht zu haben, bis sie irgendwann in die dominante Rolle wechselten. Ob sich damit die Zusammenlegung beider Störungen in eine gemeinsame Störungskategorie des Sexuellen Sadomasochismus begründen lässt, ist sehr fraglich.

Was schließlich das Lebensalter angeht, in dem sich erstmals sexuell masochistische Vorlieben andeuten, so lässt sich dazu – bis heute jedenfalls – nur folgende Antwort geben, die der weiteren Erforschung bedürfte: Es hängt davon ab, je nachdem. Der Zeitpunkt kann in der späten Kindheit mit Beginn der Pubertät liegen, aber auch, je nach Fall, irgendwann danach – bis hin zu der Möglichkeit, dass einige ihr Interesse an masochistischer Sexualität erst im Erwachsenenalter mit einem entsprechenden sexuell motivierten Partner entdeckt und lieben gelernt haben.

Schließlich gibt es keinerlei empirisch signifikante Hinweise auf eine frühkindliche Störung. Masochisten mit „frühkindlicher Störung" scheinen auf fast unerklärliche Weise überzufällig häufig in die Praxen der Psychotherapeuten zu gelangen (vgl. Kernberg, 1988; 1991) und sich offenkundig nur sehr ungern an empirischen Erhebungen der Forscher zu beteiligen (Baumeister & Butler, 1997).

8.2.5   Erklärungsmodelle

Psychoanalyse

Natürlich ist unbestritten, dass die einflussreichsten Erklärungsmodelle für den Sexuellen Masochismus der psychoanalytischen Denktradition entstammten. Diese nehmen ihren Ausgangspunkt in Freuds Überlegungen, dass es sich beim Sexuellen Masochismus um ein Derivat des Sadismus handeln könne (Freud, 1924), wobei von Freud bereits zwischen sexuellem und nicht sexuellem (von ihm so bezeichneten „moralischen") Masochismus unterschieden wurde. Nach seiner Auffassung besteht bei masochistischen Neigungen das unbewusste Bedürfnis, anderen überlegen sein zu wollen. Dieses kann jedoch wegen immenser

Schuldgefühle nicht zum Ausdruck gebracht werden, woraus sich das gegenteilige Verhalten erklärt, sich nämlich anderen zu unterwerfen. Diese Überlegung spielt auch in den Weiterentwicklungen der Nachfolger Freuds immer wieder eine herausragende Rolle, wobei die Bedeutung des Schuldgefühls ob der omnipotenten Fantasien bis in aktuelle Ansätze hinein bedeutsam bleibt.

Narzissmus? Leider findet sich in den meisten psychoanalytischen Ausarbeitungen das Problem, dass Sadismus und Masochismus in einen Zusammenhang gestellt und z.T. nicht weiter differenziert werden. Einige Versuche, die Perversionen mit aktuelleren Narzissmustheorien zu erklären (Stolorow & Lachman, 1980), sind gerade deshalb umstritten. Nach dieser Auffassung stehen frühkindliche traumatische Erfahrung im Untergrund einer sadomasochistischen Entwicklung: Die sadomasochistischen Handlungen ermöglichen es, eine tief liegende narzisstische Kränkung zu überwinden und Selbstwertgefühl wieder zu erlangen. Kernberg (1988) spekuliert, dass insbesondere ein Gefühl von Stolz darüber, im Masochismus mehr Leid, Demütigung und Schmerz als andere aushalten zu können, zur Selbstwertstabilisierung eingesetzt werde.

Frühe Störung? Die Narzissmusperspektive wird nicht uneingeschränkt geteilt. Viele Psychoanalytiker vertreten heute erneut Positionen, die der Freud'schen Auffassung näher stehen. Danach scheint in sadomasochistischen Handlungen eher eine regressive Sehnsucht der Betroffenen erkennbar, in die ("frühkindliche") präödipale Epoche zurückzukehren. Weil sich diese Bedürfnisse sehr direkt in der Beziehung zu einem Sexualpartner ausgestalten, würden in den sadomasochistischen Praktiken früheste Beziehungsformen sichtbar. Entsprechend gehen, z.B. mit Becker (2001), therapeutische Empfehlungen in die Richtung, dass der angemessene Weg in der Psychotherapie „über eine Entidealisierung der Eltern, insbesondere der Mutter führt, über das Nachholen von Separation und ödipaler Entwicklung mit gekonnter aggressiver Auseinandersetzung und den Affekten Schuld, Scham und Trauer" (a.a.O., S. 435).

Kritik. Einmal abgesehen davon, dass offensichtlich den „früh gestörten" Patienten in psychodynamischen Therapien „endlich bewusst gemacht werden muss, wie sehr die Eltern bei ihnen versagt haben" (Kernberg, 1975, S. 175), dürften sich vermutlich größere Probleme auftun, würden Psychoanalytiker versuchen, ihre Ansätze einer ernsthaften empirischen Überprüfung zu unterziehen (vgl. Baumeister & Butler, 1997).

Erstens kann man, wie dargestellt, nicht so ohne weiteres sexuellen Masochismus und Sadismus in einen Topf werfen. Bei den meisten Personen ist der Masochismus die alleinige sexuelle Vorliebe, und wenn bei einigen anderen beide Präferenzen beobachtbar sind, tritt der Masochismus in der Regel als Erstes in

Erscheinung. Auch für die Behauptung, dass Schuldgefühle als motivierende Aspekte für die Entwicklung und Aufrechterhaltung masochistischer Neigungen verantwortlich zeichnen, gibt es keinerlei empirische Belege. Eher im Gegenteil. So zeigt die psychologische Erforschung von Schuld (und Scham), dass Schuldgefühle zwar eine ganze Reihe bestimmter Handlungen und Impulse auslösen können, um sie z.B. abzuwehren oder zu überwinden (vgl. die Übersicht bei Baumeister et al., 1994). Kaum jemals wurde empirisch gesichert, dass Schuldgefühle sexuelle Impulse in Gang zu setzen vermögen. Eher im Gegenteil kann bei Schuldgefühlen fast ausnahmslos ein Absinken libidinöser Tendenzen festgestellt werden, weil Schuldgefühle eher mit einem Erleben von Niedergeschlagenheit, Dysphorie und Depression als mit dem Erleben von Glück und Freude verbunden sind. Glück und Freude andererseits stehen in Befragungen immer weit oben, wenn die Betroffenen selbst zu ihren masochistischen Erfahrungen befragt werden (Baumeister, 1989).

Vielleicht könnte die Narzissmus-Hypothese eher auf eine Untergruppe von Personen in Anwendung gebracht werden, die zum Sexuellen Sadismus neigen (→ 8.3.7), kaum jedoch schlüssig auf masochistische Tendenzen. Das übrigens wird auch von einigen Psychoanalytikern selbst kritisch so gesehen (vgl. Becker, 2001). Um nun also in der „Psychoanalyse des Masochismus" weiterzukommen, lohnte es sich, den Inklinierenden Sexuellen Masochismus *nicht mehr* als psychische Störung anzusehen. Entsprechend wäre es verfehlt, weiterhin nach „Störungen" und „Traumata" in der frühen Kindheit zu forschen. Was nun ein psychoanalytisches Verständnis *nicht gestörter* sexueller Präferenzen angeht, wäre möglicherweise ein erneuter Blick in die *Drei Abhandlungen zur Sexualtheorie* vielversprechend: In seinen Ansichten zum Masochismus unterscheidet Freud (1905) immer sehr genau und kontinuierlich zwischen „eher pathologischen" und „eher gesunden" Anteilen – mit z.T. bewundernswerter Stringenz, die bei vielen seiner Nachfolger zunehmend in den Hintergrund getreten ist (auch: Freud, 1924).

Verhaltenstherapie

Die verhaltenstherapeutische Erklärung des Sexuellen Masochismus folgt in der Regel lerntheoretischen Hypothesen, wie wir sie bereits bei den anderen Paraphilien dargestellt und kritisiert haben, weshalb wir uns hier etwas beschränken. Im Mittelpunkt steht die Annahme, dass sich eine sexuelle Erregung auf unübliche Stimuli über klassische und operante Konditionierung entwickle, sowohl bei sexuellen Kontakten als auch über Masturbationsphantasien. Die Aufrechterhaltung einer sexuellen Deviation geschieht in lerntheoretischer Sicht im Wesentlichen über operante Konditionierung. Dabei ist als positiver Verstärker das Orgasmuserleben wirksam, das einer devianten Handlung unmittelbar folgt. Da nicht jeder Versuch eines sexuell devianten Ausagierens zum Erfolg führt, wird deviantes Verhalten „intermittierend" verstärkt. Das festigt – „fixiert" – die Devianz (so Kockott, 1999, S. 707; Kockott & Berner, 2004).

Diese hypothetischen Annahmen werden gelegentlich gern von Masochisten selbst vertreten. Es gibt durchaus einige Fallschilderungen, die auf die Möglichkeit einer solchen Genese hindeuten. Zum Beispiel gab es den Bericht eines pubertierenden Jugendlichen, der sich den Arm brach und den anschließend eine attraktive Krankenschwester hielt und liebkoste, als der Arzt den Bruch ohne Betäubung zu richten versuchte (Gebhard, 1965). Der Junge spürte eine wirkungsvolle Kombination von Schmerz und sexueller Erregung, die ursächlich für seine späteren masochistischen Impulse und Handlungen gewesen sein könnte.

Kritik. Das wesentliche Problem dieser immerhin plausiblen Konditionierungsvermutung liegt, wie gesagt, im Mangel ihrer empirischen Absicherung. So lässt sich in Befragungen finden, dass bei weitem nicht alle Betroffenen in der Lage sind, Erfahrungen aus der Kindheit zu erinnern, die mit dem gerade geschilderten Lernprozess auch nur annähernd in Übereinstimmung zu bringen sind – wie auch umgekehrt, dass es viele Personen gibt, die genau solche „klassischen" Ursprungserfahrungen gemacht haben, ohne jemals in ihrem weiteren Leben auch nur im Entferntesten eine masochistische Neigung bei sich wahrgenommen zu haben (Scott, 1983). Zweitens setzt das Erregtwerden durch Masturbationsfantasien voraus, dass eine entsprechende Tendenz schon besteht – und nicht retrospektiv durch diese erworben wird (Umann, 2003).

Weiter artet die Argumentation mancher Verhaltenstherapeuten in Zirkelschlüsse aus: Danach wird das Problem, dass sich bei einigen Personen in der Folge „klassischer" Lernerfahrungen ein Sexueller Masochismus entwickelt und bei anderen nicht, damit wegerklärt, dass jene mit Masochismus bereits über entsprechende Voraussetzungen (bedingt durch hereditäre Faktoren oder kulturelle Einflüsse) verfügten, die bei anderen nicht vorhanden seien – als spräche eine solche Erklärung irgendwie für sich selbst. Von Vererbung kann beim Sexuellen Masochismus keine Rede sein (Baumeister & Butler, 1997). Und für kulturelle Einflüsse gilt, dass diese sich derart komplex ausnehmen, als dass sie für die Wirkung schlichter Konditionierungsprozesse in Betracht gezogen werden können (vgl. dazu die Abhandlung von Sigusch, 2001).

Alternativen

Baumeister und Butler (1997) machen in ihrer lesenswerten Zusammenfassung zum Masochismus darauf aufmerksam, dass es lerntheoretisch und psychologisch fundierte Ansätze gibt, mit denen sich die Entwicklung masochistischer Neigungen auf der Grundlage des aktuellen Wissens durchaus erklären ließen.

Sie hätten nur wegen der vermeintlichen Face-Validität des Konditionierungsansatzes bisher nicht das Interesse der Verhaltenstherapieforscher gefunden. Eine dieser Perspektiven stellt die so genannte Opponent-Prozess-Theorie dar, die bereits in den 1970er Jahren vorgestellt und experimentell untermauert wurde (Solomon & Corbit, 1974).

Opponent-Prozess-Theorie. Im Zentrum dieser Theorie steht die Annahme, dass sich ein lebender Organismus ständig in Prozessen bewege, die auf eine Aufrechterhaltung der Homöostase abzielen – dabei aber *euphorisierende Erfahrungen* bevorzuge. Auf deutliche Abweichungen vom Gleichgewicht folgten Phasen ebenfalls deutlicher Gegenbewegungen, mit denen das Gleichgewicht wieder hergestellt werde. Mit Blick auf das gut beobachtbare Schwanken von Stimmungen und Affekten bei psychischen Auffälligkeiten werden von den Autoren einige Beispiele angeführt: So werden von Menschen bevorzugt Kontexte aufgesucht und Handlungen eingeleitet, die euphorisierende Wirkungen entfalten (zusätzlich angeregt durch Drogen oder Alkohol). Der intendierten Stimmungssteigerung folgen in aller Regel Phasen mit Katerstimmung und Niedergeschlagenheit. Diese dauern zumeist länger an, als die davor liegenden gehobenen Phasen – zumindest so lange, bis sich alles wieder auf ein Mittelmaß hin reguliere. Kater und Niedergeschlagenheit würden aber keinen besonderen Grund dafür darstellen, sich bei nächster Gelegenheit nicht erneut in euphorisierende Zustände zu versetzen (Solomon, 1980).

Masochismus steht innerhalb dieses Denkansatzes als Beispiel für ein gegenteiliges Geschehen, das (obwohl es Schmerzen und Demütigungen beinhaltet) eine zunehmend hohe Attraktivität für ihre Wiederholung dadurch bekommt, dass sich die Betreffenden anschließend in einer – ebenfalls länger dauernden – Phase erhöhter Euphorie, Freude und Zufriedenheit befinden. Ähnliches wird für Angst auslösende Sportarten ins Feld geführt, wie das Bungee-Springen oder der verzögerte Fallschirmsprung, bei dem die Leinen erst kurz über dem Boden geöffnet werden (Baumeister & Butler, 1997).

Die Autoren sind der Ansicht, dass die Opponent-Prozess-Theorie wichtige Aspekte enthält, den bisherigen Kenntnisstand zum inklinierenden Masochismus zu integrieren, wenn wir im Auge behalten, dass Menschen die Folgen ihrer Handlungen *antizipieren* – im Unterschied zu Tieren also auch einen Gefahrenzustand bewusst aufsuchen können, um die anschließende Entlastung bewusst zu erleben. Dies entspricht den Berichten der Masochisten, wonach sie sich nach den als quälend erlebten maso-sexuellen Erfahrungen fast immer und für längere Zeit in sehr zufriedener und glücklicher, teils euphorischer Stimmung befinden.

Die Kultivierung sexueller Präferenzen. Dennoch sei auch gegenüber dieser Perspektive eine Anmerkung erlaubt. Sie macht die Kultivierung einer antizipierten Entlastung verständlich. Aber sie vermag nicht zu erklären, warum sich andere Menschen mit anderen sexuellen Präferenzen, die ihrerseits in gehobener Stimmung praktiziert werden, nach zumeist positiv-glücklich gestimmter sexueller Aktivität immer noch und für längere Zeit in positiv-glücklicher Stimmung bleiben und eben nicht in Katerstimmung verfallen. Erklären kann diese Theorie vielleicht noch, dass einige wenige Paare am nächsten Morgen mit einem „moralischen Kater" erwachen. Aber dies ebenfalls nur ansatzweise: Für dieses moralisch bedingte, gefühlsmäßig „aversive Desaster am Morgen danach" zeichnen eben andere Dinge verantwortlich, als der Drang des Organismus zur Homöostase. Nur von „sexuellem Masochismus" sollte man in solchen Fällen nicht sprechen, eher schon von „moralischem Kater" oder in Anlehnung an Sigmund Freud von „moralischem Masochismus".

Wir werden nicht vergessen dürfen, dass im Inklinierend Sexuellen Masochismus die beglückende Entlastung zunächst antizipiert und erst später erlebt wird. Bei vielen anderen sexuellen Präferenzen wird Freude unmittelbar und sofort realisiert. Beides jedoch kulminiert im Orgasmus. Kultiviert wird dessen Prozess und Mechanismus. Dies entspricht der kultivierten Befriedigung auch anderer drängender physiologischer Bedürfnisse, wie z.B. der kultivierten Unterscheidung zwischen dem Hungerbedürfnis und seiner Vorwegnahme als Appetit, der sich aber auch noch beim Essen hinzugesellen darf (Umann, 2003).

Vielleicht ist das Phänomen des Inklinierenden Sexuellen Masochismus, das die bewundernswerte Vielgestaltigkeit sexueller Präferenzen verdeutlicht, insgesamt noch viel komplizierter, als dass es sich mit so einfachen Bildern wie Regression, Narzissmus, Konditionierung oder Opponent-Prozess in den Griff bekommen ließe. Unter Umständen hilft uns doch nur und wieder einmal ein ernsthafterer Blick in die Biologie und Verhaltensforschung der Sexualität weiter, wie wir das bereits angedeutet haben. Körperliche Unterordnung durch Gewalt ist auch unter Tieren weit verbreitet, und diese Rituale werden zur Sicherstellung des Sexualaktes immer wieder ausgeführt. Konzeptentwicklungen und Forschungsarbeiten in diese Richtung jedenfalls sind angesichts der vielen offenen Fragen mehr als dringend erwünscht ($\rightarrow$ 11.1.1).

8.2.6 Therapeutische Implikationen

Alles, was bis hierher vorgetragen wurde, hat bedeutsame klinische Implikationen. Denn – wie angedeutet – kann und darf heute das Ziel therapeutischer Interventionen nicht mehr darin bestehen, Menschen mit Inklinierendem Sexuellem Masochismus von ihrer sexuellen Präferenz zu befreien. Dies würde bedeuten, dass man eine psychisch gesunde und sozial zumeist gut integrierte

Person von ihren ebenfalls als glücklich und befriedigend erlebten sexuellen Erfahrungen befreien möchte – Erfahrungen, die bisher dafür mitverantwortlich waren, dass das bisherige Leben der Betreffenden in allseits zufrieden stellenden Bahnen verlaufen ist.

Die zweite wichtige Implikation hat mit den Betroffen selbst zu tun. Die aktuell sich mehr und mehr durchsetzende Einsicht, dass es sich beim Sexuellen Masochismus nicht *per se* um eine psychische Störung handelt, widerspricht der öffentlichen Meinung. Nicht nur das, sie widerspricht vielleicht sogar Ansichten, wie sie immer noch auch unter Wissenschaftlern verbreitet sind. Man kann sich unschwer vorstellen, wie es einem Menschen mit dieser sexuellen Präferenz ergehen wird, wenn er sich – verunsichert durch Vorurteile und Vorbehalte seinem eigenen sexuellen Interesse gegenüber – heute in eine Bibliothek begibt, um sich über den Stand der Forschung zum Sexuellen Masochismus kundig zu machen.

Selbst wenn er Bücher wählt, die erst vor fünf oder zehn Jahren publiziert wurden, findet er sich in Störungsbeschreibungen und Erklärungsmodellen wieder, in denen sein Handeln als Perversion, Paraphilie oder Sexuelle Deviation abgehandelt wird und in denen er weiter mit Neurotikern, Sadisten, Delinquenten bis hin zu Sexualmördern in eine Reihe gestellt wird. Lesen Betroffene solche Texte, dann können selbst jene mit einem Mindestmaß an Selbstsicherheit leicht in depressive Verfassungen und andauernde Grübeleien verfallen. Es kann passieren, dass sie selbst zu dem (falschen) Entschluss gelangen, endlich einmal etwas gegen die eigene „sexuelle Abartigkeit" unternehmen zu müssen. Sie suchen einen Psychotherapeuten in der Absicht auf, ihre „Paraphilie" (weg)behandeln zu lassen. Einen solchen Anspruch erfüllen zu wollen, widerspricht unserem Erkenntnisstand und verbietet sich durch die professionelle Redlichkeit.

Affirmative Psychotherapie!

Besteht bei den Betreffenden jedoch lediglich eine innere Unsicherheit hinsichtlich der Angemessenheit der eigenen sexuellen Vorlieben und Neigungen, dann gebietet es die gleiche Redlichkeit, die Patienten darüber aufzuklären, dass nach gegenwärtigem Wissen davon ausgegangen werden kann, dass sexueller Masochismus *keine* psychische Störung darstellt, und weiter, dass diese sexuelle Präferenz deshalb gut vereinbar ist mit Ansprüchen, die sich heute mit Vorstellungen über Gesundheit und über ein sozial gut angepasstes Leben verbinden.

Weiter gehende psychotherapeutische Angebote sind dann vielleicht nur mehr in jenen Fällen angezeigt, wo es angesichts möglicher Schwierigkeiten der Betreffenden im persönlichen Umgang mit Vorurteilen und erlebter Ausgrenzung bereits zu psychischen Folgestörungen gekommen ist, wie beispielsweise zu depressiven Verfassungen oder auch zu massiven Problemen in einer bestehenden Partnerschaft. In solchen Fällen können sich Psychotherapeuten am besten an jenen Ansätzen orientieren, die wir in früheren Kapiteln unter der jeweils gleich lautenden Überschrift „Affirmative Psychotherapie" dargestellt haben (→ 4.4; → 5.3.3; → 7.3.1). Dort sind vielfältige Aspekte angeführt, die gut auf eine affirmativen Psychotherapie bei Inklinierendem Sexuellen Masochismus übertragbar sind.

8.3   Sexueller Sadismus

Bei Sexuellem Sadismus erlebt die betreffende Person intensive sexuelle Erregung bevorzugt dann, wenn sie dem Partner real oder in der Fantasie körperliches oder psychisches Leid zufügt. Zwar haben vermutlich viele Menschen entsprechende Fantasien, z.B. wenn sie masturbieren oder auch beim Geschlechtsverkehr, ohne jedoch anderen Personen tatsächlich entsprechende Demütigungen zuzufügen. In solchen Fällen sollte die Diagnose nur vergeben werden, wenn die Betreffenden deutlich unter dem Ritualcharakter ihrer Fantasien leiden (→ Kriterien).

Üblicherweise werden sexuell sadistische Praktiken in wechselseitigem Einvernehmen mit einem Sexualpartner ausgeübt. Oft handelt es sich beim Partner um eine masochistische Person, und die einvernehmlichen sadomasochistischen Handlungen werden von den Betreffenden als sehr befriedigend erlebt (→ nachfolgend: Inklinierender Sexueller Sadismus). In solchen Fällen ist die Paraphiliediagnose nur unter sehr eingeschränkten Voraussetzungen möglich und sinnvoll. Erst dann, wenn die sexuellen Impulse an Opfern ausagiert werden, die mit sadistischen Sexualpraktiken nicht einverstanden sind, kann die Diagnose einer sexuellen Störung in Betracht gezogen werden (→ nachfolgend: Periculärer Sexueller Sadismus; lat. *periculum*: Gefahr). Die Störungsdiagnose ist weiter indiziert, wenn die Fantasien und Handlungen der Betreffenden über längere Zeit wiederholt beobachtbar sind und damit ein Leiden verbunden ist oder wenn ein Gefahrenrisiko für andere besteht.

Diagnostische Kriterien für Sexueller Sadismus gem. DSM-IV-TR (302.84)
A. Über einen Zeitraum von mindestens 6 Monaten wiederkehrende intensive sexuell erregende Phantasien, sexuell dranghafte Bedürfnisse oder Verhaltensweisen, welche (reale, nicht simulierte) Handlungen beinhalten, in denen das psychische oder physische Leiden (einschließlich Demütigung) des Opfers für die Person sexuell erregend ist.

B. Die Person hat das sexuell dranghafte Bedürfnis mit einer nicht einwilligenden Person ausgelebt, oder die sexuell dranghaften Bedürfnisse oder Phantasien verursachen deutliches Leiden oder zwischenmenschliche Schwierigkeiten.
Zitiert gem. DSM-IV-TR (APA, 2000; Saß et al., 2003, S. 634).

ICD-10: Sexueller Sadomasochismus (F65.5)

In der ICD-10 finden sich zusätzliche noch folgende diagnostische Leitlinien: „Diese diagnostische Kategorie soll nur dann vergeben werden, wenn die sadomasochistischen Betätigungen die hauptsächliche Quelle der Erregung oder für sexuelle Befriedigung unerlässlich ist. Sexueller Sadismus lässt sich manchmal schwer unterscheiden von Grausamkeit in sexuellen Situationen oder Wut, die nichts mit Erotik zu tun haben. Wenn Gewalt zur Stimulation erotischer Gefühle notwendig ist, ist die Diagnose zu stellen."
Zitiert gem. ICD-10 (2. Aufl.; WHO, 1993, S. 246 f.).

Sadistische Fantasien können wie beim Sexuellen Masochismus bereits in der Kindheit auftreten und werden zumeist erst im frühen Erwachsenenalter in sexuelle Handlungen umgesetzt. Viele Kliniker betrachten den Periculären Sexuellen Sadismus als chronisch, weil die sexuellen Handlungen bei vielen Betroffenen das gleiche Niveau von Grausamkeit beibehalten (Dietz et al., 1990). Es liegt auf der Hand, dass Menschen mit schweren Formen der Störung höchst gefährlich für andere sein können. Dies ist jedoch keineswegs bei allen Personen der Fall. Es stellt sich – wie beim Inklinierenden Sexuellen Masochismus – sogar die Frage, ob beim Inklinierenden Sexuellen Sadismus überhaupt noch in jedem Fall von psychischer Störung gesprochen werden darf.

Inklinierender vs. periculärer Sadismus. Wegen der großen Unterschiedlichkeit und der Spannbreite sexual-sadistischer Handlungen ist es notwendig, die angedeutete Unterscheidung in zwei Aspekte genauer zu operationalisieren:

▶ *Inklinierender Sexueller Sadismus* (→ 8.3.1): Dabei handelt es sich um nicht paraphile, sondern eher harmlose sexuell-sadistische Neigungen und Vorlieben, die im Konsens und einvernehmlich mit einem Partner oder einer Partnerin ausgeübt werden, die weiter weder zu subjektivem Leiden noch zu sozialen Beeinträchtigungen führen und die üblicherweise keine schwerwiegenden Körperverletzungen zur Folge haben.

▶ *Periculärer Sexueller Sadismus* (→ 8.3.3): Dabei handelt sich um paraphil zu nennende sexuell-sadistische Handlungen, die von inneren Zwängen angetrieben der Selbstkontrolle der Betroffenen entgleiten, die gegen die sexuelle Selbstbestimmung der Partner oder Partnerinnen verstoßen und die damit den Straftatbestand der sexuellen Nötigung oder Vergewaltigung bis hin zu einem Tötungsdelikt erfüllen können. In der Begriffsetzung Periculärer Sexueller Sadismus folgen wir einem Vorschlag von Umann (2003).

Eine solche Unterscheidung in „eher problemlose" und „eher gefährliche" Formen des Sexuellen Sadismus wurde bereits von Hirschfeld (1916) in seiner Sexualpathologie vorgenommen. Diese Unterscheidung von Inklinierendem vs. Periculärem Sexuellen Sadismus wurde jedoch nicht weiter beibehalten. In der psychiatrischen Diagnostik setzte sich vielmehr ein Konzept der „Perversionen" durch, mit dem bis in die jüngste Vergangenheit hinein alle Formen paraphiler Neigungen recht unterschiedslos und wenig differenziert dem Bereich der sexuellen Devianz und dem der psychischen Gestörtheit zugeordnet wurden.

8.3.1 Inklinierender Sexueller Sadismus: Abweichung ohne Pathologie!

Wie bei unserer Darstellung zum Inklinierenden Sexuellen Masochismus dürfte es für viele vielleicht etwas überraschend sein, wenn sich aus Forschungsarbeiten ergibt, dass es sich auch beim Inklinierenden Sexuellen Sadismus um eine weitgehend ungefährliche und harmlose sexuelle Vorliebe handelt. Die sexuellen sadomasochistischen Praktiken werden in aller Regel mit großer Vorsicht und Behutsamkeit durchgeführt, so dass im Ergebnis keine Verletzungen zu erwarten sind – von eher seltenen Ausnahmen abgesehen (Scott, 1983; Weinberg & Kamel, 1983).

Kultivierte rekreative Sexualität. Untersuchungen mit partnerschaftlich praktizierenden Sexuellen Sadisten kommen (wie bei den mit ihnen gemeinsam praktizierenden Masochisten) schon seit vielen Jahren wiederholt zu dem Ergebnis, dass es sich bei den meisten Betreffenden um sozial gut integrierte, von Freunden und Nachbarn wertgeschätzte und erfolgreiche Mitbürger handelt (Spengler, 1977; 1979; Scott, 1983; Moser & Levitt, 1987; Baumeister & Butler, 1997). Einige Autoren kommen nicht umhin, die Betreffenden hinsichtlich ihrer sozialen Anpassung als eher *über* dem Durchschnitt liegend zu bezeichnen und ihnen zudem noch eine ausgeprägte psychische Gesundheit zu attestieren. Schließlich gelten die Betreffenden als ausgesprochen zuverlässig und haben hohe Ansprüche an sich selbst. Kurz: Bei den meisten Menschen mit sadomasochistischen sexuellen Präferenzen kann von psychischer Gestörtheit keine Rede sein.

Weiter bleibt zu beachten, dass die Zahl der Menschen mit inklinierend-masochistischen Neigungen etwa um das Vierfache höher liegt als die Zahl derjenigen, die inklinierend-sadistische Vorlieben und Interessen haben (Baumeister & Butler, 1997). Daraus lässt sich schlussfolgern, dass viele Frauen und Männer den inklinierend-masochistischen Wünschen ihrer Partner und Partnerinnen entsprechen, ohne dass sie zwingend selbst sexuell-sadistische Präferenzen besitzen müssen. Entsprechend dürfen diese Menschen, auch wenn sie in der Partnerschaft sadistische Sexualpraktiken pflegen, nicht als sexuell abweichend angesehen werden. Vielmehr bleibt zu bedenken, dass die meisten von jenen, die sadistische Praktiken erst in der Begegnung mit einem masochistischen Partner kennen gelernt haben, diese ihrerseits zunehmend gern und durchaus mit anwachsendem sexuellem Lustgewinn praktizieren (McConaghy, 1993; Hucker, 1997).

8.3.2 Übergänge zwischen „Normalität" und „Abweichung"

Mit diesem erneuten Plädoyer für eine größere Akzeptanz sadomasochistischer Sexualpraktiken sollten jetzt nicht auch nur ansatzweise jene Probleme herabgemindert werden, die sich mit einem gefährlichen, weil sexuell gewalttätigem Sadismus verbinden. Auf die unterschiedlichen Formen periculär-sadistischer Sexualdelinquenz mit z.T. erschreckenden Auswirkungen werden wir nachfolgend zu sprechen kommen ($\rightarrow$ 8.3.3). Es sollte hier nur erneut betont werden, dass sich das theoretische Konstrukt „Sexueller Sadismus" weitaus komplizierter ausnimmt, als dass es sich insgesamt etwa zwanglos auch noch in ein übergeordnetes Gebilde wie das der „Paraphilien" oder das der „Perversionen" einbinden ließe.

Probleme und Mängel in der Forschung. Unbestritten ist, dass die Zahl der Männer, die Sexualstraftaten begehen, gegenüber weiblichen Tätern deutlich überwiegt ($\rightarrow$ 9.1). Nicht nur das, sie begehen dabei immer wieder auch teils erschreckende und grausame sexuelle Gewalthandlungen: sexuellen Missbrauch an Kindern, Vergewaltigung und Tötungsdelikte ($\rightarrow$ 9.3 bis 9.5). Kann man jedoch daraus rückschließen, dass entsprechende Männerfantasien oder ein Inklinierender Sexueller Sadismus ein realistisches und risikoreiches Gefahrenpotenzial beinhalten? Forschungsergebnisse zur Frage der Risikoübergänge von der Normalität zur sexuellen Abweichung/Delinquenz liegen nicht vor. Alle Studien, die sich dieser Frage bis heute anzunähern versuchen, sind mit einer Reihe beachtenswerter Mängel behaftet, auf die wir kurz eingehen möchten.

▶ Entwicklungsbedingungen für einen Periculären Sexuellen Sadismus außerhalb wie innerhalb des Kontextes allgemein gewalttätigen und straffälligen Verhaltens wurden bis heute *nicht* in Prospektiv-Studien untersucht, die über längere Zeiträume hinweg ab Kindheit oder Jugend bis ins Erwachsenenalter hinein durchgeführt wurden. Ohne Prospektiv-Studien jedoch müssen Entwicklungshypothesen sehr vorsichtig abgefasst werden.

▶ Die klinische Forschung ist auf *Retrospektiv*-Analysen angewiesen. Diese führt sie mit Sexualstraftätern in Gefängnissen oder in der forensischen Psychiatrie durch. Aus diesen Studien können nun durchaus Hinweise auf Risikofaktoren für Sexualstraftaten gewonnen werden. Rückschlüsse etwa darauf, dass eine inklinierend-sadistische Sexualpräferenz das Risiko einer Gewaltanwendung impliziert, lassen sich aus solchen Studien *nicht* ziehen.

▶ In den Industrienationen macht der Anteil der Sexualstraftaten mit Nötigung bzw. Gewalt zwischen 1 Prozent (in Deutschland) bis zu höchstens 9 Prozent (in den USA) aller gerichtlich behandelten Gewalttaten aus (z.B. Greenfeld, 1997; Egg, 2002). Bei den schlussendlich verurteilten Sexualstraftätern lassen sich in höchstens 10 Prozent der Fälle eine oder mehrere Paraphilien feststellen (Abel et al., 1988; Freund et al., 1983; 1984). Der Anteil mit Sexuellen Sadismus liegt nochmals um mehr als die Hälfte niedriger. Fällt der Anteil der Paraphilie-Diagnosen in einzelnen Studien höher aus, so befinden sich die Betreffenden Sexualstraftäter zumeist in einer forensisch-psychiatrischen Klinik. Dort finden sich bis höchstens 45 Prozent paraphile Personen (Fedora et al., 1992; Hucker et al., 1988). Aus diesen Häufigkeitsangaben darf auf ein allgemeines Gewaltrisiko paraphilen Verhaltens *nicht* rückgeschlossen werden.

Wenn wir uns jetzt dem eher problematischen, weil nicht konsensuell ausgeübten Periculären Sexuellen Sadismus zuwenden, bleibt also zu beachten, dass aus referierten Forschungsbefunden keine Rückschlüsse auf die Risikobedeutung eines Inklinierenden Sexuellen Sadismus vorgenommen werden dürfen. Auch sollten keine Verallgemeinerungen anderer Art vorgenommen werden, wie z.B., dass etwa dem Inklinierendem wie dem Periculären Sexuellen Sadismus eine gleichartige „Psychodynamik" oder „Entwicklungskonstellation" zugrunde läge.

8.3.3 Periculärer Sexueller Sadismus

Bereits an dieser Stelle beginnt ein weiteres, sprachliches Problem, da Gewalttaten – einschließlich sexueller – vor Gericht oder in klinischen Arbeiten gelegentlich reflexartig mit dem Attribut „sadistisch" belegt werden, wenn sie extreme Brutalität bei der Tatdurchführung beinhalten oder vermuten lassen. Diesen Bias gilt es zu vermeiden: Denn nicht jede sexuelle Gewalttat geschieht mit „paraphildranghafter" Motivation ($\rightarrow$ 9; $\rightarrow$ 10).

Recht eindeutig kann die Diagnose bei einigen sehr selten auftretenden Sexualdelikten gestellt werden, die wegen ihrer besonderen Eigenarten üblicherweise als bizarr und äußerst befremdlich angesehen werden müssen – und die zumeist in Medien vermittelt eine große öffentliche Aufmerksamkeit auf sich ziehen ($\rightarrow$ 8.3.6). Dies gilt beispielsweise für die Nekrophilie, bei der die (meist männlichen) Täter zum Zwecke der sexuellen Erregung an (meist weiblichen) Leichen einen Koitus vollziehen oder andere Manipulationen ausführen (Rosman & Resnick, 1989). Nachfolgend werden wir zunächst auf zwei häufiger beobachtbare Formen des Periculären Sexuellen Sadismus einschränken: auf die sexuellsadistische Vergewaltigung und auf sexuell-sadistisch motivierte Tötungsdelikte.

8.3.4 Sexuell sadistische Vergewaltigung

Vergewaltigung ist ein komplexes, vielfältig determiniertes Verhalten, und Vergewaltiger lassen sich kaum in eine einheitlich definierbare Problemgruppe einordnen (→ 9.3). Große Unklarheiten bestehen hinsichtlich der Frage, bei welcher Tätergruppe von einer Paraphilie als verantwortlicher Triebkraft bei sexuellen Gewalttaten ausgegangen werden kann bzw. wann bei Vergewaltigern von Periculärem Sexuellem Sadismus gesprochen werden sollte. Die jüngsten Konzepte und Forschungsergebnisse sollen kurz dargestellt werden.

Sexuelle Motive. Bereits in den 1970er Jahren hatte man sich mit phallometrischen Untersuchungen diesem differenzialdiagnostischen Problem anzunähern versucht (→ 6.4.2). In ersten Studien schien das Ausmaß sexueller Erregung paraphiler Sexualstraftäter sehr stark mit dem Ausmaß der von ihnen ausgeübten sexuellen Gewalt zusammenzuhängen (Abel et al., 1977; 1978). Es wurde vorgeschlagen, dass bei Vergewaltigern die intendierbare sexuelle Erregung als Hinweis auf das Vorliegen einer sexuell-sadistischen Störung angesehen werden könne. In einigen Untersuchungen schienen die sexuell wirksamen Stimuli in ihren Eigenarten den sexuellen Vorlieben zu entsprechen, denen die Täter bei ihren Taten nachgegangen waren.

Für diese offensichtlich paraphilen Reaktionen wurden entsprechende Konstrukte für ein allgemeines Konzept „paraphiler sexueller Übergriffe" eingeführt: im Phasenmodell der „Störungen des Werbungsverhaltens" (→ 8.1.6) als so genanntes *präferenzielles Vergewaltigungsmuster* (Preferential Rape Pattern; Freund et al., 1983; 1984), als *Paraphile Zwangsstörung* (Paraphilic Coercive Disorder; Abel, 1989) oder schließlich auch als *Biastophilia* (Money, 1990). Die so zusammengefassten Vergewaltigungstäter mit paraphiler Störung schienen sich durch eine auffällige sexuelle Fantasietätigkeit auszuzeichnen und wurden offenkundig durch ein dranghaftes sexuelles Verlangen zu ihren Gewalttaten angetrieben.

Im Verlauf der weiteren empirischen Absicherung dieser Konzeptualisierungsversuche wurde zwischen zwei Tätergruppen unterschieden (→ 8.1.6; Freund, 1990):

▶ Personen mit Periculärem Sexuellen Sadismus einerseits, die zu extremen und in ihren Folgen schwer einschätzbaren Gewalttaten einschließlich Tötungsdelikten neigten, und

▶ andererseits jenen Sexualstraftätern mit weniger extrem ausgeprägten paraphilen Neigungen entsprechend dem Konzept der „präferenziellen sexuellen Übergriffe".

Letztere schienen für die Durchsetzung ihrer sexuellen Bedürfnisse immer nur gerade so viel Gewalt einzusetzen, wie sie benötigten, um den Widerstand der Opfer zu brechen. Von Kritikern dieses Konzeptes wurde jedoch sehr bezweifelt, ob die Täter wirklich immer in der Lage wären, das Ausmaß „gerade noch notwendiger Gewalt" richtig zu bestimmen (Abel, 1989).

Ausmaß der Gewalt: kein Kriterium in der klinischen Diagnostik. Gegen diese Untergruppenbildung wurden weitere Einwände vorgebracht (Hucker, 1997). Erstens wurde angemahnt, dass Täter beider Gruppen nur scheinbar zu verschiedenen sexuellen Handlungen neigten, die sich dann in ihren zerstörerischen Wirkungen jedoch nicht wesentlich unterschieden – einschließlich der Möglichkeit, dass es selbst bei „milder" paraphiler Neigung „unvorhersehbar" zu Tötungsdelikten kommen könne. Auch waren in beiden Untergruppen die Opfer fast immer unbekannte Personen. Da die meisten anderen Vergewaltigungen an den Tätern bekannten Personen erfolgen, war dies zwar als paraphilietypisch anzusehen, bot aber keine weitere, schon gar nicht eine sichere Differenzierungsmöglichkeit (Warren et al., 1996).

In der Konsequenz wird das Ausmaß der möglicherweise beabsichtigten oder tatsächlich ausgeübten Gewalt als Unterscheidungskriterium für Untergruppen von schwerer (sadistischer) und milder (präferenzieller) paraphiler Vergewaltigung *nicht mehr* als hilfreich angesehen – nicht zuletzt auch, weil es sich sowieso eher um ein Kontinuum handelt, dessen Tauglichkeit für therapeutische und prognostische Zwecke nicht nachgewiesen werden konnte (→ 10.2). Einigkeit besteht inzwischen in Restriktionen der Vergabe einer Paraphilie-Diagnose des Sexuellen Sadismus bei Vergewaltigungstätern: Sie sollte nur vergeben werden, wenn den Opfern von den Tätern körperlicher Schaden oder physisches Leiden zum Zwecke sexueller Erregung oder sexueller Befriedigung zugefügt wird. Dabei muss in Einzelfällen die Art der zugefügten Verletzungen oder Erniedrigungen nicht zwingend sexuelle Aktivitäten beinhalten. Letzteres gilt gelegentlich auch für sexuell motivierte Tötungsdelikte.

8.3.5 Sexuell motivierte Tötungsdelikte

Paraphile sexual-sadistische Tötungsdelikte werden von Personen zum Zwecke der sexuellen Erregung und Befriedigung ausgeführt (Arndt, 1991). Im angelsächsischen Raum ist der aus dem deutschen Sprachraum entlehnte Begriff „Lust Murder" weit verbreitet (auch in der Fachliteratur), der gelegentlich auch hierzulande in der Presse zu finden ist. Die in früheren psychiatrischen Ausarbeitungen zu findenden Bezeichnungen „Lustmörder" oder auch „Triebmörder" werden in der deutschsprachigen Fachliteratur nicht mehr verwendet. Ähnliche Zurückhaltung sollte auch für die juristische Kategorie „Sexualmord" gelten: Ob es sich bei einem Tötungsdelikt tatsächlich um Mord handelt, entscheidet sich zumeist erst vor Gericht.

Sexuelle Motive. In vielen Fällen sexuell motivierter Tötungsdelikte kann ein Periculärer Sexueller Sadismus als Paraphilie diagnostiziert werden (Dietz et al., 1990). In einigen dieser Fälle lässt sich jedoch beobachten, dass es keinerlei sexuelle Übergriffe (etwa Vergewaltigung) gegeben hat, da die Täter *aus dem Tötungsvorgang selbst* hinreichende sexuelle Erregung oder sexuelle Befriedigung gezogen haben. Auch hat die Untersuchung der Hypothese, dass sexuell motivierte Tötungsdelikte begangen werden, um ein Überlegenheitsgefühl durch eine dranghafte Erniedrigung der Opfer zu erreichen, bislang eher sehr widersprüchliche Ergebnisse geliefert (Langevin et al., 1988; Hucker, 1997). Führend im sexuellen Erleben während der Tat scheint der Aspekt von Präsentation und Selbst-Erfahrung besonderer „Männlichkeit" zu sein. Aber auch das ließ sich bei sadistischen Sexualstraftätern nicht immer finden (Schorsch et al., 1996).

Kommt es bei einer Vergewaltigung zur Tötung des Opfers, ist es häufig auch noch so, dass die Täter gelegentlich nur eine Verdeckungstat begehen, um einer Verhaftung zu entgehen. Periculär sadistische Täter begehen Tötungsdelikte vorrangig, weil sie zuerst aus der Vorbereitung und dann aus der Durchführung der Tat selbst sexuelle Befriedigung beziehen. Dieser Aspekt macht ihre Bedrohlichkeit aus, da das Verlangen nach sexuellem Lustgewinn durch die Tötung des Opfers derart ausarten kann, dass einige von ihnen im Verlauf zu Wiederholungstätern werden.

Sexuelle Fantasien. Für paraphile Tötungsdelikte scheint es typisch zu sein, dass die Täter im Vorfeld der Taten ihren Sadismus in der Fantasie fast zwanghaft vorwegnehmen – wie sie ganz allgemein versuchen, eher durch fantasierte Gewalttaten als durch fantasierte sexuelle Akte sexuelle Erregung erreichen (MacCulloch et al., 1983; Burgess et al., 1986; Ressler et al., 1986). Einige Autoren betrachten denn auch die *Fantasietätigkeit im Vorfeld* als Schlüsselelement zu einem tieferen Verständnis der inneren Zwanghaftigkeit, mit der die Täter zur Tat getrieben werden, sowie zur Erklärung der Brutalität und des z.T. extremen Sadismus, mit der die Taten letztendlich ausgeführt werden (MacCulloch et al., 1983; Burgess et al. 1986; Hickey, 1997; Arrigo & Purcell, 2001). Bei periculärsadistischen Taten scheint die Grenze zwischen Fantasietätigkeit und Handlungsausführung sehr brüchig und fließend zu sein.

Dass eher Gewaltakte und weniger sexuelle Handlungen für die sexuelle Erregung und sexuelle Befriedigung verantwortlich zeichnen, unterstreicht auch die Art der „Pornographie", für die sich periculär-sadistische Täter interessieren: Es handelt sich dabei weniger um Sexmagazine, als um billige, Gewalt verherrlichende Thriller und Videos mit Gewalttaten aller Art, Bücher und Soldaten-Zeitschriften mit Kriegs- und Gewaltszenarien und so weiter (Dietz et al., 1990).

Fallanalysen notwendig. Sexuell motivierte Tötungsdelikte kommen nicht so häufig vor, dass sie sich zeitgleich in angemessen hoher Zahl untersuchen lassen. Entsprechend beziehen sich die meisten Erkenntnisse auf Einzelfallanalysen. Eine der detailreichsten Studien wurde Ende der 1980er Jahre durchgeführt (Dietz et al., 1990). Weitere Ausarbeitungen wurden von Burgess et al. (1986) und von Hickey (1997) publiziert; deutschsprachige Fallsammlungen wurden von Schorsch und Becker (1977) sowie – aktueller – von Marneros (1997) vorgelegt. Lesenswerte Analysen zu Motiven von Tätern, Tötungsdelikte zu begehen, finden sich bei Lewis (1998) und Rhodes (1999).

Die nachfolgenden Erläuterungen stützen sich wesentlich auf die Ausarbeitung von Dietz und Mitarbeitern (1990). Bei den wiedergegebenen Prozentangaben ist es hilfreich, sich jeweils kurz die an 100 Prozent fehlenden Häufigkeiten mitzudenken: Die Angaben treffen immer nur auf Untergruppen zu und dürfen nicht auf die präferenziell sadistische Tötungsdelikte insgesamt generalisiert werden.

Täter und Taten. 78 Prozent der von Dietz und Kollegen untersuchten Sexualstraftäter war wegen sadistisch qualifizierter Tötungsdelikte verurteilt worden, bei 22 Prozent konnten die Opfer zumeist bereits schwer verletzt gerettet werden. Es gibt einige prototypische Merkmalsuntergruppen: Über 40 Prozent (60 Prozent nicht) der Täter zeigte bereits zuvor im Leben ein *Crossing* durch unterschiedliche paraphile Bereiche wie Fetischismus, Voyeurismus oder Exhibitionismus, und bei 20 Prozent (80 Prozent nicht) fand sich eine Phase von Fetischistischem Transvestitismus.

Auffällig war, dass etwa 50 Prozent der Täter ein fast leidenschaftlich zu nennendes Interesse verfolgten, nämlich stundenlang und ziellos auf der Suche nach Opfern mit dem Auto in der Gegend herumzufahren. Ein Anteil dieser Gruppe galt als Polizisten-Imitatoren, sammelte polizeitypische Paraphernalia oder schmückte das eigene Auto mit Streifenwagen-Imitaten. Als Polizist aufzutreten, verschaffte einigen Tätern einen „offiziellen" Zugang zu ihren Opfern.

Fast alle untersuchten Täter hatten ihre Tötungsdelikte sorgfältig geplant. Ebenfalls bei fast allen ließ sich feststellen, dass sie ihre Opfer zunächst entführten und für mindestens 24 Stunden mit verbundenen Augen gefesselt und geknebelt gefangen hielten. Die bevorzugten sexuellen Aktivitäten bestanden aus sexueller Erniedrigung, analer Vergewaltigung, erzwungener Fellatio. Weiter waren gewaltsamer Geschlechtsverkehr und das Einführung fremder Gegenstände in die Vagina nicht unüblich. Fast alle Täter, die in diese Untersuchung einbezogen wurden, hatten ihre Opfer gequält und gefoltert. 73 Prozent hatten ihre Opfer in bewusster Tötungsabsicht ermordet. Mehr als die Hälfte der Täter haben ihre Taten sorgsam dokumentiert: in Tagebüchern, mittels Video- oder Tonaufzeichnungen, die schrecklichsten Szenen auch festgehalten mit Fotografien oder in Zeichnungen. Und mehr als 40 Prozent bewahrten von der Tat irgendeinen Sachgegenstand zur Erinnerung an das Opfer auf.

Täterpaare. In mehr als einem Drittel der Fälle assistierte eine zweite Täterperson bei den Gewaltakten. Solche Täter-Paare sind insofern interessant, als die Haupttäter zumeist eine dominante Rolle in diesem Paarverhältnis spielten, dass sich die assistierenden Personen also in einer psychischen Abhängigkeit vom dominanten Partner befanden. Immer wieder wird auch berichtet, dass Frauen männliche Täter bei ihren Gewalthandlungen unterstützten. Hazelwood et al. (1993) beschrieben zunächst sieben solcher Fälle, und sie fügten später noch weitere acht Fallschilderungen hinzu (Hucker, 1997). Dabei stellte sich heraus, dass sich die am sexuellen Sadismus beteiligten Frauen in starker Abhängigkeit vom Täter befanden, von diesem häufig selbst mit Gewalt unterdrückt und sexuell missbraucht wurden – einige Frauen bereits viele Jahre. Sie handelten oft in dem Glauben, dass ihre Mitwirkungen bei den sexual-sadistischen Vergehen sie zukünftig selbst vor allzu extremen und gewalttätigen Handlungen ihrer Partner schützen würde (McGuire & Norton, 1988; Hill, 1995).

Entwicklung. Etwas mehr als die Hälfte war bereits zuvor wegen anderer Straftaten angezeigt und verurteilt worden. Die Übrigen – etwas weniger als die Hälfte also – galten vor der Aufdeckung ihrer Tötungsdelikte in ihrer Umgebung und sozialen Gemeinschaft als solide und anständige Bürger (im Nachhinein konnte man sich natürlich einige bereits zuvor vorhandene Besonderheiten „erklären", die bei diesen Personen aufgefallen waren).

Ebenfalls mehr als die Hälfte der Täter konnte auf Phasen exzessiven Alkohol- und Drogenmissbrauchs zurückblicken. Und fast alle schienen in einer dysfunktionalen Erziehungsumwelt mit gestörten Eltern-Kind-Beziehungen aufgewachsen zu sein. Die beiden zuletzt genannten Punkte decken sich mit Beobachtungen in anderen Studien: Zum Beispiel berichten Langevin et al. (1988) ebenfalls von sehr ungünstigen Erziehungskonstellationen in der Kindheit und von zuvor bestehenden Alkohol- oder Drogenproblemen bei 75 Prozent der sadistischen Sexualstraftäter. Die Autoren bezeichnen 50 Prozent auch noch zum Tatzeitpunkt als „schwere Trinker".

Schließlich scheinen lebenslange Schwierigkeiten im Aufbau und in der Aufrechterhaltung angemessener heterosexueller Beziehungen und eine damit einhergehende soziale Isolation auf die meisten Täter zuzutreffen. Kernelement scheint bei weit mehr als der Hälfte der Täter die *emotionale Vernachlässigung* durch die Eltern zu sein. In der Stichprobe von Dietz et al. (1990) berichten nur 23 Prozent der Täter (77 Prozent nicht), dass sie als Kinder physischen Missbrauchsbedingungen ausgesetzt waren, und bei 20 Prozent (80 Prozent nicht) fanden sich Hinweise zu selbst erlebtem sexuellem Missbrauch.

8.3.6 Bizarre und außergewöhnlich grausame Sexualdelikte

Sehr selten! Obwohl sie in der Öffentlichkeit immer großes Aufsehen erregen, gehören die nachfolgenden Sexualdelikte zu den sehr seltenen Phänomenen. Sie ziehen die Aufmerksamkeit der Medien auf sich, weil sie Schlagzeilen für das Gruseln oder Stoff für das Spiel der Fantasie der Konsumenten liefern. In den öffentlichen Diskussionen dieser Fälle wird immer wieder eine Verschärfung der Gesetze über Sexualdelikte gefordert und gelegentlich auch durchgesetzt, obwohl sich die Zahl der Sexualstraftaten nicht verändert hat ($\rightarrow$ 9; $\rightarrow$ 12.1). Wegen ihrer extrem fremdartig anmutenden Eigenarten und Praktiken zum Zwecke der sexuellen Erregungen lassen sich die außergewöhnlichen Sexualdelikte üblicherweise recht problemlos dem Periculären Sexuellen Sadismus zuordnen (Prins, 1985; Rosman & Resnick, 1989; Hucker, 1997; Milner & Dopke, 1997; Schewe, 1997).

Nekrophilie. In der angelsächsischen Literatur ist es nicht unüblich, viele dieser z.T. extrem fremdartigen Taten unter der Sammelbezeichnung Nekrophilie zusammenzufassen – dies auch dann, wenn andere Autoren die Bezeichnung strikt auf Fälle eingrenzen, für die sie ursprünglich von Krafft-Ebing (1886) eingesetzt worden war: nämlich als „abartiges auf Leichen gerichtetes sexuelles Triebverlangen" bzw. als „Leichenschändung zum Zwecke der sexuellen Befriedigung".

In der deutschsprachigen Literatur ist diese erweiterte Einsetzung des Nekrophilie-Begriffs selten. Sie geht (vor allem in den USA) auf Hirschfeld (1933/1955) zurück, der zwei Tätergruppen unterschied: jene, die sich zum Zwecke sexueller Erregung ausschließlich an Leichen vergehen, und solche, die sich mit sexueller Motivation an den Körpern toter Menschen auslassen, die sie selbst zuvor ermordet haben. Letztere begehen einerseits Morde, weil sie anschließend an ihren Opfern weitere sexuell motivierte Handlungen begehen, andererseits aber, weil die Tötung selbst sexuelle Befriedigung verspricht. Sexualdelinquenten mit diesen paraphilen Eigenarten werden als besonders gefährlich und rückfallgefährdet betrachtet (Hucker, 1997).

Rosman und Resnick (1989), die eine Übersichtsarbeit zu 122 Fallbeschreibungen von ungewöhnlich bizarren Sexualhandlungen vorlegten, unterscheiden eine Genuine Nekrophilie, bei der sich die Kriterien des Sexuellen Sadismus des DSM erfüllt finden, von einer Pseudo-Nekrophilie, wenn das Zeitkriterium von mindestens sechs Monaten (noch) nicht nachweisbar war (gem. DSM-III-R; APA, 1987; entsprechen weitgehend denen im DSM-IV-TR; APA, 2000).

Bizarre Sexualdelikte. Nekrophile Sexualdelikte unterscheiden sich z.T. beträchtlich voneinander (Prins, 1985; Jaffe & DiCataldo, 1995). Einige Täter scheinen bereits sexuelle Befriedigung zu erlangen, wenn sie eine Leiche nur in ihrer Nähe haben. Andere vollziehen an Leichen sexuelle Handlung, wie sie auch in normalen zwischenmenschlichen Sexualbeziehungen zu finden sind: Küsse, Berührungen, Geschlechtsverkehr oder Cunnilingus. Wieder andere verstümmeln die Körper der Leichen und/oder bewahren die Leichenteile auf. Eine kleine Untergruppe trinkt vor oder nach der Mordtat das Blut der Opfer (Vampirismus) und/oder verspeist einzelne Teile der Leichen (Kannibalismus). Ganz selten einmal lässt sich auch beobachten, dass nekrophile Personen zusätzlich sexuelle Befriedigung durch Selbstverstümmelungen und durch das Trinken des eigenen Blutes zu erreichen versuchen. Letzteres kann übrigens ganz gelegentlich auch bei Personen beobachtet werden, bei denen sich eine Nekrophilie und Periculärer Sexueller Sadismus nicht finden lassen.

Täter. In der Fallsammlung von Rosman und Resnick (1989) berichten die Autoren über ein Durchschnittsalter der 122 Täter von 34 Jahren (bei einem Range zwischen 17 und 59). 42 Prozent haben ihre nekrophilen Handlungen an Personen durchgeführt, die sie zuvor selbst getötet haben. 92 Prozent der Taten wurden von Männern, 8 Prozent von Frauen ausgeführt. Das Geschlecht der Opfer entsprach der sexuellen Orientierung (75 Prozent der Täter waren heterosexuell, 15 Prozent bisexuell und 15 Prozent homosexuell). Bei mehr als der Hälfte der Täter (57 Prozent) konnte eine gewisse Affinität zur ausgeübten Berufstätigkeit gefunden werden: Sie arbeiteten als Krankenhauspfleger, als Totengräber auf dem Friedhof oder in einem Bestattungsunternehmen. Die früher häufig geäußerte Vermutung, dass es sich bei den Betreffenden um Menschen mit geistiger Behinderung oder mit psychotischer Störung handelt, ließ sich nur in wenigen Einzelfällen bestätigen. Bei ungefähr der Hälfte der Täter ließ sich jedoch die Zusatzdiagnose einer Persönlichkeitsstörung finden.

Motive. Aus den Analysen von Rosman und Resnick (1989) lassen sich einige wenige Hypothesen über mögliche Ursachen der Nekrophilie ableiten: In 68

Prozent der Fälle stand als ein Motiv der Wunsch nach einem nicht zurückweisenden Partner im Vordergrund. 21 Prozent verfolgten mit ihren Taten die „(Wieder-)Vereinigung" mit einem Partner (z.B. die Wiederholung einer früheren sexuellen Erfahrung). Bei 21 Prozent stand die sexuelle Vorliebe für Leichen im Vordergrund. 12 Prozent hofften, mit ihrer Handlung ein Einsamkeitserleben überwinden zu können. Nur bei 12 Prozent konnte als Motiv ein Überlegenheitsbedürfnis gegenüber dem Opfer angenommen werden – eine Hypothese, die früher sehr häufig als Kernmotiv der Nekrophilie angesehen wurde.

Beispiel: Opfer- und Tätersuche im Internet. Bizarr nimmt sich auch jener bisher einzigartige Fall aus, der im Jahre 2003 durch die deutsche Presse ging und der seinen Platz in der Sammlung der seltenen Nekrophiliedelikte bereits eingenommen hat. Er ist insofern einzigartig, als sich sowohl Opfer und Täter gesucht und gefunden haben und die kannibalische Tat das Ergebnis konsensueller Absprachen war. Das Opfer hatte im Internetportal einer Newsgroup folgendermaßen inseriert: „Ich biete an, mich von euch bei lebendigem Leibe verspeisen zu lassen. Keine Schlachtung, sondern Verspeisung!!" Auch der Täter hatte im Internet annonciert: „Suche jungen, gut gebauten Mann, der sich gerne fressen lassen würde. Aussagekräftige Körperfotos erwünscht."

Das Schicksal wollte es, dass sich beide fanden, ein Treffen vereinbarten, das grausame Ritual absprachen und vollführten. Der Täter hat den Ablauf der Geschehnisse für die Nachwelt auf Video dokumentiert. Das Opfer lässt sich zunächst den Penis abschneiden und dann sorgsam die Wunde verbinden, um ein Verbluten zu verhindern. Gemeinsam verspeisen beide das zuvor gebratene Geschlechtsteil des Opfers. Danach begeht der Täter den Mord, um anschließend sein Opfer regelrecht auszuweiden und zu zerteilen. Erst eineinhalb Jahre später entdecken Beamte der Kriminalpolizei die Leichenreste in der Kühltruhe des Täters. Einige wenige Teile hatte der Täter in den Tagen nach der Tat noch gegessen.

8.3.7 Integrative Erklärungsansätze für den Periculären Sexuellen Sadismus

Im Folgenden werden wir uns mit Erklärungsansätzen befassen, die ausdrücklich und ausschließlich für den Periculären Sexuellen Sadismus entwickelt wurden und die damit spezifischer angelegt sind, als die Paraphilie übergreifenden psychoanalytischen und verhaltenstherapeutischen Erklärungsversuche (→ 8.3.7). Sadismusspezifische Verstehensansätze basieren zumeist auf multifaktoriellen

Analysen, in denen Entwicklungs- und Verlaufsaspekte in eine Reihenfolge gebracht, in ihrer Bedeutsamkeit für Sexualstraftaten gewichtet und miteinander in Beziehung gesetzt werden. Beispiele sind das in den 1980er Jahren diskutierte Motivationsanalyse-Modell von Burgess und Mitarbeitern (1986) und das in den 1990er Jahren publizierte Trauma-Kontroll-Modell von Hickey (1997).

Aktueller ist der Erklärungsansatz von Arrigo und Purcell (2001), in deren Integrationsmodell die Gemeinsamkeiten und Unterschiede der beiden zuvor genannten Ätiologiemodelle mit aufgenommen wurden. Aus diesem Grund wurde dieser Ansatz als Beispiel ausgewählt. Das Modell versucht einerseits wesentliche Entwicklungsaspekte zu integrieren sowie andererseits einen zirkulär ablaufenden Prozess zu beschreiben, der schließlich periculäre sadistische Handlungen bis hin zu Tötungsdelikten einschließt. Was die empirische Basis angeht, so wurden in den vorausgehenden Abschnitten die wichtigsten Forschungsergebnisse abrisshaft dargestellt, auf die sich diese Modellierung bezieht.

Formative Entwicklung. Die grundlegende Dimension des integrativen Modells wird als formative Entwicklung bezeichnet und dient der Erklärung, wie und warum paraphile sexuelle sadistische Neigungen entstehen können. Dabei scheint sich dieser Entwicklungsprozess in der Kindheit und/oder (häufiger) im Übergang zur Jugend zu vollziehen. Es werden zwei Konzeptaspekte unterschieden:

► prädispositionelle Faktoren und
► traumatische Ereignisse.

Einerseits werden Erfahrungsbereiche unterstellt, die für sich allein oder in Wechselwirkung das spätere Verhalten der sadistischen Sexualstraftäter präformieren: dysfunktionale Erziehungsumwelten, die für Mängel in Bindungs- und Beziehungskompetenzen der Heranwachsenden infrage kommen. Weiter können natürlich auch genetische und biologische Faktoren für die Entwicklung spezifischer sexueller Präferenzen eine Rolle spielen, die zwar konzeptuell angedacht sind (vgl. Money, 1990), insgesamt jedoch noch der näheren Erforschung bedürfen. Ebenfalls wenig gründlich erforscht sind soziologische und sozialpsychologische Einflüsse auf die späteren periculär sexuell-sadistischen Neigungen (→ 11).

Ganz anders steht es um die Bedeutung von emotionaler Vernachlässigung, physischem und sexuellem Missbrauch in Kindheit und Jugend. So ist es eher als Ausnahme zu bezeichnen, wenn sadistische Vergewaltiger oder Sexualmörder in einer familiären Umgebung groß geworden sind, in der sich retrospektiv eine Vernachlässigung der Kinder, Alkoholismus eines oder beider Elternteile und andere ungünstige Lebenserfahrungen nicht als frühe schmerzhafte Erfahrungen finden lassen (Money & Werlas, 1982; R.I. Simon, 1996). Besonders negative

Erfahrungen werden von den sadistischen Sexualstraftätern auch noch aus den Prägungsphasen der (Prä-)Pubertät berichtet (Hickey, 1997; Marneros, 1997).

Geringe Selbstwertschätzung. Dysfunktionale Erziehungsumwelten tragen wesentliche Mitverantwortung dafür, dass sich bei den Betreffenden keine solide Grundlage dafür einstellt, ein positives Selbstbild zu entwickeln und ausreichende soziale Verhaltensweisen zu erlernen (Abel et al., 1988; Holmes, 1991). Vielmehr erlebt sich das Kind und der Jugendliche zunehmend als Person mit tief sitzenden persönlichen Fehlern. Der Betreffende sieht dementsprechend auch keinen Sinn darin, sich wertschätzend und respektvoll anderen gegenüber zu verhalten. Er hat durchgängig das Gefühl, von der sozialen Gemeinschaft, in der er lebt, abgelehnt und ausgegrenzt zu werden. Zunehmende Tagträumereien treten stellvertretend an die Stelle sozialer Beziehungen, die in dieser Zeit für viele Gleichaltrigen zugleich die ersten wichtigen sexuellen Erfahrungen ermöglichen.

Insbesondere Burgess und Kollegen (1986) haben in ihrer Motivationsanalyse herausgearbeitet, wie die Wechselwirkungen zwischen ungünstiger Persönlichkeitsentwicklung in Kindheit und Jugend mit der Herausbildung ablehnender und zynischer Einstellungen gegenüber der Gesellschaft als Katalysatoren für die Entwicklung von Fantasiewelten wirken können, die reale Erfahrungen schließlich vollkommen ersetzen.

Einsamkeit, Fantasie, Entwicklung paraphiler Neigungen. Die Entwicklung paraphiler Neigungen wird innerhalb des Integrationsmodells von Arrigo und Purcell (2001) als Aufschaukelungsprozess beschrieben. Isolation bewirkt eine Ersatzsuche in sexualisierten Fantasien und setzt auf diese Weise eine paraphil wirkende innere Systemik in Gang, die sich im weiteren Verlauf zunehmend verselbständigt. Wie zahlreichen Interviews mit Betroffen zu entnehmen ist, verbinden sich Einsamkeitserfahrungen und damit zunehmend Masturbation mit paraphilen Interessen. Diese beziehen sich – mangels realer Erfahrungen – auf ungewöhnliche Objekte (Fetische, abweichende Sexualanreize) oder ungewöhnliche Handlungen (voyeuristische, exhibitionistische, sadistische Rituale).

Bei sexuell motivierten Tötungsdelikten geben über 80 Prozent der Täter in Interviews an, dass sie im Verlauf ihrer Entwicklung wenigsten zeitweilig ein besonderes Interesse an verschiedenen paraphilen Handlungen entwickelt hatten (Ressler et al., 1988). Die meisten späteren sexuell sadistischen Gewalttäter berichten, dass zeitweiliger Fetischismus in ihrer Entwicklung zumeist als Ausgleich für Isolation und Einsamkeit eine besondere Rolle gespielt hat (Holmes, 1991; R. I. Simon, 1996; Hickey, 1997).

Der sexuell sadistische Prozess. Soziale Isolation und der Ersatz realer zwischenmenschlicher Beziehungen durch zunehmende Fantasietätigkeit werden inzwischen als Schlüsselelement in der Entwicklung hin zum Periculären Sexuellen Sadismus angesehen. Fantasietätigkeit ist zunächst ein sicheres, privates und machtvolles Elixier, führt über kurz oder lang – wenn es dabei bleibt – immer mehr in einen Kontaktverlust zur realen Welt. Mit reicher Fantasie und scheinbar frei von weiterer Zurückweisung und Ausgrenzung baut sich der Betreffende in einem mentalen Training seine eigenen erotischen Vorstellungen von intimen Begegnungen. In der sexuell motivierten Vorbereitung von Tötungsdelikten scheinen sich Sexualität und Aggression in der inneren Welt zunehmend zu verbinden (Liebert, 1985; Hazelwood et al., 1989).

Diesen neuen Fantasien ist gemeinsam, dass sie immer weiter reichende Vorstellungen von Macht, Überlegenheit, Ausbeutung anderer, Rachegefühle, sexuelle Nötigung und die Erniedrigung und Demütigung anderer Personen beinhalten (R.I. Simon, 1996). Masturbation, die sich solcher Fantasiewelten bedient, ermöglicht es dem Betreffenden, sexuelle Befriedigung angesichts sadistischer Fantasiebilder zu erleben. Werden diese Erfahrungen wiederholt, wird die Entwicklung hin zum Periculären Sexuellen Sadismus als Lernprozess begreifbar, in dem die Betreffenden allmählich jeglichen Sinn für sexuelle Normalität verlieren, und zwar dem Maße, wie sich in den Fantasien weitab jeglicher Realität zunehmend häufiger Sexualität, Gewalt und Selbstbefriedigung miteinander verbinden.

Enthemmende Faktoren und Stressoren. Gebrauch und Missbrauch von Alkohol, Drogen und Pornographie gelten als weitere Risikofaktoren für den späteren Wechsel von der Fantasie in die Wirklichkeit. Etwa die Hälfte der sexualsadistischen Täter entwickelt ein Interesse an sexuell erregendem Material, das nicht explizit sexuelle Handlungen beinhalten muss. Für viele wirken bereits Gewaltdarstellungen unterschiedlichster Art sexuell erregend. Und Alkohol bekommt in dieser Entwicklung eine enthemmende Funktion, bis dahin vornehmlich fantasierte Übergriffe in die reale Tat umzusetzen (Hazelwood & Warren, 1989; Prentky et al., 1989; Holmes, 1991). Bei einigen offenbaren sich diese zunächst in „milderen" Sexualdelikten, wie Voyeurismus und Exhibitionismus. Bei anderen kann es sehr bald und unmittelbar zu einem Hineingleiten in schwerwiegende Delinquenz kommen: sexuelle Nötigung und/oder sexuelle Gewalt.

Im Sinne von Arrigo und Purcell (2001) bekommen die Erfahrungen lebenslang erlebter und aktuell wirkender Zurückweisungen, der Isolation und auch der Verhöhnung durch andere die Funktion besonderer Stressoren zugewiesen: Sie machen es subjektiv und gelegentlich objektiv unmöglich, ganz normale alltägliche Beziehungen aufzunehmen und zu pflegen. Diese Stressoren sind einerseits Ausdruck einer vorhandenen Vulnerabilität, und andererseits dafür verantwortlich, dass den Betreffenden die Kontrolle über ihre sexuellen Impulse verloren geht (Ressler et al., 1988). Vielleicht sind es diese unterschwelligen Stressoren und die immer wieder aufgerissenen Vulnerationen, die für das Phänomen verantwortlich sind, dass einige Täter zwanghaft zur Wiederholung ihrer Taten neigen – auch wenn sich nach jeder Tat zunächst eine längere Phase der sexuell befriedigten Ruhe vor dem nächsten Ausbruch einzustellen vermag.

8.3.8 Behandlung: medizinische Eingriffe, Psychopharmaka, Psychotherapie

Sadistische sexuelle Gewalt galt lange Zeit als nur schwer (psycho-)therapeutisch zu beeinflussen und hatte eine entsprechend ungünstige Prognose. Das scheint sich erst in den letzten zwei Jahrzehnten mit der Entwicklung multimodaler Therapieansätze zu ändern (→ 12). Bis dahin galt das Rückfallrisiko sexuell-sadistischer Gewalttäter in vielerlei Hinsicht als kaum einschätzbar. Es wurde immer dann als beträchtlich angesehen, wenn sich die Taten selbst als besonders extrem, ungewöhnlich grausam und bizarr darstellten und eventuell bereits wiederholte Male vollzogen worden waren. Mangels psychotherapeutischer Erfolge richteten sich die Hoffnungen bis in die 1980er Jahre vor allem auf medizinische Eingriffe und pharmakologische Behandlungen.

Die wesentlichen Prinzipien medizinischer Behandlungskonzepte bei sexuellem Sadismus wie bei anderen problematischen und periculären Paraphilien beruhen auf hormonellen Manipulationen mit dem Ziel, den sexuellen Antrieb zu reduzieren. Damit verbindet sich die Hoffnung, dass sich die sexuellen Deviationen vermindern, weil sich als Folge der generellen Verminderung der sexuellen Erregungsbereitschaft eine Reduktion sexueller Fantasietätigkeit und sexueller Neigungen sowie gegenläufig ein wieder zunehmendes Interesse an nicht sexuell motivierten Interessen und Bedürfnissen erwarten lässt (Bradford, 1997; Grubin & Mason, 1997).

Operative Eingriffe

Traditionelle Versuche, auf die biologische Regulation des gewalttätig-sexuellen Verlangens Einfluss zu nehmen, erfolgten operativ, (selten) mit stereotaktischen Hirnoperationen oder (häufiger) mit einer operativen Kastration. Diese invasiven Interventionen wurden im Verlaufe der letzten Jahrzehnte weniger angewandt, und zwar in dem Maße, wie verbesserte Psychopharmaka als Alternativen in Frage kamen. Auch gab es bereits in den 1940er–1980er Jahren, in denen vor allem mit operativen Kastrationen die sexuelle Triebkraft von Gewalttätern verringert werden sollte, von vielen Seiten ethische Einwände. Diese richteten sich gegen die weit reichenden Folgen der irreversiblen Eingriffe. Es wurde der berechtigte Vorwurf laut, dass es sich bei der Kastration um eine Maßnahme handele, mit der man eher einer öffentlichen Forderung nach besonders harter Bestrafung von Sexualdelinquenten entspreche, als der medizinisch-ethischen Verpflichtung (Heim & Hursch, 1977). Die meisten kastrierten Personen (mehr als 70 Prozent) verlieren unmittelbar ihre Erektionsfähigkeit, und die restlichen bis spätestens zehn Jahre nach dem Eingriff.

Wirksamkeit. Andererseits war die Kastrationsbehandlung so erfolgreich, dass sie als wichtige Referenzen für die Fortentwicklung medizinbiologischer Erklärungsmodelle diente und die Neuentwicklung von Psychopharmaka stimulierte. Es handelte sich nämlich bei den dokumentierten Erfolgsraten um die höchsten, die bis heute im Bereich der Beeinflussung sexueller Delinquenz überhaupt bekannt wurden: Große Zahlen von kastrierten Sexualstraftätern (jeweils 127, 216, 900 und 1.036 Personen) wurden über teils sehr lange Zeiträume (5, 10, 20 und 30 Jahre) weiter beobachtet (Bremer, 1959; Sturup, 1968; 1972; Langeluddeke, 1963; Heim & Hursch, 1977). Es zeigte sich ein hoch signifikanter Rückgang der Rückfallzahlen, die von durchschnittlich 70 Prozent präoperativ bis nur noch durchschnittlich 5 Prozent postoperativ reichten – bei einem durchschnittlichen Follow-up von ungefähr 20 Jahren.

Kritik der operativen Eingriffe. Das avisierte Ziel der operativen Kastration lag in der Absenkung des Testosteronspiegels ($\rightarrow$ 3.1). Die operierten Personen waren seinerzeit vor allem wegen des vermuteten Rückfallrisikos und wegen der besonderen Schwere ihrer Gewalttaten für eine operative Kastration ausgewählt worden. Letzteres gilt nicht unbedingt für die deutsche Stichprobe (Langeluddeke, 1963). Dabei handelte es sich um eine Studie zur Vorbereitung des bundesdeutschen Kastrationsgesetzes, in der mit keinem Wort erwähnt wird, dass es sich überwiegend um während des Dritten Reiches zwangskastrierte Menschen aus Stichproben der damaligen Kriminalbiologischen Sammelstellen handelte – und auch nicht, dass viele Betroffene mit längeren Strafen noch in Konzentrationslagern umgekommen waren.

Weitere Kritik gegen die operative Kastration wurde jedoch vehement vorgetragen, als Untersuchungen zu den Zusammenhängen zwischen dem Testosteron-Niveau und der sexuellen Devianz zu keinen überzeugenden Ergebnissen führten. Es gab durchaus Täter, bei denen Testosteron in einem Übermaß nachgewiesen werden konnte (Rada et al., 1976). Auf der anderen Seite gab es aber auch Studien, in denen Sexualstraftäter extrem niedrige Testosteronspiegel aufwiesen (Raboch et al., 1987). Heute wird allgemein bezweifelt, dass das Ausmaß an Testosteron allein als relevante Einflussgröße auf die Neigung zu sexueller Gewalt in Betracht gezogen werden kann (Prentky, 1985; Grubin & Mason, 1997; → nachfolgend: Psychopharmaka-Behandlung). Angesichts der oben erwähnten Einwände gegen eine monokausale Bedeutung von Testosteron für das sexuelle Triebgeschehen und wegen erheblicher ethischer Vorbehalte wird inzwischen die Überzeugung geteilt, dass die operative Kastration heute nicht mehr zur Behandlung sexuell-sadistischer Gewalttaten angewandt werden sollte.

Psychopharmaka

Die unstrittigen Erfolge in der Kastrationstherapie haben Überlegungen und Untersuchungen stimuliert, um in der Entwicklung neuer Psychopharmaka als einer ethisch besser akzeptierbaren Behandlungsform voranzukommen. Testosteron hat unterschiedliche Einflüsse auf das männliche und weibliche Sexualverhalten. Das zeigte sich auch in Tierexperimenten, wobei sich die spezifischen Einflüsse jedoch je nach untersuchter Spezies deutlich unterschieden (Bancroft, 1989; Bradford, 1997).

In den letzten Jahrzehnten wurden unterschiedliche sog. Antiandrogene entwickelt und zur Behandlung von Sexualstraftätern freigegeben. Das Ziel liegt in einer Reduktion des Androgens auf dem Rezeptor-Niveau. Prinzipiell aber ist dieser Effekt eine *reversible* chemische Kastration. Die mittels chirurgischer Kastration erreichbare Verringerung der Testosteron-Produktion beträgt etwa 95 Prozent. Bei Einsatz von Antiandrogenen jedoch lässt sich die Absenkung des Testosteronspiegels variieren, was durch Messungen des Blutspiegels kontrolliert werden kann. Auf diese Weise kann mit paraphilen Patienten zusammen erprobt werden, welche Absenkung hinreichend ist, um überwuchernde Fantasien oder sexuelle Erregbarkeit auf ein „normales" Ausmaß zurückzunehmen.

Trotz des langjährigen Einsatzes gelten die Wirkungen und Nebenwirkungen der bisher erprobten Antiandrogene, wie z.B. des Cyproteron Acetats (CPA) oder des Medroxyprogesteron Acetats (MPA), als nicht verlässlich abschätzbar. Andererseits gilt inzwischen als sicher, dass überschießende Testosteron-Wirkungen erheblich eingeschränkt werden können und dass dabei auch sexuell-deviante Verhaltensmuster deutlich zurückgehen (Davidson et al., 1977; Bradford, 1997). Es gibt inzwischen mehrere Studien, in denen sich die Wirksamkeit der CPA-Therapieansätze hat nachweisen lassen, auch wenn die Kontrolle des Rückfallrisikos bis heute eher bescheiden zu nennende Zeiträume von 1–5 Jahren umfasst (vgl. Bradford, 1997). Immerhin konnten die initialen Rückfallzahlen zwischen 50–100 Prozent bei insgesamt 90 einzeln untersuchten Patienten z.T. auf 0 Prozent gesenkt werden (leider bei kleinen Fallzahlen, ohne gematchte Kontrollgruppen und bei zumeist kurzen Katamnesezeiträume).

Weiter weisen verschiedene Autoren ausdrücklich darauf hin, dass die so behandelten Sexualstraftäter (nicht zuletzt aus Sicherheitsgründen) gleichzeitig auch noch in andere therapeutische Programme eingebunden waren. Dennoch liegen die Rückfallrisiken bei gleichzeitiger Antiandrogen-Behandlung deutlich niedriger als bei jenen, die ausschließlich psychologisch-psychotherapeutisch behandelt wurden (vgl. Marshall et al., 1991). Offensichtlich entfalten sich die besonderen Vorteile einer CPA-Therapie, wenn sie als Adjuvanz zu psychologischen Behandlungsprogrammen eingesetzt werden (Bradford, 1997). Die spezifischen Wirkungen der Antiandrogen-Behandlung lassen eine Reduktion der sexuellen Reaktionsbereitschaft erwarten und entsprechend ein Rückgang paraphiler Fantasien und Handlungen. „Reduktion" bzw. „Rückgang paraphiler Neigungen" ist ausdrücklich zu betonen, weil die Compliance nicht sicher ist und weil sich nicht in jedem Fall erwarten lässt, dass damit auch die allgemeine Aggressions- und Gewaltbereitschaft reduziert oder gar ausgeschaltet ist. Hierzu sind weitere psychologisch orientierte Therapiemaßnahmen unverzichtbar.

Psychotherapeutische und psychologische Behandlungsansätze

Entsprechend kommen aktuelle Übersichtsarbeiten zu den Wirkungen unterschiedlicher Behandlungsmethoden bei sexuell-gewalttätigem Sadismus weitgehend übereinstimmend zu dem Schluss, dass es sich gegenwärtig als günstig erweisen könnte, die antiandrogene Pharmakobehandlung bei periculär paraphilen Straftätern nur als Begleittherapie zur psychologischen Behandlung einzusetzen – und diese Kombination endlich einmal systematischer als bisher zu evaluieren (Hollin, 1997). Außerdem hat sich der therapeutische Pessimismus, der sich noch bis in die 1980er Jahre hinein mit den Erfolgsaussichten psychotherapeutischer Behandlungsangebote verband, inzwischen ebenfalls gewandelt (→ 12.1).

Anfang der 1990er Jahre fassten Marshall und Kollegen (1991) den Stand der empirischen Psychotherapieforschung bei Sexualdelinquenz zusammen. In dieser Zeit war die Entwicklung verhaltenstherapeutischer Konzepte bereits so weit vorangekommen, dass das Rückfallrisiko bei exhibitionistischen und pädophilen Straftätern deutlich gesenkt werden konnte. Spätere Wirksamkeitsanalysen ließen auch bei Periculärem Sexuellem Sadismus erste Fortschritte in der verhaltenstherapeutischen Behandlung deutlicher werden (Hollin, 1997; Barbaree & Seto, 1997; Ward, Hudson et al., 1997). Dementsprechend werden heute fast ausschließlich multimodale Verhaltenstherapieprogramme empfohlen, in denen jeweils ein breites Spektrum unterschiedlicher Interventionsmethoden zum Einsatz kommt. Mit diesen mehrdimensionalen Behandlungsprogrammen können inzwischen nachweisbare Therapieerfolge erreicht werden, die wir im Schlusskapitel ausführlich darstellen und kommentieren werden (→ 12.1). Auch die wichtigsten Konzeptinnovationen neueren Datums und die Bausteine einer solchen Breitbandbehandlung werden dort detailliert beschrieben (→ 12.2) – weshalb wir es an dieser Stelle bei diesen Hinweisen belassen.

8.3.9 Rechtliche Aspekte

Periculärer Sexueller Sadismus. Beim freizügigen Ausleben starker sadistischer und masochistischer Bedürfnisse werden ethisch und rechtlich definierte Grenzen überschritten. Dies ist fast immer der Fall, wenn ein Partner zur unfreiwilligen Ausführung sadomasochistischer Handlungen genötigt wird. Gegen den Willen aufgezwungene und unter innerem Zwang ausgeführte sadistische Handlungen sind es dann auch, die eine juristische Ahndung in Gang zu setzen pflegen.

In Deutschland wird beispielsweise nach § 177 und § 178 StGB mit Freiheitsstrafen nicht unter einem Jahr bestraft, wer eine andere Person mit Gewalt, durch Drohung mit gegenwärtiger Gefahr für Leib oder Leben oder unter Ausnutzung einer Lage, in der das Opfer der Einwirkung des Täters schutzlos ausgeliefert ist, nötigt, sexuelle Handlungen des Täters oder eines Dritten an sich zu dulden oder an dem Täter oder einem Dritten vorzunehmen. Nicht unter fünf Jahren werden Personen bestraft, die zum Zwecke der Tatdurchführung Waffen benutzen oder die Opfer misshandeln oder diese in Todesgefahr bringen. Verursacht der Täter durch die sexuelle Nötigung oder Vergewaltigung wenigstens leichtfertig den Tod des Opfers, so ist die Strafe lebenslange Freiheitsstrafe oder Freiheitsstrafe nicht unter zehn Jahren.

Inklinierender Sexueller Sadomasochismus. Beachtenswert ist, dass in der Rechtssprechung der meisten westlichen Länder inzwischen ein Unterschied zwischen unfreiwilligen und freiwilligen (d.h. inklinierenden) sadomasochistischen Praktiken gemacht wird. In Deutschland beispielsweise sind *freiwillige* sadomasochistische Praktiken normalerweise nicht strafbar. Kommt es dabei jedoch zu schweren Körperverletzungen, so ist die Tat trotz der Einwilligung strafbar, wenn sie gegen die guten Sitten verstößt. Was jedoch unter guten Sitten zu verstehen ist, ist sehr von der Zeit und sogar dem Ort in Deutschland abhängig, wo ein derartiges Verfahren anhängig ist.

Allgemein lautet der entsprechende Paragraph 228 StGB über die Einwilligung folgendermaßen: „Wer eine Körperverletzung mit Einwilligung der verletzten Person vornimmt, handelt nur dann rechtswidrig, wenn die Tat trotz der Einwilligung gegen die guten Sitten verstößt. Möglicherweise kann auch eine Strafverfolgung nach § 229 StGB erfolgen." Letztgenannter Paragraph 229 regelt das Strafmaß bei Fahrlässiger Körperverletzung und lautet: „Wer durch Fahrlässigkeit die Körperverletzung einer anderen Person verursacht, wird mit Freiheitsstrafe bis zu drei Jahren oder mit Geldstrafe bestraft." Und § 230 StGB schließlich regelt, dass die fahrlässige Körperverletzung entsprechend § 229 nur auf Antrag bzw. Anzeige hin verfolgt wird, mit der Ausnahme, dass die Strafverfolgungsbehörde wegen des besonderen öffentlichen Interesses ein Einschreiten für geboten hält – und das heißt z.B., wenn die ausgeübten Praktiken gegen die guten Sitten verstoßen.

Bleiben also polizeiliche Anzeigen aus, was bei fast allen freiwilligen sadomasochistischen Begegnungen der Fall sein dürfte, kommt es zu keiner juristischen Ahndung. Probleme können jedoch entstehen, wenn die sadomasochistischen Handlungen nicht im Privatbereich realisiert oder anderweitig bekannt werden. Wie kompliziert sich die Frage nach den guten Sitten und der gesellschaftlich-rechtlichen Akzeptanz sadomasochistischer Handlungen ausnimmt, sei nachfolgend an einem Fall illustriert, der eine mehrjährige gerichtliche Auseinandersetzung durch zahlreiche Instanzen in Gang setzte.

Inklinierender Sexueller Sadomasochismus: geschützt durch das Grundrecht auf Schutz des Privatlebens?

Green (2001) beschreibt und kommentiert einen, auch durch die Medien sehr bekannt gewordenen Fall mit ungewöhnlichen sadomasochistischen Sexualpraktiken, der die unterschiedlichsten Gerichte in England bis hin zum Europäischen Gerichtshof für Menschenrechte viele Jahre lang beschäftigte. Wir geben hier die wichtigsten Aspekte der Argumente und Entscheidungen in den unterschiedlichen Gerichtsinstanzen in Auszügen wieder (vgl. ausführlicher: Green, 2001, S. 543–550).

Der Tatbestand. Im Jahr 1987 gelangte die englische Polizei zufällig in den Besitz von Videofilmen, die in einem Zeitraum von zehn Jahren angefertigt wurden und auf denen sadomasochistische Begegnungen von 50 Männern festgehalten waren. Diese Männer gehörten gemeinsam einer kleineren sadomasochistischen Vereinigung an. Auf den Videofilmen waren sadomasochistische Handlungen zu sehen, die u.a. Misshandlungen der Genitale beinhalteten, wie z.B. das Zufügen von Schmerzen mit heißem Kerzenwachs, Sandpapier, Angelhaken und Nadeln. Weiter wurden Rituale wechselseitigen Schlagens gezeigt: mit bloßen Händen, mit Brennnesselsträuchern, dornigen Gürteln oder ledernen Geißelruten (im Milieu so bezeichnete „cat-o'-nine tails"). Es wurden Verbrennungen zugefügt, und es kam zu leicht blutenden Verletzungen. Keine dieser Verletzungen hatte länger anhaltende Entzündungen oder bleibende Schäden zur Folge.

Die sadomasochistischen Aktivitäten wurden im wechselseitigen Einvernehmen der Beteiligten durchgeführt. Das Zufügen von Schmerzen zum Zwecke sexueller Erregung war im Konsens der Beteiligten abgesprochenes Motiv. Und in allen Fällen stand das jeweilige Ausmaß sadistischer Aktivitäten unter kontinuierlicher Kontrolle der masochistischen Empfänger. Die Videos dienten ausschließlich dem Zweck, sie innerhalb der Vereinigung den eigenen Mitgliedern zum privaten Gebrauch zugänglich zu machen.

Verurteilung. Im Jahr 1990 wurden einige der videografierten Teilnehmer verhaftet und vom traditionsreichen Londoner Gericht „Old Bailey" wegen vorsätzlicher Körperverletzung zu Gefängnisstrafen zwischen zwei und vier Jahren verurteilt. Grundlage war ein Gesetz aus dem Jahre 1861, nach dem jedermann immer dann mit Gefängnis zu bestrafen ist, „wenn er ungesetzlich und bösartig andere Personen verletzt oder anderweitigen körperlichen Schaden zufügt, geschehe dies mit oder ohne Waffen oder mit sonstigen Instrumenten". Im Richterspruch wurde ausdrücklich darauf hingewiesen, dass auf die Urteilsfindung die sexuelle Orientierung der (homosexuellen) Männer keinerlei Einfluss hatte, sondern dass das ungesetzliche Verhalten in gleicher Weise bei bisexuellen oder heterosexuellen Personen zur Verurteilung geführt hätte.

Berufung. Die verurteilten Männer legten Widerspruch ein, und in einem Berufungsverfahren vor dem „Court of Appeal" wurde das Urteil widerrufen. Zugleich wurde es direkt an die höchste Instanz, das englische Oberhaus (House of Lords), zur Beurteilung weitergeleitet. Die Berufungsrichter sahen im vorliegenden Fall entscheidende Fragen ungeklärt, die zugleich von öffentlichem Interesse waren und die deshalb einer Entscheidung in höchster Instanz zugeführt werden sollten. Die zentrale Frage an die Lords lautete, ob eine Bestrafung von körperlichen Verletzungen (im Sinne des Gesetzes aus dem Jahr 1861) auch dann erfolgen solle, wenn diese Verletzungen im Rahmen einer sadomasochistischen Begegnung im Konsens und einvernehmlich unter den Beteiligten vorgenommen worden waren.

Das Hohe Gericht gelangte in seiner Entscheidung zu der Auffassung, dass es durchaus im Konsens durchführbare Aktivitäten gäbe, die Formen und Möglichkeiten der körperlichen Verletzung beinhalteten, die zugleich als juristisch legitim anzusehen seien. Dazu zählten nach Auffassung der Richter religiös motivierte rituelle Beschneidungen, Tätowierungen, das Piercing und bestimmte Sportarten, wie z.B. das Boxen. Nicht mehr juristisch akzeptierbar hingegen sei das Duellieren, bei dem auch ein Konsens der Beteiligten nicht vor Bestrafung schütze.

Die Mehrheit der Lords war schlussendlich der Ansicht, dass das im vorliegenden Fall vorhandene Beweismaterial hinreichend deutlich mache, dass die Praktiken der Angeklagten gefährliche sowie den Körper und Geist herabwürdigende Elemente enthielten. Diese waren nach ihrer Auffassung zudem in einer solch „barbarischen Weise" ausgeführt worden, dass an dem vermeintlichen Konsens der Beteiligten erhebliche und berechtigte Zweifel angebracht seien. Am 11. März 1993 wurde mit dieser Begründung der Einspruch der Betroffenen mehrheitlich zurückgewiesen.

Erneuter Widerspruch. Daraufhin legten die betroffenen Männer beim „Europäischen Gerichtshof für Menschenrechte" Widerspruch ein und baten um weiter reichende Hilfestellung und Mitentscheidung. Ihr Ersuchen wurde am 11. Dezember 1995 beim Europäischen Gericht mit der Begründung eingereicht, dass das Vereinigte Königreich (das „House of Lords") mit der vorliegenden Entscheidung gegen Artikel 8 der Europäischen Konvention verstoßen habe. Nach diesem Grundrecht habe jedermann das Recht, dass sein privates und familiäres Leben in besonderer Weise geschützt werde. Davon gäbe es nach der Europäischen Konvention nur sehr begrenzte Ausnahmen, wie z.B. die des in demokratischen Gesellschaften notwendigen Schutzes von Gesundheit und Moral. Die Juristen der beteiligten Männer führten in der nun folgenden Verhandlung vor dem Europäischen Gerichtshof weiter aus, dass die Grenzüberschreitung zur rechtsrelevanten Körperverletzung nur dann gegeben sei, wenn diese intentional und rücksichtslos und gegen der Willen der Betroffenen erfolge – was bei ihren Mandanten jedoch nicht gegeben gewesen sei.

Die Juristen der britischen Regierung hielten dem Ersuchen entgegen, dass der Staat gezwungen sei, bestimmte Formen der Körperverletzung zu unterbinden, auch wenn sie im Privaten ausgeführt würden. Dies sei nicht nur erforderlich, um die Gesundheit in der Bevölkerung sicherzustellen, sondern um grundlegende Prinzipien der Moral für das festzulegen, was unter körperlicher Gesundheit zu verstehen sei. Aus diesem Grund seien Quälereien von Personen, wie im vorliegenden Fall, von Grund auf verwerflich, weil sie das Prinzip des wechselseitigen Respekts der Menschen untereinander in bedeutsamer Weise unterminierten.

Entscheidung des Europäischen Gerichtshofes. Der Europäische Gerichtshof stellte zunächst als Ausgangspunkt der Verhandlung ausdrücklich klar, dass es sich bei der sexuellen Orientierung wie bei sexuellen Präferenzen von Menschen – allgemein betrachtet – tatsächlich um schützenswerte intime Aspekte des Privatlebens handele, in die nicht ohne zwingenden Grund von außen eingegriffen werden dürfe. Im vorliegenden Fall stelle sich jedoch die Frage, ob es sich bei den auf Video aufgezeichneten Praktiken wirklich um das schützenswerte Gut des Privatlebens der Beteiligten handele. Immerhin waren in die dokumentierten Fälle eine Vielzahl von Männern verwickelt. Und die unterschiedlichen Videos wurden untereinander und auch unter nicht direkt beteiligten Vereinsmitgliedern ausgetauscht, etwa zum Zwecke der Rekrutierung und Unterweisung von

Novizen. Insofern handele es sich bei der strafrechtlichen Verfolgung und Beurteilung dieses Falles auch nicht um einen Eingriff in das Privatleben.

Die höchsten Richter sahen weiter keine Veranlassung, der Behauptung der betroffenen Männer zu folgen, dass sadomasochistische Praktiken für ihr Lebensglück unverzichtbar seien. Eine solche Behauptung sei nur dann zu akzeptieren, wenn sadomasochistische Handlungen „ausschließlich sexuelle Praktiken" beinhalteten – „nicht jedoch körperliche Verletzungen". Der Gerichtshof führte dazu aus, dass eine der wichtigsten Aufgaben eines demokratischen Staates darin bestehe, allgemeine Regulative für Handlungen zu entwickeln, die eine Verletzung der körperlichen Unversehrtheit zur Folge haben könnten. Dafür sei es unerheblich, ob es zu körperlichen Verletzungen im Rahmen sexueller Kontakte komme oder ob diese anderweitig zugefügt würden.

Insofern konnten sich die Europäischen Richter auch nicht dem eventuell abmildernden Argument anschließen, dass eine Verurteilung der Männer nicht habe erfolgen dürfen, weil sie sich keine „schwerwiegenden körperlichen Verletzungen" zugefügt hätten und weil in keinem Fall eine weiterreichende medizinische Behandlung erforderlich gewesen sei. Außerdem habe der Staat nicht nur Regulative zu entwickeln, die schwere körperliche Verletzungen verhindern, sondern er müsse auch solche Handlungen unterbinden, die – wie im vorliegenden Fall – nur das Risiko einer schweren Körperverletzung beinhalteten. Der Europäische Gerichtshof wies den Einspruch im September 2000 zurück.

Bleibende Fragen. Green (2001) wirft in seiner kritischen Besprechung einige grundlegende Fragen auf, die seines Erachtens weiterer Klärung bedürfen. Unter anderem wird von ihm eine Reihe von Fällen angeführt, wo sadomasochistische Aktivitäten zwar gerichtlich behandelt wurden, es andererseits aber (u.a. zum Schutze des Privatlebens) zu keiner Verurteilung kam. Wir möchten uns hier zum Schluss dieser Fallgeschichte nur mehr kurz mit jenen bedenkenswerten Anteilen der Kritik beschäftigen, in denen Green (2001, S. 449f.) nach den „guten Gründen" sucht, die es in unserer Gesellschaft erlauben, sich in aller Öffentlichkeit wechselseitig schwere körperliche Verletzungen zuzufügen – Argumente, die zwar auch im Verlauf dieses Falle immer wieder von den Verteidigern eingebracht wurden, in den Urteilsbegründungen jedoch keine weitere Beachtung fanden:

Im Boxsport kommt es regelmäßig zu Hirn-Schädel-Verletzungen, mit z.T. schweren bis zu tödlichen Folgen. Und nach wie vor wird beim Profiboxen kein Kopfschutz getragen. Könnte es nicht sogar so sein, dass die öffentliche Huldigung des Boxsports für viele Gewaltprobleme in der Gesellschaft mitverantwortlich zeichnet? Wie z.B. für Schlägereien, die regelmäßig in Fußballstadien zwischen den Anhängern verfeindeter Vereine mit den Fäusten ausgetragen werden und wo staatlicherseits riesige Polizeiaufgebote notwendig sind, um (manchmal vergeblich) tödliche Verletzungen unter den Schlägern zu unterbinden? Und: Kommt es bei den Schlägereien in Fußballstadien unter den Betroffenen zu keiner Anzeige, werden auch die Schläger gewöhnlich nicht weiter polizeilich verfolgt.

Solange nicht das gewalttätige Boxen oder auch das nicht ganz risikolose Wrestling verboten sind, ist die Frage erlaubt, warum sadomasochistische Praktiken, die unter sorgsamer Kontrolle der Betroffenen stehen und eben nicht wie Boxen und Catch-as-Catch-can in aller Öffentlichkeit ausgeführt werden, verboten sind. Das nämlich bringt auch Therapeuten immer wieder in die vertrackte Situation, mit „Gewalttätern" arbeiten zu müssen, die vielleicht keine mehr sind. Oder doch? Wie sollten sich Psychotherapeuten verhalten, wenn sie es in der forensischen Psychiatrie oder im Strafvollzug mit verurteilten Tätern der beschriebenen Art zu tun bekommen?

8.4 Pädophilie

Pädophilie (von griech. *pais*: Knabe, Kind und griech. *philós*: Liebhaber) bezeichnet im strengen Sinne das psychische Unvermögen von Erwachsenen zu sexuellen Beziehungen mit anderen Erwachsenen und/oder mit dem Verlangen, solche Beziehungen mit Kindern aufzunehmen. In beiden Diagnosesystemen wird jedoch danach unterschieden, ob die pädophilen Personen ausschließlich auf Kinder (im DSM-IV-TR: „Ausschließlicher Typus") oder ob sie zuweilen auch auf Erwachsene orientiert sind („Nicht ausschließlicher Typus"). Die Betreffenden suchen sexuelle Befriedigung durch Beobachten, Berühren oder durch einfache bis komplexe Handlungen an präpubertierenden Kinder, die gewöhnlich jünger als 13 Jahre alt sind (→ Kriterien).

8.4.1 Phänomenologie und Diagnostik

Wie bei den paraphilen Abweichungen, die wir in den vorausgehenden Kapiteln beschrieben haben, ist das Erleben der Anziehungskraft, die in diesem Fall Kinder auf den Pädophilen ausüben können, stark sexuell erregend und von einem dranghaften Verlangen nach Realisierung geprägt. Da die meisten pädophilen Menschen ihrem sexuellen Drang selten rücksichtslos und in vielen Fällen liebevoll und sanft nachgehen, müssen sich die betroffenen Kinder nicht immer belästigt fühlen; sie können einvernehmliche und aktive Beteiligte sein.

Diagnostische Kriterien für Pädophilie gem. DSM-IV-TR (302.2)

A. Über einen Zeitraum von mindestens 6 Monaten wiederkehrende intensive sexuell erregende Phantasien, sexuell dranghafte Bedürfnisse oder Verhaltensweisen, die sexuelle Handlungen mit einem präpubertierenden Kind oder Kindern (in der Regel 13 Jahre und jünger) beinhalten.

B. Die Person hat das sexuell dranghafte Bedürfnis ausgelebt, oder die sexuell dranghaften Bedürfnisse oder Phantasien verursachen deutliches Leiden oder zwischenmenschliche Schwierigkeiten.

C. Die Person ist mindestens 16 Jahre alt und mindestens 5 Jahre älter als das Kind oder die Kinder nach Kriterium A.

Beachte: Spätadoleszente, die sich in einer fortdauernden sexuellen Beziehung mit einem 12–13-jährigen Partner befinden, sind nicht einzubeziehen.

Bestimme, ob:
Sexuell orientiert auf Jungen,
Sexuell orientiert auf Mädchen,
Sexuell orientiert auf Jungen und Mädchen.

Bestimme, ob:
Beschränkt auf Inzest.

Bestimme den Typus:
Ausschließlicher Typus (nur auf Kinder orientiert),
Nicht ausschließlicher Typus.
Zitiert gem. DSM-IV-TR (APA, 2000; Saß et al., 2003, S. 631 f.).

ICD-10: Pädophilie (F65.4)

In der ICD-10 findet sich zusätzlich noch folgende diagnostische Leitlinie: „Ein einzelner Vorfall erfüllt die für die Diagnosestellung geforderte anhaltende oder vorherrschende Veranlagung nicht, insbesondere wenn der Handelnde selbst noch ein Jugendlicher ist. Unter den Pädophilen gibt es auch Männer, die eigentlich erwachsene Sexualpartner vorziehen, bei der Aufnahme geeigneter Kontakte aber dauernd frustriert werden und sich deshalb ersatzweise Kindern zuwenden. Männer, die ihre eigenen Kinder im Alter der Vorpubertät sexuell belästigen, nähern sich manchmal auch anderen Kindern, in beiden Fällen handelt es sich um Pädophilie."
Zitiert gem. ICD-10 (2. Aufl.; WHO, 1993, S. 246).

Dennoch kann es auch bei freundlich zugewandten Pädophilen vorkommen, dass diese das Kind dadurch ängstigen oder verschrecken, dass sie Gewalt androhen oder z.B. drohen, ein Haustier zu töten, wenn das Kind den Eltern etwas davon erzählt. Häufig begnügt sich ein Pädophiler damit, die Haare des Kindes zu streicheln, kann aber auch dessen Genitalien berühren und es ermuntern, dasselbe mit den seinen zu tun. Eher selten werden bei Pädophilen Gewalthandlungen beobachtet, die in solchen Fällen jedoch durchaus gefahrvolle Aktivitäten beinhalten, wie z.B. Fellatio oder Cunnilingus, Versuche einer Penetration der Vagina oder des Anus mittels Fingern, fremden Gegenständen oder Penis.

Pädophilieopfer können Jungen wie Mädchen sein. Es gibt Schätzungen, dass etwa drei Viertel der Betroffenen Mädchen sind (Abel & Osborn, 1995). Auch wenn dazu genaue Angaben fehlen, wurden viele pädophile Menschen als Kinder selbst sexuell missbraucht (McCormack et al., 1992). Die sexuelle Störung entwickelt sich bei den meisten Betroffenen in der Adoleszenz. Es ist auch nicht ganz ungewöhnlich, dass Pädophile älter und sogar verheiratet sind, dann jedoch häufig unter sexuellen Schwierigkeiten und anderen Frustrationen leiden.

Inzest und Pädophilie. Zwischen Inzest und Pädophilie gibt es einige Unterschiede. So findet Inzest definitionsgemäß zwischen Angehörigen derselben Familie statt. (Die häufigsten inzestuösen Beziehungen werden unter etwa gleichaltrigen Geschwistern vermutet). Im Allgemeinen sind Inzestopfer älter als Kinder, die zum Objekt pädophilen Begehrens werden; denn in den Vätern erwacht das Interesse für ihre Töchter erst dann, wenn diese Zeichen körperlicher Reife tragen. Den Pädophilen reizen – wegen ihrer Unreife – die präpubertären Mädchen oder Jungen. Untersuchungen zeigen denn auch, dass etwa 5 Prozent der Pädophilieopfer drei Jahre und jünger sind, etwa 20 Prozent vier bis sieben Jahre und etwa 40 Prozent acht bis elf Jahre (Mohr et al., 1964). Ungefähr ein Drittel ist älter, mit einer deutlichen Abnahme jenseits des 13. Lebensjahres.

8.4.2 Differenzialdiagnostik: Pädophilie und/oder sexueller Missbrauch

In den vergangenen Jahren ist es zunächst gelegentlich und dann häufiger dazu gekommen, die Pädophilie (als sexuelle Störung) definitorisch nicht immer sauber von dem allgemeineren Phänomen des sexuellen Missbrauchs an Kindern zu trennen. Zeitgleich ist ein Streit unter Forschern entbrannt, der sie in zwei Lager spaltet:
► einerseits in diejenigen, die sich gegen eine Beibehaltung der Pädophiliediagnose aussprechen und sie lieber in eine übergeordnete Kategorie des „sexuellen Missbrauchs bei Kindern" eingeordnet hätten,
► anderseits in jene, die für eine strikte Trennung der Pädophilie als sexueller Störung eintreten und die „sexuellen Missbrauch an Kindern" ohne vermutbare sexuelle Störung als gesondertes Phänomen verstanden wissen möchten.

Letztere machen darauf aufmerksam, dass sich immer dort, wo in Untersuchungen diese Unterscheidung strikt durchgehalten werde, in aller Regel beobachten lässt, dass die als pädophil verurteilten Sexualstraftäter nur einen geringen Anteil unter jenen ausmacht, die insgesamt wegen sexueller Vergehen an Kindern vor Gericht verurteilt werden (etwa 12–20 Prozent; APA, 1999). Die Befürworter einer diagnostischen Trennung sind weiter der Ansicht, dass sich unterschiedliche Ursachen und Hintergründe für beide Missbrauchsarten finden lassen, die für die differenzielle Ableitung therapeutischer Konsequenzen wichtig seien und entsprechend sorgsam untersucht werden sollten.

Diejenigen, die gegen eine Einteilung in zwei verschiedene Kategorien pädophilen/sexuellen Missbrauchs eintreten, verweisen darauf, dass in beiden Fällen sowieso gleichartige Behandlungskonzepte in Anwendung kommen und dass die bisher bekannten Rückfallzahlen in beiden Gruppen gleich hoch seien bzw. bei entsprechender Behandlung gleichartig erfolgreich vermindert werden könnten.

Unklarheiten in der Diagnostik. Die Ursachen für die Kontroverse über den Sinn und Nutzen einer eigenen Pädophilie-Diagnose liegen einerseits im gewachsenen gesellschaftlichen Interesse, gegen jede Art sexuellen Missbrauchs an Kindern streng vorzugehen. Andererseits begründen sich differenzialdiagnostische Probleme in unklaren und widersprüchlichen Definitionen, mit denen Diagnostiker und Forscher sich um eine Aufhellung der Ursachen bemühen. So kann es vorkommen, dass einige Forscher sogar den Pädophilie-Begriff schlicht auf jede Art sexuellen Missbrauchs von Kindern in Anwendung bringen (Abel et al., 1985). Unklarheiten durchziehen auch die ständigen, fast unscheinbaren Veränderungen, die seit dem erstmals deskriptiv gehaltenen DSM-III (APA, 1980) bis zum heutigen DSM-IV-TR (APA, 2000) vorgenommen wurden. Klar ist nur, dass mit den früheren wie aktuellen Kriterien der Pädophilie-Diagnose eine große Zahl von Missbrauchstätern eindeutig ausgeschlossen würde. Wäre das sinnvoll und berechtigt?

Kritik entzündete sich bereits, als die Paraphilie-Diagnose mit dem DSM-III (APA, 1980) beginnend nur „wiederkehrende intensive sexuell erregende Phantasien, sexuell dranghafte Bedürfnisse oder Verhaltensweisen, die sexuelle Handlungen mit einem präpubertierenden Kind oder Kindern beinhalten" als Einschlusskriterien verlangte. Diese Aspekte ermöglichen es, bereits bei jenen Personen eine „Neigung zur Pädophilie" zu unterstellen, die niemals in ihrem Leben wegen sexueller Missbrauchshandlungen an Kindern auffällig wurden. Und wie sollte mit Wiederholungstätern verfahren werden, die nicht regelhaft über längere Zeit von abweichenden Impulsen und Fantasien geplagt werden? Letztere machen immerhin bis zu 60 Prozent der Täter aus, die sich an unbekannten Kindern vergehen, und immerhin bis zu 75 Prozent jener Täter, die eigene Kinder sexuell missbrauchen (Marshall, 1997).

Zwei Kategorien – ein therapeutisches Ziel. Die Forschung hat bis heute noch nicht klar werden lassen, welche unterschiedlichen therapeutischen Kautelen sich aus den Erkenntnissen über pädophile bzw. nicht pädophile Missbrauchstäter für die Behandlung ergeben. Vorrangiges Behandlungsziel stellt für beide Untergruppen die Verhinderung von Wiederholungstaten dar. Aus diesem Grund wurde von jenen, die in klinischen Kontexten mit der Behandlung von Missbrauchstätern betraut sind, die Entscheidung „Pädophilie" oder „keine Pädophilie" in den Behandlungsprogrammen weitgehend ignoriert.

Von den Vertretern einer einheitlichen Kategorie des sexuellen Missbrauchs wurde angezweifelt, dass der im DSM-IV-Zusatz – „die Phantasien, sexuelle dranghaften Bedürfnisse oder Verhaltensweisen verursachen in klinisch bedeutsamer Weise Leiden und Beeinträchtigungen in sozialen, beruflichen oder anderen Funktionsbereichen" (APA, 1994; dt.: Sass et al. 1996, S. 599) – hilfreich sei, pädophile und nicht pädophile Missbrauchstäter voneinander zu unterscheiden. Die meisten identifizierten Missbrauchstäter verleugnen initial ihre dranghaften Impulse und Fantasien. Und wenn sie im Verlauf der weiteren Auseinandersetzung eine gewisse Zwanghaftigkeit ihres Tuns zugestehen, bleibt unklar, ob sie die Wahrheit sagen. Auch der Zusatz „*oder* Verhaltensweisen", mit dem Wiederholungstäter in die Pädophilie-Vermutung eingeschlossen werden könnten, lässt die Frage unbeantwortet, wie zu verfahren ist, wenn Fantasien und dranghafte Bedürfnisse weiter als unzutreffend angegeben werden.

Als viel gravierender wurde das ungelöste Problem angesehen, welche besonderen therapeutischen Konsequenzen sich denn nun aus einer „Pädophilie"-Diagnose ableiten. Haben etwa nur jene Täter mit eindeutiger Pädophilie eine sexuelle psychische Störung? Und: Sollten dementsprechend etwa nur diese Täter, weil sie offensichtlich „psychisch gestört" sind, behandelt werden? Was sollte dann mit der viel größeren Gruppe sexueller Missbrauchstäter anderes geschehen, bei denen sich eine „psychisch-pädophile Gestörtheit" nicht nachweisen lässt? Es drängt sich der Eindruck auf, als wollten sich die DSM-Psychiater vor der Entscheidung drücken, für welche Missbrauchstäter die nach Diagnosevergabe notwendig werdende Verantwortung für eine Behandlung ernsthaft zu übernehmen sei. Die Zahl forensischer Patienten könnte deutlich ansteigen, der Erfolgsdruck riesig werden. Andererseits die Krankheitsdiagnose strikt einengen und für den Rest therapeutische Hilfe verweigern? Und dies angesichts der in der Gesellschaft über sexuellen Missbrauch auf Hochtouren laufenden Diskussionen? Ein kaum lösbares Dilemma.

Pädophilie bei Frauen. Es gibt noch weitere Probleme, die von Kritikern einer zu engen Orientierung an die Vorgaben des DSM vorgetragen werden. Diese betreffen einige Hinweise, die auch noch im DSM-IV-TR (APA, 2000) zur Erläuterung hinzugefügt wurden, wie z.B. die Ansicht, dass Paraphilie-Diagnosen fast ausschließlich bei Männern gestellt werden (können). Diese Annahme wurde von uns schon mehrfach in den vorausgehenden Kapiteln über die anderen Paraphilie-Diagnosen relativiert. Ausdrücklich zu kritisieren jedoch ist eine solche Aussage im Zusammenhang mit einem sexuellen Missbrauch von Kindern.

In den letzten Jahren mehren sich die Hinweise, dass in 10–30 Prozent der untersuchten Fälle kindlichen Sexualmissbrauchs *Täterinnen* auffällig geworden sind, bei denen anteilmäßig ein mehr oder weniger großer Prozentsatz immer auch die Kriterien der Pädophilie-Diagnose erfüllt (bereits bei älteren Mädchen als Täterinnen: Cavanaugh-Johnson, 1988; bei jugendlichen Täterinnen: Lane, 1991; bei Frauen als Täterinnen: Mathews et al., 1989). Auch im Bereich der Strafverfolgung gibt es eine Dunkelziffer bei Kindsmissbrauch durch Frauen, da offensichtlich mehr Fälle zur polizeilichen Anzeige gelangen, in denen Mädchen Opfer von männlichen und nicht Jungen Opfer von weiblichen Tätern sind.

Diagnoseleitlinien versus Empirie. Weiter wird auch noch im DSM-IV-TR (APA, 2000) davon ausgegangen, dass die Pädophilie üblicherweise in der Jugend beginnt, obwohl sich in unterschiedlichen Studien Angaben finden, nach denen mehr als die Hälfte der Missbrauchstäter erst im Erwachsenenalter ihre ersten sexuellen Übergriffe bei Kindern verübten – und von diesen bestreitet wiederum mehr die Hälfte, bereits in der Jugend sexuelle Handlungen an Kindern fantasiert zu haben (Marshall et al., 1991). Auf der Grundlage von Langzeitbeobachtungen wird immer klarer, dass auch die Rückfallrate von Tätern und Täterinnen, deren Opfer Jungen sind, etwa gleich hoch anzusetzen ist, wie für Täter und Täterinnen, deren Opfer Mädchen sind (Marshall, 1997). In früheren Diagnose-Systemen wurde immer noch von einem Überwiegen der Rückfallrate bei Tätern und Täterinnen ausgegangen, die sich an männlichen Opfer vergehen – eine Annahme, die aus dem DSM-IV-TR richtigerweise gestrichen wurde (APA, 2000).

In den aktuellen Pädophilie-Kriterien des DSM-IV-TR wurde eine Erweiterung vorgenommen, die das bisher enge Paraphilie-Konzept deutlich in Richtung auf eine allgemeine Kategorie „sexueller Missbrauch von Kindern" ausdehnt – ein Aspekt, der den Gegnern einer zu engen „Pädophilie"-Diagnose entgegenkommen dürfte. So beschränkt sich das B-Kriterium jetzt nicht mehr nur auf die Feststellung subjektiven Leidens oder die Einschränkung der allgemeinen Funktionsfähigkeit, sondern die Formulierung lautet inzwischen: „Die Person hat das sexuell dranghafte Bedürfnis ausgelebt, oder die sexuell dranghaften Bedürfnisse oder Phantasien verursachen deutliches Leiden oder zwischenmenschliche Schwierigkeiten" (DSM-IV-TR; dt.: Saß et al., 2003, S. 631). Und erläutert wird dieses Kriterium mit dem Hinweis, „dass für die Diagnose einer Pädophilie ein mit Phantasien, Bedürfnissen und Verhaltensweisen verbundenes Leiden nicht erforderlich ist. Die Diagnose kann bei Personen gestellt werden, die ein pädophiles Erregungsmuster haben und die Phantasien und dranghafte Bedürfnisse bei einem Kind ausgelebt haben" (a.a.O., S. 631).

Mangel an Empathie für die Opfer. Dem „fehlenden Leiden" entspricht eine besondere Neigung vieler Missbrauchstäter zu Ausreden und Rationalisierungen etwa dahingehend, dass ihre sexuellen Handlungen „erzieherischen Wert" für das Kind hätten, das Kind daraus „sexuelle Lust" gewinn oder dieses selbst „sexuell provozierend" gewesen sei – Themen, die auch in pädophiler Pornographie üblich sind. In der Forschung werden das fehlende Leiden und die entsprechende Rationalisierungsneigung zunehmend mit einem anderen Phänomen in einen Zusammenhang gestellt, das sich bei Missbrauchstätern und -täterinnen beobachten lässt: ein auffälliger Mangel an Empathie für das Opfer.

Im Zuge der Untersuchung des Empathievermögens von pädophilen Missbrauchstätern wurde deutlich, dass es sich nicht um ein allgemeines Empathie-Defizit handelt, wie häufig vermutet wurde (Lübcke-Westermann, 2003), sondern um die spezifisch mangelnde Empathie gegenüber dem Opfer (Marshall et al., 1995). Täter wie Täterinnen verfügen durchaus über allgemeine Empathiefähigkeiten, z.B. gegenüber anderweitig leidenden Kindern sowie gegenüber persönlichen Problemen anderer Erwachsener. Andererseits lässt sich beobachten, dass eine große Zahl von Kindsmissbrauchern sogar in ihrem Einfühlungsvermögen gegenüber Kindern eingeschränkt waren, die ihnen als Missbrauchsopfer anderer Sexualstraftäter vorgestellt wurden (Marshall et al., 1995).

Abweichende sexuelle Erregung. Das im DSM-IV-TR gegenüber früheren Ausgaben inzwischen hervorgehobene „pädophile Erregungsmuster" gründet auf Versuche, die gegebenen diagnostischen Probleme bei der Pädophilie mit Hilfe psychophysiologischer Untersuchungen einer Klärung zuzuführen. Insbesondere die Befürworter von phallometrischen Untersuchungen sind der Ansicht, dass sich mit ihrer Hilfe pädophile und nicht pädophile Straftäter besser unterscheiden lassen (Freund & Blanchard, 1989; Freund & Watson, 1991). In einzelnen Studien ließen sich die Täter grob in zwei Gruppen einteilen lassen: (1) in jene, die im Phallometrie-Experiment auf entsprechende Reizvorlagen mit Kindern sexuell erregt reagieren, und (2) in jene, die keine oder nur geringe sexuelle Erregung zeigen. Mit kritischem Blick auf die Daten waren Unterschiede dieser Art jedoch nicht signifikant, höchsten als tendenziell zu bewerten (vgl. Marshall, 1997).

Weiter kann und muss davon ausgegangen werden, dass auch bei jenen Tätern, die in einer Phallometrie-Untersuchung nur eine geringe oder gar keine sexuelle Erregung zeigen, vor allem *sexuelle* Motive und Impulse dafür verantwortlich sind, dass die sexuellen Übergriffe bei Kindern überhaupt erfolgten. Etwa aus phallometrischen Untersuchungen auf ein vermindertes sexuelles Triebgeschehen rückschließen zu wollen, wäre mit Blick auf das Rückfallrisiko unverantwortlich, möglicherweise sogar gefährlich (Marshall, 1997; → 6.4.2).

8.4.3 Ätiologie: die enge Sicht in den Therapieschulen

Auch wenn sie inzwischen für die Ableitung therapeutischer Überlegungen als nicht mehr hinreichend angesehen werden, sollen hier dennoch die „klassisch" zu nennenden Erklärungshypothesen der beiden dominierenden Therapieschulen kurz angeführt werden (vgl. unsere kritischen Hinweise dazu in den vorausgehenden Abschnitten zur Ätiologie der anderen paraphilen Störungen).

Psychoanalyse. Die psychoanalytischen Erklärungen zur Entwicklung der Pädophilie reichen mit ihren Wurzeln weit in die Geschichte der Psychoanalyse zurück. So scheint in psychoanalytischen Behandlungen auch heute noch die bereits von Freud postulierte Kastrationsangst im Pädophiliehintergrund immer wieder einmal eine Rolle zu spielen (Becker, 2001). Kastrationsangst versteht sich zumeist als Metapher für die nicht überwundene männliche ödipale Entwicklungskonfiguration und damit für eine nicht voll ausgereifte erwachsene Sexualität des Mannes. Dies wird vor allem bei einer als neurotisch bezeichneten Untergruppe der Pädophilen vermutet, bei der ein sexuell unreifer Mann der erwachsenen Frau und dem erwachsenen Genitale ausweiche.

Bei einer weiteren Gruppe Pädophiler werden „zeitlich früher" liegende, also präödipale Hintergründe postuliert, deren Ursachen in ungünstigen Beziehungserfahrungen mit einer „übermächtigen Mutter" vermutet werden: In der Pädophilie offenbare sich der regressive „Versuch, die abgespaltene, sehnsuchtsvoll erinnerte liebevolle Beziehung zur allmächtigen Mutter wiederherzustellen. Über die perverse Erotisierung und/oder Sexualisierung wird dem Selbst die narzisstische Zufuhr zuteil, die es mit dem Rückzug der Mutter und der damit verbundenen großen Desillusionierung in der späten Kindheit verloren hat" (Becker, 2001, S. 436).

Kritik psychoanalytischer Hypothesen. Diese und ähnliche psychoanalytische Überlegungen werden in der heutigen Pädophilie-Forschung aus verschiedenen Gründen als wenig weiterführend angesehen (vgl. Laws & O'Donohue, 1997; Ward et al., 2003). Einerseits handelt es sich für die Psychoanalytiker bei der

„Perversion" jeglicher Art fast ausschließlich um ein Problem von Männern, was gerade im Bereich der hier besprochenen Pädophilie nicht stimmt, weil nämlich eine nicht unbeträchtliche Zahl von Frauen ebenfalls zum paraphil-sexuellen Missbrauch an Kindern neigt. Haben nun diese Frauen auch ein frühkindliches Mutter-Problem? Oder sollte man sich endlich einmal und auf eine neue Weise mit dem Mythos der „allmächtigen und dominanten Mutter" auseinander setzen, der jetzt schon mehr als ein halbes Jahrhundert mit nur minimalen Variationen als Erklärung für *alle* Arten der „Perversionen" herhalten muss, ohne eine empirische Absicherung zu erfahren (→ 4.2.3; → 8.1.5).

Weiter sind viele (paraphile) Missbrauchstäter und -täterinnen in der Situation, dass sie neben ihren pädophilen Neigungen auch noch über hetero- oder auch homosexuelle Beziehungen zu Erwachsenen verfügen. Und die häufig „ahnungslosen" Partner wie die in solchen Beziehungen „ahnungslos" heranwachsenden Kinder haben angesichts der bisherigen „normalen Heterosexualität" von Ehepartner bzw. Vater/Mutter zumeist nicht im Entferntesten an die Möglichkeit gedacht, dass sich in der eigenen Familie irgendwo pädophile Interessen verstecken könnten. Das Phänomen ausschließlicher wie nicht ausschließlicher Pädophilie findet in psychoanalytischen Ätiologieüberlegungen ebenfalls kaum Erwähnung – wohl vor allem deshalb nicht, weil sie sowohl der ödipalen Perspektive wie auch dem Narzissmuskonzept der übermächtigen Mutter widersprächen.

Empirisch lassen sich narzisstische Neigungen beim sexuellen Sadismus finden – jedoch eher sehr selten im Bereich der Pädophilie (→ nachfolgend: Empirie). Bei der überwiegenden Zahl von männlichen Betroffenen wird heute eher eine selbstunsichere und ängstlich-vermeidende oder eine emotional instabile Persönlichkeitsstruktur vermutet, und bei den zur Pädophilie neigenden Frauen könnte ebenfalls in diese beiden Richtungen weiter gedacht werden, dies einschließlich der sowieso häufiger bei Frauen diagnostizierten Borderline-Persönlichkeitsstörung – auch wenn letztere Hypothese eben wiederum nur auf einzelne, eher seltene Fälle zuzutreffen scheint (Fedoroff et al., 1999). Aber trotzdem gar nicht zu vernachlässigen: Bei einigen Täterinnen, die zu sexuellem Missbrauch von Kindern neigen, ist die Borderline-Diagnose durchaus berechtigt. Wichtig ist vielmehr: Man darf sich offensichtlich auch bei der Pädophilie nicht zu vorschnell auf eine einzige Entwicklungshypothese festlegen, auch wenn sie noch so plausibel klingt.

Verhaltenstherapie. Auch die etwas altbacken aussehende verhaltenstherapeutische Ätiologievorstellung zur Klassischen Konditionierung von pädophilen Neigungen gilt inzwischen als viel zu schlicht und nicht hinreichend empirisch begründet: Wie die anderen Paraphilien scheint sich auch die Pädophilie durch eine wiederholte Koppelung der Masturbation mit entsprechendem Reiz- und Fantasiematerial mit dem Risiko späteren sexuellen Missbrauch von Kindern auszubilden – ursprünglich angeregt z.B. durch Masturbation beim Anschauen von Kinderpornographie.

Kritik der Konditionierungshypothese. Im Mittelpunkt steht die Annahme, dass spätere Sexualdelinquenten eine erhöhte Bereitschaft aufweisen, fehlkonditioniert auf abweichendes Reizmaterial sexuell erregt zu reagieren (Kockott & Berner, 2004). In dieser Hinsicht wird geflissentlich übersehen, dass sich in phallometrischen Untersuchungen zu den sexuell devianten Erregungsmustern bei Pädophilen die dabei erwarteten Abweichungen durchaus nicht immer hypothesenkonform finden lassen (→ 6.4.3). In diesem Aspekt der einmal konditionierten und dann bleibenden Aufrechterhaltung pädophilen Verhaltens gibt es also viele Fragezeichen und noch mehr Widersprüche.

Zum Beispiel zeigen in Phallometrie-Experimenten auch eigentlich „unauffällige" Kontrollprobanden in mehr als 10 Prozent der Fälle ausgesprochen „pädophile" Neigungen und Erregungsmuster – und dies, obwohl diese Personen bereits in vorgeschalteten Interviews sorgfältig voruntersucht werden, um sexuelle Präferenzen für Kinder auszuschließen. Und bei einem solchen vorgeschalteten Screening werden üblicherweise sogar etwa die Hälfte (!) der „sexuell unauffälligen" Personen dennoch und vorsichtshalber wegen „vermutbarer pädophiler Neigungen" ausgeschlossen (Barbaree & Marshall, 1989). Bei Würdigung des aktuellen Forschungsstandes kommen O'Donohue und Plaud (1994) nur zu dem Schluss, dass inzwischen alle Versuche, die recht einfache Konditionierungshypothese auf empirisch haltbare Füße zu stellen, als nicht sehr überzeugend angesehen werden müssen.

8.4.4 Empirisch belegte Ätiologieaspekte

Angesichts der zuvor angedeuteten Schwierigkeiten, sicher zwischen spezifischer Pädophilie und allgemeinem sexuellem Missbrauch unterscheiden zu können, gehen heute die Bemühungen der meisten Ätiologieforscher in folgende Richtung: Zunächst wird nach Erklärungsmustern für sexuellen Missbrauch an Kindern *als Gesamtphänomen* gesucht, um anschließend Untergruppen von Tätern zu finden, von denen dann eine Untergruppe erneut als „pädophil" in einem engeren Sinne bezeichnet werden könnte. Ausgangspunkt stellen also definierbare Merkmalsbereiche dar, die in der Gesamtgruppe der Missbrauchstäter überzufällig häufig beobachtbar sind. Nachfolgend seien einige Forschungsergebnisse vorgestellt, von denen her Ätiologieüberlegungen gegenwärtig ihren Ausgang nehmen.

Kinderpornographie. Unbestritten ist das Merkmal des dranghaften Bedürfnisses, sexuelle Erregung durch die fantasierte Visualisierung sexueller Handlungen mit Kindern zu erreichen – oder aber durch eine Beobachtung von Kindern oder durch konkrete Handlungen an Kindern. Gelegentlich wird behauptet, dass Kinderpornographie wesentlich dazu beiträgt, Täter zur Belästigung von Kindern zu motivieren. Interviewstudien zeigen jedoch, dass pornographisches Material dazu gar nicht erforderlich ist (Howitt, 1995). Die untersuchten Männer ließen sich bereits durch weit verbreitetes Material anregen, z.B. durch Fernsehwerbung oder Modekataloge, in denen Kinder in Unterwäsche zu sehen waren: Die pädophilen Männer konstruieren ihr erregendes Material aus Quellen, die gemeinhin als harmlos gelten, d.h. der sexuelle Anreiz liegt im Auge und Geist des Betrachters.

Abwärtsspirale negativer Befindlichkeit. Alkoholkonsum und Medikamentenmissbrauch scheinen das Risiko sexueller Übergriffe zu erhöhen, und zwar unabhängig davon, ob bei den Betreffenden eine Pädophilie-Diagnose gestellt werden konnte oder ob nicht (Langevin & Lang, 1990). Es gibt jedoch eine Wechselwirkung zwischen Alkoholgebrauch und erlebtem Alltagsstress, und vor allem Letzterer vermag eine sexuelle Missbrauchshandlung in Gang zu setzen. Es zeigt sich, dass Männer, die Kinder belästigen, häufiger zu sexuellen Fantasien über Kinder neigen, wenn sie sich in schlechter Stimmung befinden – und dann zum Alkohol greifen, um mit ihrer Dysphorie zurechtzukommen (Loomann, 1995). Andererseits fördern sowohl die pädophile Fantasietätigkeit als auch Alkohol den negativen Affekt, so dass sich eine *Abwärtsspirale* vermuten lässt, in der ein Betroffener irgendwann den zunächst fantasierten Impuls in Handlungen umsetzt und ein Kind belästigt (vgl. Fallbeispiel → 11.7.2).

Einsamkeit, Mangel an Selbstvertrauen, geringe soziale Kompetenz. Untersuchungen lassen vermuten, dass sexuelle Missbrauchstäter erhebliche soziale Kompetenzdefizite haben und ein niedriges Selbstwertgefühl aufweisen, wiederum auffällig bei pädophilen wie nicht pädophilen Missbrauchstätern (Ward et al., 1996). In diesen Fällen handelt es sich also *nicht* um narzisstische, sondern um sozial ängstliche und selbstunsichere Personen, die soziale Kontakte angstvoll vermeiden. Es scheint gelegentlich so, als verfügten Menschen, die zum Kindesmissbrauch neigen, sogar über weniger soziale Fertigkeiten als jene etwa Gleichaltrigen, die wegen nicht sexueller Vergehen mit dem Gesetz in Konflikt geraten sind (Awad & Saunders, 1989). Viele (wenn auch bei weitem nicht alle) pflegen zudem – obwohl sie über entsprechende sexuelle Präferenzen verfügen – keine heterosexuellen Beziehungen und bezeichnen sich selbst als einsam (Seidman et al., 1994; Garlick et al., 1996). Letztere Bedingungskonstellation scheint z.B. auf zahlreiche (katholische) Priester zuzutreffen, die in zölibatärer Selbstverpflichtung zu sexuell-pädophilen Übergriffen neigen (vgl. Hanson, Pfäfflin & Lütz, 2004).

Bei jungendlichen und jungen erwachsenen Missbrauchstätern liegen häufig Probleme in der Schulausbildung und im Beruf vor (Becker & Hunter, 1999). Soweit man retrospektiven Analysen vertrauen kann, fehlte dem eigenen Zuhause in der Kindheit vieler Missbrauchstäter sowohl Struktur als auch positive Unterstützung – oder mit anderen Worten: Sie erlebten in der Regel ein chaotisches und wenig freundliches Familienleben (Blaske et al. 1989). Auch wenn dazu genaue statistische Angaben fehlen, wurden viele der Betroffenen offensichtlich in der Kindheit und Jugend selbst sexuell missbraucht (Worling, 1995). Neuerlich wird wegen dieser Befunde ein besonderes Augenmerk nicht mehr nur auf frühe sexuelle Missbrauchserfahrungen gelegt, sondern allgemeiner die Untersuchung von Bindungsstilen in der Ursprungsfamilie und von Bindungskompetenzen in den Mittelpunkt der Ätiologieforschung gerückt (Ward et al., 1996; Pfäfflin & Adshead, 2003).

Fehlende Impulskontrolle. Bei einigen Betroffenen lässt sich eine nur geringe Impulskontrolle diagnostizieren: was ihre Neigung zu sexuellen Übergriffen angeht und hinsichtlich der Bereitschaft, anders geartete Gewalttätigkeiten zu begehen (Kalichmann, 1991). Dennoch fügt nur eine eher als klein zu bezeichnende Untergruppe pädophiler Täter ihren Opfern schwere körperliche Verletzungen zu. Genau aus diesem Grund neigen einige Forscher der Ansicht zu, die gewalttätige Form des pädophilen Kindesmissbrauchs eher dem Bereich des Periculären Sexuellen Sadismus zuzuordnen und die Täter als „Vergewaltiger von Kindern" zu bezeichnen. In dieser Untergruppe findet dann gelegentlich die Diagnose einer Dissozialen Persönlichkeitsstörung ihre Berechtigung, wobei diese Diagnose im Gesamtkollektiv der sexuellen Missbrauchstäter eher selten vergeben wird – ganz im Unterschied zu Tätern, die Frauen vergewaltigen ($\rightarrow$ 9.2; $\rightarrow$ 9.3).

Zu dieser Untergruppe zählen vor allem jugendliche Missbrauchstäter, die man unschwer als kriminelle Straftäter bezeichnen könnte, weil sie schon früh wegen anderer Gesetzesverstöße mit dem Gesetz in Konflikt geraten sind. Etwa die Hälfte dieser Missbrauchstäter begann bereits zu Beginn der Jugend mit sexuellen Übergriffen bei minderjährigen Opfern. Die meisten der erst später auffälligen Pädophilen hingegen sind verheiratet oder waren es irgendwann einmal und/oder gelten bis zur ersten Straftat als eher unauffällig (Marshall, 1997).

Vielleicht ist es angesichts dieser vielen Auffälligkeiten und Kompetenzdefizite auch nicht weiter überraschend, dass viele Betroffenen überzufällig häufig an Depressionen und Angststörungen leiden (Galli et al., 1999). Es lässt sich ganz allgemein vermuten, dass hinter dem Empathiemangel für die Opfer und dem sexuellen Ausnutzen von Kindern eine tiefe Unzufriedenheit dieser Menschen mit dem eigenen Leben stecken dürfte.

8.4.5 Integrative Erklärungsansätze

Aktuelle Erklärungsversuche, die das vorhandene empirische Wissen in Ätiologiemodelle zu integrieren versuchen, stellen so genannte *multifaktorielle Bedingungsanalysen* oder *Pfadmodelle* dar. Diese trennen zunächst nicht mehr nach sexuellem Missbrauch mit und ohne Pädophilie, sondern integrieren beide Phänomene, um von dort ausgehend empirisch begründbare Differenzierungen vorzunehmen. Beispiele dieser Art sind die Prädispositionstheorie von Finkelhor (1984), das Vier-Faktoren-Modell von Hall und Hirschman (1992) und der lerntheoretisch begründete Integrationsansatz von Marshall und Barbaree (1990b). Einer der aktuellsten Versuche dieser Art stammt von Ward und Sorbello (2003), der nachfolgend vorgestellt werden soll, weil in diesem integrativen Pfandanalyse-Modell die Gemeinsamkeiten der zuvor genannten Erklärungsansätze bereits aufgenommen wurden. Wir haben nachfolgend zusätzliche Bezüge zu Forschungsarbeiten hergestellt, die jüngeren Datums sind und bisher noch nicht erwähnt wurden.

Pfadanalysen. Im Pfadanalyse-Modell von Ward (Ward & Siegert, 2002; Ward & Sorbello, 2003) werden je nach Täter(gruppe) unterschiedliche (distale) Entwicklungen in Betracht gezogen, die aktuell weiter wirken und unter Beachtung aktueller (proximaler) Gegebenheiten den sexuellen Missbrauch allgemein und die Pädophilie spezifisch erklären könnten. Jeder nachfolgend genannte Entwicklungspfad beinhaltet einige Kernelemente, die als dysfunktionale psychologische Mechanismen bei Tätern gefunden bzw. bei Tätergruppen systematisch untersucht wurden. Folgende klinisch bedeutsame Wirkaspekte werden in der Pfadanalyse unterschieden:

▶ Defizite im intimen Beziehungsverhalten und fehlende soziale Kompetenz,
▶ Störungen sexueller Präferenzen und im sexuellen Beziehungsverhalten,
▶ Fehlregulationen im emotionalen Erleben und Handeln,
▶ kognitive Defizite und kognitive Störungen,
▶ spezifische Wechselwirkungen der zuvor genannten Entwicklungsstörungen.

Die ersten vier Entwicklungspfade werden als eigenständige Faktoren betrachtet, mit für sie typischen primären psychologischen Mechanismen und jeweils spezifischen Symptomen und Auffälligkeiten. Die Wechselwirkungsanalyse dient der Identifizierung bestimmter Untergruppen von sexuellem Missbrauch – z.B.: Welche Aspekte der ersten vier Pfade können die Entwicklung einer Pädophilie erklären? Das Pfadanalysemodell impliziert, dass bei jedem Einzelfall sexuellen Missbrauchs von Kindern alle vier erstgenannten Prozesse beteiligt sind, jedoch jeweils nur in mehr oder weniger starker Ausprägung. Folgender weiter reichender Leitgedanke steht bei der Entwicklung von Pfadanalysen im Hintergrund:

Differenzierte Wechselwirkungsanalysen könnten der Entwicklung allgemeiner und der Ausgestaltung individueller Behandlungsprogramme zugrunde gelegt werden (→ 11; → 12).

Bindungsverhalten; soziale Kompetenz. Der erste Entwicklungspfad betrifft Personen, die über „normale" sexuelle Beziehungskompetenzen verfügen und die nur zu bestimmten Zeiten zu sexuellen Übergriffen bei Kindern neigen, z.B. in Perioden ohne erwachsenen Partner bzw. wenn die Betreffenden sozial ausgegrenzt werden bzw. in Phasen emotionaler Einsamkeit. „Defizite im intimen Beziehungserleben" oder des „Mangels an intimen Beziehungserfahrungen", die ja schon sehr lange schulübergreifend diskutiert und untersucht werden, stehen im Vordergrund der Frage, welche distalen Entwicklungslinien proximal in sexuelle Übergriffe umschlagen können.

Die für eine Erklärung des Missbrauchs bedeutsame Entwicklungslinie „soziale Kompetenz" führt (distal) aus entsprechend dysfunktionalen Erziehungsumwelten zu einem unsicheren Bindungsverhalten und zu Unsicherheiten, stabile zwischenmenschliche Beziehungen mit Erwachsenen aufzubauen und pflegen (Ward et al., 1996). Die sexuelle Ersatzfunktion, sich mangels erwachsener Sexualpartner stellvertretend an Kindern zu vergehen, wird erleichtert, wenn bei den Betreffenden strukturelle Defizite und kognitive Störungen bestehen, die (proximal) Fehleinschätzungen hinsichtlich der Schutzrechte der Kinder bzw. hinsichtlich der emotionalen Folgen solcher Handlungen für die Opfer beinhalten.

Genau diese Wechselwirkung unterschiedlicher (distaler und proximaler) Voraussetzungen könnte vorliegen, wenn es bei den Betreffenden in der Begegnung mit Kindern überhaupt zu sexueller Erregung oder zu Verliebtheitsgefühlen kommt. Offensichtlich kommt es bei dieser Untergruppe zu sexuellen Übergriffen in aller Regel erst im Erwachsenenalter, und zwar unabhängig davon, ob die Selbstwertschätzung oder Selbstsicherheit der Betroffenen eher als hoch oder eher als niedrig einzuschätzen wäre (Ward & Siegert, 2002).

Sexuelles Interaktions- und Beziehungsverhalten. Dieser Aspekt betrifft jene Missbrauchstäter, bei denen als proximale (d.h. aktuelle) Bedingungen für Übergriffe eine Störung des sexuellen Interaktionsverhaltens bzw. Unkenntnisse über Eigenarten und Möglichkeiten sexueller Beziehungsmuster infrage kommen: Unterstellt wird ihnen eine eher naive Vorstellung davon, was Sex mit anderen Menschen beinhalten kann. Diese distal (entwicklungspsychologisch) begründbaren Defizite werden vor allem bei jenen konstatiert, die in Kindheit und Jugend selbst sexuell missbraucht wurden und denen damit bereits vor der Pubertät sexuelle Erfahrungen aufgezwungen wurden.

Personen, die eine Störung der Sexualpräferenz (Pädophilie) aufweisen, werden innerhalb dieses Modells *nicht unmittelbar* diesem zweiten Bereich zugerechnet. Das Hauptproblem dieser Gruppe wird vielmehr darin gesehen, dass sie intime Beziehungserfahrung überzufällig häufig schlicht mit Sex verwechseln (Marshall et al., 1999): „Sex" ist primärer Motor interpersonellen Handelns und nicht die wohl bedachte Auswahl eines Partners. Und schon gar nicht kennen die Betreffenden die komplexe Feinsinnigkeit, mit der man in intimen Beziehungen zwischenmenschliche Sexualität ausgestalten kann.

Häufig findet sich eine Verbindung mit Ängsten, von anderen zurückgewiesen zu werden. Die Neigung, Intimbeziehungen auf sexuelle Kontakte zu beschränken, führt zu unbefriedigenden Partnerbeziehungen und zu anhaltenden Beziehungsschwierigkeiten einschließlich zunehmender Unzufriedenheit und Frustrationen. Insbesondere nach längeren Phasen der Unzufriedenheit in adulten Beziehungen und im wiederholten Erleben von Zurückweisungen und Einsamkeit wird (proximal) die sexuelle Annäherung an Kinder als eine Möglichkeit der Ersatzbefriedigung gesucht. Lassen sich Täter in Forschungsarbeiten diesem Entwicklungspfad zuordnen, scheint es eher typisch zu sein, dass sie mit sexuellen Übergriffen erst im Erwachsenenalter beginnen (Ward & Siegert, 2002).

Emotionales Erleben und Handeln. Dieser dritte Pfad betrifft Personen, die sehr wohl über angemessene intime und sexuelle Beziehungskompetenzen verfügen können, bei denen vielmehr Störungen im Bereich der emotionalen Selbstregulation vorliegen (Hoyer et al., 1999). Diese Störungen können in der unangemessenen Wahrnehmung und Beurteilung eigener Gefühle liegen bzw. in Mängeln bei der Modulation und Bewältigung negativer Emotionen bzw. in der Unfähigkeit, in Perioden emotionaler Belastung von anderen Menschen soziale Unterstützung zu erbitten (Ward et al., 1998).

Distal bedingte Schwierigkeiten, emotionale Prozesse und Stimmungen angemessen selbst zu regulieren, können proximal zu Kontrollverlusten führen: Sexuelle Bedürfnisse oder aktuelle sexuelle Erregungen können sich in jetzt enthemmten Prozessen unvermittelt Bahn brechen, um dann unmittelbare Befriedigung zu erlangen. Die hier gemeinten Missbrauchstäter pflegen üblicherweise sexuelle Beziehungen zu etwa gleichaltrigen Partnern, können aber sexuellen Impulsen gegenüber Kindern dann nicht recht widerstehen, wenn sie sich unter anderweitiger psychischer Belastung befinden. Bei einer spezifischen Untergruppe eher jugendlicher Missbrauchstäter ließ sich beobachten, dass sie gleichzeitig dazu neigen, subjektive Belastungen und Stresserleben durch exzessives Masturbieren in Wohlbefinden zu wandeln.

Die sich selbst verstärkende Verbindung von allgemeiner Stressreduktion durch sexuelle (bzw. masturbierende) Betätigung wird ebenfalls schon längere Zeit als allgemeine Risikobedingung für sexuelle Übergriffe angesehen – sowohl für sexuelle Vergehen an Kindern als auch für sexuelle Nötigung oder Vergewaltigung von erwachsenen Opfern. Es ließ sich empirisch sichern, dass eine Untergruppe impulskontrollgestörter Täter unabhängig vom jeweiligen Lebensalter wiederholt zu sexuellen Übergriffen und Belästigungen neigt, während die Betreffenden in relativ stressfreien Phasen ihres Lebens mit geringer psychosozialer Belastung durchaus zu normalen sexuellen Beziehungen in der Lage sind (Ward & Sorbello, 2003).

Kognitive Struktur. Dass fehlende kognitive Strukturiertheit und geringe Selbstwertschätzung ein auffälliges Merkmal vieler Missbrauchstäter ist, durchzieht ebenfalls die Literatur zur Sexualdelinquenz des vergangenen Jahrhunderts. Der entsprechende vierte ätiopathogenetische Pfad bezieht sich auf Personen, die weniger durch Störungen im sexuellen Beziehungsverhalten auffällig werden, als dass sie eher über ausgesprochen dissoziale, z.T. sogar kriminelle Einstellungen verfügen.

Die Art und Weise sexueller Übergriffe dieser Täter lässt sich (distal) mit kognitiven Defiziten und (proximal) mit negativistischen Einstellungen erklären. Dass Forschungsergebnisse zahllosen Fallberichten entsprechen, dürfte nicht überraschen, auch nicht, dass eine Untergruppe von Tätern mit sexuellem Missbrauch bereits vor diesen Taten auf eine längere Karriere anderweitiger Delinquenz zurückblicken kann (Andrews & Bonta, 1998; Smallbone & Wortly, 2000). Sexuelle Übergriffe bei Kindern werden von Personen mit kognitiven Störungen häufig mit patriarchalischen Einstellungen (z.B. mit erzieherischen Absichten) begründet. Diese dienen auch der Aufrechterhaltung von Überlegenheitsgefühlen. Personen einer antisozial eingestellten Untergruppe erleben beim sexuellen Missbrauch von Kindern positive Gefühle, weil sie aus den Handlungen offensichtlich nicht nur sexuelle Befriedigung, sondern eine Selbstwertsteigerung hinsichtlich ihrer Überlegenheit gewinnen können, z.B. um aus unterschiedlichen Motiven die Ehefrau und Mutter des Kindes herabzuwürdigen oder zu bestrafen (Ward, Hudson et al., 1997).

Wechselwirkungen. Die vier ersten Pfade müssen nun bei einzelnen Personen in unterschiedlichem Ausmaß und mit unterschiedlicher Relevanz für eine Erklärung sexuellen Missbrauchs in Betracht gezogen werden. Dennoch beschreiben Ward und Sorbello (2003) eine weitere Untergruppe von Personen, die durch eine besondere Kombination der vier Aspekte auffallen. Bei ihnen lässt sich ein gestörtes Sexualverhalten beobachten, das deviante sexuelle Fantasien aktiviert. Die Betreffenden wurden überzufällig häufig bereits im Kindesalter mit sexualisierendem Material oder mit sexuellen Handlungen konfrontiert, wobei nicht in jeden Fall sexuelle Übergriffe auf die eigene Person vorgefallen sein müssen, jedoch stattgefunden haben können.

Die Betroffenen besitzen weiter fehlerhafte implizite oder explizite Ansichten über Sexualität, die noch im Erwachsenenalter weiter wirken und kindlich-unreif anmuten. Vordergründig strukturieren diese Ansichten ihre Beziehungen zu anderen Menschen, verbergen jedoch, dass im Hintergrund gravierende weitere Störungen vorhanden sind: Unfähigkeiten, sexuelle Handlungen angemessen mit Partnern abzusprechen oder abzustimmen; unangemessene emotionale Bewältigungsstrategien; Störungen im intimen Beziehungsverhalten; vielfach auch noch einen Mangel an allgemeinen sozialen Fertigkeiten, soziale Ängste und Phobien (Ward et al. 1997; 1998).

Pädophilie. Die letztgenannte Untergruppe von Missbrauchstätern scheint in ihren distal begründbaren Voraussetzungen am ehesten dem zu entsprechen, was in Diagnosesystemen mit Pädophilie als psychischer Störung gemeint ist. Ward und Sorbello (2003) vertreten die Hypothese, dass von einer Pädophilie dann auszugehen ist, wenn sich sexuelle Übergriffe *proximal* unter ganz eng umschriebenen Rahmenbedingungen konstituieren: Sie werden sorgsam vorbereitet, benötigen ein möglichst einwilligendes Opfer, und den Pädophilen fehlen kognitive Strukturen, die mit den eigenen sexuellen Zielen und Motiven ausdrücklich im Widerspruch stehen. Das ultimative Ziel sexueller Übergriffe besteht im Erreichen sexueller Erregung und Befriedigung, nur gelegentlich gepaart mit einem Gefühl subjektiver Überlegenheit und Kontrolle. Das Selbstwertgefühl der Pädophilen sei eher als hoch einzuschätzen, weil sich die Betreffenden „bevorzugte" Kinder als Sexualpartner auswählen und sie zumeist der Überzeugung sind, ihr spezifisches sexuelles Interesse sei als legitim, in keinem Fall jedoch als schädlich für das Kind anzusehen.

8.4.6 Therapeutische Implikationen

Multikausale Bedingungs- oder Pfadmodelle wie das Integrationsmodell von Ward und Sorbello (2003) sind geeignet, nicht nur differenzielle Überlegungen zu den jeweils im Einzelfall gegebenen Defiziten und psychologischen Störungsmechanismen anzustellen. Sie bilden zugleich das Gerüst, an dem sich die Entwicklung und Ausdifferenzierung therapeutischer Angebote orientieren kann. Wie wir im Kapitel über die Behandlung gefährlicher Sexualdelinquenz zeigen werden, finden in den in Entwicklung befindlichen Breitbandbehandlungskonzepten alle angesprochenen Aspekte ihre Beachtung (→ 12). Hier sollen deshalb nur einzelne Aspekte angedeutet werden.

Zunächst einmal kann festgehalten werden, dass sich in jedem Einzelfall die unterschiedlichen Entwicklungspfade mehr oder weniger mischen können. Das ist der Grund, weshalb in Behandlungsprogrammen nicht mehr nach Wegen gesucht wird, unterschiedliche Konzepte für vermeintlich unterschiedliche Tätergruppen zu konstruieren – z.B. nur für Personen, die sich als „ausschließlich pädophil" diagnostizieren lassen. Gerade Pädophile weisen eine besondere Art der Wechselbeziehung aller vier Entwicklungspfade auf: Störungen des sozialen Interaktionsverhaltens, Störungen des Sexualverhaltens, Störungen im emotionalen Erleben und kognitive Defizite.

Je nach Defizitanalyse, die zugleich eine Kompetenzbestimmung in anderen Bereichen einschließt, können für jeden Einzelfall besondere Schwerpunkte gesetzt werden. Einige Sexualstraftäter benötigen eine besondere Schulung in zwischenmenschlichen und sozialen Fertigkeiten, andere können darin unterstützt werden, wie sie besser mit Stress bedingten Stimmungsschwankungen umgehen können. Wieder andere werden davon profitieren, wenn ihnen Fertigkeiten vermittelt werden, wie ein sexuelles Werbungsverhalten und wie partnerschaftliche sexuelle Beziehungen zur beiderseitigen Befriedigung üblicherweise ausgestaltet werden können.

Entsprechend sind die Therapeuten der meisten Institutionen dazu übergegangen, multimodale Behandlungsprojekte einzurichten. Mehr noch als sich dies für die Behandlung bei Sexualstraftaten gegen Erwachsene beobachten lässt, können sich die inzwischen vorliegenden Erfolgszahlen zur Breitspektrumtherapie bei sexuellem Missbrauch von Kindern durchaus vorzeigen lassen, als mit ihnen gegenüber unbehandelten Kontrollgruppen eine eindrückliche Reduktion des Rückfallrisikos erreichbar ist (Furby et al., 1989; Barbaree & Seto, 1997). Rückfallzahlen unbehandelter Kontrollgruppen fallen je nach Studie gegenüber Behandlungsgruppen um das Zweieinhalbfache höher aus. Gemessen an der Publikationsfreude der Forscher, die in den vergangenen Jahren enorm zugenommen hat, sind durchaus Hoffnungen berechtigt, dass sich die Rückfallzahlen in Zukunft noch weiter verringern lassen (→ 12.1).

8.4.7 Rechtliche Aspekte bei sexuellem Missbrauch von Kindern und Jugendlichen

Parallel dazu, wie das öffentliche Interesse an den Folgen sexuellen Missbrauchs von Kindern zugenommen hat, wurden in den meisten Ländern auch die gesetzlichen Bestimmungen deutlich verschärft, mit denen sexuelle Übergriffe auf Kinder bestraft werden. In der deutschen Rechtssprechung werden gegenwärtig Freiheitsstrafen zwischen sechs Monaten bis zu zehn Jahren verhängt. Nur in minderschweren Fällen kann auf eine geringere Gefängnisstrafe bis zu fünf Jahren oder auf Geldstrafe zuerkannt werden (§ 176 StGB). Dabei wird – was das Alter von Opfer und Täter angeht – zwischen sexuellen Missbrauch von Kindern (unter 14 Jahren) und sexuellem Missbrauch von Jugendlichen (unter 16 Jahre) und Tätern (über 18 Jahre bzw. über 21 Jahre alt) unterschieden. Die Grenzziehungen des bürgerlichen Rechts entsprechen nicht ganz den biopsychologischen Vorstellungen in den Diagnosesystemen und nicht den Diskussionen, die über Altersgrenzen für die Bestimmung etwa pädophiler Neigungen und Interessen geführt werden (→ 8.3.1).

Zum sexuellen Missbrauch an Kindern wird auch der Exhibitionismus gegenüber Kindern zugerechnet; als Kindesmissbrauch gilt weiter das Vorführen pornographischer Abbildungen bzw. von Tonaufnahmen pornographischen Inhalts oder das Einwirken auf Kinder mit entsprechenden Materialien. Mit Freiheitsstrafen nicht unter zwei Jahren werden Personen bedroht, die als Missbrauchstäter oder auch nur als Beteiligte in der Absicht handeln, den sexuellen Missbrauch von Kindern für die Herstellung verbreitenden pornographischen Materials zu verwenden (§ 184 StGB).

Von schwerem sexuellen Missbrauch mit entsprechend härterer Bestrafung wird vor Gericht ausgegangen, wenn der Täter mit dem Kind einen Beischlaf vollzieht oder ähnliche sexuelle Handlungen an ihm vornimmt oder bei sich vornehmen lässt, die mit dem Eindringen in den Körper verbunden sind (§ 176a StGB). Auch gemeinschaftlich von mehreren Tätern begangene Taten werden als schwerwiegend betrachtet. Selbst ohne vollzogenen Beischlaf muss mit härteren Strafen gerechnet werden, wenn der Täter das Kind in die Gefahr einer schweren Gesundheitsschädigung oder einer erheblichen Schädigung der körperlichen oder seelischen Entwicklung bringt. Verursacht der Täter durch den sexuellen Missbrauch wenigstens leichtfertig den Tod des Kindes, droht eine lebenslange Freiheitsstrafe oder Gefängnis nicht unter zehn Jahren (§ 176b StGB).

Rechtliche Konsequenzen können Täter über 18 Jahren erwarten, wenn sie sich sexuell an Jugendlichen zwischen vierzehn und 16 Jahren vergehen, wenn dies unter Ausnutzung einer Zwangslage geschieht oder wenn etwa eine fehlende Fähigkeit des jugendlichen Opfers zur sexuellen Selbstbestimmung ausgenutzt wird (§ 182 StGB). Wenn die Täter bereits älter als 21 Jahre sind, wird der sexuelle Missbrauch von Jugendlichen in der Regel nur auf eine Anzeige hin verfolgt, es sei denn, dass die Strafverfolgungsbehörde wegen des besonderen öffentlichen Interesses an der Strafverfolgung ein Einschreiten von Amts wegen für geboten hält. Ein solcher Fall könnte beispielsweise gegeben sein, wenn der Täter bereits anderweitig oder mehrfach auffällig geworden ist.

Teil IV
Sexueller Missbrauch und Sexuelle Gewalt

9 Sexualdelinquenz: Straftaten, Täter und Opfer

Dieser letzte Teil des Buches ist Ausdrucksformen und Handlungsmustern der sexuellen Abweichung gewidmet, die gegen die sexuelle Selbstbestimmung anderer Menschen gerichtet sind und die damit – von wenigen Ausnahmen abgesehen – gegen den Willen der Betroffenen geschehen. Dies betrifft z.B. den sexuellen Missbrauch von Kindern, die Vergewaltigung von Frauen und (seltener) Männern sowie sexuell motivierte Tötungsdelikte. Die meisten der besprochenen sexuellen Handlungen stellen Gewalttaten dar, die strafrechtlich zur Anzeige gebracht und entsprechend juristisch verfolgt und verurteilt werden können. Dennoch begeben wir uns in einen Bereich, in dem nicht immer entschieden werden kann, ob in jedem Fall tatsächlich eine Straftat vorliegt oder nicht. In vielen Fällen entscheidet sich diese Frage endgültig erst vor Gericht.

Bei den meisten folgenden sexuellen Handlungen handelt es sich – zumindest prototypisch – um sozial und gesellschaftlich nicht mehr akzeptable Verhaltensweisen, die in fast jeder Gesellschaftsform oder kulturellen Gemeinschaft als unerwünschtes Gebaren und als Verstoß gegen die guten Sitten angesehen werden. Dennoch sind auch in diesen Bereichen immer noch eine Reihe von Fragen offen und ungeklärt.

Offene Fragen und ungeklärte Probleme. Diese Unklarheiten werden im Bereich sexueller Delinquenz durch ein Nebeneinander von psychologischen, soziologischen, politischen, strafrechtlichen, kriminologischen und medizinischen Aspekten bestimmt. Dieses Nebeneinander hat natürlich seine Berechtigung, weil die hinter diesen Aspekten stehenden Disziplinen und Institutionen mit ihren auch wechselseitig geführten Diskursen die gesellschaftliche Entwicklung insgesamt fruchtbringend bestimmen.

Bei den mehr oder weniger kontrovers geführten Auseinandersetzungen zwischen unterschiedlichen Wissenschaftsdisziplinen, den rechtsstaatlichen Instanzen und der medialen Öffentlichkeit stehen häufig bedeutsame Fragen im Vordergrund: Wie kann man die Gesellschaft effektiv vor Sexualstraftätern schützen? Wie können die Täter identifiziert und sicher untergebracht werden? Wo liegt das „minimale Risiko" für Vollzugslockerungen, das es erlaubt, die Täter zu erproben und mit ihrer Resozialisierung zu beginnen? Sollten die Täter ausschließlich bestraft werden, oder sind psychotherapeutische, soziotherapeutische oder weitere medizinische Maßnahmen sinnvoll, weil z.B. eine psychische Störung vorliegt?

Insbesondere hinsichtlich der zuletzt angesprochenen Frage lässt sich nach wie vor ein großer Unsicherheitsraum feststellen. Psychologisch-psychotherapeutische Konzepte setzen gewöhnlich das Vorliegen psychopathologisch definierter psychischer Störungen voraus. Auf die Frage der Anwendung von Psychotherapie bei psychischen Störungen bei Sexualdelinquenten ist die internationale psychologische wie psychiatrische Forschung nur sehr am Rande eingestellt – bisher jedenfalls ($\rightarrow$ 10).

Delikt orientierte Forschung. Das liegt vor allem daran, dass sich die klinisch interessierten Wissenschaftler gegenwärtig einer Delikt orientierten Forschungsstrategie bedienen (müssen) – angelehnt an Definitionen der Rechtssprechung und der öffentlichen Diskussion. Sieht man Überschriften in klinischen Handbüchern und Fachzeitschriften durch, so scheinen die meisten Gegenwartsforscher vor allem an der vergleichenden Untersuchung von zwei Deliktarten interessiert, nämlich

▶ der Vergewaltigung (engl. rape) und
▶ des sexuellen Missbrauchs von Kindern (engl. child molestation).

Die Unterschiede in den Themenstellungen weichen auch dort nur unbedeutend von diesen zwei Themen ab, wo andere Bezeichnungen gewählt werden, wie z.B. sexuelle Übergriffe (engl. sexual assault), gefährliche Sexualstraftaten (engl. dangerous sex offences) oder Kindesmissbrauch (engl. child abuse).

Mangel an klinischer Forschung. Das Interesse der Forscher scheint verständlich, da beide Delikte seit Jahren Dauerthemen sind. Und *natürlich* wird von den klinischen Forschern erwartet, an der Verhinderung dieser inakzeptablen Phänomene mitzuwirken und Konzepte zu entwickeln, die das Rückfallrisiko von Sexualstraftaten deutlich vermindern. Von vielen Forschern wird jedoch übersehen, dass es sich bei den beiden Kategorien nicht um diagnostisch valide pathopsychologische Konstruktionen handelt. Mit einer solchen Konstruktion vermag man zwar zur Aufklärung möglicher Hintergründe dieser Phänomene beizutragen. Ob eine Delikt orientierte Forschungsstrategie aber tatsächlich hinreichend zur Entwicklung begründeter sozial- oder psychotherapeutischer Behandlungsansätze beiträgt, wird gelegentlich bezweifelt.

Zudem hat die Deliktorientierung über die Jahre hinweg zu einer gewissen Stagnation geführt, auch im Bereich der klinisch-psychologisch begründeten Definition und Systematisierung sexueller Devianz entscheidend voranzukommen. Erst in jüngster Zeit sind erste interessante neue Vorschläge in die Diskussion eingebracht worden. Diese sollen in den nachfolgenden Kapiteln dargestellt und in ihrer Brauchbarkeit für eine Erklärung und Behandlung strafrechtlich relevanter sexueller Abweichungsmuster ausdifferenziert werden ($\rightarrow$ 10; $\rightarrow$ 11; $\rightarrow$ 12). Zuvor wird auf die strafrechtliche Definition und Einordnung von erheblichen Straftaten gegen die sexuelle Selbstbestimmung eingegangen und diese mit Statistiken und Ergebnissen der Delikt orientierten klinischen Forschung illustriert.

9.1 Straftaten gegen die sexuelle Selbstbestimmung

Wenn im Folgenden von Sexualstraftaten oder von sexueller Delinquenz die Rede sein wird, folgt diese Festlegung grob Konventionen, wie sie in der Rechtssprechung üblich sind. Dass es trotz einer solchen Festlegung in konkreten Einzelfällen immer wieder zu kontroversen Einschätzungen kommt, ist nicht auszuschließen. Hier geht es zunächst darum, dass die derzeitige Position des Autors in dieser Frage sichtbar wird, schon um Missverständnisse zu vermeiden.

Definition: Sexuelle Delinquenz

Die Begriffe Sexuelle Delinquenz und Sexuelle Straftaten werden in diesem Buch eingesetzt für sexuelle Handlungen, die gegen die sexuelle Selbstbestimmung von Menschen gerichtet sind. Sexuell delinquente Straftaten umfassen demnach

- alle *nicht einvernehmlich* erfolgten sexuellen Kontakte durch Vergewaltigung oder andere sexuelle Übergriffe,
- das *nicht einvernehmliche* sexuell motivierte Berühren anderer Personen oder das öffentliche Entblößen der Geschlechtsteile, etwa um sich sexuell zu stimulieren,
- sexuelle Übergriffe durch jugendliche oder erwachsene Täter bei deutlich jüngeren Kindern als Opfer; *dies auch dann*, wenn *scheinbar* Einvernehmen besteht.

Diese sexuellen Handlungen gelten gegenwärtig in den meisten Gesellschaften und Kulturkreisen als sozial unerwünscht, wenngleich in einigen Fällen Probleme auftreten werden, wo es darum geht, eindeutige Grenzen festzulegen.

Problem eindeutiger Grenzziehung. Das Problem eindeutiger Grenzziehung entsteht z.B. bei der Frage, ob Einvernehmen besteht oder nicht, oder auch für die Schwierigkeit, bei Kindern Altersgrenzen für akzeptables Einvernehmen festzulegen. Fällt beispielsweise die einvernehmliche sexuelle Beziehung eines 18-jährigen Jungen mit einem 13-jährigen Mädchen noch in den Bereich sexuellen

Missbrauchs oder nicht? Das Verschieben von Altersgrenzen um nur ein Jahr, würde bisher vorliegende Statistiken um Beträchtliches verändern.

Dennoch betrifft das kritische Problem der eindeutigen Festlegung, ob es sich bei einem konkreten Fall um ein schwerwiegendes Sexualdelikt handelt, immer nur einzelne Fälle und sollte nicht überbewertet werden. Denn bei den allermeisten zur Anzeige gebrachten Missbrauchs- und Gewalterfahrungen, denen Kinder, Jugendliche wie Erwachsene als Opfer ausgesetzt sind, dürfte es völlig außer Frage stehen, dass sie als gefährlich und inakzeptabel gelten und deshalb als sexuelle Delinquenz eingestuft werden müssen.

Sexualdelikte mit bzw. ohne Körperkontakt. Bei der strafrechtlichen Verfolgung und gerichtlichen Beurteilung spielt es z.B. eine nicht unerhebliche Rolle, ob die jeweiligen Sexualdelikte ohne bzw. mit körperlichem Kontakt erfolgten (eine Unterscheidung, für die im angelsächsischen Raum auch die Bezeichnungen hands-off-delinquencies vs. hands-on-delinquencies gebräuchlich sind). Sexualdelikte ohne körperlichen Kontakt (Exhibitionismus, Voyeurismus) werden in aller Regel mit einem geringeren Strafmaß belegt. Wird ein Täter erstmals auffällig, kann sogar nur eine gerichtliche „Anordnung auf zukünftige Unterlassung" verfügt werden. Erst im Wiederholungsfall fällt ein höheres Strafmaß an. Gefängnisstrafen werden üblicherweise vergeben, wenn Sexualstraftaten körperliche Kontakte bis hin zur Gewalttätigkeit beinhalten (vgl. die rechtlichen Aspekte in Kapitel → 8.1.4 [Exhibitionismus], → 8.3.9 [sexuelle Gewalt], → 8.4.9 [sexueller Missbrauch], → 9.1.3 [Strafe oder Therapie] und → 9.4.5 [Stalking]).

9.1.1 Sexuelle Straftaten in Deutschland

Es erscheint sinnvoll, mit einem Blick in die Polizeistatistiken zu beginnen, um sich einen Eindruck vom Ausmaß sexueller Delinquenz in unserer Gesellschaft zu verschaffen. Nur etwa 0,8 Prozent aller in Deutschland polizeilich erfassten Straftaten betreffen „Straftaten gegen die sexuelle Selbstbestimmung". Dennoch nehmen sie in der Darstellung der Medien und entsprechend in der Wahrnehmung vieler Menschen eine besondere Stellung ein. Je grausamer das Delikt, je größer das Leid der Opfer, umso leichter liefert ein Fall den Stoff für eine Emotionalisierung der Öffentlichkeit. Dabei kommt es nicht selten zu problematischen Verallgemeinerungen hinsichtlich der Gefährlichkeit von Sexualstraftaten schlechthin, von denen sich selbst Politiker nicht frei machen, obwohl sie die Kriminalstatistiken kennen sollten. So kam es erst jüngst wieder zu einer Verschärfung der Sexualstrafgesetze, obwohl die Zahl der Sexualstraftaten über die Jahre hinweg relativ konstant geblieben ist (→ 9.1.2).

Kriminalstatistik vs. Verurteilungsstatistik. Ähnliches gilt für den Umgang mit Statistiken. Wenn wir nachfolgend die Kriminalstatistik der Strafverfolgungsbehörden zitieren, so umfassen diese die zur Anzeige gebrachten und polizeilich verfolgten Fälle. Diese werden gern von den Kriminalbehörden der Bundesländer veröffentlicht – und dann von den Medien aufgegriffen. In diesen Berichten findet sich zwar der Hinweis, dass diese Angaben nicht mit einer Verurteiltenstatistik in Übereinstimmung zu bringen sind. Zahlenangaben zu dieser auch so genannten Strafverfolgungsstatistik werden wegen „zeitlicher Verzögerungen" im Gerichtswesen selten mitgeteilt. Das wäre jedoch redlich, denn nicht alle in der Kriminalstatistik dokumentierten Fälle gelangen vor Gericht, und ebenfalls nicht alle führen zu einer Verurteilung. Viele enden mit Freispruch, Einstellung des Verfahrens oder auf anderen Weise. Letzteres trifft im Bereich der Sexualdelinquenz auf bis zu einem Viertel der vormals polizeilich verfolgten Fälle zu.

Kriminalstatistik. In Deutschland wurden im Jahr 2001 von insgesamt 6.264.724 Straftaten von der Polizei 52.099 gegen die sexuelle Selbstbestimmung registriert (also 0,83 Prozent). Die Aufklärungsquote von zur Anzeige gebrachten Straftaten umfasste 72 Prozent (vgl. Egg, 2002). Die am häufigsten verfolgten Sexualdelikte betrafen Sexualdelikte mit Körperkontakt wie z.B. den sexuellen Missbrauch von Kindern (15.117 Fälle) sowie die Vergewaltigung und sexuelle Nötigung (7.891 Fälle).

Gar nicht so selten gelangen auch Sexualstraftaten ohne körperlichen Kontakt zur Anzeige wie z.B. exhibitionistische Handlungen und die Erregung öffentlichen Ärgernisses (9.780 Fälle) sowie sonstige, minderschwere sexuelle Nötigungen, wenn sie ohne körperliche Folgen blieben (5.607 Fälle). Erfasst wurden in der Kriminalstatistik des Weiteren der sexuelle Missbrauch von Schutzbefohlenen, zumeist unter Ausnutzung einer Amtsstellung oder eines Vertrauensverhältnisses (1.903 Fälle). Auch der Besitz oder die Verbreitung von Kinderpornographie (2.745 Fällen) zählt zur strafbaren Sexualdelinquenz sowie schließlich der Menschenhandel, wenn er zum Zwecke der erzwungenen Prostitution erfolgt (746 Fälle).

Vereinigungen, die sich um Wohlergehen und Rehabilitation der Opfer bemühen, schätzen, dass die Zahl unaufgeklärter, weil nicht zur Anzeige gebrachter Fälle deutlich höher liegt. Bei Vergewaltigungsopfern wird vermutet, dass es etwa drei- bis vierfach mehr Opfer gibt als wie in Polizeistatistiken erfasst. Es kann weiter davon ausgegangen werden, dass es eine Dunkelziffer von Opfern gibt, die aus Scham oder um den ihnen bekannten Täter zu schützen, selbst in anonym geführten Gesprächen eine durchlebte Vergewaltigung nicht zugeben würden. Und bei sexuellem Missbrauch von Kindern liegen die Schätzungen zur Dunkelziffer noch höher.

Entwicklungen über die Zeit. Die Entwicklung der offiziell registrierten Sexualstraftaten blieb über den Verlauf der vergangenen zehn Jahre weitgehend ohne
größere Veränderungen: Sexueller Missbrauch von Kindern wurde jährlich
in etwa 16.000 Fällen registriert; Exhibitionismus und Verstoß gegen die guten
Sitten in durchschnittlich 9.500 Fällen. Lediglich im Bereich der Vergewaltigungen hat es in den Jahren 1997 und 1998 einen deutlichen Anstieg gegeben –
eine Steigerung um ca. 2.000 in diesen beiden Jahren, die danach mit etwa 8.000
Vergewaltigungen pro Jahr in ihrer Höhe bis heute weitgehend unverändert
blieb.

Die Zahl der Sexualstraftaten hat sich auch gegenüber zeitlich weiter zurückliegenden, z.T. getrennten Erhebungen in den alten und neuen Bundesländern
kaum verändert (für uns überschaubar seit 1987). In dieser Zeit zwischen 1987
und 1993 kam es lediglich im Bereich der polizeilich verfolgten Fälle sexuellen
Missbrauchs von Kindern zu einem sehr deutlichen Anstieg: von ca. 10.000 Fällen im Jahr 1987 bis zu weit über 15.000 Fällen im Jahr 1993 mit danach in etwa
gleich bleibender Tendenz. Dieser Anstieg dürfte damit zusammenhängen, dass
das öffentliche Bewusstsein für diese Problematik und damit die Bereitschaft,
solche Fälle zur Anzeige zu bringen, in den 1980er Jahren enorm zugenommen
hat. Ähnliches gilt für die Kinderpornographie, bei der in den letzten Jahren bis
in die jüngste Zeit hinein sogar kontinuierlich ein Anstieg der polizeilich verfolgten und aufgeklärten Fälle verzeichnet wurde.

Verurteilungsstatistik. An dieser Stelle ein ergänzender Blick in die Strafverfol-
gungs- bzw. Verurteilungsstatistik, aus der ablesbar ist, wie viele angezeigte Fälle
tatsächlich eine Verurteilung zur Folge hatten. Dazu liegen uns Zahlen aus dem
Jahr 1998 vor (nur für die alten Bundesländer). Von damals 8.201 wegen Vergehen gegen die sexuelle Mitbestimmung polizeilich verfolgten Personen wurden
6.619 verurteilt (also etwa 80 Prozent). Der Anteil verurteilter Frauen lag bei
5 Prozent. Freiheitsstrafen wurden gegen 3.878 Erwachsene verhängt, und
396 Heranwachsende erhielten eine Jugendstrafe. In den forensischen Maßregelvollzug wurden 243 Personen überwiesen (also 4 Prozent der verurteilten Straftäter), von denen 47 Personen als schuldunfähig angesehen wurden.

Die Täter. Auch die Geschlechts- und Altersstruktur der Täter blieb über die
letzten zehn Jahre hinweg in etwa gleich. Im Jahr 2001 waren die Täter in der
überwiegenden Zahl Männer (94 Prozent), bei Vergewaltigung mit 99 Prozent
fast ausschließlich. Frauen als Täter finden sich häufiger nur in den beiden Miss-
brauchskategorien (a) gegenüber Kindern (mit 3 Prozent) und (b) gegenüber
Schutzbefohlenen (mit 6 Prozent). Am so genannten Menschenhandel entgegen
die sexuelle Mitbestimmung waren 2001 in mehr als 16 Prozent der Fälle Frauen
als Täterinnen registriert.

Im gleichen Jahr 2001 waren die meisten Vergewaltigungstäter Erwachsene und damit älter als 21 Jahre (79 Prozent). Jeweils 10 Prozent waren Heranwachsende zwischen 18 und 21 Jahren oder Jugendliche zwischen 14 und 18 Jahren. Wegen sexuellen Missbrauchs an Kindern wurden anteilig 74 Prozent Erwachsene, 6 Prozent Heranwachsende und 13 Prozent Jugendliche angezeigt. Der Anteil der Kinder unter 14 Jahren, die wegen sexuellen Missbrauchs polizeilich verfolgt wurden, lag immerhin noch bei 7 Prozent.

Die Opfer. Opfer von Vergewaltigung und sexueller Nötigung sind in der überwiegenden Anzahl Frauen (im Jahre 2001 zu 96 Prozent). Ein ähnliches Bild zeigt sich auch in Fällen, wo eine Verurteilung wegen minder schwerer sexueller Nötigung erfolgte. In den Fällen sexuellen Missbrauchs von Kindern liegt die Zahl der männlichen Opfer deutlich höher. Insgesamt waren 77 Prozent der missbrauchten Kinder weiblichen und 23 Prozent männlichen Geschlechts.

Eine solche Geschlechtsverteilung findet sich ähnlich bei Opfern einer Sonderform des sexuellen Missbrauchs, der – wie es juristisch heißt – an Schutzbefohlenen oder der unter Ausnutzung einer Amtsstellung oder eines Vertrauensverhältnisses erfolgte (zu 80 Prozent der Fälle waren die Opfer weiblich und zu 20 Prozent männlich).

Was die so genannte Opfergefährdung angeht, so liegt die Zahl der Vergewaltigungen im Durchschnitt immer etwa dreimal so hoch wie misslungene Versuche, die als sexuelle Nötigung angezeigt wurden. Von den 2001 registrierten 7.891 Vergewaltigungstaten endeten 34 Fälle tödlich.

Rückfälligkeit von Sexualstraftätern. Die Kanadier Hanson und Bussière (1998) legten eine Metaevalution zum Rückfallrisiko bei Sexualdelinquenz vor, die 61 Studien aus sechs Ländern (ohne Deutschland) berücksichtigt. Über alle Deliktarten hinweg ergab sich für über 23.000 einbezogene Sexualstraftäter bei einem Beobachtungszeitraum von vier bis fünf Jahren eine Rückfallquote im Bereich der Sexualdelikte in Höhe von 13 Prozent. Höhere Werte zeigten sich bei sexuellen Gewalttätern (19 Prozent), etwas geringere beim Kindesmissbrauch (13 Prozent); beim Exhibitionismus liegt der Durchschnittswert bei 57 Prozent. Diese Befunde stehen deutlich im Gegensatz zur populären Annahme, nach der Sexualstraftäter ein hohes Rückfallpotenzial in sich tragen.

Für den deutschen Sprachraum hat eine Forschungsgruppe im Auftrag der Kriminologischen Zentralstelle (Wiesbaden) eine erste umfängliche Statistik zur Rückfallhäufigkeit vorgelegt (Egg, 1998; 2000; 2002). Die Ergebnisse entsprechen in etwa den Angaben der kanadischen Metaanalyse. Grundlagen bildeten Daten von 2.212 Straftätern, die 1997 wegen eines Sexualdeliktes verurteilt worden waren und deren Entwicklung inzwischen über fünf Jahre weiter verfolgt werden konnte. 20 Prozent der Vergewaltigungstäter begingen in dieser Zeit erneut ein

Sexualdelikt. Bei Tätern, die wegen Kindesmissbrauch bestraft worden waren, lag die Rückfall-Quote bei 22 Prozent, wobei der Anteil derjenigen, die keinen Körperkontakt aufgenommen hatten, besonders hoch ist (z.B. Exhibitionismus gegenüber Kindern, der ebenfalls dem sexuellen Missbrauch zugerechnet wird). Von Personen, die sich vor Erwachsenen exhibiert hatten, wurden 56 Prozent mit einem Sexualdelikt rückfällig.

Ohne die schädigenden Folgen sexueller Übergriffe verharmlosen zu wollen, bestätigen die Befunde insgesamt nicht die häufig in Medien verbreiteten Befürchtungen einer hohen Rückfälligkeit von Sexualstraftätern.

9.1.2   Rechtliche Aspekte: Strafe oder Therapie

Bereits an anderen Stellen in diesem Buch wurden die gesetzlichen Rahmenbedingungen dargestellt, nach denen in Deutschland sexuelle Delinquenz zu strafrechtlicher Verantwortung führen kann. Nachfolgend sollen ergänzend dazu nur mehr kurz einige rechtliche Aspekte angedeutet werden, die vor Gericht bei der Entscheidung eine Rolle spielen, ob bei schwerer Sexualdelinquenz eher zu Freiheitsstrafen verurteilt wird oder ob wegen erheblich verminderter oder aufgehobener Schuldfähigkeit und hohen Rückfallrisikos eine Unterbringung in der forensischen Psychiatrie angeordnet wird.

In Deutschland ist im Strafgesetzbuch gesetzlich geregelt, welche Sexualstraftäter dem Psychiatrischen Maßregelvollzug statt dem Strafvollzug zugewiesen werden. Zwei Bedingungen müssen erfüllt sein. Zum einen muss gemäß der Paragraphen 20 und 21 StGB die Schuldunfähigkeit erheblich vermindert oder aufgehoben gewesen sein. Zum anderen muss gemäß Paragraph 63 StGB ein hohes Rückfallrisiko bestehen. Im Fall hoher Rückfallgefährdung erfolgt die Unterbringung zunächst zeitlich unbefristet. Sie wird erst dann gemäß Paragraph 67d StGB zur Bewährung ausgesetzt, wenn „mit hoher Wahrscheinlichkeit zu erwarten ist", dass der Sexualstraftäter auch außerhalb des psychiatrischen Maßregelvollzugs keine einschlägigen Straftaten mehr begeht. Die Unterbringung wird einmal pro Jahr oder – das ist von Bundesland zu Bundesland unterschiedlich – auch erst nach längeren Zeiträumen überprüft; in Nordrhein-Westfalen gelegentlich erst alle drei Jahre.

Fehlende Standards. Das Fehlen definierter Standards zur Schuldfähigkeitsbegutachtung bzw. zur Risikoeinschätzung hat in Deutschland dazu geführt, dass selbst innerhalb eines Gerichtsbezirks die Kriterien für die Beurteilung von Schuldfähigkeit und Rückfallgefährdung von Fall zu Fall variieren kann (Euckner & Müller-Isberner, 2001). Vor allem bei Sexualstraftätern scheint es eher vom Gutachter (oder vom Gericht, das den Gutachter sucht) als vom speziellen Fall abzuhängen, ob der jeweilige Täter in den Strafvollzug oder in den psychiatrischen Maßregelvollzug eingewiesen wird. Schließlich wird die Einschätzung, „welches Risiko von der Allgemeinbevölkerung noch getragen werden kann", immer auch in nicht unerheblichem Ausmaß von variierenden gesellschaftlichen und medialen Strömungen beeinflusst.

9.2 Sexueller Missbrauch von Kindern

Wer sich über Literaturrecherchen dem Problem des sexuellen Missbrauch annähern möchte, wird mit einer Vielzahl von Definitionsversuchen konfrontiert. Diese umfassen – so sie Delikt orientiert sind – die Art der sexuellen Handlung, das Alter der Opfer oder Täter, die Zustimmung der Opfer, ihre Abhängigkeit vom Täter, die Art der Gewalt oder der Zwangsausübung sowie die persönlichen und kontextuellen Folgen (vgl. Amann & Wipplinger, 1997; Egle et al., 2000).

Was die veröffentlichten Zahlen zur Häufigkeit und Verbreitung dieses Problems angeht, liegen bisher immer nur grobe Schätzungen vor (Ernst, 1997). Forscher können sich bei Angaben zur Epidemiologie entweder nur auf Opferschutz-Vereinigungen verlassen oder sie müssen auf aktenkundige Fälle zurückgreifen, also auf Polizeistatistiken, Auskünfte von Jugendämtern, Kliniken für Kinder und Jugendliche und so weiter. Im Unterschied zu den tatsächlich zur Anzeige gebrachten Fällen wird die Dunkelziffer bis auf 30-mal höher eingeschätzt. In den Medien findet man leicht noch höhere Angaben.

9.2.1 Die Opfer

Epidemiologie. Es drängt sich jedoch der Eindruck auf, als würde mit aufgeblähten Dunkelziffern aus unterschiedlichen Motiven gelegentlich etwas gegen die Realität gearbeitet. Zwar ermöglichen auch Interviews mit erwachsenen Frauen und Männern, die nach erlebtem Missbrauch in Kindheit und Jugend befragt wurden, immer nur grobe Schätzwerte. Dennoch stellen solche Befragungen heute die akzeptierteste Form einer Annäherung an die Dunkelziffer dar. So hat einer der häufig zitierten Autoren eine Aufstellung von *weltweiten* Befragungsstudien vorgelegt, welche Stichproben von 400 bis 7.500 erwachsenen Probanden umfassten (Finkelhor, 1997). Die Spannweite der identifizierten Missbrauchsfälle schwankt bei Mädchen zwischen 7 und 36 Prozent und bei Jungen zwischen 3 und 29 Prozent, wobei in den meisten Studien die Zahl der betroffenen Mädchen gewöhnlich als drei- bis fünfmal höher angegeben wird als die der betroffenen Jungen (Finkelhor, 1994).

Die niedrigsten Angaben stammen aus Finnland, wo Schülerinnen und Schüler während der Unterrichtszeit entsprechende Fragebogen ausgefüllt hatten:

7 Prozent der jungen Frauen und 4 Prozent der jungen Männer bestätigten, in ihrem bisherigen Leben bereits sexuell missbraucht worden zu sein. Die höchsten Angaben stammen von Psychologiestudenten unterschiedlicher Hautfarbe in Natal (Südafrika): Ebenfalls über Fragebogenerhebungen gaben die südafrikanischen Frauen zu 34 Prozent und die Männer zu 29 Prozent an, in Kindheit und Jugend sexuell missbraucht worden zu sein.

Problematische Falldefinitionen. Die Spannweite könnte zwar etwas über kulturelle Einflüsse auf das Missbrauchsproblem aussagen, hängt andererseits aber auch mit unterschiedlichen Falldefinitionen, mit der Probandenauswahl und mit den konkreten Fragenformulierungen zusammen. So macht es bereits einen Unterschied aus, ob die Forscher direkt nach „selbst erfahrenem sexuellem Missbrauch" fragen oder ob sie solche Erfahrungen eher nebenher in eine Befragung einbinden, in der ganz unverfänglich Daten zu „sexuellen Erlebnissen in der Kindheit" erhoben werden.

Unabhängig von solchen methodischen Problemen lässt sich heute schlussfolgern, dass sexueller Missbrauch ein international verbreitetes Problem darstellt. Es zeigt sich weiter, dass das Ausmaß deutlich größer einzuschätzen ist, als man dies aufgrund polizeilich geführter Statistiken vermuten könnte. Einigermaßen vergleichbar stellen sich die erfragten Ergebnisse in den USA und in Europa dar, nach denen etwa 10–15 Prozent der Frauen und etwa 5–10 Prozent der Männer mindestens einmal als Kind oder Jugendlicher einen unerwünschten und durch eine deutlich ältere Person erzwungenen sexuellen Körperkontakt erlebt haben.

Geringe Vergleichbarkeit von Studien. Die meisten Ergebnisse der unterschiedlichen Befragungsstudien sind also nur begrenzt und mit großer Vorsicht miteinander vergleichbar. Fragt man Kinder, muss man kritisch mit den Antworten umgehen, fragt man Erwachsene, könnten Erinnerungsprobleme bestehen (Fiedler, 2004). Probleme entstehen weiter auch noch, wenn man beachtet, wie die jeweiligen Autoren sexuellen Missbrauch definiert haben. Dabei kann man die Unterschiedlichkeit der Definitionsversuche durchaus als sinnvoll ansehen, um eben nicht vorschnell wichtige Randphänomene aus den Augen zu verlieren: Sexueller Missbrauch umfasst selbst bei eindeutigen Definitionen immer ein Spektrum von Ereignissen mit ganz unterschiedlicher Bedeutung und mit sehr unterschiedlichen Folgen, die sich in Gänze bei genauer Einzelfallbetrachtung erschließen (→ 8.4).

9.2.2 Sexueller Missbrauch in Deutschland

Inzwischen gibt es einige Studien, in denen sich auch deutsche Forscher darum bemüht haben, ein differenziertes Bild über die Häufigkeit und weiterer Merkmale des sexuellen Missbrauchs in Deutschland aufzuzeichnen (vgl. Ernst, 1997, S. 61f.). Zwei dieser Studien ist gemeinsam, dass die Forscher die Probanden *nicht* mit dem Begriff des Sexuellen Missbrauchs konfrontierten, sondern sie behutsam nach sexuellen Erlebnissen in der Kindheit überhaupt befragten.

Berufsschüler und Studenten. Schötensack et al. (1992) untersuchten in Würzburg 1.841 Berufsschüler und Studenten im Alter von 20 und 25 Jahren zu sexuellen Erfahrungen, zum jeweiligen Alter und zum Geschlecht der beteiligten Personen – und zur Art und Weise, wie diese Ereignisse damals erlebt wurden. Der Fragebogen wurde im Unterricht ausgefüllt, und 90 Prozent der Rückläufer eigneten sich für eine Auswertung. Als Kriterien für sexuellen Missbrauch definierten sie sexuelle Erlebnisse vor dem 15 Lebensjahr mit einem mindestens 5 Jahre älteren Partner – oder bei geringerem Altersunterschied, ob der Kontakt unter Zwang und/oder unter negativen Gefühlen erlebt wurde. Die sexuellen Erlebnisse wurden eingeteilt in solche *mit* Körperkontakt, wobei sie vaginalen, analen oder oralen Verkehr nochmals von erotischen Berührungen trennten, und in jene *ohne* Körperkontakt wie Reden über Sex, Gesten, Pornographie, Exhibitionismus.

Je ein Drittel der jungen Erwachsenen beschrieb allgemeine sexuelle Erlebnisse in der Kindheit bis zum 15. Lebensjahr. Missbrauchserfahrungen „allgemein", d.h. mit und/oder ohne Körperkontakt hatten 6 Prozent der Männer und 16 Prozent der Frauen, Missbrauch mit Körperkontakt im definierten Sinne als Verkehr und/oder Berührungen 4 Prozent der Männer und 10 Prozent der Frauen. Sexuellen Verkehr im Sinne der strengsten Definition eines sexuellen körperlichen Übergriffs haben 1 Prozent der Männer und 9 Prozent der Frauen angegeben.

Dabei ergaben sich deutliche Unterschiede zwischen den Berufsschülerinnen und Studentinnen: Von den Berufsschülerinnen waren 11 Prozent von einem Missbrauch betroffen, 16 Prozent der Studentinnen, und die höchsten Raten fanden sich bei jungen Frauen, die sich an Fachhochschulen auf einen Sozialberuf vorbereiteten (19 Prozent). In einer Untersuchung mit Berufsschülern in Leipzig fanden sich vergleichbare Zahlen: 10 Prozent der Frauen und 6 Prozent der Männer schilderten dort Missbrauchserfahrungen.

Raupp und Eggers (1993) untersuchten mit demselben Fragebogen und denselben Kriterien eine vergleichbare Stichprobe von 1.009 Berufsschülern und Studenten in Essen, ebenfalls in der Unterrichtssituation. Bei einem Rücklauf von 92 Prozent berichteten 25 Prozent der Frauen und 6 Prozent der Männer über Missbrauchserfahrungen im Sinne eines weit gefassten Kriteriums. Zu Körperkontakt (Berührungen) überredet oder gezwungen worden waren 14 Prozent der Frauen und 4 Prozent der Männer. Übergriffigen Sexualverkehr in der Kindheit berichteten gut 2 Prozent der Frauen und knapp 2 Prozent der Männer.

Vergleichbarkeit. US-amerikanische und weitere europäische Studien mit ähnlich durchgeführten Befragungen kommen zu analogen Befunden (Siegel et al. 1987; Finkelhor, 1997). Gleichzeitig stimmen viele Studien darin überein, dass intrafamiliärer Missbrauch (Inzest) an Mädchen ebenfalls häufiger stattfindet als bei Jungen: Bei Jungen erreichen Angaben zum intrafamiliären sexuellen Missbrauch nur etwa ein Drittel bis die Hälfte der Zahlen, wie sie bei Mädchen registriert werden. Insgesamt kann man von einer gewissen Unterschätzung ausgehen, wenn die Befragungen in der Unterrichtssituation durchgeführt wurden.

9.2.3 Klinisch relevante Aspekte

Was sind die Risikofaktoren, die Heranwachsende und Erwachsene dazu bringt, sich sexuell an Kindern zu vergehen? Zunächst gilt es zu beachten, dass es *den* prototypischen Missbrauchstäter nicht gibt (→ 8.4). Bei Durchsicht der Literatur stößt man dennoch auf Ansichten und Meinungen, die wie fest gefügte „Erkenntnisse" durch die Publikationen der letzten zehn Jahre weitergereicht werden. Dies gilt insbesondere für die Annahme, dass Täter, die Kinder sexuell missbrauchen, in ihrer Kindheit selbst Opfer sexuellen Missbrauchs gewesen seien. Eine solche Hypothese wurde lange Zeit von Lerntheoretikern vertreten (spätestens seit McGuire et al., 1965; → 8.4).

Missbrauchstäter: selbst ehemalige Opfer? Genaue Literaturrecherchen führen zu der Erkenntnis, dass – je nach Studie – immer nur von 0 Prozent bis etwa 65 Prozent der befragten Täter angeben, in ihrer Kindheit selbst sexuell missbraucht worden zu sein (Hanson & Slater, 1988; Marschall, 1997). Im Umkehrschluss bedeutet dies: Zwischen 35–100 Prozent der Missbrauchstäter sind in ihrer Kindheit *nicht* selbst sexuell missbraucht worden. Weiter ist beachtenswert: Diese unterschiedlichen Zahlenangaben hängen wieder damit zusammen, wie Missbrauch definiert und wo mit welchem Ziel die Untersuchung durchgeführt wurde. Höhere Zahlen finden sich in Untersuchungen im Gefängnis, deren Insassen zumeist aus der Unterschicht stammen, wo das Risiko für sexuelle Übergriffe in der Kindheit allgemein erhöht sei (Dhawan & Marshall, 1996). Über selbst erlebte körperliche sexuelle Übergriffe in der Kindheit (strenge Missbrauchsdefinition) berichteten etwa 40–50 Prozent der Missbrauchstäter im Gefängnis (50–60 Prozent also nicht). In einer Vergleichgruppe sonstiger Gewalttäter fanden die Forscher nur etwa 20 Prozent mit schwerwiegenden frühen sexuellen Missbrauchserfahrungen. Letzte Zahl liegt nur wenig oberhalb der Schätzungen, mit denen Missbrauchserfahrungen bei Jungen ganz allgemein angesetzt werden.

Weitere Auffälligkeiten. Bei bis zur Hälfte der Missbrauchstäter lassen sich psychische Störungen beobachten: vor allem soziale Unsicherheiten, Ängste und Phobien, Stimmungsstörungen, Alkoholmissbrauch, depressive Anpassungsstörungen und Depressionen (→ 10.5). Schwere psychische Störungen, wie sie in früheren Studien berichtet wurden, finden sich gegenwärtig eher selten (Marshall & Hall, 1995). Nur bei deutlich weniger als 5 Prozent der Täter scheinen die Missbrauchshandlungen im Zusammenhang mit einer *Psychose* (Schizophrenie) zu geschehen (dabei handelt es sich um Häufigkeitsangaben zu Missbrauchstätern, die in der forensischen Psychiatrie behandelt wurden; Abel et al., 1986). Auch eine dissoziale Persönlichkeitsstörung lässt sich nur bei einer Untergruppe finden – über längere Zeitperioden hinweg mit fallender Tendenz von noch bis zu 12 Prozent Anfang der 1980er (z.B. Abel et al., 1985) bis zu höchstens 7 Prozent in den 1990er Jahren (Serin et al., 1994). Vielleicht liegt das an der zwischenzeitlich erfolgten leichten Konzeptänderung von allgemeiner Psychopathie hin zur klarer definierten antisozialen Persönlichkeitsstörung.

9.3 Sexuelle Gewalt gegen Frauen

Weltweites Problem: Gewalt gegen Frauen. Nicht nur *sexuelle* Gewalt gegen Frauen, sondern Gewalt gegen Frauen ganz allgemeiner Art ist in den vergangenen Jahrzehnten zunehmend in den Mittelpunkt der allgemeinen Aufmerksamkeit wie in der Forschung gerückt. Die Aufarbeitung dieses Problems führte inzwischen zu erschreckenden Erkenntnissen über das Ausmaß und über die verheerenden Folgen – und zwar weltweit, sodass sich die Vereinten Nationen und die Weltgesundheitsorganisation schließlich zu einer gemeinsamen Deklaration durchgerungen haben, um der Gewalt gegen Frauen aktiv ein Ende zu bereiten (United Nations, 1993). In dieser „UN-Declaration on the Elimination of Violence Against Women" wird jeder Akt der geschlechtsspezifischen Gewalt gebrandmarkt, der physische, sexuelle oder psychologische Verletzungen oder Leiden von Frauen zur Folge haben kann. Diese Definition ist zwar sehr allgemein gehalten, beinhaltet jedoch im Kern das spezifische Problem, dass jeder – auch sexuelle – Gewaltakt gegen Frauen auf eine weltweite gesellschaftlich-kulturelle Ungleichbehandlung der Geschlechter zurückgeführt werden kann.

Eine solche Fokusbildung bedeutet nun keineswegs, dass Gewalt gegen Männer nicht beobachtet würde. Kriegerische Auseinandersetzungen, ethnische Säuberungen und Gewalt zwischen Banden und auf der Straße werden zumeist von Männern gegen Männer ausgeübt, mit z.T. schrecklichsten Folgen. Die UN-Deklaration möchte jedoch eindringlich darauf aufmerksam machen, dass sich Gewalt gegen Männer und Gewalt gegen Frauen grundlegend in den Ursachen und in ihren Eigenarten unterscheiden, die einer getrennten Betrachtung und Erforschung sowie getrennten Bekämpfung oder Behandlung zugeführt werden müssen. Die nachfolgenden Ausführungen orientieren sich vor allem an Daten, Statistiken und Forschungsarbeiten, die zwischenzeitlich in Genf und New York bei der Weltgesundheitsorganisation (WHO) und der Internationalen Organisation für Migration (IOM) zum weltweiten Problem der Gewalt gegen Frauen zusammengetragen werden (vgl. auch: Teegen, 2001).

Sexuelle Gewalt. Im Mittelpunkt der Analysen der Gewalt gegen Frauen steht die sexuelle Gewalt. Dabei zeigt sich wie bereits beim sexuellen Missbrauch von Kindern, dass wir es mit einem Problem zu tun haben, das sich zur Einordnung nur sehr grob in Kategorien einbinden lässt (vgl. Watts & Zimmerman, 2002). Weltweit sind kulturspezifische Missbrauchsformen zu beachten, wie beispielsweise genitale Beschneidungen, Verätzungen mit Säuren, um die sexuelle Attraktivität zu schmälern, oder Tötungen von Frauen, die Schande über die Familie gebracht hätten. Andererseits werden nicht mehr nur Vergewaltigungen untersucht und verfolgt, sondern Gewaltakte, die im familiären Verband von Ehegatten und anderen Angehörigen ausgeübt werden.

Dabei wird deutlich, dass Gewalt gegen Frauen nicht nur als Manifestation der Ungleichheit unter den Geschlechtern anzusehen ist. Viele Männer wenden Gewalt gegen Frauen ausdrücklich als Mechanismus der Unterdrückung und Unterwerfung an, z.B. um ihre Position als Familienoberhaupt zu unterstreichen. In anderen Fällen sind Gewaltakte nicht durch Überlegenheits- und Machtdemonstrationen motiviert, sondern stellen das Resultat interaktioneller Verstrickungen dar, in deren Hintergrund persönliche psychische Defizite oder auch subkulturelle Mythen wirken – z.B. wenn Sexualtäter ihre Taten damit begründen, dass Frauen sie mit ihrem sexuellen Reizverhalten „in geradezu ungehöriger Weise zur Vergewaltigung herausgefordert" hätten und „selbst schuld" seien.

Trotz der Vielgestaltigkeit des Problems sexueller Gewalt gegenüber Frauen sollen einige Ordnungsmuster angegeben werden, die eine Annäherung an das Gesamtphänomen ermöglichen. Wie beim sexuellen Missbrauch gegenüber Kindern beruhen Zahlenangaben zur sexuellen Gewalt an Frauen zumeist auf groben Schätzungen. Die jeweiligen Dunkelziffern sind vermutlich beträchtlich (Koss, 1992; Ellsberg et al., 2001).

9.3.1   Sexuelle Gewalt zwischen Intimpartnern

Die in jüngster Zeit häufigst diskutierte Form sexueller Gewalt gegen Frauen betrifft jene, die von Ehemännern oder Intimpartnern gegenüber ihren Frauen ausgeübt wird. Dies hat in vielen Ländern zu Gesetzesänderungen geführt, in denen diese Form der (lange Zeit unbeachteten) Gewalttätigkeit und Körperverletzung ausdrücklich unter Strafe gestellt wird. Dies geschieht in einer zunehmenden Zahl von Staaten nicht von ungefähr, da die meisten Akte sexueller Nötigung und Gewalt – bis zu Zweidrittel der Fälle – von Tätern in bereits *bestehenden heterosexuellen* Beziehungen durchgeführt werden, also von Freunden, Ehepartnern, Lebenspartnern oder von Liebhabern während eines verabredeten Rendezvous. Die Zahl erhöht sich wohl auf ca. 80 Prozent, wenn weitere Bekannte wie Vorgesetzte in beruflichen Abhängigkeitsbeziehungen, frühere Ehemänner, vormalige Freunde und ehemalige Liebhaber einbezogen werden (Gavey, 1991). Leider wird die Gewalt von Männern gegenüber ihren Partnerinnen in Intimbeziehungen bei weitem noch nicht in allen Ländern der Welt rechtlich geahndet.

Häusliche Gewalt. Weiter umfasst sexuelle Gewalt in Partnerschaften nur einen kleinen Anteil aggressiver Auseinandersetzungen, die unter der Bezeichnung „häusliche Gewalt" zusammengefasst werden. Gewaltakte von Freunden, Partnern oder Ehemännern gegen (ihre) Frauen können weitere physische Misshandlungen beinhalten, wie Ohrfeigen, Schläge, Fußtritte bis hin zu Waffengewalt und Tötungsdelikten (Heise et al., 1999). Auch sexuelle Gewaltakte können von Aggressionsformen dieser Art begleitet sein, z.B. um Partnerinnen zu sexuellen Handlungen zu zwingen. Und nicht selten werden bei sexuellen Misshandlungen der Partnerinnen auch noch weitere Torturen und Bestrafungsformen beobachtet, die erhebliche psychische Negativfolgen und Schäden bewirken können: andauernde verbale Angriffe; Verbote, die eigenen Angehörigen sehen zu dürfen; finanzielle Restriktionen; Verbote, einer eigenen Arbeit nachgehen zu dürfen; der Zwang, selbst verdientes Geld nicht für sich behalten zu dürfen oder weitere massive Eingriffe in das Privatleben der betroffenen Frauen (Watts & Zimmerman, 2002).

Diese Vielfalt wurde jetzt erwähnt, weil es nicht ungewöhnlich ist, dass ein Partner nicht ausschließlich zu sexuell gewalttätigen Übergriffen neigt (das kommt natürlich auch vor), sondern dass sich als häusliche Gewalt die unterschiedlichsten Gewaltformen nebeneinander manifestieren können, innerhalb derer die sexuelle Gewalt nur als eine von mehreren Arten der Gewaltausübung ist. Dies bleibt für die Entwicklung therapeutischer Angebote zu beachten, die für Straftäter entwickelt werden, bei denen der vermeintlich im Vordergrund stehende Straftatbestand Sexuelle Nötigung oder Vergewaltigung (in der Ehe und außerhalb) zur Verurteilung geführt hat.

9.3.2 Vergewaltigung und sexuelle Nötigung

Verlässliche Angaben über die allgemeine Häufigkeit und Verbreitung sexueller Gewalttaten gegen Frauen liegen kaum vor. Unser einführender Rückgriff auf

Polizeistatistiken ist nur bedingt tauglich, da die meisten Taten von den betroffenen Frauen nicht zur Anzeige gebracht werden und bei weitem nicht alle dann auch zu einer Verurteilung führen. Diese Zurückhaltung lässt sich insbesondere dort beobachten, wo kulturell eine Toleranz dafür vorhanden ist, dass Männer ihre Frauen auch mit Gewalt etwa „an ihre ehelichen oder häuslichen Pflichten" erinnern dürfen. Oder dort, wo Frauen aus Scham oder Angst vor weiterer Gewalt ihre Probleme verheimlichen. Forscher, die sich mit diesem Phänomen näher befasst haben, sind der Ansicht, dass die wahren Zahlen über das Vorkommen von sexueller Nötigung und Vergewaltigung ungefähr bis um das Achtfache höher als die polizeilich registrierten Fälle liegen dürften (Koss, 1992). Aber selbst solche Schätzungen sind Schätzungen und sollten mit großer Zurückhaltung aufgenommen werden. Denn es gibt durchaus Möglichkeiten, der Wahrheit auf empirischem Weg näher zu kommen.

Epidemiologie. So stellen heute vertrauliche Befragungen von Frauen eine der validesten Möglichkeiten bereit, zu Prävalenzangaben zu kommen. Dieser Ansatz wurde am häufigsten gewählt, um Angaben über das Vorkommen sexueller Gewalt zu erlangen – inzwischen unter der Schirmherrschaft der Weltgesundheitsorganisation (WHO, 2001). Dabei findet sich ein (vielleicht nicht, vielleicht doch) etwas überraschender Befund: Es lässt sich nicht nur beobachten, dass es sich bei sexueller Nötigung, versuchter oder erfolgter Vergewaltigung um *weltweit* verbreitete Probleme handelt. Vielmehr findet sich erstaunlicherweise, dass Frauen in den unterschiedlichsten Gesellschaftsformen immer annähernd gleich hohe Angaben machen. Auf der Grundlage von jetzt mehr als 50, weltweit in unterschiedlichen Gesellschaftsgruppierungen durchgeführten Studien der vergangenen 16 Jahre kann man schließen, dass offensichtlich etwa *ein Viertel aller Frauen* in ihrem Leben mindestens einmal das Opfer sexueller Nötigung bzw. Vergewaltigung geworden sind (WHO, 2001).

In US-amerikanischen Studien liegen die Angaben in einer randomisierten Stichprobe von Frauen aus San Francisco bei 24 Prozent (Russel, 1984), in einer für die USA repräsentativen Befragung von Universitätsstudentinnen bei 28 Prozent (Koss et al., 1987), aus einer in Neuseeland mit denselben Instrumenten durchgeführten Untersuchung liegen zustimmende Antworten von 25 Prozent der Frauen vor (Gavey, 1991), und in Zimbabwe gaben 26 Prozent der Frauen an, mindestens einmal unter Gewalt(androhung) zu sexuellen Handlungen gezwungen worden zu sein (Watts et al., 1998).

Befragungen von Männern. Nur ganz selten liegen bis heute Befragungen von Männern zu ihrer Gewaltneigung gegenüber Frauen vor, was vielleicht damit zusammenhängt, dass Forscher keine ehrlichen bzw. brauchbaren Antworten erwarten. Vielleicht müsste man nur geschickt genug fragen, wie dies z.B. Forscher in Uttah Pradesh versuchten. Sie fragten die (verheirateten) Männer schlicht danach, wie häufig sie ihre Frauen im zurückliegenden Jahr „gewaltsam zum Beischlaf hätten zwingen müssen" (etwa, um sie an ihre ehelichen Pflichten zu erinnern!). Von Distrikt zu Distrikt schwanken die Angaben etwas, nämlich zwischen 10 und über 30 Prozent, was die Forscher mit kulturellen Einflüssen erklären, da zwischen den Distrikten etwas unterschiedliche allgemeine Normen und Ansprüche hinsichtlich der ehelichen „Beischlafspflicht" bestehen (Heise et al., 1999). Wiederum waren im Durchschnitt ein Viertel der Frauen betroffen – und zur Erinnerung: die meisten sexuellen Gewalttaten finden in bereits bestehenden heterosexuellen Beziehungen statt.

9.3.3 Gewaltsame sexuelle Initiationsriten

Auch die in verschiedenen Kulturen nach wie vor vorhandenen sexuellen Initiationsriten, mit denen Mädchen unter Anwendung von Zwang oder Gewalt „in den Stand der Frau erhoben" werden, sind in den vergangenen Jahren im Auftrag der WHO eingehend beforscht worden. Vergleichende Studien dazu wurden in vielen Ländern durchgeführt, z.B. in Südafrika (Buga et al., 1996), Tansania (Matasha et al., 1998) und Neuseeland (Dickson et al., 1998) – nicht zuletzt, weil bei solchen Riten die Gefahr einer AIDS-Übertragung unmittelbar gegeben ist. In der Südafrika-Studie in Transkai waren immerhin 40 Prozent der Frauen unter Zwang zum ersten Geschlechtsverkehr gezwungen worden, in Mwanza/Tansania 28 Prozent und in Neuseeland 7 Prozent. Dabei konnte beobachtet werden, dass die Gewalttätigkeit der Initiationsriten umso schwerwiegender ausgefallen war, je jünger die auf diese Weise missbrauchten Mädchen waren. Etwa ein Viertel der befragten betroffenen Frauen gab an, jünger als 14 Jahre gewesen zu sein, als die Initiation vollzogen wurde.

9.3.4 Menschenhandel und der gewaltsame Zwang zur Prostitution

Während der letzten zwei Jahrzehnte haben weltweit agierende Mafia-Banden einen hochgradige Gewinne abwerfenden Menschenhandel etabliert, in dem Frauen zur Sklavenarbeit gezwungen werden und deren wesentlichste Einnahmequelle in der sexuellen Ausbeutung der Betroffenen durch den Zwang zur Prostitution besteht. Kriegerische Auseinandersetzungen zwischen Völkern, Migrationsbewegungen, die ökonomischen und sozialen Ungleichheiten zwischen und innerhalb von Gesellschaften sowie die in westlichen Industrienationen anwachsende Forderung und Suche nach Billiglohn-Arbeitskräften haben den Handel mit Frauen zu einem der mächtigsten illegalen Industriezweige anwachsen lassen (Watts & Zimmerman, 2002). Häufig arbeiten bei diesem attraktiven Geschäft die Mafia-Banden nicht allein, sondern mit hochrangigen Personen in der Polizei, im Militär und in der Politik zusammen.

Häufigkeit und Verbreitung. Es gibt keine zuverlässigen Zahlenangaben zum wirklichen Ausmaß dieses Problems. Schätzungen gehen in die Richtung, dass gegenwärtig etwa 700.000 bis 2 Millionen Frauen jährlich zum Zwecke ihrer sexuellen Ausbeutung über Landesgrenzen verschoben werden (O'Neill, 1999). Wohlgemerkt: In diesen Zahlen sind jene Frauen nicht eingeschlossen, die innerhalb der Landesgrenzen aus gleichen Gründen verkauft und zur Sexualität/Prostitution gezwungen werden. Berichte über die inzwischen erreichten, „unglaublich" oder (besser:) inakzeptabel hohen Ausmaße des Problems erreichen die Genfer „International Organization for Migration" inzwischen aus allen Teilen der Welt (IOM, 2001).

Die größte Zahl von Frauen, die über Landesgrenzen hinweg zum Zwecke der erzwungenen Prostitution „verkauft" wurden, werden zurzeit aus Asien gemeldet (Schätzung: über 250.000 pro Jahr), aus dem Bereich der vormaligen Sowjetunion (über 100.000), aus Zentral- und Osteuropa einschließlich der Balkanstaaten (über 175.000), aus Latein Amerika und karibischen Staaten (100.000) und schließlich aus Afrika (mit über 50.000 pro Jahr). Die betroffenen Frauen werden zunächst mit dem Angebot einer sicheren Arbeitsstelle gelockt, z.B. als Haushaltshilfe, Kindermädchen oder Tänzerin. Die meisten Frauen werden sich der verheerenden Folgen ihrer Entscheidung erst jenseits der Landesgrenzen bewusst, wenn sie mit z.T. brutaler Gewalt zur Prostitution gezwungen werden und ein Leben unter Sklaverei ähnlichen Zuständen führen müssen. Ihnen werden sämtliche lebenswichtigen Dokumente, Pässe und Visa entwendet. Und sind sie nicht frei willig, müssen sie mit extremen körperlichen Misshandlungen und Vergewaltigung rechnen.

Aktuelles Beispiel: Kosovo. Daten des IOM-Büros im Kosovo, das 130 Frauen (zumeist Moldavierinnen) aus ihrer schrecklichen Lage befreien konnte, verdeutlichen konkrete Eigenarten: 72 Prozent wurden mit falschen Versprechungen angeworben, 11 Prozent sogar in ihrer Heimat auf dem Weg nach Hause oder am Arbeitsplatz regelrecht gekidnappt, 91 Prozent hatten für ihre sexuellen Dienste nie eine Bezahlung erhalten, und 60 Prozent bekamen während der Zeit ihrer Gefangenschaft und trotz der hohen Gesundheitsrisiken ihrer Tätigkeit nie die Gelegenheit, einen Arzt oder medizinische Helfer zu konsultieren (IOM-Kosovo, 2001).

9.3.5 Gewalt gegen Prostituierte

Weder in der Öffentlichkeit noch in der Wissenschaft hat die physische und sexuelle Gewalt gegenüber Prostituierten bisher ein nachhaltiges Interesse gefunden. Gewalttätigkeiten gegen Prostituierte können von unterschiedlichen Personen ausgehen, von Klienten, von Zuhältern oder von Clubbesitzern, die Räume und Prostituierte „vermieten", aber auch von Sozialarbeitern und medizinischen Helfern, die Prostituierte „betreuen". Erst in jüngster Zeit mehren sich Versuche, dieses Phänomen aufzuhellen (z.B. Church et al., 2001).

Die Autoren befragten 240 Prostituierte in Leeds, Glasgow und Edinburgh. Von diesen berichteten 50 Prozent derjenigen, die Kunden auf der Straße anwerben, und 26 Prozent derjenigen, die Termine telefonisch vereinbaren, über verschiedene Formen körperlicher und sexueller Gewalt, die ihnen in den vergangenen sechs Monaten von Klienten zugefügt worden seien. Von den Prostituierten, die Kunden auf der Straße ansprechen, waren insgesamt 86 Prozent schon einmal von Kunden tätlich angegriffen worden. 33 Prozent gaben an, geschlagen worden zu sein, 30 Prozent wurden schon einmal mit einer Waffe zur Prostitution gezwungen. 27 Prozent berichteten über eine Vergewaltigung. Und 9 Prozent waren mit dem Messer bedroht oder sogar verletzt worden.

9.3.6 Vergewaltigung in Kriegszeiten

Insbesondere Berichte über Gräueltaten in den noch nicht lange zurückliegenden Kriegen im ehemaligen Jugoslawien und in Ruanda haben erneut die Aufmerksamkeit auch noch auf eine weitere, besondere Form der sexuellen Gewalt gegen Frauen gelenkt. In Ruanda wurde die Vergewaltigung durch Soldaten eingesetzt, um den Zusammenhalt sozialer Gemeinschaften aufzuweichen oder ihren Widerstand zu brechen. Im Rahmen ethnischer Säuberungen im ehemaligen Jugoslawien wurde die „gezielte Befruchtung anders gläubiger Frauen" sogar regelrecht „als Waffe" benutzt.

Verbrechen gegen die Menschlichkeit. Vergewaltigung von Frauen in Kriegszeiten ist kein unbekanntes Phänomen und findet sich, solange es schriftliche Dokumente über Kriege gibt, immer wieder dokumentiert (vgl. Swiss & Giller, 1993). Frauen wurden und werden sexuell misshandelt oder als Kriegsbeute betrachtet, im antiken Griechenland, im Mittelalter bis in unsere Zeit. Bis in die jüngste Vergangenheit hinein hatte man dieses Problem eher als Kollateralschaden betrachtet. Glücklicherweise betrachtet das UN Kriegsverbrecher Tribunal in Den Haag inzwischen sexuelle Übergriffe und Vergewaltigung in Kriegszeiten als Verbrechen gegen die Menschlichkeit. Es hat bereits mehrere serbische Soldaten wegen Vergewaltigung und Folterung muslimischer Frauen und Mädchen sowie wegen des gewaltsamen Erzwingens von Prostitution hart verurteilt.

Leider lassen sich über die Häufigkeit des Vorkommens sexueller Gewalt in Kriegszeiten keine genauen Angaben machen. Die Schätzungen auf der Grundlage von Nachbefragungen nehmen jedoch erschreckende Ausmaße an. Zum Beispiel wird die Zahl der muslimischen Frauen, die während der kriegerischen Auseinandersetzungen in Bosnien-Herzegowina in den Jahren 1992–1995 von serbischen Soldaten vergewaltigt wurden, auf weit über 20.000, ja sogar bis auf annähernd 50.000 geschätzt – das wären annähernd 1–2 Prozent aller Frauen, die bis Kriegsbeginn in dieser Region beheimatet waren.

9.3.7 Klinische Aspekte

Angesicht der Vielgestaltigkeit, mit der sexuelle Gewalt gegen Frauen ausgeübt wird, lassen sich Taten und Täter übergreifende Angaben nur begrenzt machen. Die nachfolgenden beschränken sich zumeist auf Sexualstraftaten, die unter den Rechtskategorien sexuelle Nötigung und Vergewaltigung zusammengefasst werden. Es sollen hier nur einige wichtige Auffälligkeiten angesprochen werden, auf die wir im nächsten Kapitel (→ 10) über psychische Störungen bei Sexualstraftätern nochmals eingehen werden.

Unterschiede zum sexuellen Missbrauch von Kindern. Es gibt offensichtlich eine Reihe von Unterschieden zwischen einerseits Tätern, die zu sexuellem Missbrauch von Kindern neigen, und andererseits Tätern, die wegen sexueller Nötigung erwachsener Frauen oder wegen Vergewaltigung angezeigt bzw. verurteilt wurden (Grubin & Kennedy, 1991). Es bleibt natürlich ein Definitionsproblem zu beachten, das den zeitlichen Übergang zwischen beiden Phänomenen in der Jugend betrifft. Ungeachtet dieser Definitionsprobleme haben sich inzwischen einige Aspekte identifizieren lassen, hinsichtlich derer sich Kindesmissbrauch und Vergewaltigung in gewissen Grenzen unterscheiden lassen. Die Täter, die zu sexueller Nötigung und Vergewaltigung neigen, scheinen jünger als Missbrauchstäter zu sein, hatten weniger häufig auffällige körperliche Erkrankungen in ihrem Leben, haben eine etwas höhere Schulbildung, waren jedoch wegen Aggressionen und weiterer Verhaltensstörungen in der Schule auffällig geworden, neigen sowieso ganz allgemein leichter zu aggressiven Ausbrüchen, weshalb bei vielen von ihnen eine *Störung der Impulskontrolle* unterstellt wird (Hudson & Ward, 1997).

Ausmaß der Gewalt. Einer der häufig diskutierten Unterschiede zwischen Kindesmissbrauchern und Vergewaltigern betrifft das Ausmaß der von den Tätern ausgeübten Gewalttätigkeit. Die instrumentell ausgeübte Gewalt scheint bei Vergewaltigungstaten durchschnittlich höher ausgeprägt als bei sexuellem Missbrauch von Kindern (Prentky & Knight, 1991). Andererseits ist diese Unterscheidung nicht unproblematisch, da sich sowohl bei Vergewaltigungs- als auch bei Missbrauchstätern größere Untergruppen mit jeweils differierender Gewaltneigung finden lassen. Eine Unterscheidung entsprechend des Gewaltausmaßes eignet sich möglicherweise besser, Untergruppen von Sexualstraftätern zu identifizieren, als dass sich damit signifikante Unterschiede zwischen Kindesmissbrauchern und Vergewaltigern begründen ließen (→ 8.3).

So lässt sich beispielsweise beobachten, dass einsitzende sexuelle Gewalttäter häufig auch wegen anderer Kapitalverbrechen auffällig geworden sind. Dies gilt es zu beachten, wenn die aktuelle Verurteilung wegen Vergewaltigung erfolgte. Zunehmend häufiger wird dieser Zusammenhang von sexueller Gewalt gegen Frauen und körperlicher Gewalt gegen Männer bei Jugendlichen und jungen Erwachsenen beobachtet (Epps, 1991). Mindestens die Hälfte aller derzeit verurteilten Vergewaltiger scheint bereits zuvor wenigstens einmal wegen anderer Gewaltdelikte gegen Männer gerichtlich verurteilt geworden zu sein (Stermac & Quinsey, 1986; Weinrott & Saylor, 1991).

Je schwerer die Gewalttaten sind, umso ähnlicher scheint sich auch die Biographie der wegen Vergewaltigung bestraften Täter wie die der übrigen Gewalttäter auszunehmen: Bei beiden Gruppen finden sich sehr häufig dysfunktionale Erziehungsumwelten in der Kindheit und krasse selbst erlebte Gewalterfahrungen als Risikofaktoren, wobei es für eine größere Untergruppe sexueller Gewalttäter typischer ist, dass viele von ihnen in ihrer Entwicklung intrafamiliäre sexuelle Gewaltakte beobachten konnten oder als Opfer erfahren mussten (Hudson & Ward, 1997; Marneros, 1997). Man muss Gewalt lernen, um selbst gewalttätig zu werden.

Pornographie. Häufig untersucht wurde die Frage, welche „anregende Funktion" dem Anschauen von Sex-Videos oder dem Lesen pornographischer Zeitschriften und Bücher für die Ausübung sexueller Gewalttaten zugesprochen werden kann (z.B. Carter et al., 1987). Hier findet sich ein weiterer interessanter Unterschied zwischen Missbrauchstätern und Vergewaltigern: Vergewaltiger beschäftigen sich kaum mit Pornographie und lesen sie kaum im Vorfeld ihrer Taten, etwa um sich zu stimulieren – und dies offensichtlich in deutlichem Unterschied zu Tätern, die sich sexuell an Kindern vergehen. Die Nutzung pornographischer Schriften scheint auch ein Marker für das Vorliegen paraphiler Neigungen zu sein. Insbesondere pädophile Täter berichten, dass sie Sex-Videos oder Schriften für Fantasien beim Masturbieren zwischen ihren Übergriffen benutzt hätten (Marshall, 1989 b). Immerhin lässt sich das Interesse an pornographischen Schriften immer wieder auch bei Personen beobachten, die zu periculären sexuell sadistischen Handlungen neigen.

9.4 Stalking: die (sexuell motivierte) Verfolgung von Personen

Unter Stalking (englisch *to stalk*: pirschen, verfolgen) versteht man eine vom Opfer nicht intendierte exzessive Verfolgung eines Menschen mit andauernder Belästigung oder gar Bedrohung. Betroffen davon sind meist Prominente, aber auch ganz normal lebende Menschen. Das Stalking kann eine paraphile Dranghaftigkeit als Ursache haben. Es kann auch völlig anderen Motiven entspringen, etwa der Jagd nach Erfolgsstorys durch Journalisten (durch sog. Paparazzi) – einem Stalking-Phänomen mit gelegentlich tödlichem Ausgang, dem auch Prinzessin Diana bei einer Verfolgungsjagd zum Opfer fiel. Nachfolgend werden zum besseren Verständnis des Gesamtphänomens ganz allgemeine Erkenntnisse zum Stalking dargestellt, bevor wir anschließend auf das zumeist deutlich anders gelagerte sexuell motivierte Stalking näher eingehen werden.

9.4.1 Die Opfer

Stalking-Opfer werden häufig in schwere psychische Probleme getrieben und gelegentlich zur Aufgabe des Wohnorts, der Freunde und des Arbeitsplatzes gezwungen. Eher selten steigert sich das Stalking so weit, dass die Täter zu Totschlägern oder Mördern werden oder ihre Opfer in den Selbstmord treiben. Morddrohungen jedoch sind anteilmäßig gar nicht so selten (Mullen et al., 2000). Selbst Prominente aus Film, Fernsehen und Presse können sich nur schwer gegen derartige, oft jahrelange und fanatisch betriebene Verfolgungen wehren, trotz Bodygards und guter Anwälte. Aber nahezu hilflos sind bei der derzeitigen Rechtslage in Deutschland lebende nicht prominente Menschen derartigen Verfolgungen ausgesetzt. Oft sind die Opfer – was sexuell motivierte Verfolgungen angeht – Menschen, die auf das sexuelle Begehren oder Werben eines anderen Menschen oder ehemaliger Sexualpartner ablehnend reagieren. Zumeist erhalten die Betroffenen, weil es sich rechtlich um Bagatellfälle handelt, kaum Hilfe von Polizei oder Justiz.

Menschen des öffentlichen Lebens werden von Verehrern und Verehrerinnen oft jahrelang mit Briefen, Geschenken, persönlichen Ansprachen, aber auch mit

Drohungen und Angriffen verfolgt. Eines der prominentesten Opfer ist John Lennon von den Beatles gewesen, der am 8. Dezember 1980 in New York (von einem paranoiden Täter) erschossen wurde. Sehr viel hilfloser jedoch sind die *nicht prominenten* Opfer von Stalking. Viele werden oft in ihrer Not nicht einmal für ernst genommen. Es trifft aber nicht nur Menschen, die sich von ihren Partnern getrennt haben, sondern auch Menschen, die ohne irgendeine Vorgeschichte plötzlich die Aufmerksamkeit eines anderen finden.

Die Verfolgungen können von gelegentlichen Briefen und Telefonaten bis hin zu ganztägiger Verfolgung reichen. Je länger diese Verfolgung dauert, desto größer wird – bei vorbestehender Gewaltbereitschaft – die Gefahr, dass die Täter übergriffig werden (Sheridan & Davies, 2001).

9.4.2 Die Täter

In der Bundesrepublik Deutschland wird der Tatbestand des Stalkings, ganz im Unterschied z.B. zu den USA oder Großbritannien, bisher statistisch nicht erfasst. Man ist daher nur auf Schätzungen angewiesen. Da in den USA relativ gesicherte Daten vorliegen, seien diese vorgestellt. Für eine Umrechnung auf deutsche Verhältnisse sei erwähnt, dass die USA rund 260 Millionen und Deutschland 80 Millionen Einwohner hat. In den USA werden jedes Jahr ca. 1,5 Millionen Menschen Opfer von Stalking, davon sind über 1 Million Frauen – in Deutschland könnten es also gut 600.000 Menschen mit einem Frauenanteil von etwa 400.000 sein. Kritisch bleibt zurzeit, ob ein solcher Vergleich zwischen den USA und Deutschland statthaft ist.

Immerhin gaben in repräsentativen Bevölkerungsbefragungen in den USA ca. 8 Prozent aller Frauen und ca. 2 Prozent der Männer an, irgendwann in ihrem Leben einmal das Opfer von Stalkern gewesen zu sein (Tjaden & Thoennes, 1998). Weiter geht man davon aus, dass sich in ca. 70 Prozent der Stalkingfälle die Opfer und Täter bereits vorher persönlich kannten – was juristische Entscheidungen nicht vereinfacht. Ein Fünftel der Frauen, die von ihren früheren Partnern verfolgt wurden, gaben an, dass das Stalking bereits vor der offiziellen Scheidung in der Trennungsphase begann, 43 Prozent wurden ab dem Zeitpunkt der Trennung verfolgt, während 36 Prozent berichten, dass sie sowohl vor wie nach der Trennung kontinuierlich belästigt wurden.

Je nach Studie kommt es in bis zu 25 Prozent der Fälle zur Anwendung von physischer und/oder sexueller Gewalt (Burgess et al., 1997). Dabei lässt sich beobachten, dass es insbesondere dann zum gewalttätigen Stalking durch frühere Intimpartner kommt, wenn die Täter bereits in der Zeit der Partnerschaft zu Aggression und Gewalt neigten. 81 Prozent der Frauen, die durch Intimpartner nach der Trennung verfolgt wurden, gaben an, dass sie bereits in der vorbestehenden Beziehung physischer bzw. sexueller Gewalt ausgesetzt waren (Tjaden & Thoennes, 1998).

9.4.3 Sexuelle Übergriffe

Was sexuelle Belästigungen und Übergriffe angeht, so lassen sich diese bei etwa einem Viertel der Stalkingfälle beobachten (Meloy, 1998; Mullen et al., 2000). Die Häufigkeit des Vorkommens darf also nicht unterschätzt werden. Weiter ist bedeutsam, dass sexuelle Übergriffe vor allem durch Opfer berichtet werden, die den Täter zuvor *nicht* persönlich kannten – wodurch das sexuell motivierte Stalking sich von der Mehrzahl der bis hier beschriebenen Stalkingfälle unterscheidet (Sheridan & Davies, 2001). Auch scheint es eine besondere Untergruppe von Tätern zu geben, die es bei der sexuellen, zumeist telefonischen Belästigung belassen, die also nicht gewalttätig werden. Möglicherweise handelt es sich bei dieser Gruppe um Personen mit paraphiler (exhibitionistischer) Neigung oder einer entsprechenden Störung des sexuellen Werbungsverhaltens (Erotophonie; → 8.1.6) – ein Aspekt, der in der bisherigen Stalkingforschung jedoch noch keine Aufmerksamkeit gefunden hat.

Tötungsdelikte. Unbedingt beachtenswert bleibt jedoch Folgendes: Bei den in den USA ermordeten Frauen handelt es sich in ca. 15 Prozent der Fälle um Opfer von Sexualdelikten, die bereits zuvor von ihnen bis dahin zumeist unbekannten Tätern mit sexuellen Motiven verfolgt worden waren! In diesem Zusammenhang scheint von Bedeutung, dass viele verfolgte Frauen zumeist nur Täter zur polizeilichen Anzeige bringen, die mit Gewalt gedroht haben oder die gewalttätig geworden sind. Frauen bringen offensichtlich sexuelle Belästigungen in nur sehr seltenen Fällen zur Anzeige, erst nach einer sexuellen Nötigung – sie unterlassen eine Anzeige sogar in den Fällen, in denen die Stalker wildfremde Personen waren (Sheridan & Davies, 2001).

9.4.4 Klinische Aspekte

Sofern jemand den Partner oder die Partnerin verlassen hat, ist es eine normale und häufige Reaktion, dass der oder die Verlassene versucht, die Partnerschaft zu retten. Dies kann per Brief, per Telefon oder durch persönlichen Kontakt erfolgen. Zum Stalking bzw. zu einem psychopathologisch auffallenden Verhalten wird es erst dann, wenn trotz eindeutiger Sinnlosigkeit eines derartigen Strebens dieses übernachhaltig wird und über Monate oder gar Jahre andauert.

Definition. Von der Forschung werden heute – in Anlehnung an eine Definition von Mullen et al. (1999) – erst dann konkrete Fälle in Untersuchungen zum „Stalking" eingeschlossen, wenn es zu zehn Verfolgungen gekommen ist, die in einem Zeitraum von einem Monat stattgefunden haben und die mehr als eine Form der Bedrohung, Nötigung oder Gewaltanwendung beinhalten. In solchen Fällen spricht viel dafür, dass es sich bei länger anhaltendem Stalking um ein Einschleichphänomen mit Gefahrpotenzial handelt.

Psychische Störung? In früheren Studien (aus den 1970er und 1980er Jahren) wurden die Stalker häufig als harmlose zwanghafte oder anderweitig psychisch gestörte Personen beschrieben, die offenkundig nur in Ausnahmefällen gewalttätig handeln. Die Häufigkeitsangaben zur Gewaltneigung liegen in diesen Studien weit unter 10 Prozent (vgl. Meloy, 1997). Seit das Stalking-Phänomen gründlicher untersucht wird, musste diese Ansicht revidiert werden. Zwar zeigt sich, dass bei Vorliegen einer psychischen Störung (zumeist mit wahnhaft-psychotischen Störungsmuster) in der Tat das Gewaltrisiko mit 10 Prozent begrenzt ist. Liegen keine diagnostizierbaren psychischen Störungen vor, scheint das Gewaltrisiko erheblich anzusteigen, nämlich bis zu über 50 Prozent der Fälle (Kienlen et al., 1997; Harmon et al., 1998). Die Gefahr der Gewaltanwendung durch Stalker scheint bei jenen höher zu liegen, die ihre Opfer bereits aus früheren Beziehungen kannten (Ehe oder Partnerschaft; weil sie einmal geschlechtlich miteinander verkehrt hatten oder weil sie nur einmal miteinander verabredet waren).

Persönlichkeitsstörung? Nach amerikanischen Untersuchungen sollen höchstens ein Drittel der Täter unter einer psychischen Störung leiden (Sheridan & Davies, 2001). Differenzialdiagnostisch wird beim Stalking zunächst an ein Wahngeschehen gedacht, welches die gesamte Bandbreite menschlicher Themen umfassen kann. Tauchen dabei libidinöse Motive auf, sind diese kaum paraphil geprägt. Neuerlich werden in Einzelfallberichten Persönlichkeitsstörungen festgestellt (Mullen et al., 2000). Dabei muss eine Fehleranfälligkeit durch Mode-Diagnosen bedacht werden. Diese Problematik betrifft insbesondere die wiederholt mitgeteilte Diagnose einer narzisstischen Persönlichkeitsstörung (Meloy, 1997). Sie begründet sich damit, dass es sich bei so manchem Täter um eine verlassene oder in seinen sexuellen Angeboten verschmähte Person handelt, die dann in ihren Aggressionen ein Stück Selbstwertgefühl zurückgewönne. Für einige Täter stifte derartiges Tun sogar neuen Lebenssinn (Mullen et al., 2000).

Hier sei jedoch eine Warnung angebracht: Die Diagnose narzisstische Persönlichkeitsstörung könnte (wie übrigens auch die frühere der Erotomanie) eine unsinnige Zirkelschlussdiagnose sein, da sie konzeptuell unterstellt, dass Betroffene überempfindlich auf tatsächliche oder eingebildete Kränkungen oder Zurückweisungen reagieren. Dabei wird der Symptomcharakter aktuellen Tuns mit einer Traitvariable verwechselt. Unerfüllte bzw. glücklose Liebe oder Liebessehnsucht kann sich zeitweilig bei vielen Menschen bis hin zur wahnhaft anmutenden Verfolgungsneigung steigern. In Studien mit standardisierter Diagnostik jedenfalls kommt die Diagnose der narzisstischen Persönlichkeitsstörung beim Stalking so gut wie gar nicht vor (vgl. Meloy, 1998; Farnham et al., 2000).

Folgen für Opfer. Glaubt man den inzwischen dazu vorliegenden Statistiken, müssen ca. 40 Prozent der Stalking-Opfer psychotherapeutisch betreut werden – auch oft noch Jahre nach Beendigung des erlebten Stalking-Übergriffs (Sheridan & Davies, 2001). Leider hat sich die Stalkingforschung bis heute vorrangig um eine Aufhellung der Motive und Handlungsmuster der Täter gekümmert und die Opfer sowie ihre z.T. traumatischen Erfahrungen weitgehend vernachlässigt. Das sollte sich möglichst rasch ändern.

9.4.5 Rechtliche Aspekte

Strafrecht. In den USA und in Großbritannien ist Stalking ein Straftatbestand und wird inzwischen von der Polizei und der Justiz verfolgt und bestraft. In Hollywood, mit seinen vielen Prominenten, gibt es dafür bei der Polizei sogar eine eigene Einsatztruppe. In Deutschland gibt es zurzeit nur begrenzte rechtliche Möglichkeiten gegen diese Art der Belästigung oder Verfolgung. Möglich ist jedoch die Anwendung anderer Straftatbestände, wie z.B. Beleidigung/Belästigung nach § 185 StGB oder Körperverletzung nach § 223 StGB. Nach einem Grundsatzurteil des Bundesgerichtshofes kann auch Telefonterror als Körperverletzung verfolgt werden. Bei körperlichen Attacken ist natürlich der Tatbestand der Körperverletzung oder auch der gefährlichen Körperverletzung nach § 223a StGB oder der schweren Körperverletzung nach § 224 StGB erfüllt. Dabei kann es zu einer Anklage wegen versuchten Totschlags nach § 212 oder 213 StGB oder sogar zu einer Verurteilung wegen versuchten Mordes nach § 211 StGB kommen.

Zivilrecht. Seit Einführung des neuen Gewaltschutzgesetzes Anfang 2002 ist in Deutschland der Gang zu einem Zivilgericht sehr viel Erfolg versprechender, als etwa mit anwaltlicher Hilfe das Strafrecht zu bemühen. Auf diese Weise ist es möglich, ein Unterlassungsurteil gegen den Stalker zu erwirken. Mit einem derartigen Urteil als Voraussetzung kann man dann die Hilfe der Polizei zur Durchsetzung des Urteils in Anspruch nehmen. Außerdem kann der Verurteilte bei Verstoß gegen die gerichtliche Auflage dann endlich auch strafrechtlich zur Verantwortung gezogen werden. Hält sich der Täter nicht an Verbote, so sieht das Gesetz die Androhung einer Freiheitsstrafe bis zu einem Jahr vor.

10 Psychische Störungen bei Sexualstraftätern

Die schon wiederholt angedeutete Stagnation im Bereich der Differenzialdiagnostik und Ausdifferenzierung sexueller Störungen und Straftaten ist in der Tat beklagenswert, unterscheidet sie sich doch beträchtlich von den Fortschritten, wie sie in der Diagnostik und Klassifikation anderer psychischer Störungen erreicht wurden. Nur auf diese Weise würde sich letztlich auch die Frage einer möglichen – unseres Erachtens häufig etwas zu leichtfertig konstatierten – „Unbehandelbarkeit" von Sexualstraftätern befriedigender, als dies heute möglich ist, beantworten lassen. Im Folgenden sollen einige dieser Versuche, klinisch-diagnostische Ordnungsmuster für die Begründung psychologischer und psychotherapeutischer Maßnahmen bei Sexualdelinquenten zu entwickeln, dargestellt und diskutiert werden.

Funktionale Bedingungsanalysen. Dazu wird die rechtliche Perspektive der Einteilung der Sexualdelikte in „ohne Körperkontakt" (= Belästigung) bzw. „mit Körperkontakt" (= Übergriff) verlassen. Zwar wird es einerseits vorrangig um die Frage gehen, welche spezifischen klinischen Phänomene und psychischen Störungen bei Sexualdelinquenten beobachtet werden. Andererseits ist damit die Frage eng verbunden, welche Funktionen diese psychopathologischen Eigenarten und Auffälligkeiten für die Entwicklung und Aufrechterhaltung sexueller Delinquenz haben könnten. Folgende funktionale Bedingungshypothesen sind in diesem Zusammenhang zu unterscheiden:

▶ *Disinhibitions- bzw. Enthemmungshypothesen:* Psychische Verfassungen und Störungen können einerseits proximal (d.h. zeitlich näher zum Tatgeschehen) für eine Enthemmung infrage kommen, z.B. bei Störungen der Impulskontrolle oder bei Alkoholmissbrauch.

▶ *Coping- bzw. Bewältigungshypothesen:* Sexuelle Übergriffe stellen Möglichkeiten dar, um aus zunehmend unerträglichen emotionalen Zuständen herauszukommen: zur Überwindung depressiver Verstimmungen oder sozial bedingtem Stresserleben.

▶ *Kontexthypothesen:* Für die proximale Virulenz nicht nur dieser psychischen Verfassungen und Störungen, sondern für sexuelle Übergriffe insgesamt sind weitere allgemeine, z.B. kontextuelle Faktoren als bedeutsam anzusehen: soziale Isolation, Mangel an Sexualpartner, konfliktreiche zwischenmenschliche Beziehungen, soziale Belastungen usw.

▶ *Entwicklungshypothesen:* In einem weiteren Sinne spiegeln sich in den aktuellen psychischen Störungen und persönlichen kontextuellen Bedingungen distale (d.h. biographisch bedeutsame) Faktoren wider, die für ihre Entwicklung in Betracht gezogen werden müssen: dysfunktionale Erziehungsumwelten, subkulturelle und Medien-Einflüsse, miterlebte und beobachtete sexuelle Gewalt.

▶ *Ausgestaltungshypothesen:* Mit welchen konkreten Handlungen und in welcher Abfolge wird die jeweilige Tat durchgeführt: unter Alkoholeinfluss, genau geplant, kann die Tat selbst kontrolliert jederzeit unterbrochen werden, usw.?

Paraphilien: In diesem Zusammenhang kann auch die Funktion der periculären Paraphilien deutlicher als bisher beschrieben werden (→ 8.3; → 8.4). Erstens kommen sie nur bei einer Untergruppe von Sexualstraftätern vor. Und zweitens scheint sich ihre Funktion weitgehend auf die konkrete Ausgestaltung der Taten zu beschränken, als diese von den paraphilen Tätern zumeist in der Fantasie vorweggenommen und entsprechend durchgeführt werden (*Ausgestaltungs*hypothese). Wenn man Einzelfallanalysen berücksichtigt, kann ihnen gelegentlich eine enthemmende Funktion zugesprochen werden (*Disinhibition*shypothese). Wie wir jedoch sehen werden, lassen sich gerade bei periculär paraphilen Tätern fast immer kontextuelle Belastungen und schwer erträgliche psychische Verfassungen im Umfeld der Taten beobachten, die die Täter mit sexuellen Übergriffen zu kompensieren versuchen (*Coping-* und *Kontext*hypothesen). Letztere scheinen für die Tatausführung entscheidender zu sein als die Paraphilien.

Wenn man diesem Hypothesenraum zustimmen mag, hat alles beträchtliche Implikationen für die Behandlung. Es ginge in der Therapie nicht mehr um eine Behandlung sexueller Abartigkeit oder der Paraphilien, sondern vorrangig um eine Beeinflussung kontextuell und persönlich enthemmender und lebensgeschichtlich fortwirkender Prozesse, um den Teufelskreis sexueller Delinquenz gar nicht erst in Gang kommen zu lassen oder um ihn möglichst frühzeitig zu unterbrechen. Dabei übernehmen psychische Störungen häufig eine vermittelnde Funktion. Genau dies findet inzwischen in der Ausarbeitung therapeutischer Konzepte vorrangig Berücksichtigung. Die gesonderte Beachtung und Behandlung der (periculären) Paraphilien ist dabei in den Hintergrund getreten (→ 12.2.5).

10.1 Klinisch relevante Ordnungsmuster bei Sexualdelinquenz

Dennoch gibt es über die Bedeutung der Paraphilien und anderer psychischer Störungen für Sexualdelinquenz in der Psychiatrie heftige Diskussionen (APA,

1999). Leider ist es so, dass gegenwärtig kaum jemand genaue epidemiologische Daten zur Frage liefern kann, bei wie vielen Sexualstraftaten sich eine oder mehrere psychischen Störungen beobachten lassen und welche spezifischen Störungen *wie* mit der Entwicklung von Sexualdelinquenz zusammenhängen. Dies liegt weiter daran, dass immer nur statistische Koinzidenzen und selten – wie gerade angedeutet – *funktionale* Hypothesen und Erklärungsmodelle untersucht werden. Mit so genannten Komorbiditätsuntersuchungen (z.B. zwischen Persönlichkeitsstörungen [Entwicklung], Paraphilien [Ausgestaltung] und Sexueller Gewalt [abhängige Variable]) werden immer wieder vorschnell funktionale Zusammenhänge suggeriert, die nicht stimmen müssen – weil im Beispiel enthemmende, kompensierende oder kontextuelle Faktoren ausgeklammert bleiben.

Auch dass sich viele klinische Forscher vorrangig für die Deliktkategorien „Missbrauch" und „Vergewaltigung" als abhängige Variablen interessieren, ist ein weiterer Grund, weshalb eindeutige Statistiken über das Ausmaß psychischer Gestörtheit unter Sexualstraftätern unvollkommen vorliegen (Hoyer, 2001; Marneros et al., 2002) – eine Situation, die selbst von einer eigens zu dieser Frage eingerichteten Task Force der „American Psychiatric Association" mit Bedauern konstatiert wird (APA, 1999). Dazu nachfolgender Exkurs zur „unklaren Epidemiologie" psychischer Störungen bei Sexualdelinquenz, der auf den Aussagen und Angaben dieses Task-Force-Berichts basiert. Die in diesem Bericht vorhandene Datenübersicht nimmt sich übrigens kaum umfänglicher aus, als sie hier wiedergegeben wird (→ 10.1.1) – mit Ausnahme der Paraphilien, die dort ausführlich besprochen werden (ebenfalls nachfolgend: → 10.2). Vorhandene Forschungsarbeiten über Impulskontrollstörungen, soziale Phobien und Depressionen bei Sexualstraftätern scheinen in der Task Force nur von peripherem Interesse gewesen zu sein, obwohl sie – wie wir zeigen werden – zur funktionalen Erklärung mehr beizutragen vermögen als die statistische Dokumentation der Vielfalt sexueller Präferenzen (→ 10.3; → 10.4).

10.1.1 Epidemiologie: nach wie vor ungeklärt

Dass keine verlässlichen epidemiologischen Angaben zu Vorkommen und Verbreitung von psychischen Störungen bei Sexualstraftätern gemacht werden können, liegt auch an einigen methodischen Restriktionen, mit denen sich klinische Forscher konfrontiert sehen. Ihre Klientel rekrutiert sich üblicherweise aus Gutachterstichproben. Sie müssen Sexualdelinquenz und psychische Störungen an Personen untersuchen, die entweder inhaftiert sind oder in der forensischen Psychiatrie behandelt werden. In klinischen Kontexten, wie z.B. in der forensischen Psychiatrie, wird die Zahl der psychischen Störungen zwangsläufig überschätzt, weil psychische Gestörtheit zumeist als Überweisungsgrund für die psychiatrische Behandlung vorgelegen hat. In Gefängnissen kommt es gegenläufig zu Unterschätzungen. Zahlenangaben zur Epidemiologie psychischer Störungen bei Sexualdelinquenten schwanken dementsprechend von Untersuchung zu Untersuchung. Kein Wunder also, dass es die Task Force der APA (1999) mit „unklaren Verhältnissen" zu tun bekam.

Nur grobe Schätzungen. Statt konkrete Zahlen zu nennen, versteht sich die Darstellung der Arbeitsgruppe zur Epidemiologie psychischer Störungen eher als Mahnung, aus bisher vorliegenden Forschungsarbeiten keine allzu weit reichenden Schlussfolgerungen abzuleiten. Denn, so die Autoren, die „Prävalenz" psychischer Störungen bei Sexualdelinquenz hänge auch noch von den Zeitperioden ab, in denen Untersuchungen durchgeführt wurden (APA, 1999). In den 1930er bis 1950er Jahren des letzten Jahrhunderts fanden sich in vielen Studien auffällig häufig „schizophrene Störungen". Diese Untersuchungen wurden nämlich zumeist in der Psychiatrie durchgeführt, wo Patienten mit diesem Störungsbild zwangsläufig überrepräsentiert sind. Heute kann festgestellt werden, dass sehr viel häufiger als früher „Persönlichkeitsstörungen" als Diagnosen vergeben werden, was möglicherweise ebenfalls dem Zeitgeist entgegenkommt, auch wenn unstrittig ist, dass sie in vielen Fällen gerechtfertigt sind. Gelegentlich scheint es jedoch so, als dienten „Persönlichkeitsstörungen" einigen Autoren auch noch dazu, sexuelle Abweichungen „zu erklären", was als fragwürdig angesehen werden muss.

Auf der Grundlage des APA-Berichts (1999) kann man heute nur grob davon ausgehen, dass eindeutig diagnostizierbare psychische Störungen nur bei mehr oder weniger als der Hälfte der Sexualstraftäter zu finden sind. Bei weit über der Hälfte waren auch noch Alkoholprobleme und andere Abhängigkeitserkrankungen zum Zeitpunkt der Strafhandlungen mit im Spiel. Wie der Task Force Bericht vermerkt: In welchem Umfang wisse man nicht genau.

Kritik. Soweit die Task Force Synopse über die Epidemiologie psychischer Störungen bei Sexualdelinquenz (APA, 1999). Hier sei deshalb eine kritische Anmerkung erlaubt. Die Autoren des Berichts waren offensichtlich von der bemerkenswerten Zahlendokumentation der Arbeitsgruppe um Abel (1987) über Paraphilien bei Sexualstraftätern so beeindruckt, dass sie diese auf vielen Seiten ausführlich dargestellt und kommentiert haben. Welchen Eindruck umfängliche Statistiken ausüben können, kann bei Lektüre des Kapitels → 10.2 leicht nachvollzogen werden. Hingegen werden ebenfalls vorliegende Forschungsbefunde zu anderen psychischen Störungen nicht oder nur am Rande erwähnt. Dabei spielen, wie angedeutet, die Paraphilien in den Behandlungskonzepten bei sexueller Delinquenz gut begründet eine zunehmend untergeordnete Rolle

($\rightarrow$ 12.2.4). Als bedeutsamer haben sich die inzwischen vorliegenden Forschungsarbeiten zu psychischen Störungen bei Sexualdelinquenten erwiesen. Darauf wird eingegangen ($\rightarrow$ 10.3).

10.1.2 Empirisch gewonnene Ordnungsmuster

Heute ist unstrittig, dass es sich bei der Gesamtgruppe gefährlicher Sexualdelinquenten um keine (patho)psychologisch homogene Gruppe handelt (Marneros et al., 2002). Dazu reicht ein Blick in nur wenige klinische Forschungsarbeiten zu einem der beiden Bereiche aus, um sich in den Diskussionsteilen dieser Publikationen immer wieder mit dem Bedauern der Autoren konfrontiert zu sehen, dass sich einfach keine prototypischen Angaben über sexuelle Missbrauchs- und Gewalttäter machen lassen.

Subtypen von Sexualdelinquenten. Es gibt bereits seit längerer Zeit einige Lösungsversuche, wie mit diesem Heterogenitätsproblem sinnvoll umgegangen werden könnte. Bereits Anfang der 1990er Jahre hatten einige Forschergruppen damit begonnen, Subtypen von Sexualdelinquenten hinsichtlich bereits erforschter psychologischer Merkmale und Auffälligkeiten zu unterscheiden. So wurde z.B. in einer Arbeit von Knight und Prentky (1990) zunächst eine Zahl von Subtypen hypothetisch festgelegt, um diese anschließend mit Hilfe von Cluster-Analysen empirisch zu prüfen bzw. weiter auszudifferenzieren. Die Autoren generierten schließlich zwei Diagramme (getrennt „Sexueller Kindesmissbrauch" und „Vergewaltigung"), mit deren Hilfe eine Zuordnung von Tätern zu spezifischen Subtypen vorgenommen werden kann.

Sexueller Missbrauch von Kindern
Die Gesamtgruppe der von Knight und Prentky (1990) einbezogenen Täter mit Missbrauch von Kindern unterschied sich einerseits hinsichtlich des Ausmaßes *sexuell devianter Fixierung* (im Sinne einer Pädophilie; degree of fixation: Fixiertheitsgrad). Andererseits konnte unterschieden werden hinsichtlich der *Häufigkeit von Kontakten* mit Kindern, seien diese sexueller und nicht sexueller Art (amount of contact: „sehr häufig" oder „eher selten"). Die Cluster-Analysen führten dann jeweils zur Ausdifferenzierung von weiteren zehn hierarchisch ableitbaren Subtypen ($\rightarrow$ Abb. 10.1).

Fixiertheit und Kontakthäufigkeit. Das Ausmaß der Fixiertheit und die Häufigkeit von Kontakten werden als zwei parallel bzw. unabhängig voneinander nutzbare Achsen angesehen, um Täter zu klassifizieren. Der vorläufigen Validierung dieser Clusterung lagen Daten von 177 Missbrauchstätern zugrunde. Erste

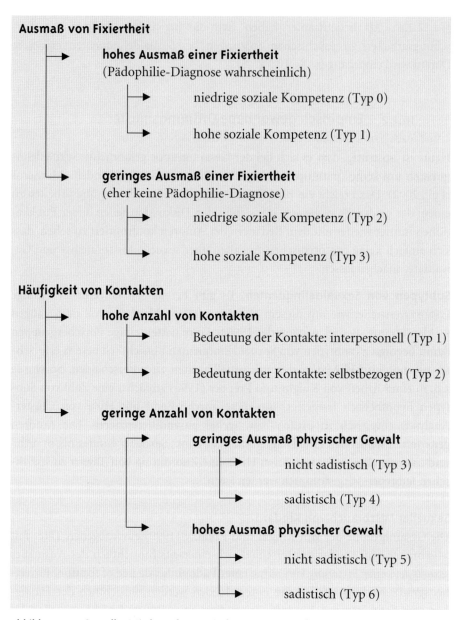

Ausmaß von Fixiertheit

→ **hohes Ausmaß einer Fixiertheit**
(Pädophilie-Diagnose wahrscheinlich)

→ niedrige soziale Kompetenz (Typ 0)

→ hohe soziale Kompetenz (Typ 1)

→ **geringes Ausmaß einer Fixiertheit**
(eher keine Pädophilie-Diagnose)

→ niedrige soziale Kompetenz (Typ 2)

→ hohe soziale Kompetenz (Typ 3)

Häufigkeit von Kontakten

→ **hohe Anzahl von Kontakten**

→ Bedeutung der Kontakte: interpersonell (Typ 1)

→ Bedeutung der Kontakte: selbstbezogen (Typ 2)

→ **geringe Anzahl von Kontakten**

→ **geringes Ausmaß physischer Gewalt**

→ nicht sadistisch (Typ 3)

→ sadistisch (Typ 4)

→ **hohes Ausmaß physischer Gewalt**

→ nicht sadistisch (Typ 5)

→ sadistisch (Typ 6)

Abbildung 10.1. Sexueller Missbrauch von Kindern: Diagramm für einen Entscheidungsprozess zur Klassifikation von Tätern (Knight & Prentky, 1990, S. 31)

testtheoretische Prüfungen hinsichtlich einer Interrater-Reliabilität führen zu guten bis sehr guten Übereinstimmungen bei der Täterzuordnung durch unterschiedliche Rater.

Wenn bei einem Täter häufige Kontakte mit Kindern in den unterschiedlichsten Kontexten diagnostiziert werden, ist eine weitere Differenzierung möglich.

Unterschieden wird zwischen Tätern, die vielfältige Kontakte mit Kinder nicht ausschließlich aus sexuellen Motiven pflegen (Typ 1: interpersonell), und Tätern, die neben sexuellen Kontakten ansonsten an keinerlei weiterer Kontakten mit Kindern interessiert sind (Typ 2: selbstbezogen). Bei interpersoneller Orientierung zielen intime Kontakte mit Kindern nicht nur auf sexuelle Befriedigung (Orgasmus), sondern sie bestehen auch aus vielfältigen anderen Interaktionen (Austausch von Zärtlichkeiten, Geschenken, Spielen, Reden „über alles" usw.), während beim selbstbezogenen Typus eher der Wunsch nach sexueller Befriedigung im Vordergrund steht.

Gewaltrisiko. Missbrauchstäter, die nur über eine geringe Anzahl von Kontakten mit Kindern verfügen, werden mit Hilfe des Schemas in zwei weitere Untergruppen eingeteilt, nämlich in jene mit einem geringen Gewaltrisiko (Typen 3 und 4) und in jene, bei denen ein erhöhtes Gewaltpotenzial besteht (Typen 5 und 6). Bei geringem Ausmaß an physischer Gewalt kommt es also nicht oder nur in Ausnahmefällen dazu, dass Täter die Kinder stoßen, schlagen, gewaltsam zwingen oder sogar mit Mord drohen.

Die Gruppe der gewalttätigen Missbrauchstäter lässt sich schließlich weiter unterteilen in Personen, die durch sadistische Fantasien und/oder sadistische Handlungen auffällig geworden sind. Eine Entscheidung für sadistische Neigungen wird üblicherweise in jenen Fällen gefällt, wenn sich Hinweise verdichten, dass nicht nur die sexuellen Kontakte, sondern vor allem die ausgeübten aggressiven Handlungen selbst sexuell erregende Funktionen erfüllen. Dazu gehören u.a. auch sexuell erregende gewalttätige Fantasien, ritualisierte Übergriffe, fremdartig anmutende bizarre sexuelle Handlungen oder auch die sexuelle Erregung der Täter allein durch die Angst oder Schmerzen ihrer Opfer.

Vergewaltigung

Bereits zu Beginn der Entwicklung einer Typologie der Vergewaltigung war den Autoren bewusst, dass sie es mit dem nur schwer überwindbaren *Heterogenitätsproblem* zu tun bekommen werden, in das schon zuvor verschiedenste Forscher vergeblich versucht hatten, eine einigermaßen akzeptable Ordnung zu bringen (→ 8.3.4). So waren denn auch erste Versuche der Autoren nicht sehr erfolgreich, zunächst mittels Cluster-Analysen generierte Hierarchiemodelle auf ihre Zuverlässigkeit bei Fallzuordnungen durch unabhängige Rater zu überprüfen. Die Autoren hatten erwartet, einen Zugang über die Funktionen zu finden, die Gewalt und Sadismus im Zusammenhang mit Vergewaltigung haben könnten. Dies erwies sich jedoch als nicht zielführend (Knight & Prentky, 1990).

Motivanalysen. Erst über weitere Zwischenschritte wurde schließlich eine revidierte Form gefunden, die jedoch kaum mehr mit der ersten Version in Übereinstimmung stand. Im Mittelpunkt der Zuordnung von Tätern steht nun mehr die Frage nach der *primären Motivation*, die Täter dazu veranlassen könnte, sich sexuell gewalttätig an Frauen zu vergehen (→ Abb. 10.2). Mit diesem Kategorisierungsmodell wurden schließlich ebenfalls gute bis sehr gute Reliabilitätswerte bei der Täterzuordnung durch unterschiedliche Diagnostiker erreicht.

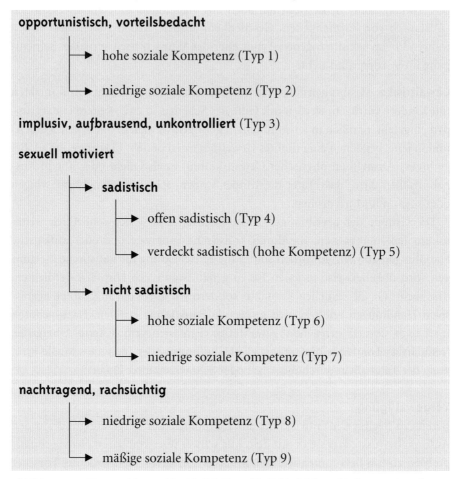

opportunistisch, vorteilsbedacht

→ hohe soziale Kompetenz (Typ 1)

→ niedrige soziale Kompetenz (Typ 2)

implusiv, aufbrausend, unkontrolliert (Typ 3)

sexuell motiviert

→ **sadistisch**

→ offen sadistisch (Typ 4)

→ verdeckt sadistisch (hohe Kompetenz) (Typ 5)

→ **nicht sadistisch**

→ hohe soziale Kompetenz (Typ 6)

→ niedrige soziale Kompetenz (Typ 7)

nachtragend, rachsüchtig

→ niedrige soziale Kompetenz (Typ 8)

→ mäßige soziale Kompetenz (Typ 9)

Abbildung 10.2. Vergewaltigung: hinsichtlich ihrer Ähnlichkeit hierarchisch untereinander angeordnete Tätertypen, unterschieden nach der *primären Motivation*, die Gewalttaten gegen Frauen zugrunde liegt (Knight & Prentky, 1990, S. 43)

Die in der → Abbildung 10.2 jeweils übereinander liegenden Typen können „Übergänge" (oder Typenüberlappungen) beinhalten. Das ist so zu verstehen, dass in einzelnen Fällen Vergewaltigungstäter die Eigenarten von zwei übereinander liegenden Typen auf sich vereinigen können. Wenn man sich die Anordnung weiter als Kreismodell denkt, geht die nachtragend-rachsüchtige Typisierung erneut an den opportunistisch vorteilsbedachten Typus über.

Ausgangspunkt für eine diagnostische Zuordnung sollte zunächst die Bestimmung der primären Motivstruktur sein, die der Sexualstraftat vorrangig zugrunde gelegen hat (opportunistisch, impulsiv, sexuell motiviert, nachtragend). Sie werden von den Autoren als *überdauernde*, möglicherweise *persönlichkeitsbedingte* Eigenschaften oder Verhaltensmuster aufgefasst. Die einzelnen Motivationstypen werden folgendermaßen beschrieben:

Opportunistischer Typus. Zum sexuell gewalttätigen Übergriff kommt es ungeplant, zumeist spontan und impulsiv, weil sich plötzlich Gelegenheit dazu bietet (auch wenn dies zunächst oberflächlich anmutet, beispielsweise bei einem Einbruch). Es sind mehr die äußeren Gegebenheiten und zufälligen Ereignisabfolgen, die zu einer Vergewaltigung führen. Die sexuelle Gewalt dieser Personen erscheint bereits auf den ersten Blick als eine von mehreren Möglichkeiten im Kontext einer allgemein *verringerten Impulskontrolle*. Deshalb lassen sich bereits im vorausgehenden Leben unterschiedliche dissoziale und unethische Aktionen zur eigenen Vorteilsnahme beobachten, z.B. wiederholte Diebstähle oder anderweitige ausbeuterische Aktionen.

Die Vergewaltigung wird zwar in den meisten Fällen mit einem Minimum an Gewalt ausgeübt, es sei denn, das Opfer setzt sich zur Wehr. Andererseits suchen die Täter unmittelbare sexuelle Befriedigung, die sie – bei Widerstand – auch mit aller Macht durchzusetzen versuchen, wobei ihnen Wohlergehen und Gesundheit ihrer Opfer weitgehend gleichgültig bleiben. Letzteres scheint insbesondere bei Tätern mit ansonsten „hoher sozialer Kompetenz" der Fall zu sein, die sich auch nicht scheuen, ihnen bekannte Personen zu vergewaltigen, wenn sich eine Gelegenheit dazu bietet.

Impulsiver, aufbrausender, unkontrollierter Typus. Im Erleben dieses Typus wird undifferenziert wirkender *Ärger* oder sogar anhaltende *Wut* vermutet, in der sich eine grundlegende Unzufriedenheit mit dem eigenen Leben widerspiegelt. Die Aggression bricht sich im Vergewaltigungsakt unkontrolliert Bahn, zumeist in einem Ausmaß, wie sie für die Durchsetzung der Vergewaltigung nicht erforderlich gewesen wäre – besonders brutal, wenn die Opfer Widerstand leisten. In solchen Fällen kann es zu schwersten Verletzungen oder zum Tod der Opfer kommen.

Obwohl sie ihre Opfer vergewaltigen, ziehen die Täter keine sexuelle Befriedigung aus der Gewalthandlung selbst. So kommt es bei ihnen zu Ärgerreaktionen und Wutausbrüchen nicht nur gegenüber Frauen, sondern auch gegenüber Männern. Typisch ist, dass sie durchgehend schlecht in der Lage sind, Ärger und Wut zu kontrollieren. Eine *Störung der Impulskontrolle* ist also das teilweise gemeinsame (überlappende) Merkmal mit der vorausgehenden opportunistischen Typisierung, und wie dort durchzieht diese Eigenart zumeist die gesamte Lebensgeschichte und betrifft die unterschiedlichsten sozialen Interaktionen.

Sexuell motivierter Typus. Diesen Vergewaltigungstätern ist gemeinsam, dass sie zu ihren Übergriffen durch starke sexuelle Impulse und Fantasien angetrieben werden. Sexuelle Fantasien sind es zumeist auch, in denen sie ihre Taten mehrfach vorwegnehmen, z.B. wenn sie masturbieren. Diese Gruppe gehört zu jenen Personen, die bereits im Kapitel über den Periculären Sexuellen Sadismus beschrieben wurde (→ 8.3). Knight und Prentky (1990) empfehlen, in dieser Gruppe von der Möglichkeit der Untergruppendifferenzierung Gebrauch zu machen, nach der sich sexuell motivierte Vergewaltigungstäter danach unterscheiden lassen, ob sie in der Fantasie und/oder in ihren sexuelle Aktionen (a) vor allem sexuelle Manipulationen oder (b) eher aggressiv-sadistisch zu nennende Handlungen zur sexuellen Stimulierung und Befriedigung ausleben.

Die Täter beider sadistischer Untergruppen scheinen nicht gut zwischen sexuellen und aggressiven Antrieben zu unterscheiden bzw. sie geraten häufig schon durch aggressive Fantasien und/oder Handlungen in sexuelle Erregung. So gehören insbesondere jene Täter zur Gruppe mit eher geringer sozialer Kompetenz, die ihre sexuellen sadistischen Fantasien dann in gleichermaßen grausame wie bizarre Gewalthandlungen umsetzen.

Nachtragend, rachsüchtiger Typus. Hier manifestiert sich ein Muster sexueller Gewalt, bei dem die vergewaltigten Frauen selbst der zentrale und ausschließliche Grund für die sich im Vergewaltigungsakt Bahn brechenden Ärger- und Wutreaktionen darstellen. Vergewaltigung dient der körperlichen und seelischen Verletzung des Opfers und zielt unmittelbar auf dessen Demütigung und Erniedrigung als „Frau". Die Wut steht zumeist in einem Kontext unterschiedlichster Gewaltakte, die von verbalen Ausbrüchen, über Schlagen und Treten bis gelegentlich hin zur Tötung reichen können. Im Unterschied zum impulsiven und unkontrollierten Typus zeigen die Täter ihre Wut und ihren Ärger nicht undifferenziert gegenüber jedermann oder in unterschiedlichen Situationen. Vielmehr richten sich die Wutausbrüche zumeist gegen die (häufig eigene) Frau. Es liegen Einstellungsstörungen vor, die sich durch zynische und abwertende Haltungen gegenüber Frauen auszeichnen („Frauen sind an allem schuld" oder „Frauen verdienen nichts anderes" und so weiter).

Auch wenn die sexuelle Komponente bei der Vergewaltigung eine Rolle spielen mag, gibt es nur wenige Hinweise, dass die Aggressionen selbst sexuell erregende Funktion erfüllen, wie sich dies bei sexuell-sadistischen Tätern beobachten lässt. Auch gibt es wenig Hinweise, dass die Betreffenden dranghaft von sexuell-sadistischen Fantasien eingenommen sind. Außerhalb der Beziehungen zum Opfer verfügen viele Täter dieses Typus zumindest über eine mäßige soziale Kompetenz, sodass sie in ihrer Umgebung nicht zwingend negativ auffallen. Einer weiteren Untergruppe dieses Typus' mangelt es jedoch deutlich an sozialen Fertigkeiten.

Bewertung. Die Arbeiten von Knight und Prentky (1990) haben in den vergangenen Jahren die Erforschung beider Phänomene deutlich voranbringen können. Diese Typologie wird nach wie vor als wichtig betrachtet, da sie zur Entwicklung integrativer Verstehensansätze (→ 11) und Verbesserung therapeutischer Angebote (→ 12) beigetragen hat. Andere Versuche, in das Heterogenitätsproblem bei Vergewaltigungstaten mit immer neuen Herangehensweisen mehr Ordnung und Klarheit zu bringen, werden als kaum erfolgreich angesehen. Vielmehr scheint es, dass sich durch die Vervielfältigung der psychologischen Ordnungskonstrukte das Heterogenitätsproblem nur weiter verschärft (vgl. Hoyer, 2001).

Zum Beispiel wurde danach unterschieden, ob die Sexualdelikte in heterosexuellen oder homosexuellen Beziehungen stattfanden – eine Unterscheidung, die schon bald aufgegeben werden musste, da sich sexuelle Gewalt in der Gesamtpopulation heterosexueller bzw. homosexueller Menschen anteilmäßig gleich häufig findet. Nicht viel weiter gebracht hat auch die Unterscheidung nach geplanten oder spontanen Delikten. Auch die bei Knight und Prentky (1990) bereits vorhandene Unterscheidung zwischen hoher versus geringer sozialer Kompetenz wurde wiederholt zum Ausgangspunkt gewählt, ebenso wie das Vorhandensein oder Nichtvorhandensein frauenfeindlicher Einstellungen. Alle diese Unterschiede sind in dem vorgestellten Motivationsmodell bereits vorhanden und wurden mit der Vorordnung zugrunde liegender Motive integriert.

10.1.3 An Diagnosen orientierte Ordnungsmuster

Ein Kernproblem aller angedeuteten Kategorienansätze ist jedoch geblieben: Fast immer wurden lediglich zwei rechtlich-juristisch festgeschriebene Deliktkategorien zum grundlegenden Orientierungspunkt gewählt: „Sexueller Kindesmissbrauch" und „Vergewaltigung". Erst in jüngster Zeit ist eine Wende abzusehen, indem sich die klinischen Forscher erneut der Untersuchung der Frage zuwenden, bei welchen Sexualstraftätern psychische Störungen funktionale Bedeutung für das Auftreten sexuelle Delinquenz haben könnten und bei welchen Sexualdelinquenten nicht (Laws & O'Donohue, 1997; Lüdemann et al., 2000; Hoyer & Kunst, 2001).

Vielleicht verringern sich die Probleme mangelnder Homogenität von Tätergruppen wie auch mangelnder Vergleichbarkeit der Studien dadurch, dass man zur Differenzierung empirisch abgesicherte diagnostische Kategorien heranzieht. Wir haben die wichtigsten Hypothesen, die dazu in der Forschung zurzeit untersucht werden, in der nachfolgende Graphik dargestellt (→ Abb. 10.3; man beachte ergänzend die Funktionsmerkmale psychischer Störungen zu Beginn dieses Kapitels).

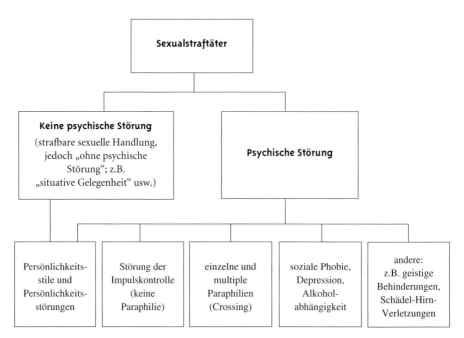

Abbildung 10.3. Psychische Störungen, körperliche Erkrankungen und Persönlichkeitsstile/-störungen, die sich bei Sexualdelinquenten beobachten lassen (orientiert an einer Abbildung bei Hoyer, 2001)

In den nachfolgenden Abschnitten sollen vorliegende Forschungsarbeiten zu den einzelnen Störungsbereichen der → Abbildung 10.3 vorgestellt werden. Beginnen werden wir dazu mit jener oben angesprochenen APA-Synopse (1999), nach der sich bei einer jeweils mehr oder weniger großen Untergruppe von Sexualstraftätern zeitgleich oder in Sukzession *mehrere unterschiedliche* Paraphilien beobachten lassen. Auf dieses Phänomen des so genannten Crossing (Abel & Osborn, 1992) wurde bereits in den Paraphilie-Kapiteln immer wieder einmal eingegangen (→ 7 bis → 8). Hier sollen die Forschungsergebnisse jetzt zusammenhängend bewertet werden.

10.2 Crossing: das Phänomen multipler Paraphilien

Dass die Diagnose einer Paraphilie als psychische Störung nicht bedenkenlos bei allen sexuellen Abweichungen von der moralischen oder juristischen Norm vergeben werden darf, haben wir in den Kapiteln in → Teil II begründet. Danach sind insbesondere beim Vorliegen von Fetischismus (→ 7.1), Transvestitismus (→ 7.2) und Sexuellem Masochismus (→ 8.2) wichtige Voraussetzungen zu beachten, bevor bei diesen sexuellen Präferenzen die Hypothese „psychische Gestörtheit" überhaupt weiter verfolgt werden darf.

Funktionsanalysen notwendig. Weiter ist an die kritischen Anmerkungen zu Beginn dieses Kapitels zu erinnern, wonach den Paraphilien keine ursächliche Funktion für sexuelle Übergriffe zugesprochen werden darf. Vielmehr kommt einigen von ihnen vor allem eine *Enthemmungs-* bzw. *Ausgestaltungs*funktion bei der Durchführung von periculären Sexualdelikten zu, häufig so, wie die Taten von den Tätern in ihrer Fantasie vorweggenommen werden. Leider wird dieses Prozessgeschehen, das wir im Zusammenhang mit dem Periculären Sexuellen Sadismus (→ 8.3.3 ff.) und der Pädophilie (→ 8.4.3 ff.) beschrieben haben, im APA-Bericht (1999) nicht hinreichend gewürdigt. Deshalb noch eine weitere Anmerkung:

Keine vorschnellen Verallgemeinerungen. Die nachfolgende Darstellung basiert auf Untersuchungen, die in Gefängnissen und in der forensischen Psychiatrie mit Sexualdelinquenten durchgeführt wurden. Auch bei dort einsitzenden Personen lassen sich wiederholt Fetischismus, Transvestitismus und Sexueller Masochismus beobachten. Diese Beobachtung darf – etwa im Umkehrschluss – nicht dahingehend missverstanden werden, dass diese drei sexuellen Präferenzen, weil sie bei Sexualstraftätern beobachtbar sind, prinzipiell das Risiko der Entwicklung sexueller Delinquenz und sexueller Gewalt beinhalten. Gleiches gilt auch noch für andere sexuelle Präferenzen – dies selbst dann, wenn Betroffene gelegentlich im Ausleben ihrer sexuellen Bedürfnisse gegen die guten Sitten verstoßen, polizeilich verfolgt und vor Gericht für ihr Tun bestraft werden. Gemeint sind damit vor allem der Voyeurismus und der Exhibitionismus. Personen mit diesen beiden Paraphilien werden nur sehr selten mit sexuellen Gewalttaten auffällig – schon weil es sich bei vielen von ihnen um eher schüchterne und ängstliche Personen handelt, die nach Aufdeckung ihrer Taten unmittelbar das Weite suchen (→ 8.1).

Sexualdelinquenten, die in Gefängnissen oder in klinisch-forensischen Kontexten untersucht und behandelt werden, sind also in keiner Weise repräsentativ, weder für Paraphilien als sexuelle Störungen, noch für sexuelle Präferenzen schlechthin. Klinische Forscher in der forensischen Psychiatrie oder im Maßregelvollzug treffen auf Patienten mit Rückfallrisiko, bei denen psychische (sexuelle) Störungen überrepräsentiert sind. Bei den nachfolgenden Forschungsergebnissen handelt es sich also um Daten von deutlich selektierten Untergruppen, die nicht auf das Gesamt der Personen mit diesen sexuellen Präferenzen generalisiert werden dürfen.

10.2.1 Paraphilien bei Sexualdelinquenten

Ein Überblick der Verteilung von sexueller Devianz und von Paraphilien bei Sexualdelinquenten findet sich im erwähnten Task Force Bericht als Zusammen-

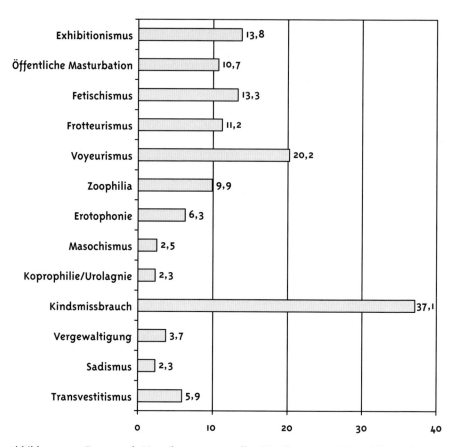

Abbildung 10.4. Prozentuale Verteilung von sexuellen Handlungen und Paraphilien bei 2.129 Patienten aus Behandlungsprogrammen in forensisch psychiatrischen Einrichtungen in Nordamerika (APA, 1999, S. 8). *Beachte:* Diese Angaben spiegeln nicht den primären Anlass für eine psychiatrische Unterbringung wider, sondern lediglich das (komorbide bzw. lebensgeschichtlich sukzessive) Vorkommen paraphiler Störungen bei den Untersuchten

schau von insgesamt 2.129 Patienten, die in forensischen psychiatrischen Einrichtungen in Nordamerika behandelt wurden (APA, 1999; → Abb. 10.4).

Die größte Gruppe bilden Personen, die Kinder sexuell missbraucht hatten (37 Prozent). 22 Prozent bekamen die Diagnose Voyeurismus, 14 Prozent Fetischismus, 11 Prozent Frotteurismus. 11 Prozent der Patienten war wegen Masturbation in der Öffentlichkeit auffällig geworden. (In der Studie wurde zwischen Exhibitionismus als Entblößung der Geschlechtsteile und Masturbation in der Öffentlichkeit unterschieden, obwohl letztere formal dem Exhibieren zugerechnet wird.) Diese Datensammlung stammt aus einer Arbeitsgruppe um Abel, die sich seit mehr als 20 Jahren um eine Dokumentation und Zusammenfassung von Forschungsergebnissen zum Phänomen sexueller Abweichung bemüht –

und inzwischen mit großen Zahlen zu beeindrucken vermag, die wir hier nicht vorenthalten wollen. Sie können auch als Verneigung vor Krafft-Ebing verstanden werden, der 1886, also vor mehr als 100 Jahren, den Grundstein für eine psychiatrische Erforschung der Vielgestaltigkeit von Perversionen legte (→ 2.3.2 über den „psychiatrischen Garten der Lüste“).

Retrospektive Analysen. Bereits in den 1980er Jahren veröffentlichten Abel und Mitarbeiter Zahlen, die das Ausmaß sexueller Devianz bei forensisch behandelten Patienten verdeutlichen sollten (Abel et al., 1987; vgl. APA, 1999). Beachtenswert: Die folgenden Angaben betreffen sexuelle Akte, die mit Patienten zusammen auf ihre Leben rückblickend rekonstruiert wurden. Nachbefragungen von 561 psychiatrisch-forensisch behandelten Patienten mit Paraphilien zeigten, dass diese mehr als 291.000 einzelne paraphile Handlungen mit und ohne Körperkontakt bei insgesamt mehr als 195.000 Opfern ausgeführt hatten. Bei 37 Prozent der Einzeltaten handelte es sich um Exhibitionismus, bei 29 Prozent um Frottage und bei 14 Prozent um voyeuristische Akte. 12 Prozent der Einzelfälle betraf pädophile Handlungen an unbekannten Jungen, 2 Prozent an unbekannten Mädchen, 0,5 Prozent die Vergewaltigung erwachsener Frauen mit paraphiler Motivation. In knapp 4 Prozent der Fälle gaben die Interviewten zu, in der Öffentlichkeit masturbiert zu haben. Jeweils unter 1 Prozent der Einzelfälle betrafen: obszöne Telefonanrufe (Erotophonie), das Verschicken obszön-sexueller Briefe, sexuelle Lust durch Zusehen beim Urinieren anderer (Urolagnie; Urophilie), Periculärer Sexueller Sadismus, Fetischismus, sexuelle Erregung durch Spielen mit Exkrementen (Koprophilie), sexuelle Erregung durch Beriechen anderer Personen.

Die Häufigkeit, mit der einzelne Patienten ihre paraphilen Handlungen ausübten, weist eine bemerkenswerte Varianz auf. Durchschnittsangaben wären in dieser Hinsicht wenig aussagekräftig. Mediane sind besser geeignet, sich ein mittleres Bild pro Person zu verschaffen. Einige Mediane für paraphile Handlungen einzelner Störungskategorien *pro Person* seien aus der gerade zitierten Studie wiedergegeben (Abel et al., 1987; APA, 1999): Pädophilie mit unbekannten Mädchen (Median: 1), Pädophilie mit unbekannten Jungen (10), Exhibitionismus (51), Voyeurismus (17), Frotteurismus (30), Transvestitismus (25), Sexueller Sadismus (3), Vergewaltigung (1), Sexueller Masochismus (36), Erotophonie (30), öffentliche Masturbation (50).

10.2.2 Crossing: der Wechsel paraphiler Handlungen über die Zeit

Noch bis in die 1980er Jahre hinein galt es als Lehrmeinung, Patienten würden durch eine einzige Störung der Sexualpräferenz zu ihren sexuellen Handlungen getrieben. Nur selten wurde berichtet, dass sie in ihrem Leben von einer Paraphilie-Diagnose zu einer anderen hinüberwechseln (Crossing). Erst in jüngster Zeit mehren sich die Befunde, dass sich bei vielen, wenn auch nicht allen verurteilten Sexualstraftätern eine Sukzession und/oder Gleichzeitigkeit von Störungen der Sexualpräferenz beobachtet werden kann (Abel & Osborn, 1992a; 1992b). Waren beispielsweise paraphile Personen aktuell durch Sexualdelikte *mit* Körperkontakt auffällig geworden (z.B. Vergewaltigung, Pädophilie), wurden bei ihnen in 31 Prozent der Fälle zeitgleich oder im bisherigen Leben eine (oder mehrere) Paraphilie(n) aus dem Bereich der Sexualdelinquenz *ohne* Körperkontakt gefunden (Voyeurismus, Exhibitionismus). Waren Patienten wegen Sexualdelikten *ohne* Körperkontakt in psychiatrischer Behandlung, so konnte bei diesen in 64 Prozent der Fälle eruiert werden, dass sie in ihrem bisherigen Leben bereits ein- oder mehrmals sexuelle Übergriffe *mit* Körperkontakt verübt hatten.

Detailanalysen. Besonders eindrücklich zeigt sich das Crossing, wenn man sich die unterschiedlichen Möglichkeiten paraphiler Handlungen dazu einmal in den Detailergebnissen der gerade zitierten Studie näher ansieht (→ Tab. 10.1; Abel & Osborn, 1992b). In Interviews mit insgesamt 859 paraphilen Patienten wurde jeder nach den aktuell im Mittelpunkt der Behandlung stehenden Paraphilien eingeordnet (Primärdiagnosen). Dann wurde die Häufigkeit jener paraphilen Handlungen bestimmt, die von den Betreffenden zeitgleich oder prämorbid als handlungsleitend erlebt wurden (Sekundärdiagnose). Um nun zu bestimmen, welche gleichzeitige oder vorausgehende Sekundärdiagnose mit bestimmten aktuellen Paraphilien assoziiert ist, kann man dies über die Spalten der jeweiligen Primärdiagnose in den Zeilen der Sekundärdiagnose nachvollziehen. Zusätzlich wurden weitere Sekundär-Paraphilien angegeben, die nur in geringer Fallzahl als Primärdiagnose vergeben wurden, hier jedoch wegen ihrer größeren Häufigkeit als Crossing-Phänomene mit angegeben werden (vgl. die Detailtabellierung auch in APA, 1999, S. 48f., die noch weitere spezifische Paraphilien mit sehr seltenem Vorkommen enthält).

Beispiel. Zur Illustration die Ergebnisse zur Primärdiagnose Pädophilie als sexueller Missbrauch von Jungen (unter 13 Jahren), welche den Tätern zuvor nicht bekannt waren: Insgesamt wurden 120 Fälle gezählt. Von diesen hatten 37 Prozent ihre pädophilen Neigungen zuvor bereits an Mädchen ausgelebt, die ihnen ebenfalls unbekannt waren. 5 Prozent von ihnen hatten sich bereits an Mädchen in der eigenen Familie vergangen und 13 Prozent an Jungen, die zur eigenen Familie zählten. 3 Prozent hatten eine Vergewaltigung erwachsener Frauen angegeben. Aber auch Paraphilien ohne Körperkontakt wurden gefunden: Exhibitionismus (12 Prozent), Voyeurismus (10 Prozent), Fetischismus (2 Prozent). Aus diesen Ergebnissen kann rückgeschlossen werden, dass das Crossing im Bereich der behandlungsbedürftigen paraphilen Sexualdelinquenz weit verbreitet ist.

Tabelle 10.1. Crossing: Wechseldiagnosen bei Paraphilien; aktuelle Primärdiagnosen in der oberen Zeile; sekundäre Gleichzeitigkeits- bzw. Lebenszeitdiagnosen in der ersten Spalte (APA, 1999; S. 48 f.)

Diagnosen Primär → ↓ Sekundär	Pädophilie Mädchen fremd	Pädophilie Jungen fremd	Pädophilie Mädchen Inzest	Pädophilie Jungen Inzest	Vergewaltigung	Exhibitionismus	Voyeurismus	Frotteurismus	Sexueller Sadismus	öffentliche Masturbation
Pädophilie Mädchen/fremd		37	19	27	17	13	15	14	36	18
Pädophilie Jungen/fremd	22		5	32	2	8	0	0	18	6
Pädophilie Mädchen/Inzest	30	5		32	5	12	4	1	18	12
Pädophilie Jungen/Inzest	7	13	6		0	3	0	0	0	0
Vergewaltigung	10	3	10	18		14	33	14	46	12
Exhibitionismus	18	12	10	6	11		26	17	9	29
Voyeurismus	14	10	7	18	14	27		14	36	41
Frotteurismus	7	5	3	9	6	17	11		9	12
Sexueller Sadismus	1	5	3	3	9	3	0	8		12
Öffentliche Masturbation	2	1	1	3	4	10	7	0	0	
Sexueller Masochismus	2	3	1	0	0	3	4	0	9	0
obszöne Telefonanrufe	5	0	1	3	5	3	7	6	0	6
Fetischismus	5	2	3	12	1	4	15	11	0	18

Inzest; Pädophilie. Auch folgende Perspektive ist für einen Wechsel in den paraphilen Handlungen über die Zeit von Wichtigkeit: Waren Patienten aktuell wegen sexueller Übergriffe und sexuell devianter Handlungen außerhalb der eigenen Familie in psychiatrischer Behandlung, dann gaben sie in 30 Prozent der Fälle an, bereits zuvor paraphile Handlungen auch gegenüber eigenen Familienmitgliedern gezeigt zu haben. Wegen intrafamiliärer Sexualdelikte Behandelte gaben in 66 Prozent der Fälle an, im Leben zuvor paraphile Handlungen auch gegen Opfer außerhalb des Familienverbandes ausgeübt zu haben. Von jenen

Personen, die paraphil-sexuell gegenüber Frauen als Opfer auffällig geworden waren, hatten sich zuvor bereits 23 Prozent paraphil delinquent gegenüber Männern verhalten. Und 63 Prozent der aktuell wegen Sexualdelinquenz gegenüber Männern Behandelten gaben an, bereits zuvor eine paraphile Neigung gegenüber einer Frau ausgelebt zu haben (Abel & Osborn, 1992a; 1992b).

Wiederholungstäter. Sexualdelinquente paraphile Personen „kreuzen" offensichtlich in vielerlei Hinsicht, nicht nur zwischen unterschiedlichen Paraphilien, sondern auch zwischen Handlungen mit und ohne Körperkontakt, zwischen Familienmitgliedern und fremden Personen sowie zwischen weiblichen und männlichen Opfern. Nicht nur das: Schließlich gibt es auch noch eine Untergruppe von Tätern, die Opfer mit deutlich unterschiedlichem Alter wählen: So berichten wegen pädophiler Übergriffe bei Kindern im Alter unter 13 Jahren Behandelte, dass sie in 43 Prozent zuvor bereits sexuell paraphile Handlungen gegenüber Jugendlichen und in 34 Prozent der Fälle paraphile Handlungen gegenüber Erwachsenen gezeigt hätten. Ähnliche Häufigkeiten finden sich bei Erwachsenen, die wegen sexueller Übergriffe bei Jugendlichen zwischen 14 und 17 Jahren in psychiatrischer Behandlung waren. 67 Prozent hatte paraphile Handlungen an Kindern unter 13 Jahren und 43 Prozent an Erwachsenen über 18 Jahren vollzogen.

Entwicklung und Risiko. Natürlich eröffnet das gezeigte Crossing eine Möglichkeit, die bisherige Paraphilie-Entwicklung retrospektiv zu beurteilen. Als ein Kriterium könnte die durchschnittlich Häufigkeit angesehen werden, mit der einzelne Personen von Paraphilie zu Paraphilie wechseln. Die → Tabelle 10.1 könnte erste Hinweise für ein solches, möglicherweise Risiko behaftetes Crossing liefern. Danach wären folgende Paraphilie-Diagnosen jene mit den höchsten Raten von Wechseldiagnosen im Vorleben (in absteigender Risikofolge): (a) Sexueller Sadismus, (b) öffentliche Masturbation, (c) inzestuöse Pädophilie mit Jungen, (d) Voyeurismus, (e) Pädophilie/sexueller Missbrauch von fremden Mädchen, (f) Exhibitionismus, (g) Pädophilie mit fremden Jungen – und so weiter.

Die Tatsache, dass sich bei der Vergewaltigung nur sehr wenige Crossing-Phänomene im Vorfeld oder zeitgleich finden lassen, mag nochmals unterstreichen, dass wir es bei sexueller Gewalt gegen Frauen mit einem weit gefächerten Problem zu tun haben. Bei Vergewaltigungstaten stehen Störungen der Sexualpräferenz nicht im Vordergrund (→ 9.3; → 10.2). Zugleich werfen diese Befunde ein kritisches Licht auf die methodischen Restriktion, denen Forschungsarbeiten in forensischen Kontexten wegen der spezifischen Patientenselektion unterworfen sind.

Kritik. Zur Prognose (etwa wenn Betreffende bereits in früher Jugend auffällig werden) lassen sich diese Befunde nicht nutzen. Dazu wären Längsschnittstudien eine Voraussetzung. Fragt sich also: Was sollte mit der Hervorhebung des statistischen Wunderwerks der Arbeitsgruppe um Abel im Task Force Bericht der APA (1999) bezweckt werden? Bei den Paraphilien kann heute nämlich nicht mehr davon gesprochen werden, dass ihnen ursächliche Funktionen für sexuelle Übergriffe zugesprochen werden können (→ Kapiteleinleitung; → 10.4.5).

Es handelt sich bei Paraphilien von Sexualdelinquenten vor allem um Prozessaspekte ihrer Entwicklung und um Ausgestaltungsaspekte ihrer Taten. Für die periculären sexuellen Übergriffe selbst sind weitere funktional bedeutsame enthemmende oder kontextuelle Auslösebedingungen in Rechnung zu stellen – auch wenn Paraphilien eine zusätzlich enthemmende Funktion ausüben können. Es gibt jedoch noch zusätzlich beachtenswerte Risikoaspekte: Zu diesen zählen u.a. die Zahl der bisherigen Opfer sexueller Gewalt, die Zahl der zuvor vollständig ausgeführten periculär paraphilen Handlungen, das Ausmaß angewandter Gewalt, die jeweilige soziale Kompetenz der Täter und viele Aspekte mehr, u.a. jene, auf die nachfolgend eingegangen wird.

Dennoch kann das Crossing, wenn es sich denn früh bei Jugendlichen und Heranwachsenden beobachten lässt, durchaus als Risikomarker für präventive Überlegungen und Frühinterventionen in Betracht gezogen werden – beispielsweise, wenn Jugendliche mit auffälligem Crossing in der Kinder- und Jugendpsychiatrie vorstellig werden. Vielleicht hat sich ja dafür der Aufwand sorgsamer Dokumentation gelohnt.

10.3   Störung der Impulskontrolle

Paraphilien lassen sich immer nur bei einer Minderheit der Sexualdelinquenten diagnostizieren. Angesichts der Brutalität und der gravierenden Folgen für die Opfer, die sich auch bei nicht paraphil motivierten sexuellen Übergriffen beobachten lassen, stellt sich die Frage, ob diesen Tätern bei Fehlen einer Paraphilie-Diagnose und bei dem gleichzeitigen Fehlen anderer psychiatrischer Diagnosen (wie Persönlichkeitsstörungen, Psychosen, geistigen Behinderungen usw.) etwa eine „psychische Gesundheit" attestiert werden sollte. Verschiedentlich wurde von Autoren vermutet, dass es sich bei vielen der nicht paraphilen Sexualstraftäter um Personen handelt, die Schwierigkeiten damit haben, Wut, Aggression, Ärger oder andere emotionale Impulse zu kontrollieren (vgl. Hoyer, 2001). Ist dies der Fall, dann wäre die Möglichkeit einer weiteren psychiatrischen Diagnose in Betracht zu ziehen, nämlich die einer Störung der (sexuellen) Impulskontrolle – etwa im Bereich der „Nicht näher bezeichneten Störungen der Impulskontrolle" (im DSM-IV-TR: 312.30; APA, 2000; in der ICD-10: F63.9; WHO, 1993).

10.3.1 Paraphilie versus Impulskontrollstörung

Eine Unterscheidung zwischen paraphilen vs. impulsiven Sexualstraftaten wurde bis heute nicht in die Diagnosesysteme aufgenommen, weil sich die Impulskontrollforscher selbst (noch) nicht ganz einig sind. Manche betrachten auch die Paraphilien als Impulskontrollstörungen (Kafka, 1995). Wir möchten nachfolgend einige Konzeptüberlegungen und Forschungsergebnisse darstellen, die dennoch für eine solche Unterteilung sprechen.

Geringe Erregungshemmung. Bereits 1985 hatten Berner und Karlick-Bolten vorgeschlagen, der Gruppe der paraphilen Sexualstraftäter eine Gruppe der impulskontrollgestörten Täter gegenüberzustellen. Letztere ließe sich dadurch kennzeichnen, dass es bereits in der Vorgeschichte eine Vielzahl unterschiedlicher Delikte gibt, denen gemeinsam ist, dass die Täter in der Tatsituation keine Erregungshemmung mehr aufweisen. Inzwischen mehren sich die Hinweise, dass eine solche Gegenüberstellung durchaus Sinn machen könnte. Beispiel ist das empirisch begründete Motivationsmodell von Knight und Prentky (1990; → 10.2.2). Darin lassen sich *sexuell motivierte* Vergewaltigungstaten gut von jenen trennen, bei denen Impulsdurchbrüche im Vordergrund stehen (impulsiv-unkontrolliert; opportunistisch-vorteilsbedacht; rachsüchtig-nachtragend).

Auch Wulfert et al. (1996) hatten eine entsprechende Differenzierung angedacht: Die Autoren unterscheiden in ihrer funktionalen Verhaltensanalyse zwischen (a) emotionalen Auslösern für sexuelle Gewalt und (b) der Qualität der Befriedigung (Verstärkung, Bekräftigung), die sexuelle Gewalttäter aus ihren Taten ziehen.

Paraphilie. Bei paraphilen Personen z.B. bedeutet die sexuelle (deviante) Präferenz für die Täter selbst eine „normale", bevorzugte sexuelle Neigung. Aus ihr heraus entwickelt sich die Fantasietätigkeit und das hormonell und emotional gesteuerte Verlangen nach sexueller Aktivität und Befriedigung. Auslösende Bedingungen für periculär sexuelle Handlungen stellen schließlich Gelegenheiten bereit, die zielstrebig gesucht werden oder sich zufällig ergeben. Sie dienen der sexuellen positiven Erfahrung und stehen damit unter (operanter) *positiver Verstärkung* (Wulfert et al., 1996).

Impulskontrollstörung. Nicht paraphile Sexualstraftäter bevorzugen „normale" sexuelle Beziehungen entsprechend ihrer jeweiligen sexuellen Orientierung. Auslösende Bedingungen dafür, dass sie sich delinquent, also sexuell aggressiv und gewalttätig verhalten, liegen in situativen Gegebenheiten und emotionalen Verfassungen, wobei Letztere zumeist nicht in jedem Fall sexuellen Ursprungs sind, z.B. Aggression, Wut, Ärger, Frustration, Hilflosigkeit oder Rachegefühle. Wulfert et al. (1990) sehen das Gemeinsame dieser Ursachen in einem gravierenden Verstärkerverlust, etwa im Hinblick auf eine frustrierend erlebte sexuelle Beziehung, auf einen Arbeitsplatzverlust oder in der Folge anderweitiger schwerwiegender Kränkungen – Bedingungen, die in vielen Fällen zumindest unmittelbar nichts mit Sexualität als innerer Triebkraft gemeinsam haben. Sexuelle Aggressivität und Gewalt dienen dem Spannungsabbau. Lerntheoretisch betrachtet stehen sie damit unter (operanter) *negativer Verstärkung*.

Disinhibitionstheorie. Anfang der 1980er Jahre wurden entsprechende Überlegungen zu einer so bezeichneten Disinhibitionstheorie sexueller Gewalt angestellt (Barbaree et al., 1979; Quinsey et al., 1984). Man ging davon aus, dass von vielen Sexualstraftätern vor den sexuellen Impulshandlungen ein innerer Spannungszustand erlebt wird, der durch interpersonelle, private wie berufliche Konflikte und Belastungen mitbedingt sein kann. Zumeist stehen keine angemessenen Coping-Fähigkeiten zur Verfügung, sich von intensiven Affekten wie Wut oder Hilflosigkeit zu entlasten. Aggressive bzw. sexuelle Handlungsimpulse können nicht mehr kontrolliert werden, und erst in der fremdgefährdenden Handlung findet der Spannungszustand sein abruptes Ende (Hoyer, 2001).

Kritik. Die Disinhibitionstheorie unterscheidet noch nicht sehr genau zwischen zwei Funktionen, die sexuelle Übergriffe für die Betroffenen erfüllen können: einerseits die Disinhibition (Enthemmungshypothese) und andererseits das Coping (Bewältigungshypothese). Vielmehr werden beide Aspekte unter dem Konstrukt der Disinhibition zusammengefasst. Erst in jüngster Zeit werden beide Funktionen deutlicher getrennt, weshalb die Disinhibitionstheorie heute nicht mehr in dieser Weise vertreten wird (→ nachfolgende Abschnitte über die weiteren bei Sexualdelinquenten beobachtbaren psychischen Störungen).

Störung der sexuellen Impulskontrolle. Dennoch bleibt der spezifische Aspekt der *Enthemmung* bei entsprechend gering strukturierten Sexualstraftätern beachtenswert. Die in dieser Weise impulskontrollgestörten Sexualstraftäter entsprechen nämlich in typischer Weise den Kriterien, die im DSM-IV-TR für die Störungen der Impulskontrolle angegeben sind: „Das Hauptmerkmal von Störungen der Impulskontrolle ist das Versagen, dem Impuls, Trieb oder der Versuchung zu widerstehen, eine Handlung auszuführen, die für die Person selbst oder für andere schädlich ist. Bei den meisten ... (dieser) ... Störungen fühlt der Betroffene zunehmende Spannung oder Erregung, bevor er die Handlung durchführt, und erlebt dann Vergnügen, Befriedigung oder ein Gefühl der Entspannung während der Durchführung der Handlung. Nach der Handlung können Reue, Selbstvorwürfe oder Schuldgefühle auftreten oder auch nicht" (DSM-IV-TR; dt. Sass et al., 2003, S. 727).

10.3.2 Einige empirische Ergebnisse

In einer Studie zur Unterteilung von Straftätern mit Paraphilie vs. Impulskontrollstörung haben Hoyer et al. (1999; 2000) weitere Daten zusammengestellt. Sie hatten 72 im Maßregelvollzug untergebrachte Sexualstraftäter mit Hilfe eines Kategorisierungsmodells anhand von Patientenakten und Gutachten in diese zwei Gruppen zu unterteilen versucht. Dabei konnten 94 Prozent der Täter eindeutig zugeordnet werden. Es wurde weiterhin nach Vergewaltigungstaten und sexuellem Kindesmissbrauch unterschieden: Von 35 Vergewaltigungstätern konnten 14 einer Gruppe mit Paraphilien zugeordnet werden und 21 einer Gruppe mit Impulskontrollstörungen. Von 33 Missbrauchstätern hatten 28 eine Paraphilie und 5 eine Impulskontrollproblematik. Die Autoren ziehen den Schluss, dass sich eine psychotherapeutische Behandlung nicht nur an Deliktgruppen orientieren sollte. Vielmehr sollten für beide Deliktgruppen besondere Interventionsformen vorgesehen werden, die sowohl auf eine Modifikation devianter Neigungen abzielen, als auch zum Aufbau einer verbesserten Impulskontrolle beitragen.

Impulsivität vs. Konfliktvermeidung. Die Autoren waren weiter der Ansicht, dass sich die (klinische) Störungsdiagnostik besser als die (juristische) Deliktdiagnostik dazu eignet, mit Hilfe psychometrischer Verfahren zur Varianzaufklärung beizutragen. Wenn diese Prämisse zuträfe, dann müsste eine psychodiagnostische Gruppeneinteilung auch dazu führen, inkonsistente Befunde in der Sexualdelinquenzforschung weiter aufzuklären. Diesen Nachweis versuchten sie als Nächstes zu erbringen. Sie untersuchten dazu folgende Variabeln und Hypothesen (Hoyer et al., 1999; 2000):

▶ Allgemeine Impulsivität: In den dargestellten Überlegungen wird angenommen, dass mangelnde Impulskontrolle auch in alltäglichen Beziehungen und Handlungen beobachtbar ist (impulsiv-unkontrollierter Typus sensu Knight & Prentky, 1990; → 10.2.2).

▶ Soziale Angst: Diese Hypothese, dass paraphile Sexualdelinquenten eine allgemeine soziale Ängstlichkeit aufweisen, wird ebenfalls immer wieder diskutiert, auch wenn sich nach wie vor keine konsistenten Befunde ergeben (Baxter et al., 1984; Segal & Marshall, 1985; → 10.5).

▶ Konfliktvermeidung: Hierbei handelt es sich um einen Aspekt, der paraphilen Personen ein überangepasstes und Konflikt vermeidendes Verhalten unterstellt: Sie könnten (im Unterschied zu Impulskontrollgestörten) gelernt haben, unauffällig und angepasst zu wirken und Konflikten so weit als möglich aus dem Weg zu gehen. Hierzu sind die bisherigen Ergebnisse nicht eindeutig, was an der bisherigen Deliktorientierung der Forschung liegen mag.

Mit Hilfe einer Diskriminanzanalyse konnten Hoyer et al. (1999; 2000) zeigen, dass die drei psychologischen Konzepte im Sinne der Hypothesen zur Unterscheidung von Paraphilie vs. Impulskontrollstörung geeignet sind. Bei der Zuordnung der Sexualdelinquenten nach Delikten Missbrauch vs. Vergewaltigung ergaben sich jedoch keine überzeugenden Ergebnisse.

Ärger, Wut, Feindseligkeit. Einen ähnlichen Forschungsansatz realisierte eine australische Forschergruppe (Lee et al., 2001). In dieser Forschungsarbeit wurden Sexualstraftäter zunächst hinsichtlich ihrer Deliktarten eingeteilt (Kindesmissbrauch, Exhibitionismus, Vergewaltigung, Sexualdelinquenten mit anderweitigen Fehlhandlungen). Den Ergebnissen ist zu entnehmen, dass sich Untergruppen „mit" vs. „ohne" Paraphilien deutlich hinsichtlich zweier psychopathologischer Merkmale unterscheiden: Personen mit Paraphilien (Pädophilie, Exhibitionismus) fallen durch soziale und interpersonelle Defizite auf (Fehlen sexueller Beziehungs- und Bindungskompetenzen). Demgegenüber fanden sich bei Vergewaltigern ohne Paraphilien deutliche Merkmale von Ärger, Wut und Feindseligkeit, wobei diese Merkmale als überdauernde Persönlichkeitseigenarten (*Trait*) festgestellt wurden, die sich in spontanen Handlungen (*State*) Bahn brechen können. Lediglich für die Tätergruppe mit multiplen Paraphilien finden sich inkonsistente Befunde, was auf eine Untergruppe mit Impulskontrollstörungen hindeuten könnte.

Konfliktvermeidung. Insgesamt liefern diese Studien Belege dafür, dass eine psychologisch-diagnostische Forschungsperspektive im Unterschied zur juristisch-kriminologischen Deliktperspektive einen eigenen Beitrag zu leisten vermag. Dies gilt insbesondere dort, wo es um die Bestimmung von Variablen geht, die für eine Therapieplanung und Prognose wichtig sind. Als Beispiel verweisen Hoyer und Mitarbeiter (1999; 2000) auf den hohen Anteil sozialphobischer und Konflikt vermeidender Symptome in ihrer Stichprobe paraphiler Patienten. Dieses Konflikt vermeidende Verhalten könnte eine Verzerrung der Rückfallprognose begünstigen: Paraphile Personen sind im stationären Alltag häufig unauffällig, zurückhaltend und eher überangepasst. Daraus positive Schlüsse hinsichtlich der Rückfallneigung zu ziehen, scheint verfehlt, wenn nicht gelegentlich sogar gefährlich. Diagnostische Kriterien für eine Paraphilie sind im Alltagsverhalten kaum beobachtbar. Von den Autoren wird die Überangepasstheit eher als Symptom der Paraphilie, denn als Zeichen der Besserung bewertet (Hoyer, 2001). Entsprechend könnten die Konfliktvermeidung und die mit ihr einhergehende soziale Ängstlichkeit Anlass geben, beiden Aspekten bei der Entwicklung therapeutischer Maßnahmen besondere Beachtung zu schenken. Auf den Aspekt der Sozialen Angst soll näher eingegangen werden.

10.4 Weitere psychische Störungen und Auffälligkeiten

Dass psychischen Störungen eine funktionale Bedeutung beim Auftreten sexueller Gewalt zugesprochen werden kann, wird seit Längerem diskutiert und untersucht. Das gilt beispielsweise für erhöhte soziale Angst bis hin zur sozialen Phobie, für das Vorhandensein einer depressiven Verstimmtheit bis hin zur Depression sowie für den Missbrauch stimmungsverändernder Substanzen bis hin zur Alkoholabhängigkeit. Immerhin scheinen bis zu 80 Prozent (!) der paraphilen wie nicht paraphilen Sexualstraftäter die Kriterien mindestens einer dieser drei DSM-Achse-I-Störungen zu erfüllen (Laws & O'Donohue, 1997; McElroy et al., 1999). Und in dieser Hinsicht sind die deutlich niedrigen Angaben in der oben erwähnten Dokumentation der APA (1999) zu kritisieren.

10.4.1 Soziale Angst und soziale Phobien

Bis heute gibt es nur wenige Studien, in denen die Bedeutung der sozialen Angst bzw. sozialen Phobien für die Entstehung und Aufrechterhaltung sexueller Devianz und Gewalt in den Mittelpunkt gerückt wurde. Dennoch gibt es Hinweise, die es ratsam erscheinen lassen, diesem Aspekt mehr Aufmerksamkeit zu widmen. So lässt sich persönlichkeitsbedingte soziale Angst (*trait anxiety*) häufiger bei Tätern beobachten, die zu sexuellem Missbrauch und zu sexueller Gewalt neigen, als bei Tätern, die mit anderen Gewaltdelikten auffällig wurden (Vaillant & Antonovicz, 1991; Engstrom et al., 1999). Angst in und vor sozialen Interaktionen geht bei Sexualdelinquenten offensichtlich mit einem erniedrigten Selbstwertgefühl und verminderter Selbstsicherheit einher (Baxter et al., 1984); in dieser Hinsicht sind Sexualstraftäter ebenfalls auffälliger als sonstige Gewalttäter. Auch in Befragungsstudien mit unauffälligen Kontrollgruppen geben Sexualstraftäter zumeist mehr und ausgeprägtere Angstsymptome an (Blaske et al., 1989).

Soziale Phobien. Zwei Studien liegen vor, in denen strukturierte Interviews zur Komorbiditätsabschätzung psychischer Störungen bei Sexualstraftätern eingesetzt wurden. In einer wurde bei 17 Prozent aller interviewten Sexualdelinquenten eine soziale Phobie diagnostiziert, in einer Untergruppe mit Paraphilien waren es 19, in der ohne Paraphilien 13 Prozent (McElroy et al. 1999). Die zweite Studie wurde mit einer Gruppe pädophiler Straftäter durchgeführt (Raymond et al., 1999): Soziale Phobie war in dieser Gruppe die häufigste komorbide psychische Störung (31 Prozent). Natürlich bleibt zu beachten, dass soziale Phobien auch in der Allgemeinbevölkerung weit verbreitet sind und sich dort mit bis zu

11 Prozent feststellen lassen (Kessler et al., 1994). Immerhin liegen Patienten mit Pädophilie bzw. Paraphilie deutlich über diesem Vergleichswert.

Soziale Ängste. Hoyer et al. (2001) untersuchten gewalttätige Sexualstraftäter im Maßregelvollzug, die sie in zwei Untergruppen „mit Paraphilie" vs. „mit Impuls-kontrollstörung" einteilten und diese mit einer Gruppe von Gewalttätern ohne Sexualdelikte in der Vergangenheit verglichen. Sie fanden mittels Fragebogenerhe-bung in beiden Untergruppen der Sexualstraftäter im Unterschied zur Kontroll-gruppe höhere Ausprägungen sozialer Ängste in zwischenmenschlichen Interakti-onen (51 Prozent bei Paraphilien; 30 Prozent bei Impulskontrollstörungen; 14 Pro-zent bei den Kontrollpatienten) sowie Hinweise für spezifische soziale Phobien (26 Prozent bei Paraphilien; 27 Prozent bei Impulskontrollstörungen; 21 Prozent in der Kontrollgruppe). In einer Nachuntersuchung mit Hilfe strukturierter klini-scher Interviews konnten die Fragebogenergebnisse weitgehend bestätigt werden: 53 Prozent der Sexualstraftäter mit Paraphilien wiesen eine Lebenszeitdiagnose sozialer Phobien auf, gegenüber 20 Prozent der Impulskontrollgestörten.

Fehlende soziale Beziehungen. Diese Auffälligkeiten stehen in engem Zusam-menhang mit der Beobachtung, dass viele Sexualstraftäter isoliert leben, dass es sich häufig um Einzelgänger handelt und dass sie nur selten länger andauernde intime Beziehungen eingehen (Tingle et al., 1986; Fagen & Wexler, 1988). Inte-ressanterweise mangelt es vielen Vergewaltigungstätern sogar an sozialen Kon-takten mit Männern. Selbst Sexualdelinquente, die über eine Vielzahl sozialer Kontakte verfügen, beschreiben diese üblicherweise als oberflächlich und ohne Intimität (Marshall, 1989). Fehlende Intimerfahrungen und Einsamkeit unter-scheidet Sexualstraftäter auch von anderen Tätergruppen und Kontrollpersonen (Awad et al., 1984; Seidman et al., 1994).

Für viele Betroffene, insbesondere jene mit Paraphilien, kann inzwischen angenommen werden, dass sie strafbare sexuelle Handlungen vollziehen, um aus unerträglichen psychischen Verfassungen und Stimmungslagen herauszukom-men (Bewältigungs- bzw. Copinghypothese). So mehren sich, seitdem diese Hypothese in der Forschung an Bedeutsamkeit gewinnt, die Hinweise, dass bei Sexualdelinquenten zwischen Einsamkeit, Intimitätsdefiziten und fehlenden Bindungskompetenzen nicht nur zu sozialen Ängsten, sondern auch zu depressi-ven Stimmungsschwankungen und affektiven Störungen enge Verbindungen bestehen (vgl. Ward, McCormack et al., 1997).

10.4.2 Stimmungsstörungen und Depression

Stimmungsstörungen, Depressivität und Depressionen werden im Zusammen-hang mit unterschiedlichen psychischen Störungen für eine gestörte Selbstkontrolle verantwortlich gemacht (Baumeister & Heatherton, 1996). Lebens-geschichtlich scheinen dies unterschiedlichste Faktoren zu begünstigen: dys-funktionale Erziehungsumwelten, physische und sexuelle Missbrauchser-fahrungen, sich ausweitender Mangel an sozialen Kompetenzen, fehlende kognitive Ressourcen zur Entwicklung positiver Lebensziele. Solche Defizite führen eine Vielzahl von Menschen langfristig in die Situation, das eigene Verhalten nicht angemessen kontrollieren zu können – verstärkt durch zuneh-menden Stress, negative Stimmungen, Hilflosigkeit, Erschöpfungszustände, phy-siologische oder soziale Drucksituationen. Um einer depressiogenen Abwärtsspi-rale entgegenzuwirken, greifen viele auf problematische Verhaltensweisen zurück: exzessives Essen, vermehrtes Rauchen, Flucht in Drogen und Alkohol. Nicht wenige Autoren vertreten inzwischen die Ansicht, dass ähnliche Konstella-tionen für die Entwicklung sexueller Deviationen infrage kommen – und zwar im Sinne einer Kompensation unerträglicher psychischer Verfassungen (Coping-bzw. Bewältigungshypothese; Barbaree & Marshall, 1991; Keenan & Ward, 2003).

Stimmungsstörungen. Dem entspricht, dass sich bei einer sehr großen Gruppe von Sexualdelinquenten Stimmungsstörungen der unterschiedlichsten Art fin-den lassen: Hilflosigkeit, Depressivität, ungerichteter Ärger, spontane Feindselig-keitsreaktionen und eine grundlegende Unzufriedenheit mit dem eigenen Leben (Hall & Hirschman, 1991; Lee et al., 2001). Manifeste Depressionen werden bei Sexualstraftätern in forensischen Kontexten von zehn Prozent bis zu einem Drit-tel der Patienten diagnostiziert (Hillbrand et al., 1990). Die Lebenszeitprävalenz betreffend, nimmt die Depression gelegentlich den höchsten Wert aller Achse-I-Störungen ein. Sowohl akut als auch mit Blick auf das bisherige Leben liegen die Depressionsdiagnosen jedenfalls weit über jenen, die in Gefängnissen und in der forensischen Psychiatrie bei Tätern anderer Deliktarten gefunden werden (Hud-son & Ward, 1997).

Coping oder Disinhibition? Bewältigungs- bzw. Kompensationsversuche de-pressiver Verstimmungen werden als Auslösebedingungen insbesondere für paraphile sexuelle Übergriffe angesehen, vorrangig bei Pädophilie und Sexuellem Sadismus (Marshall, 1997). Hingegen kommt es zu impulsiver sexueller Verge-waltigung häufiger aus enthemmenden emotionalen Ärger- und Wutverfassun-gen heraus (Knight & Prentky, 1990; Lee et al., 2001). Dennoch lassen sich je-weils Untergruppen in beiden Deliktarten finden, bei denen sich ein umgekehrtes Bild ergibt: Vergewaltigung kann von Tätern auch zur Überwin-dung depressiver Verfassungen eingesetzt werden, und im sexuellen Missbrauch von Kindern können gelegentlich impulsiver Ärger und Wut als antezendente Auslöser in Betracht gezogen werden.

Stimmungsschwankungen. Wichtig an diesen Befunden ist, dass zwischen Depressivität als überdauernde Eigenart (etwa im Sinne einer Dysthymie) und Depressivität als *akut wirkende* Stimmungslage (und damit als Auslösebedingung für sexuelle Übergriffe) zu unterscheiden ist, was nicht immer in dieser Eindeutigkeit geschieht. In Untersuchungen von DSM-Achse-I-Störungen bei Sexualstraftätern findet sich die Dysthymie nur äußerst selten (Ausnahme: Kafka & Prentky, 1994). Für eine Miterklärung sexueller Übergriffe ist vielmehr das *Phänomen* der Stimmungsschwankungen von Bedeutung. Insbesondere eine Auslenkung der Stimmung in Richtung Depressivität (oder Dysphorie) scheint das Risiko für sexuellen Missbrauch und sexuelle Gewalt zu erhöhen.

10.4.3 Alkoholmissbrauch und -abhängigkeit

Schließlich gilt Alkohol als enthemmende Bedingung für sexuelle Übergriffe. Eine Übersicht über den Stand der Forschung zu dieser Frage kommt zu dem Schluss, dass mehr als 50 Prozent der Vergewaltigungstäter und bis zu 40 Prozent der Missbrauchstäter zum Zeitpunkt der Tat *regelmäßig*, d.h. zumeist täglich größere Mengen Alkohol konsumierten (bei Vergewaltigungstaten: Seto & Barbaree, 1995; bei sexuellem Kindesmissbrauch: Hucker et al., 1986). In einigen Studien werden Alkoholmissbrauch oder -abhängigkeit bei sexuellen Gewalttätern sogar mit weit über 70 Prozent beziffert (Hillbrand et al., 1990).

Weiter scheint die Mehrzahl der Sexualstraftaten unter der enthemmenden Alkoholeinwirkung durchgeführt worden zu sein, insbesondere jene mit extremer Gewalt (Abbey, 1991; Richardson & Hammock, 1991). Alkohol bekommt vor allem bei spontan erfolgten Sexualstraftaten eine auslösende Funktion. Vorab von Tätern sorgsam geplante (zumeist sexual-sadistisch motivierte) Vergewaltigungstaten werden häufiger in nüchternem Zustand ausgeübt ($\rightarrow$ 8.3.5). Paraphile Sexualstraftäter neigen weniger zum Alkoholmissbrauch als nicht paraphile Sexualdelinquenten: Legt man die oben angesprochen klinische Differenzierung zugrunde, verüben etwa dreimal mehr impulskontrollgestörte Sexualstraftäter als paraphile Straftäter ihre Delikte unter dem Einfluss von Alkohol (Kunst et al., 2000).

10.4.4 Persönlichkeitsstörungen

Bei Persönlichkeitsstörungen sind das innere Erleben und das Verhalten eines Menschen gestört in dem Sinne, dass insbesondere das zwischenmenschliche Handeln von den gesellschaftlichen Erwartungen abweicht. Entsprechend werden Persönlichkeitsstörungsdiagnosen im Gefängnis und in der forensischen Psychiatrie häufiger vergeben, als dies in anderen klinischen Kontexten der Fall ist. Was die sexuellen Abweichungen und Delikte angeht, gibt es bis heute noch keine substanziellen Forschungsarbeiten, mit denen sich Zusammenhänge von Persönlichkeitsstörungen und sexueller Delinquenz eindeutig bestimmen ließen. Je nach Kontext fallen die Angaben in Abhängigkeit von untersuchten Teilgruppen recht uneinheitlich aus: Sie reichen von etwa einem Drittel (Leygraf, 1988; Schüler-Springorum et al., 1996) bis zu zwei Dritteln (Berner et al., 1992; Berger et al., 1999).

Vergewaltigung vs. sexueller Missbrauch. Höhere Angaben über Persönlichkeitsstörungen beziehen sich zumeist auf Tätergruppen, die besonders schwerwiegende (sadistische) Sexualstraftaten durchgeführt hatten. Bei diesen handelt es sich zumeist um Täter mit Vergewaltigungs- und Tötungsdelikten, bei denen die Anzahl von Personen mit Dissozialer (ICD) bzw. Antisozialer (DSM) sowie auch noch mit narzisstischer, sadistischer und Borderline-Persönlichkeitsstörung immer etwa die Hälfte ausmacht (Marneros et al., 2002; Ahlmeyer et al., 2003). Bei Tätern, die wegen sexuellen Missbrauchs von Kindern verurteilt wurden, finden sich die drei genannten Persönlichkeitsstörungen ausgesprochen selten als zusätzliche Diagnose, vielmehr die gesamte Breite der übrigen Störungsdiagnosen, wobei schizotypische, emotional-instabile, selbstunsicher-ängstliche, schizoide und dependente Persönlichkeitsstile überwiegen (→ 8.4). Am deutlichsten scheint die dependente Persönlichkeitsstörung zwischen Vergewaltigern und Kindesmissbrauchern zu diskriminieren (Ahlmeyer et al., 2003).

Auch in Einzelfalldarstellungen zeigt sich, dass sich sowohl die gesamte Breite der Persönlichkeitsstörungen bei Sexualdelinquenten und in dieser Unterschiedlichkeit zwischen den Tätergruppen beobachten lässt (Chantry & Craig, 1994; Rehder, 1996; Marneros, 1997; Raymond et al., 1999). Die Vermutung liegt also nahe, dass es sich bei Missbrauchstätern eher als bei Vergewaltigern um affektiv labile und sozial- und selbstunsichere Personen handelt. Diese persönlichkeitsbedingte Vulnerabilität hängt bei vielen vermutlich eng mit spezifischen Erziehungserfahrungen in der Kindheit zusammen (→ 8.4), und sie macht teilweise die in dieser Tätergruppe beobachtbare Häufung von neurotischen Ängsten und Depressionen verständlich (Marshall & Marshall, 2000; Ullrich & Marneros, 2000; → vorausgehende Kapitel).

Sorgsame Funktionsanalysen notwendig. Obwohl es zwischen Persönlichkeitsstörungen und psychischen (sexuellen) Störungen und sexueller Delinquenz im Einzelfall Wechselbeziehungen geben kann, handelt es sich um drei distinkt zu betrachtende Bereiche. Da insbesondere die Persönlichkeitsstörungen im Übergang zur Normalität unter unscharfen Grenzen leiden, ist es eine herausfordernde Aufgabe für Gutachter, nach zunächst sorgsamer Trennung der genannten Aspekte wechselseitige Einflüsse herauszuarbeiten. Auf keinen Fall akzeptierbar wäre eine zirkuläre Argumentation, in welcher die Eigenarten sexueller Delinquenz (Verhaltensmerkmale während der Tat) mit den Kriterien einer Persönlichkeitsstörung (als Trait-Variablen) verwechselt werden.

Deshalb ist bei Postulierung von Zusammenhängen zwischen Persönlichkeit und Delinquenz Behutsamkeit angezeigt. Denn: Welche Bedeutung die Persönlichkeitsstörungen für die Entwicklung oder Ausführung sexueller Delinquenz besitzen, lässt sich über die angegebenen Komorbiditätsbeziehungen hinaus gegenwärtig mangels Verlaufsstudien noch nicht beantworten. Insgesamt wären sie in ihrer funktionalen Bedeutung vermutlich eher als distale Voraussetzungen einzustufen (neben anderen Entwicklungshypothesen).

10.4.5 Bewertung

Leider wird in den Arbeiten über psychische Störungen bei Sexualdelinquenten theoretisch nicht immer genau zwischen den eingangs dargestellten Funktionen unterschieden, die den untersuchten Phänomenen im Zusammenhang mit sexuellen Übergriffen zugesprochen werden können. So wird die Anfang der 1980er Jahre entwickelte *Disinhibitionstheorie*, nach der psychische Belastung und Stress bei Straftätern eine Enthemmung zu sexuellen Übergriffen bewirken (Barbaree et al., 1979; Quinsey et al., 1984), nach wie vor unkritisch auf „Psychische Störungen" generalisiert, obwohl die genannten Autoren selbst inzwischen differenzierte Hypothesen vertreten. Die Enthemmungshypothese mag bei Alkoholmissbrauch oder paraphiliebedingten Fantasien zutreffen, nicht jedoch bei sozialen Phobien und depressiven Verstimmungen. Hier haben sexuelle Übergriffe zumeist eine Kompensations- oder Bewältigungsfunktion (*Coping*-Hypothese): Viele Täter verüben sexuelle Übergriffe, um aus einem unerträglichen Spannungszustand oder aus Stimmungsstörungen herauszukommen.

Zukünftig: Funktionale Analysen in der Forschung. Theoretisch wären in der zukünftigen Forschung jedoch weitere Faktoren und Einflussgrößen einzubeziehen: Dazu gehören einerseits distale Bedingungen, wie lebensgeschichtlich bedeutsame Erziehungsumwelten in Kindheit und Jugend oder die mit ihnen häufig zusammenhängenden Persönlichkeitsstile und -störungen (*Entwicklungs*-Hypothesen). Andererseits: Für eine funktionale Erklärung sexueller Devianz bedeutsamer als distale Entwicklungsaspekte wären proximal wirkende Umgebungsfaktoren oder periodische Einflüsse auf Stimmung und Verhalten anzusehen, z.B. soziale Isolation, Arbeitslosigkeit oder das Fehlen von Sexualpartnern (*Kontext*-Hypothesen). Denn Enthemmung (Disinhibition) und Bewältigung

(Coping) wirken nicht nur aus den Eigenarten psychischen Störungen heraus. Sie könnten sich ausschließlich auf die Kompensation kontextueller Belastungen beziehen, ohne dass die Gleichzeitigkeit einer psychischen Störung gegeben sein muss.

Nochmals: Paraphilien. Erst bei genauer Differenzierung der Funktionalität sexueller Handlungen und Aktivitäten kann auch die Funktion der periculären Paraphilien deutlicher als bisher beschrieben und untersucht werden. Deren funktionale Bedeutung scheint sich vorrangig auf die konkrete Ausgestaltung der Taten zu beziehen, als die Übergriffe von den paraphilen Tätern zumeist in der Fantasie vorweggenommen und entsprechend durchgeführt werden (*Ausgestaltungs*hypothese). Inwieweit ihnen dabei eine enthemmende Funktion zukommt, sollte nicht nur konzeptuell unterstellt, sondern zukünftig genauer untersucht werden – einschließlich der Varianzanteile, die in diesem Zusammenhang andere Funktionsbereiche zusätzlich oder sogar vorrangig übernehmen.

Entwicklungspfade. Eine Unterscheidung der spezifischen Funktion oder Wirkung unabhängiger Variablen auf sexuelle Übergriffe ist von theoretischem Interesse insofern, als sich in der Folge sorgsamer Studien verschiedene Entwicklungspfade hin zu sexueller Delinquenz prägnanter unterscheiden ließen – mit wichtigen Implikationen für eine differenzielle Indikation und Behandlung. Bereits die einfache Unterscheidung zwischen distalen (lebensgeschichtlich bedeutsamen) Entwicklungsaspekten und proximalen (näher zur Tat beobachtbaren) Prozessen und Bedingungen hat in Forschungsarbeiten jüngeren Datums erheblich zur Varianzaufklärung der Ursachen sexueller Delinquenz beigetragen. Darauf wird im nachfolgenden Kapitel ausführlich eingegangen.

11 Integrative Erklärungsmodelle für Sexualdelinquenz

Das Wissen über die Hintergründe und Ursachen für gefährliche Sexualdelinquenz ist in den letzten zwanzig Jahren enorm angewachsen. In diesem Kapitel soll der Versuch unternommen werden, konzeptuelle Überlegungen und empirische Befunde zusammenzufassen. Angesichts der Vielfalt von Erklärungshypothesen sieht sich jeder Autor, der sich an eine Integration der disparaten Theorieansätze heranwagt, mit einer Reihe schwer überwindbarer Probleme konfrontiert. Viele Forscher nehmen nach wie vor eine sehr enge Perspektive ein und vernachlässigen dabei jene Erkenntnisse, die mit der eigenen Sichtweise nicht gut vereinbar sind. Mitschuldig an diesem Problem ist, dass Theoriebildung und Forschung bis weit in die achtziger Jahre des vergangenen Jahrhunderts hinein viel zu eng mit den Entwicklungen der Therapie- und Professionsschulen verbunden wurden, wie z.B. Verhaltenstherapie versus Psychoanalyse oder Psychiatrie versus Klinische Psychologie. Gelegentlich hat man heute noch den Eindruck, als könnten viele Protagonisten nicht davon lassen, in dieser unfruchtbaren, weil mehr berufspolitisch als wissenschaftlich motivierten Konkurrenz und Abgrenzung zu verharren.

Diese unfruchtbare Konkurrenz ist in erheblichem Maße dafür verantwortlich, dass ein wirklicher Fortschritt in der Entwicklung übergreifender Theorieperspektiven bis vor wenigen Jahren fast undenkbar schien. Glücklicherweise hat sich inzwischen eine neue Generation von Forschern wenigstens ansatzweise daran gemacht, dem klassischen Denken in Therapie- und Professionsschulen eine Absage zu erteilen (vgl. Laws & O'Donohue, 1997; Ward et al., 2003; Hensley & Tewksbury, 2003). Zur Überwindung konkurrierender Theoriegebilde haben diese Forscher eine gleichermaßen schlichte, wie faszinierende Idee entwickelt: Moderne ätiologische Hypothesen und Modelle beziehen sich auf das aktuell vorhandene *empirische* Wissen in seiner Breite, das „alle paar Jahre" oder besser: kontinuierlich neu bewertet wird.

Bei der Betonung des „empirischen Wissens" wird gelegentlich die heuristische und Hypothesen bildende Macht und Möglichkeit der Einzelfallanalysen übersehen. Empirische Forschung erhebt Zahlen, viele Zahlen – und sie übersieht, wie schwer sie sich damit tut, für die Bewertung des (in der Begutachtung und Behandlung wichtigen) einzelnen Falles Atmosphärisches und Beziehungsphänomene zu erfassen. Sie zeigt „überzeugende signifikante" Ergebnisse, wobei Signifikanz selbst immer nur prototypisch auf Untergruppen verweist, nicht auf das Gesamtkollektiv und ebenso wenig auf den einzelnen Fall.

Empirisch gesicherte Befunde dienen unverzichtbar der allgemeinen Beurteilung, Planung und Groborientierung. Da Daten und Datengruppierungen nicht für sich sprechen, muss sich empirische Forschung bei der theoretischen Integration selbst einer heuristischen Strategie bedienen. Heuristik und Empirie gegeneinander auszuspielen, ist also unfruchtbar, auch wenn solche Diskussionen immer noch geführt werden. Zur Ergänzung der Empirie ist die Einzelfallanalyse unverzichtbar, wie auch umgekehrt. Leider haben sich jene, die Ergebnisse der empirisch-experimentellen Forschung bevorzugen (wie z.B. die Verhaltenstherapeuten), bisher nicht sehr gut mit jenen verstanden, die der heuristischen Einzelfallanalyse den Vorzug gaben (wie z.B. die Psychoanalytiker). Die Hoffnung bleibt, dass beide Gruppierungen aufeinander zugehen werden.

Wenn in diesem Kapitel „empirische Ergebnisse" im Vordergrund stehen, so kommt dies vor allem dem Zeitgeist entgegen. Auch wir kommen nicht umhin, vorrangig auf Forschungsarbeiten zu rekurrieren, die gegenwärtig publiziert werden – und da haben die „Gruppenforscher" die „Einzelfallforscher" etwas ins Abseits gedrängt. Aktuelle Ätiologiemodelle werden heute – hypothetisch und heuristisch über empirisch generierte Zahlen und Fakten – als so genannte *multifaktorielle Bedingungsanalysen* konzipiert. Oder sie bedienen sich statistisch prüfbarer *mehrgleisiger Pfadanalysen*, in denen unterschiedlichste Entwicklungs- und Verlaufsaspekte in eine Reihenfolge oder ein sich überlappendes Nebeneinander gebracht werden.

Zwei Beispiele dafür wurden in früheren Ätiologie-Kapiteln vorgestellt: die multifaktorielle Bedingungsanalyse zum Periculären Sexuellen Sadismus (Arrigo & Purcell, 2001; → 8.3.7) und die mehrgleisige Pfadanalyse zur Erklärung von Pädophilie bzw. sexuellem Missbrauch von Kindern (Ward & Sorbello, 2003; → 8.4.7). Als ein wichtiger Ausgangspunkt für die (Fort-)Entwicklung multifaktorieller Erklärungsansätze wird die „Integrative Theorie sexueller Gewalt" von Marshall und Barbaree (1990) angesehen – auch wenn diese Theorie selbst bereits in die Jahre kommt. Die Autoren schlugen jene angesprochene kontinuierliche und Disziplin übergreifende Fortschreibung aktueller Wissensbestände vor – ein Vorschlag, der alsbald bei vielen Gegenwartsforschern auf breite Zustimmung stieß.

Distal – Proximal

Marshall und Barbaree (1990) – selbst Verhaltenstherapeuten – regten an, in zukünftigen Erklärungsansätzen und Forschungsarbeiten zwei Fragenkomplexe strikter als bisher zu unterscheiden, um diese nach vorläufiger Trennung später erneut aufeinander zu beziehen. Diese Perspektive wird ganz ähnlich von Goldberg (1995; 1998), einem Psychoanalytiker, für den diagnostisch-therapeutischen Umgang mit Paraphilien/Perversionen eingenommen. Beide Perspektiven werden auch in der nachfolgenden Ausarbeitung wiederholt betont:

▶ Distale Prozesse und Entwicklungsbedingungen (Ätiologie und Pathogenese): Welche Faktoren und längerfristig wirkenden Hintergrundsbedingungen können für die Entwicklung und eventuelle Aufrechterhaltung gefährlicher Sexualdelinquenz als entscheidend angesehen werden?

▶ Proximale Prozesse und aktuelle Ereignisse (Auslösebedingungen): Welche situativen oder kontextuellen Bedingungen und welche persönlichen Verfassungen und Stimmungen sind im engen Wechselspiel mit dem Verhalten dafür verantwortlich, dass es tatsächlich zu sexuellen Übergriffen und zu sexueller Gewalt kommt?

Insbesondere der zweite Aspekt – der Verlust von Kontrolle über sexuelle Antriebe und die damit einhergehende Verquickung von Sexualität und Aggression – wird in vielen Verstehenskonzepten nicht angemessen vom ätiologischen Aspekt getrennt. Häufig wurden lebensgeschichtliche Ereignisse als hinreichend für eine Erklärung sexueller Delinquenz angesehen. Für die Behandlung sexueller Straftäter jedoch erweist sich üblicherweise der zweite Aspekt als vorrangig handlungsleitend (→ 12).

11.1 Evolution und Biologie als Voraussetzung

Eine der wichtigen Entwicklungsaufgaben des Menschen (vor allem der männlichen Variante unserer Spezies) scheint es zu sein, eine wirksam hemmende Funktion der Selbstkontrolle gegenüber aggressiven Impulsen auszubilden. Dass für Gelingen oder Misslingen einer Kontrolle über aggressives Verhalten Sozialisationsprozesse eine wichtige Bedeutung haben, ist sicherlich unstrittig – zumal sich Erziehungsprozesse, die auf eine Aggressionskontrolle gegenüber der eigenen Spezies abzielen, selbst im Tierreich in mannigfaltiger Art beobachten lassen (Baenninger, 1974). Lange Zeit war man von einem angeborenen Aggressionstrieb ausgegangen, dem mit entsprechenden Erziehungsmaßnahmen und geeigneten Lernumgebungen wirksam und erfolgreich entgegenzuwirken sei (Moyer, 1976). Inzwischen nimmt die Neigung einiger Forscher wieder zu, mit verbesserten Verfahren (z.B. der Bildgebung) die Hypothese der neurobiologischen, eventuell angeborenen Basis sexueller Gewalt erneut zu vertreten und zu untersuchen: Tragen bestimmte Hirnregionen und endokrinologische Vorgänge für ein Gelingen der Aggressionshemmung eine Mitverantwortung? Wenn man in der biologischen Forschung die früheren Fehler einer vorschnellen Verallgemeinerung aus Einzelergebnissen unterließe und die Wechselwirkungen zu Umwelt und Sozialisation ernsthaft mitreflektierte, könnte das ganze Unternehmen eine spannende Sache werden – wie sich dies beispielsweise in dem Aufeinanderzugehen von Evolutionstheoretikern und Kulturwissenschaftlern andeutet.

11.1.1 Evolution vs. Kultur?

Dass die vor allem bei Männern zu beobachtende Enthemmung in Richtung sexueller Gewalt eine genetisch vermittelte biologische Grundlage haben könnte, wird in so genannten Evolutionstheorien vertreten. Die Diskussion über evolutionär begründete sexuelle Gewalthandlungen reicht zwar weit in die Wissenschaftsgeschichte zurück, sie scheint jedoch gegenwärtig eine Renaissance zu erfahren (z.B. Malamuth, 1998; Thornhill & Palmer, 2000; Archer & Vaughan, 2001).

Andererseits hat sich nichts daran geändert, dass fast jede neu publizierte Evolutionstheorie der Vergewaltigungstaten zu kontrovers geführten Debatten Anlass gibt. Denn auf den ersten Blick scheinen einige ihrer Implikationen theoretischen Vorstellungen zu widersprechen, wie sie in soziologischen und kulturpsychologischen Ansätzen vertreten werden. Unter evolutionärer Perspektive wäre sexuelle Gewaltneigung nämlich inhärenter Bestandteil der männlichen Natur. Mit kulturpsychologischen und soziologischen Perspektiven wird versucht, dem möglichen Missverständnis entgegenzuwirken, dass sexuelle Gewalt moralisch weniger verwerflich sei, wenn sie sich als das Ergebnis evolutionärer Prozesse erweise.

Kultur

Kulturpsychologische Hypothesen finden sich seit Jahren insbesondere in theoretischen Erklärungen feministischer Forscherinnengruppen. Diesen ist es wesentlich zu verdanken, dass das Problem sexueller Gewalt gegen Frauen und der Missbrauch von Kindern in den Mittelpunkt der öffentlichen Auseinandersetzung gerückt wurde. Und sie haben ihrerseits in den letzten Jahren weit beachtete Beiträge zur Aufklärung sexueller Gewalt geliefert (z.B. Brownmiller, 1975; Herman, 1990; Mardorossian, 2003). Als Ausgangspunkt für das Engagement von Wissenschaftlerinnen, aus der Perspektive der Frau zur Aufklärung sexueller Gewalt beizutragen, gilt eine Analyse des Sexismus und der Unterwerfung von Frauen durch Susan Brownmiller (1975). Vergewaltigung, so ihre provokativ vorgetragene These, ist nicht mehr und nicht weniger als ein bewusster Prozess der Einschüchterung, durch den Männer in aller Welt Frauen in einem steten Zustand der Angst zu halten versuchen. Die kulturell legitimierte Macht und Dominanz des Mannes durchziehe die gesamte Geschichte der Menschheit, und sie lasse sich vor allem in patriarchalisch organisierten Gesellschaftsformen beobachten, in denen die Frau bisweilen sogar als Eigentum des Mannes angesehen werde.

Feindseligkeit gegenüber Frauen. Was nun in der Tat viele Vergewaltiger gemeinsam haben, ist ihre Feindseligkeit gegenüber Frauen. Und sie findet sich zumeist in Abhängigkeit von sozialen Einstellungen, die in der jeweiligen Kultur gegenüber Frauen bestanden haben und bestehen (→ 11.6). Beispielsweise finden sich Aufzeichnungen über die Vergewaltigung von Frauen in der Kriegsberichterstattung vom alten Griechenland, über die Zeit der Kreuzritter bis in die Gegenwart hinein mit ihren aktuelleren Kriegen in Vietnam, auf dem Balkan, in Afrika und im Nahen Osten (→ 9.3.6). Und sie findet sich bis heute vor allem im Kontext der so genannten häuslichen Gewalt: Opfer der meisten Vergewaltigungen sind Ehefrauen oder Bekannte der Täter (→ 9.3.1).

Nach wie vor kommen soziologische Untersuchungen nicht darum herum, Zusammenhänge zwischen frauenfeindlichen Einstellungen in einer Gesellschaft, dem damit einhergehenden Gefühl männlicher Überlegenheit und Macht und der Häufigkeit sexueller Gewalt nicht nur zu postulieren, sondern auch empirisch zu belegen (Sanday, 1981; Hale, 2003): Je häufiger in einer Gesellschaft männliche Überlegenheit, Macht und Gewalt als eine Möglichkeit der Bewältigung von Konflikten und der Lösung von Problemen angesehen und wo diese immer wieder in den Medien vermarktet werden, desto größer scheint die Häufigkeit der Vergewaltigungstaten.

Unakzeptabel: Unschuldsbeweise. Viele feministische Gruppen wollen Vergewaltigung nicht als Sexualdelikt klassifiziert wissen. Denn damit werde nicht nur der Zusammenhang mit allgemeiner männlicher Gewaltneigung verschleiert, sondern es komme im sozialen Umfeld wie vor Gericht zu einer typisch männlichen Auseinandersetzung mit den Taten – indem nach den *Motiven der Opfer* gefragt werde. Vergewaltigungsopfer müssen häufig in besonders erniedrigender Weise den Ehemännern, den Freunden, der Polizei und sogar gelegentlich auch noch sich selbst gegenüber den Beweis antreten, dass sie an der erlebten Vergewaltigung „unschuldig" sind. Opfer nicht sexueller Gewalt, die beispielsweise niedergeschlagen oder mit der Waffe bedroht werden, geraten selten in den Verdacht, den erlebten Angriff „heimlich gewünscht" zu haben.

Es ist nur zu verständlich, wenn die kulturpsychologische Begründung sexueller Gewalt von feministischer Seite mit großer Vehemenz vertreten wird. Dies geschieht berechtigterweise dann, wenn sich evolutionär orientierte Forscher anschicken, biogenetische Hypothesen sexueller Gewalt zu formulieren, und es dabei unterlassen, soziale und gesellschaftliche Einflüsse auf evolutionäre Entwicklungen mit zu berücksichtigen. Diese Kritik jedoch haben sich viele Evolutionstheoretiker inzwischen zu Eigen gemacht, weshalb Evolution und Kultur in ihren Theorieentwürfen zunehmend zusammenwachsen.

Evolution

Dennoch scheint den meisten Evolutionsforschern im Unterschied zu den Soziologen eine Grundannahme besonders wichtig zu sein: Gewalt in libidinösen Beziehungen wird als „primär sexuell" motiviert angesehen und nicht so sehr als Ausdruck kultureller Einflüsse gedeutet. In diesem Sinne wird in der Tat der kulturpsychologischen Hypothese widersprochen, nach der vorrangig das patriarchalisch motivierte Macht- und Überlegenheitsstreben des Mannes in einer Gesellschaft dafür verantwortlich ist, wenn es auf individueller Ebene nicht zur Hemmung sexueller Gewalt und zu sexuellem Missbrauch kommt.

Disparates Paarungsverhalten. Ausgangspunkt zur Evolution sexueller Gewalt stellt die Annahme dar, dass sich phylogenetisch für Männer und Frauen ein disparates Paarungsverhalten herausgebildet hat. Dieses Argument wird damit begründet, dass die Notwendigkeit zur Fortpflanzung sehr unterschiedliche biologische Konsequenzen für beide Geschlechter hat: Ein Mann kann die 50 Prozent seiner Gene in nur wenigen Minuten und mit einem Minimum an Kraftanstrengung an die nächste Generation weitergeben, und theoretisch könnte er in seinem Leben Tausende von Frauen in eine Schwangerschaft führen.

Im Unterschied dazu ist die Empfängnisbereitschaft der Frauen immer nur auf wenige Tage eines Monatszyklus begrenzt. Dann benötigt sie neun Monate lang, um ein Kind auszutragen, in der Hoffnung, dass sie auch die Anstrengungen einer Geburt glücklich und gesund übersteht. Zumeist verbleibt ihr auch noch die Aufgabe der Kinderversorgung. Und schließlich bereitet die Menopause ihrer Fruchtbarkeit ein Ende. Üblicherweise bedeutet dies, dass es eine Frau in ihrem Leben im Höchstfall auf etwas mehr als ein Dutzend Schwangerschaften bringen kann. Das wiederum gelingt nur, wenn sie sich auf Partner verlassen kann, die hinreichende ökonomische Sicherheit und sozialen Rückhalt bei der Kindererziehung versprechen.

Vielleicht haben diese divergierenden Voraussetzungen im Laufe der Evolution zu unterschiedlichen Selektionsstrategien geführt, mit denen Männer und Frauen ihre Partner auswählen. Frauen wird dabei unterstellt, dass sie Partner mit hohem Status und reichhaltigen Ressourcen bevorzugen, damit die Zukunft gesichert ist. Im Unterschied dazu wird den Männer eine weniger selektiv auf Leistungsfähigkeit angelegte Partnerbevorzugung zugeschrieben: Sie scheinen ein

Wahlverhalten zu bevorzugen, in dem Jugend und Schönheit wichtige Attribute darstellen, weil sie sichere Indikatoren für Gesundheit sind. Für diese Überlegungen wurden in den vergangenen Jahren interessante empirische Belege zusammengetragen (Buss, 1994; 1999). Bereits 1979 hatte der Evolutionstheoretiker Symons diesen Sachverhalt in einem einprägsamen Satz zusammengefasst, der seither gern zitiert wird: „Der typische Mann kann in irgendeiner Weise von fast jeder Frau sexuell angeregt werden, die typische Frau hingegen entwickelt den meisten Männern gegenüber nicht das geringste sexuelle Interesse" (S. 267).

Evolution sexueller Gewalt

Aufgrund des disparaten Paarungsverhaltens werden von Evolutionstheoretikern unterschiedliche Möglichkeiten diskutiert, warum und wie die Evolution dazu beigetragen hat, dass beim männlichen Teil unserer Spezies eine Potenz zu sexueller Gewalt und zu sexuellem Missbrauch angelegt ist (Coyne & Berry, 2000; Archer & Vaughan, 2001; Siegert & Ward, 2003). Die aktuelle Kontroverse betrifft die Frage, ob Vergewaltigung für sich allein als eine evolutionär „adaptive Strategie" angesehen werden kann oder ob sie als „Nebenprodukt" anderer Dispositionen gelten muss, die ihrerseits jedoch ebenfalls der Evolution adaptiv zuträglich sind.

Konditionale adaptive Strategien. Wenn sich Vergewaltigung als adaptiv-evolutionär darstellt, müsste sie sich im Verlauf der Menschheitsgeschichte selektiv als Reproduktionsstrategie herausgebildet haben. Diese Hypothese einer generellen adaptiven Strategie wird verworfen, weil sie impliziert, dass Vergewaltigungstäter reproduktiv erfolgreicher wären als jene Männer, die sich anderer Fortpflanzungsstrategien bedienen. Das jedoch ist nicht der Fall (Archer & Vaughan, 2001). Vielmehr gehen die Evolutionstheoretiker davon aus, dass es sich bei der Vergewaltigung um eine *konditionale adaptive* Strategie handelt. Darunter fasst man Entwicklungsbedingungen, nach denen sich Vergewaltigung entweder nur für bestimmte Personengruppen als adaptive Strategie anbietet oder nach denen sich Vergewaltigung nur unter bestimmten restriktiven Bedingungen als adaptiv erweist.

Nebenprodukt evolutionär adaptiver Strategien. Forscher, die sich dieser Perspektive verpflichtet fühlen, betrachten Vergewaltigung als Nebenprodukt anderer adaptiver Strategien. Dazu gehören beispielsweise das männliche Überlegenheitsgebaren und die damit zusammenhängende Aggressivität. Oder es wird die Neigung der Männer zur Promiskuität als adaptiv angesehen. In beiden Fällen wäre die Vergewaltigung selbst nicht adaptiv. Zur Vergewaltigung kommt es nur deshalb immer wieder, weil sie als Übersprungshandlung zur männlichen Aggressivität oder zur männlichen Promiskuität dazugehört.

Beide Strategien werden gegenwärtig vielfältig diskutiert und untersucht. Nachfolgend werden zur Illustration einige Theorie- und Forschungsansätze zitiert, die beiden Perspektiven gewidmet sind. Im Mittelpunkt der Diskussion stehen zwei Theorieausarbeitungen: einerseits die Evolutionstheorie sexueller Gewalt von Thornhill und Palmer (2000) und andererseits das evolutionsbasierte Konfluenz-Modell von Malamuth (1998).

Vergewaltigung als konditionale evolutionäre Strategie

Thornhill und Palmer (2000) sind der Ansicht, dass es sich bei der Vergewaltigung um eine *sexuell motivierte* Delinquenz handelt, der nicht vorschnell andere Motive wie Dominanz-, Überlegenheits- und Machtbestrebungen unterstellt werden sollte. Für das Autorenpaar stellt Vergewaltigung *eine* von unterschiedlichen Paarungsmöglichkeiten dar, die – konditional – ausschließlich dann angewandt werde, wenn bestimmte günstige Umstände für eine solche Wahlmöglichkeit gegeben sind. Vergewaltigung steht damit in einer Reihe mit anderen Paarungsmöglichkeiten, wie z.B. dauerhaft angestrebte Sexualbeziehungen oder auch nicht dauerhaft intendierte Sexualbeziehungen, wobei jeweils die evolutionäre „Vermehrungsfunktion" im Hintergrund wirkt.

Sexuelle Deprivation und geringer sozialer Status. Thornhill und Palmer führen eine Reihe von Faktoren an, die das „konditional adaptive" Risiko einer Vergewaltigung ansteigen lassen. Dazu zählen sie fehlende physische oder psychische Ressourcen, soziale Isolation und Entfremdung sowie unbefriedigende oder fehlende Erfahrungen mit romantischen Beziehungen. Diese besonderen Umstände, die ein normales Paarungsverhalten erschweren, betrachten die Autoren als risikovolle „adaptive" Entwicklungsverzweigungen, von denen ausgehend sich die Betreffenden zunehmend mehr auf Gewalt als Strategie zur Durchsetzung sexueller Paarungsbedürfnisse verlegen. Damit einhergehend lässt sich beobachten, dass die Betreffenden Einstellungen und Strategien entwickeln, mit denen sie ihre Neigung zu sexueller Gewalt absichern und verfeinern. Zu diesen „adaptiven" psychologischen Mechanismen gehören beispielsweise Kompetenzen, potenzielle Opfer für Vergewaltigung zu identifizieren, oder fehlende Bereitschaft, genau zu erkennen, wann und wie Frauen sich „sexuell verweigern", um ambivalente Motive zum Ausdruck bringen, und so weiter.

Insgesamt kann die Hypothese konditional adaptiver Entwicklungsverzweigungen mit einer Reihe von Forschungsbefunden in gewisse Übereinstimmung gebracht werden. Es gibt jedoch Widersprüche, auf die andere Forscher aufmerksam gemacht haben (Archer & Vaughan, 2001). Insbesondere für den Kerngedanken von Thornhill und Palmer (2000), dass nämlich sexuelle Deprivation und geringer ökonomischer Status des Täters als übergreifende konditionale

Voraussetzung für Vergewaltigungstaten in Betracht gezogen werden muss, lässt sich nicht bestätigen. Im Gegenteil lässt sich z.B. finden, dass die meisten Vergewaltiger Personen sind, die über vielfältigste Möglichkeiten der sexuellen Betätigung verfügen (Lalumiere et al., 1996).

Besondere Gelegenheiten und Umstände. Eine interessante Alternative zur Begründung konditional adaptiver Strategien wurde bereits 1983 von Shields und Shields vorgelegt, für die es ebenfalls eine Reihe empirischer Belege gibt. Das Konstrukt der Autoren greift die Ansprechbarkeit von Männern auf sexuelle Reize auf. Danach stellt Vergewaltigung eine von mehreren Möglichkeiten zur Erfüllung sexuellen Verlangens dar. Welche Strategie sexueller Befriedigung letztlich gewählt werde, hänge von den jeweiligen Umständen ab. Dass „Gelegenheit" und „Umstände" zur Vergewaltigung führen können, ist empirisch belegt: In Befragungen geben immer wieder große Gruppen von Männern an, dass sie eine Frau vergewaltigen würden, wenn keine gravierenden Konsequenzen zu erwarten wären (Malamuth, 1981). Shields und Shields (1983) gehen davon aus, dass sich Männer im reproduktionsfähigen Alter der unterschiedlichsten Strategien bedienen: Sie können dem Wahlverhalten der Frauen entsprechen oder mit dem Versprechen persönlicher Vorteile um Frauen werben. Sie können diese aber auch, etwa wenn sie zurückgewiesen werden, unter Anwendung von Gewalt zur Sexualität zwingen.

Im letzteren Fall handelt „Mann" sexuell gewalttätig etwa in der Erwartung, dass sich die Partnerin im Verlauf der sexuellen Nötigung zunehmend kooperativer und zustimmend verhalten könnte – was gelegentlich tatsächlich der Fall ist. Jedenfalls wird uns dieser Männlichkeitsmythos immer wieder von der Kinoleinwand herab vorgegaukelt. Als prototypisches Beispiel kommt einem dazu in Erinnerung, was als einer der bemerkenswertesten und romantischsten Küsse der Filmgeschichte angesehen wird – jener von Clark Gable und von Vivian Leigh in „Vom Winde verweht". Am Fuße der Treppe eines eleganten Herrenhauses in den Südstaaten schnappt Gable sich Leigh, umarmt sie kräftig und küsst sie. Ob dieser sexuellen Nötigung leistet sie anfänglich heftigen Widerstand, ergibt sich dann jedoch mehr und mehr in die Situation und lässt schließlich zu, dass sie die Treppen hinauf getragen, auf das Bett geworfen und dann im wahrsten Sinne des Wortes „genommen" wird.

Die Perspektive einer Vergewaltigung bei sich bietender Gelegenheit wirft natürlich ein düsteres Licht auf die schwer ergründbare Tiefe der sexuellen Natur des Mannes, wo wir entdecken könnten, dass potenziell alle Männer zu sexueller Gewalt in der Lage wären. Aber auch dafür gibt es Hinweise, insbesondere jene Beispiele von Vergewaltigungstaten in Kriegszeiten, die von Gruppen von Tätern an Frauen in Feindesland ausgeübt werden. Kommen diese Täter später vor

Gericht, handelt es sich bei ihnen häufig um bis dahin unbescholtene Personen, denen niemand jemals jene Taten zugetraut hätte, an denen sie sich „bei günstiger Gelegenheit" beteiligt hatten ($\rightarrow$ 9.3.6).

Vergewaltigung als Nebenprodukt anderweitig adaptiver Strategien

Die letztgenannten Beispiele würden andere Evolutionsforscher nicht mehr als konditionale adaptive Strategien betrachten, sondern eher dem Bereich der Nebenprodukte anderweitig adaptiver Strategien zuordnen. Diese Idee geht auf eine Ausarbeitung zur Evolution menschlicher Sexualität von Symons (1979) zurück. Ausdrücklich wird sie in den Forschungsarbeiten der Arbeitsgruppe um Malamuth (1998) in den Vordergrund gerückt. Bei genauem Hinsehen ist Malamuth mit seiner so genannten Evolutionsbasierten Konfluenztheorie gar nicht so sehr an der Aufklärung evolutionärer Wirkvariablen interessiert, sondern wendet sich der Analyse proximaler Prozesse im Verhaltenskontext zu, um die Nebenprodukt-Hypothese zu begründen. Nach Malamuth (1998) lässt sich sexuelle Gewalt als eine Strategie innerhalb einer Vielfalt von Möglichkeiten verstehen, mit der menschliche Fortpflanzung sichergestellt wird. In diesem Sinne wird sexuelle Gewalt vom Autor von kulturellen Erklärungsmustern in den allgemeinen Kontext der „menschlichen Sexualität" (zurück) verlagert: als Teil der Vielgestaltigkeit sexuellen Paarungsverhaltens.

Evolution basierte Konfluenztheorie

Malamuth (1998) untersucht das Zusammenspiel von persönlichen Entwicklungsfaktoren und Umgebungsfaktoren der Taten, wobei ihm drei „persönliche Dimensionen" von Tätern von Wichtigkeit sind. Aus der Eigenart, wie diese drei Dimensionen bei ein und derselben Person zusammentreffen (in der Konfluenz so genannter charakteristischer Konstellationen), lässt sich das Risiko bestimmen, mit dem es schließlich zu sexuellen Übergriffen bzw. zu sexueller Gewalt kommt:

▶ *Dominanz versus Versorgung:* Danach werden insbesondere jene Männer als Personen mit erhöhtem Risiko zu sexueller Gewalt angesehen, die ein hohes Ausmaß von Macht und Kontrolle über andere Menschen anstreben und die wenig Interesse daran haben oder nur geringe Kompetenz besitzen, sich um andere zu kümmern, diese zu versorgen oder sich um sie zu sorgen ($\rightarrow$ 11.3).

▶ *Unpersönliche versus persönliche Sexualität:* Diese zweite Konstellation wurde aus der Literatur zum Paarungs- und Werbungsverhalten abgeleitet. Als besonderes Risiko für sexuelle Übergriffe wird ein typisch männliches sexuelles Beziehungsmuster angesehen, das Malamuth als Kurzzeit-

---

verhalten bezeichnet. Männer mit dieser sexuellen Präferenz zeichnen sich durch vielfältig wechselnde Partnerschaften aus und haben eine Vorliebe für nur kurz andauernde, wenig verpflichtende und unpersönliche sexuelle Begegnungen (→ 8.1.5).

▶ *Feindselige Maskulinität:* Die dritte Konstellation trifft als Risikomerkmal vor allem auf Männer zu, die sich durch negative und feindselige Einstellungen gegenüber Frauen auszeichnen. Häufig betreffen ihre feindselig bis zynischen Einstellungen auch Beziehungen zu anderen Männern oder zwischenmenschliche Beziehungen ganz im Allgemeinen. Schließlich beinhaltet feindselige Maskulinität auch eine Akzeptanz von Gewalt, um eigene Interessen und Bedürfnisse durchzusetzen (→ 11.6).

Evolution oder Sozialisation? Abgesehen davon, dass Malamuth (1998) die Evolutionsperspektive benutzt, um sexuelle Übergriffe konzeptuell in das menschliche Paarungs- und Fortpflanzungsverhaltens einzubinden, lässt er dennoch die Frage offen, ob es eine evolutionäre Basis für sexuelle Gewalttaten gibt. Er bezieht sich auf psychologische Forschungsergebnisse und postuliert für die Entwicklung sexueller Delinquenz fehlgelaufene Sozialisationsprozesse. Evolutionsbasiert ist vielleicht Malamuths Ansicht, „dass die betreffende Person wegen ihrer frühen Erfahrungen auf reproduktive Strategien festgelegt wird, in der andere als Sexualpartner eine untergeordnete oder gar keine Rolle mehr spielen (…). Insbesondere eine harte und wenig aufeinander bezogene Erziehungsumwelt, in der Demütigung und Erniedrigung an der Tagesordnung sind, nimmt auf die sexuelle Entwicklung in einer Weise Einfluss, dass am Ende eine Person herauskommt, die in ihrem allgemeinen wie intimen Beziehungsverhalten ausgesprochen selbstbezogen bleibt, nur ausgesprochen kurze Sexualbeziehungen eingeht und die sich durch eine feindselige Maskulinität auszeichnet" (1998, S. 162).

Evolution und Kultur

In der Rezeption des Konfluenzmodells ist wiederholt die Frage gestellt worden, ob ein Bezug zur Evolutionsperspektive überhaupt notwendig gewesen wäre, wenn letztendlich vor allem kulturelle und soziale Einflüsse für eine Erklärung von Vergewaltigungstaten im Vordergrund stehen (Siegert & Ward, 2003). Selbst Autoren, die konditional adaptive Hypothesen vertreten, kommen nicht umhin, zur Plausibilität handfeste entwicklungs-, sozial- und kulturpsychologische Aspekte beizuziehen: Sie sprechen jeweils von *zusätzlich notwendigen* oder auch von *spezifischen* kulturellen, erzieherischen, psychologischen Mechanismen und Prozessen.

Evolution. Bei genauem Hinsehen stellt sich deshalb die Frage, ob der zwischen Kulturpsychologen und Feministinnen einerseits und Evolutionstheoretikern andererseits entbrannte Streit über die Vorrangigkeit kultureller vs. evolutionär biologischer Bedingungen sexueller Gewalt überhaupt sinnvoll ist. Mit ihren Entwürfen sind die Evolutionspsychologen bereits auf die Kulturpsychologen zugegangen. Vielleicht könnten beide Perspektiven langsam in ein fruchtbares Ergänzungsverhältnis zueinander geraten, weil sie auf diese Weise erheblich mehr zur Aufklärung beizutragen vermögen.

Dazu müssten die Evolutionstheoretiker lediglich unterstreichen, dass sich im Tierreich hierarchische Strukturen herausgebildet haben. Bei Primaten werden männliche subdominante Tiere von den dominanten männlichen Tieren attackiert und an der Fortpflanzung gehindert, submissive werden ausgeschlossen – und weibliche Tiere werden von männlichen Tieren gelegentlich mit Vergewaltigung in die Unterordnung gezwungen (Ellis, 1998; Wranham & Peterson, 1998). Für die Kulturpsychologen würde gelten, dass die Bedeutsamkeit kultureller Einflüsse durch eine Akzeptanz evolutionärer Faktoren nicht geschmälert wird, da die Sexualität sowohl der Vermehrung als auch der Hierarchie- und Beziehungsbildung dienen kann. Im Zusammenleben der Menschen gelten lediglich andere Regeln (Rudolf, 2003).

Kultur und Zivilisation. Es sind Regeln der Kultur und Zivilisation, ethische Regeln der wechselseitigen Akzeptanz, die in der Menschheitsgeschichte durch die Fähigkeit zur Selbstreflexion und zur sprachlichen Kommunikation möglich geworden sind. Aber in Ergänzung zu diesen geistig-kulturellen Grundlagen gelten für den Menschen nach wie vor auch die Regeln der biologisch-animalischen Welt. Gerade sexuelle Gewalt lässt erkennen, dass auch wir Menschen, zumindest potenziell, Trieb gesteuerte Primaten sind, keineswegs immer edel, hilfreich und gut. Dies klarer zu erkennen, verdanken wir nicht nur den vorgestellten Perspektiven (vgl. Archer & Lloyd, 2002). Auch die hier ausgeklammerte kontinuierliche Auseinandersetzung mit dieser Frage in der Psychoanalyse ist nach wie vor nicht abgeschlossen – angefangen mit Sigmund Freuds „Unbehagen in der Kultur" (1930) über Norbert Elias' „Prozess der Zivilisation" (1939) bis hin zu Hans Peter Duerrs „Mythos des Zivilisationsprozesses" (2003). Immer noch wird auch dort darüber gestritten, ob es sich tatsächlich so verhalte, dass trotz aller unbestreitbaren Liberalisierung ein kulturell erworbener Set von mittelbaren und informellen Formen der Triebkontrolle als Filter funktioniere und so aggressiv-sexuelle Triebdurchbrüche wirkungsvoll eindämme (so Elias), oder ob man angesichts zunehmender sexueller Freizügigkeit eine damit einhergehende Abschwächung des evolutionär-biologischen sexuellen Triebgeschehens postulieren solle (so Duerr). Egal wie man dazu stehen mag, verweisen fast alle

Diskurse dieser Art immer wieder in Richtung auf Integration: Kultur und Evolution können gar nicht auseinander dividiert werden.

11.1.2 Biologisch-hormonelle Einflüsse

Ein für die Erklärung sexueller Gewalt bedeutsamer Aspekt betrifft die Beobachtung, dass zwischen Sexualität und Aggression enge neurobiologische Beziehungen bestehen. Dieser Aspekt wurde in der „Integrativen Theorie sexueller Gewalttätigkeit" von Marshall und Barbaree (1990) in den Mittelpunkt gerückt. Beide vermeintlich gut differenzierbaren affektiven Vorgänge werden über dieselben Hirnstrukturen vermittelt, an denen vorrangig Mittelhirnstrukturen beteiligt sind (Hamburg & Trudeau, 1981). Vielleicht ist es von größerer Bedeutung, dass dieselben endokrinologischen Prozesse ebenfalls sowohl Sexualität und Aggressivität zu aktivieren vermögen (Moyer, 1976).

Hormonelle Einflüsse. Testosteron als Androgen hat vielfältige Einflüsse auf das männliche, aber auch auf das weibliche Sexualverhalten (→ 3.1.2; → 5.3). Es ist klar, dass sich die Jugendzeit mit ihren Entwicklungssprüngen auf der Grundlage enormer hormoneller Veränderungen als besonders kritische Zeit darstellt. Die Aktivierungseffekte der Geschlechtshormone scheinen für Jungen zu Beginn der Pubertät eher noch gering auszufallen. Wenn jedoch die Testosteron-Produktion erst einmal anläuft, dann vervierfacht sie sich innerhalb von zehn Monaten und erreicht nach nur zwei Jahren das Ausmaß, das für Erwachsene typisch ist (Sizonenko, 1978). In dieser Frühphase der Pubertät lässt sich zeitgleich ein dramatischer Anstieg der assoziierten beiden Gefühlsbereiche beobachten: die Ausweitung sexueller Interessen und Handlungen (DeLora & Warren, 1977) sowie eine Zunahme aggressiver Verhaltensweisen (Hays, 1981).

Schon bald nachdem die neurobiologischen Forscher in den 1970er Jahren diese Zusammenhänge von Sexualität und Aggression postulierten, wurden erste Untersuchungen durchgeführt, ob nicht eine abnorm erhöhte Produktion von Geschlechtshormonen für sexuelle Aggression und sexuelle Gewalt als ursächlich angesehen werden könne. Die Ergebnisse dazu nehmen sich jedoch widersprüchlich aus. Es gab zwar einzelne Täter, bei denen in Untersuchungen Testosteron im Übermaß nachgewiesen werden konnte. Auf der anderen Seite gab es Studien, in denen Sexualstraftäter extrem niedrige Testosteronspiegel aufwiesen (→ 8.3.8).

Heute wird deshalb bezweifelt, dass der Testosteron-Spiegel allein als relevante Einflussgröße auf die Neigung zu sexueller Gewalt in Betracht gezogen werden kann. Andererseits spielt dieser Aspekt bei einzelnen Gewalttätern als pathoplastischer Faktor eine mögliche Rolle. Dabei scheint eine der Entwicklungsaufgaben in der männlichen Pubertät darin zu bestehen, gut zwischen Sexualität und Aggression unterscheiden zu lernen (Marshall & Barbaree, 1990).

Entwicklungsaufgaben. Insbesondere heranwachsende Männer sehen sich mit der Anforderung konfrontiert, Aggressionen in sexuellen Kontexten zu hemmen. Nicht nur das, vielmehr kommt es darauf an, die spezifischen Funktionen von Sexualität und Aggressivität im zwischenmenschlichen Zusammenleben kennen zu lernen. Pubertierende Jungen müssen offensichtlich die Fähigkeit entwickeln, beide Aspekte situationsangemessen einzusetzen oder zu hemmen. Die meisten Menschen meistern diese Entwicklungsaufgabe ohne große Probleme. Dies kann sogar so weit reichen, dass einige eine besondere Fähigkeit besitzen, Aggression und Sexualität in ihren sexuellen Beziehungen zur wechselseitigen Zufriedenheit einzusetzen: Gemeint sind jene Menschen, die eine einvernehmlich ausgestaltete (inklinierende) sadomasochistische Sexualität bevorzugen (→ 8.2).

Inzwischen ist jedoch unstrittig, dass es im Falle ungünstiger Entwicklungen zu Störungen in der Aggressions-/Sexualitäts-Differenzierung kommen kann. Bei sexueller Gewalt scheinen sich beide Aspekte in z.T. hochgradig periculärer Weise diffus miteinander zu vermischen. Für Entwicklungsstörungen dieser Art wiederum dürften soziale Lernprozesse eine wichtige Rolle spielen – mit der Ausnahme, dass in einzelnen Fällen natürlich auch organische Veränderungen im Gehirn (z.B. in der Folge von Schädel-Hirn-Traumata) für Störungen dieser Art verantwortlich zeichnen können (APA, 2000).

Bewertung. Dennoch wäre es sicherlich verkürzt, die Ursachen sexuellen Missbrauchs und sexueller Gewalt auf den Aspekt einer biopsychologisch bedingten Störung der situationsangemessenen Feinabstimmung von Sexualität und Aggression eingrenzen zu wollen. Auch dürfte es als reduktionistisch angesehen werden, ausschließlich „ähnliche" oder „gleichartige" neuronale oder hormonelle Prozesse für die Koinzidenz von Sexualität und Aggression verantwortlich zu machen. Dazu sind Sexualität und Aggression jeweils für sich genommen bereits mit einer Vielzahl völlig differenter Bedeutungen und Reaktionstendenzen verbunden (Lazarus, 1994). Insofern ist der Integrationsansatz von Marshall und Barbaree (1990), der diesen Aspekt in den Mittelpunkt des Erklärungsmodells sexueller Gewalttätigkeit stellt, zu kritisieren. Natürlich spielt die Aggression bei den meisten erwachsenen Sexualstraftätern eine prominente Rolle, viel seltener jedoch lässt sich ausgesprochene Gewalttätigkeit bei sexuellem Missbrauch von Kindern beobachten (→ 10.2.2).

Auch wenn die Hypothese einer möglichen Konfusion von Aggression und Sexualität inzwischen zu einer Reihe weiterer Forschungsarbeiten wichtige Anregungen geliefert hat, kann es als nicht hinreichend angesehen werden, dies damit zu begründen, dass möglicherweise gleichartige neurobiologische Prozesse zugrunde liegen. Die oben angesprochenen neuronalen Mittelhirnstrukturen erfüllen offensichtlich eine Vielzahl heterogener Aufgaben. Sie dienen nicht nur der Anregung von Aggressions- oder Sexualitätsimpulsen, sondern sie sind auch noch für das menschlichen Überleben bei Gefahr und für die Regulation traumatischer Erfahrungen wichtig (LeDoux, 1996; Fiedler, 2002).

11.2 Entwicklungspfade: von der Ätiologie zur Therapieplanung

Um das angesprochene Heterogenitätsproblem sexueller Gewalt in den Griff zu bekommen, waren Autoren dazu übergegangen, Typologien zu entwickeln, denen sich unterschiedliche Tätergruppen mehr oder weniger gut zuordnen lassen. Anregender Ausgangspunkt für viele Autoren stellten die beiden Tätertypologien dar, die Anfang der 1990er Jahre von Knight und Prentky (1990) getrennt für sexuellen Missbrauch und Vergewaltigungstaten vorgestellt wurden (→ 10.2.2). Insbesondere das Motivationsmodell der Vergewaltigung ließ es sinnvoll erscheinen, sich ausdrücklicher mit psychologischen Mechanismen zu befassen, die für Sexualdelikte verantwortlich zeichnen. Ergebnis dieser Überlegungen und von Folgestudien stellte die Entwicklung und Ausarbeitung so genannter *entwicklungspsychologisch begründeter Pfadmodelle* dar.

Die Idee der Pfadmodelle geht davon aus, dass sich sexueller Missbrauch und sexuelle Gewalt durch unterschiedliche Probleme und Symptome auszeichnen, für die distale (der Tat z.T. weit vorausgehende) Entwicklungsbedingungen und proximale (im Umfeld der Tat anzusiedelnde) Einflussfaktoren wichtig sind. Als Beispiel für Pfadmodelle kann der Erklärungsansatz für den sexuellen Missbrauch von Kindern und der Pädophilie angesehen werden (→ 8.4.7; Ward & Sorbello, 2003). Für sexuellen Missbrauch hatten die Autoren vier psychologische Mechanismen als bedeutsam angesehen, die sie als Orientierung für die Suche von Entwicklungspfaden genutzt haben. An dieser konzeptuellen Verdichtung der Phänomenvielfalt sexueller Übergriffe auf *psychologische* Voraussetzungen werden wir uns nachfolgend orientieren:

▶ das soziale Beziehungsverhalten und soziale Kompetenzen,

▶ die Sexualpräferenz und das sexuelle Beziehungsverhalten,

▶ das Selbstmanagement des emotionalen Erlebens und Handelns,

▶ kognitive Selbstkontrolle, soziale Einstellungen und implizite Theorien.

Wie unschwer feststellbar ist, stellen alle vier psychologischen Funktionsbereiche (mit jeweils zugehörigen Entwicklungspfaden) bereits heute zentrale und typische Themen der psychologischen Erforschung sexueller Gewalt wie zugleich Zielbereiche einer psychotherapeutischen Behandlung von Sexualdelinquenz dar (→ 12). Darin liegt der Vorteil einer Pfadtheorie-Perspektive. Das zu jedem der Bereiche vorhandene entwicklungspsychologische Wissen kann unmittelbar in bestehende psychologische Behandlungskonzepte umgesetzt werden. Dies ist ein weiterer Grund, weshalb der nachfolgenden Ausarbeitung das Pfadmodell zugrunde liegt. In → Abbildung 11.1 wurden die Grundüberlegungen zusammengefasst.

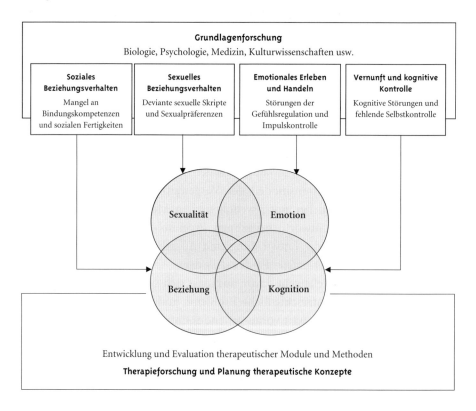

Abbildung 11.1. Psychologische Dimensionen bzw. Faktoren zur Grundlegung pfadanalytischer Modelle für sexueller Devianz und Gewalt (sog. Entwicklungspfade): von der Grundlagenforschung zur Planung therapeutischer Konzepte (in grober Anlehnung an das Pfadmodell sexueller Devianz von Ward & Siegert, 2002)

Die Entwicklungspfade führen zu unterscheidbaren psychologischen Profilen. Jeder einzelne Pfad kann sich aus unterschiedlichen biologischen, psychologischen, sozialen und kulturellen Voraussetzungen heraus entwickeln. Dennoch werden für jeden Einzelpfad einige primäre *Eigenarten* und *Bestimmungsstücke* als zentral angesehen (z.B. als Knotenpunkte für Verzweigungen oder Übergänge). In der Beurteilung einzelner Fälle werden zudem die Entwicklungsvoraussetzungen mehrerer oder aller Entwicklungspfade in Betracht gezogen. Die Bedeutung des Pfadmodells für funktionale Bedingungsanalysen einzelner Fälle wird anhand eines Fallbeispiels zum Schluss dieses Kapitels illustriert (→ 11.7.2).

Die nachfolgenden Ausführungen sind als Zusammenfassung von Ätiologieaspekten gedacht, wie sie größtenteils bereits in den vorausgehenden Kapiteln dargestellt wurden. Bei dieser vorwiegend auf der deskriptiven Ebene multifaktorieller Betrachtung angesiedelten Synopse nehmen wir der Übersicht wegen eine gewisse Redundanz in Kauf. Querverweise (→) führen zu ergänzend wichtigen Ausführungen. Zugleich werden einige neue Begriffe und (vermeintlich neue) Konstrukte eingeführt, die in der aktuellen Forschung benutzt werden.

Hierzu ist kritisch anzumerken, dass es einigen Forschergruppen mit ihren Neukonstruktionen offensichtlich mehr um eine Positionierung in der wissenschaftlichen Konkurrenz geht, als dass ihnen eine Referenz und Aufarbeitung historisch gewachsener Konzepte wichtig ist. Mit der Materie vertraute Leser werden unschwer feststellen, das viele vermeintlich neue Aspekte in früheren psychiatrischen, psychologischen und sexualwissenschaftlichen Konzepten mit psychoanalytischer bzw. verhaltenstherapeutischer Tradition bereits vorgedacht und voruntersucht wurden – wenngleich auch in diesen Vorläufern viele „Ursachen sexueller Devianz" ebenfalls konkurrierend und viel zu eng eingebunden in die Vorstellungen der jeweiligen Denktradition behauptet wurden.

Leider neigen auch heute noch Autoren leichtfertig dazu, mit ihren neuen Konstrukten wiederum „ursächliche Zusammenhänge" suggerieren zu wollen. Wenn man jedoch seriös bleiben will, verbieten sich kausalitätsdogmatische Aussagen. In der empirischen Erforschung ätiologischer Faktoren bei Sexualdelinquenz jedenfalls gibt es bis heute keinerlei Kausalitätsbeweise. Vielmehr lohnt es sich, in der Suche nach funktional bedeutsamen Bedingungskonstellationen in *Entwicklungslinien* zu denken – vielleicht mit herausragenden Knotenpunkten distaler Verzweigungen und proximaler Aufschaukelungsprozesse, wo dann am Vielversprechendsten weiter geforscht werden könnte. Dazu soll die nachfolgende Zusammenfassung empirischer Ergebnisse zu den Hintergründen sexueller Delinquenz ebenfalls einen Beitrag leisten.

11.3 Mangel an Bindungskompetenz und sozialen Fertigkeiten

Mangelnde Bindungskompetenzen und fehlende soziale Fertigkeiten lassen sich bei vielen Sexualstraftätern unmittelbar beobachten – wenngleich auch nicht bei allen. Einige wenige erscheinen sozial kompetent und beeindrucken mit intellektuellen Fertigkeiten. Mangel an Bindungskompetenz und fehlende soziale Fertigkeiten finden sich vorrangig bei jenen, die von Kindheit an unter ungünstigen familiären Bedingungen aufwachsen mussten (Ward et al., 1996; Marshall, 1989). Missbrauchende und vernachlässigende Erziehungsumwelten verhindern die Entwicklung angemessener interner Vorstellungen darüber, wie zwischenmenschliche Interaktionen funktionieren und welche Befriedigung man aus intimen Beziehungen gewinnen kann. Vieles bleibt für die Betroffenen dunkel, unklar und diffus. Die eigenen negativen Erfahrungen führen eher zu der Einstellung, dass es sich bei der Welt, die einen umgibt, um einen gefährlichen Ort handelt, zu dem man besser auf Distanz bleibt und in dem man möglichst wenig von sich selbst und von seinen „wahren Gefühlen" zeigen sollte.

Unsichere Lernumgebungen verhindern Lust und Neugier, die Möglichkeiten und Risiken der eigenen Lebenswelt *genau* und mit Mut zu neuen Experimenten nach Missglücktem zu erkunden, um dabei Vertrauen in sich selbst und in die eigenen Fähigkeiten zu entwickeln. Unsicherheiten im zwischenmenschlichen Bindungsverhalten führen zu weiteren Problemen, z.B. den eigenen Gefühlen misstrauen und fehlende Fähigkeiten zur Regulation des emotionalen Erlebens und Handelns (Sperling & Berman, 1994; Resch, 1996). Geringe Selbstwertschätzung, unzureichende Problemlösefähigkeiten, verminderte Autonomie und eine niedrige Selbstwirksamkeitserfahrung können die Folge sein. Schließlich können sich Ängste vor emotionalen Kontakten mit anderen entwickeln, weil diese entdecken könnten, wie unsicher und inkompetent man im zwischenmenschlichen Bereich wirklich ist. Ein Mangel an Bindungskompetenzen ist nicht spezifisch für die Entwicklung von sexueller Delinquenz. Die distal und proximal wirkenden Einflüsse sind jedoch beträchtlich, weshalb sie in den vergangenen Jahren (erneut) in den Mittelpunkt der systematischer Forschungsarbeiten gerückt werden (zur aktuellen Attachmentforschung in der forensischen Psychiatrie: Pfäfflin & Adshead, 2004).

11.3.1   Bindungsdefizite und sexuelle Gewalt gegen Frauen

Ende der 1970er Jahre beschrieb Rada (1978) die familiären Hintergründe und Erziehungsstile von Eltern, denen Vergewaltiger in der Kindheit ausgesetzt waren. In einer Umgebung häuslicher Gewalt der unterschiedlichsten Art waren die Jungen zumeist selbst Opfer von physischem bzw. sexuellem Missbrauch. Sie wurden häufig in einer Weise geschlagen und verprügelt, dass sie verständlicherweise kaum in der Lage waren, die Erfahrung einer funktionalen Beziehungskompetenz zu anderen Menschen zu entwickeln. Langevin et al. (1984) konnten beobachten, dass es sich bei vielen Vätern und Müttern um sozial verarmte Eltern handelt, die kaum über hinreichende soziale Kompetenzen verfügten. Viele Väter waren aggressiv, häufig betrunken und selbst mehrfach mit Recht und Gesetz in Konflikt geraten. So ist es nicht überraschend, dass ihre Söhne mit zunehmendem Alter diese Eigenschaften und Verhaltensweisen zu übernehmen begannen.

Missbrauch in der Familie. Gewalt und Rechtsverletzungen lernt man offensichtlich über ungünstige Modelle. Viele Vergewaltiger konnten sexuelle Gewalt zwischen den Eltern beobachten oder haben sie am eigenen Leibe erfahren (Knight et al., 1983). Wurden sie in der Kindheit mit dissozialen Verhaltensweisen auffällig, setzten sie im späteren Leben Aggression und Gewalt auch gegenüber Frauen ein. Prentky und Mitarbeiter (1989b) haben die Entwicklungsbedingungen von Menschen mit (nicht sexuellen) Gewalttaten mit jenen von Vergewaltigungstätern verglichen. Mit Hilfe eines faktorenanalytischen Designs konnten sie vier Entwicklungspfade identifizieren:

▶ inkonsistente Erziehung,
▶ institutionelle Vorerfahrungen (Heimerziehung, Jugendgefängnis),
▶ physischer Missbrauch und emotionale Vernachlässigung,
▶ sexuelle Devianz in der Familie.

Inkonsistente Erziehungsstile der Eltern sowie das Vorliegen selbst erlebter sexueller Devianz in der Kindheit ermöglichten Voraussagen sowohl auf eine spätere sexuelle Gewalttätigkeit als auch auf die Schwere der Sexualdelikte. Für allgemeine Dissozialität und Gewalttätigkeit ohne Sexualdelinquenz stellten sich physischer Missbrauch und institutionelle Vorerfahrungen als wichtigste Prädiktoren heraus. Die Bedeutung der Entwicklungsaspekte „inkonsistente Erziehung" und „beobachtete bzw. erlebte sexuelle Gewalt" für spätere sexuelle Gewalttätigkeit konnten auch in anderen Studien nachgewiesen werden, wobei aktuell die durch Fernsehen und Kino vermittelte Gewalt und sexuell-aggressiv getöntes Männlichkeitsgebaren als weitere Einflussfaktoren an Bedeutung gewinnen (vgl. Ward et al., 1995).

Mangel an Selbstvertrauen und soziale Isolation. Negative Kindheitserfahrungen sind mitverantwortlich, wenn sich bei Sexualstraftätern keine solide Grundlage einstellt, in der weiteren Entwicklung ein positives Bild ihrer Selbst zu entwickeln und prosoziale Verhaltensweisen zu erlernen (Abel et al., 1988; Holmes, 1991). Vielmehr erleben sich das Kind und der Jugendliche zunehmend als Personen mit tief sitzenden persönlichen Fehlern. Die Betreffenden sehen schließlich auch keinen Sinn mehr darin, sich wertschätzend und respektvoll anderen gegenüber zu verhalten – mit der Folge, von der sozialen Gemeinschaft, in der sie leben, ihrerseits abgelehnt und ausgegrenzt zu werden. Tagträumereien und eine zunehmende Fantasietätigkeit treten stellvertretend an die Stelle sozialer Beziehungen. Dies geschieht zu einer Zeit, die für viele Gleichaltrige erste sexuellen Erfahrungen ermöglichen (→ 8.3.7).

Einige Forscher haben die Entwicklungsbedingungen aufzuklären versucht, die einem Rückzug der Jugendlichen in die Isolation zugrunde liegen könnten (Ward et al., 1996). Jugendliche mit Angst vor sozialen Interaktionen verspüren zwar ein großes Verlangen nach sozialem Kontakt und Intimität, gehen soziale Beziehungen dennoch nicht ein, weil sie kein Vertrauen besitzen und Ablehnung und Zurückweisung befürchten. Trotz des Wunsches nach Intimität halten sie mögliche Partner angstvoll auf Distanz. Negative Gefühle versuchen sie durch ein ständiges Bemühen um Unabhängigkeit von anderen zu überwinden, was sie jedoch – im Sinne eines Teufelskreises – nur noch mehr mit der Situation von Einsamkeit und fehlender zwischenmenschlicher Sexualität konfrontiert.

Fantasien über sexuelle Interaktionen nehmen die Betreffenden zunehmend gefangen. Es kommt schließlich zu sexuellen Übergriffen, deren Eigenarten mehr den zuvor fantasierten Vorstellungen von Sexualität entsprechen, als dass sie auf konkreten zwischenmenschlichen Bindungserfahrungen aufbauen. Insbesondere jene Täter, die ihre vorweggenommenen Fantasien in besonders sadistisch und bizarr anmutende Gewalthandlungen umsetzen, scheinen zu einer Gruppe mit eher geringer sozialer Kompetenz zu gehören (→ 8.3.3 ff.).

11.3.2 Bindungsdefizite und sexueller Missbrauch von Kindern

Einsamkeit und Mangel an sozialen und sexuell befriedigenden Beziehungen können als proximale Faktoren auch für den sexuellen Missbrauch in Betracht gezogen werden. Da wir darauf schon im Zusammenhang mit der Pädophilie eingegangen sind (→ 8.4.5), hier die wichtigsten Aspekte kurz zusammengefasst.

Ward et al. (1996) konnten zeigen, dass Missbrauchstäter über eine Reihe unsicherer Bindungsstile verfügen, von denen jeder mit unterschiedlichen Problemen zusammenhängt. Beispielsweise hat eine Untergruppe von Missbrauchstätern ein überstarkes Bedürfnis nach Nähe und Zuwendung, gleichzeitig jedoch grundlegende Zweifel, dass ihnen angemessene Liebe und Zuwendung durch gleichaltrige (Sexual-)Partner gewährt werden könnte. Weiter gibt es Missbrauchstäter mit Ängsten vor engen zwischenmenschlichen Beziehungen. Sie vermeiden intime Kontakte mit Gleichaltrigen, um keine Zurückweisung oder Demütigung erfahren zu müssen. Beide Gruppen scheinen auf sexuellen Missbrauch von Kindern als „Alternative" auszuweichen, wenn Beziehungen zu Erwachsenen als kompromittierend oder unbefriedigend erfahren werden (Bumby, 2000; Ward & Siegert, 2002; Fallbeispiel: → 11.7.2).

Als weitere Bedingung für den Kindesmissbrauch finden sich subjektive Erwartungen, dass sich Beziehungen unter Erwachsenen wenig Erfolg versprechend ausnehmen und keine sexuelle Befriedigung mehr ermöglichen (→ 11.6). Unter Umständen stellt sich sexuelle Erregung gegenüber Kindern ein, und es können sich ausgesprochene Liebesgefühle entwickeln, sodass von den Betreffenden eine „erwachsen anmutende" sexuelle Beziehung zu Kindern aufgebaut wird. Letzteres lässt sich auch bei pädophilen Missbrauchstätern beobachten, bei denen häufig soziale Ängste und Unsicherheiten als proximale Faktoren im Hintergrund wirken (→ 10.4; Fallbeispiel → 11.7.2).

11.4 Deviante sexuelle Skripte und Störungen der Sexualpräferenz

Die sexuellen Präferenzen des Menschen werden von Forschern als sexuelle Skripte oder sexuelle Schemata untersucht (Ward & Siegert, 2002). Damit werden interne mentale Repräsentationen oder innerpsychische „Landkarten der sexuellen Interessen und Vorlieben" gekennzeichnet (Love-Maps bei Money, 1986; → 7.3.1). Sie bilden sich im Verlauf der Personentwicklung heraus und werden zunehmend durch sexuelle Erregung wahrgenommen und aktiviert. Schließlich werden sie als maßgeblich dafür angesehen, wie eine Person intime sexuelle Erfahrungen und Begegnungen interpretiert, erlebt und ausgestaltet. Die Entwicklung der sexuellen Skripte wird durch die Wechselwirkung aus drei Einflussbereichen mitorganisiert (Gagnon, 1990):

▶ aus dem Erleben sexuell-emotionaler Befriedigung,
▶ aus zwischenmenschlichen oder sich selbst befriedigenden Erfahrungen
▶ und aus kontextuellen kulturellen Einflüssen.

Sexuelle Schemata. Sexuelle Skripte oder Schemata bestimmen, wann sexuelle Erregung ausgelöst wird und welche Verhaltensweisen bevorzugt eingesetzt werden, um sexuelle Befriedigung zu erlangen: wann welche Signale wie interpretiert und in welcher zeitlichen Abfolge sie in konkrete sexuelle Handlungen oder Begegnungen umgesetzt werden. Die auslösenden Reize können innerpsychischer Natur sein und durch die betreffende Person selbst in Gang gesetzt werden. Sie können interpersonell angeregt werden oder finden ihre Auslöser in Umweltbedingungen und kulturellen Zusammenhängen.

Die Forscher sind sich weitgehend einig, dass es einige gemeinsame Kernelemente sexueller Skripte gibt, die sich in ihrer Ausgestaltung jedoch von Person zu Person unterscheiden. Diese betreffen einerseits formale oder formative Aspekte: Damit sind die Geschlechtspartnerorientierung und die sexuelle Präferenzen gemeint, also die Geschlechts*identität* und/oder die Geschlechts*rolle.* Andererseits betreffen sie inhaltliche Gestaltungsaspekte: die Partnerwahl, die Umsetzung sexueller Aktivitäten und die Ausgestaltung kontextueller Bedingungen. Dabei handelt es sich um Aspekte der Geschlechtsrollen*präsentation.*

Funktionen. Sexuelle Skripte werden subjektiv als stimmig erlebt. Erst im Vergleich zu anderen oder unter Anlegung sozialer und kultureller Normen stellen sie „Störungen" dar und führen – wie in Teil III dargestellt – immer wieder zu Kontroversen und Korrekturen in der allgemeinen wie wissenschaftlichen Sicht der Dinge. Fehlentwicklungen und Störungen sexueller Skripte können vielfältigste Aspekte betreffen: die Wahl eines Partners (z.B. große Altersunterschiede), sexuelle Verhaltensmuster (z.B. sadomasochistische Praktiken) oder die Bevorzugung sozialer Kontexte (z.B. unpersönliche sexuelle Beziehungen). Empirische Studien machen deutlich, dass sexuelle Präferenzen bei Sexualdelikten eher eine Funktion der Enthemmung bzw. bei der konkreten Ausgestaltung der Taten zugesprochen werden kann (→ 10). Für eine funktionale Bedingungsanalyse sexueller Übergriffe werden die übrigen in diesem Kapitel beschriebenen psychologischen Mechanismen und Entwicklungspfade als bedeutsamer angesehen (Mangel an sozialer Kompetenz, geringe Impulskontrolle, emotionale Störungen, verminderte kognitive Struktur).

Therapierelevanz. Aus diesen Gründen bleibt für die Entwicklung therapeutischer Überlegungen zu beachten: Die Geschlechtsidentität und die sexuellen Präferenzen sind im späteren Leben, wenn sie sich erst einmal gefestigt haben, nicht oder nur sehr schwer zu beeinflussen (→ 6 bis → 8). Als beeinflussbar gelten die persönliche Ausgestaltung sexueller Neigungen und damit die *Geschlechtsrolle* und ihre zwischenmenschliche *Präsentation.* Diese Beobachtung wird denn auch für die Entwicklung therapeutischer Konzepte als vorrangig angesehen: In der psychologisch-therapeutischen Behandlung sexueller Devianz wird es darum gehen, die Ausgestaltung sexueller Präferenzen in einer Weise zu beeinflussen, dass rechtliche und ethische Grenzen nicht weiter überschritten werden.

11.4.1   Sexuelle Störungen und Gewalt gegen Frauen

Burgess und Kollegen (1986) haben in einer Synopse des damaligen Forschungsstandes herausgearbeitet, dass es kaum einen sexuell-sadistischen Gewalttäter gibt, bei dem es in der familiären Umwelt in der Kindheit bis in die Jugendzeit hinein nicht zu physischen bzw. sexuellen Missbrauchserfahrungen bzw. zu extremer emotionaler Vernachlässigung gekommen ist. Sie beschreiben Entwicklungswege, bei denen die Wechselwirkungen zwischen ungünstiger Persönlichkeitsentwicklung in Kindheit und Jugend mit der Herausbildung zunehmend ablehnender und zynischer Einstellungen gegenüber der Gesellschaft als Katalysatoren für die Entwicklung von aggressiven Fantasiewelten wirken können. Mangelnde Bindungskompetenzen und zunehmende Isolation bewirken eine Ersatzsuche in sexualisierten Fantasien und setzen bei paraphilen Tätern eine innere Systemik in Gang, die sich im weiteren Verlauf zunehmend verselbständigt (→ 8.3.7). Vorrangig oder sogar ausschließlich in einem solchen Prozess wird heute die Entwicklung hin zu einer Paraphilie vermutet.

Paraphilien. Immer wieder berichten Forscher über eine als prototypisch anzusehende Trias von sich überlappenden Zeitperioden in der Entwicklung hin zum sadistischen Vergewaltiger oder Sexualmörder: Zunehmende Tagträumereien werden abgelöst durch immer häufigere Masturbation mit immer abweichenderen Fantasien – damit einhergehend eine zunehmende Isolation. Über 80 Prozent der paraphilen Sexualgewalttäter geben in Interviews an, dass sie im Verlauf ihrer Entwicklung wenigstens zeitweilig ein Interesse an unterschiedlichen paraphilen Handlungen entwickelt hatten (Crossing: → 10.2), die teilweise als Ausgleich für ein Einsamkeitserleben eingesetzt wurden (Ressler et al., 1988; R.I. Simon, 1996; Hickey, 1997). Soziale Isolation und der Ersatz intimer Beziehungen durch zunehmende Fantasietätigkeit werden denn auch als Schlüsselelemente in der Entwicklung hin zum Periculären Sexuellen Sadismus und zur Pädophilie angesehen – ein Prozess, in dem die Betreffenden allmählich jeglichen Sinn für sexuelle Normalität verlieren (→ 8.3.7).

11.4.2 Sexuelle Störungen und Missbrauch von Kindern

Die meisten Missbrauchstäter, die dem Entwicklungspfad gestörter sexueller Skripte zugeordnet werden können, sind in der Kindheit entwicklungspsychologisch verfrüht mit sexuellen Erfahrungen in Berührung gekommen (selbst, durch Beobachtung, durch Filme und/oder pornographisches Material). Dies geschah in einem Alter, in dem sie noch nicht in der Lage waren, die gemachten Erfahrungen emotional wie kognitiv zu verarbeiten. Es werden zwei Personengruppen unterschieden, einerseits diejenigen, die mit der Pädophilie eine sexuelle Störung aufweisen, und andererseits jene, bei denen sich eine Störung der Sexualpräferenz nicht nachweisen lässt (Fallbeispiel → 11.7.2, in dem zwei Personen mit bzw. ohne Pädophilie aufeinander treffen).

Gestörte sexuelle Skripte ohne Pädophilie. Das Hauptproblem der nicht paraphilen Gruppe von Missbrauchstätern wird darin gesehen, dass sie intime Beziehungserfahrung überzufällig häufig schlicht mit „Sex" verwechseln (Marshall et al., 1999): „Sex" ist primärer Motor interpersonellen Handelns und nicht die wohl bedachte Auswahl eines Partners. Und schon gar nicht kennen sie die komplexe Feinsinnigkeit, mit der man in intimen Beziehungen zwischenmenschliche Sexualität ausgestalten kann. Eingeleitet werden Missbrauchshandlungen zumeist durch Perioden der Zurückweisung in Beziehungen zu Gleichaltrigen und durch schwer erträgliche Phasen der Einsamkeit. Das Selbstwertgefühl und die soziale Kompetenz sind in den meisten Fällen als gering einzuschätzen. Wegen dieser Phänomene haben Stimmungsstörungen (Depressivität, soziale Ängste, Einsamkeit) eine wichtige proximale Funktion: Sex mit Kindern dient der Überwindung depressiver oder dysphorischer Verfassungen (→ 10.5). Und er dient als Möglichkeit der Ersatzbefriedigung. Übergriffe erfolgen, wenn sich entsprechende Gelegenheiten bieten. Für Täter, die dem Entwicklungspfad „ohne Pädophilie" zugeordnet werden, ist es typisch, dass sie mit sexuellen Übergriffen erst im Erwachsenenalter beginnen (→ 8.4.5).

Pädophilie und Störung der Sexualpräferenz. Auch pädophile Menschen verfügen über ein entwicklungsbedingt gestörtes zwischenmenschliches wie sexuelles Beziehungsverhalten, dem im späteren Leben zunehmend Einsamkeit und Isolation folgen kann. An die Stelle normaler Beziehungen tritt zunächst eine Flucht in eine sich ausweitende Fantasietätigkeit. Das ultimative Ziel sexueller Übergriffe bei der Pädophilie besteht schließlich im Umsetzen sexueller Fantasien und im Erreichen sexueller Befriedigung. Dass sich das sexuelle Interesse auf Kinder als Sexualpartner bezieht, wird allgemein mit Erfahrungen in der Kindheit begründet, zumeist in einer verfrühten Sexualisierung beim Anschauen entsprechender Filme oder mit direkten sexuellen Erfahrungen. Der Beginn der Störung liegt zumeist in der Jugend (→ 8.4.5).

Auffällig ist weiter, dass die Betroffenen sehr früh im Leben fehlerhafte implizite oder explizite Ansichten über Sexualität erworben haben. Diese wirken noch im Erwachsenenalter weiter und muten kindlich und unreif an. Vordergründig strukturieren diese Ansichten ihre Beziehungen zu anderen Menschen, verbergen jedoch recht unvollkommen, dass im Hintergrund weitere Störungen vorhanden sind: Unfähigkeiten, sexuelle Handlungen mit Partnern abzustimmen, unangemessene emotionale Bewältigungsstrategien und ein Mangel an sozialen Fertigkeiten (Ward et al. 1997; 1998; → 11.6).

Vom Vorliegen einer Pädophilie kann ausgegangen werden, wenn sich sexuelle Übergriffe unter umschriebenen Rahmenbedingungen konstituieren: Sie werden sorgsam vorbereitet und benötigen ein einwilligendes Opfer. Auffälliges weiteres Merkmal ist mangelndes Schuldbewusstsein: Pädophile sind der Überzeugung, dass ihr sexuelles Interesse legitim, in keinem Fall für die Opfer gesundheitsschädlich ist. Im Falle einer Verliebtheit lässt sich gelegentlich eine masochistisch anmutende Lust nach Unterordnung unter kindliche Dominanz beobachten. Das Selbstwertgefühl der Pädophilen ist jedoch eher als hoch einzuschätzen (Ward & Sorbello, 2003; → 10.1.2).

11.5 Fehlregulation im emotionalen Erleben und Handeln

Eine angemessene Selbstkontrolle zielt auf eine Balancierung interner und externer Prozesse, sodass es gelingt, sich über eine gewisse Zeitperiode hinweg in gerichteter Aktion zu engagieren (Baumeister & Heatherton, 1996). Selbstkontrolle betrifft nicht nur die Hemmung oder das gänzliche Unterlassen ganz bestimmter Handlungen. Sie bezieht sich gleichermaßen auf die Enthemmung und das Zeigen von Verhaltensweisen sowie auf die Kontinuität und Variabilität von Handlungsmustern.

Auch gegenüber der angeborenen Bedeutung der Gefühle gilt es im Entwicklungsverlauf, diese zu differenzieren und im Zusammenspiel mit der Umwelt neue Gefühle zu entwickeln. Dabei geht es um die Fähigkeit, unterscheiden zu lernen, unter welchen Umständen man Gefühlen freien Lauf lassen kann und wann es besser wäre, emotionale Reaktionen zu hemmen und zu unterbinden. Drei Funktionen der Selbstregulation emotionalen Erlebens lassen sich unterscheiden, die gleichermaßen günstige wie ungünstige Effekte zeitigen können – unter bestimmten Voraussetzungen aber auch Fehlentwicklungen und psychische Störungen begünstigen.

Integrationsfunktion emotionalen Erlebens. Damit ist eine *natürliche*, eigentlich *autoregulativ* ablaufende Tendenz zur ganzheitlichen Integration emotionaler Erfahrung in das Bewusstsein oder Kognitionssystem gemeint. Dieser „kognitive Rekurs auf das eigene emotionale Erleben" wird üblicherweise als „gesunde", teils „lebensnotwendige" Reaktion angesehen, weil sie der Erweiterung des Wissens, der Begründung notwendiger Entscheidungen, der Bewertung und Aufklärung konflikthaltiger Anforderungen usw. dient. Für diese Emotions-Integration werden in den Psychotherapieschulen unterschiedliche Begriffe eingesetzt, die häufig therapeutisch unterstützte Veränderungsprozesse mit dem Ziel psychischer Gesundung charakterisieren (wie z.B. Selbstaktualisierung, Kartharsis, Abreaktion, Habituation u.ä.m.). Eine zu starke Forcierung emotionaler Prozesse erzielt jedoch nicht immer günstige Wirkungen, weshalb sie in psychische Störungen oder subjektiv belastend erlebte Verfassungen einmünden können (z.B. als Hineinsteigern in sexuell-dysfunktionale Fantasien und Erregung, die eine enthemmende Funktion für sexuelle Übergriffe und für deren Ausgestaltung bekommen).

Vermeidungsfunktion emotionalen Erlebens. Sie bezeichnet eine bewusst intendierte Tendenz zur innerpsychischen Hemmung oder Abwehr unangenehmer (als „bedrohlich" oder „gefährlich" erlebter) emotionaler Prozesse – mit dem Ziel, Selbstsicherheit zu bewahren. Den absichtsvollen Versuchen einer Affektabwehr wird in der Therapie gelegentlich eine nicht günstige Funktion zugeschrieben, die sich auch in der Negativ-Konnotation unterschiedlicher Abwehrformen widerspiegelt (Ablenkung, Rationalisierung, Reaktionsbildung, Projektion, Verdrängung, Verleugnung, Widerstand o.ä.m.). Andererseits stellt die Abwehr bzw. Hemmung emotionaler Prozesse als Erhaltungsmechanismus eine positiv zu konnotierende Kompetenz bereit, was gelegentlich übersehen wird. Sie ermöglicht z.B., sich nicht von seinen Gefühlen „irritieren" oder „überwältigen" zu lassen (z.B. die Hemmung pädophilen Verlangens im Zusammensein mit einem Kind).

Attraktorfunktion emotionalen Erlebens. Damit ist einerseits eine ungünstige Aufmerksamkeitslenkung auf emotionales Erleben gemeint mit dem Ergebnis, dass Emotion zum Störungsattraktor werden kann, der sich selbst verstärkt (z.B. phobophobische Panik oder übersteigertes sexuelles Verlangen). Andererseits gibt es zahlreiche Beispiele dafür, dass sich mit der Attraktorfunktion emotionalen Erlebens nicht nur ungünstige Ergebnisse verbinden. So kann ein „sich seinen Gefühlen überlassen" durchaus hilfreich und sinnvoll sein, z.B. zur Anregung kreativer Prozesse im sog. Flow-Erleben (Csikszentmihalyi, 1990) oder auch seinen sexuellen Gefühlen freien Lauf zu lassen, wenn dies auf Gegenliebe stößt.

Wegen dieser jeweils einerseits günstigen wie andererseits ungünstigen Funktionen der Emotionsregulation ist es nicht verwunderlich, dass es immer wieder zu Störungen kommt. Das Erlernen und Gestalten der feinsinnigen Funktionsvielfalt des Gefühlslebens stellt eine lebenslange Herausforderung menschlichen Daseins dar. Dieser dritte Entwicklungspfad betrifft Sexualstraftäter, bei denen die Ursachen sexueller Delinquenz mit persönlichen Schwierigkeiten zusammenhängen, das eigene emotionale Erleben und Handeln in angemessener Weise selbst zu regulieren.

11.5.1 Emotionale Fehlregulation und sexuelle Gewalt gegen Frauen

Emotionale Probleme der Vergewaltigungstäter können darauf beruhen, dass sie eigene Emotionen nicht richtig einzuschätzen vermögen, dass sie extreme Mängel aufweisen, Emotionen in angemessener Weise zu balancieren, oder aber auch, dass sie sich selbst nicht zu helfen vermögen, wenn sie in emotional belastende Stress- und Belastungserfahrungen geraten (Ward et al., 1998). Diese Schwierigkeiten lassen bei extremer Ausprägung gelegentlich an die Diagnose einer psychischen Störung denken, die sich zwei Bereichen zuordnen lassen: einerseits dem Bereich der Störungen der Impulskontrolle sowie andererseits einer Reihe von Stimmungsstörungen (Depression, soziale Angst usw.).

Bereits Anfang der 1980er Jahre wurde in Studien berichtet, dass viele Sexualstraftäter vor sexuellen Impulshandlungen einen inneren Spannungszustand erleben, der durch private wie berufliche Konflikte und Belastungen mit bedingt ist (Barbaree et al., 1979; Quinsey et al., 1984). Zumeist stehen keine hinreichenden oder angemessenen Fähigkeiten zur Verfügung, sich von intensiv erlebten Affekten wie Wut oder Hilflosigkeit zu distanzieren. Aggressive oder sexuelle Handlungsimpulse können nicht mehr kontrolliert werden, und erst in der fremdgefährdenden Handlung findet der Spannungszustand sein abruptes Ende (→ 10.3; sog. Enthemmungs- bzw. Dishibitionshypothese). Andererseits kann die Unerträglichkeit psychischer Störungen zeitweilig durch (deviante) Sexualität bewältigt werden: soziale Ängste, soziale Einsamkeit und affektive Störungen (→ 10.4; sog. Bewältigungs- bzw. Copinghypothese).

Unterschiedlichste (distale) lebensgeschichtliche Prozesse wirken auf akute Enthemmungs- bzw. Bewältigungsprozesse ein: ungünstige Umwelten, erlebte Missbrauchserfahrungen, Mangel an sozialen Kompetenzen, fehlende kognitive Ressourcen und ein Mangel an Lebenszielen. Solche Defizite führen ebenfalls in die Situation, das eigene Verhalten nicht angemessen kontrollieren zu können – verstärkt durch Alltagsstress, Hilflosigkeit, Erschöpfungszustände, physiologische oder soziale Drucksituationen. Um unangenehm erlebten Gefühlen entgegenzuwirken, greifen viele auf problematische Verhaltensweisen zurück: exzessives Essen, vermehrtes Rauchen, Flucht in Drogen und Alkohol. Ähnliche Bewältigungskonstellationen können ihrerseits sexueller Verhaltensmuster und die Entwicklung sexueller Deviationen in Gang setzen (Keenan & Ward, 2003).

Dabei sollte zwischen Ängstlichkeit bzw. Depressivität als *überdauernde* Eigenart (Trait, etwa im Sinne einer Dysthymie) und Ängstlichkeit, Depressivität oder Stress als *akut* wirkende Stimmungslage unterschieden werden. Denn vor allem proximale Verfassungen (State) lösen sexuelle Übergriffe aus. Dazu gehören auch ungerichtete Ärger- und Wutgefühle. Insbesondere Stimmungs*schwankungen* mit zeitweiliger Auslenkung in Richtung Ängstlichkeit, Depressivität und Dysphorie können Bewältigungsmotive in Richtung sexueller Übergriffe, Stress, Ärger oder Wut das akute Gewaltrisiko durch Impulskontrollverlust deutlich erhöhen – wobei Alkohol die subjektive Hemmschwelle zusätzlich senken kann (→ 10.4).

11.5.2 Emotionale Fehlregulation und sexueller Missbrauch von Kindern

In mancherlei Hinsicht ähneln sich die Probleme der Emotionsregulation von Vergewaltigern und Missbrauchstätern. Beide Gruppen sind nicht gut in der Lage, eigene Emotionen richtig einzuschätzen und/oder Emotionen angemessen zu steuern. Viele Missbrauchstäter, die in einer emotional vernachlässigenden und missbrauchenden Umgebung aufwachsen mussten, haben bereits in der Kindheit angefangen, belastende Erfahrungen, Einsamkeitsgefühle und Ängste mit exzessivem Masturbieren zu bewältigen (Cortini & Marshall, 2000). Allmählich kann es zur festen Gewohnheit werden, Stress und emotionale Belastungen Fantasie geleitet durch sexuelle Selbstbefriedigung auszugleichen und zu bewältigen.

Es sind jedoch nicht primär die Fantasien, sondern *emotional unbefriedigende* Verfassungen, Einsamkeit, Ängste und Depressionen, die eine sexuelle Enthemmung Kindern gegenüber einleiten können. Diese Untergruppe von Sexualdelinquenten setzt sexuellen Missbrauch ein, um emotional unangenehme Zustände zu bewältigen oder – besser: – um aus emotional negativen Verfassungen herauszukommen (lerntheoretisch: negative Verstärkung). Und in einem Punkt gibt es Unterschiede zwischen pädophilen und nicht pädophilen Täter: Letztere können in stressfreien Phasen ohne Verschlechterung in der Stimmungslage auch normale sexuelle Interessen verfolgen und übliche sexuelle Beziehungen pflegen. Man kann bei einigen Missbrauchstätern sogar davon ausgehen, dass sie bis zu einem bestimmten Ausmaß in der Lage sind, Stimmungsverschlechterungen wie gewohnt durch zeitweilige Zunahme des Masturbationsverhaltens selbst auszugleichen.

11.6 Kognitive Defizite und kognitive Störungen

Inzwischen spielt der Begriff „Kognitive Störung" in der Erforschung sexueller Gewalt eine zentrale Rolle. Leider überlagert die angloamerikanische Bezeichnung „Cognitive Disorder" in Deutschland die Kennzeichnung einer kognitiven als vorrangig *neurologische* Störung (was hier leider nicht mehr rückgängig gemacht werden kann). Selbst in seiner neuen Bedeutung als „abweichende Einstellung" und/oder „Denkfehler" hat er im Laufe der Jahre emsiger Forschungsarbeit an Vielgestaltigkeit gewonnen und zugleich an Prägnanz eingebüßt.

Dennoch haben die Forschungsarbeiten über Kognitive Störungen bei Sexualdelinquenten erheblich zur Aufklärung sexueller Gewalt beigetragen. Da sie im bisherigen Buch nur am Rande behandelt wurden, wird nachfolgend ausführlicher auf den Forschungsstand eingegangen. Zunächst werden einige Begrifflichkeiten und Konstrukte geklärt, die in der Kognitionsforschung gebräuchlich sind. Typischerweise werden von den verhaltenstherapeutisch orientierten Forschern unter „Kognitiven Störungen" ungünstige kognitive Stile, negative soziale Einstellungen, maladaptive Grundannahmen oder fehlerhafte implizite Theorien zusammengefasst.

Kognitive Einstellungen. Diese werden einerseits direkt untersucht, indem die Sexualdelinquenten in Interviews oder Fragebogen um Stellungnahmen zu vorgegebenen Aussagen gebeten werden, beispielsweise: „Es liegt meistens an Frauen, wenn etwas schief läuft" oder „Kinder lieben es, wenn man sie sexuell erregt". Persönlichen Grundhaltungen dieser Art wird eine direkte Auswirkung auf das aktuelle Ausleben delinquenter sexueller Handlungen zugesprochen (proximale Ausgestaltungsfunktion; Murphy, 1990). Andere Autoren untersuchen die Funktion kognitiver Einstellungen für die nachträgliche Rechtfertigung begangener Sexualstraftaten (Abel et al., 1989). Dabei finden sich z.B. Unterschiede zwischen pädophilen und nicht pädophilen Personen: Während erstere keine Schuldgefühle haben (Ich-Syntonie), erleben letztere einen Drang, sich rechtfertigen zu müssen (Ich-Dystonie).

Selbstkontrolle und Selbstmanagement. Andere Autoren untersuchen, ob und wie Einstellungen auf das Vernunft geleitete *Problemlösungsverhalten* einwirken und die Ziel orientierte *Selbstregulation* des Erlebens und Handelns von Sexualdelinquenten stören. Theoretisch werden diese „kognitiven Störungen der Informationsverarbeitung" mit lernpsychologischen Selbstkontrolltheorien erklärt (Keenan & Ward, 2003). Viele Vergewaltigungstäter zeichnen sich dadurch aus, dass sie durch feindselige Einstellungen gegenüber Frauen eine Selbstkontrolle über sexuelle Impulse verlieren (Enthemmungs- bzw. Disinhibitionshypothese).

Implizite Theorien und Lebensthemen. Neuerlich spielen kognitive Störungen in der Untersuchung so genannter *impliziter Theorien* oder *Lebensthemen* von Sexualdelinquenten eine Rolle. Forscher dieser Couleur interessieren sich für die Frage, welche Bedeutung autobiographische Erinnerungen und Gedächtnisprozesse für die Entwicklung sexueller Delinquenz haben (distal: Entwicklungshypothese). Subjektive Theorien und Lebensthemen dienen dem autobiographischen Konstruieren von Vergangenheit, Gegenwart und Zukunft und ermöglichen es, persönliche Erfahrungen und die Identität zu organisieren (Hammelstein & Fiedler, 2002). Nicht nur für die Geschlechtsidentität oder die prasentierte Geschlechtsrolle sind implizite Theorien und Lebensthemen von Bedeutung, sondern auch für die Neigung zu sexueller Gewalt (Keenen & Ward, 2003).

Kulturelle und kontextuelle Einflüsse. Kognitive Störungen, implizite Theorien und Lebensthemen entstehen im Spannungsfeld von sozial-kulturellen, zwischenmenschlichen und persönlichen Erfahrungen. So gibt es schließlich eine Vielzahl von Forschungsarbeiten, in denen die Bedeutung kultureller Einflüsse auf die Entwicklung devianter Einstellungen untersucht wird (distal: Entwicklungshypothese). Dissoziale Subkulturen, Medienwirkungen und Pornographie geben insbesondere in der Jugend den Einstellungen und Grundhaltungen neue Akzente oder tragen zur Stabilisierung ungünstiger impliziter Theorien und Lebensthemen bei – sie tragen aber auch dazu bei, dass es zu ersten sexuellen Übergriffen kommt (Jones, 2003).

Unklare Funktionsbestimmung

Leider wird in den Arbeiten über kognitive Störungen bei Sexualdelinquenten theoretisch nicht immer genau zwischen den von uns eingefügten Funktionen unterschieden, die den untersuchten Phänomenen im Zusammenhang mit sexuellen Übergriffen zugesprochen werden können. Zumeist wird ihnen unkritisch eine enthemmende Funktion zugeschrieben (Disinhibitions-Hypothese). Dabei wird übersehen, dass für eine Enthemmung weitere emotionale Prozesse und psychische (Stimmungs-)Störungen keinesfalls vernachlässigt werden dürfen, die zwecks Varianzaufklärung mituntersucht werden müssen ($\rightarrow$ 11.5; $\rightarrow$ 10). Andererseits haben sexuelle Übergriffe häufig eine Kompensations- oder Bewältigungsfunktion (Coping-Hypothese): Viele Täter verüben sexuelle Übergriffe, um aus einem unerträglichen Spannungszustand oder aus Stimmungsstörungen herauszukommen. Welche Rolle kognitive Störungen proximal bei der Auslösung und Ausgestaltung von Sexualdelikten spielen, ist empirisch ebenfalls noch eine weitgehend offene Frage.

Theoretisch wären in der zukünftigen Forschung auch noch weitere Faktoren und Einflussgrößen genauer zu differenzieren: Dazu gehören distale lebensgeschichtlich bedeutsame Einflüsse der Erziehung auf die Herausbildung sozialer Einstellungen und kognitiver Defizite (Entwicklungs-Hypothesen). Andererseits: Für eine funktionale Erklärung sexueller Devianz bedeutsamer als distale Entwicklungsaspekte wären proximal wirkende Umgebungsfaktoren oder periodische Einflüsse auf Stimmung und Verhalten anzusehen, z.B. soziale Isolation, Arbeitslosigkeit oder das Fehlen von Sexualpartnern (Kontext-Hypothesen). Auch in diesem Zusammenhang stellen Untersuchungen über subkulturelle Einflüsse auf die Entwicklung des Kognitionssystems zunächst nur Entwicklungs-Hypothesen bereit, die nicht automatisch mit den proximalen Bedingungen der Auslösung und Ausgestaltung von Sexualdelikten verwechselt werden dürfen.

Nach wie vor schwer zu erforschen: implizit oder explizit?

Die unterschiedlichen Aspekte kognitiver Störungen stehen natürlich in einem Ergänzungsverhältnis zueinander. Forscher sind sich einig, dass die von Sexualdelinquenten verbal mitgeteilten und nach außen vertretenen Einstellungen und Haltungen nur die oberflächliche Widerspiegelung von tiefer liegenden Grund- oder Kernannahmen darstellen (Mann & Beech, 2003). Diese impliziten Theorien spielen eine entscheidende Rolle bei der Handlungsregulation und Verhaltenssteuerung. Sie wirken im Unterschied zu mitgeteilten (vordergründigen) Einstellungen und Meinungen zumeist unbewusst (d.h. implizit). Im Fall günstiger Entwicklungsbedingungen und (so die Hoffnung) bei entsprechender therapeutischer Unterstützung werden sie reflektierbar und tragen dazu bei, eine Unterscheidung von Schein und Wirklichkeit kompetent vornehmen zu können.

Positive Vision expliziter Theorien. Diese Bedingungen und Prozesse sind natürlich schwierig zu erforschen. Nachdem die kognitiv orientierten Verhaltenstherapieforscher mit dem „impliziten Gedächtnis" das Unbewusste auch für sich entdeckt haben, könnten sie sich – wenn sie denn wollten – in vielerlei Hinsicht leichter mit Psychoanalytikern verständigen (und umgekehrt). In einigen Punkten scheint nämlich heute bereits Einigkeit zu bestehen. (Jetzt und nachfolgend weiter in der Sprache der Kognitionspsychologen, auf deren Forschungsarbeiten wir uns mangels Empirie in der Psychoanalyse zwangsläufig beziehen:) Zum Beispiel stimmen Vertreter beider Richtungen zumindest konzeptionell darin überein, dass im Falle günstiger Entwicklungen in Sprache gewandelte, damit explizierbare implizite Theorien die integrierende Grundlage dafür abgeben, klar zwischen sich (den eigenen Bedürfnissen) und Anderen (und deren separat vorhandenen Bedürfnissen) zu unterscheiden.

In positiver Entwicklung ermöglichen subjektive Theorien eine Sicherheit, auf elementare, intuitive und grundlegende Weise unterscheiden zu können, dass bestimmte Gedanken, Bedürfnisse, Lebensgrundsätze und Handlungsintentionen nur der eigenen Person selbst zugehören und nicht von anderen stammen. Zugleich ermöglichen sie, diese Sicherheit auch umgekehrt aus der Sicht der anderen Personen heraus verstehen zu können, als deren Gedanken, Bedürfnisse, Lebensperspektiven und Handlungsintentionen. Schließlich gehört zur gesunden oder therapeutisch geleiteten (metakognitiven) Entwicklung, dass eine ganzheitliche Bewusstheit auch dann bestehen bleibt, wenn miteinander in Konflikt stehende Emotionen und Kognitionen simultan gegenüber anderen oder auch gegenüber sich selbst in Erscheinung treten oder ausgedrückt werden müssen.

Implizit als Problem in der Forschung, explizit als therapeutisches Ziel. Wie gesagt, nur wenig anders dürfte sich diese Sicht in der Objekt-Beziehungs-Theorie der Psychoanalyse ausnehmen. Deshalb weiter: Implizite Theorien sind nicht immer reflektierbar und wirken entsprechend unbewusst, weshalb sie in der Sexualdelinquenzforschung inzwischen die schlichte Untersuchung expliziter Einstellungen ergänzen. Mitgeteilte Haltungen von Sexualdelinquenten könnten auf völlig unterschiedlichen impliziten Theorien beruhen. Beispielsweise könnten mittels Fragebogen messbare „abwertende oder feindselige Einstellungen gegenüber Frauen" entweder (a) mit einem implizit gesteuerten „Bedürfnis nach Überlegenheit, Macht und Männlichkeitsdemonstration" zusammenhängen oder (b) Ausdruck einer implizit verankerten „Feindseligkeit gegenüber Frauen" sein – wobei (a) und (b) *völlig unterschiedliche* implizit (unbewusst) wirkende Sachverhalte darstellen.

Konsequenterweise sollten in der therapeutischen Behandlung die impliziten, d.h. die nicht immer reflektierbaren Theorien den *zentrale Fokus* für eine Veränderung angeben, und nicht nur die mitgeteilten Meinungen der Straftäter. Mit Blick auf das zuvor genannte Beispiel wäre in dem einen Fall das Macht- und Männlichkeitsstreben der Straftäter als behandlungsrelevant anzusehen und im anderen Fall die Feindseligkeit gegenüber Frauen – einmal abgesehen davon, dass in einzelnen Fällen beide Aspekte in den Vordergrund gerückt werden müssten. Letzteres jedoch – die Kombination von zwei impliziten metakognitiven Strukturen – sollte nicht vorschnell zum allgemeinen Ursachenprinzip erhoben werden, wie dies mit Blick auf Männlichkeitsstreben und Frauenfeindlichkeit gelegentlich in feministischen Ansätzen zur Erklärung sexueller Gewalt gegen Frauen nachzulesen ist (Brownmiller, 1975; → 11.1.1).

Angesichts der Vielzahl empirischer Arbeiten, die inzwischen von Verhaltenstherapeuten zur Bedeutung Kognitiver Störungen bei Sexualdelinquenz publiziert wurden (Reviews: Ward et al., 1997b; Mann & Beech, 2003), sehen wir uns hier nur in der Lage, beispielhaft einige wichtige Arbeiten und Ergebnisse zur kognitiven Erklärung sexueller Delinquenz vorzustellen. Die Relevanz, die der Betrachtung kognitiver Störungen und maladaptiver impliziter Theorien zugeschrieben werden sollte, dürfte hinreichend deutlich werden.

11.6.1 Kognitive Defizite und sexuelle Gewalt gegen Frauen

Ergebnisse zur direkten (bzw. wohl besser: indirekten) Wirkung dysfunktionaler Einstellungen auf sexuell delinquentes Verhalten zeigen durchgängig, dass insbesondere feindselige Einstellungen eine deutlich störende Auswirkung auf die Selbstkontrolle sexueller Impulse haben. Obwohl die Mehrzahl der Vergewaltiger für die Lösung allgemeiner Probleme über hinreichende Kompetenz und teilweise über perfekt anmutende Selbstkontrollstrategien verfügen, versagen diese Fähigkeiten in Situationen, die letztlich zu sexueller Gewalt führen. Immer wieder ließen sich enge Zusammenhänge zwischen ungünstigen Werthaltungen und den konkreten Taten und den Eigenarten der Tatdurchführung finden.

Kognitive Störungen

Anfang der 1990er Jahre haben Hall und Hirschman (1991) die bis dahin vorliegenden Forschungsergebnisse für die Entwicklung ihrer Quadripartite-Theorie sexueller Gewalt benutzt, um vier Gruppen von Vergewaltigern zu unterscheiden:

▶ eine mit Störungen der Sexualpräferenz,
▶ eine mit kognitiven Störungen,
▶ eine mit Störungen in der Regulation emotionalen Erlebens und Handelns und
▶ eine mit Persönlichkeitsstörungen.

Die interessanteste Gruppe war jene mit kognitiven Störungen. Die Betreffenden verfügten über negative Einstellungen zur der Sexualität, Unklarheiten hinsichtlich der Unterschiedlichkeit von Geschlechterrollen und feindselig getönte Ansichten darüber, was als angemessenes Frauenverhalten zu gelten habe. Dieser Typus traf auf Vergewaltigungstäter zu, die sexuelle Gewalt gegenüber ihnen bekannten Personen ausüben (zumeist den eigenen Ehefrauen) – Vergewaltigungstaten, die zahlenmäßig weit an der Spitze liegen (→ 9.3.1).

Entwicklungspfade sexueller Gewalt in Partnerschaften. Malamuth und Kollegen brachten einen schematheoretischen Ansatz zur Bedeutung von kognitiven Störungen für sexueller Gewalt in Anwendung (Malamuth et al., 1991; Malamuth & Brown, 1994). Sie wählten als Untersuchungsfeld die gerade beschriebene „häusliche Gewalt" (gegen Ehefrauen/Partnerinnen). Sie stellten die Frage, ob sich in der Gesamtgruppe von Gewalttätern jene *mit* sexuellen Übergriffen von jenen *ohne* sexuelle Übergriffe anhand kognitiver Störungen unterscheiden. Sie postulierten dazu drei Entwicklungspfade der kognitiven Entwicklung (→ Kasten).

Sexuelle Gewalt in Partnerschaften
Entwicklungspfad aggressiver Grundhaltungen. Malamuth und Mitarbeiten (1991; 1994) postulieren, dass ungünstige Konstellationen in der Kindheitsentwicklung (wie das Miterleben aggressiver Gewalthandlungen zwischen den Eltern) die Entwicklung aggressiver Schemata über Qualitäten der Beziehung zwischen Mann und Frau begünstigen. Die sich entwickelnde kognitive Struktur festigt sich zusätzlich durch Erfahrungen im Bekanntenkreis und durch Medieneinflüsse, in denen Dominanz und Überlegenheit des männlichen Geschlechts verherrlicht wird. Bei Bevorzugung solcher Lernmodelle

werden keine affektiv-kognitiven Schemata entwickelt, die prosoziale, warmherzige und intime Beziehungsmuster enthalten.

Entwicklungspfad sexueller Freizügigkeit/Promiskuität. Unter anderen ungünstigen Entwicklungsbedingungen wachsen Jungen heran, die verfrüht mit Sexualität in Berührung kommen und/oder ebenfalls verfrüht und ohne erzieherische Restriktion Sexualität freizügig und mit unterschiedlichen Partnerinnen ausleben. Für die Autoren könnte es bereits hinreichend sein, dass sie wiederholt die Beobachtung machen, dass ein Elternteil oder sogar beide die Sexualpartner bzw. -partnerinnen wechseln. Übernehmen diese Jungen solche Einstellungen oder Gewohnheiten einer frei gestaltbaren und oberflächlichen Sexualität, kann sie integraler Bestandteil der eigenen Identität werden.

Entwicklungspfad feindseliger Maskulinität. Malamuth zufolge führt der zweite Entwicklungspfad (sexuelle Freizügigkeit) allein *nicht* zu sexueller Gewalt. Wenn jedoch die beschriebenen zwei Pfade in der kindlichen Entwicklung *gleichzeitig* durchschritten werden, kann dies die Ausbildung von Schemata sexueller Feindseligkeit und Gewaltneigung befördern, die für die weitere Identitätsbildung wesentlich bleiben.

Empirie. In einer Untersuchung von Gewalttätern, die ihre Opfer aus ehelichen oder partnerschaftlichen Beziehungen kannten, konnten die Annahmen bestätigt werden (Malamuth et al., 1991): Sexuelle Gewalt gegen *persönlich bekannte* Frauen wird vor allem von jenen Tätern realisiert, für die sowohl aggressive Maskulinität als auch freizügige Sexualität bis hin zur Promiskuität typisch waren. Ähnliche Befunde legten Malamuth et al. (1993) in einer Prospektivstudie vor, in der verhaltensauffällige Hauptschüler in der Jugend erstmals und dann zehn Jahre später im Erwachsenenalter erneut untersucht wurden. Wiederum erwies sich die Kombination der beiden Entwicklungspfade „Aggression" und „sexuelle Freizügigkeit" (also die „feindselige Maskulinität") als prädiktiv für sexuelle Gewalt gegenüber persönlich bekannten Frauen; in Einzelfällen ließ sich ein sexueller Missbrauch von Kindern nachweisen.

Implizite Theorien und Lebensthemen

Myers (2000) untersuchte die spezifischen Eigenarten von Lebensthemen („Life Maps") dreier Personengruppen mittels autobiographischer Narrative: von Vergewaltigungstätern, von Tätern nach Kindesmissbrauch und von Gewalttätern ohne Sexualdelinquenz in ihrer Biographie. Sie befragte die Straftäter in Interviews zu Ansichten und Einstellungen gegenüber anderen Personen und über sich selbst. In ihrer Analyse zeigten sich sehr unterschiedliche Muster für die drei Gruppen:

▶ Vergewaltigungstäter zeigten Themen übergreifend Muster eines grundlegenden Misstrauens gegenüber Frauen sowie ein Bedürfnis nach Überlegenheit und Kontrolle, einige auch die Kombination beider Aspekte.

▶ In den Lebensthemen der Missbrauchstäter standen die Annahme eigener Wertlosigkeit sowie die Selbsteinschätzung im Vordergrund, benachteiligte Opfer in vielfältigen Lebenskontexten gewesen zu sein.

▶ Die Lebensthemen der Gewalttäter ohne Sexualdelinquenz ähnelten denen der Vergewaltigungstäter im Bedürfnis nach Überlegenheit und Kontrolle; bei ihnen ließ sich jedoch kein Misstrauen gegenüber Frauen finden.

Anspruchshaltungen, „Sex" von Partnerinnen einfordern oder erzwingen zu können, fanden sich bei Vergewaltigern und Gewalttätern, nicht jedoch bei Missbrauchstätern. In der Gruppe der Gewalttäter ohne Sexualdelinquenz stand noch ein Themenaspekt im Vordergrund, der sich bei Sexualdelinquenten nicht finden ließ: nämlich die Ansicht, Beschützer für andere zu sein und auch sein zu wollen. Fürsorgliche und sozial unterstützende Haltungen dieser Art ließen sich bei Vergewaltigungstätern nicht finden.

Mann und Holling (2001) benutzten Interviews und Narrative zur Identifikation impliziter Theorien bei 45 Vergewaltigern. Sie befragten die Täter, wie sie es sich selbst und anderen erklären würden, dass es zu ihren sexuellen Gewalttaten gekommen sei (subjektive Theorien). Mithilfe unabhängiger Ratings konnten fünf implizite Theorien reliabel differenziert werden:

Anklagend vorwurfsvolle Grundhaltung. Diese bestand aus dem Grundmuster eines *aggressiv* gestimmten Selbstmitleids. Dafür können folgende kognitive Einstellungen der Straftäter als prototypisch angesehen werden: „Frauen tun mir nicht gut und schaden mir nur!" oder „Es liegt zumeist an den Frauen, wenn etwas schief geht!" Aus den impliziten Theorien der Straftäter lässt sich ableiten, dass sie Bestrafung oder Vergeltung für angemessen halten, wenn Frauen etwas falsch machen.

Selbst Opfer. Diese implizite Theorie bestand aus dem Grundmuster eines *passiv* gestimmten Selbstmitleids. Im Unterschied zur aggressiv anklagenden Grundhaltung beinhaltet diese „Selbst-Opfer"-Mentalität Aspekte der Hoffnungslosigkeit oder Hilflosigkeit angesichts von Anforderungen und Belastungen, denen man im Leben ausgesetzt ist. Vor allem negative und pessimistische Einstellungen *gegenüber sich selbst* konnten als prototypische Kerngedanken identifiziert werden. „Immer wieder bin wohl ich derjenige, der mit Schmerzen und Verlusten zurecht kommen muss!" oder „Schlechte Dinge passieren wohl immer nur mir!"

Überlegenheit und Kontrolle. Typische kognitive Einstellungen stehen für eine Grundhaltung, anderen gegenüber als der Stärkere und Mächtigere dazustehen und auf jeden Fall Kontrolle behalten zu wollen. Von Tätern dieser Gruppe wurde selbst die Vergewaltigung mit der Notwendigkeit begründet, Überlegenheit verdeutlichen zu müssen und sich (etwa in der Partnerschaft) nicht die Kontrolle entreißen zu lassen. Dafür steht die prototypische Aussage: „Sie hat mir zu drohen versucht, nur um sich aufzuspielen!" Im Unterschied zur anklagend bestrafenden Grundhaltung stehen bei dieser Tätergruppe eindeutig Bedürfnisse nach einem positivem Erleben von Erfolg und Macht im Vordergrund.

Anspruchshaltung. Täter dieses Typus gehen davon aus, dass sie grundsätzlich im Recht sind, das zu tun, was sie möchten, und das durchzusetzen, was sie von anderen erwarten. Bedürfnisse anderer Personen werden ausdrücklich missachtet. Die Betreffenden sind gelegentlich der Ansicht, allmächtig zu sein („Wenn ich andere mit Gewalt zur Erfüllung meiner Wünsche zwingen kann, dann tue ich das auch!"). Diese Anspruchshaltung vertreten sie auch in sexuellen Beziehungen, indem sie sich nehmen, was ihnen vermeintlich zusteht – wenn es darauf ankommt, auch mit Gewalt (z.B. „Sie ist meine Frau, also ist es mein Recht!").

Fehlender Respekt vor bestimmten Frauen. Hier handelt es sich um einen Teilaspekt, der sich auch in anderen Typen finden lässt. Gewalt gegenüber „bestimmten" Frauen beinhaltet, dass es in unserer Gesellschaft immer wieder Frauen gäbe, die mit ihrem Verhalten „normalen Erwartungen" nicht entsprächen. „Diese Frauen" werden sehr häufig mit „Prostituierten" auf eine Ebene gestellt („Sie ist sowieso eine Hure und verdient es nicht anders!").

Kontextuelle und kulturelle Entwicklungsbedingungen
Natürlich wirken nicht nur familiäre Einflüsse auf die kognitive Entwicklung von Kindern und Jugendlichen ein, sondern diese wird durch das Hineinwachsen in gleichaltrige Subgruppen mitgeprägt. Elliott (1994) untersuchte in einer Längsschnittstudie eine große Zahl delinquenter Jugendlicher nach sozialen Einflüssen auf die Entwicklung sexueller Gewalt. Ein Befund entspricht der schon immer von Fachleuten vertretenen Ansicht, dass es einen gefahrvollen „Frühstarter-Pfad" gibt. Eine bereits früh erstmals ausgeübte sexuelle Gewalt (am Ende der Kindheit bzw. zu Beginn der Jugend) kann in eine „Karriere" sich wiederholender sexueller Gewalthandlungen einmünden. Dafür gilt das frühe Hineingleiten in delinquente Jugendbanden als prototypisch.

Nicht nur das: In Jugendbanden scheint sich überhaupt leichter eine Karriere allgemeiner Kriminalität zu entfalten. Kommt es neben allgemeinen kriminellen Handlungen (wie Raubzüge oder Schlägereien der Jugendlichen untereinander) auch zur Entwicklung subkulturell vertretener Feindseligkeitseinstellungen gegen Frauen, dann kann sich sexuelle Gewalt als weitere Form der Gewaltanwendung mitentwickeln. Und vorbestehende Grundmuster der impliziten Verbindung von Feindseligkeit und sexueller Gewalt werden weiter gefestigt. Schließlich steigt in einer subkulturellen Karriere das Risiko zur Durchführung extrem gewalttätiger sexuelle Übergriffe (Elliott, 1994).

Um nicht vorschnell zu generalisieren, ist folgende Einschränkung beachtenswert: Die weitaus größte Zahl der bereits in der Jugend wegen sexueller Gewalt verurteilten Täter wird in den folgenden fünf bis zehn Jahren *nicht* rückfällig. Bei Jugendlichen scheint eine Wiederholungstat eher die Ausnahme als die Regel zu sein (Jones, 2003).

Andererseits: Kommt es bereits in der Jugend zu Wiederholungstaten, lässt sich retrospektiv eine ungünstige Kombination von antisozialer Erziehungsumwelt, dem Hineinwachsen in dissoziale Subkulturen bei gleichzeitig vorhandener geringer sozialer Kompetenz beobachten (Knight & Prentky, 1993; Worling, 2001). In solchen Fällen ist auch das zukünftige Rückfallrisiko als nicht unbeträchtlich einzuschätzen (Schramm et al., 1991). Dabei ist eine reziproke Wechselwirkung in der Täter-Umwelt-Beziehung zu beachten. Verkehren Jugendliche in einer dissozial eingestellten Bande, so ist ihnen gegenüber zunehmend die gesamte Umwelt feindselig eingestellt, was die subkulturelle Aggression und Gewaltbereitschaft verstärkt. Solche Wirkungen können bis in die Behandlungseinrichtung hinein wirken, wo Supervisoren gelegentlich große Mühe im konstruktiven Umgang mit feindseligen Gegenübertragungen im Behandlungsteam aufbringen müssen (Rauchfleisch, 1981).

11.6.2 Kognitive Defizite und sexueller Missbrauch von Kindern

Auch für die Entwicklung sexuellen Missbrauchs ist die Übergangszeit zur Jugend wie die Jugend selbst von Bedeutung, in der vorbestehende Vulnerabilitäten in Richtung sexueller Übergriffe umschlagen können. In dieser Zeit werden lang wirkende und schwer beeinflussbare soziale Einstellungen, Grundhaltungen und implizite Theorien ausgebildet, die im weiteren Leben handlungsleitende Funktionen übernehmen.

Kognitive Störungen nicht pädophiler Missbrauchstäter. Viele nicht pädophile Missbrauchstäter fallen dadurch auf, dass sie dissoziale, teils als kriminell zu bezeichnende Einstellungen, Ansichten und Meinungen vielfältigen Aspekten ihres Lebens gegenüber vertreten (Andrews & Bonta, 1998; Smallbone & Wortly, 2000).

Damit lässt sich häufig eine zweite Auffälligkeit gut erklären: Nicht pädophile Missbrauchstäter können häufig bereits vor ihren ersten Sexualstraftaten auf eine längere Karriere anderweitiger Delinquenz und Kriminalität zurückblicken.

Inzesttäter (wie Väter, Onkel, Cousins der Opfer) sind in den meisten Fällen nicht pädophil, sondern sie bevorzugen „normalerweise" heterosexuell Beziehungen. Zu sexuellen Übergriffen bei eigenen Kindern oder bei Kindern im nahen Verwandtenkreis kommt es häufig dann, wenn die Kinder erste Zeichen sexueller Reife entwickeln. Was kognitive Auffälligkeiten angeht, rechtfertigen nicht pädophile Inzesttäter ihre Taten häufig damit, sich von den Kindern „verführt" zu erleben.

Überhaupt begründen nicht pädophile Personen die Taten im Nachhinein mit eigenwilligen kognitiven Konstruktionen. Zum „Verlust der Kontrolle gegenüber sexueller Verführung" gesellen sich beim inzestuösen Vater oder Onkel auch noch patriarchalischen Einstellungen (z.B. die „erzieherische Absicht", das Kind über Sexualität aufklären zu wollen). Es ist nicht in jedem Fall klar zu entscheiden, ob die nachträglichen Rationalisierungen als kognitive Störungen zugleich auch proximal als auslösende Bedingung für die Taten angesehen werden können. Nur selten lässt sich empirisch klären, ob diese Einstellungen bereits vor den Taten bestanden oder ob die Täter sie erst in der Folge der Taten als Ausrede entwickelt haben.

Kognitive Störungen pädophiler Missbrauchstäter. Ganz allgemein betrachtet ließen sich auch bei der Pädophilie wiederholt Zusammenhänge mit ungünstigen Einstellungen belegen (z.B. Pithers et al., 1989; Abel et al., 1989) – auch wenn sie ebenfalls etwas vorschnell als Vorläufer, Warnsignale oder Auslöser für sexuelle Übergriffe interpretiert werden. Den Pädophilen mangelt es an kognitiven Strukturen, die mit den eigenen sexuellen Zielen und Motiven ausdrücklich im Widerspruch stehen. Entsprechend mangelt es ihnen auffällig an Empathie für die Opfer und an Einsicht für die Konsequenzen ihrer Taten. Sie sind der Überzeugung, dass ihr sexuelles Interesse als legitim und nicht als gesundheitsschädlich für die Opfer anzusehen sei (→ 8.4). Dem entspricht eine Neigung der Täter zu Ausreden und Rationalisierungen. Sie können davon überzeugt sein, dass sexuelle Handlungen an Kindern „erzieherischen Wert" hätten bzw. dass das Kind daraus sexuelle Lust gewönne. Dabei handelt es sich um Themen, die in pädophiler Pornographie üblich sind.

Implizite Theorien und mögliche Lebensthemen

Keenan und Ward (2003) haben versucht, implizite Theorien bzw. Lebensthemen bei pädophilen wie nicht pädophilen Tätergruppen zu identifizieren. Sie untersuchten dies mit Fragebögen und Interviews (Ward & Keenan, 1999). Unter Bezugnahme auch zu Ergebnissen anderer Forschungsarbeiten kamen sie schließlich auf fünf implizite Theorieaspekte.

Kinder als Sexualobjekte. Diejenigen mit dieser impliziten Theorie lassen sich von einer Grundannahme leiten: Kinder sind sexuell motivierte Personen, und Sexualität bereitet ihnen wie Erwachsenen ausgesprochen Freude und Lust. Natürlich verfügen bereits Kinder über eine Reihe sexueller Interessen, die von Neugierde bis Lust reichen können (→ 3.1). Täter, die Kinder als Sexualobjekte ansehen, gehen nicht von kindlicher Sexualität aus, sondern sie projizieren in die Kinder sexuelle Interessen und Neigungen, wie sie für Erwachsene typisch sind. Sie gehen irrtümlich davon aus, dass Kinder über sexuelle Präferenzen und Bedürfnisse wie sie selbst verfügen und „erwachsene" Interessen und Ziele sexuellen Handelns verfolgen – z.B. eigenständig und autonom entscheiden zu können, wie und auf welche Weise sexuelle Erfahrungen gemacht werden.

Anspruchshaltung. Täter mit dieser impliziten Theorie erleben sich anderen Menschen gegenüber als überlegen. Sie gehen davon aus, dass sie das persönliche Recht besitzen, eigene Bedürfnisse und Interessen anderen gegenüber auch dann durchzusetzen, wenn diese von anderen als nicht bedeutsam und unwichtig angesehen werden. Entwicklungspsychologische Hintergründe dafür werden in kulturellen Geschlechtsstereotypien oder in denen der Schichtzugehörigkeit vermutet. Anspruchhaltungen dieser Art bestehen gegenüber Frauen wie gegenüber Kindern. Die Täter gehen davon aus, dass Frauen wie Kinder sich den eigenen sexuellen Bedürfnissen zu unterwerfen hätten.

Entsprechend lassen sich weitere Kernkonstrukte finden wie z.B. die Überzeugung, dass diejenigen, die Macht besitzen, keine Bindungsverpflichtungen haben, und dass sie deshalb alles tun können, was ihnen persönlich wichtig und notwendig erscheint. Diese implizite Theorie wird von Ward und Keenan (1999) bei jenen Missbrauchstätern vermutet, die seit frühester Kindheit selbst kontinuierlich Zurückweisungen durch andere erfahren mussten.

Gefährliche Welt. In dieser impliziten Theorie wird die Welt grundsätzlich als gefährlich angesehen, weil sich in ihr alle anderen vornehmlich missbrauchend, ausbeuterisch und gewalttätig verhalten. Aus dieser Kernannahme resultieren weitere Grundeinstellungen, wie z.B. die Gewissheit, dass man selbst nicht in der Lage sei, sich gegenüber Erwachsenen zur Wehr zu setzen oder zurückzuschlagen. Es sind dann vorrangig Kinder, denen zugebilligt wird, die Betreffenden in ihrer Lage „wirklich" und „richtig" zu verstehen. Keenen und Ward (2003) vermuten, dass sich dieses Lebensthema von früher Kindheit an entwickelt. Es kristallisiere sich als Folge kontinuierlich selbst erlebten physischen und sexuellen Missbrauchs heraus. Immer mussten und müssen die Betreffenden misstrauisch darüber wachen, wie sie Verletzungen der eigenen Personen durch Erwachsene aus dem Weg gehen können. Verständnis und Zuwendung suchen sie dann bei Kindern.

Verlust von Kontrolle. Kernannahmen dieser impliziten Theorie beruhen auf der „Selbst-Erfahrung" oder Ansicht, dass Persönlichkeit und sexuelle Präferenzen nicht veränderbar sind. Die Betreffenden sind davon überzeugt, dass sie selbst keine Kontrolle über die eigene Sexualität besitzen. (Sexuelles) Erleben und Handeln scheint ihnen fremdbestimmt und nicht beeinflussbar. Das Lebensthema des Verlustes von Kontrolle über sexuelle Impulse wird mit der nicht unterdrückbaren sexuellen Erregung angesichts sexueller Reize begründet (in Medien, Pornographie, beim Anschauen von Kindern). Die Betreffenden bemerken nicht, dass entsprechende Reize von ihnen selbst immer wieder selektiv gesucht werden oder dass sie ihnen – ähnlich einer Zwangsproblematik – möglicherweise nur deshalb immer wieder ins Auge fallen, weil sie aktiv vermieden werden. Personen mit dieser impliziten Theorie führen den Verlust von Kontrolle auch als Entschuldigung für ihre sexuellen Übergriffe an.

Sexualität kann nicht schaden. Im Mittelpunkt der impliziten Theorie dieser Tätergruppe steht die Überlegung, dass Sexualität im Vergleich zu anderen Schadensformen als „grundsätzlich nicht schädlich" anzusehen ist. Sexualität, so die Ansicht, unterscheide sich eindeutig von physischer und kriegerischer Gewalt, wovon man sich tagtäglich in den Medien überzeugen könne. Missbrauchstäter mit dieser Grundhaltung sind empört, wenn sie mit einem Vergewaltiger verwechselt werden. Sie bezeichnen ihren Umgang mit anderen als respektvoll und vertrauenswürdig. Selbst wenn ihnen zum Vorwurf gemacht wird, Schaden beim Kind bewirkt zu haben, würden sie darzulegen versuchen, dass sie während der Tat immer das Wohlergehen des Kindes im Auge hatten. Entsprechend wollen sie (juristisch, therapeutisch) auch bevorzugt behandelt werden – anders jedenfalls als diejenigen, die Kindern „wirkliche Schäden" zufügen.

Die Betreffenden gehen davon aus, dass den Kindern sexuelle Erfahrungen mit Erwachsenen zum Nutzen und Vorteil gereichen. Wenn in der Folge Schäden bei Kindern zu finden seien, läge dies daran, dass Sexualität zwischen Kindern und Erwachsenen von der Umwelt und Gesellschaft als Missbrauch gebrandmarkt würden. Erst wenn man Kindern erzähle, dass sexuelle Handlungen mit Erwachsenen von Übel seien, richte man bei ihnen ernsthaften Schaden an. Ward und Keenan (1999) sind der Ansicht, dass diese Grundannahmen häufig sekundärer Natur seien und sich – z.B. als Rechtfertigungsstrategie – auch in anderen impliziten Theorien wiederfinden könnten.

11.7   Proximal: Die Gefahr kognitiver Dekonstruktionen

Wie schon mehrfach betont, sind mit Blick auf eine Rückfallprophylaxe insbesondere die nahe der Tat sich entwickelnden proximalen Bedingungen von Bedeutung für eine funktionale Bedingungsanalyse. Das theoretische Konzept und methodische Vorgehen beim Analysieren der Prozesse unmittelbar vor und während der sexuellen Übergriffe (funktionale Hypothesen für die Auslösung und Ausgestaltung) wurde seit den ersten Ausarbeitungen zur Rückfallprävention beschrieben: als Analyse der Verhaltenskette sexueller Übergriffe (sexual offence chaine; Pithers, 1990), als Prozessanalyse sexueller Übergriffe (sexual offence process; Ward et al., 1998), auch als Analyse des Teufelskreis sexueller Übergriffe (sexual offence cycle bzw. sexual abuse cycle; Ryan & Lane, 1997). Ausführlich nochmals in → Kapitel 12.2.2.

11.7.1   Teufelskreis sexueller Übergriffe

Insbesondere Wiederholungstaten entstehen nicht aus einem Vakuum heraus. Sie sind zwar das Ergebnis lang dauernder distaler Entwicklungsprozesse. Andererseits können sie als die Kulmination einer Serie von Ereignissen und Situationen angesehen werden, die für den Betreffenden Anlass sind, bis zur eigentlichen Tat weiter voran zu schreiten. Die zur Abbildung dieser Prozesse entwickelten so genannten Teufelskreismodelle nehmen ihren Ausgang zumeist in einer Phase der Abstinenz. Von dort ausgehend ergibt sich über einzelne konkret zu beobachtende Phasen mehr oder weniger schnell das Hineingleiten in den sexuellen Übergriff. Danach kehrt das Geschehen entweder in einen längeren Zustand der Abstinenz zurück – oder es entwickelt sich recht schnell einer neuer Teufelskreis.

Steigendes Risiko als Prozess. Sexuelle Übergriffe sind das Endresultat einer Reihe von miteinander verbundenen Schritten, die sich aus unterschiedlichen Aspekten und Abfolgen zusammensetzen, wie z.B.

▶ aus stressvollen Ereignissen, negativen Stimmungen oder psychischen Störungen (→ 10; → 11.5),
▶ aus psychosozialen Belastungserfahrungen bei mangelnder Kompetenz (→ 11.3),
▶ aus sexuellen Wünschen oder Fantasien (→ 11.4),
▶ aus kognitiven Verzerrungen, Beschönigungen oder aus Denkfehlern (→ 11.6),
und unmittelbar vor dem Tatgeschehen häufig auch noch
▶ aus dem scheinbar belanglosen Beschließen eines Plans und
▶ aus einer sich zufällig ergebenden Möglichkeit.

Die letzten zwei Aspekte verdeutlichen: Der Teufelskreise sexueller Übergriffe beginnt häufig mit Ereignissen, die zunächst wie ziemlich unwichtige Entscheidungen aussehen. Zum Beispiel könnte ein wegen Exhibitionismus gegenüber Mädchen Angeklagter seinen „Rückfall" damit begründen, dass er ursprünglich nur die Absicht gehabt habe, seinen Hund spazieren zu führen, was ihn eher „zufällig" am Kindergarten habe vorbeigehen lassen, wo er dann die Kontrolle über seine sexuellen Impulse verlor. Solche zunächst scheinbar unbedeutenden Eingangsbedingungen einschließlich der späteren kognitiven Rechtfertigungen erhöhen jedoch das Risiko des folgenden (oder wiederholten) Fehlverhaltens beträchtlich. In einigen Theoriekonzepten wird diese Eskalation mithilfe des Konzeptes der so genannten Kognitiven Dekonstruktionen zu erklären versucht, den Baumeister (1991) treffend auch als fortschreitenden Prozess der Selbstentfremdung oder Flucht vor dem eigenen Selbst beschrieben hat.

Kognitive Dekonstruktion. Das sich direkt auf die Phasen des Teufelskreises beziehende „Mikromodell kognitiver Dekonstruktionen" beschreibt, wie Täter vor, während und nach der Tat mit aufkommenden Gefühlen der Unsicherheit, Angst, Scham oder Schuld umgehen. Viele „dekonsturieren" sexuelle Übergriffe, indem sie ihre Aufmerksamkeit auf das unmittelbare Geschehen und auf nur kurze Zeiträume ausrichten: auf ihre sexuelle Erregung, auf die Antizipation sexueller Befriedigung, auf die Wiederherstellung superiorer Positionen in der Beziehung zu Frauen usw. Auf diese Weise behindern sie Gefühle von Schuld, Scham oder Angst, die zu einer Unterbrechung des Missbrauchszirkels beitragen könnten, wie dies bei den meisten anderen Menschen der Fall wäre.

Sexualstraftäter hingegen blenden aktiv (kognitiv) Gefühle aus, die auf langfristig negativen Folgen ihres Verhaltens hindeuten. Schuld, Scham und Angst würden sie an unakzeptable Folgen ihres Verhaltens erinnern: an die Konsequenzen für sich selbst (Bestrafung, Gefängnis) wie für andere (Beeinträchtigungen des Opfers). Der Aufmerksamkeitsfokus ist auf das Hier und Jetzt ausgerichtet, läuft automatisch und rigide ab, sodass sich einzelne Täter zeitweilig wie in Trance handelnd erleben. Auf diese Weise geraten sie schließlich in den Zwang, Schuldgefühle auch noch in der Folge ihrer Taten dekonstruieren zu müssen, etwa indem sie Scham und Schuldgefühle mittels Rationalisierung externalisieren: „Sie hat mich verführt!" „Sie ist selbst schuld!" „Sie hätte sich ja wehren können!" usw. (Ward et al., 1995).

11.7.2 Das Zusammenwirken distaler und proximaler Bedingungen: ein Beispiel

Wie unterschiedliche Entwicklungspfade in einen Teufelskreis sexueller Übergriffe mit sich ausweitenden kognitiven Dekonstruktionen übergehen kann, soll zum Schluss dieses Kapitels anhand eines konkreten Fallbeispiels beschrieben werden. Es handelt sich dabei um ein Tötungsdelikt, an dem zwei Täter beteiligt waren. Der Fall wurde nicht nur ausgewählt, weil sich die Bedeutsamkeit proximaler Bedingungen gut darstellen lässt. Vielmehr kann erneut die eher sekundär bedeutsame Funktion der Paraphilien für periculäre Übergriffe betont werden (→ 10.2; → 10.4).

Erstens kommen Paraphilien nur bei einer Untergruppe von Sexualstraftätern vor. Und zweitens scheint sich ihre Funktion weitgehend auf die konkrete Ausgestaltung der Taten zu beschränken, als diese von den paraphilen Tätern zumeist in der Fantasie vorweggenommen und entsprechend durchgeführt wird (*Ausgestaltungs*hypothese). Wenn man Einzelfallanalysen berücksichtigt, kann ihnen gelegentlich eine enthemmende Funktion zugesprochen werden (*Disinhibitions*hypothese). Andererseits lassen sich gerade bei periculär paraphilen Tätern fast immer kontextuelle Belastungen und schwer erträgliche psychische Verfassungen im Umfeld der Taten beobachten, die die Täter mit sexuellen Übergriffen zu kompensieren versuchen (*Coping*- und *Kontext*hypothesen). Letztere scheinen für die Tatausführung entscheidender zu sein als die Paraphilien.

Das Drama beginnt mit einem gemeinsamen Hobby

PA. PA ist 33 Jahre alt und hat ein Problem mit Kindern. Seit seiner frühen Jugend verspürt er sexuelle Erregung beim Anblick von Mädchen, was ihn irritiert. Kindern gegenüber wechselt seine Stimmung hin und her. Auf Perioden der Zuneigung und Freundlichkeit folgen Ärger und Hass. Als Hausmeister eines Wohnblocks verjagt er Kinder vom Hof und versetzt sie in Angst und Schrecken, wenn sie zu laut werden oder Fußball spielen. Als fünf Mädchen im Hausflur spielen, öffnet PA die Wohnungstür, steht nackt im Türrahmen und masturbiert. Ein anderes Mal klebt er, als er ein Mädchen im Hof spielen sieht, einen Zettel an die Scheibe: „Bitte in anderes Fenster schauen!" Als das Mädchen durch die Fensterscheibe guckt, steht PA in einer Ecke seiner Wohnung und reibt seinen Penis. Zur Polizei gehen die Kinder oder ihre Eltern nicht.

PA stammt aus einer zerbrochenen Familie. Als er drei Jahre alt ist, lassen sich die Eltern scheiden. Er bleibt bei der Mutter, die Geld verdienen muss und kaum Zeit für ihn und seine Geschwister hat. Die Hauptschule besucht er bis zur zehnten Klasse. Da er keine Lehrstelle bekommt, jobbt er durch verschiedene Firmen als Aushilfsarbeiter. 14 Euro Sozialhilfe bezieht er pro Tag. Als Gebäudereiniger und Hauswart verdient er hinzu. Er hat keinen Führerschein und sammelt Modellautos. Seit seiner Jugend träumt er davon, in den Rennsport einzusteigen, um viel Geld zu verdienen. Als Bewerbungsversuche erfolglos bleiben, beginnt er regelmäßig zu trinken. Zunächst in einer Stammkneipe, später, als das Geld knapp wird, billigen Rotwein zu Hause, allein in einer Kellerwohnung.

NP. NP ist 28 Jahre alt und hat noch nie mit einer Frau geschlafen. Bei der einzigen Freundin, die mit ihm schlafen wollte, bekam er keine Erektion, und sie lachte ihn aus. Aus Angst vor Abfuhr und Versagen hat er seither nicht wieder versucht, eine Frau anzusprechen, wie er überhaupt selten Kontakte zu anderen Menschen hat. Die einzige Frau, der er vertraut, ist seine Mutter. Sein Vater ist, so lange er zurückdenken kann, arbeitslos, trinkt und lebt von der Sozialhilfe. NP wird von ihm regelmäßig beschimpft und verprügelt. Bis 25 lebt er zu Hause im Kinderzimmer, dann wirft ihn der Vater raus.

NP ist ein durchschnittlicher Schüler. Nach dem Hauptschulabschluss absolviert er erfolgreich eine Lehre als Elektrotechniker. Im Beruf kommt er nicht mit Kollegen zurecht und wird zunehmend ausgegrenzt. Er reagiert mit Wutausbrüchen und Weinanfällen. Er versucht, seinen Frust mit Alkohol zu mindern. Um mehr Anerkennung zu bekommen, prahlt er bei der Arbeit und in seinem Stammlokal mit erfundenen Geschichten, die ihm sowieso keiner abnimmt, was ihn weiter isoliert. Seit der Kindheit sammelt er Modellautos, damit verbringt er viel Zeit, immer wieder auch in Spielzeugläden. Abends ist er mit seinem Kühlschrank allein. Nichts zu essen drin, nur Bier und Schnaps. Zuletzt trinkt er nur noch allein.

PA trifft NP. Beide treffen sich im Spielzeugladen. Ihre Freundschaft beginnt mit einem Gespräch über Modellautos. NP zieht in die freie Kellerwohnung, die neben der von PA liegt. Ab diesem Zeitpunkt verbringen sie viel Zeit miteinander. Gemeinsam hocken sie vor dem Computer und spielen Autorennen. Immer offener reden sie über ihre Einsamkeit, verfluchen die Frauen, bei denen sie nicht landen können. Tastend beginnt PA von Mädchen zu reden. Schnell sind sie sich einig, dass Mädchen ihnen nicht wie die Frauen die kalte Schulter zeigen. Mädchen könnten besser verstehen. Und sie können sich nicht wehren.

Im Internet finden sie Bilder solcher Kinder, auch auf Videos. In einem Gewaltporno beobachten sie zwei Typen, die wahllos junge Frauen kidnappen, vergewaltigen und töten. Das wird der Stoff von Macht gegen Ohnmacht. Beim stundenlangen und ruhelosen Herumfahren in der Stadt vollziehen PA und NP den Sprung in die wirkliche Welt. Die Fahrten im Fiat auf der Suche nach einem geeigneten Mädchen werden zur Sucht. Sie malen sich aus, was sie mit dem Kind machen würden: auspeitschen, fesseln, sexuell missbrauchen. NP möchte das Kind als Sex-Sklavin halten. PA möchte einen kommerziellen Kindersexring aufbauen. Mit ehrlicher Arbeit komme man sowieso auf keinen grünen Zweig. Um sich einen offiziellen Zugang zu verschaffen, ersteigert NP bei ebay eine Polizeijacke, Beamtenpullover und Abzeichen.

Die Tat. An einem Sonntag im März, als sie zwei Kinder auf der Straße sehen, brennen die letzten Sicherungen durch. Die Schwester ist neun und ihr Bruder elf Jahre alt. „Halt, Polizei, stehen bleiben!" ruft PA und wedelt mit einem blau-

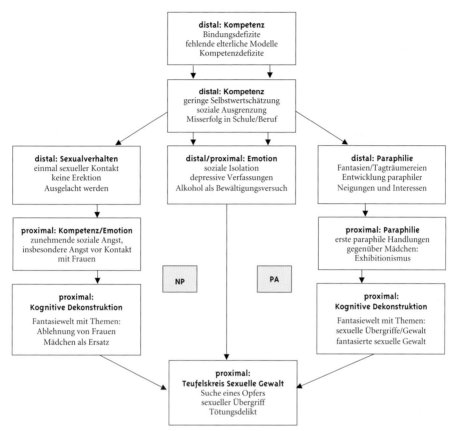

Abbildung 11.2. Entwicklungspfade für zwei Täter, die gemeinsam ein Geschwisterpaar (Bruder und Schwester) ermorden, um sich sexuell an dem Mädchen zu vergehen: nicht paraphil motiviert (NP; links) und paraphil motiviert (PA; rechts)

weißen Videothek-Ausweis. Sie fesseln die Kinder, die sich zwischen die Vordersitze und Rückbank des Autos niederkauern müssen. Stundenlang fahren sie mit dem Auto ziellos durch die Gegend. Die Männer wissen nicht, was tun. Alle ihre perversen Fantasien, die großmäulig geschilderten Gelüste, platzen wie Seifenblasen. Nichts ist vorbereitet, keiner hat einen Plan.

Als es dämmert, beschließen die Kidnapper, die Kinder zu sich nach Hause zu bringen. Plötzlich fällt ihnen ein, dass der Junge im Wege ist. Das Mädchen wird gefesselt und geknebelt in die Wohnung von PA verbracht. NP fährt mit dem Jungen im Kofferraum durch die Gegend und tötet ihn auf einem Waldparkplatz. Seinem Rechtsanwalt wird er später erzählen, er habe nicht nur den kleinen Jungen erwürgt, sondern alle Menschen, die ihn „klein gehalten und runtergedrückt" haben.

Das Mädchen lebt nur einen Tag länger, und es wird, nachdem es mehrmals sexuell missbraucht wurde, von NP umgebracht. Über dem Ort kreisen die Polizeihubschrauber auf der Suche nach den Kindern. PA dreht durch. Weil er nicht schlafen kann, hat er begonnen, auf einem Notebook ein peinlich genaues Protokoll des Verbrechens zu schreiben. „Der absolute Wahnsinn" nennt er die Datei. Ein Dokument des Grauens, das die chaotische Hilflosigkeit der Täter widerspiegelt.

Zwei Wochen später werden beide Männer zur Speichelprobe gebeten. Beide entschließen sich zur Flucht. NP geht bei seiner Mutter vorbei und erzählt ihr, die CIA habe falsche Spuren gelegt und ihn belastet. Er müsse fliehen. PA hinterlässt seiner Mutter einen Brief. „Hallo Mama! Es tut mir Leid, dass ich dir einen Schock gebe. Aber ich werde von der Polizei gesucht, wegen dem Geschwistermord in E. Ob du noch zu mir hältst, weiß ich nicht. In Liebe." (Schmalenberg et al., 2003; Quelle: Stern 26/2003, S. 42–48; Falldarstellung auszugsweise, mit freundlicher Genehmigung des Verlags).

11.8   Bewertung

Wie sich an der in diesem Kapitel deskriptiv gehaltenen Zusammenschau der empirisch belegten Einflüsse auf die Entwicklung und Auslösung von Sexualdelinquenz feststellen lässt, kann das vorhandene Wissen nach wie vor nur sehr unvollkommen in prägnante ätiologische Modelle übertragen werden. Bei vielen empirisch gesicherten Bedingungen und Prozessen handelt es sich nicht einmal um eindeutig ätiologisch zu nennende Faktoren. Die dargestellten Entwicklungspfade sind weiter nicht durchgängig einschlägig in dem Sinne, dass sie ausschließlich für sexuelle Delinquenz typisch oder spezifisch sind. In der Form ihrer Überschriften lassen sie sich gleichermaßen gut für allgemeines kriminelles Verhalten als Ordnungsrahmen verwenden.

Dennoch ist wichtig zu sehen, dass sich innerhalb der einzelnen distalen Entwicklungsaspekte und proximalen Wirkungsbereiche durchaus vielfältige Unterschiede zwischen allgemeiner Kriminalität und Sexualkriminalität identifizieren lassen. Dies gilt beispielsweise für verfrüht im Leben erfahrene Sexualität sowie insbesondere für den Bereich kognitiver Störungen. Im Bereich der Störungen des emotionalen Erlebens und der Impulskontrolle jedoch gibt es vielfältige Überlappung zwischen unterschiedlichen Tätergruppen. Es lohnt sich dennoch, die inzwischen belegten Details und Unterschiede zu beachten.

Spezifische biologisch-somatische bzw. hormonelle Ursachen konnten bislang nicht gesichert werden. Dies ist besonders relevant für eine Beurteilung der periculären Paraphilien, bei denen sich entwicklungsbedingt häufig mangelnde soziale Kompetenzen, soziale Unsicherheiten und Ängste, Ausgrenzung, Isolation bis hin zu gravierenden existenziellen Belastungen und Krisen beobachten lassen.

Das Hineingleiten in sexuelle Devianz erfolgt je nach Intensität genau dieser zugrunde liegenden Ängste, Belastungen und Isolationserfahrungen, z.B. wenn die private sexuelle Entlastung durch Fantasie und Masturbation oder mangels Sexualpartner nicht mehr gelingt.

Dieser fortschreitende Teufelskreis lässt sich insbesondere bei den seltenen progredienten Verlaufsformen beobachten. Versteht man die progrediente Dynamik jedoch vor diesem Hintergrund, dann braucht man den Rückgriff auf „Hypersexualität" oder „Triebgeschehen" als Begrifflichkeit und Erklärung nicht mehr (Pfäfflin, 2000). Die paraphilen Übergriffe sind vielmehr Ausdruck großer Unsicherheit und von schwer kontrollierbarem Stresserleben. Die paraphil-sexuellen Handlungen werden *sekundär* eingesetzt, um sich der inneren Spannung zu entledigen. Ein solches Gebundensein an besondere Lebenskrisen, an Zeiten der inneren Labilisierung, erklärt die Häufung devianter Handlungen in lebensphasischen Krisen wie Pubertät und anderen Lebensperioden mit existenziell bedeutsamen Veränderungen.

Entsprechend müssen früher formulierte Zusammenhänge zwischen den Störungen der Sexualpräferenz und den sexuellen Übergriffen neu gewichtet werden, was mit Blick auf die Therapie wichtige Implikationen hat. Nicht die Paraphilien sollten in den Mittelpunkt therapeutischer Maßnahmen rücken, sondern jene für ihre Entgleisungen in Richtung Delinquenz bedeutsamen distalen und proximalen Wirkungsaspekte. Kommt hinzu, dass in den Erklärungsversuchen für Sexualdelikte nicht-paraphiler Täter (wie im Beispielfall) ähnliche Entwicklungsbedingungen wie bei periculären Paraphilien eine Rolle spielen. Nicht weiter verwunderlich, wenn heute bei paraphilen und nicht-paraphilen Tätern die gleichen Behandlungsansätze eingesetzt werden – und zwar für beide Gruppen gleichermaßen erfolgreich. Die spezifische Beachtung der Paraphilien jedenfalls ist in der Therapieforschung bei sexueller Delinquenz in den vergangenen Jahren zunehmend in den Hintergrund gerückt. Darauf werden wir im folgenden und letzten Kapitel dieses Buches ausführlich zu sprechen kommen.

12 Psychologische Behandlung von Sexualstraftätern

Dieses letzte Kapitel ist aktuellen Entwicklungen in der psychologischen Behandlung von Sexualstraftätern gewidmet. Diese Thematik kann nicht unabhängig von öffentlichen Diskussionen abgehandelt werden. Denn die Entwicklung von Maßnahmen, wie mit Sexualstraftätern nach Aufdeckung ihrer Taten umgegangen werden soll, zeigt eine Abhängigkeit von nationalen Rechtsordnungen sowie von Diskussionen in der Öffentlichkeit. Gerade in den Medien wird das Thema Sexualkriminalität lebendig gehalten: Die Verbindung von „Sex and Crime" verspricht höhere Auflagenzahlen von Zeitschriften und Zuschauerquoten im Fernsehen.

Besondere Aufmerksamkeit in der Öffentlichkeit kreist seit Jahren um den sexuellen Missbrauch von Kindern. Immer wieder werden besonders schwerwiegende Straftaten aufgedeckt, die Mitleid mit den Opfern auslösen und Zorn über die Täter wachrufen. Natürlich gerät dabei auch die Wissenschaft unter Druck, sich vermehrt mit den Ursachen sexueller Gewalt sowie mit den Möglichkeiten der Behandlung von Tätern auseinander zu setzen. Genau das ist gegenwärtig der Fall, denn „vermutlich wurde noch nie in der Geschichte der Menschheit in kurzer Zeit so viel über die Behandlung von Sexualtätern getagt, referiert, diskutiert und publiziert wie in den letzten [fünf bis zehn] Jahren" (Pfäfflin, 1999, S. 97). Pfäfflin selbst spricht noch von „drei bis fünf" Jahren, doch die Diskussionen halten unvermindert an, weshalb sein Zitat problemlos aktualisiert werden konnte.

Die in den Medien häufig um einzelne Fälle geführten Diskussionen lassen leichthin den Eindruck entstehen, als würde die Zahl der Sexualstraftaten zunehmen. Dass dies nicht der Fall ist, haben wir bereits dargestellt ($\rightarrow$ 9.1). Sie bleibt – über längere Zeitperioden registriert – weitgehend unverändert und ist, was die Zahl der sexmotivierten Tötungsdelikte an Kindern angeht, über die letzten Jahre hinweg leicht rückläufig. Dennoch wurde in der Folge der öffentlichen Dauerdiskussion in Deutschland wie in anderen Ländern eine Verschärfung der Gesetze zur Bekämpfung von Sexualdelikten vorgenommen (in Deutschland ist ein solches „Gesetz zur Bekämpfung von Sexualdelikten und anderen gefährlichen Straftaten" seit 1998 in Kraft). Neben einer Verschärfung der Strafmaße wurde auch die Forderung nach besserer Behandlung von Sexualstraftätern unterstrichen, was zweifelsohne sehr zu begrüßen ist.

12.1 Kleine Änderungen in der Perspektive – große Wirkung

Verständlicherweise werden in der Öffentlichkeit die Erfolge sozialtherapeutischer Maßnahmen und psychologischer Behandlungskonzepte bei Sexualstraftaten kritisch mitverfolgt. Aber auch hier entsteht gelegentlich ein verzerrtes Bild, insbesondere dann, wenn es trotz solcher Maßnahmen zu Rückfällen vermeintlich erfolgreich behandelter Sexualstraftäter kommt. Immer wieder werden Zweifel geäußert. Diese gehen nicht nur in Richtung der Gutachter, die zu fehlerhaften Prognosen hinsichtlich des Rückfallrisikos gekommen sind. Die Erfolge psychologischer und sozialtherapeutischer Maßnahmen werden allgemein angezweifelt, gelegentlich der Sinn und Zweck von „Therapie statt Strafe" in Frage gestellt.

Dieser Pessimismus wurde nun zeitweilig und leider (weil unberechtigterweise) von wissenschaftlicher Seite selbst mitgetragen (Lipton et al., 1975; Langevin, 1983; Furby et al., 1989; Quinsey et al., 1993). Dabei hatten die Autoren dieser Übersichtsarbeiten ihre negativen Schlussfolgerungen zum Behandlungserfolg vor allem als Kritik an der *Forschung* gemeint: Die Effektivität sozialtherapeutischer Maßnahmen konnte bis Anfang der 1990er Jahre nicht überzeugen, weil die bis dahin vorlegenden Forschungsarbeiten mit erheblichen methodischen Mängeln behaftet waren (vgl. Kury, 2001). Die methodischen Schwächen bezogen sich auf zu geringe Fallzahlen, auf mangelnde Zufallszuweisung zu Untersuchungsgruppen und auf zu geringe Nachuntersuchungszeiten bzw. auf fehlende Nachuntersuchungen überhaupt.

Ende der 1980er Jahre gab es zwar einzelne gut kontrollierte Therapiestudien (z.B. Marques et al., 1989), und diese zeigten, dass psychologisch behandelte Sexualstraftäter im Unterschied zu unbehandelten Straftätern erfolgreich entlassen werden konnten. „Vereinzelte Studien" jedoch waren den genannten Kritikern nicht hinreichend, um Verallgemeinerungen vorzunehmen (Quinsey et al. 1993). In aller Schärfe formulierten einige bis Anfang der 1990er Jahre „Nothing works!" – wie gesagt: gemeint als kritische Botschaft an die Therapieforscher. Die Autoren hatten nicht recht mitbedacht, dass ihre Kritik auch in der Öffentlichkeit registriert würde.

In der öffentlichen Reaktion auf diese pessimistischen Analysen wurde erneut der Strafgedanke als wirksameres Konzept in den Vordergrund gerückt und die therapeutischen Bemühungen in Frage gestellt. Nicht nur das: Vielen Therapieforschern wurden Forschungsgelder gestrichen – Förderungsmittel, die für die geforderte „anspruchsvollere Forschung" unverzichtbar sind. Man muss sich dies einmal genau vor Augen führen: Dies geschah, als in der AIDS-Forschung ebenfalls noch keinerlei Erfolge registriert wurden; dort jedoch haben genau diese fehlenden Erfolge die Forschungsförderung ungemein beflügelt. Das zwischen AIDS-Patienten und den Sexualstraftätern gesellschaftlich-politische Diskussionswelten liegen, sollte für den kritischen Umgang der Sexualdelinquenzforscher untereinander zu denken geben.

Glücklicherweise haben sich einige Forschergruppen nicht beirren lassen. Denn aus heutiger Sicht kann dem Therapiepessimismus entschieden entgegengewirkt werden. In den vergangenen zwanzig Jahren haben sich Forschergruppen weltweit – vor allem in den USA, in Kanada und neuerlich auch in Australien – kontinuierlich bemüht, Behandlungskonzepte für Sexualdelinquenten fortzuentwickeln und diese einer sorgsamen Evaluation zu unterziehen (Marshall et al., 1999; Ward et al., 2003). In Europa, v.a. in Skandinavien, in den Beneluxländern und in Deutschland sind diese Entwicklungen mitverfolgt worden: Auch im deutschsprachigen Raum wird versucht, die neuesten Forschungsergebnisse zusammenzutragen und in kontinuierlich verbesserte Behandlungskonzepte einfließen zu lassen (Kröber & Dahle, 1998; Pfäfflin, 2000; Hoyer & Kunst, 2001; Kury, 2001; Eher & Pfaefflin, 2002). Zudem liegen erste Metaanalysen vor, mit denen sich die Wirksamkeit dieser Ansätze eindrücklich belegen lässt (→ 12.1.2). Nicht nur das. Es zeigt sich sogar weiter, welche Programme und welche Therapieelemente als besonders Erfolg versprechend angesehen werden können.

12.1.1 Von der Symptombehandlung zur Rückfallprävention

Dabei kann man einen beachtenswerten Wandel ausmachen, den die Ausgestaltung der Behandlungskonzepte für Sexualdelinquenten durchgemacht hat. In den siebziger und achtziger Jahren des letzten Jahrhunderts waren viele Forscher vorrangig an der Frage interessiert, wie sich sexuelle Präferenzen (also die Paraphilien wie Voyeurismus, Exhibitionismus, Pädophilie – in den angelsächsischen Ländern auch noch die Homosexualität) oder „Symptome" (sexuell sadistische Handlungen) erfolgreich (weg)behandeln lassen. Nach dem Homosexualitätsdesaster (→ 2.3.3) veränderte sich die Konzeptentwicklung ein erstes Mal, und zwar radikal – heute kann man sagen: glücklicherweise.

Anfang der achtziger Jahre des 20. Jahrhunderts war die Datenlage Behandelter groß genug, um unterschiedliche Studienvergleiche anzustellen. Dabei ergab sich, dass eng umschriebene Symptombehandlungen (der Paraphilien) mit Blick auf eine Absenkung des Rückfallrisikos als nicht erfolgreich einzustufen waren (→ 8.1.7). Insbesondere die verhaltenstherapeutischen Aversionstherapien gerieten ins Kreuzfeuer der Kritik, denn die Rückfallzahlen der beispielsweise mit Elektro-Aversion behandelten Paraphilie-Patienten fielen gelegentlich höher aus, als die der Patienten, die nicht auf diese Weise behandelt worden waren (Rooth & Marks, 1974).

Aber auch den psychoanalytischen Therapieforschern wollte es nicht gelingen, empirisch haltbare Erfolgszahlen für die psychodynamisch orientierten Einzel- und Gruppentherapieansätze beizubringen (Langevin, 1983; Marshall & Barbaree, 1990; Quinsey et al., 1993). Hinzu kam, dass nur wenige Forschergruppen mit psychoanalytischer Orientierung die Wirksamkeit ihres Behandlungsansatzes empirisch zu belegen versuchten, was sehr zu bedauern ist. Denn wo es um allgemeine Wirksamkeitsaussagen zur Therapie bei gefährlicher Sexualdelinquenz geht, sind gut kontrollierte Studien ein Muss in der Forschung.

Von der Behandlung zur Bewältigung. Andererseits wurde bei Anwendung Symptom bezogener Verhaltenstherapietechniken eine interessante Entdeckung gemacht: Ursprünglich hatte man versucht, Paraphilien mittels Aversion wegzukonditionieren. Nun stellte sich heraus, dass der eigentliche Wirkmechanismus erfolgreicher Behandlung nicht im Wegtherapieren von Symptomen bestand, sondern in der Vermittlung von *Bewältigungsstrategien* für rückfallkritische Situationen. Entdeckt wurde dies in der Fortentwicklung der „Verdeckten Sensibilisierung", einer kognitiv-imaginativen Technik mit Aversionselementen. Das Verfahren funktionierte auch, als man die aversiv-sensibilisierenden Elemente einfach wegließ. Es reichte zur Rückfallprophylaxe aus, mit den Patienten imaginativ *ausschließlich erfolgreiche* Vermeidungsstrategien durchzuspielen (→ 8.1.7).

Folgendes wurde zunehmend klarer gesehen: Für eine erfolgreiche Rückfallbehandlung ist es hochgradig bedeutsam, Patienten aktiv zu unterstützen und konkret zu unterweisen, wie sie selbstverantwortlich und kompetent in Risikosituationen bestehen oder wie sie diese aktiv vermeiden können. Diese Befunde führten zu einer merkbaren Erleichterung unter den Verhaltenstherapeuten, standen ihre Aversionsbehandlungen immer schon in dem Ruf, eher bestrafende als behandelnde Funktionen zu erfüllen. Es dauerte nur wenige Jahre, bis sich das Ziel der Behandlung sexueller Devianz zunehmend in die Richtung einer aktiven und selbst gesteuerten Vermeidung von Rückfällen änderte.

Von der Bewältigung zur Rückfallprävention. Eine therapeutisch klug vorbereitete Vermeidung zukünftiger Rückfälle wurde alsbald zum zentralen Angelpunkt der weiteren Ausarbeitung und Evaluation von Behandlungskonzepten (vgl. die Arbeiten in Laws, 1989). Weil sie sich als erfolgreich erwies, steht die Rückfallprävention heute in jedem neu entwickelten Behandlungsprogramm im Mittelpunkt (→ 12.1.2). Erste Überlegungen zur Gestaltung rückfallpräventiver Maßnahmen wurden von Pithers et al. (1983) angestellt. Pithers hatte sein Rückfallvermeidungskonzept bei Sexualdelinquenz an ein Modell angelehnt, welches von Marlatt und Gordon (1985) für die Behandlung von Alkoholabhängigkeit entwickelt worden war. Die Rückfallkonzeption umfasst mindestens drei Einzelschritte, die zwischenzeitlich weiter ausgearbeitet und evaluiert wurden (Laws, 1989; Pithers, 1990):

▶ Identifikation: Für jeden einzelnen Sexualstraftäter werden hoch riskante Situationen identifiziert und ihm dazu konkrete Indikatoren vermittelt: orientiert an der zentralen Frage, an welchen Merkmalen er das Auftreten von Risikobedingungen selbst erkennen kann (MacDonald & Pithers, 1989; Pithers et al., 1989).

▶ Fehlerunterbrechung: In einem zweiten Schritt wird der Patient mit Bedingungen vertraut gemacht, die als risikoreiche Fehler (lapse) auf dem Weg zu einem Rückfall (relapse) gelten (Jenkins-Hall & Marlatt, 1989). Der Ablauf sexueller Übergriffe wird in kleinste Einheiten unterteilt. Schließlich werden konkrete Möglichkeiten der *Vermeidung* oder *Unterbrechung* dieser Verhaltenskette erarbeitet und eingeübt. Der Patient lernt, dass und wie an zahlreichen Stellen aus dem Rückfallgeschehen ausgestiegen werden kann. Zur Einübung der Unterbrechung von Fehlentwicklungen werden zusätzlich imaginative Verfahren eingesetzt.

▶ Rückfallvermeidung: Schließlich werden für besonders risikoreiche Situationen Handlungsanweisungen erarbeitet (Carey & McGrath, 1989; Steenman et al., 1989): Wie lassen sich diese wirkungsvoll vermeiden? Wie kann in Notfällen auch noch die Bremse gezogen werden? Was kann man aus Rückfällen für die Zukunft lernen?

Multimodulare Behandlungskonzepte. Angesichts der seit Mitte der 1980er Jahre zunehmenden öffentlichen Diskussion über sexuelle Gewalt gegen Frauen und Kinder verlagerte sich das Interesse der klinischen Forscher auf die Entwicklung von Behandlungskonzepten, die diesem gesellschaftlichen Interesse entsprachen. Dabei sahen sich die Forscher verschärft mit dem in den vorausgehenden Kapiteln dargestellten Heterogenitätsproblem beider Phänomenbereiche konfrontiert: Bei sexueller Gewalt wie beim sexuellen Missbrauch handelt es sich um vielgestaltige Sachverhalte, die sich schwer in einfache Erklärungsmodelle und Behandlungskonzepte einbinden lassen. Fast jeder einzelne Sexualstraftäter entpuppte sich als ein anderer Fall (Marneros, 1997).

Die „therapeutische" Lösung des Heterogenitätsproblems wurde alsbald in der Entwicklung *multimodularer* Behandlungskonzepte gesehen. Es wurden Ordnungsmuster und Indikationshilfen entwickelt, die auch bei einer größeren Zahl individueller Problemstellungen die Auswahl therapeutischer Maßnahmen ermöglichte. An die Stelle *eines* globalen Therapieansatzes trat die multimodulare Breitspektrumtherapie. Spätestens seit Mitte der 1980er Jahre wurden multimodulare Behandlungen in den meisten Institutionen, in denen Sexualstraftäter behandelt wurden, eingeführt und empirisch untersucht. Die Konzepte der Rückfallprävention und die multimodalen Behandlungsansätze entsprachen endlich der Notwendigkeit, individuelle Vorgehensweisen bei einer Mehrzahl von Patienten zu erproben. Marshall und Kollegen (1998) haben kürzlich einen Quellentext zusammengestellt, in dem eine Vielzahl dieser Programme dargestellt werden. Dabei zeigen sich vielfältige Überschneidungen. Die fast allen Projekten gemeinsamen Therapieschwerpunkte oder Behandlungsmodule werden im späteren Teil dieses Kapitels als Ordnungsstruktur zugrunde gelegt.

12.1.2 Metaanalysen: die Wende in den neunziger Jahren

Anfang der 1990er Jahre lagen erste Wirksamkeitsanalysen zu in den 1970er und 1980er Jahren durchgeführten Therapiestudien vor. Die absehbaren Erfolge hätten bereits damals Anlass sein können, traditionelle Behandlungskonzepte zugunsten innovativer Behandlungsformen aufzugeben. Leider erwies sich das dominierende Denken in Therapieschulen als schwer überwindbares Hindernis. Zur Bewertung des Schuldenkens in der Psychotherapie von Sexualdelinquenten fassten Marshall und Kollegen (1991) den Stand der Forschung kritisch zusammen.

Zunächst analysierten sie die Ergebnisse von Projekten, in denen einsichtsorientierte Gesprächstherapien im Mittelpunkt standen. Dabei handelte es sich um Studien zur Wirksamkeit der psychoanalytisch-psychodynamischen Therapie sowie um einzelne Projekte, in denen so genannte humanistische und gesprächspsychotherapeutische Verfahren zum Einsatz gekommen waren. Die Autoren fanden wenig Anhaltspunkte für eine Effektivität dieser Behandlungskonzepte im Unterschied zu nicht behandelten Sexualstraftätern. Gelegentlich hatten unbehandelte Kontrollgruppen die besseren Ergebnisse. Die Autoren äußerten sich skeptisch, mittels psychodynamischer und einsichtsorientierter Therapie die Rückfallzahlen begrenzen zu können (Marshall et al., 1991).

Erste Erfolge. Die Verhaltenstherapeuten hatten sich zwischenzeitlich daran gemacht, ihre enge Methodenorientierung zugunsten einer multimodalen Behandlung aufzugeben. Die kurze Zeitspanne, in der Programme dieser Art bis Anfang der 1990er Jahre untersucht wurden, erschwerten seinerzeit Aussagen über ihre längerfristige Wirksamkeit. Schon bald nach ersten Versuchen deutete sich jedoch an, dass das Rückfallrisiko bei Paraphilien (Voyeurismus, Exhibitionismus) sowie bei sexuellem Missbrauch von Kindern deutlich gesenkt werden konnte. Weniger eindrücklich sahen Anfang der 1990er Jahre die Erfolge bei sexual-sadistischen und bei Vergewaltigungstatern aus (Marshall et al., 1991).

Das änderte sich seit Mitte der 1990er Jahre, als aufgrund zunehmender Forschungsaktivität erste Metaanalysen und Datenvergleiche verschiedener Studien durchgeführt wurden (Hall, 1995; Hanson & Bussière, 1998). Sie erlaubten den Schluss, dass multimodale Behandlungsprogramme auch bei Vergewaltigungstätern Erfolge aufweisen, wenn einige Rahmenbedingungen beachtet werden. Dazu zählte damals die pharmakologische Adjuvanztherapie mit Antiandrogenen bei paraphilen Straftätern sowie eine (therapeutische) Betreuung von Straftätern nach Entlassung.

Rückfallprävention: zukünftig unverzichtbar! Inzwischen lässt sich die Bedeutsamkeit des Perspektivenwechsels – von der Behandlung sexueller Störungen zur Rückfallprävention und Breitspektrumtherapie – auch durch neuere Forschungsergebnisse belegen (vgl. Hollin, 1997; Marshall et al., 1999; Hanson et al., 2002; Drake & Ward, 2003). Auf Grundlage der nachfolgend näher dargestellten Ergebnisse kann ein Therapiepessimismus endgültig beiseite gelegt werden. Besonders eindrücklich spiegelt sich der Zugewinn an therapeutischer Effektivität in einer Metaanalyse neueren Datums wider. Sie war u.a. dem Vergleich von Behandlungsangeboten *ohne* Rückfallprävention (in den 1980er Jahren) und *mit* Rückfallprävention (in den 1990er Jahren) gewidmet (Alexander, 1999).

Die Autorin berücksichtigte in ihrer Metaevaluation ausschließlich Studien, die strenge methodische Voraussetzungen erfüllten einschließlich mehrjähriger Katamnesezeiten. Nach sorgsamer Recherche und Methodenprüfung wurden aus einem Pool von ursprünglich 359 Studien nur noch 79 Studien in die Analyse eingeschlossen. Immerhin konnten die posttherapeutischen Verläufe von insgesamt 10.988 Sexualstraftätern berücksichtigt werden, und die Nachuntersuchungszeiträume gingen für alle einbezogenen Straftäter über fünf (vereinzelt über zehn) Jahre hinaus. In → Tabelle 12.1 sind die durchschnittlichen prozentualen Rückfallhäufigkeiten zu den drei wichtigsten Deliktarten angegeben, verglichen jeweils mit einer Gruppe unbehandelter Sexualstraftäter.

Die Behandlungseffekte wurden danach unterschieden, ob sie aus Studien mit Einzeltherapien oder Gruppentherapieansätzen älteren Datums entstammten (zumeist vor 1990; zumeist klassisch verhaltenstherapeutisch, auch psychodynamisch) und damit *ohne* Rückfallpräventions-Modul waren – oder ob sie als *Breitspektrumbehandlung* mit *Rückfallpräventions*-Modul durchgeführt wurden. Dies war bei den meisten Therapiestudien ab Mitte/Ende der 1980er Jahre der Fall. Angesichts dieser Daten kann heute ausdrücklich davon ausgegangen werden, dass eine psychologische Behandlung von Sexualstraftätern zu deutlichen Verbesserungen führt – vorausgesetzt, es handelt sich (a) um eine multimodulare Breitspektrumtherapie und (b) es ist ausdrücklich ein Behandlungsmodul vorgesehen, in dem Sexualstraftäter in einer selbst kontrollierbaren Rückfallvermeidung unterwiesen werden. Die wichtigsten dieser Studien finden sich bei Marshall et al. (1999; S. 147 ff.) beschrieben und kommentiert.

Tabelle 12.1. Behandlungseffekte (Rückfallzahlen) von multimodularen Behandlungskonzepten mit Rückfall-Präventions-Modul, im Vergleich zu Behandlungskonzepten ohne Rückfall-Präventions-Modul und im Vergleich zu unbehandelten Sexualstraftätern (Katamnesezeiten über 5 Jahre; Ausschnitt aus einer umfänglicheren Tabellierung bei Alexander, 1999)

Deliktarten und Zahl der Straftäter	Behandlung *mit* Rückfallprävention	Behandlung *ohne* Rückfallprävention	unbehandelte Kontrollgruppen***)
Vergewaltigung (N = 528)	8,3 %	22,7 % *)	23,7 %
Kindesmissbrauch (N = 2.137)	8,1 %	18,3 %	25,8 %
Exhibitionismus (N = 331)	~0 %	20,5 %	57,1 %
„Sexualstraftäter" (N = 6.967) **)	5,6 %	14,3 %	12,0 %
Gesamtkollektiv (N = 10.988)	7,2 %	13,9 %	17,6 %

*) Teilweise nicht genau spezifizierbare Behandlungsformen (vorrangig Verhaltenstherapien, vereinzelt auch psychodynamische Therapien und/oder Gesprächsgruppen)
**) „Sexualstraftäter" als gemeinsame Gruppe, weil in den Projekten nicht weiter nach Deliktarten unterschieden wurde
***) Die Rückfallzahlen der Kontrollgruppen decken sich weitgehend mit jenen, die in deutschsprachigen Ländern für entsprechende Katamnesezeiträume mit mehr als 5 Jahren publiziert wurden: Exhibitionismus ca. 56 Prozent; Vergewaltigung ca. 20 Prozent; sexueller Kindesmissbrauch ca. 22 Prozent (Elz, 2001; Egg, 2002)

Unterschiede zu früher. In die frühen Metaanalysen (Anfang der 1990er Jahre) waren vor allem die Ergebnisse der beiden rechten Tabellenspalten eingegangen (Behandlung *ohne* Rückfallprävention vs. unbehandelte Kontrollgruppen). Deshalb ist verständlich, dass damals Erfolge vor allem beim sexuellen Kindesmissbrauch und bei den Paraphilien (insbesondere Exhibitionismus) vermeldet wurden. Die nicht signifikanten Unterschiede zwischen Vergewaltigungstätern bzw. „Sexualstraftätern" (deren konkrete Delikte in den einbezognen Forschungsarbeiten nicht weiter spezifiziert wurden) und den Kontrollgruppen (beide rechte Spalten), hatten damals jenen eingangs des Kapitels beschriebenen Therapiepessimismus bestärkt.

Inzwischen werden bei Vergewaltigungstätern wie in der Gruppe der Sexualstraftäter ohne genaue Deliktangaben Erfolge erzielt. Diese können sich durchaus sehen lassen, und sie dürften für die Zukunft eher optimistisch stimmen. Die eindrücklichsten Erfolge mit Rückfallpräventionsmodulen lassen sich beim Exhibitionismus erzielen. Alle Täter in den einbezogenen Projekten, die gut auf die Zeit nach Entlassung vorbereitet wurden, blieben ohne erneuten Rückfall – auch über längere Katamnesezeiträume hinweg.

Weitere Aspekte. Die vorgestellten Ergebnisse ließen sich inzwischen weiter absichern (Hanson et al., 2002). Dabei zeigte sich sogar, dass die allgemeinen Erfolge der psychologischen Therapie durch eine medikamentöse Adjuvanz mittels Antiandrogenen nicht weiter gesteigert werden konnten (was nicht zwingend bedeutet, dass auf diese zusätzliche Behandlungsmöglichkeit bereits verzichtet werden sollte).

In den aktuellen Metaanalysen (Alexander; 1999; Hanson et al., 2002) macht es kaum Unterschiede aus, ob die Behandlungen im Gefängnis oder in klinischen Kontexten, z.B. in der forensischen Psychiatrie bzw. beim Exhibitionismus auch ambulant durchgeführt wurden. Weiter vergrößert sich der Unterschied in den Rückfallzahlen behandelter vs. nicht behandelter Sexualstraftäter über die untersuchten Katamnesezeiten: Die Erfolge der therapeutischen Breitspektrumtherapie stabilisieren sich also über längere Zeiträume hinweg. Letzteres gilt insbesondere für Kindesmissbrauch und Exhibitionismus. Die Rückfallzahlen konnten in einzelnen Projekten weiter abgesenkt werden, wenn Nachsorgeprogramme eingerichtet wurden. Andererseits blieben die Behandlungserfolge in anderen Studien auch dann stabil, wenn es keine Nachbetreuung gab (Marshall et al., 1999). In Einzelfällen scheint externe Kontrolle durch Bewährungshelfer oder Familienmitglieder positive Wirkungen jedoch zusätzlich zu stärken (Pithers, 1990).

Schließlich sollte man die für öffentliche Diskussionen wichtigen ökonomischen Aspekte nicht unterschätzen, insbesondere wenn es um die Einwerbung von Forschungsgeldern und die Einrichtung von Therapieplätzen geht: Die Kosten, die Sexualstraftäter durch ihre Taten bei den Opfern, durch die langwierigen Gutachter- und Gerichtsverfahren und durch ihre Unterbringung in Kliniken und Gefängnissen bewirken, sind immens. Es lohnt sich, mit genauen Berechnungen zu beginnen: Bereits mit zwei oder drei zusätzlich erfolgreich behandelten Sexualstraftätern dürfte sich leicht eine weitere Therapeutenstelle finanzieren lassen.

Kritisches Resümee: Bitte zukünftig kein Etikettenschwindel!

Als Konsequenz der vorgestellten Metaanalysen werden die klassische Verhaltenstherapie sexueller Störungen und gesprächspsychotherapeutisch bzw. psychodynamisch orientierten Einzel- und Gruppentherapieverfahren bei Sexualstraftätern eigentlich als *nicht mehr angemessen* angesehen (Hollin, 1997; Barbaree & Seto, 1997; Ward et al., 1997b). Diese Auffassung hat sich eine Task-Force der American Psychiatric Association zu Eigen gemacht und sie in den Leitlinien zur psychiatrischen Behandlung von Sexualdelinquenz festgeschrieben (APA, 1999) – eine bedauerliche Konsequenz für die psychodynamischen Behandler, die vor allem der Forschungsabstinenz psychoanalytischer Forscher zuzuschreiben ist.

Empfohlen werden ausschließlich multimodulare Breitspektrumprogramme, mit denen unterschiedliche Ziele zeitgleich oder in Sukzession realisiert werden. Die Notwendigkeit dazu wird inzwischen von den meisten Therapeuten, die in Gefängnissen und in der forensischen Psychiatrie mit Sexualstraftätern arbeiten, akzeptiert und mit entsprechenden Konzepten in die Praxis umgesetzt (Hoyndorf et al., 1995; Marshall et al., 1998; 1999; Andrews & Bonta, 1998; Wieczorek, 2001; Hoyer & Kunst, 2001). Dennoch sind dazu einige Anmerkungen notwendig.

Rückfallprävention ist nicht gleich Rückfallprävention. Angesichts der Attraktivität des Begriffs der Rückfallprävention ist es nicht verwunderlich, dass sich die meisten Behandlungsprogramme bei Sexualdelinquenz mit diesem Attribut schmücken. Natürlich zielen Therapeuten unterschiedlichster Couleur mit ihren Behandlungskonzepten auf eine Verminderung der Rückfallzahlen und damit auf eine „Rückfallprävention" ab. Andererseits heißt das noch lange nicht, dass sie in ihrer therapeutischen Arbeit tatsächlich jenes gestufte und systematische Rückfall-Vermeidungstraining mit Sexualdelinquenten durchführen, dass sich in der Forschung als wirksam erwiesen hat.

Die Hervorhebung, dass man in einer Institution „rückfallpräventiv arbeite, weil sich dies in der Forschung als bedeutsam herausgestellt habe", dürfte nur erfolgen, wenn man die evaluierten Konzepte tatsächlich zum Einsatz bringt. Das jedoch ist mitnichten überall der Fall. So geben sich einige Einrichtungen „modern rückfallpräventiv", in denen nach wie vor Gesprächspsychotherapien oder psychodynamische Einzel- und Gruppentherapieangebote oder zieloffene Verhaltenstherapiegruppen relativ unverändert den Kern der Behandlung ausmachen – und dies, obwohl mit diesen Konzepten bis heute keine überzeugenden Wirksamkeitsnachweise bei Sexualdelinquenz erbracht wurden. Als entsprechend unglaubwürdiger Etikettenschwindel wäre es anzusehen, wenn Institutionen mit dem Begriff „Integrative Psychotherapie" vorgeben, dass sie sich dem Grundansatz einer Breitspektrumtherapie verpflichtet fühlen – ohne jedoch die in der Forschung evaluierten Bausteine der multimodularen Behandlung tatsächlich zu realisieren.

Auf das Behandlungskonzept kommt es an. Sowohl die Gesellschaft wie die Sexualstraftäter selbst haben den *berechtigten Anspruch*, dass Rückfallzahlen in Zukunft effektiv und langdauernd vermindert werden. Dies kann mit einer als „rückfallpräventiv" oder „integrativ" umbenannten einsichtsorientierten und/ oder psychodynamischen und/oder verhaltenstherapeutisch-zieloffenen Einzel- und Gruppenbehandlung gegenwärtig *nicht* versprochen werden. Diese Feststellung gilt so lange, wie keine hinreichenden Wirksamkeitsnachweise der benannten Einzel- und Gruppentherapieverfahren bei Sexualdelinquenz vorliegen. Als Erfolg versprechend können heute ausschließlich Breitspektrumtherapiekonzepte gelten, *und zwar nur dann*, wenn sie wenigstens die später dargestellten Schwerpunkte einschließlich Rückfallprävention beinhalten.

Natürlich steht die therapeutische Rückfallprävention bei Sexualdelinquenz in der Tradition der Verhaltenstherapie. Wir sind jedoch der Überzeugung, dass es auch psychodynamisch orientierten Therapeuten nicht schwer fallen dürfte, die Breispektrumbehandlung in ihren Institutionen zu realisieren. Man bräuchte dazu nur das therapiepraktische Vorgehen abzuändern – andererseits (hoffentlich) nicht das psychodynamische Denken. Im Gegenteil könnte es sich als Vorteil erweisen, das Übertragungs- und Gegenübertragungsgeschehen mit den Patienten genau im Auge zu behalten – ein unbestreitbarer Perspektivvorteil der Psychoanalytiker, der so manchem Verhaltenstherapeuten fehlt. Dennoch: Als empirisch abgesichert erfolgreich angesehen werden können zurzeit nur die evaluierten multimodularen Behandlungsprogramme. Alles andere würde – jedenfalls gegenwärtig – nicht nur für die Sexualstraftätern zum Nachteil gereichen, sondern möglicherweise auch der Gesellschaft zum Schaden.

12.1.3 Von der Rückfallprävention zur Ressourcenorientierung

Vielen Gegenwartsforschern geht der Schritt hin zur rückfallpräventiven Breitspektrumbehandlung noch nicht weit genug (z.B. Ward & Stewart, 2003). Sie kritisieren, dass sich die Betonung von Risikomanagement und Rückfallprophylaxe zu sehr an Ansprüchen der Kriminaljustiz orientiere: nämlich vorrangig zukünftigen Schaden in der Gesellschaft zu minimieren. Bei einer solchen Zielsetzung blieben jedoch die konkreten Probleme und Bedürfnisse der Sexualstraftäter weitgehend unbeachtet. Inzwischen macht deshalb im Bereich der Sexualdelinquenztherapie ein neues Schlagwort die Runde, dass sich in anderen Behandlungskontexten als Zielvorstellung einer psychologisch begründeten Psychotherapie bereits fest etabliert hat: Ressourcenorientierung.

Ressourcenorientierung: eine positive Vision von Psychotherapie
Schaut man sich die Entwicklungspfade sexueller Gewalt (→ 11) genauer an, kann man zu dem Schluss gelangen, dass die meisten Betroffenen nicht nur zur Sexualdelinquenz als behandelnswertem Problem neigen, sondern dass sie über erhebliche Defizite *allgemeiner* Art verfügen. Und genau in diesen Defiziten lassen sich bei den meisten Straftätern die eigentlichen Ursachen der Sexualdelinquenz vermuten. Könnte es nicht sein, dass man die Rückfallzahlen ein weiteres Mal deutlich senken könnte, wenn man die Sexualstraftäter in die Lage versetzte, ihr Leben von Grund auf neu zu gestalten? Wäre es nicht auch oder wirksamer

rückfallpräventiv, wenn man sie mit Ressourcen ausstattet, zukünftig ein normales und völlig neues Leben zu führen? „Good Lives", wie dies Ward und Stewart (2003) prägnant als Ziel formulieren.

Es ist klar, dass eine Akzentverschiebung in Richtung Ressourcenorientierung impliziert, weitere Vorstellungen über das, was die Psychotherapeuten heute noch unter „Psychotherapie" verstehen, aufgeben zu müssen. Im Unterschied zur herkömmlichen psychodynamischen Arbeit in der Therapiebeziehung bzw. zur Störungsfokussierung in der Verhaltenstherapie beinhaltet Ressourcenorientierung nämlich: sachliche Lebensberatung der Sexualstraftäter. Diese dient nicht nur der Klärung und Auflösung alltäglicher Krisen und Probleme, sondern vor allem der Vermittlung und systematischen Einübung tragfähiger Lebens- und Überlebensstrategien nach der Entlassung.

Beratung, Training und Supervision. Um die Kompetenzen und Ressourcen der Sexualstraftäter für die Bewältigung von Problemen im Lebensalltag anzureichern, wird inzwischen gefordert, über Risikomanagement und Rückfallprophylaxe deutlich hinaus zu gehen (Marshall et al., 1999; Ellerby et al., 2000; Laws et al., 2000; Ward & Stewart, 2003). Mit den Sexualstraftätern gemeinsam sollten Alternativen zu den bisherigen Lebensstilen möglichst konkret so festgelegt werden, dass sich persönliche Bedürfnisse und Wünsche in prosozialer Weise erproben und erfüllen lassen. Psychologische Behandlung sollte eine tragfähige Grundlage für die Entwicklung einer neuen Identität mit Lebensperspektive bieten, auf die Patienten nach Entlassung eigenständig aufbauen können. Für Ressourcen orientierte Behandlungskonzepte dieser Art sind u.a. folgende drei Ansätze von Bedeutung (Nestmann, 1997; Freeman-Longo, 2001):
▶ das Empowerment als Grundlage,
▶ das Beratungs-Modell als Therapieprinzip und
▶ das systematische Training und Coaching als Handlungsmodell.
Diese drei Aspekte erlauben übrigens *kein* eklektisches Handeln. Sie erfordern gerade in der Behandlung von Sexualstraftätern ein inhaltlich gut begründetes und auf den Einzelfall zugeschnittenes therapeutisches Vorgehen. Darauf soll kurz eingegangen werden.

Empowerment als Grundlage. Empowerment sieht als Ziel vor, Patienten dahingehend zu unterstützen, zu Therapeuten ihrer selbst zu werden (Fiedler, 1981). Dies ist die Kernidee jeder Ressourcen orientierten Psychotherapie. Patienten werden in ihren persönlichen Stärken gestützt und mit wichtigen Informationen und Kompetenzen ausgestattet, um aktiv von sich aus Veränderungen in ihren Alltagsbeziehungen vorzunehmen. Beratung, Training und Coaching sind dazu die wichtigsten Therapieprinzipien. Psychodynamische Übertragungsanalysen – wie überhaupt therapeutische Gesprächsstrategien mit dem vorrangigen bis ausschließlichem Ziel der Vermittlung von Einsicht in eigene Unzulänglichkeiten – werden für eine Ressourcenaktivierung als insuffizient, gelegentlich als kontraproduktiv angesehen. Als kontraindiziert für ein Empowerment gelten Übertragungsdeutungen, wenn sie drängend und konfrontativ eingesetzt werden. Das Gleiche gilt für alle Formen der direkten Konfrontation der Patienten mit Unzulänglichkeiten und Fehlern, wie sie z.B. als „Heißer Stuhl" in verhaltenstherapeutischen Gruppenprogrammen mit Straftätern zu finden sind (vgl. die Therapieprozess-Analysen zum Wirkungsvergleich von konfrontierenden vs. positiv unterstützenden Interventionen bei Sexualstraftätern: Marshall et al., 1999; S. 40 ff.).

Beratung und Supervision als Therapieprinzip. Zur Erreichung eines angemessenen Empowerment wird eine direkte Supervision und Beratung der Patienten empfohlen. Beratung und Supervision sind gut geeignet, wo es für Patienten darum geht, Veränderungen in alltäglichen Lebenskontexten und zwischenmenschlichen Beziehungen vorzunehmen. Eine Supervision von Patienten mag vielen Therapeuten zunächst befremdlich erscheinen. Man braucht sich jedoch nur zu vergegenwärtigen, was geschieht, wenn Therapeuten selbst um Hilfe und Rat bei einem Supervisor oder bei Kollegen in der Intervision nachsuchen. Supervision von Psychotherapeuten erfolgt üblicherweise, um mit besonders komplizierten Problemlagen im Berufsleben zurechtzukommen. Supervision gilt nicht ohne Grund als Therapieäquivalent für Psychotherapeuten. Warum sollten nicht auch Patienten von der Supervision eines Psychotherapeuten oder Bewährungshelfers profitieren?

Training und Coaching. Weniger Probleme sehen die meisten Therapeuten in der Notwendigkeit, mit Patienten zusammen neue Handlungsmuster und Kompetenzen direkt einzuüben. Seit den Anfängen der Verhaltenstherapie jedenfalls gehört das Training sozialer Fertigkeiten zu ihren Kernelementen. Wenn man sich die Indikationsbereiche für Training und Coaching von Patienten genauer ansieht, wird dies verständlich, geht es doch um die Behandlung von sozialer Unsicherheit, sozialen Ängste und Phobien, Störungen des zwischenmenschlichen Beziehungsverhaltens und Persönlichkeitsstörungen. Training und Coaching gelten denn auch in einer Ressourcen orientierten Behandlung von Sexualstraftätern als unverzichtbar.

Wellness und ein besseres Leben nach der Entlassung als Ziel

Zusammenfassend ergibt der neuerliche Perspektivwandel noch eine weitere – zwar nur kleine, dennoch hoch bedeutsame – Akzentverschiebung: Die Ressourcenorientierung eröffnet völlig neue Gestaltungsspielräume, wird nämlich auch noch die *aktive Partizipation* des *Therapeuten* an der Neugestaltung von Lebenslagen erwartet. Durch Beratung, Training und Supervision wird sich sogar, wie immer schon von Therapeuten aller Therapieschulen gewünscht, das Machtgefälle verschieben: weg vom kompetenten Behandler persönlicher Probleme hin zum Solidarpartner des Patienten – und zwar im gemeinsamen Erarbeiten von Handlungsspielräumen im Umgang mit widrigen Lebensumständen.

Sich so weit und radikal vom vor Jahren noch üblichen Therapieren persönlicher Probleme bei Sexualdelinquenz wegzubewegen, dazu hat es in der Tat vieler Jahre bedurft. Zu groß war der gesellschaftliche Druck, primär die Gesellschaft zu schützen. Erst nachdem die Erfolgszahlen Silberstreifen am Horizont signalisierten, konnte man dazu übergehen, auch bei Sexualdelinquenz eine positive Vision von Psychotherapie zu entwickeln – nämlich: die persönlichen Interessen und Bedürfnisse der Sexualstraftäter als *gleichwertig* neben die gesellschaftliche Forderung nach erfolgreicher Rückfallprävention zu stellen. Das Empowerment von Sexualstraftätern könnte sich bereits auf mittlere Sicht als weiteres unverzichtbares Element zur Absicherung des Therapieerfolgs und zur Verminderung des Rückfallrisikos erweisen.

12.2 Ressourcen orientierte Behandlung von Sexualdelinquenten

Bei der nachfolgenden Darstellung Ressourcen orientierter Therapiemodule gehen wir übrigens davon aus, dass diese gleichermaßen erfolgreich in der Einzeltherapie und/oder in der Gruppenbehandlung durchgeführt werden können. Wo dies möglich ist, sollten Einzeltherapie und Gruppenbehandlung nebeneinander und/oder phasenweise im Wechsel angeboten werden. Wo das nicht möglich ist, wie z.B. in der ambulanten Einzelfalltherapie, kann fast alles auch im Einzelsetting realisiert werden. Dennoch gibt es für beide Interventionsformen spezifische Vorteile, weshalb bei bestehender Möglichkeit Gruppe und Einzelbehandlung nebeneinander zum Einsatz gebracht werden sollten.

Gruppentherapie. Gruppen bieten sich an, weil sie ein Übungsfeld für die Einübung *zwischenmenschlicher* Kompetenzen und Konfliktlösungsstrategien darstellen. Für Sexualstraftäter, die ihr Leben lang soziale Beziehungen gemieden haben und bei denen Einsamkeit und soziale Angst eine Risikovariable für sexuelle Übergriffe ist, stellt die Gruppe eine gute Lernmöglichkeit bereit. Jedoch sollte bedacht werden, dass Gruppenarbeit einzelne Straftäter zeitweilig überfordern kann, wenn sie nur über geringe oder gar keine angemessenen Interaktionsfähigkeiten verfügen. In solchen Fällen könnten parallele Einzelkontakte genutzt werden, um Gruppenerfahrungen der Patienten nachzubereiten. Gleichzeitig könnte das Risiko des Vermeidens oder Beendens einer angstvoll oder frustrierend erlebten Gruppenarbeit aufgefangen werden.

Einzeltherapie. Ein weiterer Vorteil der parallelen oder auch solitär durchgeführten Einzelbehandlung liegt darin, dass jedem Einzelnen für die Reflexion allgemeiner Lebensprobleme und Lebensziele mehr Zeit zur Verfügung steht. Gerade unter Ressourcen orientierter Perspektive sollten die Sexualstraftäter angeregt werden, eine Reihe unterlassener existenzieller Entscheidungen und Lebensbeschlüsse zu klären und notwendige Verantwortlichkeiten endlich auf sich zu nehmen. Zeit für jeden einzelnen Patienten ist erforderlich, weil viele Handlungskorrekturen im Umgang mit anderen Menschen eine gründlich durchdachte und sachlich geplante Vorbereitung erforderlich machen, z.B. wenn es um Fragen der Verantwortungsübernahme, wenn nicht gar um die Suche nach Möglichkeiten einer Wiedergutmachung geht. Bei selbstunsicheren und dependenten Sexualstraftätern können Handlungskorrekturen bis hin zum für sie ungewohnten Antikonformismus und interpersonellen Dissens notwendig werden, beispielsweise um aus ungünstigen Subkulturen endlich ausbrechen zu können.

12.2.1 Motivierende Vorgespräche und Beginn

Am Beginn steht die Notwendigkeit, die Sexualstraftäter für eine Teilnahme am Therapieprogramm zu motivieren. Es hat sich als günstig erwiesen, Ziele und Rahmenbedingungen der Behandlung noch vor Beginn und mit jedem einzelnen Patienten *getrennt* zu besprechen. Nur auf diese Weise kann die Behandlung individuell auf die Probleme und Ziele jedes Sexualstraftäters bezogen werden. Die Forschung ist in dieser Hinsicht eindeutig: Immer dann, wenn Patienten im Einzelkontakt (!) der Sinn und Zweck einer Behandlung gut begründet werden kann und wenn die therapeutischen Ziele auf persönliche Notwendigkeiten und Perspektiven hin individuell abgestimmt werden, dann erweist sich auch die nachfolgende Therapie als erfolgreicher (Fiedler, 1996): Die Motivation zur Teilnahme steigt; die therapeutischen Angebote werden regelmäßig wahrgenommen; die Neigung, im Verlauf der Behandlung auszusteigen, sinkt beträchtlich; die einzelnen Therapiemaßnahmen führen zu messbar besseren Effekten.

Die klare Trennung von Sexualdelikt und Persönlichkeit

Natürlich werden viele Sexualstraftäter aufgrund ihrer Erfahrungen mit polizeilichen Vernehmungen, mit Untersuchungen durch Gutachter und mit den Auseinandersetzungen vor Gericht auch der therapeutischen Arbeit mit Vorbehalten und Misstrauen gegenüberstehen. Sie werden dazu tendieren, sich möglichst bedeckt zu halten, gleichzeitig aber sehr wohl beobachten, welche Vorteile ihnen die therapeutischen Angebote bringen. Es ist sinnvoll, die Rollenverteilung in der Therapie unmittelbar und unmissverständlich anzusprechen. Das Gericht hat einen klaren Auftrag formuliert – und zwar primär an die Sexualstraftäter und erst sekundär an die Psychotherapeuten: Die problematischen und gefährlichen Handlungen (Exhibitionismus, sexueller Missbrauch, Vergewaltigung) wurden verurteilt und dürfen sich nicht wiederholen.

Gemeinsam auf einer Seite. So paradox dies auf den ersten Blick auch anmuten mag: Genau im Sinne dieser Zielvorgabe an die Patienten steht der Therapeut *auf der Seite* der Sexualstraftäter: Gemeinsam wird es dabei um folgende Ziele gehen: *Gegen* fehlerhafte und deviante Handlungen! Und gemeinsam weiter *gegen* innerpsychische Faktoren und äußere Bedingungen, die für das Hineingeraten in nicht akzeptierbare strafbare Handlungen gefunden werden können. Durch eine klare Unterscheidung von *einerseits* der Sexualstraftat und den damit zusammenhängenden innerpsychischen Verfassungen und *andererseits* der Person des Patienten als autonomer Persönlichkeit stellt sich der Therapeut auf die Seite des Sexualstraftäters und arbeitet nicht gegen seine „Person" (Hoyndorf et al., 1995; Frenken, 2001; Wieczorek, 2001).

Entsprechend wird zu verdeutlichen sein, dass es in der psychologischen Therapie nicht darum gehen wird, den Patienten von seinen Problemen zu heilen. Eher im Gegenteil wird dem Straftäter erklärt, dass das Ziel der Behandlung darin besteht, ihn tatkräftig darin zu unterstützen, dass es zukünftig nicht erneut zu strafbaren Handlungen kommt. Dazu bietet die Behandlung die Lernmöglichkeit, dysfunktionale Gewohnheiten genau kennen zu lernen, damit er diese (zunächst) mit therapeutischer Unterstützung und (später) selbständig und eigenverantwortlich erfolgreich bewältigt. In der Behandlung werden dazu Alternativen vermittelt, wie zukünftig eigene persönlichen Bedürfnisse und Interessen in einer prosozialen und zufrieden stellenden Weise erfüllt werden können (Ward & Stewart, 2003).

Ziele der Behandlung. In der Ressourcen orientierten Behandlung werden also die persönlichen Interessen und Wünsche des Patienten an ein befriedigendes persönliches Leben mit in den Mittelpunkt rücken. Es wird dem Patienten verdeutlicht, dass seine sexuellen Verfehlungen ihre wesentliche Ursache darin haben, dass ihm selbst entsprechende Möglichkeiten einer aktiven und sozial akzeptablen Erfüllung persönlicher Bedürfnisse und Interessen bisher in nicht hinreichender Weise oder in nicht angemessener Art zur Verfügung gestanden haben. Vielleicht war ihm wegen fehlender geeigneter Modelle und Wertvorstellungen nicht hinreichend klar bewusst, dass ein Anspruch auf eigene persönliche Freiheiten und Wünsche in unserer Gesellschaft *ausdrückliche Wechselseitigkeit* impliziert: nämlich Respekt gegenüber den Freiheiten und Wünschen anderer Personen. Keinesfalls können eigene Freiheiten und Rechte in Anspruch genommen werden, wenn damit zugleich die Freiheiten und Rechte anderer Personen eingeschränkt werden.

Dass ein Therapeut für die in Grundgesetzen verankerten Grundrechte von Menschen einsteht, sollte er nicht verheimlichen. Diese Grundhaltung stellt die Grundlage dafür dar, dass er sich entsprechend dieser verbrieften Grundrechte eben auch auf die Seite der Sexualstraftäter stellen wird, um mit ihnen zusammen Möglichkeiten eines befriedigenden Lebens auszuloten und zu erarbeiten. Verhaltensweisen, die gegen die sexuelle Selbstbestimmung anderer Menschen gerichtet sind, sind deshalb nicht tolerierbar und müssen in der Behandlung durch sozial akzeptable Handlungen ersetzt werden. Dass dies gelingt, darum wird sich der Therapeut zusammen mit dem Sexualstraftäter bemühen.

Anregung und Steigerung eines gesunden Selbstwertgefühls

Im Sinne dieser Argumentationslinie kann auch das geplante Konzept der Ressourcen orientierten Therapie erläutert werden. Um das Grundprinzip zu verdeutlichen, ist es hilfreich, unmittelbar mit ersten Übungen zu beginnen. Ressourcenorientierung nimmt ihren Ausgangspunkt bei bereits vorhandenen Möglichkeiten und Kompetenzen und baut systematisch auf diese auf. Langfristig wird es darum gehen, dem Patienten weiter reichende Handlungsspielräume zu eröffnen, mit anderen Menschen wechselseitig befriedigende Beziehungen zu pflegen, Gefühle auszudrücken, Probleme zu diskutieren und zu wechselseitiger Zufriedenheit zu lösen, schließlich vielleicht erneut befriedigende Liebesbeziehungen anzuknüpfen und diese auszugestalten.

Wertschätzung und Respekt. Alles dies setzt ein positives Selbstwertgefühl und Selbstwertschätzung voraus, die bei Sexualstraftätern nicht oder nur sehr unzureichend, möglicherweise verzerrt gegeben sind. Gesundes Selbstwertgefühl lässt sich *nicht* mittels undifferenziert drängender Konfrontationsstrategien aufbauen und entfalten. Schon gar nicht wird dies mit Hinweisen auf persönliche Unzulänglichkeiten der Sexualstraftäter zu erreichen sein. Voraussetzung ist vielmehr, dass der Therapeut ein angemessenes *Modell für Wertschätzung* abgibt, an dem sich Patienten orientieren können. Selbstwertschätzung kann sich nur entfalten, wenn Therapeuten ihren Patienten mit Wertschätzung und Respekt begegnen. Um eine solche innere Einstellung zu erreichen, kann es hilfreich sein, klare Unterscheidungen zwischen der „Person" und den „strafbaren Handlungen" der Sexualstraftäter vorzunehmen. Marshall et al. (1999) empfehlen, diese für Therapeuten hilfreiche Strategie der Trennung von Person und Delikt auch den übrigen Mitarbeitern des therapeutischen Teams zu vermitteln, um ein möglichst wertschätzendes Klima in der therapeutischen Gemeinschaft zu etablieren.

Keine drängende Konfrontation! Therapiestudien sprechen eine eindeutige Sprache: Therapeuten, die der Person der Sexualstraftäter wegen ihrer Handlungen ablehnend und skeptisch gegenübertreten, weil ihnen die Trennung von Person und Sexualstraftat nicht gelingt, sind eindeutig weniger erfolgreich (Kear-Colwell & Pollak, 1997). Und Therapieprozessanalysen zeigen, dass jene Therapeuten eher zu drängenden konfrontativen Therapiestrategien neigen, die den Sexualstraftätern vor allem „wegen ihrer schrecklichen Taten" mit Skepsis und Ablehnung gegenüberstehen. Damit beginnt ein unglücklicher Teufelskreis der therapeutischen Beziehung: Ungünstige Folge konfrontativer Therapiestrategien ist es, dass sich viele Patienten erst recht einer therapeutischen Einflussnahme verschließen, woraufhin sich die Ablehnung und Skepsis dieser Therapeuten weiter verstärkt (Garland & Dougher, 1991). Schon gar nicht kann man mit aggressiven Konfrontationsstrategien das Selbstbewusstsein und die Selbstwertschätzung erhöhen. Dies gilt insbesondere für Übungen mit dem so genannten „Heißen Stuhl". Die inzwischen wiederholt gefundenen negativen Beziehungen zwischen einer solchen Konfrontation und dem Therapieverlauf sind der Grund, weshalb sie in einer Ressourcen orientierten Therapie inzwischen als kontraindiziert (!) betrachtet werden.

Stützende Therapie. Um nun den Ressourcen orientierten Charakter der beginnenden Behandlung zu verdeutlichen, können gleich zu Beginn einige direkte psychoedukative Strategien zur Anwendung kommen, mit denen das Selbstwertgefühl der Sexualstraftäter gesteigert und die Häufigkeit sozialer Kontakte angeregt werden soll. Die folgenden Beispiele sind bereits in den ersten Sitzungen, jedenfalls immer recht früh in der Behandlung vorgesehen. Sie gelten insbesondere für Sexualstraftäter, bei denen ein vermindertes oder verzerrtes Selbstwertgefühl beobachtbar ist. Sie sind zugleich eine Grundlage für spätere Gruppenübungen zur Steigerung des Selbstwertgefühls, die – weil sie inhaltlich zusammengehören – ebenfalls an dieser Stelle beschrieben werden. Dennoch: Nichts überstürzen! Je behutsamer und fürsorglicher gearbeitet wird, umso erfolgreicher sind die vorgeschlagenen Übungen. Die Wirksamkeit dieser Strategien ist schon längere Zeit gut untersucht (allgemein: Renneberg & Fydrich, 1999; bei Sexualstraftätern: Marshall & Christie, 1982).

Positive Selbstbeschreibung. Mit Unterstützung des Therapeuten fertigt der Patient eine Liste mit acht bis zehn Eigenschaften an, von denen er annimmt, dass diese ihn in positiver und attraktiver Weise auszeichnen und die ihn zugleich sympathisch erscheinen lassen. Diese Eigenarten (den eigenen Körper, die eigene Person, eigene Handlungen oder Denkweisen betreffend) müssen nicht besonders bemerkenswerte Merkmale beinhalten, sondern können alltägliche Eigenschaften der Person betreffen. Sie werden auf eine Karteikarte geschrieben, die der Patient ab sofort bei sich trägt. Er wird gebeten, sie – immer, wenn es die Zeit erlaubt – durchzulesen und zu überdenken. Dazu sollte er auch dann ermuntert werden, wenn er zunächst Vorbehalte gegen ein solch „technisches Vorgehen" artikuliert. Es wird angedeutet, dass er diese positiven Eigenarten bereits in einer der ersten Gruppensitzungen den anderen gegenüber vertreten wird, weshalb es sich lohnt, sich gut darauf vorzubereiten. Die Unterstützung des Therapeuten bei der Anfertigung dieser Liste ist sinnvoll, weil sich einerseits extrem selbstunsichere Patienten zunächst gar nicht vorstellen können, dass es überhaupt positive Seiten an ihnen zu entdecken gäbe. Andererseits können jene, die zu verzerrten und übertriebenen Selbstdarstellungen neigen, erste Hilfestellungen für eine akzeptable Formulierung ihrer Selbstcharakterisierungen erhalten.

Positive Selbstpräsentation. Die Liste positiver Selbstbeschreibungen dient als Grundlage für eine Gruppenübung, die zeitlich später in die laufende Gruppenarbeit einbezogen werden kann. Bei der Durchführung dieser Übungen werden die Teilnehmer aufgefordert, den anderen positive Dinge über sich selbst zu berichten. Diese Übung fällt einigen Patienten, obwohl sie mit einer Liste von Selbstbeschreibungen vorbereitet wurde, dennoch schwer. Stützende und anregende Hilfestellungen seitens der Therapeuten sind indiziert. Beim Aufbau positiver Selbstdarstellungen ist es wichtig, dass die selbstbezogenen Äußerungen der Patienten authentisch sind. Ein therapeutisches Vorgehen nach dem Motto „think positive and you'll be happy" wird nicht den erwünschten Effekt haben. Schließlich werden die Übungen in den Alltag übertragen. Die Patienten werden gebeten, in der therapeutischen Gemeinschaft oder zu Hause anderen gegenüber positive Selbstdarstellungen zu üben und dabei auf alternativ-hilfreiche positive Gedanken zur eigenen Person zu achten und diese ebenfalls zu notieren und zur Selbstdarstellung einzusetzen.

Komplimente annehmen und geben. In diesem, wiederum später folgenden Element kann der Patient in Erfahrung bringen, welche positiven Seiten seiner Person den anderen in der Gruppe inzwischen aufgefallen sind. Diese Übung dient ebenfalls dem Aufbau von Selbstvertrauen. Viele Patienten haben selten in ihrem Leben Komplimente erhalten, und es fällt ihnen sichtlich schwer, positive Anmerkungen zur eigenen Person ohne Einschränkungen annehmen zu können. Entsprechend werden die anderen Gruppenteilnehmer explizit darauf hingewiesen, dass ihre Komplimente positiv abgefasst, ehrlich gemeint und entsprechend authentisch formuliert sein sollten. Es geht darum, auch kleine Dinge oder Verhaltensweisen zu beachten, die einem am anderen gefallen, und diese dann auszusprechen. Dabei kann auf Handlungen, Eigenschaften oder das Aussehen Bezug genommen werden. Beim Annehmen von Komplimenten wird betont, diese nicht sogleich wieder abzuwerten oder zu relativieren. Es kann hilfreich sein, zunächst nur zuzuhören und zu versuchen, die Komplimente so anzunehmen, wie sie vom anderen ausgesprochen wurden.

Keinesfalls dürfen in dieser Übung Feedback allgemeiner Art oder negativ konfrontierende Hinweise gegeben werden. Diese Übung dient der Aktivierung persönlicher Ressourcen und der Selbstwertsteigerung. Dies sollte den Teilnehmern ausdrücklich klar gemacht werden. Insofern unterscheidet sich diese Übung radikal von Karikaturen einer therapeutischen Konfrontation wie dem so genannten Heißen Stuhl. Wir hatten bereits angedeutet, dass sich Übungen mit negativer Konfrontation oder sogar Provokation als kontraproduktiv erwiesen haben.

Selbstpräsentation im Alltag. In verschiedenen Projekten sind die Psychotherapeuten dazu übergegangen, die Klienten regelmäßig dazu anzuleiten, tagtäglich auf ihre äußere Erscheinung zu achten und sich zu bemühen, sich im Umgang mit anderen möglichst vorteilhaft darzustellen. Bei Hinweisen dieser Art sind wiederum keinesfalls Kritteleien am Erscheinungsbild gemeint, sondern konstruktivkritische Empfehlungen, wie man Äußerlichkeit und Auftreten verbessern kann. Natürlich ist in der Folgezeit darauf zu achten, ob und wie sich der Einzelne um eine Verbesserung der äußeren Erscheinung bemüht, damit entsprechende Bekräftigungen unmittelbar erfolgen können. Es steht völlig außer Frage, dass die Selbstwertschätzung und die damit zusammenhängende Selbstsicherheit davon abhängig ist, wie sicher man sich sein kann, mit seinem äußerlich wahrnehmbaren Auftreten bei anderen positiv anzukommen. Die äußere Erscheinung entscheidet darüber mit, wie man von anderen eingeschätzt und beurteilt wird – Änderungsbemühungen der Patienten sind also entgegenkommend wahrzunehmen.

Um beispielsweise Patienten in der intramuralen Behandlung zur Umsetzung solcher Hinweise zu motivieren, wird ihnen sichtbar gemacht, dass ihre äußere Erscheinung und ihr Auftreten sich natürlich in den Beurteilungen widerspiegelt, die von Mitarbeitern des Betreuungsteams regelmäßig zu ihrer Person schriftlich oder mündlich abgegeben werden (müssen – es geht also auch um eine Transparenz der Therapeuten). Inzwischen ist die Wirksamkeit der beschriebenen Möglichkeiten auch empirisch belegt: Sie führen nicht nur zu mehr Selbstsicherheit der Sexualstraftäter, sondern vergrößern auch die erreichbaren Wirkungen der anderen Therapiemodule (Marshall et al., 1997).

12.2.2 Kognitive Restrukturierung

Sexuelle Übergriffe und sexuelle Gewalt werden durch fehlerhafte Einstellungen und Werthaltungen ausgelöst oder im Nachhinein gerechtfertigt. Der zweite

Behandlungsschwerpunkt wird ein erstes Mal genutzt, um fehlerhafte Annahmen und Theorien der Sexualstraftäter über ihre strafbaren Handlungen in eine angemessene Form zu überführen. Inzwischen besteht Konsens, diese selbstkritische Auseinandersetzung des Patienten mit seinem Sexualdelikt nicht allzu lange hinauszuzögern. Würden zunächst andere Themen längere Zeit im Vordergrund stehen, könnte der Therapieverlauf stagnieren.

Prozessanalyse der Sexualdelikte – die Untersuchung der Ursachen folgt später

Ziel dieses Moduls ist es, für jeden Sexualstraftäter eine genaue Analyse der aktuellen Hintergründe ihrer Taten vorzunehmen. Es geht also zunächst um das Wie – also um eine genaue Analyse der proximalen Bedingungen und damit

▶ um eine Identifikation der einer Tat (zeitlich nah) vorausgehenden Bedingungen,

▶ um eine genaue Rekonstruktion des Tathergangs selbst und

▶ um eine Bestimmung jener Faktoren, die den Abschluss der konkreten Missbrauchshandlungen und Gewalttaten markieren.

Die Frage nach dem Warum, also eine Analyse der distalen Entwicklungsbedingungen und deren zukunftgerichtete Beeinflussung, erfolgen in späteren Therapiemodulen. Die zeitliche Reihenfolge der Analyse proximaler Prozesse *vor* distalen Entwicklungen ist wichtig. Stünde etwa eine biographische Ursachenforschung am Anfang, könnten Entwicklungsbedingungen (z.B. ein in der Kindheit selbst erfahrener sexueller Missbrauch, Persönlichkeitsdefizite oder sexuelle Präferenzen) durch die Täter leichthin als Entschuldigung für die eigenen Taten genommen werden. Eine genaue Rekonstruktion des Tathergangs hingegen bringt direkt mit inneren und äußeren Bedingungen und Abläufen in Berührung, auf die der Sexualstraftäter selbst hätte aktiv Einfluss nehmen können, etwa um das prozesshafte Geschehen rechtzeitig zu unterbrechen.

Mit dieser Analyse wird also erstmals die Frage nach der Verantwortung angesprochen, auch wenn sie noch nicht abschließend beantwortet wird. Die Prozessanalyse der Sexualdelikte bereitet vielmehr die spätere Erforschung lebensgeschichtlich distaler Ursachen und Hintergründe vor, in dem sie auf Entwicklungsfaktoren und Entwicklungspfade nur aufmerksam macht. Langfristig dient die Tathergangsrekonstruktion zusätzlich als Grundlage für die Planung der Rückfallprävention. Für die Rückfallprävention selbst sind wiederum Kenntnisse der Auswirkung lebenslanger Entwicklungspfade wichtig. Entsprechend erfolgt die Rückfallprävention sinnvoller Weise erst ganz zum Schluss der Gesamtbehandlung (→ 12.2.6).

Der Teufelskreis sexueller Übergriffe. Dieser Therapiebaustein zielt ein erstes Mal auf eine Beeinflussung und Veränderung der kognitiven Einstellungen oder

Störungen, die entweder zur Tat geführt haben bzw. mit denen der Täter im Nachhinein seine Taten zu rechtfertigen versucht. Diese Intention wird den Klienten auch zu Beginn dieser Behandlungsphase verdeutlicht: Sie werden erstens damit vertraut gemacht, welche Rolle kognitive Einstellungen bei der Tatdurchführung spielen. Zweitens werden sie auf dysfunktionale kognitive Einstellungen und Störungen aufmerksam gemacht und angeregt, über Möglichkeiten der Veränderung nachzudenken. Erst im weiteren Verlauf der Behandlung werden diese Aspekte weiter vertieft. Später werden die Klienten nämlich darin unterstützt, eine aktive Veränderung fehlerhafter Einstellungen und kognitiver Störungen vorzunehmen.

In → Abbildung 12.1 ist ein solcher, zusammen mit einem Straftäter erarbeiteter Teufelskreis des inzestuösen sexuellen Missbrauchs der eigenen Tochter wiedergegeben.

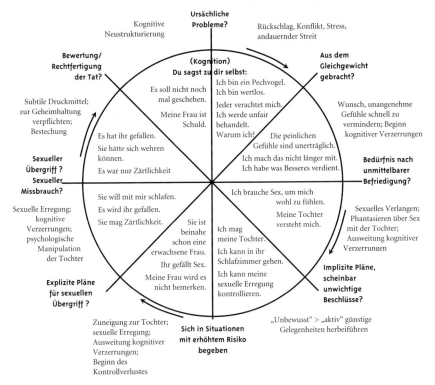

Abbildung 12.1. Beispielhaft ausgefüllter „Teufelskreis sexueller Übergriffe": Missbrauchszirkel bei Inzest durch einen Vater. *Außen*: Ablauf der Ereignisse, Gefühle, Handlungen. *Innen*: Kognitive Störungen, Selbstinstruktionen, Verzerrungen (im Rückgriff auf ein Beispiel bei Frenken, 2001, S. 140; mit freundlicher Genehmigung durch Pabst-Publishers, Lengerich)

Identifikation und Ordnung der Prozessabläufe. Im Teufelskreis-Beispiel werden die fett hervorgehobenen Fragen zum Hergang der Tat als Erstes gemeinsam festgelegt: Sie werden entweder, wie im Beispielzirkel angegeben, übernommen. Oder sie werden durch andere Ankerfragen ersetzt, eventuell neu geordnet, wenn sich der Prozessablauf bei einzelnen Patienten andersartig ausnehmen sollte. Als Nächstes werden die Abläufe im Außenkreis grob beschrieben, auch im Wechsel damit bereits erste Eintragungen der gedanklichen Abläufe während des Prozesses in die Segmente des Innenkreises eingetragen (Frenken, 2001).

Da die Analysen länger andauern und eine Reihe von peinlichen Gesprächen beinhalten, könnte es vor der Besprechung in einer Gruppe sinnvoll sein, die Tat-Rekonstruktion zunächst mit jedem Patienten getrennt vorzunehmen. Auf jeden Fall sollten sich die Straftäter vor einer Besprechung der Teufelskreise in der Gruppe der Unterstützung des Therapeuten sicher sein, wenn es um Scham besetzte Fragen geht.

Natürlich kann die Entwicklung individueller Teufelskreise bei entsprechend motivierten Patienten auch direkt in und mit der Gruppe erfolgen. In solchen Fällen sollte entsprechend Zeit eingeplant werden. Je langsamer im Einzelfall vorgegangen wird, umso ergiebiger ist die Arbeit. Es kommt nicht zwingend darauf an, unbedingt das unmittelbar zurückliegende Sexualdelikt zu analysieren. Bei einem Wiederholungstäter kann es sinnvoll sein, einen für seine sexuellen Übergriffe eher prototypischen Rückfallzirkel zu verdeutlichen.

Individuelles Vorgehen. Jeder Patient bringt die einzelnen Elemente des Teufelskreises in eigenen Worten zu Papier (in der Gruppe auf dem Flip-Chart). Therapeuten stellen sicher, dass vor allem Wie- und Wo-Fragen beantwortet und keine Warum-Fragen gestellt werden. Die jeweiligen Patienten werden angewiesen, sich in die Tage und Stunden vor der Tat und in die konkreten Abläufe hineinzuversetzen: was sie gefühlt, gedacht und getan haben. Dazu kann es hilfreich sein, die Beobachterperspektive (in die Vergangenheit) durch eine Teilnahmeperspektive zu ersetzen (Sprechen in der Gegenwart: ich stehe gerade, ich sitze jetzt, ich beabsichtige und so weiter). Der Sexualstraftäter lernt, die Muster wahrzunehmen, die sich ausgehend vom ersten Ereignis über interpersonelle Erfahrungen, Gedanken, Gefühle, Fantasien und kognitive Einstellungen entwickeln. Es sind diese Muster, die schließlich zur strafbaren sexuellen Handlung geführt haben. Es wird Einsicht in die konkreten Tatabläufe vermittelt, sodass es den Straftätern im Verlauf der Behandlung gelingen könnte, durch eine verbesserte Wahrnehmung von Hoch-Risiko-Situationen aktiv in diesen Zirkel einzugreifen (Frenken, 2001).

Erklärung psychologischer Mechanismen sexueller Übergriffe

Die Ausarbeitung eines Teufelskreises sexueller Übergriffe wird auf Seiten der Sexualstraftäter von Abwehrreaktionen – Unbehagen, Scham und Schuldgefühle, vielleicht sogar Ekel – begleitet sein. Wenn man diese und ähnliche Gefühle vorsichtig (nicht drängend) anspricht, könnte dies bereits jetzt eine latent vorhandene Distanzierung gegenüber dem eigenen Verhalten aktivieren. Diese kann dazu führen, dass die Täter persönliche Verantwortung für die Taten nicht nur erwägen, sondern allmählich zu übernehmen beginnen. Eine Brücke auf diesem Weg können psychologische Erklärungen für das Zustandekommen der Taten liefern (die persönlichkeitsübergreifend für alle Täter gelten, was individuelle Schamgefühle entlastet): Erklärungen der Prozessentwicklungen sind gemeint, noch nicht jedoch Erklärungen aus der lebensgeschichtlichen Entwicklung! In einigen Therapiekonzepten wird eine solche Prozesserklärung mithilfe des Konzeptes der so genannten Kognitiven Dekonstruktionen zu erreichen versucht, wie wir dies bereits in → Kapitel 11.7 beschrieben haben. Im Folgenden nochmals kurz zusammengefasst.

Kognitive Dekonstruktion. Das sich direkt auf die Phasen des Teufelskreises beziehende Mikromodell kognitiver Dekonstruktionen beschreibt, wie Täter vor, während und nach der Tat mit aufkommenden Gefühlen der Unsicherheit, Angst, Scham oder Schuld umgehen. Viele „dekonsturieren" sexuelle Übergriffe, indem sie ihre Aufmerksamkeit auf das unmittelbare Geschehen ausrichten und partielle Handlungsschritte zergliedern: auf ihre sexuelle Erregung, auf die Antizipation sexueller Befriedigung, auf die Wiederherstellung superiorer Positionen in der Beziehung zu Frauen usw. Auf diese Weise wehren sie Gefühle von Schuld, Scham oder Angst ab, die zu einer Unterbrechung des Missbrauchszirkels beitragen könnten. Denn Schuld, Scham und Angst würden die unakzeptablen Folgen ihres Verhaltens emotional erlebbar machen: die Konsequenzen für sich selbst (Bestrafung, Gefängnis) wie für andere (Beeinträchtigungen des Opfers). Der Aufmerksamkeitsfokus ist auf Teilaspekte des Hier und Jetzt ausgerichtet, läuft automatisch und rigide ab, sodass sich einzelne Täter zeitweilig wie in Trance handelnd erleben. Auf diese Weise geraten sie schließlich in die Position, Schuldgefühle auch noch in der Folge ihrer Taten dekonstruieren zu müssen, etwa indem sie Scham und Schuld mittels Rationalisierung externalisieren: „Sie hat mich verführt!" „Sie ist selbst schuld!" „Sie hätte sich ja wehren können!" usw.

Behutsamkeit und Umsicht. Erklärungen dieser Art dürfen nicht eingesetzt werden, um dem Klienten ein globales Schuldeingeständnis abzuzwingen. Die schrittweise Umstrukturierung von Einstellungen und Rationalisierungen ist schwierig, weil sie bereits lange gepflegt wurden und nach wie vor der rechtfertigend-entlastenden Abwehr dienen. Behutsamkeit und Respekt vor der Schwierigkeit, sich eine alternative Sicht des Tatgeschehens zu erarbeiten, nimmt ihren Ausgangspunkt in einem Respekt vor der Schutzfunktion, die entlastende Rechtfertigungen bis dahin für den Täter selbst hatten (Frenken, 2001). Psychologische Erklärungen zum

Tathergang, wie die Dekonstruktionsanalyse, dienen dem Sichselbstverstehen. Schulderleben kann die Folge sein, darf jedoch nicht forciert werden.

Statt Scheinerklärungen und Rechtfertigungen als fehlerhaft zu kritisieren, hat es sich als günstig erwiesen, hinterfragend auf Alternativen zu verweisen, wie z.B. „Wenn man es genau nimmt, hätten sie an dieser oder jener Stelle den Teufelskreis noch unterbrechen können, oder?" Natürlich ist die Tatentwicklung aus einem Einsamkeitserleben entstanden und damit aus der persönlichen Lage heraus erklärbar. Das schmälert nicht, dass es die Täter selbst waren, die eigentlich zu verantworten haben, im Teufelskreis weiter vorangeschritten zu sein. Mit Einsamkeit jedoch kann auch auf eine nicht sexuelle Art umgegangen werden, sodass es nicht quasi-automatisch zur Straftat kommen muss. Anzeichen von Schulderleben können als Signale für die Bewusstwerdung dieser Konflikthaftigkeit angesehen werden, die auf unterschiedliche Weise aufgelöst werden kann. Und was die Aufgabe des Therapeuten betrifft: immer unter Angabe konkreter Alternativen, die im späteren Verlauf der Behandlung noch weiter ausgearbeitet und eingeübt werden.

Einstellungskonträre Diskussionen. Einige Autoren schlagen Diskussionen vor, um die Täter allmählich zur Verantwortungsübernahme zu führen. Frenken (2001) benutzt in der Einzeltherapie Rollentauschspiele, in denen der Therapeut die Rolle des Sexualstraftäters übernimmt und dessen Auffassungen vertritt. Der Patient (beispielsweise ein inzestuöser Vater) übernimmt die Rolle eines Angehörigen, der die Auffassungen des Täter spielenden Therapeuten in Frage stellt. Diese spielende Vorgehensweise zeigt bei vielen Tätern eine nachhaltige Wirkung, die bisherigen Rationalisierungen und Rechtfertigungen weiterhin zu überdenken.

In Gruppen können ähnliche Diskussionen in Rollenspielen entsprechend der Regeln des Psychodramas oder des Social-Skill-Trainings angeregt werden. Übungen dieser Art sind unter zweierlei Perspektive möglich: Zunächst vertritt ein Sexualstraftäter seine fehlerhaften Einstellungen, während drei oder vier Mitdiskutanten (behutsam, sachlich) die Haltbarkeit seiner Argumente kritisch in Frage stellen. Einmal abgesehen davon, dass die mit diskutierenden Straftäter dann ihrerseits gezwungen sind, gegen eigene Rationalisierungen und Rechtfertigungen zu argumentieren – für den Protagonisten sind sie gleichzeitig ein Modell für den zweiten Teil dieser Übung, die einen Rollenwechsel vorsieht.

Denn nach einer gewissen Zeit der Diskussion (z.B. nach fünf bis zehn Minuten, nicht länger) findet der sachliche Austausch von Argumenten mit umgekehrtem Vorzeichen statt: Die Mitdiskutanten vertreten die zuvor mitgeteilten Überzeugungen des Protagonisten, während der Protagonist selbst einstellungskonträre Argumente für die mögliche Unhaltbarkeit der präsentierten Werthaltung entwickeln und vertreten muss.

Therapeutenfunktionen. Bei diesen Übungen ist die Unterstützung des Therapeuten erforderlich. Er sollte ein angemessenes Diskussionstempo anregen und zum gründlichen Nachdenken über die ausgetauschten Argumente anleiten. Es geht nicht um Konfrontation, sondern um prüfendes Hinterfragen! Die Übung dient (a) dem Suchen von sachlichen Argumenten, die fehlerhafte Überzeugungen aufweichen, und (b) der Entwicklung von inneren Einstellungen und Grundhaltungen, die mit den bisherigen fehlerhaften Überzeugungen im Widerspruch stehen. Bei Schwierigkeiten der Diskutanten, sachliche und ethisch vertretbare Alternativen zu entwickeln, ist die Hilfe des Therapeuten gefragt. Es sollte dabei sein „externes Bewusstsein" als Vertreter der sozialen Realität einbringen und ein moralisches Nicht-Einverstandensein mit den vorgebrachten unangemessenen Einstellungen sachlich begründen. Zuweilen wird es sinnvoll sein, suboptimale Lösungsverschläge der Diskutanten zunächst einmal unhinterfragt im Raum stehen zu lassen, um Änderungsbereitschaften nicht vorschnell zu überlasten und weitere Alternativvorschläge aufkommen zu lassen. Diese sind dann später zu verfeinern.

Um die hier besonders schwierige Balance zwischen akzeptierender Nähe und hinterfragender Distanz halten zu können, kann es sinnvoll sein, dass der Gruppentherapeut von einem erfahrenen Co-Therapeuten gesichert wird.

Wenn rechtfertigende Argumente der Straftäter hinterfragt werden, kommen zwangsläufig Fragen von Schuld und Verantwortung zur Sprache. Eine Rechtfertigung der Tat aufzugeben, ist gleich bedeutend damit, kognitive Strukturen aufzugeben, die bis dahin dem Selbstschutz und der Selbstsicherheit dienten. Das wird den meisten Sexualstraftätern zunächst schwer fallen. Schon um vorschnelle Reaktanz zu vermeiden, sollte in dieser Phase der Behandlung nur so weit in Frage stellend gearbeitet werden, wie es die aktuelle Änderungsbereitschaft und Einsichtsfähigkeit der Klienten derzeit zulassen. Dies gilt insbesondere für die Gruppenarbeit. Denn eine gegenüber der Gruppe „öffentliche" Festlegung der Sexualstraftäter, seine Einstellungen nicht ändern zu wollen, kann später durch die Betreffenden selbst nur schwer korrigiert werden – eben weil man sich quasi öffentlich (nämlich gegenüber der Gruppe) zur Beibehaltung seiner Einstellungen „verpflichtet" hat. Also: Vorsicht!

Therapeuten sollten sich sogar zeitweilig auf die Seite jener Sexualstraftäter stellen, die von der Gruppe zu hart konfrontiert werden, in dem sie alternativ auf die Selbstschutzfunktion der Rechtfertigung verweisen und zielführend andeuten, dass es den meisten in der Gruppe schwer fallen dürfte, Fehler zuzugestehen. Ansonsten entsteht eine Ausgrenzungssituation des sog. Scapegoating mit der Folge einer Verhärtung der Gruppenstruktur und Verlust der Änderungsfähigkeit ihrer Mitglieder. Festgefahrene Gruppensituationen in Folge eines zu drängenden Therapeutenverhaltens müssen supervisorisch aufgelöst werden. Die aktuelle Gruppenstruktur ist daher begleitend zu dokumentieren, um die Festschreibung einer Außenseiter-Position frühzeitig zu erkennen und zu verhindern. Das Ausfüllen (anonymisierter) Selbstbeurteilungsbögen jeweils am Ende der Gruppenstunden kann dabei hilfreich sein.

In den meisten Projekten wird das Thema Verantwortungsübernahme und das Aufgeben unakzeptabler Rechtfertigungen sowieso erst im nächsten Modul über den Aufbau von Empathie gegenüber dem Opfer ernsthafter thematisiert (→ 12.2.3) und bis dahin das Problem der fehlerhaften Rechtfertigung eher nebenher bearbeitet. Es geht darum, die Motivation der Patienten für eine weitere Teilnahme aufrechtzuerhalten und zu stärken.

Nicht motivierte Patienten

Dennoch bereits hier eine Anmerkung zum Umgang mit nicht motivierten Patienten, wenn diese ihre Mitarbeit von Anbeginn an aktiv verweigern sollten (ergänzend: Dahle, 1995). Selbst querulatorische Behandlungsverweigerer wird es immer wieder einmal geben, und Therapeuten sollten nicht zuwarten, bis dieses Problem eskaliert. Insbesondere in therapeutischen Gemeinschaften werden unmotivierte, eventuell aktiv störende Teilnehmer eine ungünstige Modellwirkung auf andere entfalten.

Einzelgespräche. In solchen Fällen werden in den meisten Behandlungsprogrammen Einzelgespräche zur Klärung der Motivationsprobleme empfohlen. Im Einzelkontakt (nicht vor der Gruppe oder therapeutischen Gemeinschaft) wird dem jeweiligen Sexualstraftäter verdeutlicht, dass er es ist, der mit seiner Therapie gegenüber dem Gericht und damit gegenüber der sozialen Gemeinschaft eine Verpflichtung eingegangen ist: nämlich ernsthaft und aktiv selbst daran zu arbeiten, dass er zukünftig keine erneuten Sexualdelikte mehr begehen wird. Die Therapie stellt dazu eine wichtige Lernmöglichkeit dar. Sollte er auch weiterhin nicht aktiv mitarbeiten, wäre seitens der Therapeuten erstens zu überlegen, ob die Verweigerung nicht doch aus einer massiven Angstabwehr erwächst, oder zweitens – so sie Ausdruck einer prinzipiellen Fehlhaltung der Persönlichkeit ist – ob der Betreffende zunächst von der Behandlung zurückgestellt wird.

Es ist günstig, die Verweigerung als Ausdruck der aktuellen Gestimmtheit zu verstehen und sie als eigenverantwortliche Entscheidung zu akzeptieren. Dies nimmt der Angst und dem Trotz die Spitze und baut die goldene Brücke für eine spätere Entscheidung für die Therapie. Die aktuell möglichen Konsequenzen aber, die damit verbunden sind (Meldung an das Gericht; Rückverweisung auf eine andere Station/Abteilung; erwartbare Verlängerung der Unterbringung usw.), habe der Patient jedoch ebenso eigenverantwortlich zu tragen.

Klärende Gespräche dieser Art sollten nicht in oder vor der Gruppe erfolgen, um – wie oben dargelegt – einerseits keine quasi öffentlich vorgetragene Reaktanz zu provozieren und andererseits die bedrohliche Atmosphäre eines solchen Gesprächs nicht in die Gruppensituation zu übertragen. Der Gesprächsinhalt wird zwischen den Klienten sowieso ausgetauscht werden. Einzelgespräche dieser Art haben sich in Projekten, in denen diese Praxis der Androhung eines Ausschlusses aus dem Therapieprogramm angewendet wurde, als sehr erfolgreich erwiesen: Von 25 Tätern eines größeren Projektes, die ihre Mitarbeit zunächst aktiv verweigerten, mussten nach dieser Intervention nur mehr zwei tatsächlich ausgeschlossen werden (Marshall, 1994).

Alternativen. In anderen (Gefängnis-)Projekten wurde das Problem der möglichen Therapieverweigerer auf noch andere Weise gelöst: Den Sexualstraftätern wurde das bis hier beschriebene Therapieprogramm als so genanntes Vortraining (pretraining) angeboten. Nach drei oder vier Gruppensitzungen, in denen immer wieder auf Vorteile einer Therapieteilnahme verwiesen wurde, mussten sich die Täter dann für die weitere Teilnahme endgültig und schriftlich bewerben (Shaw & Schlank, 1992). Auch auf diese Weise konnte die Zahl der zuvor Unmotivierten um weit mehr als die Hälfte abgesenkt werden. Außerdem sollte man noch Folgendes bedenken: Geringe Therapiemotiviaton ist kein Misserfolgsprädiktor.

Geringe Therapiemotivation ist kein Misserfolgsprädiktor! Gering wirkende Motivation und Verweigerung der Teilnahme an einzelnen Übungen haben sich bisher *nicht* als Prädiktoren für ungünstige Verläufe bzw. für ein erhöhtes Rückfallrisiko erwiesen (Hanson & Bussière, 1998). Auch die Beibehaltung kognitiver Rechtfertigungsstrategien während der Behandlung erwies sich bisher *nicht* als ungünstiger Prädiktor (Thornton, 1997). Unmotivierte wie motivierte Sexualstraftäter scheinen von einer Behandlung in gleicher Weise zu profitieren, wenn sie das jeweilige Programm bis zum Schluss absolvieren – egal ob sie in der Behandlung ihr verbalisiertes Schulderleben verbessert hatten oder nicht (Maletzky, 1991; 1993). Konsequenz: Unmotivierte Straftäter sollten nicht ausgrenzt werden. Minimalbedingung ist, dass sie teilnehmen. Klärende Einzelgespräche könnten sich in jedem Fall als hilfreich erweisen.

12.2.3 Empathie für die Opfer

Ein wichtiger Schritt auf dem Weg zu einer Übernahme der Verantwortung für die Taten besteht darin, bei den Sexualstraftätern Empathie für die Opfer und für die Folgen der Taten für diese zu entwickeln. Wie andernorts dargelegt, besteht bei den meisten Sexualstraftätern kein als „generell" zu bezeichnendes Empathiedefizit. Die meisten sind jedoch nur beschränkt in der Lage, sich in die Perspektive ihrer konkreten Opfer hineinzuversetzen. Sie interpretieren das Erleben ihrer Opfer während der Tat zumeist in Übereinstimmung mit ihren eigenen Erwartungen, z.B. bei Kindern als „erzieherisch-hilfreich" oder als „Ausdruck wechselseitiger Liebesbezeugung", bei Frauen als „provoziert" und deshalb von diesen „gewollt".

Den Sexualstraftätern gelingt es wegen ihrer kognitiven Dekonstruktion nicht, eine angemessene Einschätzung für die Folgen sexueller Übergriffe vorzunehmen. Entsprechend besteht inzwischen Einigkeit, in der Therapie nicht nur auf eine Verbesserung der Empathiefähigkeit hinzuarbeiten, sondern die Täter dahingehend zu unterweisen, welche Verletzungen sie ihren Opfern zugefügt haben und welche bleibenden Folgen für die Opfer durch sexuelle Übergriffe, Missbrauch oder sexuelle Gewalt entstanden sind. Voraussetzung der nachfolgenden Übungen ist es, die Motivation der Patienten zur weiteren Mitarbeit erneut zu stärken. Dazu einige Vorbemerkungen.

Aufklärung der Patienten über die Ziele dieses Moduls. Die Ressourcen orientierte Therapieperspektive kann für die Täter bedeuten, dass sie zukünftig in ein gegenseitig befriedigendes Zusammenleben mit anderen Menschen einzutreten vermögen. Dazu stellen Empathie und Einfühlungsvermögen wichtige Voraussetzungen dar. In diesem Behandlungsmodul geht es erstmals darum, Fähigkeiten zu entwickeln, die Interessen und Bedürfnisse anderer Personen zu erkennen und diese dann in vielerlei Hinsicht zu berücksichtigen – und zwar genau so, wie jeder Sexualstraftäter selbst erwartet, dass sich andere an den eigenen Bedürfnisse und Interessen orientieren und diese in persönlichen Beziehungen nicht vorschnell übergehen.

Ziel dieser Therapiephase ist zwar die Vermittlung von Empathie für die Opfer. In einem weiter gedachten Sinne bereitet sie jedoch spätere Übungen zur Erweiterung sozialer Fertigkeiten vor. Dieses Therapiemodul ist ein erster Schritt auf dem Weg zur Vermittlung und Einübung einer *sozial bezogenen Autonomie*. Diese meint, dass die Klienten befähigt werden, persönliche Urteile über die Realität zu erarbeiten und auszudrücken, z.B. dass sie wissen, woran sie glauben sollen, und dass sie anderen gegenüber klar mitteilen können, welche stabilen Grundüberzeugungen ihrem sozial-integrierten Handeln zugrunde liegen.

Die Sexualstraftäter wissen – nicht zuletzt wegen der vorausgegangenen Gerichtsverhandlungen und Verurteilungen – inzwischen recht gut, dass in ihrem Fall mit Blick auf ihre Opfer und die Folgen ihrer Taten nicht oder kaum ausreichend von sozialer Bezogenheit gesprochen wird. Deshalb werden für die Einübung von Empathie und sozial bezogener Autonomie als ein Ausgangspunkt die Erlebensweisen, Erfahrungen und Verletzungen ausgewählt, die den Opfern durch die sexuellen Übergriffe zugefügt wurden. Empathie und Verständnis von anderen zu erwarten, setzt Empathie und Verständnis für andere voraus. Empathie und Verständnis für andere zu entwickeln, ist das Ziel dieser und der späteren Behandlungsphase(n).

Natürlich ist den Tätern selbst in ihrem Leben Unrecht widerfahren und Schaden zugefügt worden. Das wird in der Behandlung nicht ausgeklammert. So wird es in den späteren Behandlungsmodulen ausdrücklich auch um diese Frage gehen. Und ebenfalls später sollen dann konkrete Möglichkeiten erarbeitet werden, wie die Klienten es zukünftig selbst erreichen können, sich vor weiteren ungerechtfertigten Verletzungen und Belastungen zu schützen.

Die Entwicklung von Empathie für die Opfer

Inzwischen liegen eine Reihe von Untersuchungen und Erfahrungsberichten zu recht unterschiedlichen Ansätzen vor, mit denen die Empathie der Sexualstraftäter für ihre Opfer angeregt und verstärkt werden kann (Polaschek, 2003). Seit Hildebran und Pithers (1989) einen ersten Vorschlag dazu publiziert hatten, wurden entsprechende Übungsanteile in fast alle Breitspektrumtherapieprogramme integriert. Hildebran und Pithers waren nach ersten Erfahrungen mit diesem Modul derart begeistert, dass sie das Empathietraining in ihrem Programm an die vorderste Stelle rückten. Und sie ließen ihre Patienten erst dann im Behandlungsprogramm weiter voranschreiten, wenn sie das Empathie-Modul erfolgreich absolviert hatten. Pithers (1999) fasst die insgesamt fünf Einheiten seiner Gruppenbehandlung, wie sie bis heute weiter entwickelt wurden, folgendermaßen zusammen:

(1) *Analyse der eigenen Taten*: In einem ersten Schritt müssen die Straftäter die Eigenarten und Abläufe ihrer Sexualdelikte detailliert beschreiben und in der Gruppe diskutiert haben (entspricht dem zuvor dargestellten Vorgehen in → 12.2.2).

(2) *Analyse der Folgen sexueller Übergriffe*: In einem zweiten Schritt erhalten die Straftäter den Auftrag, sich intensiv lesend mit Berichten auseinander zu setzen, in denen die Folgen von Sexualstraftaten für Opfer detailliert beschrieben werden. Die wichtigsten Aspekte müssen von ihnen anschließend schriftlich zusammengefasst werden. Weiter müssen sie schriftlich darlegen, welche Gemeinsamkeiten und Unterschiede zwischen den Erfahrungen in den Berichten und Erfahrungen ihrer Opfer bestehen. Diese schriftlichen Ausarbeitungen werden anschließend in der Therapie(-Gruppe) vorgelesen und diskutiert.

(3) *Analyse von Videointerviews mit Opfern*: In einem dritten Schritt müssen die Sexualstraftäter in der Gruppe Videoaufzeichnungen mit Interviews ansehen und diskutieren, in denen Opfer von Sexualstraftaten detailliert zu eigenen Erfahrungen und den Folgewirkungen der Taten einschließlich der notwendigen medizinischen und psychologischen Behandlungen befragt wurden.

(4) *Bericht über die Tat aus der Sicht der Opfer*: In diesem vierten Programmteil müssen die Straftäter einen detaillierten Bericht über die Erfahrungen ihrer Opfer „aus Sicht der Opfer" schriftlich anfertigen. Daraufhin werden in der Gruppe Rollenspiele angeregt, in denen die Täter die Erfahrungen der Übergriffe aus der Opfersicht schildern und zu weiteren Details von den anderen befragt werden.

(5) *Rollenspiele zum Tatablauf*: Schließlich wird die Tat im Rollenspiel nachgestellt: eines, in dem der Täter seine Täterrolle und ein anderes Gruppenmitglied die Opferrolle einnimmt, und ein zweites Rollenspiel mit vertauschten Rollen. Die Übungen werden auf Video aufgezeichnet und dem Täter in der Gruppe zur gemeinsamen Analyse und Diskussion der Folgen für die Opfer vorgespielt.

Der bis hier beschriebene Ablauf wurde mit zum Teil nur minimalen Abweichungen inzwischen in viele Projekte übernommen. In den meisten Projekten wurde im Laufe der letzten Jahre eine weitere wichtige Übung dazu genommen, die inzwischen als unverzichtbares Therapieelement angesehen wird: die Entschuldigungsbriefe.

Entschuldigungsbriefe der Täter an die Opfer. Die Straftäter werden aufgefordert, ein Entschuldigungsschreiben an ihre Opfer zu verfassen. Dieser Brief wird dann ebenfalls in der Gruppe laut vorgelesen und von den Gruppenmitgliedern diskutiert. Soweit diese Pflichtübung.

In eher seltenen Fällen kann letzteres Schreiben – nach Überarbeitung und nach gründlicher Abwägung von Vorteilen und Nachteilen – auch als Vorlage für ein reales Entschuldigungsschreiben dienen. In seltenen Fällen deshalb, weil die meisten Opfer auf ein solches Schreiben keinen Wert legen und es eher als weitere Belästigung erleben werden, jetzt auch noch – wenn auch indirekt – in die Therapie ihrer Peiniger einbezogen zu werden. Da es dennoch immer wieder (zumeist sorgsam durch Therapeuten vorbereitete) Beispiele gibt, in denen die Opfer auch geantwortet haben, sollte diese Möglichkeit nicht vorschnell ausgeschlossen werden, da sie ihrerseits zur Stabilisierung des Therapieerfolgs beitragen kann.

Therapeutenfunktionen. Eine wichtige Aufgabe der Therapeuten innerhalb der unterschiedlichen Opfer-Empathie-Übungen besteht darin, der Neigung zur Rechtfertigung und Verleugnung von Opferfolgen behutsam entgegenzuwirken und auf eine realistische Sicht der Taten und ihrer Folgen hinzuarbeiten. Dass Behutsamkeit insbesondere in der Gruppenarbeit notwendig ist, auf keinen Fall drängend (etwa zur Erreichung eines Schuldeingeständnisses) gearbeitet werden darf, muss hier wiederum betont werden. Denn zu den ungünstigen Folgen einer Konfrontation im Empathietraining liegen inzwischen einige Studien vor (Eldridge & Wyre, 1998; Schwartz & Canfield, 1998).

Therapeuten sollten bei aufkommender Reaktanz einzelner Patienten wiederum eher Brücken bauen, indem sie z.B. – auch gegen den Gruppendruck einer möglichen Scapegoat-Bildung – darauf verweisen, dass innere Einstellungen nicht immer leicht aufgegeben werden können, sondern das Ergebnis eines Zeit fordernden Wachstumsprozesses sind. Und um auch dies nochmals zu betonen: Die Forschung zeigt, dass die hier beschriebenen Behandlungsmodule auch bei jenen Straftätern zum Erfolg führen können, die während der Gesamtbehandlung verbal an ihren Rationalisierungen und Rechtfertigungen festhalten (→ 12.2.2).

Verkürztes Vorgehen. Da sich aufkommende Reaktanz in den Empathieübungen als Problem für die weitere Gruppenarbeit erwiesen hat und diese vor allem in den beiden letzten Rollenspielübungen des Behandlungsmodells von Pithers (1999) beobachtbar war, haben Marshal und Mitarbeiter den Versuch unternommen, das Fünf-Stufen-Modell von Pithers auf einige zentrale Elemente zu vereinfachen. Die Autoren berichten, dass sich das vereinfachte Vorgehen als hinreichend für die erhofften Wirkungen des Empathietrainings erwiesen haben (Marshall et al., 1999, S. 91 f.):

▶ Nach einer Auseinandersetzung mit den Folgen von Sexualstraftaten (angeregt durch Berichte, Videos etc.) lassen Therapeuten die Gruppe eine Liste mit Problemen und Verletzungen anfertigen, die für die Opfer von Sexualstraftaten entstehen.

▶ Jeder Sexualstraftäter wird dann aufgefordert, jene Elemente der Liste konkret zu benennen, die auf das Opfer des eigenen Sexualdelikts zutreffen könnten bzw. weitere Elemente hinzuzufügen, die als spezifische Opferfolgen der eigenen Straftat dazukommen.

▶ Des Weiteren sollen die Straftäter zwei Briefe anfertigen: einen Brief des Opfers an den Täter; und ein (Entschuldigungs-)Schreiben der Täter an ihre Opfer. Beide Briefe werden dann in der Gruppe laut vorgelesen und von den Gruppenmitgliedern diskutiert.

Auch Marshall et al. (1999) betonen die Notwendigkeit eines personzentrierten Therapeutenverhaltens, dass sich einer auf „Einsicht" drängenden Konfrontation der Straftäter mit negativen Eigenarten und Einstellungen enthält. Dies gilt beispielsweise für den therapeutischen Umgang mit den Briefen: Therapeuten kritisieren nicht, sondern hinterfragen und unterbreiten kontinuierlich Vorschläge für eine bessere Formulierung (und natürlich nur, wenn die Straftäter damit einverstanden sind). Ziel ist die sachliche Erarbeitung von Opfer-Empathie und das Vermeiden jedweder Provokation in Richtung emotionale Betroffenheit (etwa in Richtung von Schuld und Scham).

Man kann es auch noch anders ausdrücken: Es ist kaum zu erwarten, dass Sexualstraftäter Empathie und Verständnis für ihre Opfer und für andere Menschen entwickeln, wenn ihnen die Therapeuten nicht ebenfalls durchgängig mit Empathie und Verständnis begegnen. Auch Vertrauen in zwischenmenschliche Beziehungen und Bindungskompetenzen können sich nur dann entfalten, wenn die Therapiebeziehung seitens der Therapeuten von Vertrauen und einer Bereitschaft zur Bindung mitgetragen wird. Ohne Sympathie keine Heilung (Ferenczi, 1932/1985) – das gilt offensichtlich nicht nur für Opfer.

12.2.4 Zwischenmenschliches Beziehungsverhalten

Die meisten Sexualstraftäter dürften im Bereich sozialer Fertigkeiten gravierende Defizite aufweisen. Entsprechend werden in der Behandlung die wichtigsten Weichen für ein befriedigendes Leben nach Entlassung durch eine Einübung sozialer Kompetenzen gestellt. Es lohnt sich sehr, von Beginn der Therapie an eine sorgsame Analyse bestehender Defizite und vorhandener Kompetenzen kontinuierlich vorzunehmen und die Schwerpunkte dieses Behandlungsmoduls auf die Bedürfnisse einzelner Patienten zuzuschneiden. Dabei ist zu beachten, dass es Unterschiede zwischen Sexualstraftätern mit vs. ohne Paraphilien gibt (→ 10; → 11). Paraphile Personen erweisen sich üblicherweise als sozial ängstlicher und Konflikte vermeidend, nicht-paraphile haben eher Probleme mit der Ärger- und Aggressionskontrolle und Störungen der Impulskontrolle.

Ein gleichwertig wichtiges Ziel des Trainings sozialer Fertigkeiten liegt darin, die Teilnehmer zu mehr Selbstvertrauen und Selbstsicherheit zu führen. Dazu sind Übungen geeignet, in denen Möglichkeiten der zwischenmenschlich befriedigenden Konfliktlösung vermittelt werden. Prosoziale Konfliktlösungsstrategien müssen daher am Beispiel konkreter Ereignisse und Vorfälle schon im Klinik- oder Gefängnisalltag eingeübt werden. Verhaltensexperimente dieser Art lassen sich über die gesamte Zeit der Behandlung immer wieder in den Mittelpunkt rücken.

Natürlich waren auch die bisherigen Module geeignet, mehr Selbstvertrauen und Selbstsicherheit anzuregen, insbesondere die Gruppenübungen zum Aufbau von Behandlungsmotivation (→ 12.2.1). So werden denn die meisten Sexualstraftäter inzwischen Mut gefasst haben, offen, ehrlich und vertrauensvoll miteinander umzugehen.

Planung des Trainings sozialer Fertigkeiten
Das Training sozialer Fertigkeiten lässt sich sowohl in der Einzelbehandlung wie auch in Gruppen realisieren. In der Einzelbehandlung gibt es zwar einige Einschränkungen, dennoch lassen sich auch dort die wichtigsten Medien nutzen, wie Video- und Tonbandfeedback, direkte Übungen mit imaginierten Interak-

tionspartner (z.B. auf sog. leeren Stühlen, oder Therapeuten arbeiten im Coaching mit direktem Feedback als kontinuierliche Anregungsinstanz, beispielsweise auch, indem sie die Rollen der Interaktionspartner übernehmen). Das Sozialtraining kann die Stärkung oder Schwächung von *Selbstverwirklichung*stendenzen in gleicher Weise wie die Stärkung oder Schwächung von *Anpassung*stendenzen ermöglichen (Aufbau neuer Verhaltensweisen, Abbau störender Interaktionsmuster). Es zielt gleichermaßen auf eine Verbesserung der Selbstkontrolle wie auf eine direkte Beeinflussung des Interaktionsverhaltens. Nachfolgend beschriebene Medien und methodische Möglichkeiten werden in diesem Therapiemodul eingesetzt und genutzt.

Biographieanalyse und Behandlungsplanung. Genau an dieser Stelle lohnt es sich erstmals, die persönliche Biographie der Patienten beispielhaft als Begründungskontext in die therapeutische Planung mehr und mehr einzubeziehen. Eine ausführlichere Biographieanalyse folgt im letzten Modul (→ 12.2.6). Dennoch grob zur Begründung des Vorgehens bereits hier: Soziale Ängste, Einsamkeit, Depressivität, Stress, Ärger oder Alkoholabusus verweisen auf lebenslang bestehende Defizite im Bereich zwischenmenschlicher Kompetenzen. Es sind wesentlich nicht gelernte Möglichkeiten in der Entwicklung, Aufrechterhaltung und Ausgestaltung befriedigender zwischenmenschlicher Beziehungen, die den Hintergrund für Fehlentwicklungen in Richtung sexuelle Devianz und sexuelle Gewalt darstellen. Konsequenterweise geht es in der weiteren Behandlung darum, diese Defizite durch eine gründliche Schulung und Einübung in Bindungskompetenzen, Beziehungs- und Konfliktlösungsmuster auszugleichen und anzureichern.

Vorhandene Defizite und Kompetenzen im sexuellen und zwischenmenschlichen Beziehungsverhalten bilden die Grundlage für individuelle Schwerpunktsetzungen in diesem Modul. Es werden konkrete Übungsziele für jedes Gruppenmitglied erarbeitet, die dann nach und nach in das konkrete Übungsprogramm eingehen. Mit Blick auf die Ziele des Trainings können beispielhaft vorab Unterschiede in der Situationsangemessenheit versus Situationsunangemessenheit verschiedener Interaktionsmöglichkeiten in Rollenspielen demonstriert werden (z.B. die Unterschiede zwischen Selbstsicherheit versus Aggressivität).

Das therapeutische Rollenspiel. Wesentliches Element des Trainings sozialer Kompetenzen ist das therapeutische Rollenspiel. Bei seinem Einsatz sind zwei Funktionen unterscheiden. Einerseits können im Rollenspiel problematische Interaktionssequenzen, die vom jeweils im Mittelpunkt stehenden Fokus-Patienten als prototypisch für seine Interaktionsschwierigkeiten angesehen werden, nachgespielt werden. Dies kann durch den Fokus-Patienten allein geschehen (Eine-Person-Rollenspiel; vgl. Sachse, 1983) oder auf die Weise, dass er anderen Gruppenpatienten bestimmte Rollen zuweist (Kinder, Ehepartner, Vorgesetzte usw.). Mit den anderen Gruppenmitgliedern zusammen versucht der Fokuspatient, die wichtigsten Problemaspekte im gemeinsamen Rollenspiel herauszuarbeiten, um sie der direkten Beobachtung und Analyse in und mit der Gruppe zugänglich zu machen.

Die zweite Funktion des Rollenspiels ist die Einübung alternativer Verhaltensweisen, mit denen die bisherigen Problemsituationen zukünftig besser bewältigt werden. Voraussetzung ist, dass auf der Grundlage der Problemdarstellungen möglichst konkrete Ziele und Rahmenbedingungen festgelegt werden. Der äußere Rahmen therapeutischer Rollenspiele wird möglichst wirklichkeitsnah gestaltet: mit Tischen, Stühlen, Telefon und weiteren Requisiten, oder auch mit größeren Zuhörergruppen bei Vortragsängsten oder durch Hinzuziehung gruppenfremder Personen, falls etwa unbekannte Menschen für Patienten eine besondere Schwierigkeit bedeuten – immer also in etwa so, wie die Kontexte in der Realsituation vorhanden oder erwartbar sind.

Therapeutenfunktionen. Jedes Rollenspiel wird mit dem Fokus-Patienten solange wiederholt, bis das jeweilige Übungsziel erreicht ist. Dabei spielt der Therapeut eine wesentliche Rolle, weil er aufgrund seiner Erfahrungen zumindest zu Beginn der Therapiezeit relevante Hilfestellungen geben muss. Seine Tätigkeit ist grob vergleichbar mit der eines Regisseurs bei der Einstudierung von Theatersequenzen, wenngleich er im Unterschied zu diesem seine Hilfestellung sehr personzentriert auf die spezifischen Kompetenzen und Möglichkeiten des Fokus-Patienten als Protagonisten seiner Problemlösungen einstellen muss und dabei natürlich auf die Realisierung eigener Vorstellungen weitgehend verzichtet. Später werden die Patienten – das wissen die erfahrenen Therapeuten – zunehmend selbst die Regiefunktionen übernehmen.

Unverzichtbare Wirkfaktoren: Feedback geben, Feedback annehmen

Es ist weitgehend unbestritten, dass die Empathieaspekte „Feedback geben" und „Feedback annehmen" zu Kernproblemen der meisten Sexualstraftäter zählen. Deshalb gehören beide Aspekte zu wichtigen Wirkfaktoren und damit instrumentell nutzbaren Bedingungen der Gruppenarbeit (Fiedler, 1996). Jedes Rollenspiel wird in und mit der Gruppe ausgewertet. Die Gruppenmitglieder werden zu unterschiedlichen Formen des Feedbacks angeregt und angeleitet.

▶ *Selbst-Feedback:* Dies erfolgt gewöhnlich als Erstes, indem der im Mittelpunkt stehende Protagonist zum eigenen Verhalten kritisch Stellung nimmt. Das Selbst-Feedback sollte immer eine Rückmelderunde zu Rollenspielen eröffnen, weil nach aller Erfahrung kritische Stellungnahmen der Fokus-Patienten zum eigenen Verhalten einerseits die Zahl direkter kritischer Stellungnahmen durch andere vermindert, andererseits die Wahrscheinlichkeit konstruktiv-förderlicher Stellungnahmen erhöht. Anschließend an das Selbst-Feedback kann der Protagonist konkrete Fragen formulieren, die er gern durch die anderen Gruppenteilnehmer beantwortet hätte. Dies bündelt die Rückmeldungen der anderen auf Aspekte, die für den Patienten besonders wichtig sind.

▶ *Beobachter-Feedback:* Dies sind Stellungnahmen der Gruppenmitglieder, die nicht selbst am Rollenspiel teilgenommen, dieses also vorrangig aus der Zuschauerposition beobachtet haben.

▶ *Rollen-Feedback:* Dies ist Feedback aus Sicht der Rollenspielteilnehmer. Jeder teilnehmende Antagonist eines Rollenspiels kann über die unmittelbaren Wirkungen, die das Rollenspiel beim ihm ausgelöst hat, berichten: über eigenes Erleben, Schwierigkeiten mit der übernommenen Rolle, erwartbare weitere Reaktionen zukünftiger Interaktionspartner des Fokus-Patienten.

▶ *Beratungs-Feedback:* Dieses bezieht sich auf die konkreten Fragen, die der Fokuspatient im Anschluss an das Selbst-Feedback formuliert hat. Auch darüber hinaus sind alle konstruktiven Rückmeldungen erwünscht, die eine Optimierung des Zielverhaltens ermöglichen.

▶ *Identifikations-Feedback:* In den meisten Fällen ist es so, dass Gruppenteilnehmer ähnliche Situationen (wie die vom Fokuspatienten gespielten) aus ihrem eigenen Leben kennen und deshalb um die Schwierigkeiten wissen, die solche Interaktionen bewirken. Das Identifikations-Feedback (auch als Sharing bezeichnet) ermöglicht eine Teilhabe an den Problemen des Protagonisten und bietet die Möglichkeit, eigene Schwierigkeiten in Interaktionskontexten in der Gruppe offen zu legen. Nicht selten entwickelt sich hier die Möglichkeit, dass andere Patienten mit ähnlich gestalteten Rollenspielen mit einer Bewältigung eigener Probleme beginnen können.

Um die Feedback-Kompetenz zu fördern und laufend zu stärken, beschränkt sich die Aufgabe des Therapeuten während einer Feedback-Runde zunächst darauf, die Gruppenteilnehmer zu einem *konstruktiven* Feedback anzuregen. Beispielsweise könnte er bei einem negativem Beitrag die Feedback-Geber ermuntern, möglichst konkrete Vorschläge zu machen, wie das kritisierte Verhalten verbessert werden kann.

Video-Analysen. Audio- und Video-Aufzeichnungen eignen sich in besonderer Weise, die Nachbesprechungen auf eine objektive Grundlage zu stellen. Diese Rückmeldeform vermag mehr als das mündliche Feedback zur Verbesserung persönlicher Kompetenzen beizutragen. Häufig führt die direkte Beobachtung des eigenen Verhaltens Patienten in die Situation, dass sie erstaunt feststellen, wie sicher sie nach außen bereits wirken. Da das Video-Feedback bei einigen Patienten auch ungünstige Wirkungen zeitigen kann, sollte es mit besonderer Behutsamkeit einbezogen werden. Ungünstige Wirkungen ergeben sich, wenn zu lange Beobachtungseinheiten gewählt werden und die Patienten längere Zeit mit Unbehagen zuschauen müssen.

Videoanalysen von Rollenspielen sollten also sequenziert werden. Allgemein gilt als Faustregel bei Patienten, die sich noch nie auf Video gesehen haben: Zunächst nur ein Standbild auswerten. Für die weiteren Analysen gilt: immer nur Ausschnitte in einer Länge von 15 bis höchstens 30 Sekunden! Später können längere Rollenspiele insgesamt ausgewertet werden.

Micro-Teaching. Weiter gilt: Immer wenn drei, höchstens vier bisher noch nicht sehr gut realisierte Interaktionsweisen herausgearbeitet wurden, sollte das Video-Rollenspiel *unmittelbar* wiederholt werden. Die Aufzeichnungen sollten nach drei bis vier kritischen Aspekten nicht weiter ausgewertet werden! Das könnte Patienten überfordern. Die kontinuierliche Neueinübung alternativen Verhaltens ist entscheidend. Sie wird entsprechend als Micro-Teaching bezeichnet. Micro-Teaching in mehreren kurzen Übungen ist effektiver, als die vollständige Analyse nicht zufrieden stellender Videosequenzen.

Die Darbietung von Modellen. Die Darbietung von Modellen ist vor allem in Gruppen eine leicht zu realisierende Methode. Die übrigen Gruppenteilnehmer können sich darin versuchen, vom Fokus-Patienten gewünschte Verhaltensalternativen im Modell darzustellen. Dabei kann durchaus – weil es Spaß macht – auch mit vermeintlich abwegigen Modellen kreativ experimentiert werden. Modell-Rollenspiele sind in folgenden Situationen indiziert:

▶ wenn vom Fokus-Patienten keine Ideen zur Umsetzung von Zielen in Handlungen kommen; in solchen Fällen könnten andere Gruppenteilnehmer zum Vormachen verschiedener Lösungen ermuntert werden,

▶ wenn der Fokus-Patient Veränderungsvorschläge der Mitpatienten nicht versteht; in solchen Fällen könnte ein Feedback-Geber gebeten werden, seine Ratschläge vorzumachen,

▶ wenn beobachtetes Verhalten anderen in der Gruppe als okay erscheint, der Fokus-Patient diese Rückmeldung jedoch nicht akzeptieren kann (Wiederholungs-Modell durch andere Gruppenteilnehmer).

Therapeuten selbst sollten möglichst nicht oder nur äußerst selten als Modell fungieren, weil mit Rollenspielen vertraute Therapeuten häufig so genannte Meisterungs-Modelle (Mastery-Modelle) realisieren, die Untersuchungen zufolge weniger wirksam sind als sog. Bewältigungs-Modelle (Coping-Modelle). Letztere – die Bewältigungs-Modelle – werden üblicherweise von Mitpatienten realisiert, die gewöhnlich ebenfalls Schwierigkeiten bei der Umsetzung neuer Verhaltensweisen haben und damit dann echtes Coping-Verhalten zeigen. Die Modellwirkung des Therapeuten hat sich implizit über sein Auftreten selbst zu realisieren.

Ressourcen orientierte Vermittlung persönlicher Beziehungsmuster

Die Entwicklung und Einübung sozial bezogener Autonomie darf sich nicht auf die Behebung bestehender Defizite beschränken. Die Therapeuten unterstützen die Sexualstraftäter, Listen mit Aktivitäten und Interessen anzufertigen, die sie zukünftig mit Menschen ihres Vertrauens realisieren und ausgestalten möchten. Die Auswahl geeigneter Beziehungspartner stellt in diesem Zusammenhang eine besondere Herausforderung dar.

Ziele und Themen. Die für jeden einzelnen Patienten entwickelten Themen und Ziele rücken nach und nach in den Mittelpunkt. Die meisten Übungen werden auf das Erlernen einer Balancierung von äußeren Anforderungen und persönlichen Bedürfnissen hinauslaufen. Ziel ist die Förderung darin, Kompetenz, Wünsche und Interessen anderer zu erkennen und ihre Berechtigung beurteilen zu lernen. Weiter geht es um das Eintreten für berechtigte eigene Wünsche und Interessen sowie um deren Durchsetzung mit den Möglichkeiten konstruktiver Konfliktlösung. Schließlich wird der persönliche Umgang mit Stimmungsschwankungen im zwischenmenschlichen Zusammenleben thematisiert, um Alternativen zu früher kontraproduktiven Lösungen zu erarbeiten.

In den Diskussionen und Feedbackrunden zu Trainingseinheiten werden vielfältige Mythen zur Sprache kommen, die sich mit Harmonie und/oder Aggression Unterwerfung und/oder Dominanz in Beziehungen verbinden. Bei der Umsetzung dieser Themen und Ziele in Übungen werden Therapeuten durchgängig darauf achten müssen, dass wechselseitige Sympathie*vermittlung* und Sympathie*werbung* zur hohen Schule zwischenmenschlicher Beziehungsgestaltung gehört. Mindestens fünf unterschiedliche Schwerpunkte haben sich in der Einübung sozialer Kompetenzen bei Sexualstraftätern inzwischen als sinnvoll und effektiv erwiesen.

Soziale Fertigkeiten. Viele Sexualstraftäter haben auffällige Schwierigkeiten, zwischenmenschliche Kontakte aufzunehmen und aufrechtzuerhalten. Sie haben es nicht gelernt, wie und wann man Blickkontakt aufrechterhält, wann und wie man anderen Fragen stellt, um längere Zeit im Gespräch zu bleiben. Häufig sind es nur Kleinigkeiten, an denen es mangelt. Diese zu beachten und gezielt um neue Kompetenzen anzureichern, kann bereits nach wenigen Übungen erhebliche positive Wirkungen entfalten (Mulloy & Marshall, 1999).

Selbstsicherheitsübungen. Viele Sexualstraftäter sind nicht in der Lage, sich auf sozial bezogene Weise gegenüber anderen durchzusetzen. Das Übungsfeld der

Vermittlung sozialer Fertigkeiten ermöglicht es, in Rollenspielen die Feinsinnigkeit der Durchsetzung berechtigter Interessen und Wünsche gegenüber anderen kennen zu lernen (McFall, 1990). Übungen könnten beispielsweise darauf abzielen, die Unterschiede zwischen aggressiven und selbstsicheren, zwischen passiven oder passiv-aggressiven Reaktionsformen herauszuarbeiten. Es könnte systematisch eingeübt werden, wann und gegenüber welchen Personen man wozu und vor allem auf welche Weise über eigene Gefühle und Gedanken spricht oder nicht spricht.

Ärger- und Wutmanagement. Dieses Therapieelement ist für jene Straftäter von Wichtigkeit, die entweder nicht in der Lage sind, Ärger und Wut in sozial angemessener Form zu artikulieren, und die Gefühle dieser Art unterdrücken und für sich allein verarbeiten *oder* die ihre Kontrolle über Ärgerimpulse verlieren und dann zu unangemessenen Wutausbrüchen neigen. In Übungen zum Ärgermanagement werden einerseits die auslösenden (inneren und äußeren) Anlässe für aufkommenden Ärger analysiert, um sie hinfort besser wahrnehmen zu können. Anschließend werden Übungen durchgeführt, wie Ärgergefühle in einer prosozialen Weise angesprochen werden und wie zwischenmenschliche Konflikte auf sozial bezogene Weise diskutiert und gelöst werden können. Weiter werden Präventivmaßnahmen erarbeitet, die es verhindern, dass sich extreme Ärgergefühle überhaupt erst entwickeln (vgl. Cullen & Freeman-Longo, 1995). Da Ärger und Wut häufig durch Ärger und Wut anderer provoziert werden, sind schließlich auch noch Übungen sinnvoll, in denen die Patienten lernen, aus kritischen Situationen ohne Aggression und Gewaltanwendung herauszukommen und Alternativen für eine effektive Bewältigung einzusetzen.

Problemlösetraining. Dieser Anteil des Kompetenztrainings dient der Vermittlung kognitiver Fertigkeiten, zwischenmenschliche Krisen zu identifizieren, rational zu bewerten und auf sachliche Weise konstruktiv zu bewältigen. Untersuchungen mit Sexualstraftätern verdeutlichen, dass diese sich von anderen Menschen nicht in ihrer Spontaneität unterscheiden, für zwischenmenschliche Probleme konkrete Lösungen zu präsentieren. Sie unterscheiden sich von anderen vielmehr dadurch, dass sie in typischer Weise zumeist *ungeeignete* Lösungen produzieren (Marshall et al., 1999).

Als Ausgangspunkt für ein Problemlösetraining können in der Vergangenheit findbare Krisenereignisse und Krisenerfahrungen herangezogen werden. Dabei stehen jene im Mittelpunkt, in denen die Straftäter wohl ihre Kontrolle über aggressive und sexuelle Impulse verloren haben. Schrittweise werden kognitive Handlungskonzepte vermittelt, die von der genauen Selbstbeobachtung in zwischenmenschlichen Krisen ausgehend neue Lösungsmuster ermöglichen, mit denen allzu spontane Reaktionen gezielt unterbrochen und auf eine andere Weise als bisher gemeistert werden können.

Sexuelle Beziehungsmuster. Schließlich wird zur Ressourcenentwicklung das sexuelle Beziehungsverhalten zum Thema. Einige Autoren empfehlen, mit der Frage einer Neugestaltung sexueller Intimbeziehungen nicht zu lange zuzuwarten. Sie könnte im Training sozialer Fertigkeiten weiter vorn stehen. Konkret geht es um den Aufbau und die Erweiterung der sexuellen Kompetenz und sexuellen Zufriedenheit. Viele Sexualstraftäter zeichnen sich durch eingeschränkte bzw. defizitäre Möglichkeiten aus, sexuelle Zufriedenheit und Ausgeglichenheit zu erreichen. Sexuelle Frustration steht bei vielen Akten sexueller Gewalt oder sexualisierten männlichen Strebens nach Macht und Überlegenheit im Hintergrund.

Sexualstraftätern mangelt es eindrücklich an wichtigen Kompetenzen im intimen Zusammensein mit einem Geschlechtspartner. Sex steht häufig im Vordergrund völlig inadäquater Männlichkeitsmythen, die ihre Ursachen in fehlender oder fragmentarisch erfolgter Sexualaufklärung haben, häufig verstärkt durch unkritischen Pornographiekonsum. Angemessene Kompetenzen im sexuellen Beziehungsverhalten setzen *konkretes Wissen* und *praktische Erfahrungen* voraus – Wissen und Kompetenzen über die Vielfalt sexueller Annäherungsmöglichkeiten und über die Spielarten zweisamer Befriedigung. Psychoedukative und aufklärende Interventionen sind in diesen Fällen mehr als sinnvoll. Dabei geht es nicht um Sexualaufklärung wie in der Schule, sondern um eine gezielte Anreicherung intimer sozialer Fertigkeiten, hinsichtlich derer Patienten Defizite aufweisen (Quinsey & Earls, 1990).

Realitätsübungen. In Informationsphasen, Rollenspielen und Übungen wird Beziehungskompetenz durch neue oder für die Sexualstraftäter ungewohnte Interaktionsmuster angereichert: Flirt-Trainings mit dem Ziel der Aufnahme von respektvollen Beziehungen zum anderen Geschlecht, Übungen zur Wahrnehmung von Interessen und Wünschen der Sexualpartnerinnen, Kommunikation eigener Bedürfnisse und Wünsche, Erproben intimer und selbstöffnender Gesprächssituationen, die zu sexuellen Kontakten führen können. Viele Einrichtungen verfügen über die Möglichkeit, dass (Ehe-)Partnerinnen die Straftäter besuchen können. Es ist sinnvoll, die Patienten ausdrücklich zu ermuntern, die in Rollenspielen neu gelernten Kommunikationsformen in Gesprächen mit ihren Besucherinnen unmittelbar zu erproben. Wo dies nicht möglich ist, könnten zur Einübung neuer Kommunikationsstile telefonische Kontakte nach außen angeregt und ermöglicht werden.

> **Sexuelle Funktionsstörungen.** In Einzelfällen können sexuelle Funktionsstörungen ebenfalls für sexuelle Delinquenz mitverantwortlich zeichnen, weshalb ergänzende sexualtherapeutische Maßnahmen angezeigt sind (Hoyndorf et al., 1995). In vorliegenden Fallberichten werden wiederholt sexuelle Funktionsstörungen bei Sexualdelinquenten beschrieben, wobei insbesondere bei Patienten mit Paraphilien aus dem Bereich der Störungen des Werbungsverhaltens (Voyeurismus, Exhibitionismus) Erektionsstörungen und Versagensängste im Vordergrund stehen (deSilva, 1995). Die Behandlung sexueller Funktionsstörungen dürfte in der Einzelfalltherapie ihren geeigneten Rahmen finden.

12.2.5 Sexuelle Präferenzen

Dieses Modul kann hier kürzer abgehandelt werden, zumal wir auf die Behandlung von Störungen der Sexualpräferenz (Paraphilien) in Teil III bereits eingegangen sind. Wir werden nur einige damit zusammenhängende Aspekte diskutieren, zumal den meisten gefährlichen Sexualstraftaten sowieso keine Störungen der Sexualpräferenz zugrunde liegen. Allgemein gilt für die Paraphilien, dass es nicht grundsätzlich darum geht, die sexuellen Präferenzen zu ändern, sondern die damit zusammenhängenden sexuellen Handlungsmuster auf ein sozial akzeptables Ausmaß zurückzunehmen. Lassen sich Paraphilien diagnostizieren, dann können bei Sexualdelinquenten häufig mehrere Paraphilien zeitgleich oder in der näher zurückliegenden Entwicklungsgeschichte beobachtet werden. In solchen Fällen ist es angebracht, die Störung der Sexualpräferenz (was die Erklärung der Sexualdelikte angeht) als mitursächlich in Rechnung zu stellen sowie andererseits (was die Behandlung angeht) sie in differenzielle Überlegungen zur Therapieplanung einzubeziehen.

Rekonditionierung. Nach allem, was man dazu weiß, lassen sich die sexuellen Präferenzen selbst nicht oder nur wenig therapeutisch beeinflussen. Von den verhaltenstherapeutischen Rekonditionierungstherapien sind eigentlich nur noch drei Vorgehensweisen übrig geblieben, die wir bereits im Zusammenhang mit der Behandlung bei Exhibitionismus ausführlicher beschrieben haben: die Sättigung sexueller Impulse, die systematische Veränderung von Masturbationsfantasien sowie schließlich die Verdeckte Sensibilisierung (→ 8.1.7). Alle drei Vorgehensweisen kommen auch heute noch gelegentlich zum Einsatz, u.a. weil sie bei Patienten selbst auf Akzeptanz stoßen.

Medikamentöse Behandlung. Auf die Beeinflussung paraphiler Störungen mit Psychopharmaka, insbesondere mit Antiandrogenen, wurde bereits eingegangen (→ 8.3.8). Die Antiandrogenbehandlung lässt eine Reduktion der sexuellen Reaktionsbereitschaft im Allgemeinen erwarten und entsprechend einen Rückgang paraphiler Fantasien im Speziellen – wovon man sich auch eine Reduktion entsprechender Handlungen erhofft. Das Wort *Reduktion* ist zu betonen. Denn nicht in jedem Fall ist zu erwarten, dass mit der medikamentösen Einschränkung der Testosteronproduktion auch die allgemeine Aggressionsbereitschaft und eine Neigung zur Gewalttätigkeit reduziert oder gar unterdrückt werden kann. Oft bleiben selbst die paraphilen Neigungen unbeeinflusst.

Die Schlussfolgerung aus bisherigen Untersuchungen lautet vielmehr: Psychologische Therapieverfahren sind als vorrangig zu betrachten, Antiandrogene bei paraphilen Tätern oder andere symptomorientierte Therapien etwa mit Serotonin-Wiederaufnahme-Hemmern (SSRI) bei depressiven Verstimmungen können zur weiteren Absicherung psychologischer Therapieangebote sinnvoll sein (Hollin, 1997; APA, 1999). Aktuelle Metaanalysen deuten jedoch an, dass sich dadurch der inzwischen mögliche Erfolg multimodaler Psychotherapie nicht substanziell weiter steigern lässt (Hanson et al., 2002; → 12.1.2). Systematische Vergleichstudien mit größeren Fallzahlen liegen bis heute nicht vor.

Differenzielle Indikation: Sexualstraftäter mit vs. ohne Paraphilien. Je eindrücklicher sich durch Rückfallprophylaxe und multimodale Ressourcenorientierung die Rückfallzahlen vermindern ließen, umso häufiger wurde die Frage aufgeworfen, ob es sinnvoll sei, sich in der psychologischen Behandlung von Sexualdelinquenz überhaupt noch mit den Paraphilien zu beschäftigen. Oder um dies mit den Worten von Marshall auszudrücken: „Vielleicht handelt es sich bei den sexuellen Präferenzen nur um Epiphänomene sexueller Gewalt, ähnlich dem Rauch bei einem Feuer. Wenn man endlich die Sexualstraftäter mit sinnvollen Einstellungen, besseren Wahrnehmungsfähigkeiten, mehr Selbstvertrauen und sozialen Kompetenzen ausstatten würde, dann würden sich die problematischen sexuellen Präferenzen ganz von selbst wie der Rauch in klare Luft auflösen" (Marshall et al., 1999, S. 126).

Dies ist sicherlich etwas pointiert formuliert, trifft jedoch die Kernidee einer Ressourcen orientierten Behandlung. Sicher ist, dass paraphile Sexualdelinquenten „Sex" als Bewältigungsstrategie nutzen, um aus unguten psychischen Verfassungen herauszukommen (aus sozialer Angst, Einsamkeit, depressiven Verfassungen, sozial bedingtem Stress- und Belastungserleben; → 10.5). Die Ursachen von Angst, Depression, Belastung und Stress wären dann jene Aspekte, die in einer Behandlung im Vordergrund stehen, und nicht die Paraphilien. Dennoch stellt sich die Frage, ob eine solche Sicht zu verkürzt ist bzw. ob es nicht doch sinnvoll wäre, in der Breitspektrumbehandlung von Sexualstraftäter *mit Paraphilien* einige Schwerpunkte in der Behandlung anders zu setzen als bei Sexualstraftätern ohne Paraphilie.

Hoyer und Mitarbeiter (2000) haben die Literatur zur differenziellen Indikation bei Sexualdelinquenz mit Paraphilie vs. Sexualdelinquenz als Impulskc trollstörung durchgesehen. In Anlehnung an diese Ausarbeitung haben wir die uns wichtig erscheinenden Überlegungen in → Tabelle 12.2 zusammengefasst und sie im Sinne der Behandlungsmodule geordnet.

Tabelle 12.2. Überlegungen zur differenziellen Indikation und Auswahl störungsspezifischer Behandlungselemente: paraphile vs. impulskontrollgestörte Sexualdelinquenten (in Anlehnung an eine Tabellierung bei Hoyer et al., 2000, S. 13)

Behandlungsmodul	Paraphilie	Impulskontrollstörung
Motivation/Behandlungsbeginn	Behandlung kann häufig auf Leidensdruck auf bauen	strikte Absprachen und Behandlungsvertrag sinnvoll
Kognitive Restrukturierung	Psychoedukation bei typisch kognitiven Verzerrungen (v.a. bei Rechtfertigungen, Rationalisierungen)	häufig zusätzlich: Behandlung von Mythen über Männlichkeit und Überlegenheit
Aufbau von Empathie	Behandlung mangelnder Empathie mit Blick auf die Folgen der Taten für Opfer	zusätzlich zu beachten: generelle feindselig abwertende Einstellungen, insbesondere gegenüber Frauen
Soziale Fertigkeiten und Kompetenzen	Schwerpunkt: Bewältigung von Stress und Belastungen; Aufbau von Selbstsicherheit und Selbstvertrauen	zusätzlich: Umgang mit Ärger und Aggression; allgemeine Strategien der interpersonellen Konfliktlösung
Sexuelle Präferenzen und sexuelles Beziehungsverhalten	Verhaltenstherapie zur Beeinflussung periculärer Fantasien; Vermittlung intimer Beziehungskompetenzen	zusätzlich: allgemeine Gewaltneigung abschätzen und berücksichtigen: Einübung allgemeiner Konflikt- und Problemlösestrategien
Rückfallprävention	in jedem Fall indiziert: bei sexuellem Missbrauch und sexueller Gewalt extramurale Erprobung notwendig	in jedem Fall indiziert: zielt vorrangig auf Verbesserung der Impulskontrolle
evtl. medikamentöse Behandlung	möglicherweise indiziert (z.B. Antiandrogene; Antidepressiva SSRI)	störungsspezifische Indikationen zur Verbesserung der Impulskontrolle

Natürlich bleibt bei allen noch so ausgeklügelten Differenzierungsversuchen zu beachten, dass sich Komplikationen ergeben, weil Paraphilien und Impulskontrollstörungen nebeneinander bestehen können. Auch die Paraphilien werden von Betroffenen selbst als plötzlich überwältigende Impulse erlebt. Einzelfälle dieser Art sollten in differenzialdiagnostischen Überlegungen und bei der Schwerpunktsetzung in den jeweiligen Behandlungen Beachtung finden.

12.2.6 Rückfallprävention

Die Rückfallprävention nimmt in den gegenwärtig praktizierten Behandlungsprogrammen für gefährliche Sexualdelinquenz den höchsten Stellenwert ein, zumal sich nur unter Einschluss dieses Moduls die Rückfallzahlen deutlich senken lassen (→ 12.1.2). Für diesen Themenbereich gilt der Sammelband von Laws (1989) nach wie vor als wichtige Referenz.

In seiner ursprünglichen Form wird die Rückfallprävention mit jedem Sexualstraftäter auf der Grundlage seines eigenen „Teufelskreises sexueller Übergriffe" durchgeführt – oder eines entsprechenden, horizontal oder vertikal angelegten Stufenmodells der Prozesse und Ereignisse unmittelbar vor, während und nach der Tat (→ 12.2.2). Für jeden identifizierbaren Zeitabschnitt wird jetzt – gegen Ende der Gesamtbehandlung – durchgesprochen, wie und mit welchen alternativen Handlungen der Teufelskreis unterbrochen werden kann. Die mit dem Straftäter generierten und vereinbarten Handlungen und Aktivitäten werden in einem Krisenplan schriftlich fixiert. Schließlich wird dieser Krisenplan in ein Format gebracht, das der Straftäter immer und allzeit mit sich herumtragen kann (z.B. Computerausdruck in Karteikartengröße).

Rückfallprävention: möglichst detailliert oder möglichst einfach?

Im Verlaufe der letzten fünfzehn Jahre, in denen die Rückfallprävention zunehmende Verbreitung gefunden hat, sind vielfältige weitere Erfahrungen mit dem Vorgehen und einige Modifikationen publiziert, diskutiert und evaluiert worden. Ein kritischer Aspekt, der bis heute die Publikationen zur Rückfallprävention durchzieht, betrifft die Forderung einiger Protagonisten, die Pläne für eine Krisenbewältigung möglichst detailliert auszuarbeiten (Laws, 1989). Die Komplexität dieses Vorgehens scheint jedoch einige Sexualstraftäter zu überfordern. Deshalb wurden inzwischen einige Vereinfachungen vorgenommen und evaluiert. Zwar wird es nach wie vor als wichtig angesehen, gemeinsam mit den Tätern anhand ihrer Teufelskreise eine möglichst genaue und detaillierte Rekonstruktion der Sexualstraftaten vorzunehmen (→ 12.2.2). Andererseits wird empfohlen, die Rückfallvermeidungsplanung nicht mehr auf alle Einzelaspekte des Teufelskreises zu beziehen.

Vereinfachung ist möglich. Dass eine solche Vereinfachung möglich ist, kann inzwischen durch einen Vergleich verschiedener Studien belegt werden. In diesen Projekten waren unterschiedlich komplexe Rückfallstrategien zum Einsatz gekommen, die sich in ihrer Effektivität nicht unterschieden (Marshall et al., 1999). Aus diesem Grund kann heute eine etwas reduzierte Form der Rückfallprävention in Anwendung kommen, die sich auf die Gemeinsamkeiten der jeweils evaluierten Rückfallpräventionsansätze konzentriert. Dies scheint auch deshalb empfehlenswert, weil die Lernanforderungen an die Sexualstraftäter gering gehalten werden, obwohl immer noch recht umfängliche Einzelschritte erforderlich sind. Das Gemeinsame der erfolgreich evaluierten Herangehensweisen lässt sich auf folgende vier Aspekte zusammenfassen:

▶ eine Besprechung der distalen Entwicklungsbedingungen (der biographisch bedeutsamen Entwicklungspfade sexuellen Missbrauchs und sexueller Gewalt) und welche Beachtung sie zukünftig im Alltag der Patienten finden sollten,
▶ die Anfertigung einer Liste mit prototypischen Bedingungen, die einen Rückfall auslösen könnten,
▶ die sorgsame Planung von Einzelschritten, die es ermöglichen, möglichst frühzeitig aus dem Teufelskreis sexueller Übergriffe auszusteigen,
▶ die Anfertigung einer Liste von Risikosignalen, an denen Patienten selbst und Bezugspersonen von außen die Rückfallgefahr erkennen können.

Schriftliche Ausarbeitungen. Es bleibt unbedingt zu beachten: Das nachfolgend Dargestellte ist das gegenwärtig evaluierte Minimalprogramm. Weniger ist nicht empfehlenswert, weil weniger Erfolg versprechend. Alle als *schriftlich* vorgeschlagenen Ausarbeitungen sind auch als solche vorzunehmen! Das schlichte gesprächspsychotherapeutische „Besprechen" von Rückfallbedingungen und von möglichen Vermeidungsstrategien ist nicht hinreichend!

Biographie und Gegenwart

Erst jetzt, gegen Ende der Gesamtbehandlung werden die Sexualstraftäter mit den psychologischen Ätiologiehypothesen der Psychotherapeuten grundlegender vertraut gemacht. Die Sexualstraftäter sollten in der Behandlung so weit vorangeschritten sein, dass sie ihre eigene Lebensgeschichte nicht mehr als Entschuldigung oder Rechtfertigung ihrer Straftaten ansehen müssen. Eine erklärende Bezugnahme auf die biographische Entwicklung ist punktuell durchaus immer wieder in der vorausgehenden Behandlung vorgenommen worden. Die Straftäter sind also bereits grob auf die nun folgende zusammenfassende Bewertung ihrer Biographie vorbereitet.

Ziel dieser Phase ist es dennoch *nicht* vorrangig, (nur) Erklärungshypothesen für die Entwicklung sexualdelinquenten Verhaltens zu entwickeln. Ziel ist vielmehr, die aus den Erklärungen ableitbaren notwendigen Veränderungen im zukünftigen Leben zu reflektieren. Der in den vorausgehenden Modulen erfolgte Biographiebezug diente der Begründung therapeutischer Maßnahmen und nur teilweise einer Entlastung. In diesem Modul dient er der Prävention von Rückfällen. Die notwendigen Veränderungen von Lebensgewohnheiten werden nämlich ebenfalls in die Planung der Rückfallprävention einbezogen.

Die Entwicklungspfade sexueller Gewalt. Mit jedem Sexualstraftäter werden zunächst die für seine Biographie bedeutsamen Aspekte herausgearbeitet, die das Hineingleiten in den jeweiligen Teufelskreis sexueller Übergriffe plausibel erklären. Eine Orientierungsmöglichkeit bieten die Entwicklungspfade sexueller Gewalt, die auf einzelne Sexualstraftäter vorrangig oder in Kombination jeweils mehr oder weniger zutreffen können:

▶ Mangel an Bindungskompetenzen und sozialen Fertigkeiten (→ 11.3),
▶ deviante sexuelle Skripte und Störungen der Sexualpräferenz (→ 11.4),
▶ Fehlregulation im emotionalen Erleben und Handeln (→ 11.5),
▶ kognitive Defizite, mangelnde Selbstkontrolle, ungünstige implizite Theorien (→ 11.6).

Bei der Erklärungssuche sollte ausdrücklich zwischen *distalen Entwicklungsbedingungen* der Biographie und *proximalen Prozessen* im aktuellen Umfeld der Tat unterschieden werden. Zwischen beiden Betrachtungsebenen bestehen zwar Wechselwirkungen; für die Zukunft und damit im Kontext der Rückfallprophylaxe sollte jedoch vorrangig auf die aus der Biographie bis in die Gegenwart reichenden proximalen Teufelskreisaspekte Einfluss genommen werden.

Risikoanalysen. Proximal weiter wirkende Biographieaspekte standen teilweise bereits im bisherigen Behandlungsprogramm im Mittelpunkt der Aufmerksamkeit, z.B. nicht angemessene oder fehlende Bindungserfahrungen und Beziehungskompetenzen, kognitive Defizite und die im Hintergrund stehenden unzureichenden impliziten Theorien und Lebensthemen. Andere Aspekte werden im Rahmen der jetzt folgenden Planung der Rückfallprävention ausdrücklicher in den Vordergrund treten: die Hintergründe für Fehlregulationen im emotionalen Erleben und Handeln und weitere enthemmende Faktoren. In diesem Sinne ist es notwendig, aus der Biographie heraus in die Zukunft zu projizieren und zu erwartende Einflüsse auf Stress, Stimmung und Befindlichkeit einzubeziehen: Berufsfindungsschwierigkeiten, finanzielle Probleme, soziale Ausgrenzung und Einsamkeit.

Rückfallprävention

Die Suche nach lebensgeschichtlichen und kontextuellen Erklärungsmustern dient dem Ziel, der Gefahr einer kognitiven Dekonstruktion (→ 11.7.1;

→ 12.2.2) im Teufelskreisgeschehen durch die Setzung transparenter kognitiver Strukturen entgegenzuwirken. Die Ätiologiehypothesen dienen der Entwicklung subjektiver Theorien und sollen die persönliche (konzeptuelle und kognitive) Sicherheit der Straftäter im Umgang mit Risikobedingungen verbessern. Ist die Biographie- und Kontextanalyse konsensuell abgeschlossen, werden nach und nach die folgenden Einzelschritte notwendig.

Auflistung von Rückfallbedingungen. In einem ersten Schritt werden die Straftäter angeleitet, eine Liste mit sechs bis acht allgemeinen *Risikobedingungen* anzufertigen. Diese Liste sollte kontextuelle Hintergrundsfaktoren und/oder persönliche Probleme und/oder emotionale Stimmungsstörungen enthalten. Bei Anfertigung dieser Liste ist die Unterstützung durch eine weitere Person sinnvoll. Diese Person kann der Therapeut sein, die Aufgabe kann auch von einem anderen Mitglied der Behandlungsgruppe übernommen werden. Die Anfertigung dieser Liste kann sowohl auf der Grundlage des individuellen Teufelskreises sexueller Übergriffe als auch auf der Basis der zuvor erarbeiteten proximal wirkenden Biographiebedingungen vorgenommen werden.

Diese Liste mit Rückfallbedingungen wird im Einzelkontakt oder in der Gruppe durchgesprochen, indem die Therapeuten – mit Blick auf die später anzufertigende Liste mit Rückfallsignalen (→ unten) – nochmals ihrerseits verdeutlichen, mit welchen Gedanken, Gefühlen und Handlungen die einzelnen Rückfallbedingungen genau zusammenhängen. Es hat sich als günstig erwiesen, auch auf die subtil „normal" anmutenden Entwicklungen (wie z.B. aufkommende sexuelle Erregung oder das Einsamkeitserleben mangels geeigneter Beziehungspartner) im Teufelskreis hinzuweisen. Es wird betont, dass mit zunehmender kognitiver Verzerrung der Wahrnehmung (kognitive Dekonstruktion) am Ende dieses Prozesses sexuelle Aktivitäten herauskommen, die völlig inakzeptabel sind. Das Ziel ist unstrittig und eindeutig: Für die Sexualstraftäter gilt, den Teufelskreis sexueller Übergriffe möglichst frühzeitig, aktiv und aus eigener Kraftanstrengung heraus zu unterbrechen.

Planung von Bewältigungsschritten. Nach erneuter Analyse der proximalen Rückfallbedingungen werden die Straftäter aufgefordert, zwei, drei oder vier *alternative* Handlungen vorzuschlagen, mit denen der Teufelskreis frühzeitig unterbrochen werden kann. Dabei kann auf gelernte Strategien der bisherigen Behandlung zurückgegriffen werden (alternative kognitive Strategien oder Möglichkeiten im Umgang mit Ärger und Wut oder das Meiden von Alkoholkonsum). Bei der Planung von Bewältigungsschritten sind Überlegungen vielfältigster Art zusätzlich sinnvoll, wie z.B. die Beachtung kontextueller Faktoren, die noch nicht im Teufelskreismodell selbst enthalten sind: Arbeitsplatzprobleme, Probleme mit Angehörigen und Verwandten, wegen der Verurteilung zu erwartende Probleme mit anderen Menschen nach der Entlassung. Die Bewältigungsstrategien sollten möglichst konkret abgefasst werden (z.B. „Ich werde das Badezimmer nicht mehr betreten, wenn meine Tochter sich dort aufhält") und keine unrealistischen Vorhaben beinhalten (z.B. „Ich werde nicht wieder masturbieren").

Die Anfertigung einer Liste mit Rückfallsignalen. Schließlich werden die Straftäter gebeten, Verhaltensweisen, Gedanken und Gefühle zu benennen und aufzuschreiben, die darauf hinweisen könnten, dass sie sich gerade wieder in einer persönlichen psychischen Verfassung befinden, erneut in den Teufelskreis hineinzugeraten. Auf der Grundlage dieser Aufzeichnung werden dann zwei Listen mit Rückfallsignalen angefertigt, und zwar

▶ eine für den Straftäter selbst und
▶ eine andere für eine nahe stehende Person (Bewährungshelfer, Ehefrau, Freund).

Die Liste für sich selbst soll vor allem typische Gefühle und Gedanken enthalten, die nicht sogleich der Beobachtung durch andere zugänglich sind. Sehr wohl sollten sie vom Straftäter selbst gut wahrgenommen werden (sexuelle Erregung gegenüber Kindern; Einsamkeitserleben). Die für andere Personen erkennbaren Warnsignale müssen so klar und eindeutig sein, dass sie den anderen auch tatsächlich als Risikomerkmale augenfällig werden. Alle Risikomerkmale sollten möglichst frühe Stadien im individuellen Teufelskreis betreffen. Und sie sollten entsprechend ermöglichen, dass der Teufelskreis tatsächlich noch problemlos aktiv und selbstständig oder wenigstens durch die Vertrauensperson angeregt unterbrochen werden kann.

Individualisiertes Vorgehen. Alle im Zusammenhang mit der Rückfallprävention angefertigten schriftlichen Produkte (Teufelskreis sexueller Übergriffe, Rückfallbedingungen, Bewältigungsschritte, Rückfallsignale) werden sich in vielfältiger Weise von Straftäter zu Straftäter unterscheiden. Da jede Sexualstraftat ein hoch komplexes Geschehen darstellt, verbleibt nur der Hinweis, dass sich die schriftlichen Ausarbeitungen selbst nicht zu komplex ausnehmen sollten. Je übersichtlicher und klarer alles strukturiert ist, umso besser kann es vom Sexualstraftäter in Nutzanwendung gebracht werden. In einigen Projekten hatte man zunächst mit komplexeren Ausarbeitungen gearbeitet, als sie hier vorgeschlagen wurden. Und man hatte die Straftäter gebeten, sich die Ausarbeitungen immer wieder, Tag für Tag durchzulesen. Eine solche Vorgehensweise hat sich nicht als notwendig erwiesen, weshalb in neuerlichen Projekten eher auf eine klare und übersichtliche Form der schriftlichen Ausarbeitungen Wert gelegt wird.

Die Adressaten der Rückfallprävention. Um sicherzustellen, dass sich die Sexualstraftäter selbst weiterhin intensiv mit den Schriftstücken auseinander setzen, wurde den Rückfallprogrammen noch folgende Maßnahme hinzugefügt, die inzwischen ebenfalls als unverzichtbar gilt:

▶ Teufelskreis, Rückfallplan und Rückfallsignale werden mehrfach kopiert.
▶ Eine Kopie kommt offiziell in die Akte.
▶ Eine Kopie erhält das aktuelle Behandlungsteam.
▶ Eine Kopie geht an den Bewährungshelfer und/oder an eine vom Straftäter bestimmte Person seines Vertrauens.
▶ Das Original verbleibt dem Sexualstraftäter.

Schließlich werden die Aufzeichnungen vom Patienten im Verlauf der weiteren Unterbringung regelmäßig mit dem Bezugstherapeuten auf die (noch) gegebene inhaltliche Stimmigkeit hin durcharbeitet. Deutlich verbesserte Rückfallpläne gehen dann erneut in den Verteiler.

12.3 Wege zur Integration in Praxis und Forschung

Die bis hier dargestellte Ressourcen orientierte Behandlung von Sexualdelinquenten ist nicht dahingehend zu verstehen, dass bei jedem Sexualstraftäter alle darin enthaltenen Behandlungsziele und Behandlungsmodule immer indiziert sind – mit Ausnahme der Rückfallprävention. Sexualdelikte sind von Fall zu Fall unterschiedlich, auch wenn sie sich vor Gericht zu bestimmten Klassen sexueller Nötigung, sexuellen Missbrauchs oder sexueller Gewalt zusammenfassen lassen. Die jeweiligen Behandlungsziele und Schwerpunkte innerhalb der multimodalen Behandlung sind für jeden einzelnen Sexualstraftäter aus einer individuellen Diagnostik abzuleiten.

12.3.1 Der Patient und das Therapeutenteam

Individuell und multimodular. Als sachgerecht wäre ein – zunehmend so praktiziertes – Vorgehen zu bezeichnen, dass am Beginn der intramuralen Behandlung eine eingehende diagnostische Phase von ein bis zwei Monaten steht, in der mit den Patienten zusammen an einer differenziellen Behandlungsplanung gearbeitet wird (Kröber, 1999). Schon bei einer näheren Auseinandersetzung mit jedem einzelnen Fall wird sich unschwer zeigen, dass sich jeweils unterschiedliche Entwicklungspfade einzeln und in Kombination finden lassen. Und entsprechend werden auch die konkreten Therapieziele von Fall zu Fall variieren – sowohl in Abhängigkeit von der jeweils vorliegenden Problemkonstellation, von der jeweiligen Straftäterpersönlichkeit als auch in Abhängigkeit von seinen jeweiligen Fähigkeiten, sich auf bestimmte Interventionsformen überhaupt einzulassen.

Diese Verschiedenheit der Voraussetzungen hat letztendlich dazu geführt, Behandlungsprogramme multimodular zusammenzustellen und eine solche Paketlösung insgesamt einer Evaluation zuzuführen. In der Praxis wie auch in der Forschungspraxis ist jedoch Flexibilität anzuraten. Einerseits sollte nicht vorschnell an der einen oder anderen Stelle gekürzt werden – andererseits sollten Therapeuten für neue Konstellationen auch weitere Behandlungsmodule in Reserve halten. Insbesondere in der Gruppenarbeit werden viele Sexualstraftäter von Problemlösungen profitieren, auch wenn sie mit ihren spezifischen Schwierigkeiten nicht gerade selbst im Zentrum der Aufmerksamkeit stehen. Dennoch ist bei jedem einzelnen Fall immer eine Mehrzahl von Problemsegmenten ins Auge zu fassen, die jeweils möglichst konkret einer spezifischen Intervention bedürfen.

Teamarbeit und Kooperation. Insbesondere die stationäre Therapie hat gegenüber der ambulanten Therapie einen wichtigen Vorzug: die Arbeit im Team, aber ohne Rollenkonfusion (vgl. Kröber, 1999). Dieser Vorteil lässt sich insbesondere dann nutzen, wenn die Behandlungskonzepte, wie in diesem Kapitel dargestellt, modular aufgebaut sind. Die Breitspektrumtherapie erfordert zwingend eine Abkehr vom Einzelkämpferkonzept, das manche Therapeuten auch im institutionellen Kontext zu realisieren versuchen. Zukünftig sollte der Vorteil der Teamarbeit so intensiv wie möglich genutzt werden. Idealiter weiß jedes Teammitglied alles über einen Patienten, schon weil jeder ihn anders sieht und erlebt. Vielfältige Besprechungen schaffen eine ausgesprochen fruchtbare Welt des Wissens über die Patienten, die Gewinn bringend auch an diese zurückgegeben werden kann.

Leider werden im Maßregelvollzug bis heute zwei disparate Gesichtspunkte, nämlich der Sicherungsaspekt und die therapeutische Behandlung, so miteinander verschmolzen, dass daraus bizarr lange Therapien hervorgehen. Die stationäre Therapie dauert nicht so lange, bis der Patient ein Behandlungsprogramm erfolgreich absolviert hat, sondern so lange, bis der gerichtlich auferlegte Sicherungsaspekt erledigt ist. Für diese Situation gilt es, innovative Möglichkeiten zu entwickeln. Auf Zeit zu spielen, indem man Therapieangebote künstlich streckt, ist keine angemessene Lösung.

Patienten als Co-Therapeuten. Die in einzelne Bausteine segmentierte Therapie bietet vielfältige, auch noch unentdeckte Alternativen. Diese sollten entwickelt, erprobt und genutzt werden. Zum Beispiel ist man in verschiedenen Einrichtungen nicht nur zur Überbrückung der auferlegten Zeitvergeudung dazu übergegangen, therapieerfahrene Patienten als Co-Therapeuten in den weiteren Durchgängen des Programms mit neu hinzu gekommenen Patienten einzubeziehen (Marshall et al., 1998). Therapieerfahrene Patienten können die in der Behandlung gelernten Veränderungen an Mitbetroffene weitergeben, wodurch sich die bei ihnen erreichten Erfolge nachweislich weiter festigen. Unter anderem entfaltet sich weiteres Selbstvertrauen, wenn man ihnen Co-Therapeuten-Funktionen überträgt.

12.3.2 Perspektiven, Wünsche und Hoffnungen

Wenn sich auch die Anzeichen mehren, dass mit dem dargestellten Vorgehen deutliche Erfolge mit Blick auf eine Senkung von Rückfallzahlen erreichen lassen, kann dennoch kaum sinnvoll daran gezweifelt werden, dass die Behandlungsansätze zur Resozialisierung von Sexualstraftätern auch zukünftig weiter fortentwickelt werden müssen. Dazu kann es sinnvoll sein, dass sich die psychodynamisch orientierten Forscher im Bereich der Sexualdelinquenz endlich daran machen, ihre Scheu vor der empirischen Überprüfung ihrer Behandlungsperspektiven zu überwinden – wie man dies in anderen Bereichen längst beobachten kann.

Integrative Perspektive. So lohnt sich ein Blick in die „Bibel" der Therapieforscher, dem „Handbook of Psychotherapy and Behavior Change" (Bergin & Garfield, 1998; Lambert, 2004). Dieses Handbuch ist ein Gemeinschaftswerk von Psychotherapieforschern unterschiedlicher Herkunft – empirisch arbeitende Psychoanalytiker (vorrangig) und Verhaltenstherapeuten –, die in der schulübergreifend und weltweit vernetzten Society of Psychotherapy Research zusammenarbeiten. Wie diesem Handbuch zu entnehmen ist, finden sich in den unterschiedlichen anerkannten Therapieverfahren dieselben Wirkfaktoren, und auch die Therapieziele ähneln sich mehr, als die jeweils anderen Sprachtraditionen vermuten lassen.

Leider fehlt in diesem Handbuch nach wie vor ein Kapitel über die forensische Psychotherapie. Dennoch: Wo man dies genauer in Augenschein nimmt, gilt die Ähnlichkeit therapeutischer Ziele und Wirkaspekte, wie sollte es anders sein, auch für die Behandlung forensischer Patienten (Pfäfflin & Mergenthaler, 1998). Natürlich darf man die Erkenntnisse der Psychotherapieforschung zur Behandlung spezifischer psychischer Störungen nicht einfach auf die Behandlung von Sexualstraftätern generalisieren. Unbestreitbar richtig ist dennoch: Wenn die Kooperation auf dem Weg zur Integration psychotherapeutischer Verfahren in anderen Bereichen bereits funktioniert, warum sollte das nicht auch bei der Entwicklung von Behandlungskonzepten für Sexualdelinquenten möglich sein? Dass die Verhaltenstherapeuten wegen ihrer anerkennenswerten Forschungsleistung zurzeit in diesem Feld dominieren, sollte Forscher mit anderer Therapietradition nicht abschrecken. Sie haben – auch im deutschsprachigen Raum – hervorragende Arbeit geleistet (vgl. Kröber & Dahle, 1998).

Bestehende Herausforderungen. Auf den erreichten Erfolgen auszuruhen, würde noch bestehende Defizite und unausgeschöpfte Möglichkeiten leichtfertig übergehen. Die größte Herausforderung stellen nach wie vor therapeutisch schwer erreichbare Patienten dar. Für deren „Aussonderung" werden von einigen empirisch arbeitenden Sonderlingen in fast schon zynisch anmutender Weise immer stärker reduzierte Einschätzskalen und Tests entwickelt, was auf dem erstrebenswerten Weg erfolgreicher Behandlung und Rehabilitation keinen Schritt vorwärts gebracht hat. Das ist übrigens der Grund, weshalb dieses Thema in diesem Buch nur am Rande gestreift wurde.

Die „therapeutisch schwer Erreichbaren" werden nämlich zunehmend seltenere Fälle. Und seltene Fälle verschließen sich üblicherweise der empirischen Forschung. (Sic! Das gilt es zukünftig, für die vermeintliche Validität von „Aussonderungstests" zu beachten.) Dabei sind und bleiben die therapieresistenten Patienten unsere Sorgenkinder, um die wir uns in besonderer Weise bemühen müssen. Angesichts dieser Situation sind übrigens exzellente Einzelfallanalysen bei vorbehandelten Wiederholungstätern erforderlich, und zwar so, wie wir sie von psychoanalytisch denkenden Forschern gewohnt sind. Und jene Einzelfallexperten mit offenem Blick für Alternativen gibt es, was die Sexualdelinquenz angeht, vor allem in deutschen Landen.

Optimismus ist angesagt! Das Wichtigste jedoch ist: Von Therapiepessimismus sollte – dank der Verhaltenstherapieforscher – nicht mehr die Rede sein. Einer meiner kritischen Mitleser hat nach Durchsicht einer Frühfassung des Manuskriptes zu diesem Buch den Schritt in Richtung Integration therapeutischer Verfahren bereits angedacht. Das Mitlesen hatte ihn angeregt, die Frage aufzuwerfen, ob es sich lohnen könnte, die Rückfallpräventionsprogramme der Verhaltenstherapeuten aus psychoanalytischer Perspektive zu interpretieren.

„Es gibt so viele Themen," fügte er leider hinzu, „aber die Tage sind viel zu kurz."

„Was heißt denn das?!" kann ich nur erwidern, „Ein Forscherleben ist lang! Deshalb ist auch die zweite Auflage dieses Buches schon angedacht. Dazu brauche ich eine solche Kritik. Unbedingt!"

„Schau'n wir erst einmal," raunt mir gerade ein anderer Mitleser zu, „Sexualität ist ein heikles Thema … "

Allen Mitwirkenden, die im Vorfeld der Publikation sehr viel Zeit für Unterstützung und Kritik aufgewandt haben, sei von meiner Seite nochmals auf das Herzlichste gedankt. Ohne Euch hätte das Werk nicht die Dynamik erhalten, die mich selbst immer noch nicht davon loskommen lässt, in diesem – unserem – Buch zu lesen und über alles Geschriebene weiter nach und hinaus zu denken. Vielleicht erreichen wir ja wirklich einmal eine Zeit, in der es der Pathopsychologisierung der Sexualität nicht mehr bedarf, wie sich dies u.a. in Werken von Michel Foucault durchgängig als Hoffnung widerspiegelt (vgl. z.B. 1999) – Foucault, der mit seinem genialen Nachdenken diesem Buch ebenfalls als Pate zur Seite gestanden hat, wenngleich er sich mehr zwischen als in den Zeilen erahnen lässt. Dennoch: Schau'n wir erst einmal, was die Leser davon halten …

*

„Vielleicht wird man sich eines Tages wundern. Man wird Mühe haben zu verstehen, dass eine der Entwicklung gewaltiger Produktions- und Destruktionsapparate verschriebene Zivilisation noch die Zeit und die unendliche Geduld gefunden hat, sich mit einer solchen Beklemmung zu fragen, was es mit dem Sex auf sich habe … Man wird überrascht sein von der Hartnäckigkeit, mit der wir so getan haben, als müssten wir die Sexualität ihrer Nacht entreißen – eine Sexualität, die unsere Diskurse, unsere Gewohnheiten, unsere Institutionen, unsere Vorschriften, unsere Wissen am hellichten Tag produziert und immer wieder lautstark hochgespielt haben … Man wird sich fragen, was uns denn so anmaßend gemacht hat, dass wir uns das Verdienst zugeschrieben haben, gegen eine tausendjährige Moral als erste dem Sex die Bedeutung zuerkannt zu haben, die wir für die seine halten, und wie wir uns rühmen konnten, uns endlich im 20. Jahrhundert von einer Zeit langer und harter Repression befreit zu haben von einer durch die Imperative der bürgerlichen Ökonomie verlängerten, umgebogenen, knausrig und kleinlich ausgenutzten christlichen Askese. Und wo wir heute die Geschichte einer mühsam beseitigten Zensur sehen, wird man vielleicht den jahrhundertelangen Aufstieg eines komplexen Dispositivs erkennen, das uns dazu disponiert hat, vom Sex zu reden, ihm unsere Aufmerksamkeit und unsere Sorge zu widmen, an die Souveränität seines Gesetzes zu glauben, wo wir doch in Wirklichkeit durch die Machtmechanismen der Sexualität geschleust werden … Ironie dieses Dispositives: Es macht uns glauben, dass es darin um unsere ‚Befreiung' geht." (Michel Foucault, Sexualität und Wahrheit, Bd. 1: Der Wille zum Wissen, 1977, S. 151 ff.).

Literatur

Abbey, A. (1991). Acquaintance rape and alcohol consumption on college campuses: How are they linked? *Journal of the American College Health, 39,* 165–169.

Abel, G.G. (1989). Paraphilias. In H.I. Kaplan & B.J. Sadock (Eds.), *Comprehensive textbook of psychiatry* (pp. 1069–1085). Baltimore: Williams & Wilkins.

Abel, G.G. & Osborn, C. (1992a). The paraphilias: The extent and nature of sexually deviant and criminal behavior. *Psychiatric Clinics of North America, 15,* 675–687.

Abel, G.G. & Osborn, C. (1992b). Stopping sexual violence. *Psychiatric Annals, 22,* 301–306.

Abel, G.G. & Osborn, C. (1995). Pedophilia. In G.O. Gabbard (Ed.), *Treatments of psychiatric disorders* (2nd ed., Vol. 2; pp. 1959–1975). Washington, DC: American Psychiatric Press.

Abel, G.G. & Rouleau, J.L. (1990). The nature and extent of sexual assault. In W.L. Marshall, D.R. Laws & H.E. Barbaree (Eds.), *Handbook of sexual assault* (pp. 9–22). New York: Plenum Press.

Abel, G.G., Barlow, D.H., Blanchard, E.B. & Guild, D. (1977). The components of rapists' sexual arousal. *Archives of General Psychiatry, 34,* 895–903.

Abel, G.G., Becker, J.V., Blanchard, E.B. & Djenderedjian, A. (1978). Differentiating sexual aggressives with penile measures. *Criminal Justice and Behavior, 5,* 315–322.

Abel, G.G., Mittelman, M.S. & Becker, J.V. (1985). Sexual offenders: Results of assessments and recommendations for treatment. In M.H. Ben-Aron, S.J. Hucker & C.D. Webster (Eds.), *Clinical criminology: Current concepts* (pp. 191–205). Toronto: M&M Graphics.

Abel, G.G., Rouleau, J.L. & Cunningham-Rathner, J. (1986). Sexually aggressive behavior. In W. Curran, A.L. McGarry & S.A. Shah (Eds.), *Forensic psychiatry and psychology: Perspectives and standards for interdisciplinary practice* (pp. 289–313). Philadelphia: F.A. Davis.

Abel, G.G., Becker, J.V., Mittelman, M.S., Cunningham-Rathner, J., Rouleau, J.L. & Murphy, W.D. (1987). Self-report sex crimes of non-incarcerated paraphiliacs. *Journal of Interpersonal Violence, 2,* 3–25.

Abel, G.G., Becker, J.V., Cunningham-Rathner, J., Mittelman, M.S. & Rouleau, J.L. (1988). Multiple paraphilic diagnoses among sex offenders. *Bulletin of the American Academy of Psychiatry and the Law, 16,* 153–168.

Abel, G.G., Gore, D.K., Holland, C.L., Camp, N., Becker, J.V. & Rathner, J. (1989). The measurement of the cognitive distortions of child molesters. *Annals of Sex Research, 2,* 135–152.

Adams, H.E. & McAnulty, R.D. (1993). Sexual disorders: The paraphilias. In P.B. Sutker & H.E. Adams (Eds.), *Comprehensive handbook of psychopathology* (pp. 563–579). New York: Plenum.

Ahlmeyer, S., Kleinsasser, D., Stoner, J. & Retzlaff, P. (2003). Psychopathology of incarcerated sex offenders. *Journal of Personality Disorders, 17,* 306–319.

Alexander, M.A. (1999). Sex offender treatment efficacy revisited. *Sexual Abuse: A Journal of Research and Treatment, 11,* 101–116.

Allen, D.W. (1980). A psychoanalytic view. In D.J. Cox & R.J. Daitzman (Eds.), *Exhibitionism: Description, assessment and treatment* (pp. 59–82). New York: Garland.

Amann, G. & Wipplinger, R. (Hrsg.). (1997). *Sexueller Missbrauch. Überblick zu Forschung, Beratung und Therapie.* Tübingen: dgvt-Verlag.

Andrews, D.A. & Bonta, J. (1998). *The psychology of criminal conduct* (2nd Ed.). Cincinnati, OH: Anderson.

APA – American Psychiatric Association (1980). *Diagnostic and statistical manual of mental disorders* (3rd ed.). Washington, DC: American Psychiatric Association.

APA – American Psychiatric Association (1987). *Diagnostic and statistical manual of mental disorders* (3rd ed.; revised). Washington, DC: American Psychiatric Association. [deutsch (1989). *Diagnostisches und Statistisches Manual Psychischer Störungen* DSM-III-R. Weinheim: Beltz].

APA – American Psychiatric Association (1994). *Diagnostic and statistical manual of mental disorders – DSM IV* (4th ed.). Washington, DC: American Psychiatric Association. [deutsch: Saß, H. et al. (1996). *Diagnostisches und Statistisches Manual Psychischer Störungen* DSM-IV. Göttingen: Hogrefe].

APA – American Psychiatric Association (1999). *Dangerous sex offenders. A Task-Force Report.* Washington, DC: American Psychiatric Association.

APA – American Psychiatric Association (2000). *Diagnostic and statistical manual of mental disorders – DSM-IV-TR* (4th ed.; Text Revision). Washington, DC: American Psychiatric Association. [deutsch: Saß, H. et al. (2003). *Diagnostisches und Statistisches Manual Psychischer Störungen -Textrevision- DSM-IV-TR.* Göttingen: Hogrefe].

APA – American Psychological Association (2000a). *Guidelines for psychotherapy with lesbian, gay, and bisexual clients.* Washington, DC: American Psychological Association. [www.apa.org/divisions/div44/guidelines.html]

Archer, J. & Lloyd, B. (2002). *Sex and gender* (2nd Ed.). Cambridge: Cambridge University Press.

Archer, J. & Vaughan, A.E. (2001). Evolutionary theories of rape. *Psychology, Evolution & Gender, 3,* 95–101.

Arndt, W.B. (1991). *Gender disorders and the paraphilias.* Madison, CT: International Universities Press.

Arndt, W., Foehl, J. & Good, F. (1985). Specific sexual fantasy themes: A multidimensional study. *Journal of Personality and Social Psychology, 48,* 472–480.

Arrigo, B.A. & Purcell, C.E. (2001). Explaining paraphilias and lust murder: Toward an integrated model. *International Journal of Offender Therapy and Comparative Criminology, 45,* 6–31.

Awad, G.A. & Saunders, E. (1989). Adolescent child molesters: Clinical observations. *Child Psychiatry and Human Development, 19,* 195–206.

Awad, G.A., Saunders, E. & Levene, J. (1984). A clinical study of male sex offenders. *International Journal of Offender Therapy and Comparative Criminology, 28,* 105–115.

Baenninger, R. (1974). Some consequences of aggressive behavior: A selective review of the literature on other animals. *Aggressive Behavior, 1,* 17–37.

Bagemihl, B. (1999). *Biological exuberances: Animal homosexuality and natural diversity.* New York: St. Martin's Press.

Bailey, J.M. & Pillard, R.C. (1991). A genetic study of male sexual orientation. *Archives of General Psychiatry, 48,* 1089–1096.

Bailey, J.M. & Zucker, K.J. (1995). Childhood sex-typed behavior and sexual orientation. A conceptual and quantitative review. *Developmental Psychology, 31,* 43–55.

Bailey, J.M., Dunne, M.P. & Martin, N.G. (2000). Genetic and environmental influences on sexual orientation and its correlates in an Australian twin sample. *Journal of Personality and Social Psychology, 78,* 524–536.

Bailey, J.M., Pillard, R.C., Neale, M.C. & Agyei, Y. (1993). Heritable factors influence sexual orientation in women. *Archives of General Psychiatry, 50,* 217–223.

Bak, R. (1953). Fetishism. *Journal of the American Psychoanalytic Association, 1,* 285–298.

Baker, J.M. (2002). *How homophobia hurts children. Nurturing diversity at home, at school, and in the community.* Binghamton, NY: Haworth-Press.

Balint, M. (1935). A contribution on fetishism. *International Journal of Psychoanalysis, 16,* 481–483.

Bancroft, J. (1989). *Human sexuality and its problems* (2nd Ed.). Edinburgh: Churchill Livingstone.

Barbaree, H.E. (1990). Stimulus control of sexual arousal. In W.L. Marshall, R.D. Laws & H.E. Barbaree (Eds.), *Handbook of sexual assault: Issues, theories, and treatment of offender* (pp. 115–142). New York: Plenum Press.

Barbaree, H.E. & Marshall, W.L. (1989). Erectile responses among heterosexual child molesters, father-daughter incest offenders and matched nonoffenders: Five distinct age preference profiles. *Canadian Journal of Behavioural Science, 21,* 70–82.

Barbaree, H.E. & Marshall, W.L. (1991). The role of male sexual arousal in rape: Six models. *Journal of Consulting and Clinical Psychology, 59,* 621–630.

Barbaree, H.E. & Seto, M.C. (1997). Pedophilia: Assessment and treatment. In D.R. Laws & W.T. O'Donohue (Eds.), *Sexual deviance: Theory, assessment, and treatment* (pp. 175–193). New York: Guilford Press.

Barbaree, H.E., Marshall, W.L. & Lanthier, R.D. (1979). Deviant sexual arousal in rapists. *Behaviour Research and Therapy, 17,* 215–222.

Barber, M.E. (2000). Examining differences in sexual expression and coming out between lesbians and gay men. *Journal of the Gay and Lesbian Medical Association, 4,* 167–174.

Baumeister, R.F. (1988). Gender differences in masochistic scripts. *Journal of Sex Research, 25,* 478–499.

Baumeister, R.F. (1989). *Masochism and the self.* Hillsdale, NJ: Erlbaum.

Baumeister, R.F. (1991). *Escaping the self.* New York: Basic Books.

Baumeister, R.F. & Butler, J.L. (1997). Sexual masochism: Deviance without pathology. In D.R. Laws & W.T. O'Donohue (Eds.), *Sexual deviance: Theory, assessment, and treatment* (pp. 225–239). New York: Guilford Press.

Baumeister, R.F. & Heatherton, T.F. (1996). Self-regulation failure: An overview. *Psychological Inquiry, 7,* 1–15.

Baumeister, R.F. & Scher, S.J. (1988). Self-defeating behavior patterns among normal individuals: Review and analysis of common self-destructive tendencies. *Psychological Bulletin, 104,* 3–22.

Baumeister, R.F., Stillwell, A.M. & Heatherton, T.F. (1994). Guilt: An interpersonal approach. *Psychological Bulletin, 115,* 243–267.

Baxter, D.J., Marshall, W.L., Barbaree, H.E., Davidson, P.R. & Malcolm, P.B. (1984). Deviant sexual behavior: Differentiating sex offenders by criminal and personal history, psychometric measures, and sexual response. *Criminal Justice and Behavior, 11,* 477–501.

Beaty, L.A. (1999). Identity development of homosexual youth and parental and familial influences on the coming out process. *Adolescence, 34,* 597–601.

Becker, J.V. & Hunter, J.A. (1999). Understanding and treating child and adolescent sexual offenders. In T.H. Ollendick & R.J. Prinz (Eds.), *Advances in child psychology* (pp. 177–196). New York: Plenum Press.

Becker, N. (2001). Psychoanalytische Theorie sexueller Perversionen. In V. Sigusch (Hrsg.), *Sexuelle Störungen und ihre Behandlung* (3. Aufl., S. 418–438). Stuttgart: Thieme.

Becker, S. (1998). Psychotherapie bei Transsexualität. In B. Strauß (Hrsg.), *Psychotherapie der Sexualstörungen* (S. 139–151). Stuttgart: Thieme.

Becker, S., Bosinski, H., Clement, U., Eicher, W., Goerlich, T., Hartmann, U., Kockott, G., Langer, D., Preuss, W., Schmidt, G., Springer, A. & Wille, R. (1998). German Standards for the Treatment and Diagnostic Assessment of Transsexuals. *International Journal of Transgenderism, 2* (4) [www.symposion.com/ijt/].

Bell, A.P. & Weinberg, M.S. (1978). *Homosexuality: A study of diversity among men and women.* New York: Simon and Schuster.

Bell, A.P., Weinberg, M.S. & Hammersmith, S.K. (1981). *Sexual preferences: Its development in men and women.* Bloomington: Indiana University Press.

Bem, D.J. (1996). Exotic Becomes Erotic: A developmental theory of sexual orientation. *Psychological Review, 103,* 320–335.

Bem, D.J. (2000). Exotic Becomes Erotic: Interpreting the biological correlates of sexual orientation. *Archives of Sexual Behavior, 29,* 531–548.

Berenbaum, S.A. & Snyder, E. (1995). Early hormonal influences on childhood sex-typed activity and playmate preferences: Implications for the development of sexual orientation. *Developmental Psychology, 31,* 31–42.

Berger, P., Berner, W., Bolterauer, J., Guitierez, K. & Berger, K. (1999). Sadistic personality disorder in sex offenders: Relationship to antisocial personality disorder and sexual sadism. *Journal of Personality Disorders, 13,* 175–186.

Berger, W. (2001). Lesben – Schwule – Kinder: Die Studie der schwul-lesbischen Forschungsgruppe München. In: Verband lesbischer Psychologinnen und schwuler Psychologen in Deutschland e.V. (VLSP; Hrsg.). (2001). *Beratung von Lesben und Schwulen* (S. 92–101). Berlin: Dt. AIDS-Hilfe e.V.

Bergin, A.E. & Garfield, S.L. (Eds.). (1994). *Handbook of psychotherapy and behavior change* (4th ed.). New York: Wiley.

Berglas, S.C. & Baumeister, R.F. (1993). *Your own worst enemy: Understanding the paradox of self-defeating behavior.* New York: Basic Books.

Berner, W. & Karlick-Bolten, E. (1985). Vergleich zwischen „Paraphilie" und „sexuellen Impulshandlungen" bei Sexualdelinquenten. *Forensia, 5,* 157–173.

Berner, W., Berger, P., Guitierez, K., Jordan, B. & Berger, K. (1992). The role of personality disorders in the treatment of sex offenders. *Journal of Offender Rehabilitation, 18,* 25–37.

Bevier, P.J., Chiasson, M.A., Hefferman, R.T. & Castro, K.G. (1995). Women at a sexually transmitted disease clinic who report same-sex contact: Their HIV seroprevalence and risk behaviors. *American Journal of Publik Health, 85,* 1366–1371.

Bieber, I., Dain, H.J., Dince, P.R., Drellich, M.G., Grand, H.C., Gundlach, R.H., Kremer, M.W., Rifkin, A.H., Wilbur, C.B. & Bieber, T.B. (1962). *Homosexuality: A psychoanalytic study.* New York: Random House.

Biechele, U. (2001). Schwule Jugendliche: Lebenssituation und psychosozialer Hilfebedarf. In: Verband lesbischer Psychologinnen und schwuler Psychologen in Deutschland e.V. (VLSP; Hrsg.). (2001). *Beratung von Lesben und Schwulen* (S. 102 – 111). Berlin: Dt. AIDS-Hilfe e.V.

Biechele, U., Reisbeck, G. & Keupp, H. (2001). *Schwule Jugendliche: Ergebnisse zur Lebenssituation, sozialen und sexuellen Identität.* Hannover: Niedersächsisches Ministerium für Frauen, Arbeit und Soziales.

Binet, A. (1887). Le fetishisme dans l'amour. *Revue Philosophique, 24,* 143–167; 252–274.

Birbaumer, N. & Schmidt, R.F. (1996). *Biologische Psychologie* (3. Aufl.). Heidelberg: Springer.

Blaire, C.D. & Lanyon, R.I. (1981). Exhibitionism: Etiology and treatment. *Psychological Bulletin, 89*, 439–463.

Blanchard, R. & Hucker, S.J. (1991). Age, transvestism, bondage, and concurrent paraphilic activities in 117 fatal cases of autoerotic asphyxia. *British Journal of Psychiatry, 159*, 371–377.

Blaske, D.M., Borduin, C.M., Hengeler, S.W. & Mann, B.J. (1989). Individual, family, and peer characteristics of adolescent sex offenders and assaultive offenders. *Developmental Psychology, 25*, 846–855.

Bleuler, E. (1921/1962). *Das autistisch-undisziplinierte Denken in der Medizin und seine Überwindung.* Heidelberg: Springer.

Blumenfeld, W. & Raymond, D. (1988). *Looking at gay and lesbian life.* Boston, Massachusetts: Beacon Press.

Blumstein, P. & Schwartz, P. (1983). American couples. In B. Green & G.M. Herek (Eds.), *Lesbian and gay psychology. Theory and research implications.* London: Sage.

Bradford, J. (1997). Medical interventions in sexual deviance. In D.R. Laws & W.T. O'Donohue (Eds.), *Sexual deviance: Theory, assessment, and treatment* (pp. 449–464). New York: Guilford Press.

Bremer, J. (1959). *Asexualization: A follow-up study of 244 cases.* New York: Macmillan.

Breslow, N., Evans, N. & Langley, J. (1985). On the prevalence and roles of females in sado-masochistic sub-cultures: Report of an empirical study. *Archives of Sexual Medicine, 14*, 303–317.

Briere, J. & Malamuth, N.M. (1983). Self-reported likelihood of sexually aggressive behavior: Attitudinal versus sexual explanations. *Journal of Research in Personality, 17*, 315–323.

Brierley, H. (1979). *Transvestism: Illness, perversion, or choice.* New York: Pergamon.

Brown, G.R. (1994). 106 women in relationships with cross-dressing men: A descriptive study from a non-clinical population. *Archives of Sexual Behavior, 23*, 515–529.

Brown, G.R. (1995). Transvestism. In G.O. Gabbard (Ed.), *Treatments of psychiatric disorders* (2nd ed., Vol. 2; pp. 1977–1999). Washington, DC: American Psychiatric Press.

Brownmiller, S. (1975). *Against our will: Men, women and rape.* Harmondsworth, Middlesex, England: Penguin.

Bruce, V. (1967). The expression of femininity in the male. *Journal of Sex Research, 3*, 129–139.

Buga, G.A.B., Amoko, D.H.A. & Ncayiana, D. (1996). Sexual behavior, contraceptive practices and reproductive health among school adolescents in rural Transkei. *South African Medical Journal, 86*, 523–527.

Bumby, K.M. (2000). Empathy inhibition, intimacy deficits, and attachement difficulties in sex offenders. In D.R. Laws, S.M. Hudson & T. Ward (Eds.), *Remaking relapse prevention with sex offenders: A source book* (pp. 143–166). Thousand Oaks, CA: Sage.

Burgess, A.W., Hartman, C.R., Ressler, R.K., Douglas, J.E. & McCormack, A. (1986). Sexual homicide: A motivational model. *Journal of Interpersonal Violence, 13*, 251–272.

Burgess, A.W., Baker, T., Greening, D., Hartman, C.R., Burgess, A.G. & Douglas, J.E. (1997). Stalking behaviours within domestic violence. *Journal of Family Violence, 12*, 389–403.

Buss, D.M. (1994). *The evolution of desire: Strategies of human mating.* New York: Basic Books.

Buss, D.M. (1999). *Evolutionary psychology: The new science of mind.* Boston: Allyn & Bacon.

Cabaj, R.P. (1988). Homosexuality and neurosis: Considerations for psychotherapy. *Journal of Homosexuality, 15*, 13–23.

Carey, C.H. & McGrath, R.J. (1989). Coping with urges and craving. In D.R. Laws (Ed.), *Relapse prevention with sex offenders* (pp. 188–196). New York: Guilford Press.

Carrion, V.G. & Lock, J.L. (1997). The coming out process: Developmental stages for sexual minority youth. *Clinical Child Psychology and Psychiatry, 2,* 369–377.

Carter, D.L., Prentky, R.A., Knight, R.A., Vanderveer, P.L. & Boucher, R.J. (1987). Use of pornography in the criminal and developmental histories of sexual offenders. *Journal of Interpersonal Violence, 2,* 196–211.

Cartwright, R.D. & Wood, E. (1993). The contribution of dream masochism to the sex ratio differences in major depression. *Psychiatry Research, 46,* 165–173.

Casanova, G. (Chevalier de Seingalt) (1998). *Mein Leben.* Berlin: Ullstein.

Cass, V.C. (1979). Homosexual identity formation: A theoretical model. *Journal of Homosexuality, 4,* 219–235.

Cates, J. (1987). Adolescent sexuality: Gay and lesbian issues. *Child Welfare, 116,* 353–364.

Cavanaugh-Johnson, T. (1988). Child perpetrators: Children who molest children. *Child Abuse and Neglect: The International Journal, 12,* 219–229.

Chalkley, A.J. & Powell, G.E. (1983). The clinical description of forty-eight cases of sexual fetishism. *British Journal of Psychiatry, 143,* 227–231.

Chantry, K. & Craig, R.J. (1994). Psychological screening of sexually violent offenders with MCMI. *Journal of Clinical Psychology, 50,* 430–435.

Chasseguet-Smirgel, J. (1986). *Kreativität und Perversion.* Frankfurt/M.: Nexus.

Church, S., Henderson, M., Barnard, M. & Hart, G. (2001). Violence by clients toward towards female prostitutes in different work settings: Questionnaire survey. *British Medical Journal, 322,* 524–525.

Churchill, W. (1967). *Homosexual behavior among males: A cross-cultural and cross-species investigation.* Englewood-Cliffs: Prentice-Hall.

Clark, D. (1987). *The new loving someone gay.* Berkeley, CA: Celestial Arts.

Clement, U. (1986). *Sexualität im sozialen Wandel.* Stuttgart: Enke.

Clement, U. & Senf, W. (1996). *Transsexualität. Behandlung und Begutachtung.* Stuttgart: Schattauer.

Cliffe, M. (1987). Paradoxical psychotherapy in a case of transvestism. *British Journal of Medical Psychology, 60,* 283–285.

Coates, S., Friedman, R. & Wolfe, S. (1991). The etiology of boyhood gender identity disorder: A model for integrating, temperament, development and psychodynamics. *Psychoanalytic Dialogues, 1,* 481–523.

Cohen, K.M. (2002). Relationship among childhood sex-atypical behavior, spatial ability, handness, and sexual orientation in men. *Archives of Sexual Behavior, 31,* 129–143.

Cohen-Kettenis, P. & Pfäfflin, F. (2003). *Transgenderism and intersexuality in childhood and adolescence.* Thousand Oaks, CA: Sage Publications.

Collaer, M.L. & Hines, M. (1995). Human behavioral sex differences: A role for gonadal hormones during early development? *Psychological Bulletin, 118,* 55–107.

Colapinto, J. (2000). *As nature made him. The boy who was raised as a girl.* Toronto: Harper-Collins [dt. (2000). *Der Junge der als Mädchen aufwuchs.* Düsseldorf: Walter-Verlag].

Cole, S.W., Kemeny, M.E., Taylor, S.E., Visscher, B.R. & Fahey, J.L. (1996). Accelerated course of human immunodeficiency virus infection in gay men who conceal their homosexual identity. *Psychosomatic Medicine, 58,* 219–231.

Coleman, E. (1982). Developmental stages of the coming out process. *Journal of Homosexuality, 7,* 31–43.

Cortini, F. & Marshall, W.L. (2000). Sex as coping mechanisms in sex offenders. *Sexual Abuse: A Journal of Research and Treatment, 12.*

Coyne, J.A. & Berry, A. (2000). Rape as an adaption: Is this contentious hypothesis advocacy, not science? *Nature, 404,* 1345–1365.

Crepault, E. & Couture, M. (1980). Men's erotic fantasies. *Archives of Sexual Behavior, 9,* 565–581.

Croughan, J.L., Saghir, M., Cohen, R. et al., (1981). A comparison of treated and untreated male cross-dressers. *Archives of Sexual Behavior, 10,* 515–528.

Cullen, M. & Freeman-Longo, R.E. (1995). *Men and anger: A relapse prevention guide to understanding and managing your anger.* Brandon, VT: The Safer Society Press.

Csikszentmihalyi, M. (1990). *Flow. Das Geheimnis des Glücks.* Stuttgart: Klett-Cotta.

Dahle, K.P. (1995). *Therapiemotivation hinter Gittern. Zielgruppenspezifische Entwicklung und Erprobung eines Motivationskonstrukts für die therapeutische Arbeit im Strafvollzug.* Regensburg: Roderer.

Dannecker, M. (1974). Warum die Therapie der Homosexualität die Lage der Homosexuellen verschlechtert. In V. Sigusch (Hrsg.), *Therapie sexueller Störungen* (2. Aufl. 1979; S. 368–385). Stuttgart: Thieme.

Dannecker, M. (1978/2001). *Der Homosexuelle und die Homosexualität.* Hamburg: Europäische Verlagsanstalt.

Dannecker, M. (1983). *Magnus Hirschfeld und seine Rolle in der Sexualwissenschaft.* Vortrag anlässlich der Ausstellung „Die Geburt der Sexualwissenschaft". Universität Hamburg.

Dannecker, M. (1987) *Das Drama der Sexualität.* Frankfurt: Athenäum.

Dannecker, M. (1999). Was bewirkt die Normalisierung von AIDS? In H. Jäger (Hrsg.), *Mit AIDS leben.* Landsberg: EcoMed Verlag.

Dannecker, M. (2001). Das verschwundene Problem: Homosexualität und Psychoanalyse. In: Verband lesbischer Psychologinnen und schwuler Psychologen in Deutschland e.V. (VLSP; Hrsg.). (2001). *Beratung von Lesben und Schwulen* (S. 20–49). Berlin: Dt. AIDS-Hilfe e.V.

Dannecker, M. (2002). Erosion der HIV-Prävention? *Zeitschrift für Sexualforschung, 15,* 58–64.

Dannecker, M. & Reiche, R. (1974). *Der gewöhnliche Homosexuelle. Eine soziologische Untersuchung über männliche Homosexuelle in der Bundesrepublik.* Frankfurt/M.: S. Fischer.

D'Augelli, A.R. & Hershberger, S.L. (1993). Lesbian, gay, and bisexual youth in community settings: Personal challenges and mental health problems. *American Journal of Community Psychology, 21,* 421–448.

Davidson, J.M., Smith, E.R. & Damassa, D.A. (1977). Comparative analysis of the roles of androgen in the feedback mechanisms and sexual behavior. In L. Martin & M. Motta (Eds.), *Androgens and antiandrogens* (pp. 137–149). New York: Raven Press.

Davies, D. (1996a). Homophobia and heterosexism. In D. Davies & C. Neal (Eds.), *Pink therapy* (pp. 41–65). Buckingham: Open University Press.

Davies, D. (1996b). Working with people coming out. In D. Davies & C. Neal (Eds.), *Pink therapy* (pp. 66–85). Buckingham: Open University Press.

Davies, D. (1996c). Toward a model of gay affirmative therapy. In D. Davies & C. Neal (Eds.), *Pink therapy* (pp. 2–40). Buckingham: Open University Press.

Davies, D. & Neal, C. (Eds.). (1996). *Pink therapy. A guide for counsellors and therapists working with lesbian, gay and bisexual clients.* Buckingham: Open University Press.

Davies, D. & Neal, C. (Eds.). (2000). *Pink therapy 2. Therapeutic perspectives on working with lesbian, gay and bisexual clients.* Buckingham: Open University Press.

Davis, J.A. & Smith, T.W. (1998). *General Social Surveys, 1972–1998: Cumulative Codebook.* University of Chicago: National Opinion Research Council.

Davison, G.C. (1976). Homosexuality: The ethical challenge. *Journal of Consulting and Clinical Psychology, 44,* 157–162.

Dawood, K., Pillard, R.C., Horvarth, C., Revelle, W. & Bailey, J.M. (2000). Familial aspects of male homosexuality. *Archives of Sexual Behavior, 29,* 155–163.

DeLora, J.S. & Warren, C.A.B. (1977). *Understanding sexual interaction.* Boston: Houghton Mifflin.

Deutsch, M. (1968). Field theory in social psychology. In G. Lindzey & E. Aronson (Eds.), *The handbook of social psychology* (2nd Ed.; Vol. 1; pp. 412–487). Reading, MA: Addison-Wesley.

deSade, M. (1905). *Die hundert Tage von Sodom oder Die Schule der Ausschweifung.* Leipzig: Orbis.

deSilva, P. (1995). Paraphilias and sexual dysfunction. *International Review of Psychiatry, 7,* 225–230.

DeWahl, F. (1989). *Wilde Diplomaten.* München: Hanser.

Dhawan, S. & Marshall, W.L. (1996). Sexual abuse histories of sexual offenders. *Sexual Abuse: A Journal of Research and Treatment, 8,* 7–15.

Diana, L. (1985). *The prostitute and her clients.* Springfield, IL: Charles C. Thomas.

Dickson, N., Paul, C., Berbison, P. & Silva, P. (1998). First sexual intercourse: Age, coercion and later regrets reported by a birth cohort. *British Medical Journal, 316,* 29–33.

Diderot, D. (1769). *Suite de l'tretien.* Paris [(1965). Edition Garnier Flammarion].

Dietz, P.E., Hazelwood, R.R. & Warren, J. (1990). The sexually sadistic criminal and his offences. *Bulletin of the American Academy of Psychiatry and the Law, 18,* 163–178.

Docter, R. (1988). *Transvestites and transsexuals: Toward a theory of cross-gender behavior.* New York: Plenum.

Domenta, T. (2003). *Lass dich verwöhnen. Prostitution in Deutschland.* Berlin: Aufbau Verlag.

Dörner, K. (1969). *Bürger und Irre.* Frankfurt: Deutsche Verlagsanstalt.

Drake, C.R. & Ward, T. (2003). Treatment models for sex offenders: A move toward a formulation-based approach. In T. Ward, D.R. Laws & S.M. Hudson (Eds.), *Sexual deviance: Issues and controversies* (pp. 226–243). Thousand Oaks, CA: Sage.

Duerr, H.P. (2003). *Die Tatsachen des Lebens. Vom Mythos des Zivilisationsprozesses.* Frankfurt/M.: Suhrkamp.

Dunne, M.P., Bailey, J.M., Kirk, K.M. & Martin, N.G. (2000). The subtlety of sex-atypicality. *Archives of Sexual Behavior, 29,* 549–565.

Egg, R. (1998). Zur Rückfallhäufigkeit von Sexualstraftätern. In H.L. Kröber & K.P. Dahle (Hrsg.), *Sexualstraftaten und Gewaltdelinquenz* (S. 57–69). Heidelberg: Kriminalistik-Verlag.

Egg, R. (2000). Rückfall nach Sexualstraftaten. In A. Marneros, D. Rössner, A. Haring & P. Brieger (Hrsg.), *Psychiatrie und Justiz* (S. 111–121). München: Zuckschwerdt.

Egg, R. (2002). Rückfälligkeit von Sexualstraftätern. In T. Fabian, G. Jacobs, S. Nowara & I. Rode (Hrsg.), *Qualitätssicherung in der Rechtspsychologie* (S. 321–335). Münster: Lit-Verlag.

Egle, U.T., Hoffmann, S.O. & Joraschky, P. (2000). *Sexueller Missbrauch, Misshandlung, Vernachlässigung* (2. Aufl.). Stuttgart: Schattauer.

Eher, R. & Pfaefflin, F. (Eds.). (2002). Sexual violence and sexual abuse. *Forensische Psychiatrie und Psychotherapie, 9* (Supplement: 7th Conference of the International Association for the Treatment of Sexual Offenders). Lengerich: Pabst.

Eicher, W. (1996a). Hormonbehandlung bei Transsexuellen. In U. Clement & W. Senf (Hrsg.), *Transsexualität. Behandlung und Begutachtung* (S. 54–57). Stuttgart: Schattauer.

Eicher, W. (1996b). Transformationsoperationen. In U. Clement & W. Senf (Hrsg.), *Transsexualität. Behandlung und Begutachtung* (S. 58–63). Stuttgart: Schattauer.

Einhorn, L. & Polgar, M. (1994). HIV-risk behavior among lesbians and bisexual women. *AIDS Education and Prevention, 6,* 514–523.

Ekins, R. & King, D. (2001a). Transgendering, migrating and love of oneself as a woman: A contribution to a sociology of autogynephilia. *International Journal of Transgenderism, 5* (3). (http://www.symposion.com/ijt/).

Ekins, R. & King, D. (2001b). Tales of the unexpected: Exploring transgender diversity through personal narrative. In F. Haynes & T. McKenna (Eds.), *Unseen genders: Beyond the binaries.* New York/Frankfurt: Peter Lang.

Eldridge, H. & Wyre, R. (1998). The Lucy Faithfull Foundation residential program for sexual offenders. In W.L. Marshall et al. (Eds.), *Sourcebook of treatment programs for sexual offenders* (pp. 235–245). New York: Plenum Press.

Elias, N. (1939). *Über den Prozeß der Zivilisation* (2 Bände). Basel. [erneut (1976). Frankfurt/M.: Suhrkamp-TB].

Ellerby, L., Bedard, J. & Chartrand, S. (2000). Holism, wellness, and spirituality: Moving from relapse to healing. In D.R. Laws, S.M. Hudson & T. Ward (Eds.), *Remaking relapse prevention with sex offenders: A sourcebook* (pp 427–452). Thousand Oaks, CA: Sage.

Elliott, D.S. (1994). *The development course of sexual and non-sexual violence: Results from a national longitudinal study.* Paper, 13th Annual Conference of the Association for the Treatment of Sexual Abusers. San Francisco.

Ellis, L. (1998). Neo-Darwian theories of violent criminality and anti-social behavior: Photographic evidence from non-human animals. *Aggression and Violent Behavior, 3,* 61–110.

Ellis, L. & Ames, M.A. (1987). Neurohormonal functioning and sexual orientation: A theory of homosexuality-heterosexuality. *Psychological Bulletin, 101,* 233–258

Ellsberg, M., Heise, L., Pena, R., Agurto, S. & Winkvist, A. (2001). Researching violence against women, methodological considerations from three Nicaraguan studies. *Studies of Family Planning, 32,* 1–16.

Elz, J. (2001). *Legalbewährung und kriminelle Karieren von Sexualstraftätern: Sexuelle Missbrauchsdelikte* (Kriminologie und Praxis; Bd. 33). Wiesbaden: Kriminologische Zentralstelle.

Engstrom, G., Persson, B. & Levander, S. (1999). Temperament traits in male suicide attempters and violent offenders. *European Psychiatry, 14,* 278–283.

Epps, K. (1991). The residential treatment of adolescent sex offenders. *Issues in Criminology and Law Psychology, 1,* 58–67.

Epstein, A.W. (1969). Fetishism: A comprehensive review. In J.H. Masserman (Ed.), *Science and psychoanalyses* (Vol. 15). New York: Grune & Stratton.

Ernst, C. (1997). Zu den Problemen der epidemiologischen Erforschung des sexuellen Missbrauchs. In G. Amann & R. Wipplinger (Hrsg.), *Sexueller Missbrauch. Überblick zu Forschung, Beratung und Therapie* (S. 55–71). Tübingen: dgvt-Verlag.

Esquirol, E. (1839). *Des maladies mentales considérées sous les rapports médical, hygiénique et médico-legal.* Paris: Baillière. [Zugrunde gelegt die in Buchform vorliegende deutsche Übersetzung des 1. Kapitels: *Von den Geisteskrankheiten* (1968). Bern: Huber].

Etnyre, W.S. (1990). Body image and gay American men. In R. Kus (Ed.), *Keys to caring.* Boston, MA: Alyson Publications.

Euckner, S. & Müller-Isbener, R. (2001). Sexualstraftäterbehandlung im Maßregelvollzug. In Hoyer, J. & Kunst, H. (Hrsg.), *Psychische Störungen bei Sexualdelinquenten* (S. 97–114). Lengerich: Pabst-Verlag.

Fagen, J. & Wexler, S. (1988). Explanations of sexual assault among violent delinquents. *Journal of Adolescent Research, 3,* 363–385.

Fagot, B.I. & Hagan, R. (1991). Observations of parent reactions to sex stereotyped behaviours. *Child Development, 62,* 617–628.

Farnham, F.R., James, D.V. & Cantrell, P. (2000). Association between violence, psychosis, and relationship to victim in stalkers. *Lancet, 355,* 199.

Fedora, O., Reddon, J.R. & Yeudall, L.T. (1986). Stimuli eliciting sexual arousal in genital exhibitionists: A possible clinical application. *Archives of Sexual Behavior, 15,* 417–427.

Fedoroff, J.P., Fishell, A. & Fedoroff, B. (1999). A case series of women evaluated paraphilic sexual disorders. *Canadian Journal of Human Sexuality, 8,* 127–141.

Fenichel, O. (1945). *The psychoanalytic theory of neurosis.* New York: Norton.

Ferenczi, S. (1985). *Journal clinique.* Paris: Payot. [dt. (1988). *Ohne Sympathie keine Heilung. Das klinische Tagebuch von 1932.* Frankfurt, M.: Fischer.]

Fiedler, P. (1981). (Hrsg.). *Psychotherapieziel Selbstbehandlung. Grundlagen kooperativer Psychotherapie.* Weinheim: edition psychologie im VCH-Verlag.

Fiedler, P. (1996). *Verhaltenstherapie in und mit Gruppen. Psychologische Psychotherapie in der Praxis.* Weinheim: Beltz-PVU.

Fiedler, P. (1999). Dissoziative, vorgetäuschte und Impulskontroll-Störungen. In J. Margraf (Hrsg.), *Lehrbuch der Verhaltenstherapie* (2. Aufl.; Band 2; S. 377–394). Heidelberg: Springer.

Fiedler, P. (2000). Psychologische Therapie und Emotion. In J.H. Otto, H.A. Euler & H. Mandl (Hrsg.), *Emotionspsychologie. Ein Handbuch* (S. 556–566). Weinheim: Beltz-PVU.

Fiedler, P. (2001a). *Persönlichkeitsstörungen* (5. Aufl.). Weinheim: Beltz-PVU.

Fiedler, P. (2001b). *Dissoziative Störungen und Konversion. Trauma und Traumabehandlung.* Weinheim: Beltz.

Fiedler, P. (2002). *Dissoziative Störungen.* Göttingen: Hogrefe.

Fiedler, P. (2003). *Integrative Psychotherapie bei Persönlichkeitsstörungen* (2. Aufl.). Göttingen: Hogrefe.

Fiedler, P. (2003a). Komplexe Traumatisierung und Persönlichkeitsstörungen. In G.H. Seidler, P. Laszig, R. Micka & B.V. Nolting (Hrsg.), *Aktuelle Entwicklungen in der Psychotraumatologie. Theorie, Krankheitsbilder, Therapie* (S. 55–78). Gießen: Psychosozial-Verlag.

Fiedler, P. (2004). Erinnerung, Vergessen und Dissoziation – neuro- und kognitionspsychologische Perspektiven. In A. Eckhardt-Henn & S.O. Hoffmann (Hrsg.), *Dissoziative Bewusstseinsstörungen* (S. 46–59). Stuttgart: Schattauer.

Fiedler, P. & Standop, R. (1996). *Stottern. Ätiologie, Diagnose, Behandlung.* Weinheim: Beltz-PVU.

Finkelhor, D. (1984). *Child sexual abuse: New theory and research.* New York: Free Press.

Finkelhor, D. (1994). The international epidemiology of child abuse. *Child Abuse, 18,* 409–417.

Finkelhor, D. (1997). Zur internationalen Epidemiologie von sexuellem Missbrauch bei Kindern. In G. Amann & R. Wipplinger (Hrsg.), *Sexueller Missbrauch. Überblick zu Forschung, Beratung und Therapie* (S. 72–88). Tübingen: dgvt-Verlag.

Fontaine, J. & Hammond, N. (1996). Counseling issues with gay and lesbian adolescents. *Adolescence, 31,* 817–830.

Foucault, M. (1961). *Histoire de la folie à l'âge classique.* Paris: Plon. [dt. (1969). *Wahnsinn und Gesellschaft. Eine Geschichte des Wahns im Zeitalter der Vernunft.* Frankfurt: Suhrkamp.]

Foucault, M. (1976). *Histoire de la sexualité, 1: La volonté de savoir.* Paris: Editions Gallimard. [dt. (1977). *Sexualität und Wahrheit. Bd. 1: Der Wille zum Wissen.* Frankfurt/M.: Suhrkamp.]

Foucault, M. (1999). *Les anormaux. Cours au Collège de France, 1974–1975.* Paris: Edition du Seuil et Edition Gallimard. [dt. (2003). *Die Anormalen. Vorlesungen am Collège de France (1974–1975).* Frankfurt/M.: Suhrkamp.]

Frable, D.E.S. (1997). Gender, racial, ethnic, sexual, and class identities. *Annual Review of Psychology, 48,* 139–162.

Freeman-Longo, R.E. (2001). *Paths to wellness: A holistic approach and guide for personal recovery.* Holyoke, MA: NEARI Press.

Frenken, J. (2001). Kognitive Verhaltenstherapie bei Inzest-Tätern – ein Fünf-Phasen-Modell. In J. Hoyer & H. Kunst (Hrsg.), *Psychische Störungen bei Sexualdelinquenten* (S. 133–152). Lengerich: Pabst.

Freud, S. (1905). *Drei Abhandlungen zur Sexualtheorie* (3. überarbeitete Aufl. [1915]). Leipzig: Deuticke. [zugrunde gelegt: (1982). *Studienausgabe. Bd. V: Sexualleben.* Frankfurt/M.: Fischer TB.]

Freud, S. (1924). Das ökonomische Problem des Masochismus. *Internationale Zeitschrift für Psychoanalyse, 10,* 121–133.

Freud, S. (1930). *Das Unbehagen in der Kultur.* Wien: Internationaler Psychoanalytischer Verlag.

Freud, S. (1947). Letter to an American mother. *American Journal of Psychiatry, 107,* 786–787. [Original 1935].

Freund, K. (1979). Phallometric diagnosis with "non-admitters". *Behavior Research and Therapy, 17,* 451–457.

Freund, K. (1990). Courtship disorders. In W.L. Marshall, D.R. Laws & H.E. Barbaree (Eds.), *Handbook of sexual assault: Issues, theories, and treatment of offenders* (pp. 195–207). New York: Plenum Press.

Freund, K. & Blanchard, R. (1989). Phallometric diagnosis in pedophilia. *Journal of Consulting and Clinical Psychology, 57,* 100–105.

Freund, K. & Watson, R. (1990). Mapping the boundaries of courtship disorder. *Journal of Sex Research, 27,* 589–606.

Freund, K. & Watson, R. (1991). Assessment of the sensitivity and specificity of a phallometric test: An update of phallometric diagnosis in pedophilia. *Psychological Assessment: A Journal of Consulting and Clinical Psychology, 3,* 254–260.

Freund, K., Scher, H. & Hucker, S. (1983). The courtship disorders. *Archives of Sexual Behavior, 12,* 369–379.

Freund, K., Scher, H. & Hucker, S. (1984). The courtship disorders: A further investigation. *Archives of Sexual Behavior, 13,* 133–139.

Freund, K., Scher, H., Racansky, I., Campbell, K. & Heasman, G. (1986). Males disposed to commit rape. *Archives of Sexual Behavior, 15,* 23–35.

Freund, K., Seto, M.C. & Kuban, M. (1997). Frotteurism: The theory of courtship disorder. In D.R. Laws & W.T. O'Donohue (Eds.), *Sexual deviance: Theory, assessment, and treatment* (pp. 111–130). New York: Guilford Press.

Friday, N. (1980). *Men in love.* New York: Dell.

Friedman, R.C. (1986). *Male homosexuality.* New York: Yale University Press. [dt. (1993). *Männliche Homosexualität.* Berlin: Springer.]

Friedman, R.C. (1991). The depressed masochistic patient: Diagnostic and management considerations. *Journal of the American Academy of Psychoanalysis, 19,* 9–30.

Friedman, R.C. & Stern, L.O. (1980). Juvenile aggressivity and sissiness in homosexual and heterosexual males. *Journal of the American Academy of Psychoanalysis, 8,* 427–440.

Furby, L., Weinrott, M.R. & Blackshaw, L. (1989). Sex offender recidivism: A review. *Psychological Bulletin, 105,* 3–30.

Furnell, F. (1986). Lesbian and gay psychology: A neglected area of British research. *Bulletin of the British Psychological Society, 39,* 41–47.

Galli, V., McElroy, S.L., Soutullo, C.A., Kizer, D. & Raute, N. (1999). The psychiatric diagnosis of twenty-two adolescents who have sexually molested children. *Comprehensive Psychiatry, 40,* 85–88.

Gagnon, J.H. (1990). The explicit and implicit use of the scripting perspective in sex research. *Annual Review of Sex Research, 1,* 1–43.

Garland, R.J. & Dougher, M.J. (1991). Motivational intervention in the treatment of sex offenders. In W.R. Miller & S. Rollnick (Eds.), *Motivational interviewing: Preparing people to change addictive behavior* (pp. 303–313). New York: Guilford Press.

Garlick, Y., Marshall, W.L. & Thornton, D. (1996). Intimacy deficits and attribution of blame among sexual offenders. *Legal and Criminological Psychology, 1,* 251–288.

Garnets, L. & Kimmel, D. (Eds.). (1993). *Psychological perspectives on lesbian and gay male experiences.* New York: Columbia University Press.

Garrels, L. (1998). Das Geschlechtserleben Intersexueller im Diskurs. *Zeitschrift für Sexualforschung, 11,* 197–211.

Gartrell, N.K. (1982). Hormones and homosexuality. In W. Paul, J.D. Weinrich, J.C. Gonsiorek & M.E. Hotvedt (Eds.), *Homosexuality: Social psychological and biological issues* (pp. 169–182). Beverly Hills: Sage.

Gavey, N. (1991). Sexual victimization prevalence among New Zealand university students. *Journal of Consulting and Clinical Psychology, 59,* 464–466.

Gebhard, P.H. (1965). Situational factors affecting human sexual behavior. In F. Beach (Ed.), *Sex and behavior.* New York: Wiley.

Giese, H. (1962). *Psychopathologie der Sexualität.* Stuttgart: Enke.

Gillespie, W.H. (1956). The general theory of sexual perversion. *International Journal of Psychoanalysis, 37,* 396–403.

Godall, J. (1991). *Wilde Schimpansen. Verhaltensforschung am Gombe-Strom.* Reinbeck: Rowohlt.

Goldberg, A. (1995). *The problem of perversion. The view from self psychology.* New Haven: Yale University Press.

Goldberg, A. (1998). Perversion aus der Sicht psychoanalytischer Selbstpsychologie. *Psyche, 52,* 709–730.

Golombok, S. & Tasker, F. (1994). Children in lesbian and gay families: Theories and evidence. *Annual Reviews of Sex Research, 5,* 73–100.

Goos, U. (2003). Konzepte der Bisexualität. *Zeitschrift für Sexualforschung, 16,* 51–65.

Gosselin, C. & Wilson, G. (1980). *Sexual variations.* London: Faber & Faber.

Green, R. (1987). *The Sissy Boy Syndrome and the development of homosexuality.* New Haven, CT: Yale University Press.

Green, R. (2001). (Serious) Sadomasochism: A protected right of privacy? *Archives of Sexual Behavior, 30,* 543–550.

Greenacre, P. (1979). Fetishism. In I. Rosen (Ed.), *Sexual deviation.* Oxford: Oxford University Press.

Greenfeld, L. (1997). *Sex offences and offenders: An analysis of data on rape and sexual assault* (NCJ-163392). Washington, DC: Bureau of Justice Statistics.

Grinspoon, L. et al. (Eds.). (1986) Paraphilias. *Harvard Medical School Mental Health News letter, 3* (6), 1–5 [Editorial].

Grossmann, T. (2002). Prähomosexuelle Kindheiten. Eine empirische Untersuchung über Geschlechtsrollenkonformität und -nonkonformität bei homosexuellen Männern. *Zeitschrift für Sexualforschung, 15,* 98–119.

Grubin, D.H. & Kennedy, H.G. (1991). The classification of sexual offenders. *Criminal Behaviour and Mental Health, 1,* 123–129.

Grubin, D. & Mason, D. (1997). Medical models of sexual deviance. In D.R. Laws & W.T. O'Donohue (Eds.), *Sexual deviance: Theory, assessment, and treatment* (pp. 434–448). New York: Guilford Press.

Haeberle, E.J. (1983). *Die Sexualität des Menschen. Handbuch und Atlas.* Berlin: Walter de Gruyter.

Hale, R. (2003). Motives of reward among men who rape. In C. Hensley & R. Tewksbury (Eds.). *Sexual deviance. A reader* (pp. 91–103). London: Lynne Rienner.

Hall, G.C.N. (1995). Sexual offender recidivism revisited: A meta-analysis of recent treatment studies. *Journal of Consulting and Clinical Psychology, 63,* 802–809.

Hall, G.C.N. & Hirschman, R. (1991). Toward a theory of sexual aggression: A quatripartite model. *Journal of Consulting and Clinical Psychology, 63,* 662–669.

Hall, G.C.N. & Hirschman, R. (1992). Sexual aggression against children: A conceptual perspective of etiology. *Criminal Justice and Behavior, 19,* 8–23.

Hamburg, D.A. & Trudeau, M.B. (Eds). (1981). *Biobehavioral aspects of aggression.* New York: A.R. Liss.

Hamer, D.H., Hu, S., Magnuson, V.L., Hu, N. & Pattatucci, A.M.L. (1993). A linkage between DNA markers on the X chromosome and male sexual orientation. *Science, 261,* 321–327.

Hamer, D.H. & Copeland, P. (1994). *The science of desire: The search for the gay gene and the biology of behavior.* New York: Simon & Schuster.

Hammelstein, P. & Fiedler, P. (2002). Biographische Narrative und Lebensthemen. Relevanz für die Klinische Psychologie und Psychotherapie. *Verhaltenstherapie und Verhaltensmedizin, 23,* 307–328.

Hanson, R.K. & Bussière, M.T. (1998). Predicting relapse: A meta-analysis of sexual offender recidivism studies. *Journal of Consulting and Clinical Psychology, 66,* 348–362.

Hanson, R.K. & Slater, S. (1988). Sexual victimization in the history of child abusers: A review. *Annals of Sex Research, 1,* 485–499.

Hanson, R.K., Pfäfflin, F. & Lütz, M. (Eds.). (2004). *Sexual abuse in the catholic church. Scientific and legal perspectives.* Rom/Vatikan: Libreria Editrice Vaticano.

Hanson, R.K., Gordon, S., Harris, E.J.R., Marques, J.K., Murphy, W., Quinsey, V.L. & Seto, M.C. (2002). First report of the collaborative data project on the effectiveness of psychological treatment for sex offenders. *Sexual Abuse: A Journal of Research and Treatment, 14,* 169–194.

Hargarden, H. & Llewellin, S. (1996). Lesbian and gay parenting issues. In D. Davies & C. Neal (Eds.), *Pink therapy* (pp. 116–130). Buckingham: Open University Press.

Harmon, R.B., Rosner, R. & Owens, H. (1998). Sex and violence in a forensic population of obsessional harassers. *Psychology, Public Policy and Law, 4,* 236–249.

Hartwich, A. (1937). Vorwort. In Krafft-Ebing, R.v.: *Verwirrungen des Geschlechtslebens.* [Auf Grund der 17. Auflage von Psychopathia Sexualis. Eine medizinisch-gerichtliche Studie für Ärzte und Juristen frei bearbeitet von Alexander Hartwich] (2. Aufl.). Rüschlikon-Zch.: Albert Müller.

Hays, S.E. (1981). The psychoendocrinology of puberty and adolescent aggression. In D.A. Hamburg & M.B. Trudeau (Eds.), *Biobehavioral aspects of aggression* (pp. 107–119). New York: A.R. Liss.

Hazelwood, R.R. & Warren, J. (1989). The serial rapist: His characteristics and victims. *FBI Law Enforcement Bulletin, 25* (January), 10–17.

Hazelwood, R.R., Reboussin, R. & Warren, J. (1989). Serial rape: Correlates of increased aggression and the relationship of offender pleasure to victim resistance. *Journal of Interpersonal Violence, 4,* 65–78.

Hazelwood, R., Warren, J. & Dietz, P.E. (1993). Compliant victims of sexual sadists. *Australian Family Physician, 22* (4), 43–48.

Hedblom, J.H. (1973). Dimensions of lesbian sexual experience. *Archives of Sexual Behavior, 2,* 329–341.

Hegener, W. (1993). Aufstieg und Fall schwuler Identität. Ansätze zur Dekonstruktion der Kategorie Sexualität. *Zeischrift für Sexualforschung, 6,* 132–150.

Heim, N. & Hursch, C.J. (1977). Castration for sexual offenders: Treatment or punishment? A review and critique of recent European literature. *Archives of Sexual Behavior, 8,* 281–304.

Heise, L., Ellsberg, M. & Gottemoeller, M. (1999). *Ending violence against women.* Population reports volume 27, number 4. Baltimore: Johns Hopkins University; School of Public Health.

Hensley, C. & Tewksbury, R. (Eds.). (2003). *Sexual deviance. A reader.* London: Lynne Rienner.

Herek, G.M. (1990). The context of anti-gay violence: Notes on cultural and psychological heterosexism. *Journal of Interpersonal Violence, 5,* 316–333.

Herek, G.M. (2000) The psychology of sexual prejudice. *Current Directions in Psychological Science, 9,* 19–22.

Herek, G.M. (2002). Gender gaps in public opinion about lesbians and gay men. *Public Opinion Quarterly, 66,* 40–66.

Herek, G.M. & Berrill, K.T. (Eds.). (1992). *Hate crimes: Confronting violence against lesbians and gay men.* Thousand Oaks: Sage.

Herek, G.M., Cogan, J.C., Gillis, J.R. & Glunt, E.K. (1998). Correlates of internalised homophobia in a community sample of lesbian and gay men. *Journal of the Gay and Lesbian Medical Association, 2,* 17–25.

Herman, J.L. (1990). Sex offenders: A feminist perspective. In W.L. Marshall, D.R. Laws & H.E. Barbaree (Eds.), *Handbook of sexual assault: Issues, theories, and treatment of offenders* (pp. 177–194). New York: Plenum Press.

Herman, S.H., Barlow, D.H. & Agras, W.S. (1974). An experimental analysis of classical conditioning as a method of increasing heterosexual arousal in homosexuals. *Behavior Therapy, 5,* 33–47.

Hickey, E. (1997). *Serial murderers and their victims* (2nd ed.). Belmont, CA: Wadsworth.

Hildebran, D. & Pithers, W.D. (1989). Enhancing offender empathy for sexual-abuse victims. In D.R. Laws (Ed.), *Relapse prevention with sex offenders* (pp. 236–243). New York: Guilford.

Hill, B. (1995). *Double jeopardy.* New York: William Morrow.

Hillbrand, M., Foster, H. & Hirt, M. (1990). Rapists and child molesters: Psychometric comparisons. *Archives of Sexual Behavior, 19,* 65–71.

Hirschfeld, M. (1899). Die objektive Diagnose der Homosexualität. *Jahrbuch für sexuelle Zwischenstufen, 1,* S. 8.

Hirschfeld, M. (1910). *Die Transvestiten. Eine Untersuchung über den erotischen Verkleidungstrieb, mit umfangreichem kasuistischem Material.* Berlin: Alfred Pulvermacher & Co.

Hirschfeld, M. (1916–1920). *Sexualpathologie* (3 Bände): Bonn: Marcus und Weber.

Hirschfeld, M. (1930). *Geschlechtskunde* (Band III). Stuttgart.

Hirschfeld, M. (1955). *Geschlechts-Verirrungen, Geschlechtsanomalien und Perversionen.* Konstanz: Ernst Pfister. (Rückübersetzung auf der Grundlage der englischen und französischen Übersetzung des verschollenen Originals von ca. 1933/1934)

Hite, S. (1976). *The Hite-Report. A nationwide study of female sexuality.* New York: Dell.

Hollin, C.R. (1997). Sexual Sadism: Assessment and treatment. In D.R. Laws & W.T. O'Donohue (Eds.), *Sexual deviance: Theory, assessment, and treatment* (pp. 210–224). New York: Guilford Press.

Holmes, R. (1991). *Sex crimes.* Newbury Park, CA: Sage.

Howitt, D. (1995). Pornography and the paedophile: Is it criminogenic? *British Journal of Medical Psychology, 68,* 15–27.

Hoyer, J. (2001). Psychodiagnostische Kategorisierung von gefährlichen Sexualdelinquenten. In J. Hoyer & H. Kunst (Hrsg.), *Psychische Störungen bei Sexualdelinquenten* (S. 13–31). Lengerich: Pabst.

Hoyer, J. & Kunst, H. (Hrsg.). (2001). *Psychische Störungen bei Sexualdelinquenten.* Lengerich: Pabst.

Hoyer, J., Kunst, H., Borchard, B. & Stangier, U. (1999). Paraphile versus impulskontrollgestörte Sexualstraftäter: Eine psychologisch valide Differenzierung? *Zeitschrift für Klinische Psychologie, 28,* 37–44.

Hoyer, J., Borchert, B. & Kunst, H. (2000). Diagnostik und störungsspezifische Therapie bei Sexualdelinquenten mit psychischen Störungen. *Verhaltenstherapie, 10,* 7–15.

Hoyer, J., Kunst, H. & Schmidt, A. (2001). Social phobia as a comorbid condition in sex offenders with paraphilia or impulse control disorder. *Journal of Nervous and Mental Disease, 189,* 463–470.

Hoyndorf, S., Reinhold, M. & Christmann, F. (1995). *Behandlung sexueller Störungen: Ätiologie, Diagnostik, Therapie: Sexuelle Dysfunktionen, Missbrauch, Delinquenz.* Weinheim: Beltz-PVU.

Hu, S., Pattatucci, A.M., Patterson, C., Li, L., Fulker, D.W., Cherny, S.S., Kruglyak, L. & Hamer, D.H. (1995). Linkage between sexual orientation and chromosome Xq28 in males but not in females. *Nature Genetics, 11,* 248–256.

Hucker, S.J. (1997). Sexual sadism: Psychopathology and theory. In D.R. Laws & W.T. O'Donohue (Eds.), *Sexual deviance: Theory, assessment, and treatment* (pp. 194–209). New York: Guilford Press.

Hucker, S.J., Langevin, R., Wortzman, G., Bain, J., Handy, L., Chambers, J. & Wright, S. (1986). Neuropsychological impairment in pedophils. *Canadian Journal of Behavioural Science, 18,* 440–448.

Hudson, S.M. & Ward, T. (1997). Rape: Psychopathology and theory. In D.R. Laws & W.T. O'Donohue (Eds.), *Sexual deviance: Theory, assessment, and treatment* (pp. 332–355). New York: Guilford Press.

Hüsler, G. & Hemmerlein, G. (1996). *Leben auf Zeit. Ein Psychotherapiemanual für den Umgang mit HIV/Aids und anderen lebensbedrohlichen Krankheiten.* Bern: Huber.

IOM – International Organization for Migration (2001). *New IOM figures on the global scale of trafficking.* Geneva: IOM – Trafficking in Migrants Quarterly Bulletin.

IOM-Kosovo (2001). *Counter Trafficking Unit. Return and reintegration project: Situation report.* Pristina: International Organization for Migration.

Isay, R.A. (1989). *Being homosexual: Gay men and their development.* New York: Avon Books.

Jaffe, P.D. & DiCataldo, F. (1994). Clinical vampirism: Blending myth and reality. *Bulletin of the American Academy of Psychiatry and the Law, 22,* 533–544.

Jenkins-Hall, K.D. & Marlatt, G.A. (1989). Apparently irrelevant decisions in the relapse process. In D.R. Laws (Ed.), *Relapse prevention with sex offenders* (pp. 47–55). New York: Guilford Press.

Jones, I. & Frei, D. (1979). Exhibitionism – a biological hypothesis. *British Journal of Medical Psychology, 52,* 63–70.

Jones, R. (2003). Research and practice with adolescent sexual offenders. Dilemmas and directions. In T. Ward, R.D. Laws & S.M. Hudson (Eds.), *Sexual deviance. Issues and controversies* (pp. 190–206). Thousand Oaks, CA: Sage Publications.

Kafka, M.P. (1995). Sexual impulsivity. In E. Hollander & D.J. Stein (Eds.), *Impulsivity and aggression* (pp. 201–228). Chichester: Wiley & Sons.

Kafka, M.P. & Prentky, R.A. (1994). Preliminary observations of DSM-III-R axis I comorbidity in men with paraphilias and paraphilia-related disorders. *Journal of Clinical Psychiatry, 55,* 493–496.

Kalichman, S.C. (1991). Psychopathology and personality characteristics of criminal sexual offenders as a function of victim age. *Archives of Sexual Behavior, 20,* 187–198.

Kämmerer, A. & Rosenkranz, J. (2001). Sexuelle Störungen. In A. Franke & A. Kämmerer (Hrsg.), *Klinische Psychologie der Frau. Ein Lehrbuch* (S. 323–355). Göttingen: Hogrefe.

Kaplan, L.J. (1991). *Female perversions.* Northvale, NJ: Jason Aronson. [dt. (1991). *Weibliche Perversionen.* Hamburg: Hoffmann und Campe.]

Kaplan, M.S. & Green, A. (1995). Eleven incarcerated female sexual offenders: A comparison of sexual histories with non-offenders. *Sexual Abuse: A Journal of Research and Treatment, 7,* 287–299.

Kaplan, M.S. & Krueger, R.B. (1997). Voyeurism: Psychopathology and theory. In D.R. Laws & W. O'Donohue (Eds.), *Sexual deviance: Theory, assessment, and treatment* (pp.297–310). New York: Guilford Press.

Kear-Colwell, J. & Pollack, P. (1997). Motivation and confrontation: Which approach to the child sex offender? *Criminal Justice and Behavior, 24,* 20–33.

Keenan, T. & Ward, T. (2003). Developmental antecedents of sexual offending. In T. Ward, R.D. Laws & S.M. Hudson (Eds.), *Sexual deviance. Issues and controversies* (pp. 119–134). Thousand Oaks, CA: Sage Publications.

Kernberg, O.F. (1975) *Borderline conditions and pathological narcissism.* New York: Aronson. [dt. (1978). *Borderline-Störungen und pathologischer Narzissmus* (4. Aufl.). Frankfurt: Suhrkamp.]

Kernberg, O.F. (1985a). Ein konzeptuelles Modell zur männlichen Perversion. *Forum der Psychoanalyse, 1,* 167–188.

Kernberg, O.F. (1985b). Narcissistic personality disorder. In J.O. Cavenar & R. Michels (Eds.), *Psychiatry* (pp. 1–12). Philadelphia: Lippincott.

Kernberg, O.F. (1988). Clinical dimensions of masochismus. In R.A. Glick & D.I. Meyers (Eds.), *Masochism: Current psychoanalytic perspectives* (pp. 61–79). Hillsdale, NJ: Analytic Press.

Kernberg, O.F. (1991). Sadomasochism, sexual excitement, and perversion. *Journal of the American Psychological Association, 39,* 333–362. [dt. (1993). Sadomasochismus, sexuelle Erregung und Perversion. *Zeitschrift für Psychoanalytische Theorie und Praxis, 8,* 319–341.]

Kessler, R.C., McGonagle, K.A., Zhao, S., Nelson, C.B., Hughes, M., Eshleman, S., Wittchen, H.U. & Kendler, K.S. (1994). Lifetime and 12-month prevalence of DSM-III-R psychiatric disorders in the United States. *Archives of General Psychiatry, 51,* 8–19.

Kienlen, K.K., Birmingham, D.L., Solberg, K.B., O'Regan, J.T. & Meloy, J.R. (1997). A comparative study of psychotic and nonpsychotic stalking. *Journal of the American Academy of Psychiatry and the Law, 25,* 317–334.

King, M.B. (1990). Sneezing as a fetishistic stimulus. *Sexual and Marital Therapy, 5,* 69–72.

Kinsey, A.C., Pomeroy, W.B. & Martin, C.E. (1948). *Sexual behavior in the human male.* Philadelphia: Saunders. [dt. (1955). *Das sexuelle Verhalten des Mannes.* Frankfurt: Fischer.]

Kinsey, A.C., Pomeroy, W.B. & Martin, C.E. (1953). *Sexual behavior in the human female.* Philadelphia: Saunders. [dt. (1954). *Das sexuelle Verhalten der Frau.* Frankfurt: Fischer.]

Kittel, I.W. (1989). Zur historischen Rolle des Psychiaters und Psychotherapeuten Arthur Kronfeld in der frühen Sexualwissenschaft. In R. Gindorf & E.J. Haeberle (Hrsg.), *Sexualitäten in unserer Gesellschaft – Beiträge zur Geschichte* (S. 33–44). Berlin: de Gruyter.

Klein, F. Sepekoff, B. & Wolf, T. (1985). Sexual orientation: A multi-variable dynamic process. *Journal of Homosexuality, 12,* 35–49.

Klein, F. (1978). *The bisexual option. A concept of one-hundred percent intimacy.* New York: Arbor House. [2. Aufl. (1993). *The bisexual option.* New York: The Harrington Park Press.]

Knight, R.A. & Prentky, R.A. (1990). Classifying sexual offenders: The development and corroboration of taxonomy models. In W.L. Marshall, R.D. Laws & H.E. Barbaree (Eds.), *Handbook of sexual assault: Issues, theories, and treatment of offender* (pp. 23–52). New York: Plenum Press.

Knight, R.A. & Prentky, R. (1993). Exploring characteristics for classifying juvenile sex offenders. In H.E. Barbaree, W.L. Marshall & S.M. Hudson (Eds.), *The juvenile sex offender* (pp. 45–83). New York: Guilford.

Knight, R., Prentky, R., Schneider, B. & Rosenberg, R. (1983). Linear causal modelling of adaptation and criminal history in sex offenders. In K. Van Dusen & S. Mednik (Eds.), *Prospective studies of crime and delinquency* (pp. 303–341). Boston: Kluwer- Nijhoff.

Knight, R., Prentky, R. & Cerce, D. (1994). The development, reliability, and validity of an inventory for the multidimensional assessment of sex and aggression. *Criminal Justice and Behavior, 21,* 72–94.

Knopp, F.H., Freeman-Longo, R.E. & Stevenson, W.F. (1992). *Nationwide survey of juvenile and adult sex offender treatment programs and models.* Orwell, VT: Safer Society Press.

Kockott, G. (1996). Die klinische Koordination der Behandlung und Begutachtung. In U. Clement & W. Senf (Hrsg.), *Transsexualität. Behandlung und Begutachtung* (S. 8–17). Stuttgart: Schattauer.

Kockott, G. (1999). Sexualstörungen. In M. Berger (Hrsg.), *Psychiatrie und Psychotherapie* (S. 695–714). München: Urban & Schwarzenberg.

Kockott, G. & Berner, M.M. (2004). Sexualstörungen. In M. Berger (Hrsg.), *Psychische Erkrankungen. Klinik und Therapie* (S. 849–874). München: Urban & Fischer.

Kongregation für die Glaubenslehre (2003). *Erwägungen zu den Entwürfen einer rechtlichen Anerkennung der Lebensgemeinschaften zwischen homosexuellen Personen* (03. 06. 2003). Rom: Vatikan.

Koss, M.P. (1992). The under-detection of rape: Methodological choices influence incidence estimates. *Journal of Social Issues, 48,* 61–75.

Koss, M.P., Gidycz, C.A. & Wisniewsky, N. (1987). The scope of rape: Incidence and prevalence of sexual aggression and victimization in a national sample of higher education students. *Journal of Consulting and Clinical Psychology, 55,* 162–170.

Krafft-Ebing, R. Frh. v. (1886). *Psychopathia Sexualis. Mit besonderer Berücksichtigung der conträren Sexualempfindungen.* Stuttgart: Enke.

Kröber, H.L. (1999). Wandlungsprozesse im psychiatrischen Maßregelvollzug. *Zeitschrift für Sexualforschung, 12,* 93–107.

Kröber, H.L. & Dahle, K.P. (Hrsg.). (1998). *Sexualstraftaten und Gewaltdelinquenz. Verlauf – Behandlung – Opferschutz.* Heidelberg: Kriminalistik Verlag.

Kronfeld, A. (1923). *Sexualpsychopathologie.* Leipzig: Deuticke. [Separatausgabe von Handbuch der Psychiatrie (Hrsg. G. Aschaffenburg): spez. Teil, 7. Abt., 3. Teil].

Kronfeld, A. (1924). *Psychotherapie.* Berlin: Springer.

Kunst, H., Hoyer, J. & Borchard, B. (2000). Alkoholeinfluss bei Sexualdelikten unter differential-diagnostischer Perspektive. *Sucht, 46,* 137–141.

Kutchinsky, B. (1970). *Studies on pornography and sex crimes in Denmark.* Copenhagen: New Social Science Monographs.

Kury, H. (2001). Effekte und Perspektiven der Behandlung von Sexualstraftätern. In J. Hoyer & H. Kunst (Hrsg.), *Psychische Störungen bei Sexualdelinquenten* (S. 69–96). Lengerich: Pabst.

Lalumiere, M.L., Chalmers, L.J., Quinsey, V.L. & Seto, M.C. (1996). A test of the mate deprivation hypothesis of sexual coercion. *Ethology and Sociobiology, 17,* 299–318.

Lambert, M.J. (Ed.). (2004). *Bergin and Garfield's Handbook of psychotherapy and behavior change* (5th ed.). New York: Wiley.

Lane, S. (1991). The sexual abuse cycle: In G.D. Ryan & S.L. Lane (Eds.), *Juvenile sexual offending: Causes, consequences, and correction* (pp. 103–141). Lexington, MA: Lexington Books.

Lang, R.A., Langevin, R., Bain, J., Frenzel, R. & Wright, P. (1989). Sex hormone profiles in genital exhibitionists. *Annals of Sex Research, 2,* 67–75.

Langeluddeke, A. (1963). *Die Entmannung von Sittlichkeitsverbrechern.* Berlin: de Gruyter.

Langevin, R. (1983). *Sexual strands: Understanding and treating sexual anomalies in men.* Hillsdale, NJ: Lawrence Erlbaum.

Langevin, R. & Lang, R.A. (1990). Substance abuse among sex offenders. *Annals of Sex Research, 3,* 397–424.

Langevin, R., Paitich, D., Ramsey, G., Anderson, C., Kamrad, J., Pope, S., Geller, G., Pearl, L. & Newman, S. (1979). Experimental studies of the etiology of genital exhibitionism. *Archives of Sexual Behavior, 8,* 307–331.

Langevin, R., Bain, J., Ben-Aron, M., Coulthard, R. et al. (1984). Sexual aggression: Constructing a predictive aquation. A controlled pilot study. In R. Langevin (Ed.), *Erotic preference, gender identity, and aggression in men: New research studies* (pp. 39–76). Hillsdale, NJ: Lawrence Erlbaum.

Langevin, R., Ben-Aron, M., Wright, P., Marchese, V. & Handy, L. (1988). The sex killer. *Annals of Sex Research, 1,* 263–301.

Laws, D.R. (Ed.). (1989). *Relapse prevention with sex offenders.* New York: Guilford Press.

Laws, D.R. (1995). Verbal satiation: Notes on procedure with speculations on its mechanism of effect. *Sexual Abuse: A Journal of Research and Treatment, 7,* 155–166.

Laws, D.R. (2003). Penile plethysmography: Will we ever get it right? In T. Ward, R.D. Laws & S.M. Hudson (Eds.), *Sexual deviance. Issues and controversies* (pp. 82–102). Thousand Oaks, CA: Sage Publications.

Laws, D.R. & O'Donohue, W. (Eds.). (1997). *Sexual deviance: Theory, assessment, and treatment.* New York: Guilford Press.

Laws, D.R. & Marshall, W.L. (1991). Masturbatory reconditioning with sexual deviates: An evaluative review. *Advances in Behavior Research and Therapy, 13,* 13–25.

Laws, D.R., Hudson, S.M. & Ward, T. (2000). (Eds.). *Remaking relapse prevention with sex offenders: A sourcebook.* Thousand Oaks, CA: Sage.

Lazarus, R.S. (1994). *Emotion and adaptation.* New York: Oxford University Press.

LeDoux, J. (1996). *The emotional brain. The mysterious underpinnings of emotional life.* New York: Simon and Schuster. [dt. (1998). *Das Netz der Gefühle. Wie Emotionen entstehen.* München: Hanser].

Lee, J.K., Pattison, P., Jackson, H.J. & Ward, T. (2001). The general, common, and specific features of psychopathology for different types of paraphilias. *Criminal Justice and Behavior, 28,* 227–256.

Lemmen, K., Müller, M. & Traute, A. (2001). Beratung in den Zeiten von HAART. In: Verband lesbischer Psychologinnen und schwuler Psychologen in Deutschland e.V. (VLSP; Hrsg.). (2001). *Beratung von Lesben und Schwulen* (S. 120–127). Berlin: Dt. AIDS-Hilfe e.V.

Lemp, G.F., Jones, M., Kellogg, T.A., Nieri, G.N., Anderson, L., Withum, D. & Katz, M. (1995). HIV seroprevalence and risk behaviors among lesbians and bisexual women in San Francisco and Berkeley, California. *American Journal of Public Health, 85,* 1549–1552.

Levin, S.M., Barry, S.M., Gambero, S., Wolfinsohn, L. & Smith, A. (1977). Variations of covert sensitisation in the treatment of pedophilic behavior: A case study. *Journal of Consulting and Clinical Psychology, 10,* 896–907.

Levine, S.B., Brown, G., Coleman, E., Cohen-Kettenis, P., Hage, J.J., Van Maasdam, J., Petersen, M., Pfaefflin, F. & Schaefer, L.C. (1998) Harry Benjamin International Gender Dysphoria Association's "The Standards of Care for Gender Identity Disorders". *International Journal of Transgenderism, 2* (2) [www.symposion.com/ijt/].

Lewis, D.O. (1998). *Guilty by reason of insanity. A psychiatrist explores the minds of killers.* New York: Fawcett Columbine.

Leygraf, N. (1988). *Psychisch kranke Straftäter – Epidemiologie und aktuelle Praxis des Maßregelvollzugs.* Berlin: Springer.

Liebert, J.A. (1985). Contributions of psychiatric consultation in the investigation of serial murder. *International Journal of Offender Therapy and Comparative Criminology, 29,* 187–200.

Lima, G., LoPresto, C.T., Sherman, M.F. & Sobelman, S.A. (1993). The relationship between homophobia and self-esteem in gay males with AIDS. *Journal of Homosexuality, 25,* 69–76.

Lipton, D., Martinson, R. & Wilks, J. (1975). *The effectiveness of correctional treatment: A survey of treatment evaluation studies.* New York: Praeger.

Lombroso, C. (1876). *L'uomo delinquente.* Mailand: Hoepli.

Looman, J. (1995). Sexual fantasies of child molesters. *Canadian Journal of Behavioural Science, 27,* 321–332.

Lübcke-Westermann, D. (2003). *Persönlichkeitsstörung, Sexualstraftat und Empathie. Theorie, Empirie und Biographie.* Frankfurt: Peter Lang.

Lüdemann, W., Schläfke, D. & Häßler, F. (2000). Qualität der Begutachtung von Sexualstraftätern (1980–1989 vs. 1990–1999) vor dem Hintergrund unterschiedlicher gesetzlicher Vorgaben auf der Grundlage eines Dokumentationssystems. In A. Marneros, D. Rössner, A. Haring & P. Brieger (Hrsg.), *Psychiatrie und Justiz* (S. 202–207). München: Zuckschwerdt.

MacCulloch, M.J. & Feldman, M.P. (1967). Aversion therapy in the management of 43 homosexuals. *British Medical Journal, 2,* 594–597.

MacCulloch, M.J., Waddington, J.L. & Sanbrook, J.E. (1978). Avoidance latencies reliably reflect sexual attitude during aversive therapy for homosexuality. *Behavior Therapy, 9,* 562–577.

MacCulloch, M.J., Snowden, P.R., Wood, P.J.W. & Mills, H.E. (1983). Sadistic fantasy, sadistic behaviour, and offending. *British Journal of Psychiatry, 143,* 20–29.

MacDonald, R.K. & Pithers, W.D. (1989). Self-monitoring to identify high-risk situations. In D.R. Laws (Ed.), *Relapse prevention with sex offenders* (pp. 96–104). New York: Guilford Press.

Malamuth, N.M. (1981). Rape proclivity among males. *Journal of Social Issues, 37,* 138–157.

Malamuth, N.M. (1998). An evolutionary-based model integrating research on the characteristics of sexually coercive men. In J.G. Adair & D. Belanger (Eds.), *Advances in psychological science: Vol. 1. Social, personal and cultural aspects* (pp. 151–184). Mahwah, NJ: Lawrence Erlbaum.

Malamuth, N.M. & Check, J.V.P. (1983). Sexual arousal to rape depictions: Individual differences. *Journal of Abnormal Psychology, 92,* 55–67.

Malamuth, N.M. & Brown, L.M. (1994). Sexually aggressive men's perceptions of women's communications: Testing three explanations. *Journal of Personality and Social Psychology, 67,* 699–712.

Malamuth, N.M., Feshbach, S. & Jaffe, Y. (1977). Sexual arousal and aggression: Recent experiments and theoretical issues. *Journal of Social Issues, 33,* 110–133.

Malamuth, N.M., Sockloskie, R., Koss, M.P. & Tanaka, J. (1991). The characteristics of aggressors against women: Testing a model using national sample of college students. *Journal of Consulting and Clinical Psychology, 59,* 670–681.

Malamuth, N.M., Heavey, C.L. & Linz, D. (1993). Predicting men's antisocial behaviour towards women: The interaction model of aggression. In G.C. Nagayama Hall, R. Hirshman, J.R. Graham & M.S. Zaragoza (Eds.), *Sexual aggression: Issues in etiology, assessment, and treatment* (pp. 63–97). Washington, DC: Taylor & Francis.

Maletzky, B.M. (1986). Orgasmic reconditioning. In A.S. Bellack & M. Hersen (Eds.), *Dictionary of behavior therapy techniques* (pp. 57–58). New York: Pergamon Press.

Maletzky, B.M. (1991). *Treating the sexual offender.* Newbury Park, CA: Sage.

Maletzky, B.M. (1993). Factors associated with success and failure in the behavioral and cognitive treatment of sexual offenders. *Annals of Sex Research, 6,* 241–258.

Malony, H.N. (Ed.). (2002). *Pastoral care and counseling in sexual diversity.* Binghamton, NY: Haworth Press.

Mann, R.E. & Beech, A.R. (2003). Cognitive distortions, schemas, and implicit theories. In T. Ward, R.D. Laws & S.M. Hudson (Eds.), *Sexual deviance. Issues and controversies* (pp. 135–153). Thousand Oaks, CA: Sage Publications.

Mann, R.E. & Hollin, C.R. (2001). *Schemas: A model for understanding cognition in sexual offending.* Paper, 20th Annual Conference, Association for the Treatment of Sexual Abusers, San Antonio. [Zitiert aus Mann & Beach, 2003].

Mardorossian, C.M. (2002). Toward a new feminist theory of rape. *Journal of Women in Culture and Society, 27,* 743–755.

Marks, I. & Gelder, M.G. (1967). Transvestitism and fetishism: Clinical and psychological changes during faradi aversion. *British Journal of Psychiatry, 113,* 711–729.

Marlatt, G.A. & Gordon, J.R. (1985). *Relapse prevention: Maintenance strategies in the treatment of the addictive behaviors.* New York: Guilford Press.

Marneros, A. (1997). *Sexualmörder. Eine erklärende Erzählung.* Bonn: Edition Das Narrenschiff im Psychiatrie-Verlag.

Marneros, A., Rössner, D., Haring, A. & Brieger, P. (Hrsg.). (2000). *Psychiatrie und Justiz.* München: Zuckschwerdt.

Marneros, A., Ullrich, S. & Rössner, D. (Hrsg.). (2002). *Angeklagte Straftäter. Das Dilemma der Begutachtung.* Baden-Baden: Nomos Verlagsgesellschaft.

Marques, J.K., Day, D.M., Nelson, C. & Miner, M.H. (1989). The Sex Offender Treatment and Evaluation Project: California's relapse prevention program. In D.R. Laws (Ed.), *Relapse prevention with sex offenders* (pp. 247–267). New York: Guilford Press.

Marshall, W.L. (1974). The classical conditioning of sexual attractiveness: A report of four therapeutic failures. *Behavior Therapy, 5,* 298–299.

Marshall, W.L. (1989). Intimacy, loneliness and sexual offenders. *Behaviour Research and Therapy, 27,* 491–503.

Marshall, W.L. (1989b). Pornography and sex offenders. In D. Zillman & J. Bryant (Eds.), *Pornography: Research advances and policy considerations* (pp. 185–214). Hillsdale, NJ: Erlbaum.

Marshall, W.L. (1994). Treatments effects on denial and minimization in incarcerated sex offenders. *Behavior Research and Therapy, 32,* 559–564.

Marshall, W.L. (1997). Pedophilia: Psychopathology and theory. In D.R. Laws & W. O'Donohue (Eds.), *Sexual deviance: Theory, assessment, and treatment* (pp.152–174). New York: Guilford Press.

Marshall, W.L. & Barbaree, H.E. (1990). Outcome of comprehensive cognitive-behavioral treatment programs. In W.L. Marshall, R.D. Laws & H.E. Barbaree (Eds.), *Handbook of sexual assault: Issues, theories, and treatment of offender* (pp. 363–385). New York: Plenum Press.

Marshall, W.L. & Barbaree, H.E. (1990b). An integrated theory of the etiology of sexual offending. In W.L. Marshall, R.D. Laws & H.E. Barbaree (Eds.), *Handbook of sexual assault: Issues, theories, and treatment of offender* (pp. 257–275). New York: Plenum Press.

Marshall, W.L. & Christie, M.M. (1982). The enhancement of social self-esteem of child-molesters. *Sexual Abuse: A Journal of Research and Treatment, 9,* 321–333.

Marshall, W.L. & Eccles, A. (1991). Issues in clinical practice with sex offenders. *Journal of Interpersonal Violence, 6,* 68–93.

Marshall, W.L. & Hall, G.C.N. (1995). The value of the MMPI in deciding forensic issues in accused sexual offenders. *Sexual Abuse: A Journal of Research and Treatment, 7,* 205–219.

Marshall, W.L. & Marshall, L.E. (2000). The origins of sexual offending. *Trauma, Violence, and Abuse, 3,* 250–263.

Marshall, W.L., Earls, C.M., Segal, Z. & Darke, J. (1983). A behavioural program for the assessment and treatment of sexual aggressors. In K.D. Craig & R.J. McMahon (Eds.), *Advances in clinical therapy* (pp. 148–174). New York: Brunner/Mazel.

Marshall, W.L., Barbaree, H.E. & Eccles, A. (1991). Early onset and deviant sexuality in child molesters. *Journal of Interpersonal Violence, 6,* 323–336.

Marshall, W.L., Jones, R., Ward, T., Johnston, P. & Barbaree, H.E. (1991). Treatment outcome with sex offenders. *Clinical Psychology Review, 11,* 465–485.

Marshall, W.L., Hudson, S.M., Jones, R. & Fernandez, Y.M. (1995). Empathy of sex offenders. *Clinical Psychology Review, 15,* 99–113.

Marshall, W.L., Champagne, F., Sturgeon, C. & Bryce, P. (1997). Increasing the self-esteem of child molesters. *Sexual Abuse: A Journal of Research and Treatment, 9,* 321–333.

Marshall, W.L., Fernandez, Y.M., Hudson, S.M. & Ward, T. (Eds.). (1998). *Sourcebook of treatment programs for sexual offenders.* New York: Plenum Press.

Marshall, W.L., Anderson, D. & Fernandez, Y.M. (1999). *Cognitive behavioral treatment of sexual offenders.* Chichester, UK: Wiley.

Martin, A.D. & Hetrick, E.S. (1988). The stigmatisation of gay and lesbian adolescent. *Journal of Homosexuality, 15,* 163–183.

Mason, F.L. (1997). Fetishism: Psychopathology and theory. In D.R. Laws & W.T. O'Donohue (Eds.), *Sexual deviance: Theory, assessment, and treatment* (pp. 75–91). New York: Guilford Press.

Matasha, E., Ntembela, T., Mayaud, P. et al. (1998). Sexual and reproductive health among primary and secondary school pupils in Mwanza, Tanzania: Need for intervention. *Aids Care, 10,* 571–582.

Mathews, R., Mathews, J.K. & Speltz, K. (1989). *Female sex offenders: An exploratory study.* Orwell, VT: Safer Society Press.

Maudsley, H. (1874). *Responsebility in mental disease.* London: King.

McClintock, M.K. & Herdt, G. (1996). Rethinking puberty: The development of sexual attraction. *Current Directions im Psychological Science, 5,* 178–183.

McConaghy, N. (1990). Sexual deviation. In A.S. Bellack, M. Hersen & P.E. Kazdin (Eds.), *International handbook of behavior therapy and modification* (2 nd Ed.; pp. 565–580). New York: Plenum Press.

McConaghy, N. (1993). *Sexual behavior: Problems and management.* New York: Plenum Press.

McCormack, A., Rokous, F.E., Hazelwood, R.R. & Burgess, A.W. (1992). An exploration of incest in the childhood development of serial rapists. *Journal of Family Violence, 7,* 219–228.

McDougall, J. (1985). *Plädoyer für eine gewisse Anormalität.* Frankfurt/M.: Suhrkamp.

McElroy, S.L., Soutullo, C.A., Purcell Taylor, E.D., Nelson, E.B., Beckman, D.A., Brusman, L.A., Ombaba, J.M., Strakowski, S.M. & Keck, P.M. (1999). Psychiatric features of 36 men convicted of sexual offences. *Journal of Clinical Psychiatry, 60,* 414–420.

McFall, R.M. (1990). The enhancement of social skills. An information-processing analysis. In W.L. Marshall, R.D. Laws & H.E. Barbaree (Eds.), *Handbook of sexual assault: Issues, theories, and treatment of offender* (pp. 311–330). New York: Plenum Press.

McGuire, C. & Norton, C. (1988). *Perfect victim.* New York: Dell.

McGuire, R.J., Carlisle, J.M. & Young, B.G. (1965). Sexual deviations as conditioned behaviour: A hypothesis. *Behaviour Research and Therapy, 2,* 185–190.

McHenry, S.S. & Johnson, J.W. (1993). Homophobia in the therapist and gay or lesbian client: Conscious and unconscious collusions in self-hate. *Psychotherapy, 30,* 141–151.

McKirnan, D.J., Stokes, J.P., Doll, L. & Burzette, R.G. (1995). Bisexually active men: Social characteristics and sexual behavior. *Journal of Sex Research, 32,* 65–76.

Meloy, J.R. (1997). A clinical investigation of the obsessional follower: 'She loves me, she loves me not …'. In L. Schlesinger (Ed.), *Explorations in criminal psychopathology.* Springfield, IL: Charles C. Thomas.

Meloy. J.R. (Ed.). (1998). *The psychology of stalking: Clincical and forensic perspectives.* San Diego: Academic Press.

Mertens, W. (1994). *Entwicklung der Psychosexualität und der Geschlechtsidentität. Geburt bis 4. Lebensjahr* (Bd.1; 2. Aufl.). Stuttgart: Kohlhammer.

Meurer, U. (2001). Unsafer Sex und Vorsicht „on the long run". In: Verband lesbischer Psychologinnen und schwuler Psychologen in Deutschland e.V. (VLSP; Hrsg.). (2001). *Beratung von Lesben und Schwulen* (S. 128–135). Berlin: Dt. AIDS-Hilfe e.V.

Meyenburg, B. (2001). Geschlechtsidentitätsstörungen im Kindes- und Jugendalter. In V. Sigusch (Hrsg.), *Sexuelle Störungen und ihre Behandlung* (3. Auflage, S. 538–553). Stuttgart: Thieme.

Meyer, J.K. (1995). Paraphilias. In H.I. Kaplan & B.J. Sadock (Eds.), *Comprehensive textbook of psychiatry VI* (Vol. 1; 6th ed.; pp. 1334–1347). Baltimore: Williams & Wilkins.

Meyer-Bahlburg, H.F.L. (1984). Psychoendocrine research on sexual orientation: Current status and future options. *Progress in Brain Research, 61,* 375–398.

Meyers, R. (2000). *Identifying schemas in child and adult sex offenders, and violent offenders.* Unpublished Master's Thesis. University of Leicester. [Zitiert nach Mann & Beech, 2003].

Michelsen, J. (1996). Von Kaufleuten, Waisenknaben und Frauen in Männerkleidern. Sodomie im Hamburg des 18. Jahrhunderts. *Zeitschrift für Sexualforschung, 9,* 205–237.

Milner, J.S. & Dopke, C.A. (1997). Paraphilia not otherwise specified: Psychopathology and theory. In D.R. Laws & W.T. O'Donohue (Eds.), *Sexual deviance: Theory, assessment, and treatment* (pp. 394–423). New York: Guilford Press.

Moebius, P.J. (1900). Über Entartung. *Grenzfragen des Seelenlebens, 3,* 95–123. [Wiesbaden: Bergmann.]

Mohr, J.W., Turner, R.E. & Jerry, M.B. (1964). *Pedophilia and exhibitionism.* Toronto: University of Toronto Press.

Money, J. (1980). *Love and love sickness. The science of sex, gender differences, and pair-bonding.* Baltimore, MD: Johns Hopkins University Press.

Money, J. (1984). Paraphilias: Phenomenology and classification. *American Journal of Psychotherapy, 38,* 164–179.

Money, J. (1985). *The destroying angel.* Buffalo, NY: Prometheus.

Money, J. (1986). *Lovemaps: Clinical concepts of sexual/erotic health and pathology, paraphilia, and gender transposition in childhood, adolescence, and maturity.* Buffalo, NY: Prometheus.

Money, J. (1990). Forensic sexology: Paraphilic serial rape (Biastrophilia) and lust murder (Erotophonophilia). *American Journal of Psychotherapy, 44,* 26–36.

Money, J. (1994). Zur Geschichte des Konzepts Gender Identity Disorder. *Zeitschrift für Sexualforschung, 7,* 20–34.

Money, J. (1998). *Sin, science, and the sex police. Essays on sexology and sexosophy.* New York: Amherst, Prometheus Books.

Money, J. & Ehrhardt, A.A. (1972). *Man & Woman. Boy & Girl.* Baltimore, MD: John Hopkins University Press.

Money, J. & Lamacz, M. (1989). *Vandalized lovemaps.* Buffalo, NY: Prometheus.

Money, J. & Tucker, P. (1975). *Sexual signatures.* Boston: Little, Brown.

Money, J. & Werlas, J. (1982). Paraphilic sexuality and child abuse: The parents. *Journal of Sex and Marital Therapy, 8,* 57–64.

Money, J., Hampson, J.G. & Hampson, J.L. (1957). Imprinting and the establishment of gender role. *Archives of Neurology and Psychiatry, 77,* 333–336.

Moon, L. (1996). Working with single people. In D. Davies & C. Neal (Eds.), *Pink therapy* (pp. 89–100). Buckingham: Open University Press.

Morel, B.A. (1857). *Traité des dégénérescenses physiques, intellectuelles et morales de l'espèce humaine et des causes qui produisent ces variétés maladives.* Paris: Baillière.

Morgenthaler, F. (1974). Die Stellung der Perversionen in Metapsychologie und Technik. *Psyche, 28,* 1077–1098.

Morgenthaler, F. (1981/1987). *Homosexualität. Heterosexualität. Perversion.* Frankfurt/M.: Qumram. [seit (1987). Frankfurt/M.: Fischer-TB].

Moser, C. & Levitt, E.E. (1987). An exploratory-descriptive study of a sadomasochistically oriented sample. *Journal of Sex Research, 23,* 322–337.

Moyer, K.E. (1976). *The psychobiology of aggression.* New York: Harper & Row.

Mullen, P.E., Pathé, M. & Purcell, R. (2000). *Stalkers and their victims.* Cambridge: Cambridge University Press.

Mullen, P.E., Pathé, M., Purcell, R. & Stuart, G.W. (1999). Study of stalkers. *American Journal of Psychiatry, 156,* 1244–1249.

Mulloy, R. & Marshall, W.L. (1999). Social functioning. In W.L. Marshall, D. Anderson & Y.M. Fernandez (Eds.), *Cognitive behavioral treatment of sexual offenders* (pp. 93–109). Chichester, UK: Wiley.

Munroe, R.L. & Gauvin, M. (2001). Why the paraphilias? Domesticating strange sex. *Cross-Cultural Research, 35,* 44–64.

Murphy, W.D. (1990). Assessment and modification of cognitive distortions in sex offenders. In W.L. Marshall, R.D. Laws & H.E. Barbaree (Eds.), *Handbook of sexual assault: Issues, theories, and treatment of offender* (pp. 331–342). New York: Plenum Press.

Murphy, W.D. (1997). Exhibitionism: Psychopathology and theory. In D.R. Laws & W.T. O'Donohue (Eds.), *Sexual deviance: Theory, assessment, and treatment* (pp. 22–39). New York: Guilford Press.

Murphy, W.D. & Barbaree, H.E. (1988). *Assessment of sexual offenders by measures of erectile responses. Psychometric properties and decision making.* Washington, DC: National Institute of Mental Health.

Murphy, W.D. & Barbaree, H.E. (1994). *Assessment of sex offenders by measures of erectile response: Psychometric properties and decision making.* Brandon, VT: Safer Society Press.

Neal, C. & Davies, D. (Eds.). (2000). *Pink therapy 3. Issues in therapy with lesbian, gay, bisexual and transgender clients.* Buckingham: Open University Press.

Nestmann, F. (Hrsg.). (1997). *Beratung. Bausteine für eine interdisziplinäre Wissenschaft und Praxis.* Tübingen: dgvt-Verlag.

O'Donohue, W. & Plaud, J.J. (1994). The conditioning of human sexual arousal. *Archives of Sexual Behavior, 23,* 385–393.

O'Halloran, R.L. & Dietz, P.E. (1993). Autoerotic fatalities with power hydraulics. *Journal of Forensic Sciences, 38,* 359–364.

O'Neill, R.A. (1999). *International trafficking to the United States: A contemporary manifestation of slavery and organized crime.* Washington, DC: DCI Exceptional Intelligence Analyst Program.

Paitich, D. & Langevin, R. (1976). The Clark Parent-Child Relationships Questionnaire: A clinically useful test for adults. *Journal of Consulting and Clinical Psychology, 44,* 428–436.

Pattatucci, A.M.L. & Hamer, D.H. (1995). Development and familiality of sexual orientation in females. *Behavior Genetics, 25,* 407–420.

Patterson, C.J. (1992). Children of lesbian and gay parents. *Child Development, 63,* 1025–1042.

Peo, R.E. (1988). Transvestism. *Journal of Social Work and Human Sexuality, 7,* 57–75.

Perkins, D.O., Leserman, J. Murphy, C. & Evans, D.L. (1993). Psychosocial predictors of high-risk sexual behavior among HIV-negative homosexual men. *AIDS Education and Prevention, 5,* 141–152.

Petermann, F. (Hrsg.). (1997). *Patientenschulung und Patientenberatung* (2. Aufl.). Göttingen: Hogrefe.

Pfäfflin, F. (1983). *Verfolger und Verfolgte in der Sexualwissenschaft.* Vortrag, anlässlich der Ausstellung „Die Geburt der Sexualwissenschaft". Universität Hamburg.

Pfäfflin, F. (1989). Perversion. In J. Ritter & K. Gründer (Hrsg.), *Historisches Wörterbuch der Philosophie* (Band 7; S. 379–382). Basel: Schwabe Verlag.

Pfäfflin, F. (1996). Die Standards of Care der Harry-Benjamin-Gesellschaft. In U. Clement & W. Senf (Hrsg.), *Transsexualität. Behandlung und Begutachtung* (S. 103–115). Stuttgart: Schattauer.

Pfäfflin, F. (1996b). Erstellung der Gutachten. In U. Clement & W. Senf (Hrsg.), *Transsexualität. Behandlung und Begutachtung* (S. 80–87). Stuttgart: Schattauer.

Pfäfflin, F. (1999). Prinzipien der therapeutischen Behandlung von Sexualstraftätern. In V. Wodtke & U. Mähne (Hrsg.), *„Nicht wegschauen!" Vom Umgang mit Sexualstraftätern. Schwerpunkt Kindesmissbrauch* (S. 97–107). Baden-Baden: Nomos.

Pfäfflin, F. (2000). Sexualstraftaten. In U. Venzlaff & K. Foerster (Hrsg.), *Psychiatrische Begutachtung* (3. Aufl.; S. 241–266). München: Urban & Fischer.

Pfäfflin, F. (2003). Anmerkungen zum Begriff der Geschlechtsidentität. *Psychodynamische Psychotherapie, 2,* 141–153.

Pfäfflin, F. & Adshead, G. (Eds.). (2004). *A matter of security. The application of attachment theory to forensic psychiatry and psychotherapy.* London: Jessica Kingsley Publishers.

Pfäfflin, F. & Coleman, E. (1997). Introduction. *International Journal of Transgenderism, 1* (1). (http://www.symposion.com/ijt/)

Pfäfflin, F. & Mergenthaler, E. (1998). Forschungsfragen der Forensischen Psychiatrie. In E. Wagner & W. Werdenich (Hrsg.), *Forensische Psychiatrie* (S. 21–36). Wien: Facultas Universitäts Verlag.

Phillips, G. & Over, R. (1992). Adult sexual orientation in relation to memories of childhood gender conforming and gender nonconforming behaviors. *Archives of Sexual Behavior, 21,* 543–558.

Pick, D. (1989). *Faces of degeneration. A European disorder. c.1848–c.1918.* Cambridge: Cambridge University Press.

Pithers, W.D. (1990). Relapse prevention with sexual aggressors. In W.L. Marshall, R.D. Laws & H.E. Barbaree (Eds.), *Handbook of sexual assault: Issues, theories, and treatment of offender* (pp. 343–361). New York: Plenum Press.

Pithers, W.D. (1999). Empathy: Definition, enhancement, and relevance to the treatment of sexual abusers. *Journal of Interpersonal Violence, 14,* 257–284.

Pithers, W.D., Marques, J.K., Gibat, C.C. & Marlatt, G.A. (1983). Relapse prevention with sexual aggressives: A self-control model of treatment and maintenance of change. In J.G. Greer & I.R. Stuart (Eds.), *The sexual aggressor: Current perspectives on treatment* (pp. 214–239). New York: Von Nostrand Reinhold.

Pithers, W.D., Beal, L.S., Armstrong, J. & Petty, J. (1989) Identification of risk factors through clinical interviews and analysis of records. In R.D. Laws (Ed.), *Relapse prevention with sex offenders* (pp. 77–87). New York: Guilford Press.

Platon (387 v. Chr.; 1992). *Gastmahl.* Stuttgart: Reclam.

Plummer, K. (1989). Lesbian and gay youth in England. *Journal of Homosexuality, 17,* 195–233.

Polaschek, D.L. (2003). Empathy and victim empathy. In T. Ward, R.D. Laws & S.M. Hudson (Eds.), *Sexual deviance. Issues and controversies* (pp. 172–189). Thousand Oaks, CA: Sage Publications.

Pomeroy, W.B. (1975). The diagnosis and treatment of transvestites and transsexuals. *Journal of Sex and Marital Therapy, 1,* 215–224.

Prentky, R.A. (1985). The neurochemistry and neuroendocrinology of sexual aggression. In D.P. Farrington & J. Gunn (Eds.), *Aggression and dangerousness.* New York: Wiley.

Prentky, R.A. & Knight, R.A. (1991). Identifying critical dimensions for discriminating among rapists. *Journal of Consulting and Clinical Psychology, 59,* 643–661.

Prentky, R.A., Burgess, A.W., Rokous, F.R., Lee, A., Hartmann, C. & Ressler, R. (1989a). The presumptive role of fantasy in serial homicide. *American Journal of Psychiatry, 146,* 887–891.

Prentky, R.A., Knight, R.A., Sims-Knight, J.E., Straus, H., Rokous, F. & Cerce, D. (1989b). Developmental antecedents of sexual aggression. *Development and Psychopathology, 1,* 153–169.

Prentky, R.A., Harris, B., Frizzel, K. & Righthand, S. (2000). An actuarial procedure for assessing risk with juvenile sex offenders. *Sexual Abuse: A Journal of Research and Treatment, 12,* 71–93.

Prince, V.C. & Bentler, P.M. (1972). Survey of 504 cases of transvestism. *Psychological Report, 31,* 903–917.

Prins, H. (1985). *Bizarre behaviours. Boundaries of psychiatric disorders.* London: Tavistock/Routledge.

Quinsey, V.L. & Earls, C.M. (1990). The modification of sexual preferences. In W.L. Marshall, R.D. Laws & H.E. Barbaree (Eds.), *Handbook of sexual assault: Issues, theories, and treatment of offender* (pp. 279–296). New York: Plenum Press.

Quinsey, V.L., Chaplin, T.C. & Upfold, D. (1984). Sexual arousal to nonsexual violence and sadomasochistic themes among rapists and non-sex-offenders. *Journal of Consulting and Clinical Psychology, 52,* 651–657.

Quinsey, V.L., Harris, G.T., Rice, M.E. & Lalumière, M.L. (1993). Assessing treatment efficacy in outcome studies of sex offenders. *Journal of Interpersonal Violence, 8,* 512–523.

Raboch, J., Herna, C. & Zemek, P. (1976). Sexual aggressivity and androgens. *British Journal of Psychiatry, 151,* 398–400.

Rachman, S. (1966). Sexual fetishism: An experimental analogue. *Psychological Record, 18,* 25–27.

Rachman, S. & Hodgson, R.J. (1968). Experimental induces "sexual fetishism": Replication and development. *Psychological Record, 18,* 25–27.

Rada, R.T. (1978). *Clinical aspects of the rapist.* New York: Grune & Stratton.

Rada, R.T., Laws, D.R. & Kellner, R. (1976). Plasma testosterone levels in the rapist. *Psychosomatic Medicine, 38,* 257–268.

Radkowsky, M. & Siegel, L. (1997). The gay adolescent: Stressors, adaptations and psychosocial interventions. *Clinical Psychology Review, 17,* 191–216.

Rauchfleisch, U. (1981). *Dissozial.* Göttingen: Vandenhoeck & Ruprecht.

Rauchfleisch, U. (2001). *Schwule, Lesben, Bisexuelle. Lebensweisheiten, Vorurteile, Einsichten* (3. Aufl.). Göttingen: Sammlung Vandenhoeck.

Raupp, U. & Eggers, C. (1993). Sexueller Missbrauch von Kindern. *Monatsschrift für Kinderheilkunde, 141,* 316–322.

Raymond, N.C., Coleman, E., Ohlerking, F., Christenson, G.A. & Miner, M. (1999). Psychiatric comorbidity in pedophilic sex offenders. *American Journal of Psychiatry, 156,* 786–788.

Rehder, U. (1996). Klassifizierung inhaftierter Sexualdelinquenten – 1. Teil: Wegen Vergewaltigung und sexueller Nötigung Erwachsener Verurteilte. *Monatsschrift für Kriminologie und Strafrechtsreform, 79,* 291–304.

Reich, W. (1936/1990). *Die sexuelle Revolution.* Frankfurt: Fischer.

Reiche, R. (1990). *Geschlechterspannung. Eine psychoanalytische Untersuchung.* Frankfurt/M.: Fischer-TB.

Reiche, R. (1996). Psychoanalytische Therapie sexueller Perversionen. In V. Sigusch (Hrsg.), *Sexuelle Störungen und ihre Behandlung* (S. 241–265). Stuttgart: Thieme.

Remafedi, G., French, S., Story, M., Resnick, M.D. & Blum, R. (1998). The relationship between suicide risk and sexual orientation: Results of a population-based study. *American Journal of Public Health, 88,* 57–60.

Renneberg, B. & Fydrich, T. (1999). Verhaltenstherapeutische Therapiekonzepte in der Gruppenbehandlung der selbstunsicheren Persönlichkeitsstörung. In H. Saß & S. Herpertz (Hrsg.), *Psychotherapie von Persönlichkeitsstörungen. Beiträge zu einem schulenübergreifenden Vorgehen* (S. 159–170). Stuttgart: Thieme.

Resch, F. (1996). *Entwicklungspsychopathologie des Kindes- und Jugendalters.* Weinheim: Beltz-PVU.

Ressler, R.K., Burgess, A.W. & Douglass, J.E. (1988). *Sexual homicide: Patterns and motives.* New York: Free Press.

Ressler, R.K., Burgess, A.W., Hartman, C.R., Douglas, J. & McCormack, A. (1986). Murderers who rape and mutilate. *Journal of Interpersonal Violence, 1,* 273–287.

Rhodes, R. (1999). *Why they kill. The discoveries of a maverick criminologist.* New York: Alfred A. Knopf.

Richardson, D.R. & Hammock, G.S. (1991). Alcohol and acquaintance rape. In A. Parrot & L. Bechhofer (Eds.), *Acquaintance rape: The hidden crime* (pp. 83–95). New York: Wiley.

Roesler, T. & Deisher, R.W. (1972). Youthful male homosexuality. *Journal of the American Medical Association, 219,* 1018–1023.

Rooth, G. & Marks, I.M. (1974). Persistent exhibitionism: Short-term response to aversion, self-regulation, and relaxation treatments. *Archives of Sexual Behavior, 8,* 227–248.

Rosario, M., Hunter, J., Maguen, S., Gwadz, M. & Smith, R. (2001). The coming-out process and its adaptational and health-related associations among gay, lesbian, and bisexual youths: Stipulation and exploration of a model. *American Journal of Community Psychology, 29,* 133–160.

Rosario, M., Meyer-Bahlburg, H.F.L., Hunter, J., Exner, T.M., Gwadz, M. & Keller, A.M. (1996). Psychosexual development of urban lesbian, gay, and bisexual youths. *The Journal of Sex Research, 33,* 113–126.

Rosman, J. & Resnick, P. (1989). Necrophilia: An analysis of 122 cases involving necrophilic acts and fantasies. *Bulletin of the American Academy of Psychiatry and the Law, 17,* 153–163.

Ross, R.W. & Rosser, B.R.S. (1996). Measurement and correlates of internalised homophobia: A factor analytic study. *Journal of Clinical Psychology, 52,* 15–21.

Rotheram-Borus, M.J., Hunter, J. & Rosario, M. (1994). Suicidal behavior and gay-related stress among gay and bisexual male adolescent. *Journal of Adolescent Research, 9,* 498–508.

Rudolf, G. (2003). *Einführung: Wege aus der Wortlosigkeit.* Vortrag, Kongress: Aktuelle Entwicklungen in der Psychotraumatologie. [20.–21. Juni 2003]. Heidelberg: Psychosomatische Universitätsklinik.

Rush, B. (1812). *Medical inquiries and observations upon the diseases of the mind.* Philadelphia: Richardson. [wieder aufgelegt (1962). New York: Hafner Press].

Russel, D.E.H. (1984). *Sexual exploitation: Rape, child sexual abuse, and workplace harassment.* Thousand Oaks, CA: Sage.

Rust, P.C. (1992). The politics of sexual identity: Sexual attraction and behavior among lesbian and bisexual women. *Social Problems, 39,* 366–386.

Ruthmann, M. (2001). *Aus Berthold wird Beate. Geschichte einer Geschlechtsumwandlung.* (TV-Filmprojekt). Stuttgart: Südwestfunk (SWF 3).

Ryan, G.D. & Lane, S.L. (1997). *Juvenile sexual offenders: Causes, consequences, and correction.* San Francisco: Jossey-Bass Publishers.

Sachse, R. (1983). Das Ein-Personen-Rollenspiel. Ein integratives Therapieverfahren. *Partnerberatung, 4,* 187–200.

Sajwaj, T., Libert, J. & Agras, S. (1974). Lemon-juice therapy: The control of life-threatening rumination in a six-month old infant. *Journal of Applied Behavior Analysis, 7*, 557–563.

Salkovskis, P.M. & Kirk, J. (1996). Zwangssyndrome. In J. Margraf (Hg.), *Lehrbuch der Verhaltenstherapie* (Band 2; S. 61–86). Berlin: Springer.

Salter, J. (1997). *Burning the days.* New York: Random House.

Sanday, P.R. (1981). The socio-cultural context of rape: A cross-cultural study. *The Journal of Social Issues, 37*, 5–27.

Saß, H. et al. (Hrsg.) *siehe* APA (1996) bis (2000).

Savin-Williams, R. (1990). *Gay and lesbian youth: Expression of identity.* New York: Hemisphere.

Savin-Williams, R. (1996). *"… And then I became gay".* New York: Routledge.

Schewe, P.A. (1997). Paraphilia not otherwise specified: Assessment and treatment. In D.R. Laws & W.T. O'Donohue (Eds.), *Sexual deviance: Theory, assessment, and treatment* (pp. 424–433). New York: Guilford Press.

Schmalenberg, D., Schmitz, W. & Schmid, C. (2003). Von Mördern und Muttersöhnchen. *Stern* (Heft 26/03), 42–48. (Hamburg: Gruner & Jahr).

Schmidt, G. (Hrsg.). (1993). *Jugendsexualität.* Stuttgart: Enke.

Schmidt, G. (1995). Über den Wandel heterosexueller Beziehungen. *Zeitschrift für Sexualforschung, 8*, 1–11.

Schmidt, G. (2000). John Colapinto: Der Junge, der als Mädchen aufwuchs (Buchbesprechung). *Zeitschrift für Sexualforschung, 13*, 362–364. (Stuttgart: Thieme-Verlag)

Schmidt, G. (2002). Lassen sich aus dem kulturellen Wandel von Sexualität und Familie in den westlichen Gesellschaften Tendenzen der zukünftigen Entwicklung in der Volksrepublik China ableiten. *Zeitschrift für Sexualforschung, 15*, 43–55.

Schmidt, G., Klusmann, D. & Zeitschel, U. (1992). Veränderungen der Jugendsexualität zwischen 1970 und 1990. *Zeitschrift für Sexualforschung, 5*, 191–218.

Schorsch, E. (1991). *Kurzer Prozeß? Ein Sexualstraftäter vor Gericht.* Hamburg: Klein Verlag.

Schorsch, E. & Becker, N. (1977). *Angst, Lust, Zerstörung. Zur Psychodynamik sexueller Tötungen.* Reinbek: Rowohlt.

Schorsch, E. & Pfäfflin, F. (1985). Phallographie bei Sexualdelinquenten. *Recht und Psychiatrie, 3 (2)*, 55–59.

Schorsch, E. & Pfäfflin, F. (1994). Die sexuellen Deviationen und sexuell motivierten Straftaten. In U. Venzlaff & K. Foerster (Hrsg.), *Psychiatrische Begutachtung* (S. 323–368). Stuttgart: Gustav Fischer.

Schorsch, E., Galedary, G., Haag, A., Hauch, M. & Lohse, H. (1996). *Perversion als Straftat. Dynamik und Psychotherapie* (2. Aufl.). Stuttgart: Enke.

Schötensack, K., Elliger, T., Gross, A. & Nissen, G. (1992). Prevalence of sexual abuse of children in Germany. *Acta Paedopsychiatrica, 55*, 211–216.

Schramm, D.D., Milloy, C.D. & Rowe, W.E. (1991). *Juvenile sex offenders: A follow-up study of reoffence behavior.* Olympia: Washington State Institute for Public Policy.

Schrenck-Notzing, A.v. (1892) *Die Suggestions-Therapie bei krankhaften Erscheinungen des Geschlechtssinnes: mit besonderer Berücksichtigung der conträren Sexualempfindung.* Stuttgart: Enke.

Schüler-Springorum, H., Berner, W., Cirullies, B., Leygraf, N., Nowara, S., Pfäfflin, F., Schott, M. & Volbert, R. (1996). Sexualstraftäter im Maßregelvollzug. *Monatsschrift für Kriminologie und Strafrechtsreform, 79*, 147–209.

Schumacher, J. & Hammelstein, Ph. (2003). Sensation Seeking und gesundheitsbezogenes Risikoverhalten. Eine Betrachtung aus gesundheitspsychologischer Perspektive. In M. Roth

& Ph. Hammelstein (Hrsg.), *Sensation Seeking – Konzeption, Diagnostik, Anwendung* (S. 138–161). Göttingen: Hogrefe.

Schwartz, B.K. & Canfield, G.M.S. (1998). Treating the "sexual dangerous person": The Massachusetts Treatment Centre. In W.L. Marshall et al. (Eds.), *Sourcebook of treatment programs for sexual offenders* (pp. 235–245). New York: Plenum Press.

Scrobaneck, S., Boonpakdi, N. & Janthakeero, C. (1997). *The traffic in women: Human realities of the international sex trade.* London: Zed Books.

Scott, G.G. (1983). *Erotic power: An exploration of dominance and submission.* Secausus, NJ: Citadel Press.

Segal, Z.V. & Marshall, W.L. (1985). Heterosexual skills in a population of rapists and child molesters. *Journal of Consulting and Clinical Psychology, 53,* 55–63.

Seghorn, T.K., Prentky, R.A. & Boucher, R.J. (1987). Childhood sexual abuse in the lives of sexually aggressive offenders. *Journal of the American Academy of Child and Adolescent Psychiatry, 26,* 262–267.

Seibt, A., McAlister, A.L., Freeman, A.C., Krepcho, M.A., Hedrick, A.R. & Wilson, R. (1993). Condom use and sexual identity among men who have sex with men – Dallas 1991. *Morbidity and Mortality Weekly Report, 42,* 13–14.

Seidman, B.T., Marshall, W.L., Hudson, S.M. & Robertson, P.J. (1994). An examination of intimacy and loneliness in sex offenders. *Journal of Interpersonal Violence, 9,* 518–534.

Seise, J., Banse, R. & Neyer, F.J. (2002). Individuelle Unterschiede in impliziten und expliziten Einstellungen zur Homosexualität. *Zeitschrift für Sexualforschung, 15,* 21–42.

Seligman, M.E.P. (1971). Phobias and preparedness. *Behavior Therapy, 2,* 307–320.

Serbin, L.A., Powlishta, K.K. & Gulko, J. (1993). *The development of sex-typing in middle childhood.* Chicago, IL: Society for Research in Child Development.

Serin, R.C., Malcolm, P.B., Khanna, A. & Barbaree, H.E. (1994). Psychopathy and deviant sexual arousal in incarcerated sexual offenders. *Journal of Interpersonal Violence, 9,* 3–11.

Seto, M. & Barbaree, H.E. (1995). The role of alcohol in sexual aggression. *Clinical Psychology Rewiew, 15,* 545–566.

Seto, M.C. & Kuban, M. (1996). Discriminant validity of a phallometric test for paraphilic rape and sadism. *Behaviour Research and Therapy, 6,* 441–456.

Shaw, T. & Schlank, A.M. (1992). *Treating sexual offenders who deny their guilt.* Paper, Annual Conference of the Association for the Treatment of Sexual Abusers. Portland, OR. (zit. nach Marshall et al., 1999).

Sheridan, L. & Davies, G.M. (2001). Violence and the prior victim-stalker relationship. *Criminal Behavior and Mental Health, 11,* 102–116.

Shidlo, A., Schroeder, M. & Drescher, J. (Eds.). (2002). *Sexual conversion therapy: Ethical, clinical, and research perspectives.* Binghamton, NY: Haworth Press.

Shields, W.M. & Shields, L.M. (1983). Forcible rape: An evolutionary perspective. *Ethology and Sociobiology, 11,* 115–136.

Siegel, J.M., Sorenson, S.B., Golding, J.M., Burnam, M.A. & Stein, J.A. (1987). The prevalence of childhood sexual assault. *American Journal of Epidemiology, 126,* 1141–1153.

Siegert, R. & Ward, T. (2003). Back to the future? Evolutionary explanations of rape. In T. Ward, R.D. Laws & S.M. Hudson (Eds.), *Sexual deviance. Issues and controversies* (pp. 45–61). Thousand Oaks, CA: Sage Publications.

Sigusch, V. (1991). Die Transsexuellen und unser nosomorpher Blick. *Zeitschrift für Sexualforschung, 4,* 309–343.

Sigusch, V. (Hrsg.). (1997). *Sexuelle Störungen und ihre Behandlung*. Stuttgart: Thieme. [3. Aufl. (2001)].

Sigusch, V. (1998). Jugendsexualität – Veränderungen in den letzten Jahrzehnten. *Deutsches Ärzteblatt, 95* (20), A-1240–1243.

Sigusch, V. (2001). Kultureller Wandel der Sexualität. In V. Sigusch (Hrsg.), *Sexuelle Störungen und ihre Behandlung* (3. Auflage, S. 16–52). Stuttgart: Thieme.

Sigusch, V. (2001b). Transsexuelle Entwicklungen. In V. Sigusch (Hrsg.), *Sexuelle Störungen und ihre Behandlung* (3. Auflage, S. 554–592). Stuttgart: Thieme.

Sigusch, V. & Schmidt, G. (1973). *Jugendsexualität*. Stuttgart: Enke.

Silberstein, L., Mishkind, M., Striegal-Moore, R. & Timko, C. (1989). Men and their bodies: A comparison of homosexual and heterosexual men. *Psychosomatic Medicine, 51,* 337–346.

Simon, G. (1996). Working with people in relationships. In D. Davies & C. Neal (Eds.), *Pink therapy* (pp. 101–115). Buckingham: Open University Press.

Simon, R.I. (1996). Bad men do what good men dream: A forensic psychiatrist illuminates the darker side of human behavior. In R.I. Simon (Ed.). *Serial sexual killers: Your life for their orgasm* (pp. 279–312). Washington, DC: Amercan Psychiatric Press.

Simon, W. (1995). Devianz als Geschichte: Die Zukunft der Perversionen. *Zeitschrift für Sexualforschung, 8,* 101–121.

Simon, W. & Gagnon, J.H. (1986). Sexual scripts: Permanence and change. *Archives of Sexual Behavior, 15,* 97–120.

Sizonenko, P.C. (1978). Endocrinology in preadolescents and adolescents. *American Journal of Diseases of Children, 132,* 704–712.

Smallbone, S. & Wortley, R. (2000). *Child sexual abuse in Queensland: Offender characteristics and modus operandi*. Brisbane: Queensland Crime Commission.

Smith, H. & Cox, C. (1983). Dialogue with a dominatrix. In T. Weinberg & G. Kamel (Eds.), *S and M: Studies in sadomasochism* (pp. 80–86). Buffalo, NY: Prometheus.

Smith, T.W. (1998). *American sexual behavior: Trends, socio-demographic differences and risk behavior*. University of Chicago: National Opinion Research Council.

Solomon, R.L. (1980). The opponent process theory of acquired motivation: The costs of pleasure and the benefit of pain. *American Psychologist, 35,* 691–712.

Solomon, R.L. & Corbit, J.D. (1974). An opponent-process theory of motivation: I. Temporal dynamic effects. *Psychological Review, 81,* 119–145.

Spengler, A. (1977). Manifest sadomasochism of males: Results of an empirical study. *Archives of Sexual Behavior, 6,* 441–456.

Spengler, A. (1979). *Sadomasochisten und ihre Subkulturen*. Frankfurt: Campus.

Sperling, M.B. & Berman, W.H. (Eds.). (1994). *Attachment in adults: Clinical and developmental perspectives*. New York: Guilford.

Stacey, J. & Biblartz, T.J. (2001). (How) Does the sexual orientation of parents matter? *American Sociology Review, 66,* 159–183.

Steenman, H., Nelson, C. & Viesti, C.J. (1989). Developing coping strategies for high risk situations. In D.R. Laws (Ed.), *Relapse prevention with sex offenders* (pp. 178–187). New York: Guilford Press.

Stermac, L.E. & Quinsey, V.L. (1986). Social competence among rapists. *Behavioral Assessment, 8,* 171–185.

Stoller, R.J. (1968). *Sex and gender. On the development of masculinity and femininity*. New York: Science House.

Stoller, R.J. (1976). *Sex and gender: Vol. II. The transsexual experiment*. New York: Aronson.

Stoller, R.J. (1979). *Perversionen. Die erotische Form von Haß.* Reinbek: Rowohlt. [engl. (1986). *Perversion: The erotic form of hatred.* London: Maresfield Library.]

Stolorow, R.D. & Lachman, F.M. (1980). *Psychoanalysis of developmental arrests.* New York: International Universities Press.

Sturup, G.K. (1968). Treatment of sexual offenders in Herstedvester, Denmark: The rapists. *Acta Psychiatrica Scandinavia, 204* (Suppl. 44), 1–62.

Sturup, G.K. (1972). Castration: The total treatment. In H.L.P. Resnik & M.E. Wolfgang (Eds.), *Sexual behavior: Social, clinical and legal aspects* (pp. 361–382).

Sullivan, H.S. (1940). *Conceptions of modern psychiatry.* New York: Norton.

Swiss, S. & Giller, S. (1993). Rape as a crime of war: A medical perspective. *Journal of the American Medical Association, 270,* 612–615.

Symons, D. (1979). *The evolution of human sexuality.* Oxford: Oxford University Press.

Taylor, A. (1983). Conceptions of masculinity and femininity as a basis for stereotypes of male and female homosexuals. *Journal of Homosexuality, 9,* 37–53.

Teegen, F. (2001). Traumatische Gewalterfahrung und posttraumatische Belastungsstörung. In A. Franke & A. Kämmerer (Hrsg.), *Klinische Psychologie der Frau* (S. 255–284). Göttingen: Hogrefe.

Templeman, T.L. & Stinnett, R.D. (1991). Patterns of sexual arousal and history in a "normal" sample of young men. *Archive of Sexual Behavior, 10,* 137–150.

Thornhill, R. & Palmer, C.T. (2000). *A natural history of rape: Biological bases of sexual coercion.* Cambridge: MIT Press.

Thornton, D. (1997). *Is relapse prevention really necessary?* Paper, Conference of the Association for the Treatment of Sexual Abusers. Arlington, VA (zitiert in Marshall et al., 1999).

Tingle, D., Barnard, G.W., Robbin, L., Newman, G. & Hutchinson, D. (1986). Childhood and adolescent characteristics of pedophils and rapists. *International Journal of Law and Psychiatry, 9,* 103–116.

Tissot, S.A. (1758). *Onania.* Genf. [dt. (1774). *Die Onanie, oder Abhandlung über die Krankheiten die von der Selbstbefleckung herrühren.* Leipzig: Friedrich Gotthold Jacobäer und Sohn.].

Tjaden, P. & Thoennes, N. (1998). *Stalking in America: Findings from the National Violence Against Women Survey.* Washington, DC: National Institute of Justice and Centers for Disease Control and Prevention.

Traute, A., Lemmen, K. & Müller, M. (2001). Beratung in den Zeiten von HAART. In: Verband lesbischer Psychologinnen und schwuler Psychologen in Deutschland e.V. (VLSP; Hrsg.). (2001). *Beratung von Lesben und Schwulen* (S. 136–147). Berlin: Dt. AIDS-Hilfe e.V.

Travers, R. & Schneider, M. (1996). Barriers to accessibility for lesbian and gay youth needing addiction services. *Youth and Society, 27,* 356–378.

Troiden, R.R. (1989). Becoming homosexual: A model of gay identity acquisition. *Psychiatry, 42,* 362–373.

Ullrich, S. & Marneros, A. (2000). Persönlichkeit und Kriminalität. In A. Marneros, D. Rössner, A. Haring & P. Brieger (Hrsg.), *Psychiatrie und Justiz* (S. 190–201). München: Zuckschwerdt.

Umann, E. (2003). *Kommentar zu „Sexuelle Orientierung und sexuelle Abweichung".* Leverkusen. [Kritische Diskussion der Vorarbeiten und Manuskripte zu diesem Buch].

United Nations (1993). *Declaration on the elimination of violence against women.* New York: United Nations General Assembly.

Vaillant, P.M. & Antonowicz, D.H. (1991). Cognitive behavior therapy and social skills training improves personality and cognition in incarcerated offenders. *Psychological Report, 68,* 27–33.

Veniegas, R.C. & Conley, T.D. (2000). Biological research on women's sexual orientations: Evaluating the scientific evidence. *Journal of Social Issues, 56,* 267–282.

Veyne, P. (1984). Homosexualität im antiken Rom. In P. Ariès & A. Béjin (Hrsg.), *Die Masken des Begehrens und die Metamorphosen der Sinnlichkeit* (S. 40–50). Frankfurt/M.: S. Fischer.

Vogelsang, M. (1999). Psychotherapie des Exhibitionismus. *Psychotherapeut, 44,* 288–299.

Ward, T. & Keenan, T. (1999). Child molesters' implicit theories. *The Journal of Interpersonal Violence, 14,* 821–838.

Ward, T. & Siegert, R.J. (2002). Toward a comprehensive theory of child sexual abuse: A theory knitting perspective. *Psychology, Crime & Law, 8,* 319–351.

Ward, T. & Sorbello, L. (2003). Explaining child abuse: Integration and elaboration. In T. Ward, R.D. Laws & S.M. Hudson (Eds.), *Sexual deviance. Issues and controversies* (pp. 3–20). Thousand Oaks, CA: Sage Publications.

Ward, T. & Stewart, C.A. (2003). Good lives and the rehabilitation of sex offenders. In T. Ward, R.D. Laws & S.M. Hudson (Eds.), *Sexual deviance. Issues and controversies* (pp. 21–44). Thousand Oaks, CA: Sage Publications.

Ward, T., Hudson, S.M. & Marshall, W.L. (1995). Cognitive distortions and affective deficits in sex offenders: A cognitive deconstructionist interpretation. *Sexual Abuse: A Journal of Research and Treatment, 7,* 67–83.

Ward, T., Hudson, S.M. & Marshall, W.L. (1996). Attachment style in sex offenders: A preliminary study. *Journal of Sex Research, 33,* 17–26.

Ward, T., McCormack, J., Hudson, S.M. & Polascheck, D. (1997). Rape: Assessment and treatment. In D.R. Laws & W.T. O'Donohue (Eds.), *Sexual deviance: Theory, assessment, and treatment* (pp. 356–393). New York: Guilford Press.

Ward, T., Hudson, S.M., Johnston, L. & Marshall, W.L. (1997b). Cognitive distortions in sex offenders. An integrative review. *Clinical Psychology Review, 17,* 479–507.

Ward. T., Hudson, S.M. & Keenan, T. (1998). A self-regulation model of the sexual offence process. *Sexual Abuse: A Journal of Research and Treatment, 10,* 141–157.

Ward, T., Laws, R.D. & Hudson, S.M. (Eds.). (2003). *Sexual deviance. Issues and controversies.* Thousand Oaks, CA: Sage Publications.

Warren, J., Hazelwood, R. & Dietz, P. (1996). The sexually sadistic serial killer. *Journal of Forensic Science, 41,* 970–974.

Watts, C. & Zimmerman, C. (2002). Violence against women: Global scope and magnitude. *The Lancet, 359,* 1232–1237.

Watts, C., Keogh, E., Ndlovu, M. & Kwaramba, R. (1998). Withholding of sex and forced sex: Dimensions of violence against Zimbabwean women. *Reproduction Health Matters, 6,* 57–65.

Weinberg, G. (1972). *Society and the healthy homosexual.* New York: St. Martin's Press.

Weinberg, T.S. (1987). Sadomasochism in the United States: A review of recent sociological literature. *Journal of Sex Research, 23,* 50–69.

Weinberg, T.S. & Kamel, W.L. (Eds.). (1983). *S and M: Studies in sadomasochism.* Buffalo, NY: Prometheus.

Weinrott, M.R. & Saylor, M. (1991). Self-report of crimes committed by sex offenders. *Journal of Interpersonal Violence, 6,* 286–300.

Wells, J.A. & Sell, R.L. (1990). *Project HOPE's international survey of AIDS educational messages and behavior change: France, the United Kingdom and the United States.* Chevy Chase, MD: Project HOPE.

Westphal, C. (1869). Die conträre Sexualempfindung. Symptom eines neuropathischen (psychopathischen) Zustandes. *Archiv für Psychiatrie und Nervenheilkunde, 2,* 73–108.

Weyer, J. (1563). *De praestigiis daemonum, et incantationibus ac veneficiis libri V.* Basel.

Whitman, J.S. & Boyd, C.J. (2002). *The therapist's notebook for lesbian, gay and bisexual clients.* Binghamton, NY: Haworth Press.

WHO – Weltgesundheitsorganisation (1991/1993). *Internationale Klassifikation psychischer Störungen. ICD-10 Kapitel V (F). Klinisch diagnostische Leitlinien* (1./2. Aufl.). Bern: Huber.

WHO – Weltgesundheitsorganisation (1994). *Internationale Klassifikation psychischer Störungen. ICD-10 Kapitel V (F). Forschungskriterien* (Hrsg.: H. Dilling, W. Mombour, M.H. Schmidt & E. Schulte-Markwort). Bern: Huber.

Wieczorek, A. (2001). Behandlungsparadigmen und Therapieziele in der sozialtherapeutischen Behandlung von Sexualstraftätern. In J. Hoyer & H. Kunst (Hrsg.), *Psychische Störungen bei Sexualdelinquenten* (S. 115–132). Lengerich: Pabst.

Wilson, G. (1987). An ethological approach to sexual deviation. In G. Wilson (Ed.), *Variant sexuality: Research and theory.* London: Croom Helm.

Winnicott, D.W. (1973). *Vom Spiel zur Kreativität.* Stuttgart: Klett.

Wise, T.N. (1989). Transvestic fetishism. In American Psychiatric Association (Ed.), *Treatment of psychiatric disorders* (Vol. 1; pp. 640–644). Washington, DC: American Psychiatric Association.

Wise, T.N. (1990). Transvestitic fetishism: Diagnosis and treatment. *Psychiatric Medicine, 8,* 75–84.

Wolf, C. (1979). *Bisexualität.* Frankfurt/M.: Goverts.

Worling, J.R. (1995). Sexual abuse histories of adolescent male sex offenders: Differences on the basis of the age and gender of their victims. *Journal of Abnormal Psychology, 104,* 610–613.

Worling, J.R. (2001). Personality-based typology of adolescent male sexual offenders: Differences in recidivism rates, victim-selection characteristics and personal victimisation histories. *Sexual Abuse: A Journal of Research and Treatment, 13,* 149–166.

Wrangham, R. & Peterson, D. (1996). *Demonic males.* London: Bloomsbury.

Wright, L. & Adams, H. (1994). Assessment of sexual preferences using a choice reaction time task. *Journal of Psychopathology and Behavioural Assessment, 4,* 204–209.

Wulfert, E., Greenway, D.E. & Dougher, M.J. (1996). A logical functional analysis of reinforcement based disorders: Alcoholism and pedophilia. *Journal of Consulting and Clinical Psychology, 64,* 1140–1151.

Wurmser, L. (2000). Psychoanalytische Behandlung – Trauma, Konflikt und „Teufelskreis". In U.T. Egle, S.O. Hoffmann & P. Joraschky (Hrsg.), *Sexueller Missbrauch, Misshandlung, Vernachlässigung* (S. 361–374). Stuttgart: Schattauer.

Young, G.H. & Gerson, S. (1991). New psychoanalytic perspectives on masochism and spouse abuse. *Psychotherapy, 28,* 30–38.

Zeigarnik, B. (1927). Über das Behalten von erledigten und unerledigten Handlungen. *Psychologische Forschung, 9,* 1–85.

Zinik, G. (1985). Identity conflict or adaptive flexibility? Bisexuality reconsidered. *Journal of Homosexuality, 11* (1/2), 7–19.

Zucker, K.J. & Bradley, S.J. (1995). *Gender identity disorder and psychosocial problems in children and adolescence.* New York: Guilford Press.

Zuger, B. (1984). Early effeminate behavior in boys: Outcome and significance for homosexuality. *Journal of Nervous and Mental Disease, 172,* 90–97.

Zuger, B. (1988). Is early effeminate behavior in boys early homosexuality? *Comprehensive Psychiatry, 29,* 509–519.

Personenregister

Silberstein L   120
Simon G   123, 125
Simon RI   279, 280, 389
Simon W   55
Sizonenko PC   379
Slater S   322
Smallbone S   305, 403
Smith H   257
Smith TW   41, 62, 63, 64, 65, 66, 67
Snyder E   82
Solomon RL   262
Sorbello L   302, 305, 306, 368, 381, 391
Spengler A   249, 254, 267
Sperling MB   384
Stacey J   129
Standop R   57
Steenman H   418
Stermac LE   331
Stern LO   91
Stewart CA   424, 425, 429
Stinnett RD   178
Stoller RJ   53, 147, 199, 234
Stolorow RD   259
Sturup GK   282
Sullivan HS   84
Swiss S   329
Symons D   373, 376

T

Tasker F   86
Taylor A   87
Teegen F   324
Templeman TL   178
Tertullian, Kirchenvater   22
Tewksbury R   367
Theilmann-Braun C   15
Thoennes N   333, 334

Thornhill R   370, 374
Tingle D   359
Tissot SA   30
Tjaden P   333, 334
Traute A   132
Travers R   75
Troiden RR   101
Trudeau MB   379
Tucker P   61

U

Ullrich S   362
Umann E   14, 261, 263, 267

V

Vaillant PM   358
Vaughan AE   370, 373, 374
Veniegas RC   80, 81, 83
Vergil (Publius V. Maro), röm. Dichter   19
Veyne P   19
Vogelsang M   245

W

Ward T   284, 297, 300, 301, 302, 304, 305, 306, 330, 331, 359, 360, 367, 368, 373, 377, 381, 384, 385, 386, 387, 390, 393, 395, 398, 404, 405, 406, 407, 408, 416, 420
Warren CAB   379
Warren J   271, 280
Watson R   242, 243, 296
Watts C   324, 325, 326, 328
Weaver, Sigourney   118
Weinberg G   74
Weinberg MS   88, 104
Weinberg TS   254, 256, 267
Weinrott MR   331
Wells JA   67

Sachwortregister

A

Abstinentia sexualis   46
Abwehrbisexualität   105, 150
Abweichung
 – vs. Delinquenz   184
 – vs. Normalität   9, 17, 54, 176,
   213
 – vs. psychische Störung   180
 – vs. Vielfalt   211
Abweichung ohne Pathologie
 – Fetischismus   208
 – Inklinierender Sexueller
   Masochismus   254
 – Inklinierender Sexueller
   Sadismus   267
 – Transvestitismus   208
 – Transvestitismus unter Bei-
   behaltung beider Geschlechter-
   rollen   208
Adoption   128
Adrenogenitales Syndrom   82, 166
Aetiologie
 – Ausgestaltungshypothese   338,
   364, 407, 409
 – Bewältigungshypothese   337,
   355, 359, 363, 393
 – Bindungsforschung   384
 – Biologie als Voraussetzung
   370, 379
 – Copinghypothese   337, 355,
   359, 363, 393
 – Disinhibitionshypothese   337,
   355, 361, 363, 393, 409

 – distal vs. proximal   337, 364
 – Emotionale Störungen   391
 – Enthemmungshypothese   280,
   337, 355, 361, 363, 393
 – Entwicklungshypothese   279,
   338, 364, 396
 – Evolutionstheorien   370
 – Funktionale Bedingungsanalyse   337, 396, 407
 – Kognitive Störungen   304,
   394
 – Kontexthypothese   338, 364,
   396, 409
 – Kritik der Komorbiditäts-
   forschung   337
 – Kulturtheorien   370
 – Pfadanalysen   302, 381
Affirmative Psychotherapie
 – bei Geschlechtsidentitätsstörungen   151
 – bei Homosexualität   110
 – bei Intersexualität   168
 – bei Problemen der Sexuellen
   Orientierung   110
 – bei Sexuellem Masochismus   264
 – bei Transsexualität   157
 – bei Transvestitismus   217
 – Bibliotherapie   114
 – Leitlinien   115
 – Paartherapie   123, 218
 – Psychotherapeutenmerkmale
   112, 431, 438

Das Handbuch zum Thema Persönlichkeitsstörungen

Peter Fiedler
Persönlichkeitsstörungen
6., vollst. überarb. Auflage 2007.
Gebunden. XIV, 498 Seiten.
ISBN 978-3-621-27622-1

Dieses Handbuch informiert über die vielen Persönlichkeitsstörungen. Ein klarer Aufbau sorgt für eine problemlose Orientierung — ein Grund, warum es von Psychotherapeuten, Betroffenen und Angehörigen geschätzt wird.

Das Kernstück dieses Buches bildet die ausführliche Vorstellung von 14 Persönlichkeitsstörungen: jeweils mit aktueller Konzeptentwicklung, Differentialdiagnostik und Erklärungsansätzen. Dabei vermeidet der Autor Vereinfachungen und übermäßige Schematisierungen.

Neu:

▶ Aktualisierung der Kapitel zur psychologisch-psychotherapeutischen Behandlung der Persönlichkeitsstörungen
▶ Insbesondere überarbeitet: Behandlung der dissozialen, selbstunsicheren und Borderline-Persönlichkeitsstörungen
▶ Neues Kapitel über „Persönlichkeit, Persönlichkeitsstörungen und Depression", da bei fast allen Persönlichkeitsstörungen ein besonderes Risiko vorhanden ist, an einer Depression zu erkranken

Verlagsgruppe Beltz • Postfach 100154 • 69441 Weinheim • www.beltz.de

Das Fachbuch über die psychischen Folgen traumatischer und belastender Erfahrungen

Peter Fiedler
**Dissoziative Störungen
und Konversion**
Trauma und Traumabehandlung
3., vollst. überarb. Auflage 2008
375 Seiten. Gebunden
ISBN 978-3-621-27621-4

Dissoziation und Konversion – wesentliche Merkmale der innerpsychischen Verarbeitung und Bewältigung traumatischer und extrem belastender Erfahrungen – sind in den letzten Jahren zu einem zentralen Thema in der psychotherapeutischen Praxis geworden.

Im Mittelpunkt dieses Buches stehen Fragen der Diagnostik und psychotherapeutischen Behandlung von Menschen, die gewalttätigen oder sexuellen Übergriffen, Katastrophen oder schweren Unfällen ausgesetzt waren.

Peter Fiedler berücksichtigt dabei neurobiologische und neuropsychologische Erkenntnisse. Ihm gelingt – trotz der Komplexität des Themas –, den Inhalt klar und eindringlich zu vermitteln.

Neu: aktuelle Perspektiven der Verhaltenstherapie und Psychoanalyse sowie Konzepte integrativer Psychotherapie und Behandlung.

Verlagsgruppe Beltz · Postfach 100154 · 69441 Weinheim · www.beltz.de

Innere Bilder gestalten – Persönlichkeitsstörungen erfolgreich behandeln

Zorn · Roder
**Schemazentrierte
emotiv-behaviorale Therapie (SET)**
Therapieprogramm für Patienten
mit Persönlichkeitsstörungen
Mit Online-Materialien.
2011. 240 Seiten. Gebunden
ISBN 978-3-621-27708-2

Mehr als die Hälfte der Menschen, die sich in einer psychotherapeutischen Behandlung befinden, weist Anzeichen einer Persönlichkeitsstörung auf. Ursächlich für diese gelten frühe Beziehungserfahrungen, in denen zentrale Abhängigkeits- und Autonomiebedürfnisse nicht erfüllt wurden.

Auf der Grundlage schematherapeutischer Theorien haben Zorn und Roder ein Therapiemanual entwickelt, das eine Brücke zwischen verhaltenstherapeutisch und psychodynamisch orientierten Ansätzen schlägt und somit eine optimale Voraussetzung für die Behandlung von Patienten mit Persönlichkeitsstörungen darstellt: Therapeuten unterstützen diese, störungsspezifische Schemata zu erkennen und zu modifizieren, um so den Teufelskreis der Wiederholung früher Beziehungserfahrungen zu durchbrechen. Besonderes Gewicht wird dabei auf die Beziehungsgestaltung gelegt.

Praxisnah erläutern die Autoren die Vorgehensweise. Fallbeispiele und umfangreiche Therapiematerialien erleichtern die Gestaltung der Therapie.

Verlagsgruppe Beltz · Postfach 100154 · 69441 Weinheim · www.beltz.de

Weg vom Schubladendenken!

Michael Kaess gibt einen Überblick über Häufigkeit sowie verschiedene Formen, Ursachen und Funktionen selbstverletzenden Verhaltens bei Jugendlichen. Die Bewertung von Selbstverletzung im Hinblick auf die Entwicklungsphase der Adoleszenz, aber auch auf Risiken und Zusammenhänge mit psychischen Erkrankungen stehen im Fokus. Praktische Hinweise zum Umgang mit selbstverletzenden Jugendlichen sowie therapeutische Möglichkeiten werden beschrieben.

Selbstverletzung ist ein häufig auftretendes Phänomen, welches in den letzten Jahren deutlich zugenommen hat, bis zu 15 % der Jugendlichen tun es zumindest gelegentlich. Hierbei handelt es sich meist um das sogenannte »Ritzen«, jedoch gibt es eine Vielzahl verschiedener Formen und Arten selbstverletzenden Verhaltens. Auch die Ursachen von Selbstverletzung können sehr unterschiedlich sein.

Michael Kaess
Selbstverletzendes Verhalten
Entwicklungsrisiken erkennen
und behandeln
2012. 176 Seiten. Gebunden.
ISBN 978-3-621-27795-2

Dieses Buch ist auch als E-Book
erhältlich.
ISBN 978-3-621-27967-3

Reihe:
**Risikofaktoren der Entwicklung
im Kindes- und Jugendalter**
Michael Schulte-Markwort und Franz Resch
(Hrsg.)

Verlagsgruppe Beltz • Postfach 100154 • 69441 Weinheim • www.beltz.de